FASZINATION WELTGESCHICHTE
WIE WIR WURDEN, WAS WIR SIND

Faszination Weltgeschichte
Wie wir wurden, was wir sind

Kriege und Konflikte

Bertelsmann Lexikon Institut

© 2006 Wissen Media Verlag GmbH, Gütersloh/München

Projektmanagement: Claudia Haschke, Dr. Martin-Andreas Schulz

Konzeption und Projektkoordination: Annette Grunwald, Wolf-Eckhard Gudemann, Claudia Haschke, Petra Niebuhr-Timpe, Katja Rauschenberg, Dr. Martin-Andreas Schulz, Thekla Sielemann

Verlagsredaktion: Wolf-Eckhard Gudemann

Redaktionelle Mitarbeit: Hanno Ballhausen

Bildredaktion: Ursula Thorbrügge

Grafik: Dr. Matthias Herkt

Konzeptentwicklung und redaktionelle Betreuung: interConcept Medienagentur, München

Redaktionsleitung interConcept: Dr. Markus Schreiber

Bandkonzeption und Redaktion für interConcept: Monika Baumüller, München

Satz und Lithografie: IMPULS, Hattingen

Layout und grafische Konzeption: Axel Brink

Herstellung: Martin Kramer

Druck und Bindung: MOHN Media · Mohndruck GmbH, Gütersloh

Wissenschaftlicher Beirat: Prof. Dr. Christian Andree, Professor für Wirtschafts- und Medizingeschichte an den Universitäten Kiel, Würzburg und Frankfurt/Oder;
Prof. Dr. Dr. Ulrich Knefelkamp, Professor für Mittelalterliche Geschichte Mitteleuropas und regionale Kulturgeschichte an der Europa-Universität Frankfurt (Oder);
Prof. Dr. Rolf Walter, Professor für Wirtschafts- und Sozialgeschichte an der Friedrich-Schiller-Universität Jena

Dieses Werk einschließlich aller seiner Teile ist urheberrechtlich geschützt.
Jede Verwertung außerhalb der engen Grenzen des Urheberrechtsgesetzes ist unzulässig und strafbar. Das gilt insbesondere für Vervielfältigungen, Übersetzungen, Mikroverfilmungen und die Einspeicherungen und Verarbeitung in elektronischen Systemen.

ISBN 3-577-16102-7

Benutzerhinweise

Jeder Band ist durch ein bestimmtes Symbol gekennzeichnet

Völker, Staaten und Kulturen

Die Themenbände von »Faszination Weltgeschichte« ordnen sich methodisch in die Gesamtreihe ein. Gleichzeitig liegt jedem einzelnen Band eine spezifische Systematik zugrunde.

Gemeinsam ist allen Themenbänden ein chronologischer Aufbau. Sie sind wie die beiden Bände »Zeittafeln der Weltgeschichte« mit einem Symbol- und Farbleitsystem und einer entsprechenden Verweisstruktur ausgestattet. So wird es möglich, zwischen den einzelnen Themenbänden und den »Zeittafeln« zu wechseln, um sich umfassend über den behandelten Gegenstand oder eine Person zu informieren oder um benachbarte Themenbereiche zu entdecken. Alle Themen werden auf ein bis zwei Doppelseiten dargestellt.

Die Bandeinleitung führt in die Thematik ein und verschafft einen Überblick über den Inhalt des Bandes. Themenseiten haben abhängig vom Inhalt entweder eine »Zeitleiste«, die über Entwicklungsschritte und wichtige Ereignisse informiert, oder einen »Kasten«, in dem ein spezieller Aspekt des Themas hervorgehoben wird. Ein farbiger Hintergrund weist auf zwei besondere Seitentypen hin: die so genannte Essayseite, die umfassend über eine spezielle Thematik informiert, und die Sammelseite, die Entwicklungen oder verschiedene Personen unter einem übergeordneten Gesichtspunkt untersucht. Umfangreiche Sach- und Personenregister schließen jeden Band ab.

Religionen und Glaubensformen

Kriege und Konflikte

Menschen und Ideen

Themenseiten sind auf ein bis zwei Doppelseiten angelegt.

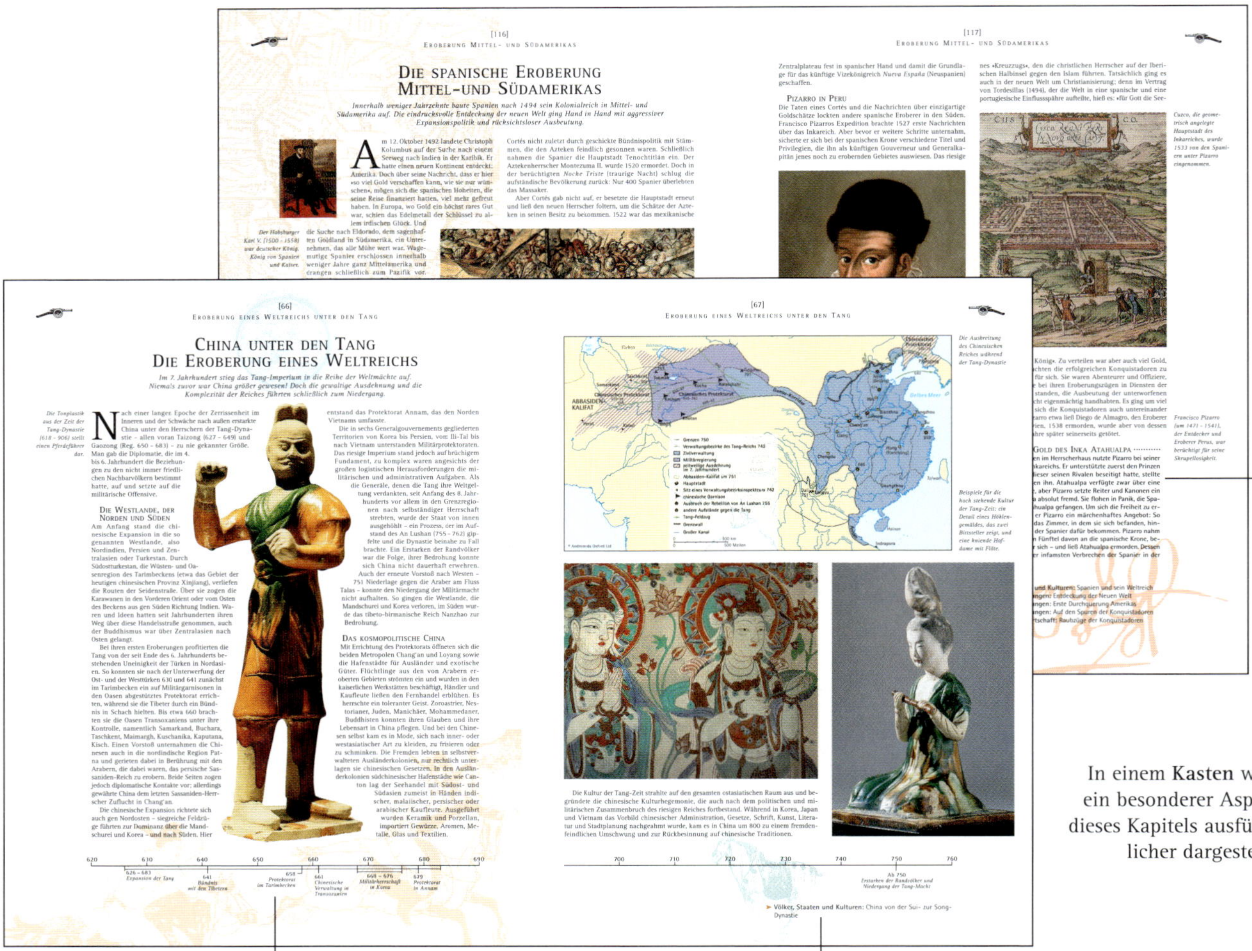

Große Entdeckungen

Geographie

Naturwissenschaften

Archäologie

Die **Zeitleiste** zeigt Abläufe auf und stellt Ereignisse in den historischen Zusammenhang.

Die **Verweise** machen auf ähnliche Themen in anderen Bänden aufmerksam, die Pfeile sind in der Farbe des Symbols des jeweiligen Bandes gehalten.

In einem **Kasten** wird ein besonderer Aspekt dieses Kapitels ausführlicher dargestellt.

Die **Kapiteleinleitungen** informieren über die nachfolgend behandelte Epoche.

[78]

Krieg und Kriegsführung im Hoch- und Spätmittelalter

Um das Jahr 1000 war in Europa die auf dem germanischen Heerkönigtum beruhende Entwicklung zum mittelalterlichen Feudalsystem abgeschlossen. Von Spanien bis zu den Grenzen des Byzantinischen Reichs und von Süditalien bis nach Schottland war das Rittertum ein gesamteuropäisches Phänomen. Seine befestigten Wohnsitze, die Burgen, prägten das Erscheinungsbild Europas mit. Sein Land, dessen Bauern ihn und sein Gefolge zu ernähren hatten, erhielt der Ritter als Lehen vom König, dafür schuldete er ihm die Heerfolge.

Als gepanzerter Reiter beherrschte der Ritter die Schlachtfelder des Mittelalters, wobei zum Kriegsdienst verpflichtete Gefolgsleute oder Söldner als eine Art Infanterie-Unterstützung dienten, die vor allem bei Belagerungen zum Einsatz kamen. Aber auch in den seltenen großen Schlachten übertrafen die Fußsoldaten das Aufgebot der Panzerreiter zahlenmäßig. In der Feldschlacht prallten die Ritterheere mit eingelegter Lanze aufeinander, darauf folgte der mit Schwert und Axt geführte Nahkampf, in den auch das Fußvolk eingriff.

Die Theorie der Kriegs- und Belagerungskunst sowie Taktik und Strategie, in der Antike bereits hoch entwickelt, waren dem europäischen Mittelalter nur ansatzweise vertraut. Das gesamte technische Wissen über Belagerungsmaschinen und Katapulte beruhte, bis auf wenige Ausnahmen, ausschließlich auf dem antiken Erbe. Vermittelt wurde es durch das Byzantinische Reich und im Rahmen der Kreuzzüge durch die Araber.

Islamische Kriegskunst

Seit dem 9. Jahrhundert machte sich im Vorderen Orient, bedingt durch die Eroberungen der Araber in Zentralasien, ein starker türkischer Einfluss bemerkbar. Die islamischen Herrscher nahmen türkische Truppen in ihre Dienste, die zusammen mit Persern die schwere Kavallerie und berittenen Bogenschützen bildeten. Weitere Truppenteile waren die leichte Kavallerie und Infanterie der arabischen Beduinen sowie die schwere Infanterie und der Belagerungszug, für die meist Krieger aus dem Irak, aus Syrien und Ägypten rekrutiert wurden. Das oft beschworene Bild vom wendigen orientalischen Reiter, der gegen den schwer bewaffneten europäischen Ritter kämpft, ist also nur zum Teil richtig, da die islamischen Heere auch über starke Verbände gepanzerter Kavallerie verfügten.

Die Mongolen

Die Panzerung von Mann und Pferd in Verbindung mit dem Einsatz von Pfeil und Bogen war seit dem ersten Jahrtausend vor Christus aus der Wechselwirkung der Kulturen des Orients mit denen der Steppenvölker Zentralasiens hervorgegangen und verschaffte nun den Steppenvölkern eine militärische Überlegenheit, der man durch Nachahmung in allen Armeen von Europa bis China zu begegnen suchte. Zur höchsten Vollendung führten die Mongolen diese Art der Kriegsführung, als sie Mitte des 12. Jahrhunderts unter dem militärischen Genie Tschingis Chans zu ihren Eroberungszügen aufbrachen, in denen sie sich schnell Asien untertan machten und bis nach Europa vordrangen.

Tschingis Chan verstand es, Disziplin, Schnelligkeit und Strategie zu einer unbezwingbaren Mischung zu verknüpfen. Er teilte seine Heere in Einheiten ein, deren Anzahl genau festgelegt war. Befehle wurden mit Hilfe von Signalpfeilen übermittelt, und die Krieger mussten Ersatzpferde mitbringen. Dadurch wurde die Mobilität erhöht und ein für damalige Zeiten unglaublich schneller Vormarsch ermöglicht. Nach-

[79]

dem weite Teile Chinas erobert waren, dienten den mongolischen Heeren im Belagerungskrieg kenntnisreiche chinesische Spezialisten, die wahrscheinlich auch schon Sprengsätze verwendeten. So gelang es den Mongolen, auch befestigte Städte, die für reine Reiterheere praktisch uneinnehmbar waren, zu stürmen und das größte zusammenhängende Landreich der Geschichte zu errichten. Erst die neuen Feuerwaffen und die damit verbundene innovative Infanterietaktik bedeuteten das Ende des gepanzerten berittenen Bogenschützen und der Überlegenheit der Steppenvölker.

Das Ende des Rittertums

Einer der Gründe für den Niedergang des europäischen Ritters im Spätmittelalter lag in seiner relativen Unbeweglichkeit. Als weiterer Faktor kamen die seit dem 14. Jahrhundert verstärkt eingesetzten Feuerwaffen dazu, die als schwere Artillerie jede Burgmauer zum Einsturz brachten und nach der Entwicklung von Handfeuerwaffen auch die Schlachten beeinflussten. Zur Ausrüstung der modernen Heere des späten Mittelalters gehörten also neben dem traditionellen Bogen auch schon Fern- und Handfeuerwaffen, außerdem zur Abschirmung der Offensive die Lanzenträger, die mit langen Spießen ausgerüstet waren. Zu einer festen Schlachtordnung gefügt, konnten die Lanzenträger jeder Reiterattacke trotzen. Sie machten schon früh die zunehmende Bedeutung der Infanterie deutlich, die in den kommenden Jahrhunderten stetig anwachsen sollte, bis sie zur Hauptwaffengattung aller Heere wurde.

Die Ausstattung des Ritters

Das Erscheinungsbild des europäischen Ritters war einer ständigen Entwicklung unterworfen und das Ergebnis verschiedener Einflüsse. Um 1100 trug er in der Schlacht ein langärmeliges, bis zu den Knien reichendes Kettenhemd, Beinlinge aus Kettengeflecht und einen konisch zulaufenden Helm mit Nasenschutz. Sein Schild zum Schutz des Körpers folgte byzantinischen Vorbildern: oben abgerundet, länglich, in angenäherter Dreiecksform. Als Waffen dienten Schwert und Lanze, gelegentlich Streitaxt und Streitkolben, während Bogen und Armbrust als unritterliche Waffen galten.

Um 1300 wurde die Rüstung schwerer. Die Helme bekamen Visiere und über dem Kettenhemd wurde ein Brustpanzer getragen. Dieser bestand anfangs aus unter ein Stoffgewebe genieteten Eisenplatten, entwickelte sich dann schnell zu einem zweiteiligen Brustharnisch. Dazu traten aus Eisenblech gefertigte Arm- und Beinröhren auf, die den Schutz weiter verstärkten. Durch die verbesserte Körperpanzerung wurden auch die Schilde immer kleiner.

Um 1450 war die Entwicklung der hochmittelalterlichen Rüstung abgeschlossen und der Körper des Ritters von den heute als Inbegriff der Ritterrüstung geltenden Plattenharnischen vollständig bedeckt. Der Körperschutz wurde auch auf die Pferde ausgedehnt, die ebenfalls mit vollständigen oder nur die Vorderseite bedeckenden Plattenpanzern ausgerüstet waren. Eindeutig war die Beweglichkeit zugunsten der Sicherheit eingeschränkt. Trotzdem kam es im Falle eines Sturzes nicht, wie heute häufig vermutet wird, zur völligen Bewegungsunfähigkeit, da die Rüstungen aus relativ dünnen Blechen gearbeitet und wesentlich leichter waren, als es den Anschein hat.

Krieg, ein bedeutungsvolles Wort

Erst im Mittelhochdeutschen, also mit dem 12. Jahrhundert, bezeichnete man den bewaffneten Kampf mit dem Wort Krieg, das ursprünglich Anstrengung bedeutete. Gleichzeitig hielt sich noch lange das vorher übliche Wort Streit im Sinne von Zwist, gestörter Friede. Das althochdeutsche »werra« (Streit, Krieg) ging in die englische (war), die französische (guerre) und die spanische Sprache (guerra, verkleinert: guerrilla) ein, ist aber auch im Deutschen noch zu erkennen, etwa in »wirr«, »verwirren«, »Wirrwarr«.

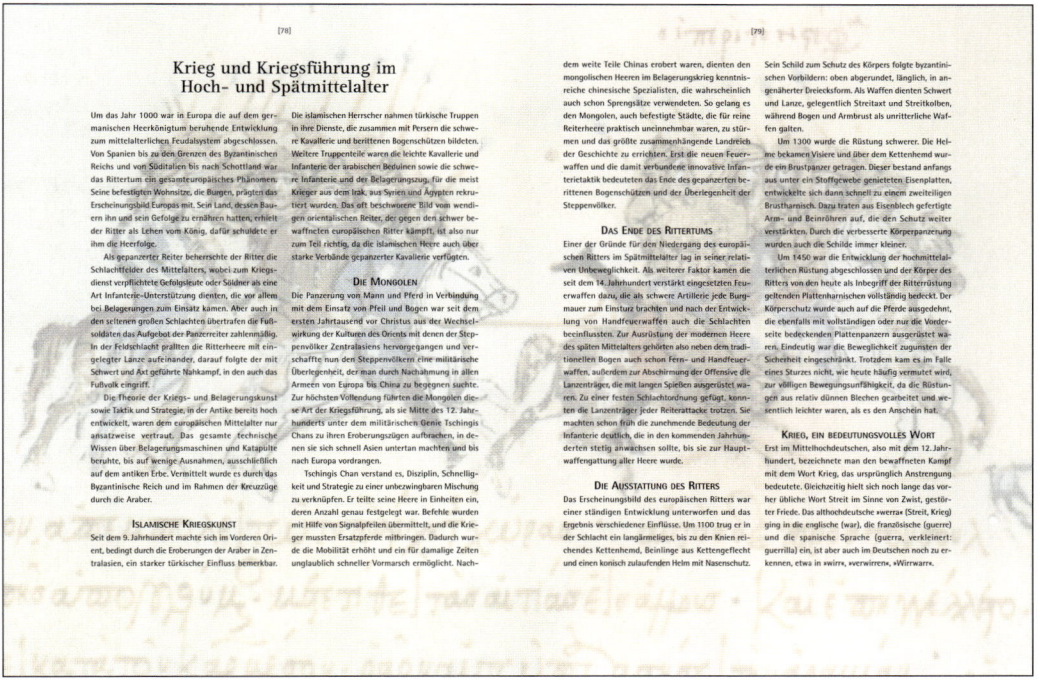

Essays beschäftigen sich umfassend mit einem Gegenstand oder untersuchen Spezialfragen.

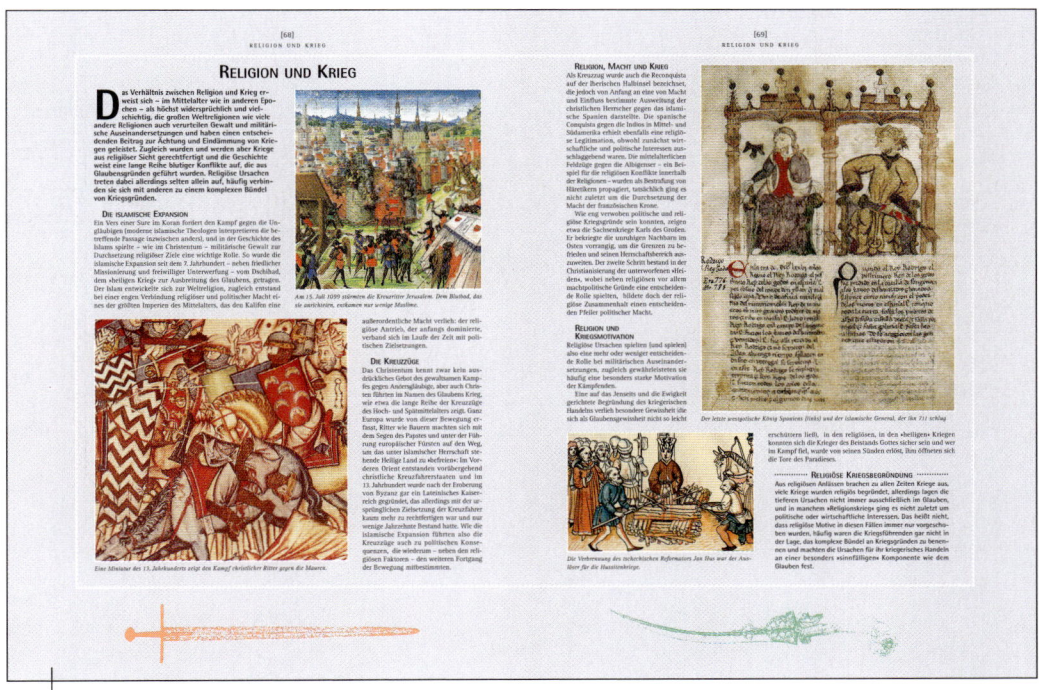

Essays sind durch einen **grauen Hintergrund** gekennzeichnet.

Große Erfindungen

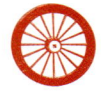

Handel und Wirtschaft

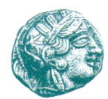

Kunst und Architektur

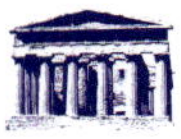

Literatur und Musik

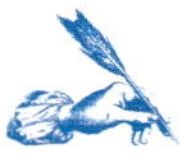

Literatur

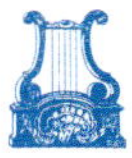

Musik

Mythen, Rätsel und Orakel

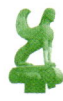

Inhalt

Seite	Thema
12	**Kriege in der Weltgeschichte** *Otto Schertler*

Der Krieg und seine frühen Formen im Altertum *Otto Schertler*

Seite	
16	Die Entstehung der ersten Großreiche durch Kriege *Michael Fritz*
18	Die Kriege der Hethiter *Thomas Rosky*
20	Hammurapi und der militärische Aufstieg Babylons *Michael Fritz*
22	Ägyptische Weltmachtpolitik *Otto Schertler*
24	Die mykenische Expansion in der Ägäis *Stefan Brenne*
26	Die Israeliten erobern Jerusalem *Karin Lucke-Huss*
28	Der militärische Aufstieg Assyriens zur Großmacht *Michael Fritz*
30	Die Entstehung des persisch-achämenidischen Großreiches *Michael Fritz*
32	**Essay:** Der Krieg in der antiken Kunst, Literatur und Geschichtsschreibung *Stefan Brenne*
34	Der Krieg zwischen Griechen und Persern *Stefan Brenne*
36	Der Peloponnesische Krieg *Stefan Brenne*
38	Die Kriege Alexanders und der hellenistischen Reiche *Stefan Brenne*
40	Die Entstehung des indischen Maurya-Reiches *Fred Virkus*
42	Einigung und Expansion Chinas unter den Dynastien der Qin und der Han *Dagmar Ahrens-Thiele*
44	Roms Aufstieg zur beherrschenden Macht im Mittelmeerraum *Peter Fritz*
46	Roms Gegner im Osten – Die Parther *Otto Schertler*
48	Die Krise Roms – Das Jahrhundert der Revolution *Peter Fritz*
50	**Essay:** Das römische Heer *Peter Fritz*
52	Expansion und Grenzsicherung des römischen Kaiserreichs *Peter Fritz*

Krieg und Kriegstechniken im frühen Mittelalter *Otto Schertler*

Seite	
56	Kriege und Völkerwanderung der Hunnen und Slawen *Ana María Schop Soler*
58	Kriege und germanische Völkerwanderung *Hans Losert*
60	Die militärische Einigung Indiens unter den Guptas *Fred Virkus*
62	Der militärische Aufstieg des Frankenreiches *Reinhard Barth*
64	Der Siegeszug des Islams in Nordafrika, Asien und Europa *Ralf Elger*
66	China unter den Tang – Die Eroberung eines Weltreichs *Dagmar Ahrens-Thiele*
68	**Essay:** Religion und Krieg *Klaus Zmeskal*
70	Die Reichsbildung Karls des Großen – militärische Aspekte *Reinhard Barth*
72	Zwischen Orient und Okzident – Der Kampf um Byzanz *Claudia Fritzsche*
74	Wikinger, Normannen und Waräger – Der Siegeszug der Männer aus dem hohen Norden *Reinhard Barth*
76	Die militärische Wiederherstellung des Römischen Reiches durch Otto den Großen *Jörg Bremer*

Krieg und Kriegsführung im Hoch- und Spätmittelalter *Otto Schertler*

Seite	
80	Der Siegeszug der Seldschuken in Vorderasien *Özgür Savasci*
82	Der Kampf der Staufer um Italien *Reinhard Barth*
84	Die Reconquista *Ana María Schop Soler*
86	Die Kreuzzüge *Reinhard Barth*
88	**Essay:** Schutz und Trutz im europäischen Mittelalter *Wolfgang F. Reddig*
90	Militärischer Aufstieg und Niedergang des Deutschen Ordens *Christiane Bocklenberg*

INHALT

SEITE THEMA

- 92 Die mongolischen Eroberungen – Das größte Landreich de Geschichte entsteht *Beate Blaha*
- 94 Unabhängigkeitskampf und Expansionskriege der Schweiz *Klaus Oschema*
- 96 Schottlands Kampf um die Unabhängigkeit *Wolfgang F. Reddig*
- 98 Venedigs Aufstieg und Macht im Mittelmeerraum *Christian Nekvedavicius*
- 100 Der Hundertjährige Krieg *Karin Lucke-Huss*
- 102 Die Rosenkriege in England *Klaus Oschema*
- 104 Kriege und Reiche der Tolteken, Azteken und Inkas in Mittel- und Südamerika *Christiane Lembert-Dobler*
- 106 Der Aufstieg des Osmanischen Reiches *Özgür Savasci*
- 108 **Essay:** Die neuen Kriegsherren – Condottieri und Landsknechtführer *Annelore und Eggert Langmann*
- 110 Ein Reich in Waffen – Japan im 15. und 16. Jahrhundert *Klaus Vollmer*

112 KRIEGE IM ZEITALTER DES EUROPÄISCHEN KOLONIALISMUS UND ABSOLUTISMUS *Otto Schertler*

- 114 Ständische, religiöse und soziale Konflikte im Reich *Christian Nekvedavicius*
- 116 Die spanische Eroberung Mittel- und Südamerikas *Ana María Schop Soler*
- 118 Die Hugenottenkriege *Annerose Menninger*
- 120 Der niederländische Freiheitskrieg *Annerose Menninger*
- 122 **Essay:** Kriegsführung zur See im Zeitalter des frühen europäischen Kolonialismus *Annelore und Eggert Langmann*
- 124 Die Expansion des Moskowiterreiches *Ana María Schop Soler*
- 126 Die Errichtung der Mandschu-Herrschaft in China *Dagmar Ahrens-Thiele*
- 128 Der Dreißigjährige Krieg – Ein blutiger Kampf um Glaube und Macht *Friedemann Bedürftig*
- 132 Mit Eisenseiten gegen die Monarchie – Bürgerkrieg und Militärdiktatur in England *Friedemann Bedürftig*
- 134 Militärischer Widerstand gegen den spanischen Zentralismus *Ana María Schop Soler*
- 136 Der Sieg des Absolutismus in Frankreich *Reinhard Blänkner*
- 138 Der Kampf um Indien *Thomas Barkemeier*
- 140 Die Türkenkriege und Österreichs Aufstieg zur Großmacht *Birgit Krapf*
- 142 Der Große Nordische Krieg *Annerose Menninger*
- 144 **Essay:** Das Heerwesen im 17./18. Jahrhundert *Otto Schertler*
- 146 Die Erbfolgekriege *Birgit Krapf*
- 148 Preußen und Österreich in den Schlesischen Kriegen *Friedemann Bedürftig*
- 150 Der Siebenjährige Krieg – Globale Konflikte zwischen 1756 und 1763 *Michael Solka*
- 152 Der Amerikanische Unabhängigkeitskrieg *Michael Solka*
- 154 Die russisch-türkischen Kriege *Ana María Schop Soler*

156 KRIEGE IM ZEITALTER DES NATIONALISMUS *Ana María Schop Soler*

- 158 Freiheit, Gleichheit, Brüderlichkeit – Die Französische Revolution *Friedemann Bedürftig*
- 160 Die kriegerische Expansion des revolutionären Frankreichs *Friedemann Bedürftig*
- 162 Die napoleonischen Kriege *Friedemann Bedürftig*
- 164 Großbritanniens Kampf um die Weltmacht *Christiane Bocklenberg*
- 166 **Essay:** Das Heer- und Kriegswesen im Zeitalter des Nationalismus *Otto Schertler*
- 168 Volkserhebungen gegen das napoleonische System in Tirol und Spanien *Ana María Schop Soler*
- 170 Der Russlandfeldzug Napoleons *Ana María Schop Soler*
- 172 Die Befreiungskriege – Napoleons Ende *Friedemann Bedürftig*
- 174 Freiheitskämpfe in Mittel- und Südamerika *Ana María Schop Soler*
- 176 Britische und französische Kolonialkriege in Asien *Otto Schertler*

INHALT

SEITE	THEMA
178	Nationalliberale Aufstände in Südeuropa *Ana María Schop Soler*
180	Das Scheitern der polnischen Nationalbewegung *Christian Nekvedavicius*
182	Die europäischen Revolutionen von 1848/49 *Christian Nekvedavicius*
184	Der Italienische Einigungskrieg *Michael Solka*
186	Der Kampf um Mexiko *Ana María Schop Soler*
188	Der Krimkrieg *Ana María Schop Soler*
190	Der Amerikanische Bürgerkrieg *Michael Solka*
192	Preußisches Hegemonialstreben – Der Deutsch-Dänische und der Deutsche Krieg *Friedemann Bedürftig*
194	Bismarcks Krieg gegen Frankreich einigt Deutschland *Friedemann Bedürftig*
196	Krisen auf dem Balkan *Ana María Schop Soler*
198	Der südamerikanische Salpeterkrieg *Ana María Schop Soler*
200	Europäischer Imperialismus in Nordafrika *Albrecht Metzger*
202	Der Burenkrieg – Kolonialkonflikt mit dauerhaften Folgen *Karin Guggeis*
204	Kolonialkriege in Afrika – Ein verdrängtes Kapitel europäischer Geschichte *Karin Guggeis*
206	**Essay:** Die Waffen nieder! Pazifismus als internationale Bewegung *Friedemann Bedürftig*
208	Erhebungen in Ostasien gegen die europäischen Kolonialmächte *Klaus Andreas Dietsch*
210	Der Spanisch-Amerikanische Krieg *Ana María Schop Soler*
212	Der Aufstieg Japans zur Großmacht – Geist des Ostens, Technik des Westens *Klaus Vollmer*
214	Die chinesische Revolution von 1911/12 *Klaus Andreas Dietsch*

DIE EPOCHE DER WELTKRIEGE *Ana María Schop Soler*

218	Die Balkankriege – Vorspiel zum Ersten Weltkrieg *Ana María Schop Soler*
220	Der Erste Weltkrieg 1914 bis 1918 *Friedemann Bedürftig*
224	**Essay:** Bemühungen um den Frieden nach dem Ende des Ersten Weltkriegs *Simone Harland*
226	Revolutionen in Russland *Ana María Schop Soler*
228	Deutschland zwischen Novemberrevolution und Hitlerputsch *Christian Nekvedavicius*
230	Der irische Freiheitskampf *Christiane Bocklenberg*
232	Der Russisch-Polnische Krieg *Ana María Schop Soler*
234	Das faschistische Gewaltregime in Italien *Annelore und Eggert Langmann*
236	Die nationale Erhebung der Türkei *Özgür Savasci*
238	**Essay:** Der Krieg im Bewusstsein des 20. Jahrhunderts – Literatur, Kunst, Film *Wolfgang Lasinger*
240	Konflikte der Zwischenkriegszeit im Nahen Osten *Albrecht Metzger*
242	Die indische Unabhängigkeitsbewegung *Thomas Barkemeier*
244	Die nationale Revolution in China *Klaus Andreas Dietsch*
246	Japan als Kolonialmacht: die Besetzung Koreas und Chinas *Klaus Vollmer*
248	Bewaffnete Konflikte in Mittel- und Südamerika *Ana María Schop Soler*
250	Diktatur und stalinistische Säuberungen in der Sowjetunion *Ana María Schop Soler*
252	Deutschland unterm Hakenkreuz – Von der Machtergreifung Hitlers zum Kriegsausbruch *Friedemann Bedürftig*
256	Der Spanische Bürgerkrieg *Ana María Schop Soler*
258	Der Zweite Weltkrieg in Europa und Afrika *Friedemann Bedürftig*
262	Der Holocaust *Friedemann Bedürftig*
264	Der Zweite Weltkrieg in Ostasien und im Pazifikraum *Friedemann Bedürftig*
266	**Essay:** Stunde Null? Die Folgen des Zweiten Weltkriegs *Astrid Irrgang*
268	Blockbildung und Kalter Krieg *Marc Frey*

INHALTSVERZEICHNIS

INHALT

SEITE **THEMA**

270 KRIEGE UND TERROR IN DER ZWEITEN HÄLFTE DES 20. JAHRHUNDERTS *Ana María Schop Soler*

272 Der Koreakrieg – Eine Million Tote, nur um wieder den Status quo ante zu erreichen *Klaus Andreas Dietsch*
274 Die Machtpolitik der Volksrepublik China *Klaus Andreas Dietsch*
276 Der Indochinakrieg *Marc Frey*
278 Der israelisch-arabische Konflikt und der Palästinakrieg *Karin Lucke-Huss*
280 Freiheitskämpfe und Bürgerkriege in Südostasien *Marc Frey*
282 Die religiöse und nationale Spaltung des indischen Subkontinents *Thomas Barkemeier*
284 Unabhängigkeitskriege in Afrika südlich der Sahara *Karin Guggeis*
286 **Essay:** Kriegsreporter und Pressefotografen an den Kriegsschauplätzen des 20. Jahrhunderts *Beate Blaha*
288 Aufstände gegen die kommunistische Herrschaft in Ostdeutschland, Polen, Ungarn und der Tschechoslowakei *Ana María Schop Soler*
290 Die Suezkrise *Karin Lucke-Huss*
292 Der Libanesische Bürgerkrieg *Ines Weinrich*
294 Innenpolitische Konflikte im Nahen Osten in den 1960er Jahren *Albrecht Metzger*
296 Der Algerienkrieg *Albrecht Metzger*
298 Die Kongokrise – Krieg im Zeichen des Kalten Krieges *Karin Guggeis*
300 Die Kubanische Revolution *Ana María Schop Soler*
302 Der Kampf gegen die Rassentrennung in den USA *Christine Metzger*
304 Der Vietnamkrieg – Der Krieg, in dem jeder verlor *Thomas Barkemeier*
306 **Essay:** Folgen des Vietnamkrieges *Marc Frey*
308 Bewaffnete Konflikte auf dem indischen Subkontinent *Thomas Barkemeier*
310 Deutschland, Italien, Frankreich: politische Gewalt in der zweiten Hälfte des 20. Jahrhunderts *Beate Blaha*
312 Der Irlandkonflikt *Christiane Bocklenberg*
314 Israelisch-arabische Kriege – Sechstagekrieg und Oktoberkrieg *Karin Lucke-Huss*
316 Politisch und religiös motivierter islamischer Terrorismus *Ralf Elger*
318 Gewaltsame Konflikte in Südamerika in der zweiten Hälfte des 20. Jahrhunderts *Ana María Schop Soler*
320 Gewaltsame Konflikte in Mittelamerika in der zweiten Hälfte des 20. Jahrhunderts *Ana María Schop Soler*
322 Die Nelkenrevolution – Portugal zwischen Diktatur und Demokratie *Ana María Schop Soler*
324 Der Terror der baskischen ETA *Ana María Schop Soler*
326 Bürgerkriege und Grenzkonflikte in Afrika südlich der Sahara *Karin Guggeis*
330 **Essay:** Die Rolle der UN-Friedenstruppen in den weltweiten Kriegen *Patrick Grootveldt*
332 Die Islamische Revolution im Iran *Tim Epkenhans*
334 Sowjetische Invasion in Afghanistan *Ana María Schop Soler*
336 Der irakisch-iranische Krieg – Erster Golfkrieg von 1980 bis 1988 *Patrick Grootveldt*
338 Der Sturz des Kommunismus – Freiheit für Ostdeutschland und Osteuropa *Ana María Schop Soler*
340 Der zweite Golfkrieg – Internationale Allianz gegen Saddam Hussein *Patrick Grootveldt*
342 Krieg im Kaukasus – Staatliche Autonomie, Erdöl und Religion *Ana María Schop Soler*
344 Kriegsschauplatz Ex-Jugoslawien *Beate Blaha*
346 Der Kampf der Palästinenser um Unabhängigkeit *Karin Lucke-Huss*
348 Kriege gegen Terrorismus und Gewaltregime – Die Folgen des 11. Septembers *Rüdiger Dingemann*

350 Register

359 Bildnachweis

KRIEGE IN DER WELTGESCHICHTE

Bewaffnete Auseinandersetzungen reichen bis in die Frühphasen menschlicher Entwicklung zurück. Seit der Mensch vor 2,5 Millionen Jahren dazu überging, Werkzeuge aus Stein zu schaffen, wandte er diese auch zum Töten an, zum Töten von Tieren bei der Jagd, zum Töten von anderen Menschen im Krieg. Wann der »erste Krieg« in der Geschichte der Menschheit geführt wurde, wird kaum jemals eindeutig zu klären sein. Fest steht allerdings, dass bereits die Altsteinzeit den Krieg kannte.

DER MENSCH, DAS KRIEGERISCHE WESEN

Mörderische Auseinandersetzungen zwischen Artgenossen gibt es auch im Tierreich. Der Mensch jedoch verfügt über weiter reichende Möglichkeiten: Er kann in die Zukunft denken, also planen, und er hat die körperlichen Voraussetzungen, um Waffen effektiv einzusetzen: den aufrechten Gang und den beweglichen Daumen. Dementsprechend gestalten sich seine Konflikte und deren Lösung.

Die Gründe für Streitigkeiten zwischen den frühen Menschen erscheinen uns heute nicht unbedingt fremd. Es geht um Jagdbeute und Jagdreviere, um Dominanz über andere zum Vorteil der eigenen Gruppe. Als der Mensch sesshaft wird, verschärft sich die Situation. Fruchtbarer Boden wird von allen begehrt – und möglichst nicht mehr hergegeben von denen, die ihn einmal in Besitz genommen und mit viel Mühe urbar gemacht haben. Man verteidigt, was man hat, gegen diejenigen, die nichts haben. So ist die Annahme, die Bauern der Jungsteinzeit hätten ein friedliches Leben ohne jegliche größere Auseinandersetzungen geführt, schlichtweg falsch. Gerade jetzt wird mit zunehmender Größe der Gemeinschaften und allgemein wachsender Bevölkerung geeignetes Siedlungsland knapp. Die Verlockung, schwächere Nachbarn zu vertreiben, wächst. Auch führen Missernten und Hungersnöte zu Migrationen, wodurch sich wiederum die bereits Sesshaften bedroht fühlen; Ausdruck dieses Schutzbedürfnisses sind die zahlreichen Befestigungen der Epoche.

RITUALISIERTE KRIEGSFORMEN

Diese Kampfhandlungen haben aber nicht dem entsprochen, was wir uns heute unter dem Eindruck der Erfahrungen des 20. Jahrhunderts unter Krieg vorstellen. Ähnlich wie bei vielen aus der Völkerkunde bekannten Beispielen waren diese Kämpfe zum großen Teil eng begrenzt und möglicherweise sogar ritualisiert. Bei jedem Kampf kam es darauf an, die eigenen Verluste möglichst gering zu halten, da sonst die Stärke der Gruppe und damit ihre Existenz gefährdet war. Eine Dezimierung der Gruppe nämlich bedeutete fehlende Arbeitskräfte und Krieger, also Schwäche dem stärkeren Nachbarn gegenüber.

Deshalb veranstaltete man beispielsweise Zweikämpfe zur Entscheidung des Gruppenkonflikts, man legte Hinterhalte, versuchte mit möglichst geringem Blutvergießen einen Vorteil zu erringen und ließ dem umzingelten Gegner einen Ausweg, um ihn nicht zu zwingen, sein Leben so teuer wie möglich zu verkaufen. Beispiele ritualisierter Kriegsführung kennt die Forschung etwa von Indianerstämmen Nordamerikas, bei denen es ehrenvoller war, einen Gegner im Kampf nur zu berühren, anstatt ihn zu töten.

ZIVILISATION UND KRIEG

Obwohl auch bei den so genannten Naturvölkern Kriege zur vollständigen Vernichtung eines Gegners führen können und Brandspuren in jungsteinzeitlichen Festungen Zeugen erbitterter Kämpfe sind, bleibt die Art der Kriegsführung grundsätzlich eher zurückhaltend – im meist radikalen Gegensatz dazu steht die Form der Kriegsausübung »zivilisierter« Staaten. So nimmt mit der Entstehung der ersten Großreiche auch der Krieg ein anderes Gesicht an. Die Heere werden größer und die entstandenen Machtstrukturen

und technischen Mittel schüren die Lust auf Eroberungen.

Die organisierten Staatswesen sind sich ihrer Überlegenheit bewusst und nützen diese auch aus. Seit der Bronzezeit macht sich die Technologie als Faktor der Kriegsführung immer mehr bemerkbar. Die Förderung von Metallen, das Anfertigen von Waffen und Rüstungen und die Haltung von Streitwagen und Pferden sind abhängig vom wirtschaftlichen Wohlstand eines Landes, der wiederum Eroberungen und somit erneut gesteigerten Reichtum garantiert. Kriege dienen jetzt meist der absoluten Unterwerfung des Feindes, seiner teilweisen Versklavung oder Vernichtung. Man kann, auch im Hinblick auf die weiteren historischen Entwicklungen, schon fast die Faustregel aufstellen: Je höher (im technischen Sinn) eine Gesellschaft entwickelt ist, desto bedingungsloser führt sie ihre Kriege. Dies trifft auch auf die Kriegführung der Eisenzeit und des gesamten Mittelalters in Europa und Asien und teilweise auch in Amerika zu.

Nach den verheerenden Religionskriegen des 16. und 17. Jahrhunderts in Europa, die von riesigen Söldnerheeren geführt werden, aber auch die Zivilbevölkerung erheblich in Mitleidenschaft ziehen, tritt im 18. Jahrhundert, der Zeit des aufgeklärten Absolutismus, nicht zuletzt aus wirtschaftlichen Gründen eine relativ gemäßigte Kriegsführung in den Vordergrund: Die Fürsten schonen ihre kostspieligen Heere, setzten den Krieg überlegt als Mittel der Politik ein.

Nation und Krieg

Das ändert sich im 19. Jahrhundert in Folge der Französischen Revolution; denn die neue Idee der Nation hat als logische Konsequenz die allgemeine Wehrpflicht: Wer zum Kämpfen taugt, zieht für sein Land in den Krieg! Fortan beherrschen Nationalismus und Imperialismus Europa und seine Kriege in aller Welt. Und die unterdrückten Völker wehren sich! So ist auch der Guerilla- oder Partisanenkrieg in seiner heute bekannten Form ein »Kind« des 19. Jahrhunderts: Die Spanier, die mit Anschlägen, Hinterhalten und dem Prinzip der verbrannten Erde die napoleonische Besatzung bekämpfen, geben das Beispiel vor.

Nationalismus und sozialdarwinistische Geisteshaltung gehen seit Beginn des 20. Jahrhunderts eine unheilvolle Verbindung mit der sich rasant entwickelnden Technik ein. So erreicht die Kriegführung eine neue Qualität, die zu den Auswüchsen der Kriege der Moderne führte. Der Höhepunkt ist im »totalen Krieg« erreicht, in dem sich jeder Einzelne in sämtlichen Bereichen des Alltags dem Kriegsziel seines Landes unterzuordnen hat. Durch den Einsatz von weit reichenden Waffen, Flugzeugen und Raketen sind auch Kriegsschauplätze nicht mehr begrenzt. Dem »totalen Krieg« kann keiner entgehen!

Den Vorwand für diese Art der Kriegführung liefern Ideen und Ideologien, die dem Gegner das »Menschsein« absprechen, ihn in ein abstraktes Ungeheuer verwandeln, das es mit allen Mitteln zu vernichten gilt, um die Werte des »Guten« zu bewahren und das »Überleben« der eigenen Gemeinschaft vom Ausgang des Krieges abhängig zu machen.

Betrachtung des Krieges

Die abschreckenden Erfahrungen der beiden Weltkriege haben dazu geführt, dass zumindest Europa Jahrzehnte des Friedens erleben durfte. Wie schnell ein Funke einen Flächenbrand auslösen kann, haben jedoch die Bürgerkriege im ehemaligen Jugoslawien wieder vor Augen geführt.

Ob die historische Betrachtung künftige Kriege verhindern kann, ist sehr umstritten. Dennoch ist sie wichtig, um eine Vorstellung vom Wesen des Krieges und seinen Folgen zu gewinnen. Gerade angesichts der zerstörerischen Möglichkeiten des hoch technisierten Krieges moderner Prägung sei an dieser Stelle an das Wort des altchinesischen Philosophen und Militärtheoretikers Sun-tzu erinnert: »In all deinen Schlachten zu kämpfen und zu siegen ist nicht die größte Leistung. Die größte Leistung besteht darin, den Widerstand des Feindes ohne einen Kampf zu brechen.«

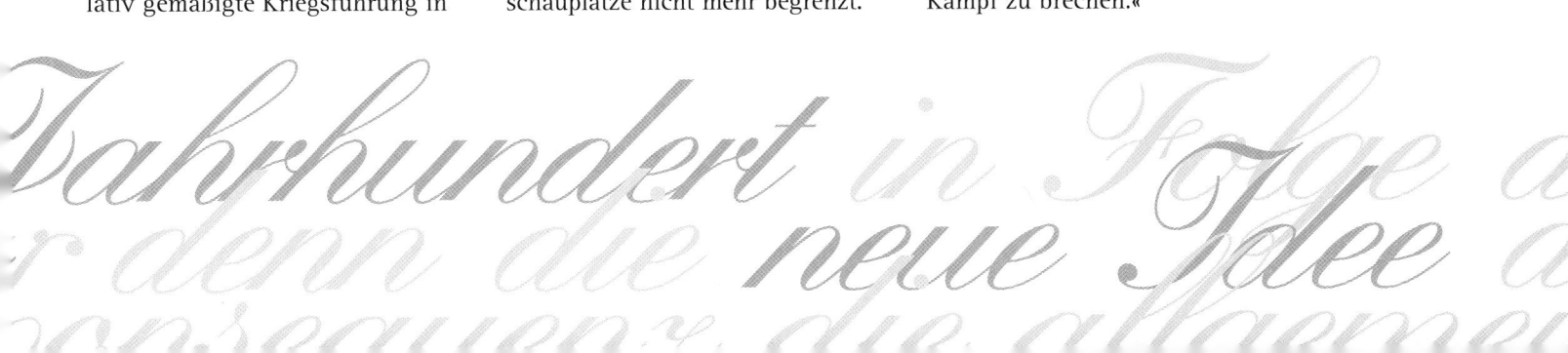

Der Krieg und seine frühen Formen im Altertum

Im Orient und in Ägypten setzte die Verwendung der Schrift gegen Ende des 4. Jahrtausends v. Chr. ein, was den Beginn der historischen Überlieferung markiert. Von diesem Zeitpunkt an ist auch eine zunehmende Umwallung der Städte erkennbar: ein untrügliches Zeichen für kriegerische Auseinandersetzungen, deren Anfänge aber bestimmt schon in der Jungsteinzeit liegen. Ähnliche Vorgänge spielten sich auch in Europa ab, wo schon seit der Jungsteinzeit Befestigungsanlagen von manchmal riesigen Ausmaßen entstanden. Doch dank der schriftlichen und bildlichen Hinterlassenschaften des Vorderen Orients sind die historischen Entwicklungen hier leichter zu beobachten, und in diesem Raum vollzog sich auch die Bildung der ersten Großreiche der Geschichte, deren älteste die um 3000 v. Chr. erfolgte Einigung Ägyptens darstellt. In Vorderasien wurden die untereinander in ständige Kriege verwickelten Stadtstaaten Mesopotamiens durch Sargon von Akkad um 2400 v. Chr. unterworfen. So entstand auch hier ein Großreich, das vom Mittelmeer bis an die Grenzen Irans reichte.

Waffen der Bronzezeit

Die Kriegsführung des 3. Jahrtausends v. Chr. kannte lediglich Waffen aus Kupfer und Bronze; es waren Äxte, Keulen, Dolche, Speere, Lanzen, Pfeil und Bogen sowie Schilde. Einzig die Sumerer in Mesopotamien verwendeten den noch sehr unbeweglichen zwei- oder vierrädrigen Kriegswagen, der nicht von Pferden, sondern von Wildeseln gezogen wurde. Bildlichen Darstellungen zufolge rückten die Sumerer auch schon Schild an Schild in einer Art geschlossener Phalanx in die Schlacht. Auch bei den Schutzwaffen waren sie führend, sie trugen die ersten kupfernen Helme sowie eine Art Körperpanzer aus mit Bronzenieten beschlagenen Lederumhängen. Der in Ägypten bei Kriegshandlungen von Anfang an erscheinende Bogen scheint in Mesopotamien erst bei den Kriegszügen des Sargon Verwendung gefunden und auch zu dessen Siegen beigetragen zu haben. Der Kampf um Städte und Festungen wurde zu dieser Zeit durch Belagerungen oder Sturmangriffe mit Hilfe von Leitern und möglicherweise einfachen Mauerbrechern entschieden.

Der Streitwagen

Während in Ägypten bis 1600 v. Chr. keine kriegstechnischen Fortschritte zu erkennen sind, trat im Vorderen Orient zu Beginn des 2. Jahrtausends v. Chr. eine völlig neue Waffe auf: der von zwei Pferden gezogene leichte Streitwagen mit Speichenrädern. Sein Ursprung liegt im Dunkeln, aber wahrscheinlich hängt seine Verbreitung mit den zu dieser Zeit in Anatolien und Nordsyrien erscheinenden Hethitern und Mitanni zusammen, die enge Verbindungen zu den pferdezüchtenden Völkern nördlich des Kaukasus hatten. Von nun an entschied der Besitz von Streitwagen, die in großer Zahl eingesetzt wurden, die Schlacht. In Verbindung mit dem Streitwagen trat eine neuer Typ von Körperpanzer auf, der mit Bronzeschuppen besetzte Schuppenpanzer. Auch die Bögen wurden weiterentwickelt und setzten sich nun aus mehreren Materialien zusammen, was ihre Reichweite und Durchschlagskraft erhöhte. Gegen Ende der ersten Hälfte des 2. Jahrtausends v. Chr. entwickelte sich im Gebiet zwischen Karpaten und Kaukasus aus dem Dolch das Bronzeschwert und verbreitete sich von dort nach Europa und in den Vorderen Orient.

Eisen und Kavallerie

Zu Beginn des 1. Jahrtausends v. Chr. kam es durch zwei Innovationen zu einer neuerlichen Revolution im

Kriegswesen; es handelte sich hierbei um das Eisen und das Reiten. Eisen und der durch Weiterverarbeitung gewonnene Stahl waren der Bronze überlegen. Auch war Eisen praktisch überall zu finden, wodurch von nun an Waffen leichter und billiger in größeren Mengen hergestellt werden konnten, ohne dass man auf Importe von Rohmaterial angewiesen war.

Pferde wurden seit ihrer Domestizierung wahrscheinlich zuerst vor Wagen gespannt, vielleicht auch in den Steppen Südrusslands und in Europa gelegentlich geritten, aber für die Verwendung als Reittier vor dem Ende des zweiten vorchristlichen Jahrtausends gibt es keinen eindeutigen Beweis. Obwohl es aus Ägypten und dem Vorderen Orient schon seit der zweiten Hälfte des 2. Jahrtausends bildliche Darstellungen von Reitern gibt, setzte sich der Einsatz von Kavallerie, also berittenen Bogenschützen, erst mit dem zunehmenden Einfluss der südrussischen Steppenvölker im 1. Jahrtausend v. Chr. in Europa und im Vorderen Orient durch.

VON DEN ASSYRERN ZU ALEXANDER

Assyrien war zu dieser Zeit unumschränkte Militärmacht. Sein Heer verfügte über gepanzerte Infanterie, Reiter, Streitwagen und Belagerungsmaschinen, worunter beispielsweise bewegliche Mauerbrecher und Sturmleitern zu verstehen sind. Nachdem Perser und Meder das Assyrerreich vernichtet hatten, dehnten sie ihre Macht über den ganzen Orient aus. In ihrem Heer spielte die Kavallerie eine weit größere Rolle als zuvor, obwohl natürlich auch Infanterie und Streitwagen im Einsatz blieben.

Der große Gegner der Perser waren die Griechen, deren Heeresaufbau ein ganz anderer war: Den Kern der griechischen Heere stellte seit dem frühen 7. Jahrhundert v. Chr. die schwerbewaffnete Infanterie dar. Ausgerüstet mit Helm, Panzer, Beinschienen, großem Schild sowie Schwert und Lanze, bildeten diese so genannten Hopliten eine geschlossene Schlachtordnung, die Phalanx. In den Kriegen mit den Persern konnten sie im gebirgigen Griechenland der leichter bewaffneten persischen Infanterie standhalten, nicht zuletzt auch deshalb, weil sich die persische Kavallerie wegen des Geländes nicht voll entfalten konnte. Ab dem 4. Jahrhundert v. Chr. und zur Zeit Alexanders des Großen wurde jedoch die Rüstung der Hopliten leichter, daneben dienten leichte Truppen wie Peltasten (leichte Infanterie), Schleuderer und Bogenschützen dazu, die Flanken der Phalanx zu decken, außerdem wurde verstärkt Kavallerie eingesetzt.

Auch in der Belagerungstechnik kam es zu gewaltigen Fortschritten: Zu Beginn des 4. Jahrhunderts v. Chr. erfolgte die Erfindung der Torsionsgeschütze (Katapulte) mit denen Pfeile und Steine verschossen werden konnten. Die Heere der Nachfolger Alexanders des Großen brachten die aus Indien übernommenen Kriegselefanten zum Einsatz sowie gewaltige fahrbare Belagerungstürme, die zusätzlich mit Katapulten versehen waren.

RÖMISCHE KRIEGSFÜHRUNG

Die Römer übernahmen zahlreiche militärtechnische Errungenschaften von den Griechen, besonders im Belagerungswesen. In ihrer Infanterietaktik unterschieden sie sich jedoch radikal. Während die Griechen sich auf die Festigkeit ihrer nun mit überlangen Lanzen ausgerüsteten Phalanx verließen, versuchten die Römer diese durch einen Hagel von durchschlagskräftigen Wurfspeeren aufzubrechen und so den Nahkampf mit dem Schwert herbeizuführen. Diese Taktik erwies sich in allen Kriegen der Römer als erfolgreich und ermöglichte ihre weit reichenden Eroberungen.

Die Römer setzten anfangs ihre Kavallerie, die zumeist aus Verbündeten bestand, eher als Hilfstruppe ein. Erst der Zusammenstoß mit den schwer gepanzerten Reitern der Parther im Osten des Reiches führte zur Erweiterung der Kavallerie als schlachtentscheidende Truppe und leitete so die Kriegsführung des Mittelalters ein.

Die Entstehung der ersten Grossreiche durch Kriege

Mitte des 24. Jahrhunderts v. Chr. waren die Städte Südmesopotamiens in Kleinstaaten zusammengeschlossen, die sich zum Teil heftig bekriegten. Die Vereinigung zu einem Großreich sollte von außen kommen. Kein Sumerer, sondern ein Herrscher aus dem Norden gründete das erste Weltreich der Geschichte.

Geierstele des Königs Eannatum von Lagasch, um 2450 v. Chr.

Lugalzaggesi, dem Herrscher der Stadt Umma im Süden Mesopotamiens, gelang es, das traditionell verfeindete Lagasch zu besiegen. Seine Inschriften erzählen von einer Zeit politischer Stabilität in Sumer. Doch am Ende seiner 25-jährigen Regierungszeit wurde Lugalzaggesi von dem großen Reichsgründer Sargon gestürzt (um 2350 v. Chr.). Wo dessen Stadt Akkad lag, ist bis heute nicht sicher. Aber mittlerweile tendiert man dazu, sie in der Region des Flusses Diyala zu lokalisieren. Dieses Gebiet lag außerhalb der dicht besiedelten Landstriche, die das eigentliche Zentrum mesopotamischer Kultur bildeten.

Vorder- und Seitenansicht des Kopfes eines akkadischen Herrschers – wahrscheinlich Naram-Sin; Ninive, um 2350 – 2200 v. Chr.

Die Gründung des akkadischen Reiches unter Sargon

Sargon regierte mindestens 54 Jahre. In seinen Inschriften heißt es, er hätte sich gegen eine Koalition von 50 Stadtfürsten unter Lugalzaggesi durchgesetzt, als er – wohl erst gegen Ende seiner langen Regierungszeit – Südmesopotamien eroberte. Ganz bestimmt hatte Lugalzaggesi nicht damit gerechnet, eines Tages Gefangener eines Herrschers aus einem weniger zivilisierten Gebiet zu werden, das sich sprachlich zum Teil und gesellschaftlich stark vom Süden unterschied. Dass Sargons Machtübernahme von den Sumerern nicht ohne weiteres akzeptiert wurde, ist daran zu erkennen, dass er die Befestigungsanlagen ihrer Städte schleifen ließ, Akkader als Stadtherrscher einsetzte und akkadische Garnisonen stationierte. Mit der Ernennung seiner Tochter Enchedu'anna zur Hohepriesterin des Mondgottes in Ur fügte er sich den Traditionen des Südens, während er gleichzeitig Neuerungen zur Stabilisierung des jungen Großreichs einführte, etwa die Vergöttlichung des Königs zu Lebzeiten sowie ein einheitliches Maßsystem.

Unter Sargons Sohn und Nachfolger Rimusch brachen in Sumer Aufstände aus, die mit brutaler Härte unterdrückt wurden: Die rebellischen Stadtstaaten verloren etwa ein Drittel ihrer männlichen Bevölkerung. Rimusch eroberte auch Elam und Parachshum im Iran. Nach relativ kurzer Regierungszeit wurde er aber von seinen eigenen Dienern ermordet, vielleicht im Auftrag seines Bruders Manischtuschu, der die Thronfolge antrat und die Eroberungspolitik fortsetzte. Er führte Krieg im Iran und schlug eine Allianz von 32 Städten in Oman. Seine 15-jährige Herrschaft gilt als Epoche des Wohlstands, der wahrscheinlich nicht zuletzt auf der reichen Kriegsbeute beruhte; denn Oman war bekannt für seine Rohstoffvorkommen. Wie schon sein Bruder Rimusch wurde auch dieser akkadische Herrscher Opfer eines Attentats.

Naram-Sin und die grosse Revolte

Die nächsten 37 Jahre regierte sein Sohn Naram-Sin das Reich. Anders als sein Vater orientierte er sich bei seinen Eroberungen nach Norden, wo er bis Kilikien kam. Er schlug Obermesopotamien und Ebla in Syrien und erreichte die Quellen von Euphrat und Tigris sowie den damals noch dicht bewaldeten Libanon. Naram-Sin machte erstmals Ansprüche auf ein rein säkulares Großkönigtum geltend. Er beendete die tolerante Politik seiner Vorgänger, brach mit den Traditionen des Südens und beschnitt drastisch dessen alten Rechte. Das weckte den Widerstand der Unterdrückten.

In der »großen Revolte« sah sich Naram-Sin mit zwei Städtebünden konfrontiert, einem in Nordbabylonien und einem in Sumer. Nach dem blutigen Sieg über den Norden trieb Naram-Sin in sechs Schlachten die Truppen der sumerischen Städte bis zum Berg Basar in Syrien, wo er sie in einer siebten Schlacht schlug und ihren Anführer gefangen nahm. Trotz dieses glänzenden Sieges begann bereits un-

Der wohl nur zu zeremoniellen Zwecken genutzte Goldhelm zeigt die hohe handwerkliche Kunst der Sumerer im 3. Jahrtausend v. Chr.

ENTSTEHUNG DER ERSTEN GROSSREICHE

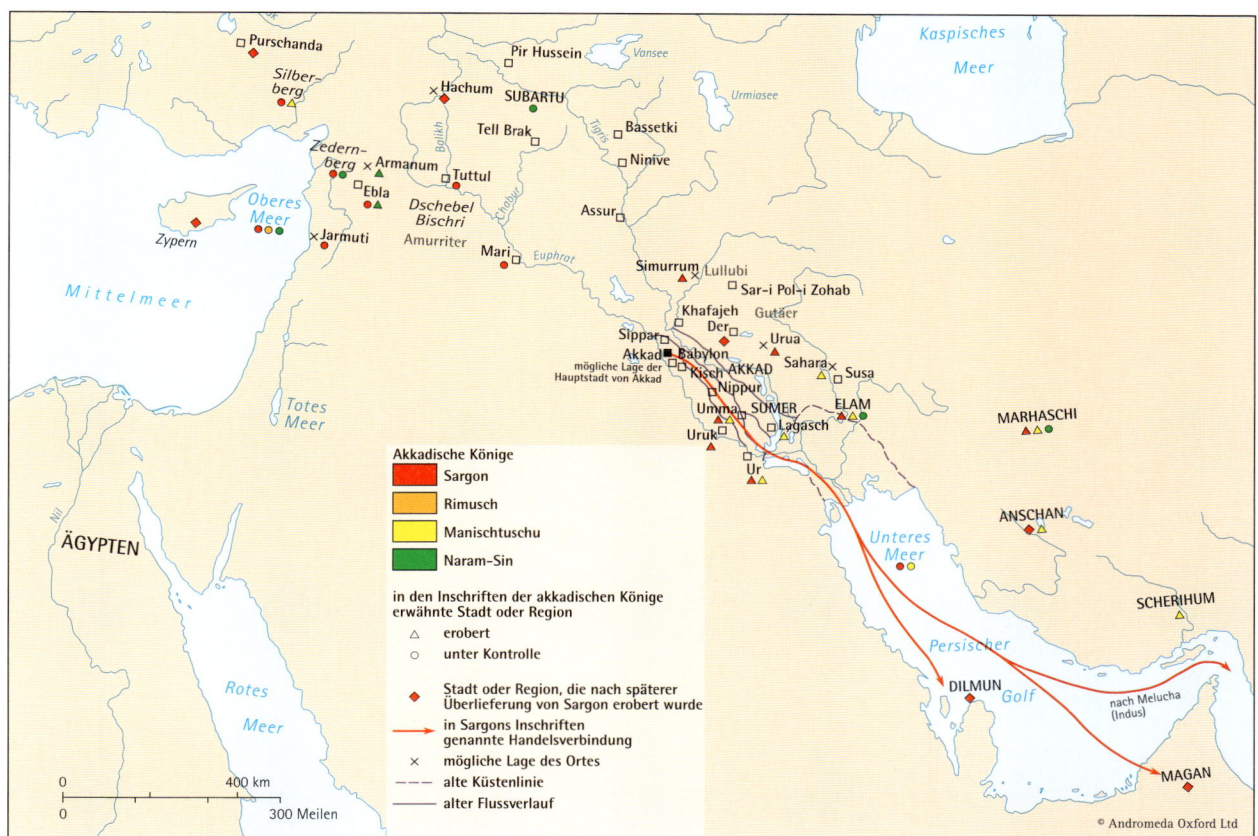

Das akkadische Reich unter seinen bedeutendsten Königen

ter seinem Nachfolger Scharkalischarri der unaufhaltsame Niedergang des Reichs: Die Provinzgouverneure fielen von Akkad ab; Barbaren drangen aus dem iranischen Hochland nach Mesopotamien ein. In einer tragischen Tradition seiner Familie wurde Scharkalischarri von akkadischen Notabeln ermordet. Mit ihm erlosch die Dynastie Sargons. Ihm folgten noch vier weitere, schwache Könige, ehe die Stadt Akkad um 2160 v. Chr. von den Gutäern erobert wurde.

LEGENDEN ÜBER SARGON VON AKKAD

In Nordbabylonien wurde die Erinnerung an die ruhmreiche Akkad-Dynastie nach ihrem Aussterben durch zahlreiche Erzählungen wach gehalten. Die meisten Überlieferungen handeln von Sargon. Obwohl ihr historischer Gehalt mehr als zweifelhaft ist, wecken sie unser Interesse; denn mehrere der darin enthaltenen Motive sind aus dem Alten Testament bekannt. So soll Sargon – wie Moses – als Säugling in einem Korb auf dem Fluss ausgesetzt worden und von seinem Finder adoptiert worden sein. Der biblische Uriasbrief begegnet uns in der Episode, in der Sargon vor seiner Machtergreifung einmal Bote eines Briefes ist, in dem der Empfänger aufgefordert wird, den Überbringer, also Sargon, zu töten. Eine historische Wahrheit vermittelt die Legende über einen Krieg, den Sargon auf Drängen einer Gruppe von Kaufleuten gegen die Stadt Puruschchanda führte. Man war sich im Alten Orient also durchaus bewusst, dass Kriege oft aus wirtschaftlichem Interesse heraus geführt wurden, auch wenn die Herrscher in ihren Inschriften den Willen der Götter als Begründung vorschoben.

Siegesstele des Königs Naram-Sin von Akkad

▶ Menschen und Ideen: Herrscher des Orients

DIE KRIEGE DER HETHITER

Zahlreiche Eroberungen und Feldzüge sowie die kluge Politik bedeutender Könige ließen das Hethiterreich, das in der ersten Hälfte des 2. Jahrtausends v. Chr. in Zentralanatolien entstanden war, rasch expandieren und zu einer neben Ägypten gleichberechtigten Großmacht werden.

Das Löwentor ist eines von ehemals fünf Stadttoren der alten Hethiterhauptstadt Hattusa, die im östlichen Anatolien lag.

Das späthethitische Flachrelief aus dem 9. Jahrhundert v. Chr. zeigt einen Wagenlenker und einen Bogenschützen.

Suppiluliuma I. (1380–1346 v. Chr.) war der größte Feldherr und König der Hethiter. Mit ihm begann die fast 200 Jahre während Zeit des hethitischen Großreichs: Das ursprünglich auf das zentralanatolische Hochland beschränkte Herrschaftsgebiet wurde bis in die Ägäis und im Osten bis nach Syrien und zum oberen Euphrat erweitert.

DIE RACHE DES KÖNIGS

Das Ansehen des hethitischen Königs war so groß, dass ihn die Witwe des kinderlos verstorbenen Pharaos Tutanchamun um einen seiner Söhne als Gatten bat. Doch in den ägyptischen Thronkämpfen siegte ein anderer, der hethitische Prinz wurde ermordet, und Suppiluliuma nahm fürchterliche Rache an den Ägyptern. Man geht davon aus, dass er die ägyptischen Provinzen in Syrien überfiel.

Syrien und die gesamte Levante, also die Länder des östlichen Mittelmeers, wurden zum Zankapfel zwischen der alten Großmacht Ägypten und dem aufstrebenden Hethiterreich. Vermehrt

KRIEGE DER HETHITER

kam es nun zu kriegerischen Auseinandersetzungen; denn Ägypten tat alles, um die Vorherrschaft in der strategisch wichtigen Region, die in zahlreiche, teils mit den Ägyptern, teils mit den Hethitern verbündeten Fürstentümer aufgegliedert war, wiederzuerlangen. In der Schlacht von Kadesch, die 1285 v. Chr. in Syrien stattfand, erreichte der Konflikt zwischen den beiden Großmächten einen – für diese Epoche außergewöhnlich gut dokumentierten – Höhepunkt.

EIN MÄCHTIGER GEGNER

Der ägyptische Pharao Ramses II. (1290 – 1224 v. Chr.) ließ eine Armee von 20 000 Mann aufmarschieren, bestehend aus seiner Garde und den vier Divisionen, die nach den Göttern Amun, Re, Ptah und Seth benannt waren. Das Heer der Hethiter, die all ihre Verbündeten mobilisiert hatten, soll sogar 37 000 Mann Fußvolk und 3 500 Streitwagen umfasst haben. Woher wissen wir das?

Bei Ausgrabungen wurden Teile der ehemaligen Stadtmauer von Hattusa freigelegt.

bei Kadesch, in dem sich auch die Leibgarde und die 1. Division aufhielten. Die 3. und 4. Division war viel zu weit entfernt, um noch eingreifen zu können.

UNENTSCHIEDENER AUSGANG

Muwatalli schien der Sieg nicht mehr zu nehmen. Doch dann gelang es einer ägyptischen Kadetteneinheit von Westen kommend, dem Pharao und seinen Truppen die Flucht zu ermöglichen. Muwatalli forderte daraufhin Ramses II. schriftlich auf, sich einer Entscheidungsschlacht zu stellen. Doch die Ägypter kehrten in ihre Heimat zurück – so die hethitischen Quellen. In den ägyptischen Berichten heißt es dagegen, der geschlagene Muwatalli habe Ramses II. um Frieden gebeten, der habe aber abgelehnt.

Ramses II. glorifizierte seinen »Sieg« auf allen Tempelwänden des Landes. Doch die politische Situation in der Region spricht eine eindeutige Sprache: Syrien blieb weiterhin unter hethitischer Vorherrschaft. 15 Jahre später kam der erste Staatsvertrag zwischen zwei Großmächten zustande: Hethiter und Ägypter schlossen Frieden. Um 1200 dann wurde das Hethiterreich von den so genannten Seevölkern, wohl Invasoren aus dem ägäischen Raum, überrannt und vernichtet.

Über keine Schlacht des frühen Altertums sind wir so gut informiert wie über die Schlacht bei Kadesch. Denn Ramses II. ließ in fast allen großen Tempeln Ägyptens Berichte dieses Ereignisses einmeißeln, die seinen heldenhaften Sieg glorifizieren. Doch auch in einem Archiv in Hattusa, der Hauptstadt der Hethiter, wurde ein Bericht der Schlacht entdeckt. Demnach sahen sich die Hethiter als Sieger. Was ist wirklich geschehen?

Bewaffnete Götter als Reliefschmuck in einem hethitischen Heiligtum

DIE SCHLACHT VON KADESCH

Als Führer der Hethiter zog König Muwatalli (1315 – 1282 v. Chr.) in den Kampf. Er hatte die hethitischen Streitwagen – die Heere bestanden alle aus Fußtruppen und Streitwagenkämpfern – nicht wie üblich mit zwei, sondern mit drei Mann besetzt, was die Kampfkraft wesentlich erhöhte. Letztendlich entscheidend für den Schlachtenverlauf wurde jedoch eine Kriegslist: Muwatalli schickte den vorrückenden Ägyptern zwei Spione entgegen, die behaupteten, einem von den Hethitern unterworfenen Stamm anzugehören und auf Seiten der Ägypter zu stehen. Ferner gaben sie an, Muwatalli fürchte sich vor den Truppen des Pharao und hielte sich deshalb etwa 200 km nördlich von Kadesch auf. Tatsächlich lauerte der Hethiter mit seiner Armee hinter den Hügeln, nur wenige Kilometer östlich von Kadesch.

Ramses II. glaubte den Boten und beschloss, mit der ersten Division vorzudringen, den Orontes zu überqueren und in Kadesch ein Lager aufzubauen. Die übrigen Divisionen folgten ihm in weiten Abständen. Schließlich erkannte Ramses, dass er hinters Licht geführt worden war. Aber da war es zu spät, um die südlich marschierenden Truppen zu informieren. So konnte Muwatalli der vorbeimarschierenden 2. Division Re in die Flanke fallen und sie aufreiben. Dann umzingelte er das Lager des Pharaos

In der zweiten Hälfte des 13. Jahrhunderts v. Chr. entstand dieses hethitische Königssiegel.

ZANKAPFEL SYRIEN

Ab etwa 1600 v. Chr. war das am Mittelmeer gelegene Syrien fast ein Jahrtausend lang heiß umkämpft. Bis zu seiner Zerstörung im 14. Jahrhundert v. Chr. durch die Hethiter beteiligte sich auch das östlich gelegene Mitanni-Reich an den Konflikten. Danach wurden sie zwischen Ägyptern, Assyrern und Hethitern ausgefochten, wobei letztere bis zu ihrem Untergang um 1200 die Oberhand behielten.

▶ Völker, Staaten und Kulturen: Das Reich der Hethiter

Hammurapi und der militärische Aufstieg Babylons

König Hammurapi regierte in der ersten Hälfte des 18. Jahrhunderts v. Chr. Anfangs noch Herrscher eines unwichtigen Kleinstaates und vermutlich Vasall Assyriens, machte er Babylon durch geschickte Bündnispolitik und militärische Tatkraft zum blühenden Großreich.

Das Siegel mit einem Gebet an Marduk, den Stadtgott von Babylon, aus der Zeit um 1500 v. Chr. wird im Britischen Museum, London, aufbewahrt.

Die ersten 30 Jahre der Regierungszeit Hammurapis waren weitgehend der Innenpolitik gewidmet. Damals erstreckte sich Babylons Machtbereich kaum mehr als 80 Kilometer im Umkreis der Stadt. Auch wenn wichtige Städte Nordbabyloniens dazu gehörten, etwa Kisch, Sippar, Kazallu, Marad und Dilbat, war Babylon bestenfalls ein Kleinstaat von untergeordneter Bedeutung. Die Lage beherrschten andere, nämlich das Königreich Assyrien unter Schamschi-adad, dem Hammurapi wahrscheinlich bis zu dessen Tod noch tributpflichtig war, sowie das Königreich Larsa unter Rim-Sin.

Kluge Bündnispolitik

Nach Schamschi-adads Tod verlor sein Sohn Jasmah-adad die Herrschaft in Mari an Zimrilim, und Hammurapi stand vor der Aufgabe, durch geschicktes Paktieren zu einem friedlichen Nebeneinander mit Larsa und Eschnunna zu finden. Auch das Verhältnis zu Zimrilim von Mari war nach Ausweis der dort gefundenen Korrespondenz gut. Ein Brief aus jener Zeit häufig wechselnder Bündnisse und unsicherer Koalitionen vermeldet: »Da gibt es keinen König, der von sich allein aus der stärkste ist. Zehn oder fünfzehn Könige folgen Hammurapi, dem Mann von Babylon, ebenso viele folgen Rim-Sin von Larsa, Ibal-pi-El von Eschnunna und Amut-pi-El von Qatna, wogegen 20 Könige Yarimlim von Aleppo folgen.« Von Babylons ehemaliger Oberherrin Assur ist in dem Schreiben gar nicht mehr die Rede, und tatsächlich war Schamschi-adads Nachfolger Ischme-Dagan damit beschäftigt, sich das Bergvolk der Turukkäer vom Leibe zu halten.

Expansive Kriegspolitik

Lange Zeit hielt Hammurapi Frieden. Erst im 29. Jahr seiner Herrschaft schlug er die vereinten Armeen von Elamitern, Assyrern, Gutäern sowie von Malgium und Eschnunna. Es handelte sich also um eine Allianz nördlich und östlich von Babylon gelegener Städte und Landstriche, die Hammurapi in diesem Krieg zwar noch nicht schlagen, aber erheblich schwächen konnte. Im folgenden Jahr, 1763 v. Chr., errang Hammurapi den wichtigen Sieg über Rim-Sin von Larsa.

Das Volk der Kassiten übernahm im 17. Jahrhundert v. Chr. die Macht in Babylonien. Der Grenzstein stammt aus dem 12. Jahrhundert v. Chr. – kurz nach dem Niedergang ihrer Herrschaft.

Militärischer Aufstieg Babylons

Ein Brief aus Mari legt den Schluss nahe, dass Rim-Sin kurz zuvor noch versucht hatte, mit Hammurapi ein Bündnis einzugehen. Allerdings fiel Rim-Sin gleichzeitig immer wieder plündernd in babylonisches Territorium ein, vielleicht um Hammurapi zu zeigen, dass sein Bündnisangebot keineswegs aus einer Position der Schwäche heraus kam. Tatsächlich erreichte er damit nur den Widerstand Hammurapis gegen ein Bündnis: Die Zeichen standen auf Krieg! Mit Hilfe mariotischer Hilfstruppen eroberte Hammurapi zunächst die Stadt Maschkan-Schapir im Staat von Larsa, danach Larsa selbst gegen den Widerstand von 40 000 Kriegern. Damit unterstand Hammurapi nun ein großer Teil Südbabyloniens.

Im folgenden Jahr schlug er das vereinigte Heer von Assyrien, Eschnunna und den Gutäern. 1757 besiegte er seinen langjährigen Verbündeten Mari und kontrollierte nun den mittleren Euphrat. Zwei Jahre später kam es abermals zu einer Auseinandersetzung mit Eschnunna. Nun zerstörte er die Stadt so gründlich, dass sie, wie auch Mari, nie wieder zu der Rolle zurückfinden sollte, die sie einst spielte. Bei der Eroberung ließ er vermutlich den Fluss aufstauen, an dem die Stadt lag, und sie dann überschwemmen.

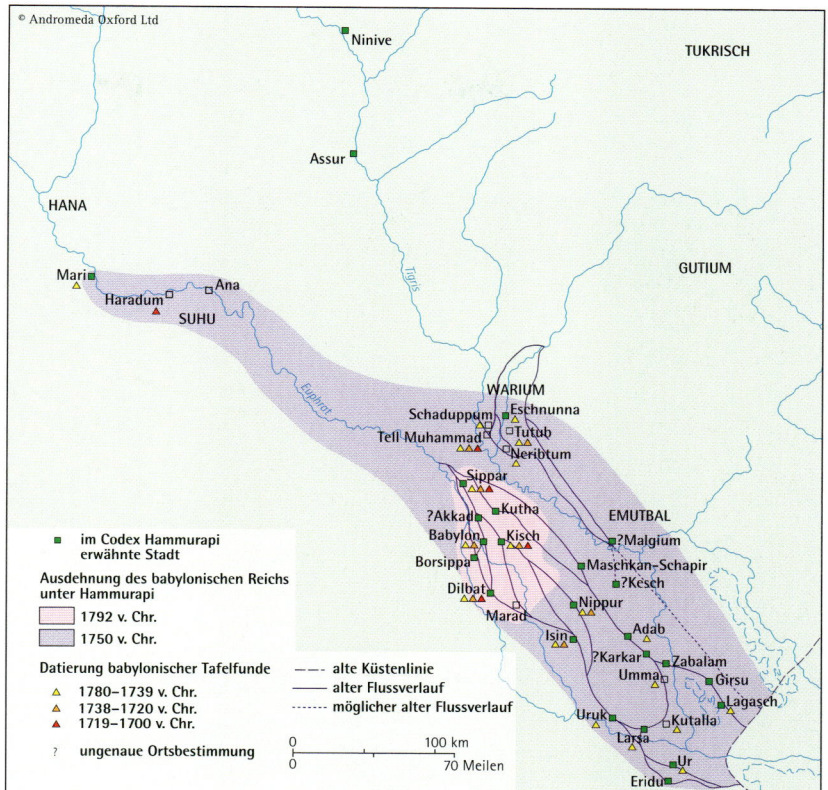

Das Babylonische Reich unter Hammurapi

Ein blühendes Reich

Jetzt konnte sich Hammurapi Assyrien zuwenden. Es ist nicht sicher, wie weit er in dessen Territorium vorstieß. In Diyarbakir wurde eine Stele von ihm gefunden, doch bleibt unklar, ob es sich dabei um ein Siegesmal handelt. Im Prolog seiner Gesetzessammlung werden die assyrischen Städte Assur und Ninive zumindest nominell zu den eroberten Orten gerechnet. Damit kontrollierte Hammurapi nun auch weite Teile des Tigris und seiner Nebenflüsse.

In innenpolitischer Hinsicht stabilisierte er sein Reich durch eine milde und gerechte Politik, die zwischen den Einwohnern der Kerngebiete und den Unterworfenen keinen Unterschied machte. Auch lag Hammurapi ein florierendes Wirtschaftsleben am Herzen, wobei die von ihm geschaffene Rechtssicherheit viel zum wachsenden allgemeinen Wohlstand beitrug. Die Herrschaft Hammurapis war eine Periode der kulturellen und wirtschaftlichen Blüte Babyloniens.

Die Dynastie Hammurapis

Ursprünglich von amurritischer Herkunft, waren Hammurapis Vorfahren als Nomaden aus dem Gebiet des heutigen Syrien nach Babylonien eingewandert. Hier gewann die nun sesshaft gewordene ehemalige Scheichfamilie, wahrscheinlich durch eine wachsende Klientel abhängiger Familiengruppen, im Lauf der Zeit genügend Einfluss, um die Herrschaft über die Stadt zu beanspruchen. Ähnliche Prozesse werden auch für andere Städte Babyloniens angenommen, wo ebenfalls amurritische Dynastien an die Macht kamen. In der Chronologie der babylonischen Herrscherfamilien wird die des Hammurapi als erste Dynastie bezeichnet.

König Nebukadnezar II. (Reg. 605–562 v. Chr.) führte das Reich zu neuer Blüte und ließ in Babylon mächtige Bauten errichten; hier die archäologisch gesicherten Ruinen seines Stadtschlosses.

▶ **Völker, Staaten und Kulturen:** Babylonien
▶ **Menschen und Ideen:** Hammurapi
▶ **Menschen und Ideen:** Herrscher des Orients
▶ **Große Entdeckungen:** Babylon

ÄGYPTISCHE WELTMACHTPOLITIK

Mit der Vertreibung der fremdstämmigen Hyksos gegen Ende des 16. Jahrhunderts v. Chr. begann in der ägyptischen Geschichte eine Phase der Eroberungspolitik. Durch glänzende militärische Erfolge erreichte das Pharaonenreich seine größte Ausdehnung und die Vormachtstellung im Vorderen Orient.

Standbild des ägyptischen Königs Thutmosis III., dem Sieger der Schlacht von Megiddo.

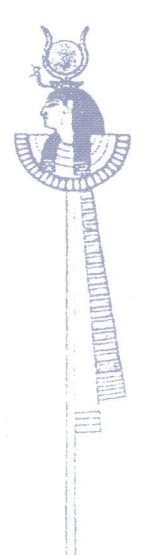

Das Relief in einem ägyptischen Grab zeigt Soldaten im Streitwagen.

Die ägyptischen Pharaonen des Alten und des Mittleren Reiches beschränkten ihre Expansionspolitik auf das im Süden liegende Nubien. Daneben galt es, Einfälle der in der westlichen Wüstensteppe lebenden Libyer abzuwehren. Die Beziehungen zum Vorderen Orient waren friedlicher Natur und auf den Handel mit den Städten an der palästinensisch-libanesischen Küste beschränkt. Einige wenige Kriegszüge der 6. Dynastie und des Mittleren Reiches in das südliche Palästina hatten eher den Charakter von Beutezügen und führten nicht zu einer dauerhaften Besetzung des Landes.

EROBERUNGEN IM SÜDEN UND IM OSTEN

Doch dies änderte sich mit der Vernichtung der Macht der Hyksos und der Einigung des Landes durch Ahmose (um 1550 – 1525 v. Chr.), dem Begründer der 18. Dynastie und des Neuen Reiches.

Dem waren im Verlauf der Hyksosherrschaft zahlreiche aus Vorderasien stammende Neuerungen in der Kriegstechnik vorangegangen, die das bis dahin relativ einfache Kriegswesen der Ägypter entscheidend veränderten. Dazu gehörte die Einführung des leichten, von zwei Pferden gezogenen Streitwagens, neuartiger Bronzegusstechniken und neuer Waffen wie dem Schuppenpanzer und dem Sichelschwert.

Die Pharaonen des Neuen Reiches begnügten sich von nun an nicht mehr damit, ihre Herrschaft im Süden über Nubien auszudehnen, sondern drangen weit in den Vorderen Orient vor. So erreichte der Pharao Thutmosis I. auf seinen Eroberungszügen als erster ägyptischer König den Euphrat und ließ hier eine Siegesstele errichten. Der ägyptische Herrschaftsbereich erstreckte sich von nun an auch über Palästina und weite Teile Syriens sowie die libanesischen Küstenstädte.

2100 V. CHR. | 2000 V. CHR. | 1900 V. CHR. | 1800 V. CHR. | 1700 V. CHR. | 1600 V. CHR. | 1500 V. CHR. | 1400 V. CHR.

2020 – 1793 v. Chr.
Mittleres Reich: ägyptischer Vorstoß nach Süden bis zum 2. Katarakt, Errichtung eines Sperrriegels von Grenzfestungen (z. B. Festung Buhen)

1872 – 1852 v. Chr.
Herrschaft von Sesostris III.: Feldzug in Palästina bis zur Stadt Sichem

1541 v. Chr.
Eroberung der Hyksos-Hauptstadt Auaris

1504 – 1492 v. Chr.
Herrschaft von Thutmosis I.: erster ägyptischer Vorstoß zum Euphrat und Vordringen im Süden bis zum 4. Katarakt

1457 v. Chr.
Schlacht von Megiddo

ÄGYPTISCHE WELTMACHTPOLITIK

DER KAMPF UM SYRIEN: MITANNI UND HETHITER

Syrien und Palästina hatten nie eine politische Einheit gebildet, sondern setzten sich aus einer Vielzahl von Stadtstaaten zusammen, die von Kleinkönigen regiert wurden. Diese hatten nach ihrer Unterwerfung Tribute an Ägypten zu entrichten, und in den Städten residierten ägyptische Beamte, die von Garnisonen geschützt wurden. Gab es in Ägypten innenpolitische Probleme oder war die Macht eines Pharao nicht stark genug, nutzten dies die syrischen Fürsten sofort, um die Herrschaft der Ägypter abzuschütteln.

Ein weiterer Faktor in diesem Machtkampf war das nördlich gelegene Mitanni-Reich, das ebenfalls seinen Einfluss in Syrien geltend machte. Deshalb schlug der Pharao Thutmosis III. (1479 bis 1425 v. Chr.) eine von den Mitanni unterstützte Koalition syrischer Stadtfürsten in der Schlacht von Meggido und richtete die ägyptische Herrschaft wieder auf. In der Folgezeit waren die Beziehungen der Nachfolger zu den Mitanni allerdings friedlich, was sich durch verschiedene Eheschließungen ägyptischer Prinzen mit Prinzessinnen aus Mitanni zeigt. Mitanni geriet bald darauf selbst in Bedrängnis durch das aufstrebende Assyrerreich und das sich über weite Teile Kleinasiens ausdehnende Hethiterreich, dem es schließlich auch unterlag.

Als die Hethiter immer weiter nach Syrien vordrangen, wurde der Kampf mit Ägypten unvermeidlich. Der Höhepunkt dieses Krieges war die von Ramses II. gegen den Hethiterkönig Muwatalli geführte Schlacht von Kadesch in Syrien. Sie endete in einem Unentschieden, obwohl Ramses II. den Sieg für sich beanspruchte. Das Ergebnis war ein Friedensvertrag zwischen beiden Mächten, die ihre Einflussbereiche in Syrien festlegten und friedliche Beziehungen miteinander vereinbarten.

DIE SEEVÖLKER

Einen Großteil der Kämpfe führten die Ägypter mit der Hilfe libyscher und nubischer Söldner sowie der schon zur Zeit von Ramses II. (1279 – 1213 v. Chr.) erscheinenden Schardana. Dieses wohl aus Sardinien stammende Volk gehörte zu den so genannten Seevölkern, die in einer Art Völkerwanderung um 1200 v. Chr. vom östlichen Balkanraum ausgehend ganz Griechenland und den östlichen Mittelmeerraum überrannten. Sie zerstörten das Reich der Hethiter und die an der syrisch-libanesischen Küste liegenden Städte, drangen von Land und von See her auch nach Ägypten ein. Doch den Pharaonen Merenptah (um 1213 bis 1203 v. Chr.) und Ramses III. (um 1183 – 1151 v. Chr.) gelang es in entscheidenden Schlachten, die Seevölker abzuwehren. Ihre große Zeit war vorbei. Aber im Namen Palästina leben sie weiter: Die Peleset (= Philister) nämlich, ein den Seevölkern zugerechneter Stamm, ließen sich dort nieder. Auch die erste Erwähnung einer Seeschlacht hängt mit den Seevölkern zusammen: Ramses III. ließ seinen Triumph über die Eindringlinge auf den Tempelwänden von Medinet Habu in Theben dokumentieren.

Wenn auch die Pharaonen der Spätzeit gelegentlich noch Kriegszüge nach Vorderasien unternahmen, etwa Jerusalem eroberten oder erfolglos gegen die Babylonier kämpften, war die Zeit der ägyptischen Großmachtstellung in im Vorderen Orient mit Beginn des ersten Jahrtausends weitgehend vorbei.

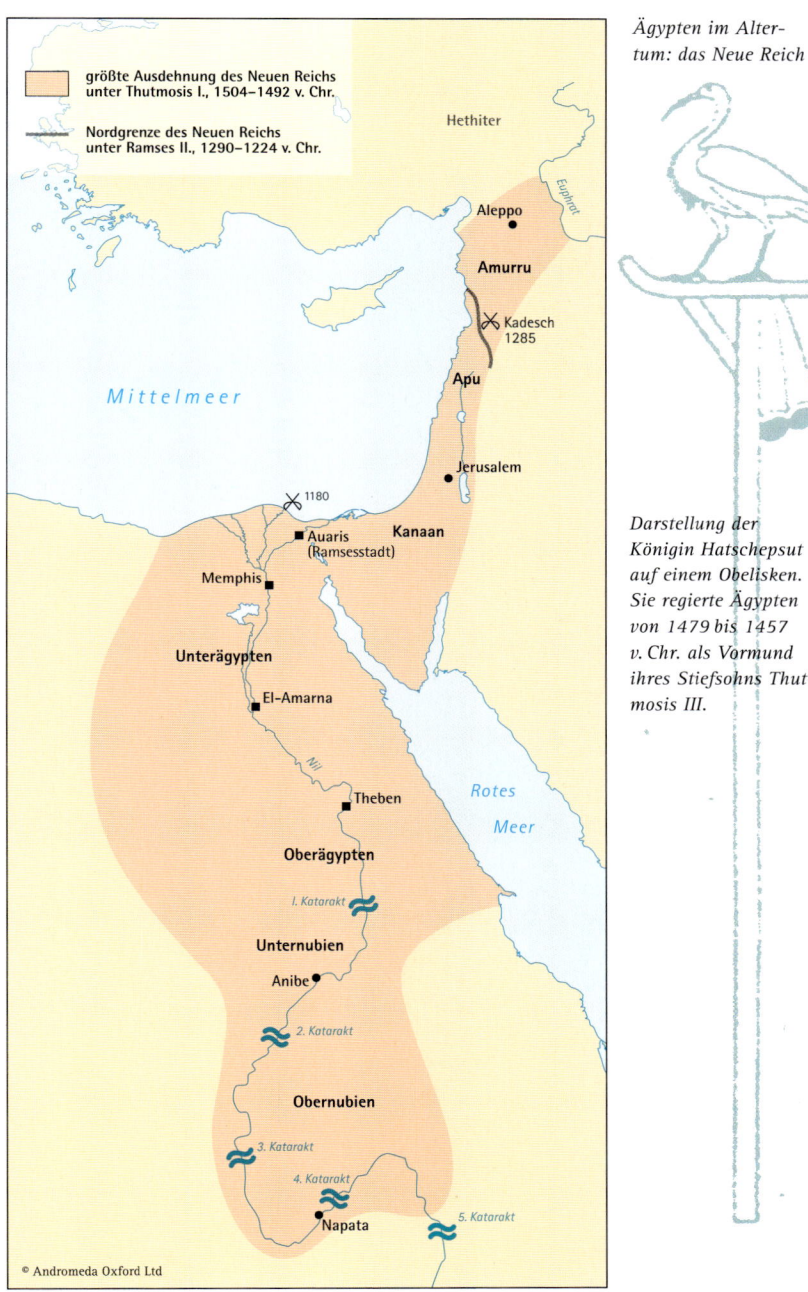

Ägypten im Altertum: das Neue Reich

Darstellung der Königin Hatschepsut auf einem Obelisken. Sie regierte Ägypten von 1479 bis 1457 v. Chr. als Vormund ihres Stiefsohns Thutmosis III.

| 1300 v. Chr. | 1200 v. Chr. | 1100 v. Chr. | 1000 v. Chr. | 900 v. Chr. | 800 v. Chr. | 700 v. Chr. | 600 v. Chr. |

1274 v. Chr. Schlacht von Kadesch

1208 v. Chr. Merenptah wehrt Seevölker und Libyer ab

1183 – 1151 v. Chr. Herrschaft von Ramses III.: Seevölker endgültig zurückgeschlagen

927 v. Chr. Schoschenk I. erobert Jerusalem

605 v. Chr. Schlacht bei Karkemisch: schwere ägyptische Niederlage, Ende des außenpolitischen Einflusses im Vorderen Orient

▶ **Völker, Staaten und Kulturen:** Die Ägypter
▶ **Menschen und Ideen:** Ramses II.
▶ **Handel und Wirtschaft:** Wirtschaftliche Grundlagen der Nilkultur

DIE MYKENISCHE EXPANSION IN DER ÄGÄIS

Im 16. Jahrhundert v. Chr. entstand auf dem griechischen Festland ein frühes europäisches Machtzentrum, das nach seiner wichtigsten Festung, Mykene im Osten des Peloponnes, benannt wird. Dessen Einflussbereich umfasste nach kriegerischer und friedlicher Expansion das gesamte östliche Mittelmeer.

An eine große Zeit erinnern die Ausgrabungen auf dem Burgberg von Mykene.

Über die ersten Jahrhunderte, die der indoeuropäischen Einwanderung Anfang des 2. Jahrtausends v. Chr. folgten, wissen wir nicht viel. Aber die räumliche Enge Griechenlands führte dazu, dass sich die neuen Machtzentren nur auf Kosten ihrer Nachbarn ausdehnen konnten und voreinander schützen mussten. An der Spitze eines mykenischen Staates stand der König (*wanax*), der neben der Verwaltung und Rechtsprechung auch die kultische Führungsrolle innehatte. Doch schon der zweite Mann im Staat war der *lawagetas*, was übersetzt soviel wie Führer des Volkes (im Krieg) bedeutet.

Diese mykenische Tonvase mit der Darstellung von Kriegern stammt aus der Zeit um 1200 v.Chr.

EIN VOLK VON KRIEGERN

Der Mythos, überliefert etwa in den großen Epen des Homer, verbindet Mykene untrennbar mit dem Krieg. Seine Bedeutung im Leben der Mykener beweisen auch archäologische Funde: Elfenbeinschnitzereien mit gerüsteten Kriegern, eine massive Rüstung aus Bronzeplatten, ein Helm aus Eberzähnen, Schwerter, Dolche, Lanzen, Schilde und Tonmodelle von Streitwagen sowie die berühmte Kriegervase. Die gut erhaltenen Burgen von Mykene und Tiryns sind Musterbeispiele antiker Festungsbaukunst.

Mykene liegt am Rand der Ebene von Argolis auf einem dreieckigen Felsplateau und wird von zwei Schluchten gut geschützt. Um 1400 v. Chr. entstand die heute sichtbare Festung, die um 1250 erneuert und erweitert wurde. Dazu gehörte das Löwentor, das bekannteste mykenische Bauwerk. Es liegt in der Gasse zwischen zwei überlappenden Mauerteilen und wurde somit durch eine vorgezogene Bastion geschützt, die den Angreifer auf seiner ungeschützten rechten Seite bedrohte. Das Tor selbst besteht aus drei gewaltigen Steinblöcken. Dreieckige Blöcke darüber sollten es entlasten und das Gewicht ablenken. Die äußere Platte ziert ein Relief mit zwei aufgestützten Löwinnen, das schon der antike Reiseschriftsteller Pausanias beschrieb. Für den Fall einer Belagerung gab es eine Zisterne, in die fast 100 Stufen hinunterführten.

Der Holzstich des 19. Jahrhunderts zeigt die idealtypische Ansicht der antiken Stadt Mykene.

Schon die Dichter Homer und Pindar rühmten die Mauer von Tiryns, und Pausanias behauptete, dass ein Gespann von Maultieren auch nicht den kleinsten Stein der Mauer bewegen könne. Tatsächlich sind die größten bis zu acht Meter lang und über 14 Tonnen schwer. Das konnten nur Riesen (Kyklopen) vollbracht haben, und kyklopisch heißen solche Mauern noch heute. Die Mauer der Oberburg ist an einigen Stellen bis zu elf Meter dick und birgt im Inneren Kasematten, die über kunstvolle Gänge mit Spitzgewölbe zugänglich sind.

MYKENER EROBERN DAS ÖSTLICHE MITTELMEER

Seit dem 15. Jahrhundert dehnten die Mykener ihre Macht auf das Meer aus, und nach dem Untergang der kretischen Flotte ließ sich in Knossos ein mykenischer König nieder. Vielleicht spiegelt sich der Kampf um die Ägäis in einem Fresko wider, das in Akrotiri auf Santorin gefunden wurde und eine Seeschlacht darstellt. In der Folgezeit übernahmen die Mykener den Seehandel in der Ägäis und gründeten Handelsplätze in Milet, an der syrischen Küste, auf Rhodos und Zypern. Im Westen drangen sie bis nach Spanien vor. Hethitische Quellen sprechen von kriegerischen Auseinandersetzungen mit den Achäern, so der Name des altgriechischen Volksstammes. Auch im homerischen Epos schimmert das Seeräubertum durch, und hinter dem Trojanischen Krieg könnten reale handelspolitische Interessen um den wichtigen Zugang zum Schwarzen Meer gestanden haben.

Um 1200 v. Chr. bauten die Mykener in Griechenland ihre Festungen aus. War das ein Zeichen der Stärke, der äußeren Bedrohung oder der internen Machtkämpfe? Tatsächlich wanderten damals weitere griechische Völkerschaften aus dem Norden ein, doch der Untergang der mykenischen Welt zog sich lange hin und war begleitet von Erdbeben, Brandkatastrophen und Entvölkerung.

DER KAMPF UM TROJA

Denkt man an die Burg von Mykene, erwacht ihr König Agamemnon zum Leben, der die achäischen Helden gegen Troja geführt und fast ein halbes Jahrtausend später Homer zu »Ilias« und »Odyssee«, den ersten Heldenepen der europäischen Literaturgeschichte, inspiriert hat:

Paris, der Sohn des trojanischen Königs Priamos, hatte sich als Schiedsrichter über die Schönheit der Göttinnen für Aphrodite entschieden. Zur Belohnung half sie ihm, Helena aus Sparta zu entführen. Der betrogene Ehemann Menelaos und sein Bruder Agamemnon riefen die Griechen zusammen, um sie zurückzuholen. Da sich die Götter über Trojas Schicksal nicht einig waren, tobte der Kampf zehn Jahre lang und gipfelte im Zweikampf zwischen Hektor und Achill. Als der unverwundbare Achill schließlich durch den Pfeil des Gottes Apollon fiel, besiegelte die List des Odysseus Trojas Ende. Im Bauch des hölzernen Pferdes drangen die Griechen ein und zerstörten die Stadt. Priamos fiel, Helena wurde begnadigt, die Warnerin Kassandra verschleppt. Nur Äneas entkam und bereitete die Gründung Roms vor. Doch viele Sieger wurden nicht glücklich. Odysseus kehrte erst nach einer zehnjährigen Irrfahrt nach Ithaka zurück, und auf Agamemnon wartete in Mykene der Dolch der Gattin Klytämnestra und ihres Liebhabers Aigisthos.

Schon in der Antike rühmten Reiseschriftsteller das mächtige Löwentor von Mykene.

- Völker, Staaten und Kulturen: Die Mykener
- Große Entdeckungen: Die Ausgrabung Trojas
- Kunst und Architektur: Schatzhaus des Atreus
- Literatur und Musik: Ilias und Odyssee
- Literatur und Musik: Orestie

[26]
ISRAELITEN EROBERN JERUSALEM

DIE ISRAELITEN EROBERN JERUSALEM

Unter König Saul entstand das israelitische Königtum, doch erst seinem Nachfolger David gelang die Gründung eines geeinten Reiches. Um das Jahr 1000 v. Chr. erhielt dieser Staat durch die Eroberung Jerusalems auch eine Hauptstadt.

Dem christlichen Mittelalter galt Jerusalem – hier als Stadtplan mit Umgebung in einer Handschrift des 12. Jahrhunderts – als Zentrum der Welt. König David hatte es zu seiner Hauptstadt gemacht.

Die Israeliten, die der Bibel zufolge nach dem Exodus aus Ägypten zum Volk geworden waren, wanderten ins gelobte Land Kanaan ein. Es gelang ihnen jedoch keine sofortige vollständige Eroberung. Nur die ländlichen Gebiete zwischen den kanaanäischen Stadtstaaten konnten sie für sich beanspruchen. Von der Küstenebene her drohte Gefahr durch die Philister, die nur vorübergehend unter der militärischen Führung der Richter geschlagen wurden und ein ernst zu nehmender Feind blieben.

VOM NOMADENVOLK ZUM KÖNIGTUM

Mit den traditionellen Mitteln des Stammesverbandes waren ihnen die Israeliten auf Dauer nicht gewachsen. Doch in Saul aus dem Stamm Benjamin fand sich schließlich eine charismatische Führergestalt, die der Prophet Samuel zum König salbte. Sein Königtum entsprach jedoch eher einem Häuptlingstum, es erreichte noch nicht die Ebene der echten

Die Nachwelt hat den Söldnerführer und Kriegsherrn David meist als weisen Greis dargestellt.

Staatlichkeit. Da ihm nicht alle Stammesführer allzeit treu die Gefolgschaft hielten, scheiterte Saul und musste am Berg Gilboa bei einer großen Schlacht gegen die Philister eine Niederlage hinnehmen. Daraufhin beging der König Selbstmord.

Sein Nachfolger wurde David aus dem Stamm Juda, der schon vor Sauls Tod vom Propheten Samuel in aller Heimlichkeit zum König gesalbt worden war. Davids Machtbasis bestand in einer schlagkräftigen Söldnertruppe, die er nach seiner Flucht vor Saul in den judäischen Bergen um sich geschart hatte. Die gemeinsamen Raubzüge brachten ihm Reichtum ein, die zeitweiligen Kriegsdienste für die Philister schließlich auch ein lukratives Lehen in der Küstenebene. Nach dem Tode Sauls wurde David von den sechs Südstämmen zum König über das Südreich Juda gewählt und gekrönt. Einige Jahre später, nach der Ermordung von Sauls Sohn, wählten ihn auch die sechs Nordstämme zum König. Davids Stärke erklärt sich aus seinem entschlossenen Auftreten und der absoluten Loyalität seiner Männer. Er besiegte die Philister endgültig, eroberte große Gebiete östlich des Jordan und unterwarf die noch verbliebenen kanaanäischen Stadtstaaten.

ISRAELITEN EROBERN JERUSALEM

DIE EINNAHME JERUSALEMS

Die bedeutendste Eroberung eines kanaanäischen Stadtstaats war die Einnahme der Jebusiterstadt Jerusalem um 998 v. Chr. Die Bibel berichtet bei 2. Sam. 5,6 ff. davon, wie gut die Stadt befestigt war. Ihre Bewohner sagten zu König David: »Du wirst nicht hier hereinkommen, sondern Blinde und Lahme werden dich ab-

wehren.« Doch David überwand die Befestigung mit einer List: Er schickte seinen Heerführer Joab durch einen Tunnel hinauf in die Stadt. Der Tunnel ist heute noch zu sehen: Die jebusitischen Kanaaniter hatten ihn durch den Fels von der Stadt aus hinunter zur einzigen Quelle gegraben, um auch in Belagerungszeiten immer an frisches Wasser zu gelangen. Dieser Warrenschacht, der im 19. Jahrhundert entdeckt wurde und nach seinem Entdecker benannt ist, verläuft zuerst diagonal und für Besucher begehbar, dann

steil vertikal in die Tiefe auf die Gihonquelle im Kidrontal zu.

Die Einnahme Jerusalems durch König David wurde im modernen Israel 1995 und 1996 unter dem Motto »Jerusalem 3000« gefeiert, was allerdings Widerspruch hervorrief; denn die Stadt ist bedeutend älter und die Eroberung durch die Israeliten nur ein Aspekt ihrer langen wechselvollen Geschichte.

Die Karte zeigt Davids Königreich mit seinen Teilgebieten sowie Nachbarstaaten.

König David als idealer Herrscher in einer karolingischen Bibel

HAUPTSTADT JERUSALEM

David machte Jerusalem zur ersten Hauptstadt seines mächtigen Staates Israel. Ausschlaggebend für diese Wahl war nicht nur die bereits bestehende starke Befestigung. Besonders günstig war auch die Lage zwischen den beiden Reichshälften und auf neutralem Boden – keiner der israelitischen Stämme, deren Rivalität die Einheit des Reiches gefährden konnte, durfte sich also bevorzugt fühlen. Der König holte bald das Reichsheiligtum, die Bundeslade, in die Stadt und ließ auf dem Berg Moria die Stiftshütte, das israelitische Wanderheiligtum, für sie aufstellen. Sein Nachfolger König Salomo erbaute dann den Tempel.

Die Jahwe-Religion war in Jerusalem nun einer starken Umformung ausgesetzt, um sie den veränderten Gegebenheiten anzupassen. Jahwe war nicht mehr der Gott einer kleinen ethnischen Gruppe, die vor staatlicher Willkürherrschaft auf der Flucht war, sondern der Garant einer absoluten Monarchie: In Anlehnung an die altorientalische Königstheologie wurde der König zum Sohn und Stellvertreter Gottes und von ihm mit allen Vollmachten ausgestattet.

····· DAVID GEGEN GOLIATH ·····

In der Gestalt König Davids vereinen sich eine Vielzahl von Überlieferungen zum Idealbild eines Herrschers, wobei seine wenig glorreichen Anfänge als Söldnerführer, der sich auch den Feinden Israels verdingte, eher vernachlässigt werden. Umso stärker hebt die Bibel seine Ruhmestaten hervor, beispielsweise seinen symbolträchtigen Zweikampf mit dem riesigen Philister Goliath. Den streckte er mit seiner Schleuder auf Anhieb nieder, was die Schlacht schon vor ihrem Beginn zugunsten der Israeliten entschied.

Die Steinschleuder war in jener Zeit eine weit verbreitete Waffe, die auch die Hirten benutzten, um wilde Tiere zu vertreiben. Die Steine hatten etwa die Größe eines Golfballs, die Schleuder selbst bestand aus einem Lederbeutel und einer Schnur – ein einfaches, aber schlagkräftiges Instrument, wie der flinke kleine David gegen den unbeweglichen, schwer gerüsteten Riesen Goliath bewies.

Ausgrabungsgelände in der Davidstadt von Alt-Jerusalem

▶ Völker, Staaten und Kulturen: Die Hebräer
▶ Religionen und Glaubensformen: Geschichte des auserwählten Volkes
▶ Religionen und Glaubensformen: Jerusalem
▶ Menschen und Ideen: David
▶ Literatur und Musik: Das Alte Testament

Der militärische Aufstieg Assyriens zur Grossmacht

Schon unter Schamschi-adad I. war Assyrien einmal mächtig und einflussreich gewesen, aber schnell wieder zur Bedeutungslosigkeit herabgesunken. Erst seit dem ausgehenden 2. Jahrtausend v. Chr. begann der militärische Aufstieg und damit die Entwicklung zum Großreich.

Das Steinrelief zeigt Assurnasirpal II. als Krieger mit Pfeil und Bogen.

Statue des assyrischen Königs Assurnasirpal II., der von 883 bis 859 v. Chr. regierte.

In der mittelassyrischen Zeit war Assur zunächst ein Vasall des Mitanni-Reichs. Unter Assuruballit I. (Reg. 1356 bis 1320 v. Chr.) gelang jedoch, nicht zuletzt wegen innerer Unruhen bei den Mitanni, die Unabhängigkeit. Durch diplomatische Beziehungen erreichte der Assyrerkönig Goldlieferungen aus Ägypten sowie die Aufnahme in den Kreis der Großmächte. Gleichzeitig hatte Assyrien wohl damals schon das militärische Potenzial, um seine Eigenständigkeit durchzusetzen.

Das mittelassyrische Reich

Dennoch war Assyrien noch nicht gefestigt. So musste sich Assuruballits Nachfolger Enlilnirari gegen babylonische Invasoren behaupten. Doch in der ersten Hälfte des 13. Jahrhunderts v. Chr. gelang die endgültige Zerschlagung des Mitanni-Reichs, das zum Großteil annektiert wurde. Jetzt herrschte Assyrien fast bis zum Euphrat. In der zweiten Jahrhunderthälfte eroberte Tukulti-Ninurta I. das mächtige Babylon, ließ die Mauern schleifen und den König gefangen nehmen. Zahlreiche Babylonier wurden deportiert. Auch gegen die Bergvölker von Katmuchu im Norden führte Tukulti-Ninurta erfolgreich Krieg. Nach ihm kam es erst unter Tiglatpileser I. (Reg. 1115–1077 v. Chr.) zu neuen Eroberungen.

Soldaten im Streitwagen und berittener Bogenschütze auf einem Flachrelief (7. Jh. v. Chr.) im Königspalast von Ninive

Hethiter und Kassiten hatten bis dahin Assyrien noch in Schach gehalten. Doch der Untergang beider Reiche durch Seevölker und Elamer begünstigte die weitere Expansion. Tiglatpileser schlug die Aramäerstämme am Chabur und am mittleren Euphrat und bekriegte die gesamte nördliche Bergregion. Er drang bis zum Mittelmeer vor und empfing dort die Tribute phönizischer Städte. Damit hätte Assyrien eine Mittelmeermacht werden können, doch nach Tiglatpilesers Tod gingen die Besitzungen in Nordmesopotamien und in den Bergregionen verloren: Assyrien versank für etwa 100 Jahre wieder nahezu im Dunkel der Geschichte.

Das neuassyrische Reich

Erst ab Beginn des 9. Jahrhunderts v. Chr. gelang es einer Reihe sehr aktiver assyrischer Herrscher, den auf sein Kernland geschrumpften Staat erneut zu einem Weltreich zu machen. Salmanassar III. ließ auf den Bronzetoren von Balawat festhalten, wie er 858 die Tribute der Phönizier von Tyros und Sidon empfing, später die Chaldäer in Südbabylonien besiegte und im Norden die Tigrisquellen und den Vansee erreichte. Die bedeutsame Annexion Babyloniens gelang Tiglatpileser III.

(Reg. 744–727 v. Chr.); nun war der assyrische König in Personalunion auch König von Babylonien. Gleichzeitig expandierte Assyrien nach Westen bis nach Phönizien; hier wurden Provinzen eingerichtet, die von abhängigen Satellitenstaaten flankiert waren, etwa Israel und Juda.

Ähnlich erfolgreich war Sargon II. (Reg. 722 bis 705 v. Chr.). Auf seinen Feldzügen drang er tief in das nördlich gelegene

GROSSMACHT ASSYRIEN

Das Assyrische Reich im 8. Jahrhundert v.Chr.

Urartu ein, durchquerte Syrien und Palästina bis an die ägyptische Grenze und eroberte Kommagene und Kilikien. Sein Nachfolger Sanherib (Reg. 704 – 681 v. Chr.) unterwarf abermals die aufständischen Staaten Palästinas, darunter Juda unter König Hiskija, und sicherte die Karawanenrouten gegen arabische Stämme.

Asarhaddon (Reg. 680 – 669 v. Chr.) konnte die Bedrohung durch medische, skythische und kimmerische Stämme im Norden abwehren und Teile Ägyptens erobern. Er wurde selbst von den Königen auf Zypern als Oberherr akzeptiert. Sein Sohn Assurbanipal (Reg. 668 – 631 v. Chr.) setzte sich erfolgreich in Ägypten durch, schlug die mit seinem aufständischen Bruder verbündeten Araber und bekriegte Elam, das an den Unruhen in Babylonien immer wieder entscheidenden Anteil hatte. Reliefs zeigen ihn mit seiner Gattin in einem Garten, während der Kopf des Elamitenkönigs Te'umman an einem Baum hängt.

DER UNTERGANG DES ASSYRISCHEN REICHES

Bereits unter Assurbanipal zeigten sich Verfallserscheinungen, die sich während des Kampfes um seine Nachfolge verstärkten. So bekamen die Feinde Assyriens ihre Chance: 614 v. Chr. wurde zuerst Assur zerstört, ehe Chaldäer, Meder und Skythen zwei Jahre später auch Ninive einnahmen. König Sinscharischkun fand in den Flammen seines Palastes den Tod. Der letzte König Assuruballit II. überstand noch zwei weitere Jahre in Harran, doch die Macht der Assyrer war gebrochen.

DEPORTATION UND TERROR ALS MITTEL DER POLITIK

Bis heute haftet Assyrien der Ruf eines Schreckensregimes an. Wo die assyrischen Heere auftauchten, versetzten sie ihre Feinde in Angst. Die Tatsache, dass assyrische Könige ihr brutales Vorgehen in Bild und Wort dokumentierten, legt nahe, dass es Teil einer gezielten Politik gegenüber den Gegnern war. Pfählen, Häuten, Verbrennen und Deportation erscheinen in den Reliefs und den Rechenschaftsberichten assyrischer Herrscher – alles im Namen des Gottes Assur. Doch muss man bedenken, dass den Assyrern weder an der Ausrottung noch an der Versklavung der Besiegten gelegen war. Die grausamen Hinrichtungsarten waren eine Art psychologischer Kriegsführung, meist wurden sie an abgefallenen Vasallen oder besonders hartnäckigen Feinden verübt. Etwa viereinhalb Millionen Menschen wurden unter assyrischer Herrschaft zwangsumgesiedelt. Deportierte lebten meist als freie Kolonisten in dünn besiedelten Regionen oder unter fremden Völkern. Fähige Handwerker und Künstler wurden zur Bereicherung Assurs an den Hof gebracht.

Kriegsszenen zwischen arabischen Kamelreitern und assyrischen Soldaten, die zu Fuß, zu Pferde und in Streitwagen kämpfen

▶ Völker, Staaten und Kulturen: Assyrien
▶ Menschen und Ideen: Herrscher des Orients
▶ Große Entdeckungen: Entdeckung Nimruds und Ninives

Die Entstehung des Persisch-Achämenidischen Grossreiches

Auf der Grundlage seiner Vorgänger, der Reiche der Assyrer, Babylonier und Meder, entstand Mitte des ersten vorchristlichen Jahrtausends in Vorderasien das bis dahin größte Reich der Antike. Dass seine Expansion nach Europa verhindert wurde, war ein Verdienst der Griechen.

Mitte des 6. Jahrhunderts v. Chr. gelang es Kyros II. aus dem Geschlecht der persischen Achämeniden, sich von seinem medischen Oberherrn unabhängig zu machen und dessen Hauptstadt Ekbatana, das heutige Hamadan, zu überrennen. Meder und Perser waren eng verwandt, und noch in persischer Zeit standen Mitglieder medischer Adelshäuser zum Teil in hoher Funktion in persischen Diensten.

Die Ruinen von Persepolis, das von König Dareios I. gegründet und von Alexander dem Großen zerstört wurde

Der Aufbau des Reiches unter Kyros und Kambyses

Nachdem er das Osttigrisland durchquert hatte, wandte sich Kyros Kleinasien zu. Sein Ziel war das von Krösus regierte Lydien. Wer kennt nicht die Antwort des Orakels von Delphi auf Krösus' Anfrage, ob er sich Kyros stellen solle? »Wenn du den Halys überschreitest, wirst du ein großes Reich zerstören«, hatte die Pythia ihm beschieden. Krösus tat es – und das Reich, das zerstört wurde, war sein eigenes. 547 v. Chr. nahm der siegreiche Kyros die lydische Hauptstadt Sardes ein. Mit der Eroberung Lydiens war das Perserreich ein Nachbar der an der ionischen Küste Kleinasiens siedelnden Griechen geworden. Wie wenig ernst die Perser die Griechen nahmen, zeigt die Tatsache, dass die folgenden Unternehmungen gegen die Küstenstädte Ioniens und die Inseln Karos und Lykia nicht von Kyros selbst geleitet wurden, sondern von medischen Feldherren in seinen Diensten.

Er selbst wandte sich 539 dem Babylonischen Reich zu und eroberte es beinahe kampflos, wobei er wahrscheinlich von einem Teil der einheimischen Bevölkerung unterstützt wurde. Großmütig, wie Kyros war, schonte er den babylonischen König und machte ihn zu seinem Statthalter im Südiran. Nach dem Tod

550 v. Chr.	545 v. Chr.	540 v. Chr.	535 v. Chr.	530 v. Chr.	525 v. Chr.	520 v. Chr.	515 v. Chr.
550 v. Chr. Sieg des Kyros II. über die Meder		**539 v. Chr.** Eroberung Babyloniens unter Kyros II.			**525 v. Chr.** Eroberung Ägyptens durch Kambyses		

ENTSTEHUNG DES PERSISCHEN GROSSREICHES

des Kyros neun Jahre später setzte sein Sohn Kambyses den Ausbau des Reiches fort. 525 eroberte er Ägypten, das über ein Jahrhundert unter persischer Herrschaft blieb. Auf seiner Rückreise drei Jahre später starb Kambyses.

GEBIETSGEWINNE UNTER DAREIOS I.

Nach einer kurzen Zeit regionaler Aufstände nach dem Tod des Kambyses gelang es Dareios, der einer Seitenlinie der Achämeniden entstammte, die aufständischen Reichsteile erneut zu unterwerfen. Doch er begnügte sich nicht damit, sondern bekämpfte die Saken in Turkestan und fügte dem Reich die Provinzen am Indus hinzu; einer seiner Satrapen (Statthalter) brachte für kurze Zeit auch Libyen unter Kontrolle.

513 v. Chr. erreichte Dareios zum ersten Mal europäischen Boden, als er den Bosporus überschritt und Teile Thrakiens an der Donaumündung besetzte. Ein Feldzug gegen die Skythen in der Ukraine blieb erfolglos. Da lenkte der Aufstand Zyperns und der griechischen Städte Ioniens, der 494 bei Lade nahe Milet niedergeschlagen wurde, die Aufmerksamkeit des persischen Herrschers auf das griechische Mutterland.

Darstellung von König Dareios I. auf einem Steinrelief. Er regierte das persische Großreich zwischen 522 und 486 v. Chr.

Ruinen der Palastanlage des Dareios in Persepolis im heutigen Iran

Nachdem Thrakien bereits in persischem Besitz war, verfügte Dareios über einen Brückenkopf in Europa, den sein Feldherr Mardonios nochmals sicherte. Damit kontrollierten die Perser Makedonien. Viele griechische Städte waren zur Unterwerfung unter die übermächtig erscheinenden Invasoren bereit, manche gingen sogar so weit, ihnen aktive Unterstützung bei der Eroberung Griechenlands zuzusichern. Das lag zum Teil auch daran, dass griechische Söldner und Truppen aus dem asiatischen Teil der griechischen Welt wohl schon lange im persischen Heer gedient und dabei auch oft gegen andere Griechen gekämpft hatten.

Zum Kampf gegen Dareios entschlossen zeigten sich jedoch die Stadtstaaten Eretria, Athen und Sparta. So kam es zum legendären Sieg der Athener bei Marathon 490 v. Chr. Auch Ägypten erhob sich gegen die persische Besatzung. Aber Dareios starb, ehe er den Aufstand niederschlagen konnte.

XERXES UND DIE INVASION GRIECHENLANDS

Nachdem Dareios' Sohn und Nachfolger Xerxes über die Rebellion in Ägypten und zwei weitere in Babylonien gesiegt hatte, plante er eine abermalige Invasion Griechenlands, die er zusammen mit seinem Schwager Mardonios persönlich leiten und besser vorbereiten wollte als sein gescheiterter Vorgänger. So fand der Feldzug erst 480 v. Chr. statt, nachdem eine Schiffsbrücke über den Hellespont und die Anlage eines Kanals nördlich des Berges Athos das sichere Übersetzen des Landheeres ermöglichten. Entgegen der Angaben Herodots waren es aber wohl keine zwei Millionen Feinde, die in Griechenland einmarschierten, sondern hunderttausend Mann aus verschiedenen Teilen des persischen Großreichs, darunter auch viele Griechen.

Xerxes wandte sich nach Süden und überwältigte ein spartanisches Aufgebot an den Thermopylen. Danach zog er nach Athen und brannte die Stadt nieder. Zuvor war sie jedoch von Themistokles evakuiert worden. Alexander der Große sollte später den Brand von Persepolis mit der Vergeltung für Xerxes Taten rechtfertigen. Schließlich siegten in der Meerenge von Salamis die kleinen und wendigen griechischen Schiffe über die schwerfällige persische Flotte. Xerxes kehrte zurück nach Asien, während Mardonios in Thessalien Winterquartier nahm. Im folgenden Jahr endete die Invasion in einer Katastrophe, als die Perser bei Plataä und Mykale schwere Niederlagen einstecken mussten. Abermals rebellierten die ionischen Städte, und Aufstände in Babylon und Baktrien beendeten weitere Ambitionen Persiens. Im erst 449 v. Chr. geschlossenen Frieden mit Athen anerkannten die Perser die gemeinsame Grenze in der Ägäis.

In der Nekropole Naqsch-i Rustam steht die so genannte Kaaba des Zarathustra aus achämenidischer Zeit.

---

510 v. Chr. — 505 v. Chr. — 500 v. Chr. — 495 v. Chr. — 490 v. Chr. — 485 v. Chr. — 480 v. Chr.

494 v. Chr. Sieg der persischen Flotte bei Lade

480 v. Chr. Niederlage der Perser bei Salamis

▶ Völker, Staaten und Kulturen: Der alte Iran
▶ Große Entdeckungen: Persepolis
▶ Kunst und Architektur: Persepolis

Der Krieg in der antiken Kunst, Literatur und Geschichtsschreibung

Alexander der Große im Kampf: Darstellung auf dem Sarkophag eines Fürsten aus Sidon, um 330 v. Chr.

Der Philosoph Heraklit sagte um 500 v. Chr.: »Der Krieg ist aller Dinge Vater, aller Dinge König.« In der historischen Betrachtung jedenfalls ist festzustellen, dass Kriege immer Ereignisse mit weitreichenden Konsequenzen waren, wesentlich auch Gesellschaft und Kultur der beteiligten Völker beeinflussten.

HELDENTUM: VON HOMER BIS HERODOT

Am Anfang der europäischen Literatur steht der Kampf um Troja. Homer erzählt von Freundschaft, Streit und Kämpfen der mythischen Helden, doch er beschreibt seine eigene Zeit: Griechenland im 8. Jahrhundert v. Chr. Im Kampf bestand nur, wer sich die kostbare Rüstung leisten konnte. Das war der grundbesitzende Adel, der auch die Zeit zum Üben hatte und für seine persönliche Ehre kämpfte.

Darstellungen und Waffenfunde aus dem 7. Jahrhundert v. Chr. dokumentieren den Wandel vom »Einzelkämpfer« zur Phalanx-Taktik, bei der möglichst viele Krieger geschlossen auftraten. Sie trugen einen runden Schild, der nur eine Körperseite schützte, waren also auf den Nachbarn angewiesen.

EIN KRIEGSGESANG AUS SPARTA

Die geschlossene Schlachtreihe musste Gleichschritt halten, und zu allen Zeiten hat dafür die Kriegsmusik gesorgt. Die Elegien des Spartaners Tyrtaios (um 650 v. Chr.) feuerten die Kämpfer zum Durchhalten an:

Der Peloponnesische Krieg (431 - 404 v. Chr.) zwischen den Machtblöcken Sparta und Athen war das große Thema des griechischen Geschichtsschreibers Thukydides.

»*Auf jetzt, und nicht gewankt, und greift weit aus mit den Beinen,*
Stemmt sie fest auf die Erde, beißt die Zähne zusammen und den Mund;
Vom Schenkel zum Schienbein hinab, vom Brustkorb zur Schulter,
Vom mächtigen Schild und seiner Wölbung gedeckt,
Schwinge wuchtig ein jeder mit dem rechten Arm die Lanze;
Drohend spreize sich auf dem Kopf der furchtbare Helmbusch.
Fangt jetzt an mit dem Handwerk und kämpft, wie ihr es gelernt habt,
Bleibt nicht außer der Reichweite stehen, ihr habt ja den Schild.
Nein, geht nur nahe heran, und im Gemenge mit dem Stoß des Speeres oder des Schwerts überwältigt den Feind,
Setzt euren Fuß hart neben seinen und stemmt Schild gegen Schild,
Helmbusch gegen Helmbusch und Helm gegen Helm,
Brust gegen Brust gedrängt: so kämpfe Mann gegen Mann,
Fasse das Schwert fest am Heft, fasse die Lanze am Schaft.«

VERKLÄRUNG UND REALITÄT

Herodot, der »Vater der Geschichtsschreibung«, beschreibt den Abwehrkampf der Griechen gegen die Perser zu Beginn des 5. Jahrhunderts v. Chr. als Heldentat. Er nutzt aber auch die Gelegenheit, die Geschichte und Kultur der Nachbarländer aufzuschreiben. Bewegend ist die Tragödie »Die Perser« des Aischylos, der selbst an den Kämpfen teilnahm. Er schildert die Schlacht von Salamis aus der Sicht der unterlegenen Perser und erweist damit dem Gegner seine Achtung.

Der Geschichtsschreiber Thukydides stellt in der Auseinandersetzung zwischen den Machtblöcken Spartas und Athens am Ende des 5. Jahrhunderts den Krieg als Politik mit anderen Mitteln dar und erscheint uns damit geradezu modern. Ein anderes Geschichtswerk über den Krieg, das »Tagebuch« des Xenophon über den Zug eines griechischen Söldnerheeres durch Vorderasien, demonstriert vor allem die Überlegenheit der griechischen Kriegskunst, die durch Alexanders Zug bis nach Indien (334 – 324 v. Chr.) eindrucksvoll bestätigt werden sollte.

Die Kunst der klassischen Zeit bietet nur wenige realistische Darstellungen. Meist werden homerische Episoden oder mythische Kämpfe dargestellt, die auch historische Ereignisse symbolisieren können: Schlachten zwischen Griechen und Amazonen, Göttern und Giganten, menschlichen Lapithen und pferdegestaltigen Kentauren bei der Hochzeit des Peirithoos. Realistische Kampfdarstellungen waren die Ausnahme und sind deshalb nur in sehr wenigen Exemplaren bis heute erhalten. Erst der Hellenismus zeigt zunehmend Interesse daran, beispielsweise beim Alexandermosaik oder dem pergamenischen Siegesmonument für den Sieg über die Galater in Kleinasien.

Ein Merkmal der hellenistischen Geschichtsschreibung ist die Abwendung von der lokal oder thematisch begrenzten Ereignisgeschichte hin zur Weltgeschichte, wodurch das einzelne kriegerische Ereignis an Bedeutung verlor. Das lag an der Ausweitung des geographischen Horizonts und am Aufstieg Roms, der zum Kulturvergleich und zur Analyse anregte. Am bekanntesten ist das Werk des Polybius, der selbst im 2. Jahrhundert v. Chr. als politische Geisel in Rom lebte. Bis in die Spätantike hinein fand er viele Nachfolger.

NÜCHTERN UND REALISTISCH: DIE RÖMER

Auch die Römer haben mit Livius einen Autor, der mythische Geschichte schrieb. Aber schon seine Schilderung der Punischen Kriege und des Hannibal-Zuges folgt der römisch-republikanischen Tradition nüchterner Annalistik. Die Römer betreiben nicht nur Realpolitik, sie ordneten auch Kunst und Literatur ihren politischen Zielen unter. So veröffentlichte Caesar sein gallisches Kriegstagebuch natürlich zu Propagandazwecken. Auch Schriftsteller wie Sallust, Tacitus, Sueton und Plutarch waren nicht unvoreingenommen und interpretierten die Ereignisse parteiisch.

Wichtigste Basis für die Stellung eines römischen Kaisers waren der Erfolg im Krieg, die Sicherung der Grenzen und die Erweiterung des Reichsgebiets, und entsprechend wurden sie dargestellt. Auf Münzen reichten schematisierte Bilder und erklärende Beischriften. Gemälde und Reliefs dagegen konnten in einzelnen Szenen oder in epischer Breite die Erfolge schildern.

Der Kampf als Thema der Kunst: griechische Vasenmalerei des 5. Jahrhunderts v. Chr.

·············· **DIE TRAJANSÄULE IN ROM** ··············
Im Jahr 113, noch zu seinen Lebzeiten, wurde Kaiser Trajan in Rom eine dreißig Meter hohe Marmorsäule errichtet, deren spiralförmig verlaufendes Reliefband eine Bilderchronik von höchstem dokumentarischen Wert darstellt. Auf 200 Metern Länge zeigt es die Feldzüge Trajans im heutigen Rumänien, samt Schlachten, Verhandlungen und militärischer Logistik wie Straßen- und Festungsbau.

Die Kriege zwischen Griechen und Persern

Die Perserkriege des 5. Jahrhunderts v. Chr. stellen eine Epochengrenze dar: Das zersplitterte Griechenland fand eine gemeinsame Identität und besiegte das persische Großreich. Das demokratische Athen bewährte sich und übernahm in Griechenland die Führungsposition in Politik und Kultur.

Die attische Triere war das überlegene Kriegsschiff in der Zeit der Schlacht bei Salamis 480 v. Chr., als die Griechen unter Themistokles ihren bedeutenden Seesieg über die Perser errangen.

Der Goldwagen des Oxus-Schatzes, heute im Britischen Museum in London zu sehen, ist ein Beispiel für die hoch stehende Kultur des Perserreiches im 6. und 5. Jahrhundert v. Chr.

Einer der beiden griechischen Riace-Krieger, jene berühmten lebensgroßen Bronzefiguren aus klassischer Zeit

Mit ihrem Sieg über den sagenhaften Lyderkönig Krösus erbten die Perser 546 v. Chr. auch die Oberherrschaft über die griechisch besiedelte Westküste Kleinasiens, Ionien genannt. Als sich die dortigen Städte im Jahr 499 v. Chr. gegen die Perser auflehnten, schickten Athen und Eretria ein paar Schiffe zu Hilfe, zogen sie aber bald wieder ab. Diese Gleichgültigkeit hatte Folgen: Fünf Jahre später unterlagen die ionischen Griechen den Persern, die bedeutende Stadt Milet fiel, die Bevölkerung wurde deportiert. In Griechenland war die Erregung über die eigene verfehlte Politik groß. Und bald zeigte sich, dass das persische Expansionsstreben weiter ging. Feldherr Mardonios überschritt den Hellespont und erneuerte die persische Herrschaft über Thrakien und Makedonien. Aber seine Schiffe scheiterten an der Umschiffung des Berges Athos, und so blieb das griechische Mutterland vorläufig verschont.

Die Schlacht von Marathon

Im Jahr 490 v. Chr. führten Datis und Artaphernes eine Strafexpedition nach Griechenland durch. Sie zerstörten Eretria und landeten bei Marathon an der Ostküste Attikas. Wenn die Athener ihre noch junge demokratische Selbstbestimmung vor der persischen Fremdherrschaft schützen wollten, mussten sie kämpfen! Sie verfügten über eine relativ kleine, aber gut gerüstete Streitmacht, erhielten militärische Unterstützung vom böotischen Plataiä – und hatten den genialen Feldherrn Miltiades. Er wartete den Rückzug der persischen Reiterei ab. Danach unterliefen seine im geschlossenen Verband, der so genannten Phalanx, kämpfenden Griechen den feindlichen Pfeilhagel und siegten. Aus der Beute finanzierte Athen zahlreiche Denkmäler und ein Schatzhaus in Delphi. Das Selbstbewusstsein stieg gewaltig. Vor allem Sparta, das den Kampf verpasst hatte, bekam das zu spüren; denn

Perserkriege

Athen beanspruchte nun als »Vorkämpferin Griechenlands« auch eine politische Führungsrolle.

Helden: Leonidas und Themistokles

Griechenland fühlte sich vor den Persern sicher. Doch der Athener Themistokles drängte auf den Bau einer Flotte, da König Xerxes Schiffsbrücken über den Hellespont baute und einen Kanal, der den gefährlichen Athos umging. Als 480 v. Chr. das gewaltige persische Heer nach Süden zog – der Geschichtsschreiber Herodot sprach von über fünf Millionen Kriegern, was allerdings extrem übertrieben sein dürfte –, sperrten die griechischen Städte unter Spartas Führung der Landenge bei den Thermopylen (»Heiße Quellen«). Sie hielten stand, bis ein Verräter den Feind in ihren Rücken führte. Daraufhin opferte sich der Spartanerkönig Leonidas zusammen mit seinen 300 Kriegern und 700 Männern aus Thespiai, um den Rückzug zu decken. Friedrich Schiller übersetzte den Nachruf für die selbstlosen Helden so: »Wanderer, kommst Du nach Sparta, verkündige dorten, Du habest uns hier liegen gesehn, wie das Gesetz es befahl«.

Xerxes rückte bis zum Isthmos vor und zerstörte Athen. Doch bei der Insel Salamis wendete sich – dank der neuen athenischen Flotte – das Blatt: Themistokles lockte die überlegene persische Flotte in die Meerenge, wo sie von den wendigen griechischen Schiffen mit drei Ruderreihen (Trieren) ausmanövriert wurde. Xerxes selbst zog ab, und im folgenden Jahr vernichtete die griechische Allianz das zurückgebliebene persische Heer bei Plataä.

Die Kriege zwischen Griechen und Persern im 5. Jahrhundert v. Chr.

Der Delisch-Attische Seebund

Im Jahr 479 errang die griechische Flotte vor Kleinasien, am Mykalegebirge, einen weiteren Sieg. Damit betrachtete Sparta den Krieg als beendet und zog sich zurück. Doch die ionischen Städte suchten Sicherheit und schlossen sich unter Athens Führung zu einem Seebund mit Sitz auf Delos zusammen. Kimon, Sohn des Marathonsiegers Miltiades, ging zum Gegenangriff über, eroberte die persischen Stützpunkte und besiegte die Perser um 466 an der kleinasiatischen Südküste beim Fluß Eurymedon gleichzeitig zu Wasser und zu Land. Einziger Rückschlag war der Verlust eines griechischen Expeditionsheeres 454 in Ägypten. Als aber 450 bei Salamis auf Zypern die Griechen erneut die Oberhand behielten, musste Persien den Ägäisraum verloren geben. Unklar ist, ob der Zustand durch den so genannten Kalliasfrieden besiegelt wurde. Faktisch aber war der Krieg zu Ende, und die griechischen Städte und Bünde traten Persien fortan als gleichwertige Verhandlungs- und Bündnispartner gegenüber.

42,195 Kilometer

Nach der Schlacht von Marathon erreichte der Bote nach anstrengendem Lauf endlich Athen und brach mit dem Wort »Sieg!« tot zusammen. Ein antiker Mythos, den man in jüngerer Zeit wieder aufgriff: Als sportliche Disziplin »Marathonlauf« wurde die Entfernung zwischen dem Schlachtfeld und der Stadt 1896 für die ersten Olympischen Spiele der Neuzeit, die 1896 in Athen stattfanden, festgelegt. Dabei gewann der Bauernjunge Spiridon Luis die einzige Goldmedaille für Griechenland. Im heutigen Sprachgebrauch wird »Marathon« auch im übertragenen Sinn für Durchhaltevermögen benutzt.

Die griechische Vasenmalerei des 5. Jahrhunderts v. Chr. zeigt den Zweikampf zwischen einem persischen (links) und einem griechischen (rechts) Krieger.

▶ Völker, Staaten und Kulturen: Der alte Iran
▶ Völker, Staaten und Kulturen: Die Griechen
▶ Menschen und Ideen: Perikles
▶ Handel und Wirtschaft: Athen als See- und Handelsmacht
▶ Mythen, Rätsel und Orakel: Marathonlauf

DER PELOPONNESISCHE KRIEG

*Gegen die Dominanz Athens schlossen sich Sparta und Korinth zusammen.
Es kam zu fruchtlosen Kämpfen, die alle Parteien schwächten und dazu führten, dass Persien wieder
ein Machtfaktor wurde: Die glanzvolle Epoche der griechischen Polis neigte sich dem Ende zu.*

Die kolorierte Kreidelithografie zeigt den spartanischen Feldherrn Lysander, der im Jahr 404 v. Chr. die Mauern des eroberten Athen niederreißen ließ.

Die Rivalität zwischen den beiden stärksten griechischen Stadtstaaten Athen und Sparta, bei der es um die Hegemonie in Griechenland ging, führte zu aufreibenden innergriechischen Konflikten, deren letzte Konsequenz der Niedergang aller war. Statt sich gegen äußere Feinde zu verbünden, bekriegte man sich gegenseitig!

Während Athen den Attischen Seebund dominierte, band Sparta die peloponnesischen Städte um so fester an sich. Zwar rief Sparta 462 v. Chr. die nach wie vor verbündeten Athener gegen die Messener zu Hilfe, schickte sie aber als unzuverlässig zurück – eine Beleidigung mit Folgen: 457 v. Chr. trafen bei Tanagra erstmals die Heere Spartas und Athens aufeinander und gingen seitdem keinem Zwischenfall mehr aus dem Weg.

Blick auf die Akropolis von Athen mit Parthenon, Erechteion und Propyläen

ATHENS STÄRKE

Als der konservative und prospartanische Kimon in Athen die Macht verlor, brach das Zeitalter des Perikles (443 – 429 v. Chr.) an. Unter ihm wurde der Attische Seebund, dem zeitweise mehr als 400 Stadtstaaten angehörten, neu geordnet. Athen holte die Bundeskasse in die Stadt, straffte die Tributzahlung und bestrafte austrittwillige Mitglieder. Die Stadt wurde zum Tyrannen! Dann ließ sich Athen in den Krieg zwischen Korinth und Kerkyra (Korfu) um Epidamnos, das heutige Durrës in Albanien, hineinziehen. 433 v.Chr. scherte Megara aus und demonstrierte damit sein Seehandelsmonopol. Schließlich, als Poteidaia am westlichen Finger der Chalkidike vom Seebund abfiel und Schutz bei seiner Mutterstadt Korinth suchte, erklärte der Peloponnesische Bund, der von Sparta dominiert wurde, Athen den Krieg.

Büste des Perikles (443 – 429 v. Chr.), unter dem Athen und der Attische Seebund eine Blütezeit erlebten.

UNENTSCHIEDEN
DER ARCHIDAMISCHE KRIEG

Perikles hatte für den Ernstfall vorgebaut. Verbindungsmauern zum Piräus machten Athen und seinen Hafen zur uneinnehmbaren Doppelfestung, während die bewegliche Flotte den Gegner in die Knie zwingen sollte. Doch der alljährliche Einfall der Spartaner unter ihrem König Archidamos in Attika zermürbte die hinter ihren Mauern eingesperrten Athener. Eine Seuche brach aus, der auch Perikles zum Opfer fiel.

Im wechselhaften Kriegsglück war Athens wichtigster Erfolg die Gefangennahme von 292 Spartanern auf der Insel Sphakteria südwestlich des Peloponnes. Aber erst nach dem Tod der Kriegstreiber Kleon (Athen) und Brasidas (Sparta) kam es 421 v. Chr. zum Nikiasfrieden.

Der Peloponnesische Krieg

Athens Problem war die Wechselhaftigkeit der Volksversammlung, die von einer neuen Generation von Demagogen beeinflusst wurde. Zu ihnen gehörte auch Alkibiades, der durch seine aggressive Außenpolitik Sparta provozierte. Im Hilferuf eines sizilischen Verbündeten sah er die Chance, alle Konkurrenten zu überflügeln, und setzte 415 v.Chr. einen Feldzug gegen Syrakus durch. Aber er stürzte über innenpolitische Konflikte und wurde verbannt. Alkibiades lief zu Sparta über, bewirkte dessen Eingreifen in Syrakus und trug damit entscheidend zur Katastrophe bei. Flotte und Heer Athens gingen verloren, die Gefangenen starben als Zwangsarbeiter im Steinbruch.

Spartas Sieg
Der Dekeleische Krieg

Alkibiades war es auch, der den nächsten Krieg auslöste. Auf seinen Rat hin besetzte Sparta 413 v.Chr. die attische Festung Dekeleia und beherrschte damit Athens Hinterland. Aber als zwei Jahre später Putschisten in Athen die Macht ergriffen, einigte sich Alkibiades mit der demokratisch gesinnten, auf Samos stationierten Flotte und trug zur Wiederherstellung der Demokratie bei. Mit ihm kehrte der Erfolg nach Athen zurück, doch die Stadt nutzte den günstigen Zeitpunkt nicht für einen Frieden. Und jetzt trat in Sparta ein gleichwertiger Gegner auf: Lysander, der die Perser und ihr Geld auf seine Seite ziehen konnte.

Aber die ebenso selbstherrlichen wie wankelmütigen Athener waren sich selbst der ärgste Feind. Sie schickten 407 v.Chr. Alkibiades erneut in die Verbannung und richteten im darauf folgenden Jahr ihre Flottenkommandanten trotz eines Sieges bei den Arginusen hin, weil diese im Sturm die Gefallenen nicht hatten bergen können. Nur Sokrates stellte sich dem Beschluss entgegen. Die Entscheidung fiel 405 v.Chr. bei Aigospotamoi an den Dardanellen zugunsten Spartas. Im Jahr danach musste Athen kapitulieren und ein Sparta genehmes Regime hinnehmen. Zwar kehrte dank Thrasybulos Selbständigkeit und Demokratie schnell zurück, aber Athen sollte nie mehr die Macht erlangen, die es in den 50 Jahren zwischen Perserkriegen und Peloponnesischem Krieg gehabt hatte.

Die Analyse
des Zeitzeugen Thukydides

»Der (Peloponnesische) Krieg war bei weitem die gewaltigste Erschütterung für die Griechen und für einen Teil der Barbaren. ... Obwohl die Menschen immer den Krieg, den sie gerade führen, für den größten halten, ..., wird doch der, der nach dem tatsächlich Geschehenen fragt, diesen Krieg als das größte Ereignis aller Zeiten erkennen. Für den eigentlichen Grund, der freilich zumeist verschwiegen wird, halte ich das Wachstum Athens, das die Spartaner erschreckte und damit zum Krieg zwang.«

Der athenische Feldherr Alkibiades (um 450–404 v.Chr.) zeichnete sich durch glänzende Begabung, aber auch durch skrupellosen Ehrgeiz aus.

Der Peloponnesische Krieg 431 bis 404 v.Chr.

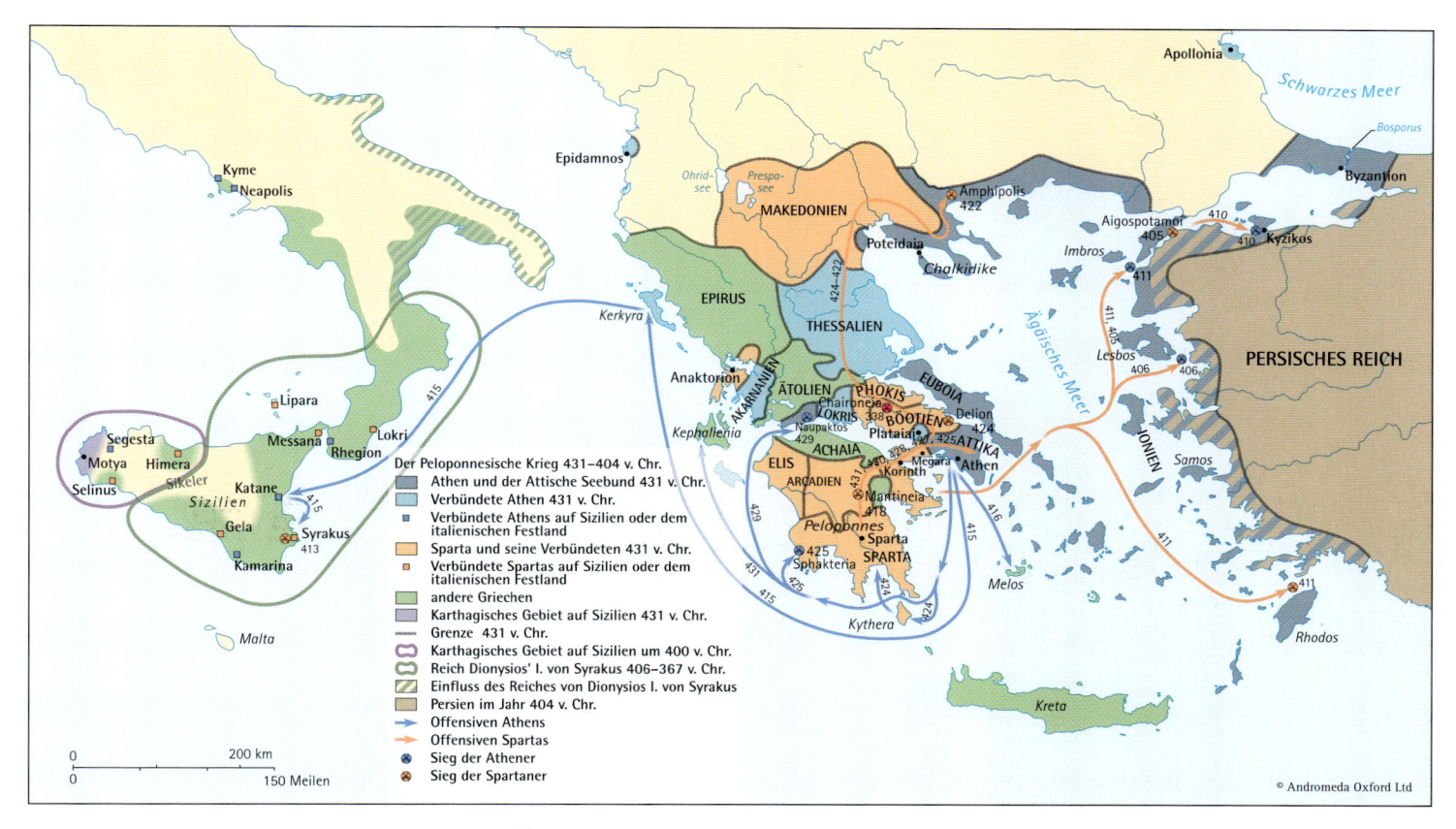

Der Peloponnesische Krieg 431–404 v.Chr.
- Athen und der Attische Seebund 431 v. Chr.
- Verbündete Athens 431 v. Chr.
- Verbündete Athens auf Sizilien oder dem italienischen Festland
- Sparta und seine Verbündeten 431 v. Chr.
- Verbündete Spartas auf Sizilien oder dem italienischen Festland
- andere Griechen
- Karthagisches Gebiet auf Sizilien 431 v. Chr.
- Grenze 431 v. Chr.
- Karthagisches Gebiet auf Sizilien um 400 v. Chr.
- Reich Dionysios' I. von Syrakus 406–367 v. Chr.
- Einfluss des Reiches von Dionysios I. von Syrakus
- Persien im Jahr 404 v. Chr.
- Offensiven Athens
- Offensiven Spartas
- Sieg der Athener
- Sieg der Spartaner

▶ Völker, Staaten und Kulturen: Die Griechen
▶ Menschen und Ideen: Perikles
▶ Handel und Wirtschaft: Athen als See- und Handelsmacht

DIE KRIEGE ALEXANDERS DES GROSSEN UND DER HELLENISTISCHEN REICHE

Der Eroberungszug Alexanders des Großen gab der damaligen Welt eine neue Ordnung. Griechische Kultur und Sprache verbreiteten sich bis Indien, in Vorderasien und Ägypten entstanden europäisch geprägte Flächenstaaten. Erst die Expansion Roms nach Osten beendete die große Epoche des Hellenismus.

Alexander der Große, einer der bedeutendsten Feldherren der Geschichte, auf seinem Schlachtross Bukephalos

Im 4. Jahrhundert v. Chr. war Makedonien zersplittert. Doch Philipp II. verschaffte seit 359 v. Chr. dem Königtum wieder Geltung, indem er die Stammesfürsten schwächte und neue Eliten schuf. Auch verbesserte er die Versorgung der Bevölkerung und holte Wissenschaftler und Ärzte ins Land. Auf militärischem Gebiet führte er die neue makedonische Phalanx mit ihren fünf Meter langen Lanzen als Schlachtordnung ein. Ein Bündnis mit den Molossern bekräftigte Philipp durch seine Heirat mit der Königstocher Olympias, die zur Mutter des Thronfolgers Alexander wurde.

EIN KÖNIGREICH FÜR ALEXANDER

Philipp griff nach Osten hin aus und brachte das Gold und Silber des Pangaiongebirges, wo er die Stadt Philippoi gründete, in seinen Besitz. Dann wandte er sich nach Süden gegen die zerstrittenen griechischen Städte, die sich erst unter dem Eindruck der gegen Philipp gerichteten Kampfreden – noch heute spricht man von einer Philippika – des Atheners Demosthenes vereinten. Trotzdem schlug Philipp die griechischen Städte 338 v. Chr. bei Chaironeia und richtete unter seiner Führung den Korinthischen Bund ein. Nun, da die Herrschaft über Griechenland gesichert war, erklärte er 337 v. Chr. Persien als Vergeltung für die lang zurückliegenden Überfälle den Krieg. Doch kurz darauf fiel Philipp einem Attentat zum Opfer. So blieb es seinem Sohn Alexander überlassen, den mächtigen Feind im Osten herauszufordern.

Das Alexandermosaik mit der Darstellung der Schlacht bei Issos (333 v. Chr.), in der Alexander die Perser besiegte

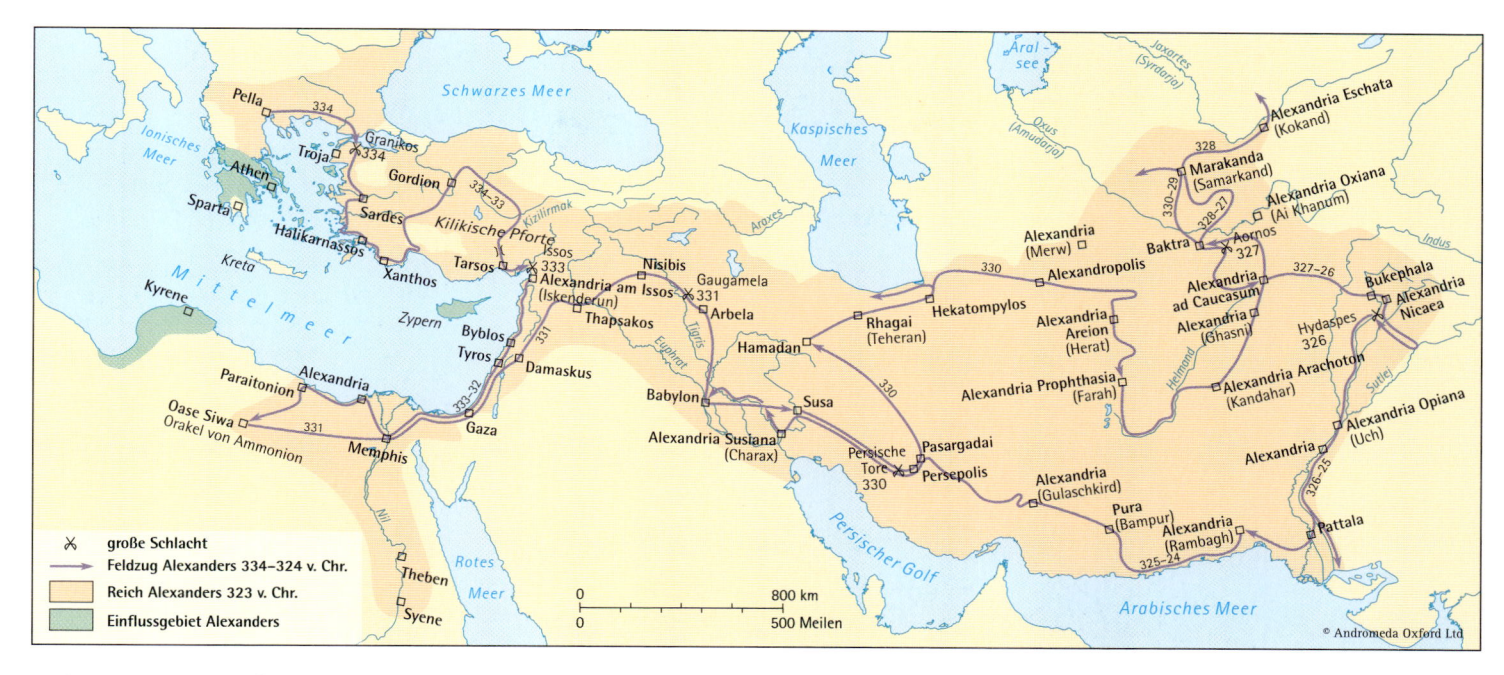

Kriege Alexanders und der hellenistischen Reiche

ALEXANDER DER GROSSE EROBERT DIE WELT

Alexander war erst 20 Jahre alt, als er 336 v. Chr. die Nachfolge Philipps antrat, aber sehr entschlossen. Innerhalb kurzer Zeit festigte er seine Herrschaft und schuf damit die Basis für die kriegerische Expansion nach Osten. Mit 35 000 Mann überquerte der junge König die Dardanellen und zeigte schon in der Reiterschlacht am Granikos, durch Einsatz der schiefen Schlachtordnung, seine taktische Überlegenheit – einer der größten Feldherrn aller Zeiten war geboren! Alexander eroberte die Häfen und entzog der persischen Flotte unter Memnon die Basis. Den Winter verbrachte er im phrygischen Gordion, wo er den sprichwörtlichen Gordischen Knoten durchschlug und damit die Weissagung zur Herrschaft im Osten erfüllte.

Das Jahr 333 v. Chr. und die Schlacht von Issos sind dank eines Schüttelreimes wohlbekannt: Alexander besiegte den Perserkönig Dareios und brachte dessen Familie und Kriegskasse in seine Hand. Nun stand ihm auch Ägypten offen. Dort gründete er Alexandria und wurde als Nachfolger der Pharaonen in der Oase Siwa zum Sohn des Zeus Amun erklärt. So trug Alexander die Idee vom Gottkönigtum in die westliche Welt. Aber Dareios war noch nicht völlig am Ende, erst 331 v. Chr. stellte ihn Alexander in Gaugamela zur entscheidenden Schlacht.

Mit dem Sieg über die Perser war der als Rachefeldzug deklarierte Eroberungszug offiziell beendet, doch Alexander wollte mehr. Er trat die Nachfolge des persischen Großkönigs an, schickte die Verbündeten heim und brach mit seinen Männern zu einem Marsch auf, der ihn bis nach Afghanistan und Pakistan führte. Jenseits des Indus schlug er König Poros und seine Kriegselefanten, doch weiter folgte ihm das Heer nicht.

Alexander wollte Ost und West vereinen. Er organisierte 324 v. Chr. am persischen Königssitz Susa eine Massenhochzeit seiner Makedonen mit Perserinnen und nahm selbst eine Tochter des Dareios zur Frau, doch im Jahr danach endete der Traum. Alexander starb im Alter von nur 33 Jahren an einem Fieber in Babylon.

DIE ENTSTEHUNG DER HELLENISTISCHEN REICHE

Da kein geeigneter Thronfolger in Sicht war, versuchten zunächst die Generäle, das riesige Reich zusammenzuhalten. Perdikkas wurde Reichsverweser, Antipater Statthalter in Makedonien, Lysimachos in Thrakien, Antigonos in Kleinasien, Seleukos in Syrien und Persien, Ptolemaios in Ägypten. Aber die Rivalität unter den Nachfolgern, den so genannten Diadochen, war zu stark. Sie bekämpften einander in wechselnden Allianzen, bis 281 v. Chr. drei Großreiche übrig blieben: Makedonien mit Griechenland unter den Antigoniden, Vorderasien unter den Seleukiden und Ägypten unter den Ptolemäern, denen es gelungen war, den Leichenzug Alexanders nach Alexandria umzuleiten. Daneben entstanden kleinere Königtümer wie Pergamon oder Pontos sowie Staatenbünde wie der Ätolische oder Achäische.

Doch ein Jahrhundert später entwickelte das erstarkte Rom eine Dynamik, der die hellenistische Welt erliegen musste: 168 v. Chr. wurde Makedonien römische Provinz, 129 v. Chr. durch Erbschaft Pergamon. Kleopatra war die letzte Königin Ägyptens, das 30 v. Chr. dem römischen Weltreich einverleibt wurde. Als letztes hellenistisches Königreich verlor 72 n. Chr. Kommagene seine Selbständigkeit

DER HELLENISMUS

Seit dem 7. Jahrhundert v. Chr. nannten sich die Griechen – im Gegensatz zu den so genannten Barbaren, die nicht an der griechischen Kultur teilhatten – Hellenen. In Anlehnung daran kreierten neuzeitliche Historiker den Begriff Hellenismus: Gemeint ist die hoch stehende griechisch-orientalische Kultur des von Alexander begründeten Weltreichs und der daraus hervorgegangenen Diadochenreiche.

▶ Völker, Staaten und Kulturen: Die Griechen
▶ Menschen und Ideen: Alexander der Große
▶ Große Entdeckungen: Makedonische Königsgräber

Die Eroberungszüge Alexanders des Großen

Zeitgenössische Silbermünze mit dem Porträt Alexanders, der innerhalb von 13 Jahren ein Weltreich eroberte

DIE ENTSTEHUNG DES INDISCHEN MAURYA-REICHES

Durch kriegerische Ausdehnung errichtete die Dynastie der Mauryas im späten 4. und in der ersten Hälfte des 3. Jahrhunderts v. Chr. das erste Großreich in der Geschichte Indiens. Es umfasste beinahe den gesamten südasiatischen Subkontinent.

Kaiser Aschoka (Reg. 272–236 v. Chr.) einigte Indien zum ersten Mal in der Geschichte und förderte den Buddhismus.

Chandragupta Maurya (Reg. 322–298 v. Chr.), der Begründer der indischen Maurya-Dynastie und Großvater Aschokas, legte durch seine Eroberung Nordindiens den Grundstein für ein mächtiges Reich.

Obwohl der Indienfeldzug Alexanders des Großen nur den äußersten Nordwesten direkt berührte, hatte er auch für große Teile des übrigen Subkontinents bedeutsame Auswirkungen. Jedenfalls kam es kurze Zeit danach zur Entstehung des Maurya-Reiches, über dessen Anfänge wir aber keine vollständige Klarheit besitzen. Begründer des Reiches war Chandragupta Maurya, der anscheinend zunächst das Machtvakuum, das die griechische Invasion in Nordwestindien verursacht hatte, ausnutzte und sich eine eigene territoriale Machtbasis schuf.

SIEGREICHE VORSTÖSSE

Später drang er offenbar nach Osten vor und eroberte die Region Magadha (im Süden des heutigen Bundesstaates Bihar), wo seit der Mitte des 4. Jahrhunderts v. Chr. die Nanda-Dynastie geherrscht hatte. Die mittlere Gangesebene und speziell Magadha gehörten damals zu den wirtschaftlich und kulturell höchst entwickelten Gebieten Südasiens. Schließlich gelang es Chandragupta auch, einen erneuten Vorstoß der Griechen nach Indien, diesmal unter der Führung des Seleukiden-Herrschers Seleukos Nikator, abzuwehren und dabei seinen Machtbereich bis in den Osten des heutigen Afghanistan zu erweitern. In der Folgezeit, vor allem unter der Herrschaft von Bindusara, des Sohnes und Nachfolgers von Chandragupta, dürften sich die Expansionsbestrebungen der Mauryas hauptsächlich auf Ziele in Zentral- und Südindien gerichtet haben.

Seine größte Ausdehnung erlangte das Maurya-Reich unter dem Enkel Chandragupta Mauryas, Aschoka, der bis heute berühmtesten Herrschergestalt des alten Indien. Er regierte etwa von 272 bis 236 v. Chr. und rundete mit der Unterwerfung des in Ostindien gelegenen Reichs von Kalinga die Eroberungen seiner Vorgänger ab. Nunmehr gehörte der größte Teil des Subkontinents zum Machtbereich der Mauryas, nur der äußerste Süden Indiens blieb außerhalb ihrer Herrschaft.

320 v. Chr.	310 v. Chr.	300 v. Chr.	290 v. Chr.	280 v. Chr.	270 v. Chr.	260 v. Chr.	250 v. Chr.
um 320 v. Chr. Eroberung von Magadha durch Chandragupta Maurya		*um 305 v. Chr.* Einfall der Seleukiden in Indien			*um 272 v. Chr. – 236 v. Chr.* Herrschaftsperiode des Aschoka		

Entstehung des Maurya-Reiches

Indien unter der Herrschaft Aschokas

Seinen Nachruhm aber verdankt Aschoka der Tatsache, dass er in seinen in Felswände und Steinsäulen eingravierten Inschriften eine eigene, allerdings partiell am Buddhismus orientierte Moral- und Sittenlehre propagierte. Diese sollte vor allem dazu dienen, dem riesigen, kulturell wie sozial sehr heterogenen Reich eine gemeinsame ideologische Grundlage zu verleihen. Kernpunkte der sozial-ethischen Konzeption waren die Propagierung religiöser Toleranz, die Forderung, dass die Menschen einander Respekt erweisen sollen, die Missbilligung des Tötens von Lebewesen und das Verbot von Tieropfern sowie der Aufruf zur Freigiebigkeit gegenüber Verwandten, Freunden und Trägern der Religiosität. Zudem rühmte sich der Herrscher, auf vielerlei Weise das Wohlergehen seiner Untertanen erhöht zu haben. So ließ er verkünden, dass für Menschen wie Tiere ärztliche Dienste eingerichtet, Heilkräuter gezüchtet und längs der Straßen Brunnen gegraben und Bäume gepflanzt werden. Doch Aschoka bemühte sich offenbar auch, regulierend in das Leben seiner Untertanen einzugreifen. Er bestimmte, dass die Einheit des buddhistischen Mönchsordens zu wahren sei, und will außerdem Verbesserungen im Rechtswesen vorgenommen haben.

Unter den Nachfolgern Aschokas scheint das Reich schnell an Macht und Zusammenhalt verloren zu haben. Um 185 v. Chr. wurden die Mauryas schließlich von einem ihrer eigenen Generäle, Pushyamitra Shunga, gestürzt. In den folgenden Jahrhunderten war die politische Situation in Nord- und Mittelindien durch das Nebeneinander vieler kleiner, nur lokal oder regional bedeutsamer Staaten und Dynastien gekennzeichnet. Im Zuge des Niedergangs der Maurya-Herrschaft setzten zudem erneut Einfälle der Griechen ein.

Die Struktur des Mauryareiches

Dem Maurya-Reich wurde in der Geschichtsschreibung lange ein hohes Maß an Zentralisierung und administrativer Vereinheitlichung zugeschrieben. Dies kann heute als überholt gelten. Die Macht der Maurya-Herrscher war zwar in einigen Kerngebieten, darunter in Magadha und in einer Zone an der Südgrenze ihres Reiches, zweifellos fest verankert. Zudem ist sicher davon auszugehen, dass sich die wichtigsten Handelswege Indiens unter ihrer Kontrolle befanden. Andererseits jedoch scheinen manche Regionen nur sehr schwach in das Reich integriert gewesen zu sein. Dies dürfte insbesondere für weite Landstriche im Hochland des Dekan, also im Inneren Zentralindiens, zugetroffen haben. Wohl gab es auch einige unabhängige oder zumindest sich selbst verwaltende Städte. Verwiesen sei zudem auf eine Reihe von Gebieten, in denen weiterhin Stammeskulturen bestanden. In jenen Regionen, in denen die Mauryas tatsächlich die Herrschaft ausübten, wurden Vizekönige eingesetzt, über deren Kompetenzen und Amtsführung wir jedoch nur wenig wissen.

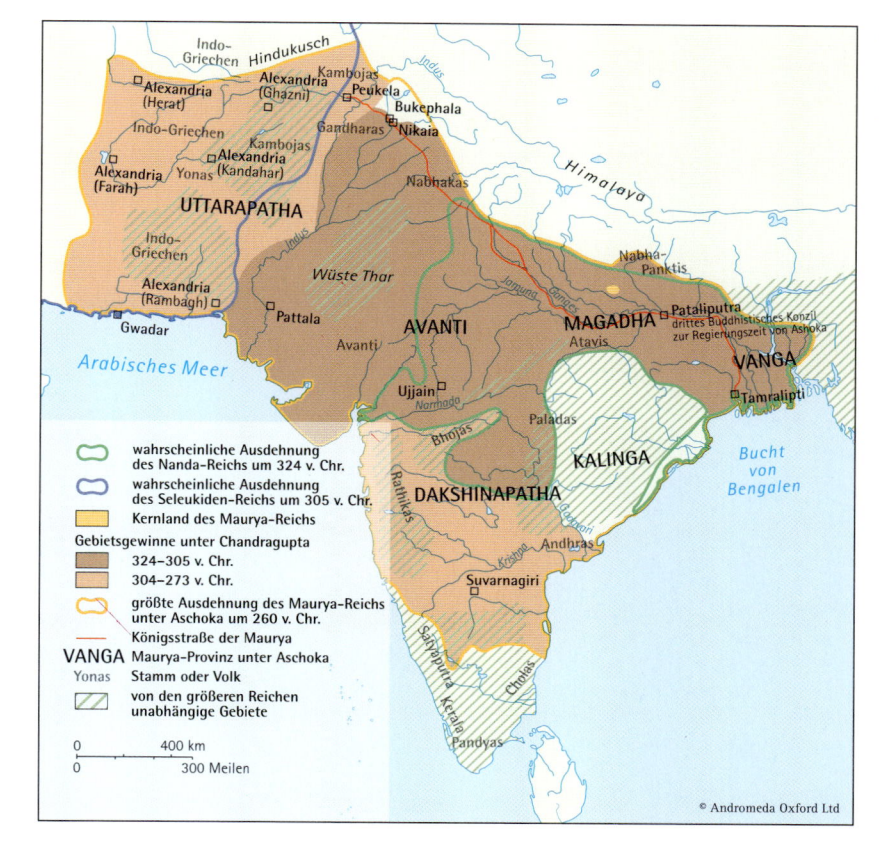

Der indische Subkontinent in der Epoche des 6. bis 3. Jahrhunderts v. Chr.

Das Löwenkapitell der Aschoka-Säule – heute Staatswappen Indiens – gehört zu den wertvollsten archäologischen Funden von Sarnath, einer antiken buddhistischen Kultstätte bei Benares.

240 v. Chr. — 230 v. Chr. — 220 v. Chr. — 210 v. Chr. — 200 v. Chr. — 190 v. Chr. — 180 v. Chr.

um 185 v. Chr.
Sturz der Mauryas

➤ **Völker, Staaten und Kulturen:** Das indische Altertum
➤ **Religionen und Glaubensformen:** Der Hinduismus
➤ **Religionen und Glaubensformen:** Kastensystem und indische Gesellschaft
➤ **Religionen und Glaubensformen:** Der Buddhismus
➤ **Religionen und Glaubensformen:** Frühgeschichte des Buddhismus

Einigung und Expansion Chinas unter den Dynastien der Qin und der Han

In seiner ersten Periode als Einheitsstaat expandierte das chinesische Reich nach Zentralasien und kolonisierte den ostasiatischen Subkontinent. Zur Abwehr der unruhigen Nomadenvölker des Nordens und Nordwestens wurde die Große Mauer errichtet.

Eine Armee von Terrakottasoldaten bewacht das Grab des ersten Kaisers von China Qin Shihuang-di. Die – wie das Detail zeigt – sorgfältig ausgearbeiteten Figuren stammen aus dem 3. Jahrhundert v. Chr.

Mit der Festigung der Grenzen des geeinten Reichs im Jahr 221 v. Chr. wurde der Raum abgesteckt, den China nun für sich beanspruchte. Voraus ging die 1000-jährige Expansion der Ackerbau betreibenden Chinesen, die mit der Integration oder Verdrängung nomadisierender Völker in den neu gewonnenen Gebieten verbunden war. Als Symbol der Vertreibung dieser »Barbaren« galt die Große Mauer, jener seit der Zeit des Ersten Kaisers der Qin ausgebaute chinesische Limes im Norden und Nordwesten, den die ausgegrenzten Nomaden aber immer wieder durchbrachen. Zu ernsthaften Auseinandersetzungen kam es jedoch erst, als die Steppenanrainer begannen, sich zu einem Großreich unter Führung der Xiongnu, der ostasiatischen Hunnen, zusammenzuschließen.

Die um die Zeitenwende verstärkt einsetzende Besiedlung des Südens hatte Ventilfunktion für die Ackerbauern im Norden. Da sie zunehmend auf klimatisch bedingte Grenzen stießen, suchten sie einen Ausweg in der Kolonisierung der Weiten Südostasiens. Insbesondere unter der Han-Dynastie kam es zu einer Verzahnung von Krieg, Handel und Diplomatie als Teil eines Prozesses, der die spätere Integrierung der Randvölker zum Ziel hatte.

Expansion nach Zentralasien

Zur Militärpolitik des ersten Kaisers der Qin gehörte der Ausbau der Großen Mauer im Norden und Nordwesten: Bereits bestehende Teilstücke wurden zu einem hintereinander gestaffelten Wallsystem verbunden, das im Westen in Süd-Gansu endete und durch ständige Garnisonen bewacht war. Die kriegerischen Unternehmungen des ersten Kaisers – 215 v. Chr. hatte er ein 300 000-Mann-Heer gegen die Xiongnu entsandt – setzte Kaiser Wu, der bedeutende Herrscher der Früheren Han-Dynastie, nach einem knappen Jahrhundert der staatlichen Konsolidierung fort.

Würdenträger der Han-Zeit – dargestellt auf einem Ziegel aus dem 2. oder 3. Jahrhundert

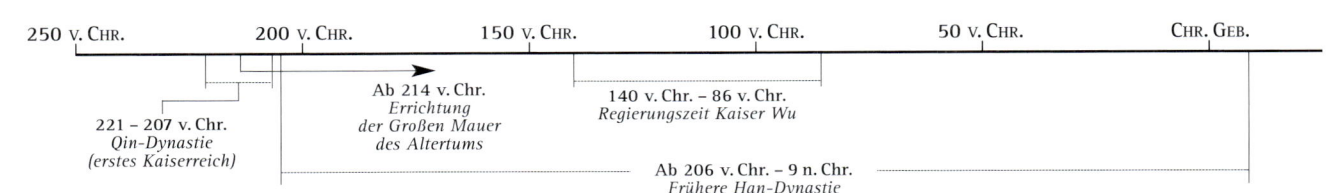

250 v. Chr. — 200 v. Chr. — 150 v. Chr. — 100 v. Chr. — 50 v. Chr. — Chr. Geb.

221 – 207 v. Chr. Qin-Dynastie (erstes Kaiserreich)

Ab 214 v. Chr. Errichtung der Großen Mauer des Altertums

140 v. Chr. – 86 v. Chr. Regierungszeit Kaiser Wu

Ab 206 v. Chr. – 9 n. Chr. Frühere Han-Dynastie

EXPANSION CHINAS UNTER DEN QUIN UND HAN

Wegen fortgesetzter Übergriffe der Reiternomaden beendete er jene Defensivpolitik, die aus Verlängerung der Mauern bis nach West-Gansu, Bevölkerungsumsiedlungen in die mongolischen Randgebiete und Beschwichtigung durch Geschenke sowie Verheiratung von Prinzessinnen bestanden hatte.

Das zum Einflussgebiet der Nomaden zählende Zentralasien mit wichtigen Karawanenrouten durch das Tarimbecken wurde aus strategischen Gründen einbezogen. Man hoffte dort auf Verbündete und entsandte daher den Offizier Zhang Qian, der 126 nach einer 13-jährigen Odyssee unverrichteter Dinge zurückkehrte. Erfolgreich waren diese und spätere Missionen in anderer Hinsicht: Sie eröffneten den Handelsverkehr mit verschiedenen Völkern Zentralasiens und der Regionen westlich des Pamir. Chinesische Waren fanden dort reißenden Absatz; dies beflügelte die Expansion ins Tarimbecken, die auf Kontrolle der Handelswege durch Garnisonen abzielte. Die Feldzüge in die Mongolei und nach Zentralasien bewirkten Mitte des 1. Jahrhunderts, zusammen mit Geschenkdiplomatie, Heiratspolitik und Entsendung von Steppensöhnen an den Kaiserhof, zunächst den Zerfall des Nomadenreichs. Die südlichen Xiongnu schlossen sich zeitweilig China an, gleichzeitig fiel das Tarimbecken unter dessen Oberhoheit. Eine Militärpräsenz konnte jedoch, bedingt durch Bürgerkriegswirren nach dem Sturz der Früheren Han-Dynastie, aus ökonomischen Gründen nicht aufrecht erhalten werden. Zwar gelang es, den Einfluss der erneut erstarkten nördlichen Xiongnu über das Tarimbecken zurückzudrängen, aber das 94 n. Chr. errichtete Protektorat musste schon bald wieder aufgegeben werden. Die Landverbindung gen Westen wurde sogar zeitweilig ganz durch unruhige Tibeter unterbrochen.

EXPANSION AUF DEM OSTASIATISCHEN SUBKONTINENT

Gleichzeitig mit den Offensiven im Norden und Nordwesten drangen die Han nach Nordosten in die Mandschurei und nach Korea vor. Kolonisation, Sicherung der Handelsstraßen und die Absicht, von der Mandschurei aus einen Keil zwischen die Stämme des Nordens zu treiben, waren das Ziel. Etwa ab 200 v. Chr. gab es chinesische Kommandanturen in der Südmandschurei und in Westkorea bis weit nördlich des Yalu.

Die Expansion vom Yangzi südwärts vollzog sich als Teil des langwierigen Integrationsprozesses, in dessen Verlauf es zu ethnischen Verschiebungen und Vermischungen sowie zum Verschwinden von Völkern kam. Kaiser Wu eroberte um 110 den Südosten bis Nordvietnam. Feldzüge nach Südwesten bis an die Grenzen Birmas leiteten die allmähliche Kolonialisierung dieser Region ein. Überschwemmungskatastrophen und der Bürgerkrieg nach der Restauration der Han-Dynastie verstärkten die Wanderungen gen Süden: Chinesische Siedler drangen, unterstützt von militärischen Offensiven, bis tief nach Südwesten – Yunnan, Annam und Tonking – vor. Allerdings stellten die kleinen Verwaltungseinheiten wenig mehr als Vorposten chinesischer Kultur dar.

Die Erschließung des Südens dauerte Jahrhunderte, die Auseinandersetzung mit den Anrainern der nördlichen Steppenzone blieb eine Konstante der chinesischen Geschichte bis ins 17. Jahrhundert.

Die Ausgrabung der rund 7000 überlebensgroßen Terrakottasoldaten begann 1974.

Diese wunderbaren Bronzeplastiken zeugen von der künstlerischen Blüte unter der Han-Dynastie; Peking, Nationalmuseum.

25 – 220
Spätere Han-Dynastie

▶ **Völker, Staaten und Kulturen:** China bis zum Mittelalter
▶ **Menschen und Ideen:** Erster Göttlich Erhabener Kaiser Chinas
▶ **Große Entdeckungen:** Entdeckung der Terrakotta-Armee
▶ **Handel und Wirtschaft:** Aufschwung in China unter der Han-Dynastie
▶ **Kunst und Architektur:** Terrakotta-Armee

ROMS AUFSTIEG ZUR BEHERRSCHENDEN MACHT IM MITTELMEERRAUM

Für die Eroberung Italiens benötigte Rom rund 500 Jahre. Dagegen dauerten die anschließenden kriegerischen Expansionen, die Rom zur Herrin des Mittelmeerraums machten, nur etwa die Hälfte der Zeit.

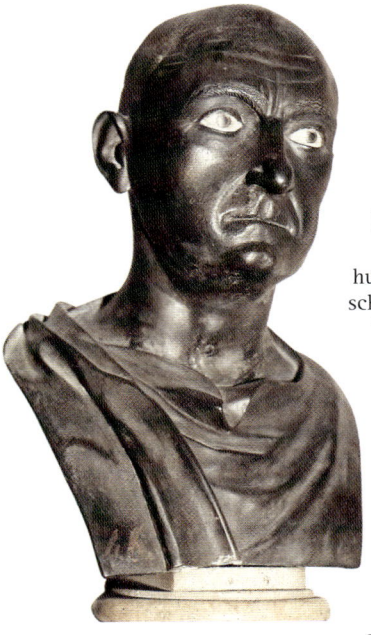

Mit der sagenhaften Gründung Roms im Jahre 753 v. Chr. betrat eine kleine Stadt an den Ufern des Tiber die Bühne der Weltgeschichte. In ihrer 1200-jährigen Geschichte eroberten sich die Erben des Romulus eines der größten Weltreiche aller Zeiten.

ITALIEN WIRD RÖMISCH

Nachdem sich die Römer zum Ende des 6. Jahrhunderts v. Chr. von der etruskischen Königsherrschaft befreit hatten, begann das Ringen um die Vorherrschaft in Latium. Nach dem Ende des Latinerkriegs im Jahre 493 v. Chr. übernahm Rom die beherrschende Rolle im latinischen Städtebund. In den nächsten hundert Jahren musste Rom die Einfälle von Äquern, Volskern und Sabinern aus dem Apennin abwehren. Mit der Zerstörung des etruskischen Veji im Jahre 396 v. Chr. schalteten die Römer ihre größte Konkurrentin am Tiber aus und verdoppelten ihren Herrschaftsbereich.

Nach der Niederlage gegen die Kelten an der Allia und der fast vollständigen Niederbrennung Roms im Jahre 387 v. Chr erhielt die römische Expansionspolitik einen schweren Rückschlag. Erst zu Beginn des 2. Jahrhunderts v. Chr. konnten die Römer die letzten keltischen Stämme aus Oberitalien vertreiben. Zwischen 343 und 282 v. Chr. kämpften die Römer mit den Samniten, Etruskern, Sabinern und Kelten erfolgreich um die Vorherrschaft in Mittelitalien. Zugleich lösten sie im Jahre 338 v. Chr. den latinischen Städtebund auf. Nach anfänglichen Misserfolgen gegen König Pyrrhos von Epirus im Krieg um Tarent, konnten sie Pyrrhos im Jahr 275 v. Chr. bei Benevent schlagen, worauf er sich aus Unteritalien zurückziehen musste. Nach dem Fall Tarents im Jahr 272 v. Chr. kontrollierte Rom die italienische Halbinsel von der Straße von Messina bis zum heutigen Pisa und Rimini.

DER KAMPF GEGEN KARTHAGO

Mit den Punischen Kriegen gegen das nordafrikanische Karthago begann die römische Expansion im Mittelmeerraum. Damals wurden auch die ersten, von Statthaltern regierten Provinzen außerhalb Italiens gegründet. Am Ende des Ersten Punischen Krieges (264–241 v. Chr.) gliederten die Römer Sizilien, Sardinien und Korsika als Provinzen in ihren Herrschaftsbereich ein. Im Zweiten Punischen Krieg (218–201 v. Chr.) fügte der karthagische Feldherr Hannibal den Römern in der Schlacht bei Cannae ihre schwerste Niederlage zu. Als Folge rief man sogar Sklaven zu den Waffen, doch erst der Sieg des römischen Feldherrn Scipio Africanus über Hannibal bei Zama brachte die Entscheidung und die Eingliederung Spaniens als Provinz. Sein Adoptivsohn Scipio Aemilianus zerstörte schließlich Karthago im Dritten Punischen Krieg (149–146 v. Chr.).

EXPANSION IM ÖSTLICHEN MITTELMEER

Zwischen den beiden letzten Punischen Kriegen kämpften römische Armeen von 200 bis 133 v. Chr. in Griechenland und Kleinasien gegen die Nachfolgestaaten des Alexanderreichs. Nach den Siegen über König Philipp V. von Makedonien, seinen Nachfolger Perseus und den Seleukidenherrscher Antiochos III. entstanden die ersten Provinzen im Osten. Der Krieg gegen König Jugurtha von Numidien von 111 bis 105 v. Chr. brachte dem Imperium Romanum zusätzliche Gebietsgewinne in Nordafrika.

113 v. Chr. kamen die Römer erstmals mit den Germanen in Berührung. Nach anfänglichen Siegen der germanischen Kimbern und Teutonen errang der Feldherr Marius mit einer reorganisierten Armee 102/101 v. Chr. bei Aquae Sextiae und Vercellae glanzvolle Siege.

König Mithridates IV. von Pontos sah sich als Befreier der griechischen Welt und war zwischen 88 bis 64 v. Chr. der Hauptgegner Roms im Osten. Erst nach drei Kriegen konnten ihn die Römer unter der Führung des Pompeius besiegen und ihre Herrschaft durch die Einrichtung neuer Provinzen in Kleinasien, Syrien und

Porträtbüste des römischen Feldherrn Publius Cornelius Scipio d. Ä. (um 235–183 v. Chr.), der wegen seiner glänzenden Siege über das nordafrikanische Karthago den Ehrennamen Scipio Africanus erhielt.

Gaius Julius Cäsar (101–44 v. Chr.) gehört zu den berühmtesten Feldherren der Weltgeschichte, sein Bericht über den Gallischen Krieg zu den wichtigsten historischen Quellen zur römischen Militärgeschichte.

ROMS AUFSTIEG

Palästina sichern. Die Niederlage des Crassus gegen die Parther bei Carrhae 53 v. Chr. bestimmte für die nächsten drei Jahrhunderte das feindliche Verhältnis Roms zum Partherreich. Mit dem Gallischen Krieg Cäsars (58 – 51 v. Chr.) begann die Ausweitung des römischen Herrschaftsbereichs nach Norden und damit eine neue Phase der Expansion – und der Geschichte Roms, das sich von der Republik zum Kaiserreich wandelte.

HANNIBAL

Einer der berühmtesten Feinde Roms war der karthagische Feldherr Hannibal (247 – 183 v. Chr.). Bei Ausbruch des Zweiten Punischen Krieges überquerte er mit seinem Heer, dem auch die legendären Elefanten angehörten, in nur 15 Tagen die Alpen und drang in Italien ein. Verheerende Niederlagen fügte er den Römern an der Trebbia (218 v. Chr.), am Trasimener See (217 v. Chr.) und bei Cannae (216 v. Chr.) zu. Obwohl Hannibal in Italien nie militärisch geschlagen wurde, verfehlte er sein Ziel, Rom von dessen italischen Bundesgenossen abzuspalten und dann endgültig zu besiegen. Im Jahr 203 v. Chr. musste er den Rückzug antreten, weil die Römer in Nordafrika gelandet waren und seine Stadt Karthago bedrohten. Nach seiner Niederlage bei Zama 202 v. Chr. floh er in den Osten und versuchte vergebens, neue Bündnispartner gegen Rom zu finden. Schließlich beging Hannibal in Bithynien Selbstmord.

Zur existenziellen Bedrohung für das Römische Reich wurde der karthagische Feldherr und Staatsmann Hannibal (247/46 bis 183 v. Chr.), als er mit seinem Heer auf Rom marschierte.

Die Entwicklung des Römischen Reiches zwischen 300 v. Chr. und 117 n. Chr.

Entwicklung des Römischen Reiches
- Römisches Gebiet um 300 v. Chr.
- Römisches Gebiet um 218 v. Chr. (vor Beginn des 2. Punischen Krieges)
- Römisches Gebiet um 100 v. Chr.
- Römisches Gebiet um Christi Geburt
- Römisches Gebiet um 117 n. Chr. (Tod Trajans)
- Ungefähre Grenze der von Augustus erstrebten Provinz Germania
- Gebietsverluste seit 117 n. Chr.
- Grenze zwischen Ost- und Weströmischem Reich seit 395 n. Chr.

▸ Völker, Staaten und Kulturen: Karthago
▸ Völker, Staaten und Kulturen: Die Etrusker
▸ Völker, Staaten und Kulturen: Das Römische Reich
▸ Menschen und Ideen: Hannibal
▸ Handel und Wirtschaft: Wirtschaftlicher Aufstieg Roms und Folgen

Roms Gegner im Osten – die Parther

Seit der Mitte des 3. Jahrhunderts v. Chr. errichteten die nomadischen Parther in Persien ein mächtiges Reich, das sich im Osten bis nach Indien erstreckte und der römischen Macht im Orient jahrhundertelang die Stirn bot.

Nach dem Tode Alexanders des Großen 323 v. Chr. in Babylon teilten seine Generäle das Reich unter sich auf. Einer von ihnen, Seleukos, erhielt Teile Syriens, Mesopotamien, Persien sowie die angrenzenden Provinzen in Zentralasien, Afghanistan und Nordwestindien. Daraus entstand das Seleukidenreich. Es verlor einen Teil seines Territoriums, als sich 247 v. Chr. iranische Nomaden, die aus den Steppen östlich des Kaspischen Meeres kamen, der nordostpersischen Provinz Parthien bemächtigten und hier ein Königreich errichteten.

Der Vormarsch nach Westen

Die parthischen Könige behaupteten ihre Unabhängigkeit gegenüber den Seleukiden und erweiterten ihr Reich Schritt für Schritt. Dabei profitierten sie von den erfolglosen Kämpfen der Seleukiden gegen die Römer auf den syrischen und kleinasiatischen Kriegsschauplätzen. 189 v. Chr. fügten die Römer den Seleukiden bei Magnesia eine schwere Niederlage zu, um 147 v. Chr. konnten die Parther unter ihrem König Mithradates I. den geschwächten Seleukiden auf einem Feldzug die Provinz Medien abnehmen. Thronfolgestreitigkeiten im Hause der Seleukiden erleichterten den Vormarsch von Mithradates I. nach Babylonien, in dessen Verlauf er 141 v. Chr. Seleukia am Tigris und Südwestiran eroberte. Ein Vorstoß zur Rückeroberung Persiens durch Demetrius II. von Syrien aus scheiterte: Der Seleukide wurde von den Parthern gefangen genommen. Danach war die Macht von Mithradates I. in Persien, Babylonien und den östlichen Provinzen bis zum Indus gefestigt.

Doch 130 v. Chr. gelang es den Seleukiden von Syrien aus bis tief nach Persien einzudringen und den parthischen König Phraates II. in ernste Bedrängnis zu bringen. Erst der Tod des seleukidischen Herrschers in der Schlacht wandte diese Gefahr für die Parther ab. Diese sahen sich aber im Osten gleichzeitig mit der

Das Detail des Partherdenkmals in Ephesus, entstanden um 170 n. Chr., zeigt einen verwundeten Parthergeneral zu Pferde.

GEGNER ROMS – DIE PARTHER

Das Reich der Parther

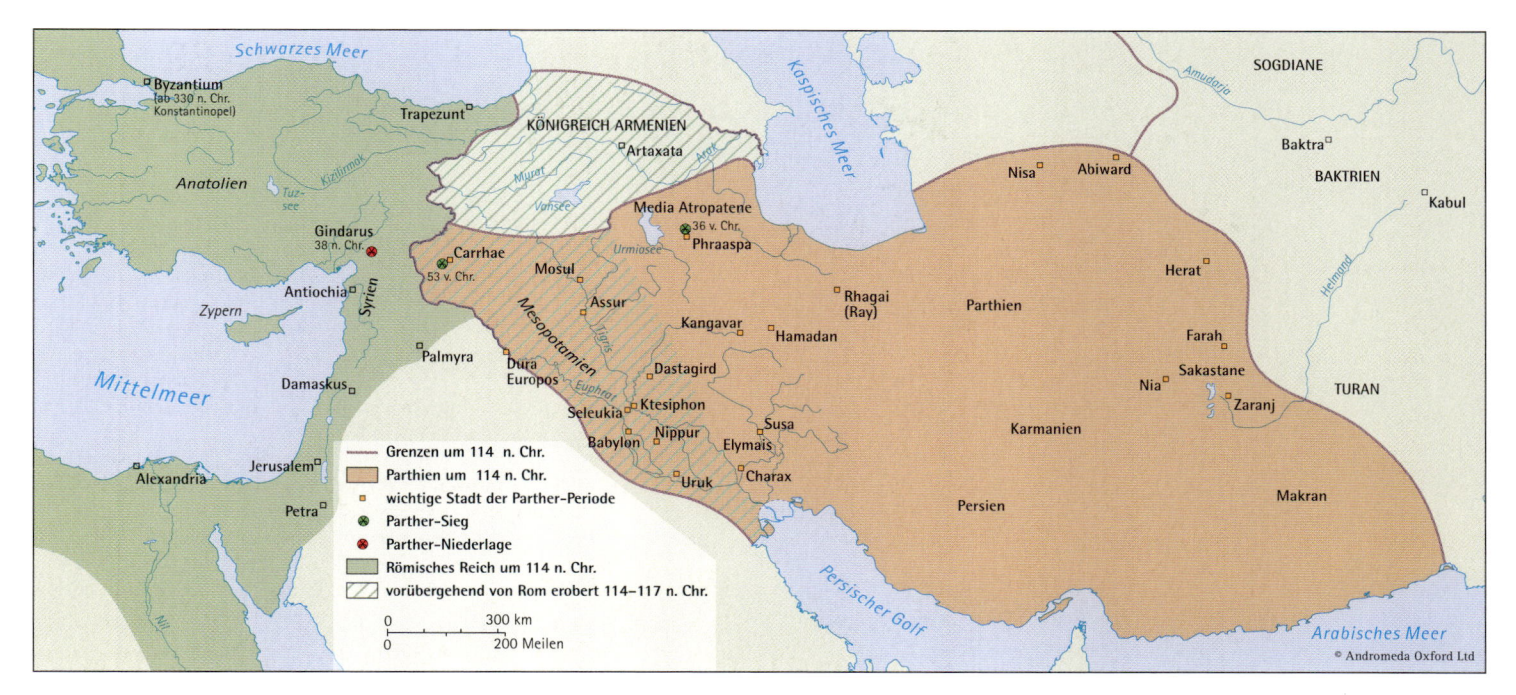

Invasion von Nomadenstämmen konfrontiert, bei deren Abwehr Phraates II. fiel. Auch die nachfolgenden Herrscher des Partherreiches waren sich dieser Bedrohung aus dem Osten bewusst, so dass die Hauptstadt mit Beginn des ersten vorchristlichen Jahrhunderts nach Ktesiphon verlegt wurde, das Seleukia am Tigris gegenüberlag.

Der Kampf um Armenien

Mit der Herrschaft von König Phraates III. (um 70 – 57 v. Chr.) rückte das Reich der Parther in das Blickfeld der Römer, die zu dieser Zeit die hellenistischen Königreiche Kleinasiens und Syriens unterwarfen. Der Streit zwischen Rom und den Parthern entzündete sich an inneren Auseinandersetzungen im Königreich Armenien, wobei Römer und Parther für unterschiedliche Seiten Partei ergriffen. Dies war der Beginn des Kampfes zwischen Rom und den Parthern um die Vorherrschaft im Vorderen Orient.

Infolge von Thronstreitigkeiten bei den Parthern griffen die Römer auf Seiten eines der Prätendenten ein. So kam es 53 v. Chr. zur Schlacht von Carrhae, die für die Römer mit einer vernichtenden Niederlage endete: Das Reich der Parther hatte seine Machtstellung als ebenbürtiger Gegner Roms deutlich gemacht; der Euphrat bildete die Grenze zwischen den beiden Großmächten. Dennoch kam es in den folgenden Jahren immer wieder zu Kämpfen zwischen Römern und Parthern. 36 v. Chr. eröffnete der römische Feldherr Marcus Antonius eine großangelegte Offensive und drang bis in das nordwestlichen Persien vor. Aber Antonius scheiterte und musste sich unter großen Verlusten zurückziehen.

Nach einer kurzen, relativ friedlichen Periode in den Beziehungen der beiden Großmächte flammten 51 n. Chr. die Feindseligkeiten wieder auf und zogen sich bis 63 n. Chr. hin. Zankapfel war erneut Armenien. Obwohl Armenien traditionell den Parthern nahe stand, suchte Rom Einfluss zu gewinnen, indem es einen romfreundlichen Thronprätendenten favorisierte.

Der syrische Kriegsschauplatz

113 n. Chr. kam es wiederholt wegen Armenien zum Krieg zwischen Römern und Parthern. Kaiser Trajan führte seine Truppen durch Syrien und Mesopotamien und eroberte 116 n. Chr. sogar die Hauptstadt Ktesiphon, die von König Osroes verlassen worden war. 161 n. Chr. unternahm der Parther Vologeses IV. einen Angriff bis tief nach Syrien und eroberte Edessa. Im Zuge einer Gegenoffensive stießen die Römer erneut tief in das parthische Gebiet vor und nahmen 165 n. Chr. Seleukia und Ktesiphon ein. Der weiter andauernde Kriegszustand war auf dem syrischen Kriegsschauplatz von wechselndem Kriegsglück begleitet. Beendet wurde er erst, als 224 n. Chr. die Dynastie der Sassaniden die letzten parthischen Könige entmachtete.

······ Die Schlacht von ······ Carrhae 53 v. Chr.

Die in den Ebenen Nordsyriens geschlagene Schlacht zeigt den Sieg der zahlenmäßig unterlegenen parthischen Reiterarmee gegen die schwere römische Infanterie (rund 28 000 Mann, dazu 4000 Reiter) unter hervorragender Ausnutzung des Geländes. Die Parther verfügten über 9000 berittene Bogenschützen deren Pfeilnachschub durch einen 1000 Kamele umfassenden Tross gesichert war. Die Kerntruppe bildeten 1000 schwer gepanzerte Reiter (Kataphrakten), deren Aufgabe es war, den durch ständigen Beschuss zermürbten Feind bei einem Gegenangriff aufzuhalten und zu vernichten. Die Taktik der Parther ging auf, und die römische Armee wurde nahezu vollständig aufgerieben.

Die lebensgroße Statue eines parthischen Königs ist im Nationalmuseum Bagdad ausgestellt.

▶ Völker, Staaten und Kulturen: Der alte Iran

DIE KRISE ROMS
DAS JAHRHUNDERT DER REVOLUTION

Im 1. Jahrhundert v. Chr. wurde Rom von Bürgerkriegen, sozialen Konflikten und Revolutionen erschüttert. Ganze Armeen wurden eingesetzt, um den innenpolitischen Konkurrenten auszuschalten. Es ging um nichts Geringeres als die Macht in einem Weltreich.

In der Antike wurden besiegte Feinde, die die Schlachten überlebt hatten, häufig versklavt. So brachte die erfolgreiche Expansion Roms im 2. Jahrhundert v. Chr. massenhaft Sklaven ins Land, die vor allem auf den großen Landgütern der römischen Oberschicht als Arbeitskräfte eingesetzt wurden. Die dadurch verarmten Kleinbauern suchten nun ihr Auskommen in Rom selbst, was zu brisanten gesellschaftlichen Umschichtungen führte. Zwei politische Parteiungen entstanden: die Optimaten als Vertreter der senatorischen Oberschicht und die Popularen als Vertreter des Volkes.

Der Feldherr Sulla, Vertreter der Senatorenpartei, errichtete in Rom eine Schreckensherrschaft.

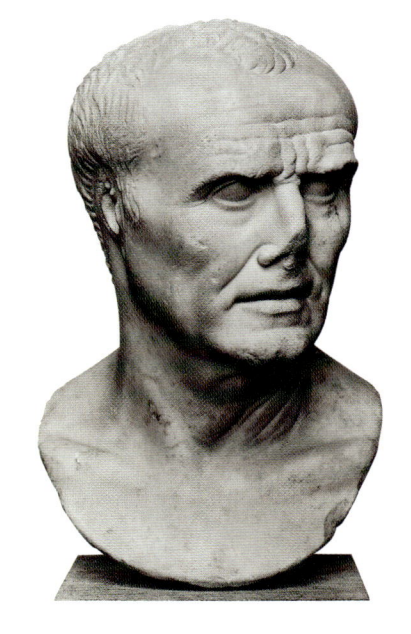

Sullas Gegenspieler war der Volksfreund Marius.

DIE GRACCHEN

Im Jahre 133 v. Chr. erkannte der Volkstribun Tiberius Gracchus die Not der Landbevölkerung und die damit verbundene Reduzierung der Wehrkraft. In seinem Ackergesetz plante er deshalb eine Verringerung des Großgrundbesitzes, um auf frei werdendem Boden die verarmten Bauern anzusiedeln. Damit machte er sich mächtige Feinde: Mit etwa 300 Anhängern wurde Tiberius auf dem Kapitol erschlagen.

Der Reformer Tiberius Gracchus und seine Anhänger wurden 133 v. Chr. brutal erschlagen.

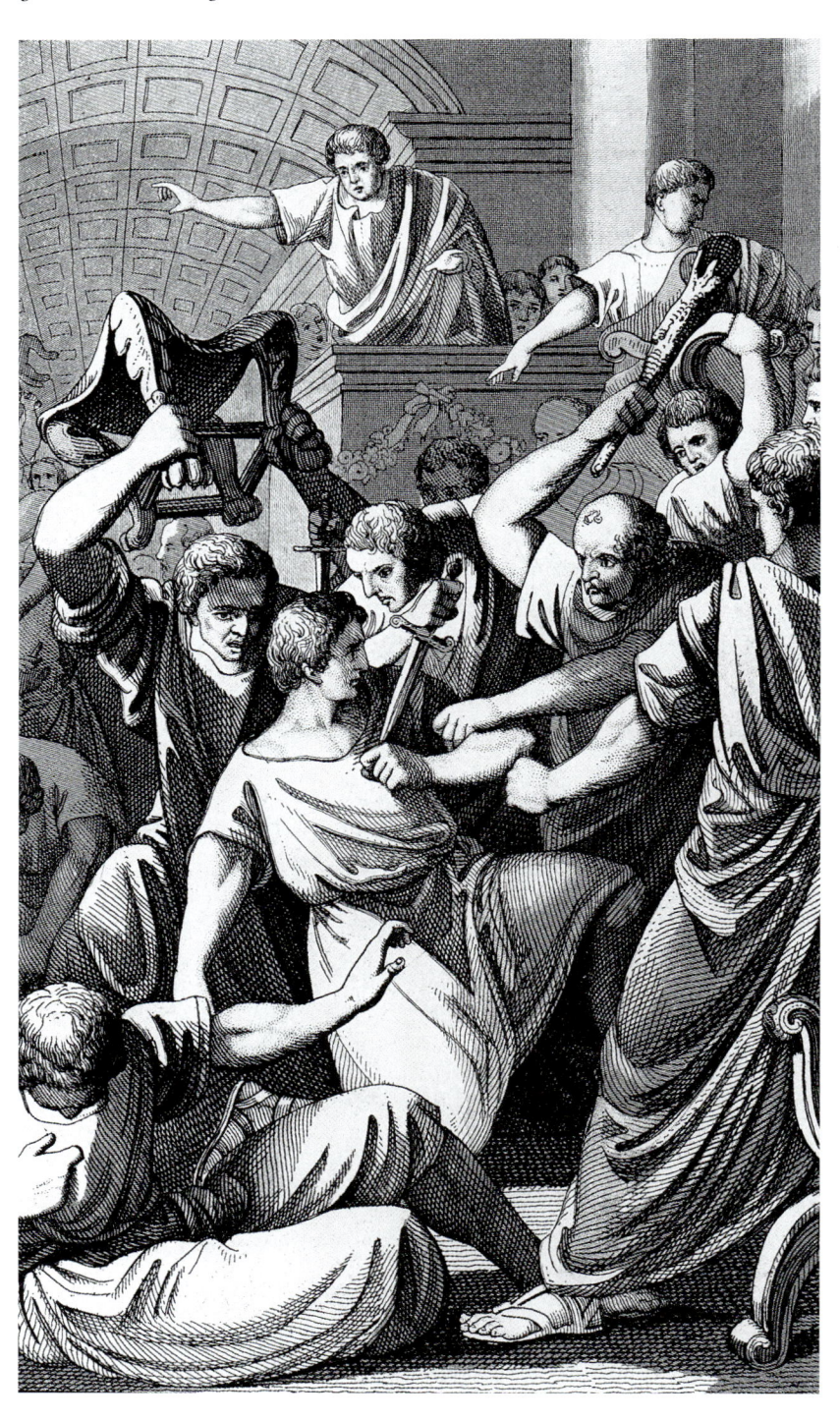

▶ **Völker, Staaten und Kulturen:** Das Römische Reich
▶ **Menschen und Ideen:** Cicero
▶ **Menschen und Ideen:** Cäsar
▶ **Menschen und Ideen:** Spartakus
▶ **Menschen und Ideen:** Augustus

DIE KRISE ROMS

Zehn Jahre später wollte Gaius Gracchus die Politik seines Bruders weiterführen. Zugleich ging er gegen die Korruption im Senat vor und versuchte, den Ritterstand auf Kosten der Senatoren zu stärken. Nach Ablauf seiner Amtszeit als Volkstribun verhängte der Senat in Rom den Ausnahmezustand, und Gaius starb auf dem Aventin mit 3000 seiner Gefolgsleute in einem Blutbad.

MARIUS UND SULLA

Der Volksfreund Marius wurde nach seinen Siegen über Jugurtha und die Germanen als dritter Gründer Roms gefeiert, während Sulla, der große Feldherr des konservativen Lagers, maßgeblich am römischen Sieg im Bundesgenossenkrieg (91–89 v. Chr.) beteiligt war. Ihm gab der Senat den Oberbefehl im Krieg gegen Mithridates, was zu Unruhen im Volk führte, das Marius in dieser Position sehen wollte. Daraufhin kam es zu einem grausamen Bürgerkrieg, in dessen wechselndem Verlauf Marius aus Rom vertrieben wurde, zurückkehrte und schließlich 86 v. Chr. starb. Nachdem Sulla im Jahre 82 v. Chr. seine Macht in Rom gefestigt hatte, führte er bis zu seinem Tod im Jahre 79 v. Chr. ein Schreckensregiment, dem 90 Senatoren und 2600 Ritter zum Opfer fielen.

DIE TRIUMVIRN

Crassus war einer der reichsten Männer seiner Zeit und schlug im Jahre 71 v. Chr. den Sklavenaufstand unter Spartacus nieder, bei dem er 6000 gefangene Sklaven kreuzigen ließ. Im Jahre 60 v. Chr. schloss er sich mit dem beim Volk beliebten Pompeius und dem genialen Taktiker Cäsar zum ersten Triumvirat zusammen: Man sicherte sich gegenseitige politische Unterstützung zu und teilte 55 v. Chr. die Provinzen unter sich auf. Doch die Eintracht währte nicht lange. Nach dem Tod des Crassus verschärfte sich der Gegensatz zwischen Cäsar, dem erklärten Gegner der Senatorenpartei, und Pompeius, der sich nun auf die Seite des Senats stellte.

Als Cäsar 49 v. Chr., von Gallen kommend, mit seinen Truppen den Rubikon überschritt, begann ein dreijähriger blutiger Bürgerkrieg, in dem Pompeius schließlich in Ägypten den Tod fand. Mit der Übertragung der Diktatur im Jahre 46 v. Chr. wurde Cäsar de facto zum Alleinherrscher über das Römische Reich. Diese Machtfülle war für Brutus, Cassius und einige andere Senatoren zuviel: Mitte März des Jahres 44 v. Chr. ermordeten sie den »Tyrannen« Cäsar eigenhändig.

Als Folge schlossen sich sein Reitergeneral Antonius, sein Adoptivsohn Octavian und sein ehemaliger Mitkonsul Lepidus 43 v. Chr. zum zweiten Triumvirat zusammen und besiegten im Jahr darauf in der Schlacht bei Philippi die Mörder Cäsars. Nachdem der schwache Lepidus aus dem Spiel um die Macht ausgeschieden war, begann der letzte Akt im Ringen um die Alleinherrschaft zwischen Octavian und Antonius. Sie teilten das Römische Reich unter sich auf: Octavian erhielt den Westen und blieb in Rom, während Antonius im Orient herrschte.

OCTAVIAN UND ANTONIUS RIVALEN UM DIE MACHT

Antonius heiratete die ägyptische Königin Kleopatra und übereignete ihr als Hochzeitsgeschenk Teile der römischen Ostprovinzen, was in Rom natürlich zu Empörungsstürmen führte. Octavian nutzte die Stimmung und rief zum Krieg gegen Ägypten auf. Der darauf folgende zweijährige Bürgerkrieg zwischen West und Ost wurde schließlich nach der Seeschlacht bei Actium für den Westen entschieden – und für Octavian, der sich Augustus (der Erhabene) nannte und die römische Kaiserzeit einläutete. Mit dem Selbstmord von Kleopatra und Antonius 30 v. Chr. endete das römische Zeitalter der Revolution und es begann eine Epoche des inneren Friedens.

·· DIE SEESCHLACHT BEI ACTIUM ··

Ende August des Jahres 31 v. Chr. lagen bei Actium in Griechenland die 260 leichten Kriegsschiffe des Octavian den 170 schweren Schlachtschiffen des Antonius und der Kleopatra gegenüber. Am 2. September um 12.00 Uhr mittags begann die Seeschlacht bei Actium. Octavian gelang es, durch eine Scheinflucht die Schlachtlinie des Antonius aufzulösen. Daraufhin stürzten sich seine leichten Schiffe in Gruppen auf die schwer zu manövrierenden Großkampfschiffe des Antonius und versenkten etwa 50. Als Antonius sah, dass Kleopatras Geschwader floh, ließ er seine Streitkräfte im Stich und eilte ihr nach. Um 16.30 Uhr ergab sich die Flotte des Antonius, die Schlacht war vorbei, die endgültige Entscheidung im »Kampf um Rom« gefallen, die Alleinherrschaft des Octavian, des späteren Kaisers Augustus, konnte beginnen.

In einem Blutbad endete das Leben von Gaius Gracchus, der die Reformpolitik seines Bruders Tiberius fortsetzen wollte.

Siegreiche Heerführer wie Pompeius nutzten ihre Popularität, um Politik zu machen.

DAS RÖMISCHE HEER

Die Feldzeichen der römischen Legionen wurden in Ehren gehalten. Während des Gefechts dienten sie als Führungs- und Orientierungsmittel.

Das Römische Heer

In einer über 1000-jährigen Geschichte eroberten die Soldaten Roms weite Teile der damals bekannten Welt und sicherten die Grenzen des Reiches. Bis ins 19. Jahrhundert hinein übertraf kein stehendes Berufsheer das römische an Größe.

Das römische Heer im Wandel der Geschichte

In der Königszeit und der Republik kämpfte der römische Bürger zuerst in der starren Phalanx nach Art der griechischen Hopliten und später in der beweglicheren Manipularformation der Legionen gegen Etrusker, Samniten, Kelten oder Karthager. Nach seiner Heimkehr aus dem Krieg wurde der Soldat wieder Zivilist. Unter dem Feldherrn Marius kam es gegen Ende des 2. Jahrhunderts v. Chr. zu einer einschneidenden Umstrukturierung: Das Bürgerheer wurde durch ein Berufsheer ersetzt. Für den gemeinen Soldaten hatte die Neuorganisation aber auch eine unangenehme Folge: Von nun an musste er sein Gepäck, das um die 20 Kilogramm wog, selbst tragen. Seither bezeichnete man die römischen Soldaten etwas spöttisch als *muli Mariani* (Maultiere des Marius).

Zu Beginn der Kaiserzeit, also etwa um die Zeitenwende, wurde das römische Heer an den Reichsgrenzen in festen Standlagern stationiert. Hierbei kamen die Legionen als schwere Infanterie nur noch in längeren Eroberungszügen oder bei der Abwehr größerer Invasionen zum Einsatz, dagegen übernahmen die *auxilia* (Hilfstruppen) die eigentliche Grenzkontrolle. Während der Bewohner der italienischen Halbinsel als römischer Bürger in der Legion seinen Dienst tat, konnte ein freier Provinzbewohner als keltischer Kavallerist, syrischer Bogenschütze oder spanischer Infanterist in das Heer eintreten und nach einer 25-jährigen Dienstzeit das römische Bürgerrecht erlangen.

In der Spätantike diente der Soldat entweder bei den *comitatenses* im mobilen Bewegungsheer oder bei den *limitanei* im stehenden Grenzheer. Mit der Absetzung des letzten weströmischen Kaisers im Jahr 476 n. Chr. hörte das (west-)römische Heer auf zu bestehen.

Die Gliederung des römischen Heeres

Im 1. und 2. Jahrhundert n. Chr. befand sich das Römerreich auf dem Höhepunkt seiner Macht. Das Rückgrat des Heeres bildeten die etwa 30 Legionen der schweren Infanterie. Diese Einheiten hatten eine Stärke von jeweils 5500 Mann (inklusive 120 Meldereiter) und waren in zehn Kohorten untergliedert. Kommandeur der Legion war der *legatus*, der aus dem Senatorenstand stammte. Ihm zur Seite standen der Lagerpräfekt und sechs Tribunen. Eine Ehrenstellung hatte der *aquilifer*, der den Legionsadler trug. Die 59 Hundertschaften der Legion wurden von den Zenturionen befehligt und hatten ebenfalls ein eigenes Feldzeichen, das der so genannte *signifer* trug. Innerhalb der Legion gab es zahlreiche Dienstgrade, wie den Stellvertreter des Zenturio, den Hornisten oder den wachhabenden Unteroffizier. Jede Legion war zusätzlich mit leichten und schweren Geschützen für Belagerungen ausgestattet.

Die Gesamtzahl der Hilfstruppen stieg im Laufe der Kaiserzeit ständig an. Zu Beginn des 2. Jahrhunderts n. Chr. gab es bei den Hilfstruppen 85 Reiterregimenter, 150 Infanterieregimenter und 100 gemischte Regimenter aus Reitern und Infanterie. Die einzelnen Hilfstruppeneinheiten waren zwischen 500 und 1000 Mann stark und wurden von einem *tribunus* oder *praefectus* aus dem Ritterstand geführt.

Zusätzlich zu den Legionen und Hilfstruppen verfügten die Kaiser mit den Prätorianern über eine eigene Leibgarde. Diese hatte insgesamt eine Stärke von etwa 12000 Mann (inklusive der Gardereiter und paramilitärischen Stadtkohorten Roms) und war bis zum Ende des zweiten Jahrhunderts n. Chr. die einzig stehende Streitmacht in Italien; einer alten Tradition zufolge durften sich nämlich in Rom und Italien keine kampfbereiten Truppen aufhalten, um militärische Umstürze zu verhindern. Die Prätorianer jedoch besaßen diese Macht – und nutzten sie: Mehrere Kaiser wurden von ihnen an die Macht gebracht oder entstammten sogar ihren Reihen.

Die Ausrüstung der Soldaten

In der Kaiserzeit kann man trotz regionaler Sonderformen durchaus von einer Uniform sprechen. Aufgrund ihrer taktischen Einsatzweise gab es aber zwischen den einzelnen Truppengattungen leichte Unterschiede in Ausrüstung und Bewaffnung. Der Legionär trug Helm, Schienenpanzer, schweren Rechteckschild, Schwert, Dolch und *pilum* (Wurfspeer). Bekleidet war er mit Halstuch, Tunika,

Römische Legionäre in den Markomannenkriegen des 2. Jahrhunderts n. Chr.

Militärgürtel, Mantel und den *caligae* (Soldatenschuhen), erst im zweiten Jahrhundert setzte sich die Kniehose durch.

Der Hilfstruppeninfanterist war anstelle des Schienenpanzers, des Rechteckschildes und des Wurfspeers mit Kettenpanzer, leichterem Ovalschild und Speer ausgerüstet, trug aber die selbe Kleidung wie der Legionär. Der Kavallerist trug ebenfalls Helm, Ketten- oder Schuppenpanzer und Ovalschild, war aber mit der *spatha* (Langschwert) und einer Lanze bewaffnet, als besonderes Kleidungsstück trug er seit dem ersten Jahrhundert n. Chr. Kniehosen. Daneben gab es ethnisch geprägte Spezialeinheiten, die mit Pfeil und Bogen, Schleudern oder langen Stoßlanzen bewaffnet waren und nach Art ihrer Herkunftsvölker kämpften.

Das Römische Reich – kein Militärstaat

Die Gesamtstärke des römischen Heeres war im Laufe seiner Geschichte sehr unterschiedlich. Zum Zeitpunkt der größten Ausdehnung des Reiches unter Kaiser Trajan (98–117) hatte das Heer eine Stärke von etwa 385 000 Mann. Gemessen an der Ausdehnung und Bevölkerungszahl des Reiches, war diese Zahl gering.

▶ Völker, Staaten und Kulturen: Das Römische Reich

EXPANSION UND GRENZSICHERUNG DES RÖMISCHEN KAISERREICHS

Mit der Alleinherrschaft des Augustus begann für das Römische Reich im Inneren eine fast 200-jährige Friedenszeit, während der es zugleich durch kriegerische Expansion seine größte Ausdehnung erreichte. Doch dem Höhepunkt der Macht folgte ihr allmählicher Verfall.

Münze mit dem Bildnis des berüchtigten Kaisers Nero

Zur Grenzsicherung wurde der Hadrianswall auf 118 Kilometern Länge quer über die Britische Insel errichtet.

Bis zum Ende der Republik, das mit Cäsars Alleinherrschaft (49 – 44 v. Chr.) gleichzusetzen ist, hatte Rom große Teile der Mittelmeerwelt erobert und konnte durch die Besetzung Galliens seine Grenzen bis nach Mitteleuropa an den Rhein vorschieben. Nun klafften große Lücken zwischen den Territorien, die es zu verbinden galt.

EXPANSION DES REICHES: VON AUGUSTUS BIS SEPTIMIUS SEVERUS

Während der Regierungszeit des Augustus (30 v. Chr. bis 14 n. Chr.) begann die römische Armee mit einem neuen Vorstoß in Richtung Norden und eroberte das Voralpenland sowie große Teile des Balkans. Drusus und Tiberius, die Stiefsöhne des Augustus, brachten in den Germanenkriegen von 12 v. Chr. bis 6 n. Chr. das Gebiet zwischen Rhein, Main und Elbe unter römische Kontrolle. Dieses Gebiet ging aber bereits im Jahre 9 n. Chr. wieder verloren, als der Cheruskerfürst Arminius die drei römischen Legionen des Varus vernichtete. Unter der Regierung des Kaisers Claudius hatten die Legionen ihren Vormarsch an die Flüsse Rhein, Donau und Euphrat nahezu abgeschlossen und begannen im Jahre 43 n. Chr mit der Eroberung Britanniens. Der Schottlandfeldzug des Agricola zwischen 77 und 84 n. Chr. beendete die Eroberung Britanniens.

Expansion des Römischen Reichs

Nach dem Sieg des Kaisers Titus über die Juden wurde der siebenarmige Leuchter aus dem Tempel von Jerusalem im Triumphzug durch Rom getragen.

In den Jahren von 66 bis 70 n. Chr. war ein Teil der östlichen Legionen mit der Niederschlagung des ersten jüdischen Aufstandes beschäftigt, an dessen Ende der Tempel in Jerusalem zerstört wurde. Kaiser Trajan führte die letzten großen Eroberungskriege Roms gegen die Daker (101 – 105 n. Chr.), die Araber (106 n. Chr.) und die Parther (114 – 117 n. Chr.). Unter seiner Herrschaft erreichte das Römische Reich seine größte Ausdehnung. Während der Regierung des Septimius Severus kam es zu einer letzten Gebietserweiterung an der Ostgrenze des Reiches. Er eroberte zwischen 195 und 197 die Provinzen Osrhoëne und Mesopotamia im heutigen Nordirak. Damit war die Expansion des Römischen Reiches beendet.

Grenzsicherung und Reichskrise: von Domitian bis Diokletian

Bereits unter der Regierung des Domitian (81 – 96) gab es erste Ansätze einer befestigten Grenzsicherung. Nach der offensiven Eroberungspolitik des Trajan (98 – 117) änderte sich unter seinen Nachfolgern die Außenpolitik, und die Armee begann mit dem Bau von befestigten Grenzanlagen in Britannien, Süddeutschland und Arabien.

Während der Markomannenkriege des Mark Aurel (161 – 180) zeigten sich in der römischen Grenzsicherung erste Schwächen, als mehrere germanische Stämme in das Reichsgebiet einfielen. Im 3. Jahrhundert n. Chr. wurden die Reichsgrenzen an allen Seiten von Germanen, Persern und Mauren bedroht, und das System der Grenzsicherung brach völlig zusammen. Im Jahr 260 erreichte die Krise mit der Gefangennahme des Kaisers Valerian durch die Perser und dem Fall des Limes ihren Höhepunkt. Als Folge mussten Teile Süddeutschlands und die Provinz Dacia endgültig aufgegeben werden. Zudem brachte die sagenhafte Fürstin Zenobia von Palmyra Kleinasien, Syrien, Palästina und sogar Ägypten unter ihre Kontrolle. Erst Kaiser Aurelian gelang es, das Reich wieder zu festigen. Er eroberte die von Zenobia besetzten Gebiete zurück und führte die Fürstin 272 in goldenen Ketten nach Rom. Da die Barbaren bis in das italienische Kernland vorgedrungen waren, begann Aurelian in Rom mit dem Bau der Aurelianischen Mauer.

Kaiser Diokletian (305 – 313) erreichte eine weitgehende Stabilisierung des Römischen Reiches, so dass unter seiner Herrschaft eine neue Ära des Aufschwungs begann. Diese späte Blüte endete an der Wende vom 4. zum 5. Jahrhundert mit der endgültigen Teilung in das Westreich, das in Folge der Völkerwanderung unter die Herrschaft der Germanen geriet, und das Ostreich, das als Byzantinisches Reich noch Jahrhunderte lang die Geschichte mitbestimmte.

····· Der Limes: ein Jahrhundertbauwerk ·····

Der Limes war eine befestigte Grenzanlage mit einer Gesamtlänge von etwa 548 Kilometern und verband die beiden Flussgrenzen Rhein und Donau. Im Gegensatz zur Chinesischen Mauer war er aber keine Verteidigungsanlage, sondern diente als Annäherungshindernis, um kleinere feindliche Angriffe zu erschweren. Die großen Germaneninvasionen konnte er nicht abwehren. Erbauer des Limes waren die beiden römischen Provinzarmeen aus Obergermanien und Raetien. Am Limes wurde rund einhundert Jahre lang und in vier Bauphasen gebaut.

Unter Domitian (81 – 96) begann die erste Bauphase mit der Anlage eines Postenweges, der von Holztürmen überwacht wurde. Während der Regierungszeit des Hadrian (117 bis 138) setzte man in der zweiten Bauphase vor die Wachtürme eine Holzpalisade. In der dritten Bauphase wurden seit Mitte des 2. Jahrhunderts alle Holztürme durch Steintürme ersetzt. In der letzten Bauphase gegen Ende des 2. und Anfang des 3. Jahrhunderts ging die Entwicklung in Obergermanien und Raetien auseinander. Am obergermanischen Limes legte man hinter der Palisade einen Wall mit Graben an, während am raetischen Limes die Steintürme mit einer etwa drei Meter hohen Mauer verbunden wurden.

Wie hier im südfranzösischen Nîmes errichteten die Römer in allen Provinzen ihres Weltreiches eindrucksvolle Bauwerke.

➤ Völker, Staaten und Kulturen: Das Römische Reich
➤ Menschen und Ideen: Augustus
➤ Menschen und Ideen: Konstantin der Große
➤ Handel und Wirtschaft: Infrastruktur des Römischen Reichs
➤ Handel und Wirtschaft: Wirtschaftlicher Niedergang Roms

Krieg und Kriegstechniken im frühen Mittelalter

Um 200 n. Chr. beherrschten vier Großreiche weite Gebiete der Alten Welt, es handelte sich hierbei um das Römische Reich in Europa, das Reich der Parther in Iran, das Reich der Kushan in Zentralasien und Nordindien sowie das Han-Reich von China.

STEPPENVÖLKER UND GERMANEN

Doch jenseits der Grenzen dieser Reiche lebten so genannte Barbarenvölker, deren Herrscher je nach politischer Lage als Verbündete oder Unterworfene betrachtet wurden. Die gegenseitigen Kontakte waren sowohl friedlicher als auch kriegerischer Natur, man trieb Handel miteinander und warb auch Angehörige dieser Stämme zum Dienst als Hilfstruppen und Söldner an. In Europa waren dies hauptsächlich die germanischen Völker und in geringerem Maße die unabhängig gebliebenen Kelten Schottlands und Irlands. An den Südgrenzen des römischen Reiches lebten in Afrika Berbervölker und im Nahen Osten sesshafte und nomadische Araber, mit denen sich die Römer zu arrangieren wussten. Für die Reiche Asiens hingegen stellten die Nomaden der Steppe eine latente Gefahr dar, der sowohl mit Geschenken als auch mit militärischen Aktionen zu begegnen war.

VÖLKERWANDERUNG

Gegen Ende des 4. Jahrhunderts n. Chr. löste das Erscheinen der nomadischen Hunnen im Westen die so genannte Völkerwanderung aus, in deren Gefolge sich eine vollständige politische Neuordnung des Mittelmeerraums und Europas vollzog. Germanische Stämme drangen bereits seit dem 3. Jahrhundert n. Chr. verstärkt über den Limes in die römischen Provinzen Gallien, Rätien und sogar gelegentlich in das Kernland Italien vor. Dies führte zu einer Änderung im römischen Militärwesen, das sich auch auf Erfahrungen im Osten in den Kriegen mit Sarmaten, Parthern und Sassaniden gründete. Neben den Grenztruppen existierte das so genannte mobile Feldheer mit starken Verbänden von schwerer Kavallerie, um den über die Grenze eingedrungenen Feind leichter verfolgen zu können.

Die germanische Kriegsführung jener Zeit war hauptsächlich durch Speer, Lang- oder Kurzschwert und Schild tragenden Fußkrieger gekennzeichnet. Kettenhemden und Helme, meist römischer Produktion, waren relativ selten und blieben im Wesentlichen den Anführern vorbehalten. Die Germanen nahmen beim Kampf eine keilförmige Formation ein und wurden von Reitern unterstützt, die sowohl beritten als auch abgesessen kämpften. Eine Wende in der Kriegsführung brachte der Kontakt der Germanen und Römer mit den nach Europa eindringenden Hunnen und Awaren. Die Kriegsführung dieser in den weiten Steppen Zentralasiens beheimateten Nomadenvölker beruht auf dem Einsatz von reinen Reiterheeren, deren Schnelligkeit durch die Mitnahme von Ersatzpferden zusätzlich gesteigert wurde, und die sich in schnelle, berittene Bogenschützen und gepanzerte, schwere Reiterei aufgliederten.

BYZANTINISCHE KRIEGSFÜHRUNG

Die Überlegenheit dieses massierten Reitereinsatzes trat deutlich zu Tage. Entsprechend führte Byzanz, Nachfolgerin des Oströmischen Reiches, die bereits in spätantiker Zeit begonnene Umrüstung des Heeres fort. Einen wichtigen Teil der Armee stellte, neben leichter und schwerer Infanterie, die schwere Kavallerie dar, bei der in einigen Truppenteilen nicht nur der Soldat, sondern auch das Pferd gepanzert war. Daneben bewahrte man die antike Tradition der Belagerungstechnik, des Festungsbaus und der Seekriegsführung, die die Existenz des Byzantinischen Reiches bis 1453 sicherten. Während seines gesamten Bestehens war dieses Reich immer wieder Angriffen ausgesetzt. Die Invasoren – Awaren, Bulgaren, Chasaren, Ungarn, Petschenegen – kamen aus den südrussischen Steppen. Auch russische Slawen sowie Normannen und Araber wagten den Angriff auf die Reichshauptstadt Konstantinopel.

Die Kriegsführung der Slawen ähnelte anfangs wohl der der Germanen, und aus dem Kontakt mit Franken, Byzantinern, Wikingern und Steppenvölkern machten sich bei der Bewaffnung der Slawen fremde Einflüsse bemerkbar. Bei den Westslawen (Polen, Tschechen) drückte sich dies in der Übernahme fränkischer Bewaffnung aus, während die mehr an Byzanz angelehnten Ostslawen (Russen) byzantinischer und steppennomadischer Einwirkung unterlagen.

DER ANSTURM DES ISLAM

Während die Steppenreiter Byzanz hauptsächlich wegen der reichen Beute heimsuchten, konnten die Wikinger in der Region um Kiew ein eigenes Fürstentum errichten. Zur entscheidenden Bedrohung für Byzanz wurde der Ansturm der unter dem Islam geeinten Araber im 7. Jahrhundert, die Nordafrika, Ägypten sowie den gesamten Vorderen Orient bis auf Kleinasien eroberten. Kriegstechnisch war der Erfolg der Araber auf den Einsatz von Bogenschützen zurückzuführen sowie auf die beweglichen Einheiten leichter Infanterie und leichter Kavallerie.

Im Seekrieg jedoch anfangs unerfahren, blieben die Attacken der Araber gegen die Hauptstadt Konstantinopel unwirksam, da die byzantinische Flotte das Meer beherrschte. Zudem waren die Araber auch in der Belagerungskunst anfangs nicht geschult. Darüber hinaus verfügte Byzanz über eine gefürchtete Waffe, deren Herstellung Staatsgeheimnis war: das so genannte griechische Feuer. Darunter sind verschiedenartige Brandsätze aus Erdpech, Salpeter, Kalk und Schwefel zu verstehen, die aus langen Röhren auf feindliche Schiffe oder von den Mauern herab geschleudert wurden und nur schwer löschbar waren.

FRANKEN UND WIKINGER

Aus den Anfängen fränkischer Teilreiche im Gallien des 5. Jahrhunderts ging unter der Herrschaft der Merowinger und später der Karolinger durch Niederwerfung sämtlicher germanischer Stämme das Großreich der Franken hervor. Basis seiner Kriegsführung war ursprünglich der oben erwähnte germanische Fußkrieger, aber im Kontakt mit Byzantinern und Steppenvölkern wurde auch hier eine starke Streitmacht von gepanzerter Kavallerie eingeführt. Im Kampf gegen Arabern und Wikinger, die das Frankenreich bedrohten, zeigte sie ihre Wirkung.

Auf ihren Raubzügen suchten die Wikinger seit dem 8. Jahrhundert die Küsten Europas heim. Dabei bedienten sich die gefürchteten Männer aus dem hohen Norden einer ganz neuen Form der Kriegsführung – der amphibischen Operation. Ihre leichten, schnellen, zudem äußerst seetüchtigen Schiffe ermöglichten ein überraschendes Auftauchen an den Küsten und damit verbunden blitzartige Überfälle. Sie segelten stromaufwärts und attackierten von sicheren Stellungen aus, die sie etwa auf Inseln errichteten. Ihre Bewaffnung war von typisch germanischer Art und hatte, wie die der Südgermanen, ihre Wurzeln in der Spätantike. Der Wikingerkrieger trug einen großen Rundschild und führte als Waffe Streitaxt, Langschwert, Dolch und Lanze. Als Körperschutz dienten Kettenhemden und Helme.

Zusammenfassend kann man die Entwicklung der Kriegskunst in Europa und im Vorderen Orient in der Zeit von 300 bis 1000 als Zusammenfließen verschiedener Entwicklungen betrachten, die europäische, byzantinisch-orientalische und zentralasiatische Kriegstechnik vereinte. Sie brachte eine neue Waffengattung hervor, nämlich den schwer gepanzerten Reiter, der für die Kriegsführung des gesamten europäischen Mittelalters prägend blieb.

KRIEGE UND VÖLKERWANDERUNGEN DER HUNNEN UND SLAWEN

Die zunächst friedliche Wanderbewegung der asiatischen Steppenvölker in Richtung Westen erhielt durch die hunnischen Reitervölker den Charakter eines Feldzugs. Sie zogen eine Spur der Verwüstung durch Europa, bevor sie sich nach dem Tod ihres großen Königs Attila wieder zurückzogen.

Medaille aus dem 18. Jahrhundert mit dem »Porträt« des Hunnenkönigs Attila, der Mitte des 5. Jahrhunderts Europa in Angst und Schrecken versetzte.

Woher stammen die Hunnen? Darüber gibt es nur Spekulationen. Man hat sie mit chinesischen Stämmen in Verbindung gebracht, wahrscheinlicher ist es aber, dass sie im Gebiet zwischen dem Fluss Jenissej und dem Baikalsee ansässig waren. Als Reiternomaden lebten sie vor allem von Viehzucht, Jagd und Kriegsbeute, ohne Ackerbau, ohne feste Wohnsitze. Plötzlich fingen sie an, die Grenzen des Ostgotischen Reiches anzugreifen. Sie vernichteten zunächst das Reich der sarmatischen Alanen am Kuban, bevor sie die Ostgoten am unteren Don schlugen. Dann dehnten sie ihre Herrschaft schnell über die Karpaten bis in die Donau- und Theißebene aus (um 400), sie fielen in Thessalien ein und bedrohten Konstantinopel. Der oströmische Kaiser Theodosius II. sah sich 430 gezwungen, ihnen jährliche Tribute zu entrichten und günstige wirtschaftliche Verträge anzubieten, um Ruhe an der Nordgrenze des Reiches zu erreichen. Schließlich überließ man ihnen offiziell Pannonien, das Land zwischen den Ostalpen und dem Fluss Save.

ATTILA, KÖNIG DER HUNNEN

Die Hunnen waren berüchtigt für ihre Grausamkeit. Überliefert sind Schilderungen der Panik, die sich breit machte, wenn diese kleinwüchsigen, dunklen Männer, die sich mit Rattenfellen schmückten und nie von ihren Pferden stiegen, heranrückten. 434 setzte sich Attila, nachdem er seinen

Nach ihrer Niederlage auf den Katalaunischen Feldern nahe Troyes fielen die hunnischen Reiterscharen in Italien ein.

---

370 — 375 — 380 — 385 — 390 — 395 — 400 — 405 — 410

375
Hunnen erscheinen am Schwarzen Meer und zerstören Ostgotenreich

seit 400
*Ausbreitung der Slawen:
Südslawen über den Balkan bis Griechenland;
Westslawen bis Elbe und Ostalpen;
Ostslawen bis obere Wolga und Ilmensee*

KRIEGE DER HUNNEN UND SLAWEN

Bruder Bleda beseitigt hatte, an die Spitze der hunnischen Reiterscharen. Dieser Mann lehrte seine Gegner das Fürchten! So nennt ihn der byzantinische Geschichtsschreiber Priskus einen Krieger, der geboren war, die Erde zu erschüttern. Doch Attila war auch ein kluger politischer Führer, der versuchte, seinem Volk allmählich eine zumindest vorstaatliche Ordnung zu geben, und der über ein hohes Bewusstsein seiner königlichen Würde verfügte. Er betrachtete sich mittlerweile als dem römischen Kaiser ebenbürtig. Und so kam es, dass er beschloss, das Weströmische Reich zu erobern.

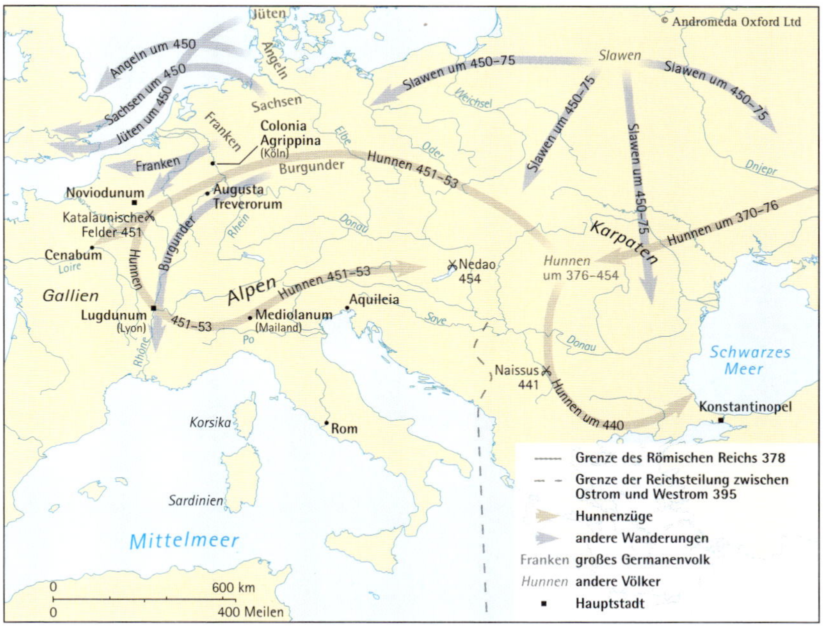

KRIEGSZÜGE NACH GALLIEN UND ITALIEN

451 griff Attila mit einem großen Aufgebot von Hunnen, denen sich aufständische Gallier angeschlossen hatten, das römische Gallien an. Er überquerte den Rhein, zerstörte Metz, Troyes und Reims und bedrohte Paris. Aber dann geschah das Unglaubliche: Ein Heer von Franken, Alanen, Burgundern und Sachsen unter Führung des weströmischen Feldherrn Aetius schlug die Hunnen in der Nähe von Troyes auf den Katalaunischen Feldern. Die Schlacht wurde nach Meinung der Zeitgenossen so rücksichtslos geführt, dass man sie nur mit Hannibals Kämpfen gegen Rom vergleichen konnte.

Attila zog sich zurück und wandte sich nach Italien. Dort fiel er 453 ein, verwüstete Norditalien, zerstörte Aquileia, Mailand, Padua, und Pavia. Rom war in Gefahr! Da schaltete sich Papst Leo I. als kaiserlicher Gesandter ein und handelte in Mantua mit dem Hunnenführer einen Vertrag aus, der Attila bewog, Italien zu verlassen. Bald darauf starb er. Und so plötzlich wie die Hunnen in der Geschichte Europas aufgetaucht waren, verschwanden sie auch wieder.

DIE SLAWEN

Die Urheimat der Slawen wird nördlich der Karpaten vermutet, im Gebiet zwischen der mittleren und oberen Weichsel und dem mittleren Dnjepr. Ausgelöst wurde ihre Wanderbewegung durch den Vorstoß der Awaren, eines asiatischen Reitervolkes, das sich zu Beginn des 6. Jahrhunderts nördlich des Schwarzen Meeres niederließ. Die Folge war die Ausbreitung und Landnahme der Slawen in Ost- und Südosteuropa, wodurch das ethnische und sprachliche Bild dieser Regionen innerhalb eines Jahrhunderts radikal verändert wurde. Das Siedlungsgebiet der Slawen umfasste südlich des Karpatenbogens Thrakien, Makedonien, Griechenland und Dalmatien, nach Westen das Gebiet bis zur Elbe und die Ostalpen, nach Nordosten das Land um den Ilmensee und die obere Wolga.

Bedeutende frühmittelalterliche Staatengründungen der Slawen waren das Bulgarenreich – dem Byzantinischen Reich lange Zeit ein gefährlicher Nachbar – sowie das Großmährische Reich. Um sich vom mächtigen Frankenreich im Westen und seinem kulturellen Einfluss abzusetzen, berief der mährische Herrscher zur Christianisierung seines Volkes Missionare aus dem östlichen Raum. Aus Saloniki kamen Kyrillos und Methodios, bis heute als »Slawenapostel« verehrt. Sie führten eine Kirchenorganisation mit slawischer Liturgie ein und schufen ein auf dem Griechischen beruhendes Alphabet, das später durch das nach Kyrillos benannte kyrillische Alphabet ersetzt wurde und bis heute in Osteuropa gültig ist.

Völkerwanderungen und Kriegszüge im 4. und 5. Jahrhundert

Die mittelalterliche Buchmalerei zeigt Papst Leo I. bei den Friedensverhandlungen mit Attila, die 453 zum Rückzug der Hunnen aus Italien führten.

Modell der Stellerburg, einer slawischen Befestigungsanlage im heutigen Teterow in Mecklenburg

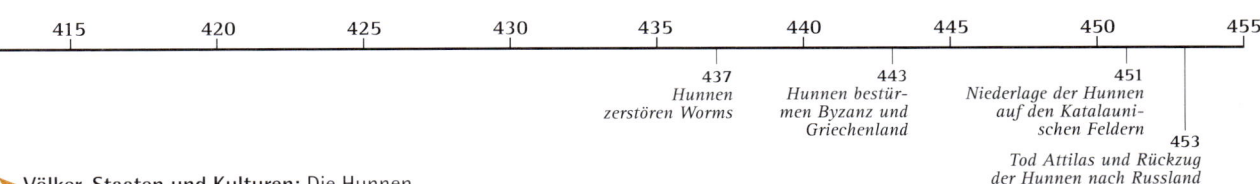

- 437 Hunnen zerstören Worms
- 443 Hunnen bestürmen Byzanz und Griechenland
- 451 Niederlage der Hunnen auf den Katalaunischen Feldern
- 453 Tod Attilas und Rückzug der Hunnen nach Russland

▶ Völker, Staaten und Kulturen: Die Hunnen
▶ Völker, Staaten und Kulturen: Die Slawen
▶ Menschen und Ideen: Attila

KRIEGE UND GERMANISCHE VÖLKERWANDERUNG

Die großen Wanderungen asiatischer Steppenvölker lösten eine der bedeutendsten Bevölkerungsverschiebungen in der Geschichte des asiatisch-europäischen Raumes aus. Das Römische Reich geriet unter Druck und zerbrach schließlich unter dem Ansturm der kriegerischen »Barbaren«.

Während das Weströmische Reich in mehrere germanische Reiche zersplitterte, konnte das Oströmische Reich seine Großmachtstellung erhalten. Das zeitgenössische Mosaik zeigt Justinian I., byzantinischer Kaiser von 527–565.

Die durch hunnische Westausbreitung ausgelösten Kriege hatten vier Hauptschauplätze: den Balkan mit mittlerer und unterer Donau, Gallien, Italien sowie Spanien und Nordafrika. Betroffen war also in erster Linie das römische Westreich, während es Ostrom gelang, die Parteien zum eigenen Nutzen gegeneinander auszuspielen.

VERGEBLICHER ABWEHRKAMPF

Die Vernichtung des Ostgotenreiches unter Ermanerich am Schwarzen Meer durch die Hunnen 375/376 löste eine panikartige Fluchtwelle nach Westen aus. Nach einer Niederlage gegen die Reiternomaden am Dnjestr überschritten westgotische Verbände die Reichsgrenze an der Donau und besiegten 378 bei Adrianopel (Edirne) das weströmische Heer.

Diese vernichtende Niederlage versetzte einer längeren Phase militärischer Konsolidierung, die im 4. Jahrhundert noch einmal die Grenzverteidigung gegen die »Barbaren« verstärkte, einen schweren Rückschlag. Dennoch begegnete Kaiser Theodosius der Große (Reg. 379–395) der Bedrohung entschlossen, setzte verstärkt germanische Offiziere im Heer ein und band ganze Stammesteile durch Föderatenverträge gegen Landzuweisung in den Grenzschutz ein.

Auch die gewaltige Aurelianische Mauer konnte den Niedergang der einst so mächtigen Stadt Rom letztendlich nicht verhindern.

OSTGERMANEN ERREICHEN DEN WESTEN DES REICHES

Erste hunnische Streifzüge über die untere Donau veranlassten Wandalen, Alanen, Sweben und Quaden dazu, ihre Wohnsitze aufzugeben. 406 überschritten diese Stämme den Rhein bei Mainz, schlugen ein fränkisches Föderatenaufgebot und verwüsteten das von regulären römischen Truppen entblößte Gallien. Einige Verbände ließen sich hier nieder; ein großer Teil gelangte mit den Wandalen nach Spanien und Nordafrika.

Um 413 dienten ostgermanische Burgunder am Mittelrhein, wo sie das Wormser Reich des Nibelungenliedes begründeten, als Föderaten. Als sie nach Westen ausgriffen, wurden sie mit hunnischer Hilfe 437 vom weströmischen Feldherr Aetius vernichtend geschlagen und 443 in der Sapaudia (Savoyen) angesiedelt, wo sie Mitte des 5. Jahrhunderts ein neues Reich mit der Hauptstadt Lyon (seit 461) errichteten.

DAS ENDE DER HUNNEN

Nach einem hunnischen Angriff 422 auf Thrakien (Südosten des Balkans) verlegte um 424 Großkönig Ruga seinen Herrschaftssitz in die Ebene östlich der Theiß. Mittlerweile hatten sich Teile von Ostgoten, Burgundern, Skiren und Thüringern sowie kleinere germanische Verbände angeschlossen; wichtigste Vasallen waren die Gepiden. 451 überschritt Attila mit verbündeten Germanen den Rhein. Auf den Katalaunischen Feldern zwischen Troyes und Chalons-sur-Marne stellte sich ihm Aetius mit burgundischen, fränkischen und westgotischen Hilfstruppen sowie alanischen Panzerreitern entgegen und besiegte sein Heer.

Nach Attilas Tod im Jahre 453 erhob sich eine Koalition aus Rugiern, Sweben und Sarmaten unter Führung des Gepidenkönigs Ardarich. In der Schlacht am Nedao, einem Fluss in Pannonien, wurden die Streitkräfte unter Attilas Sohn Ellak vernichtet; die Hunnen zogen sich aus Europa zurück. Davon profitierte in Linie Ostrom, dem anstatt einer einzigen Großmacht, der es tributpflichtig war, nun eine Reihe kleinerer germanischer Stämme gegenüberstanden.

Um 375
Einbruch der Hunnen ins Gotenreich löst die germanische Völkerwanderung aus

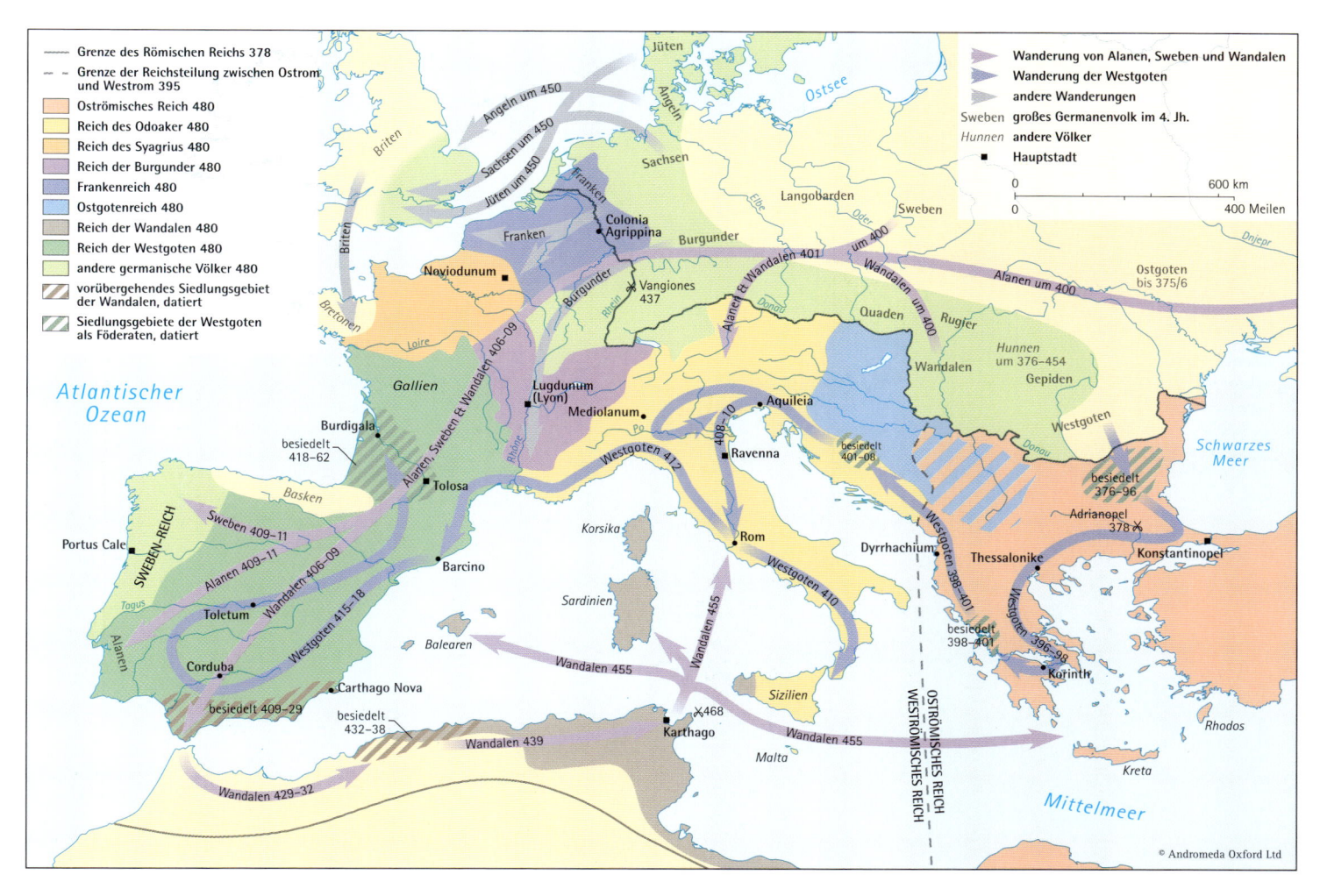

KRIEGE UND GERMANISCHE VÖLKERWANDERUNG

Die Wanderungen der germanischen Stämme im 5. Jahrhundert

RUGIER, HERULER, GEPIDEN UND LANGOBARDEN

Die vorher im nördlichen Karpatenbecken am Oberlauf von Theiß und Szamos siedelnden ostgermanischen Gepiden wurden nach Abzug der Hunnen zur bestimmenden Kraft im Karpatenbecken und erweiterten ihre Herrschaft nach Süden und Südosten. 487 beseitigte wohl der skirische Gardeoffizier Odoaker (um 433 bis 493) das kleine Rugierreich im heutigen Niederösterreich nördlich der Donau. König Fewa und seine ostgotische Gemahlin Giso wurden getötet. Da sie eine Verwandte des ostgotischen Königs Theoderich (Reg. 473–526) war, bot sich diesem ein Vorwand zur Blutrache.

Im Jahre 489 besetzten Langobarden Rugiland. 508/09 gelang ihnen unter König Tato an der March ein Sieg über ihre ehemaligen Herren, die ostgermanischen Heruler, deren König Radulf dabei den Tod fand. Die Nachbarschaft zu den Gepiden führte zu ständigen, von Byzanz ausgenutzten Auseinandersetzungen zwischen beiden Stämmen.

LANGOBARDEN UND AWAREN

Nachden 566 die Gefahr eines gepidisch-byzantinischen Angriffs, dem die Langobarden nicht gewachsen gewesen wären, bestand, nahm König Alboin Kontakt mit dem awarischen Khagan Bajan auf. Gemeinsam vernichteten sie 567 das gepidische Reich König Kunimunds. Die Langobarden überließen 568 Pannonien den Awaren und suchten neue Wohnsitze in Norditalien. Kurz nach Einwanderung der Langobarden nach Italien kam es zu engeren, gegen die Franken gerichteten bajuwarisch-langobardischen Kontakten. Das Vordringen der reiternomadischen Awaren um 560 bis an die Elbe und die Ausbreitung der Slawen nach Westen leiteten ein neues Kapitel europäischer Geschichte ein. Größere germanische Völkerbewegungen in der Mitte Europas fanden nicht mehr statt.

Mausoleum Theoderichs des Großen – in der Sage Dietrich von Bern genannt – in Ravenna. Die Regierung (473–526) des Ostgotenkönigs brachte Italien den lange vermissten Frieden.

---

476 Ende Westroms: Der germanische Heerführer Odoaker setzt den letzten weströmischen Kaiser Romulus Augustus ab. Das Oströmische Reich von Byzanz bleibt bestehen

568 Besiedlung Norditaliens durch die Langobarden, Ende der Völkerwanderung

➤ Völker, Staaten und Kulturen: Die germanische Völkerwanderung
➤ Völker, Staaten und Kulturen: Die Wandalen
➤ Völker, Staaten und Kulturen: Angeln, Sachsen und Jüten
➤ Völker, Staaten und Kulturen: Die Goten
➤ Menschen und Ideen: Alarich

Die militärische Einigung Indiens unter den Guptas

Mit den Guptas gelang es im 4. und 5. Jahrhundert einer Dynastie aus dem Gangestal, in Indien ein Großreich zu erobern – das letzte der überregionalen Großreiche des indischen Altertums. Kennzeichen dieser Epoche war zudem eine verstärkte Staatsbildung in bislang weniger entwickelten Gebieten Südasiens.

Unter den Guptas zeichnete sich der Aufstieg der hinduistischen Tempelkultur ab; hier ein zeitgenössisches Steinrelief aus dem Vishnu-Tempel in Deogarh.

Die Guptadynastie, die ab dem späten 4. Jahrhundert zur Hegemonialmacht in Nord- und Mittelindien aufstieg, war vermutlich ursprünglich im Osten des heutigen Bundesstaates Uttar Pradesh ansässig. Der größte Eroberer der Dynastie, Samudragupta, unternahm im dritten Viertel des 4. Jahrhunderts mehrere Feldzüge in verschiedene Regionen Nord- und Zentralindiens. Sein Sohn und Nachfolger, Chandragupta II., bemühte sich dann vor allem darum, die Position im westlichen Indien zu stärken. Nach einer Phase der Konsolidierung trieben die Guptas zwischen 430 und 460 die Expansion ihres Reiches erneut massiv voran, so dass dieses nunmehr seine weiteste Ausdehnung erreichte. Im letzten Viertel des 5. Jahrhunderts setzte jedoch bereits der Niedergang der Guptaherrschaft ein. Dazu dürften nicht nur die Einfälle der »Weißen Hunnen« aus Zentralasien, sondern auch die überzogenen machtpolitischen Ambitionen der Guptas selbst beigetragen haben. So wurden sie zunächst auf die östlichen Randgebiete ihres Reiches abgedrängt, und um die Mitte des 6. Jahrhunderts scheinen sie endgültig von der politischen Bühne abgetreten zu sein.

Der staatliche Aufbau des Reiches

Die politische Struktur des Guptareiches kann man am ehesten als »multizentral« charakterisieren. Auf dem Höhepunkt seiner Macht, etwa um 450, erstreckte es sich über ein Gebiet, das vom Norden des heutigen Bangladesch bis zur Halbinsel Kathiawar im äußersten Westen Indiens reichte. Die tatsächliche Kontrolle der Guptas blieb aber stets auf bestimmte strategisch und ökonomisch wichtige Kerngebiete beschränkt. Über weite Teile Nord-

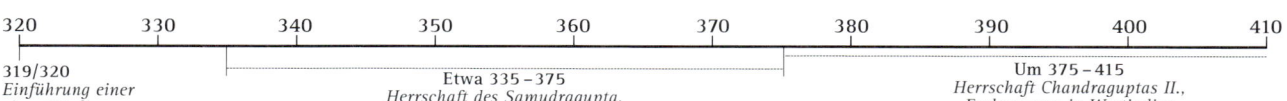

319/320
Einführung einer eigenständigen Zeitrechnung der Guptas

Etwa 335–375
Herrschaft des Samudragupta, Eroberungen in Nord- und Mittelindien

Um 375–415
Herrschaft Chandraguptas II., Eroberungen in Westindien

Militärische Einigung Indiens unter den Guptas

und Mittelindiens übten sie nur eine indirekte Oberherrschaft aus. Die dort regierenden Fürsten erkannten – teilweise wohl auch aus regionalpolitischem Eigeninteresse – zwar die Oberhoheit der Guptas an, hatten sich aber hinsichtlich der Verwaltung ihrer Herrschaftsgebiete eine weitgehende Eigenständigkeit bewahren können. Gerade diese kleineren Fürsten und Dynastien waren die eigentlichen Träger vieler historischer Entwicklungsprozesse, die sich in der Guptaperiode vollzogen oder anbahnten; sie schufen neue staatlich-administrative Strukturen, betrieben die Ansiedlung von Brahmanen, förderten die Ausbreitung des Hinduismus und ließen neue Landstriche für die agrarwirtschaftliche Produktion erschließen. Zumindest in manchen Gegenden Nord- und Mittelindiens waren zudem Berufsgilden von Handwerkern und Kaufleuten ein bedeutsamer gesellschaftlicher Faktor, was sich unter anderem darin zeigte, dass sie die lokale Politik und Verwaltung in den betreffenden Gebieten in hohem Grade mit gestalteten.

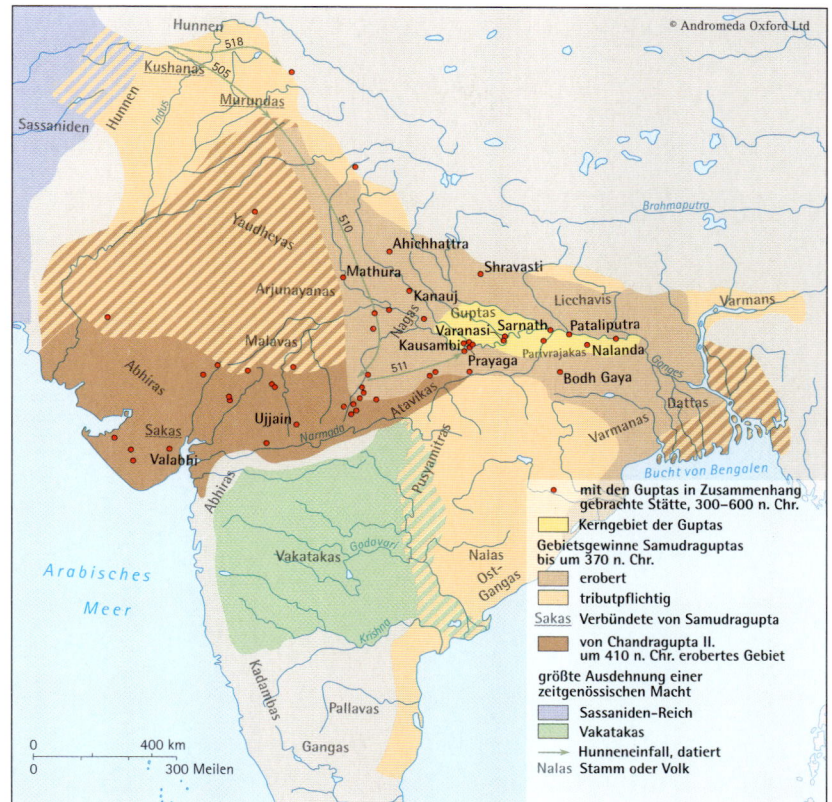

DIE GUPTAPERIODE – EIN GOLDENES ZEITALTER?

Die lange vorherrschende Auffassung, unter den Guptas hätte Indien hinsichtlich der wirtschaftlichen und kulturellen Entwicklung sowie der sozialen Zustände eine besondere Blütezeit erlebt, ist in den letzten Jahrzehnten mehrfach in die Kritik geraten. Vor allem was die ökonomischen Verhältnisse angeht, lassen sich verschiedene Krisensymptome erkennen. Zumindest im Norden und Nordwesten sowie in den Küstengebieten Indiens kam es zu einem Niedergang und teilweise sogar zur völligen Verödung von Städten, was sowohl mit dem Rückgang des Außenhandels als auch mit ökologischen Problemen zusammenhing.

In kultureller Hinsicht können der Guptazeit aber sehr wohl einige außerordentliche Leistungen zugeschrieben werden. Dies gilt in erster Linie für die Literatur. Die großen altindischen Epen, das Mahabharata und das Ramayana, wurden abgeschlossen, es entstanden zahlreiche bedeutsame Rechtstexte und vor allem lebte und wirkte in der Guptaperiode der große Sanskritdichter Kalidasa, der mehrere Dramen und Versepen hinterlassen hat. Zudem kam es ab dem 4. Jahrhundert zu einem besonderen Aufschwung des Inschriftenwesens. So liegen unter anderem mehr als 200 Kupfertafelurkunden vor, in denen zumeist über die Verschenkung von Land und ganzen Dörfern an Brahmanen oder religiöse Einrichtungen, etwa hinduistische Tempel und buddhistische Klöster, berichtet wird. Vor allem hinsichtlich dieses religiösen Schenkungswesens, aber auch was die politische Kultur und Ideologie sowie die Selbstdarstellung von Herrschern anbetrifft, wurden unter den Guptas neue Maßstäbe gesetzt, an denen sich auch viele Machthaber der folgenden Jahrhunderte orientierten. Außerdem begann sich in einigen Regionen Indiens der Aufstieg der hinduistischen Tempelkultur abzuzeichnen, die der Welt des frühmittelalterlichen Indiens einen besonderen Glanz verleihen sollte.

Der indische Subkontinent in der Epoche des 4. bis 7. Jahrhunderts

Das Relief eines Kriegers der Guptazeit stammt aus dem 5. Jahrhundert

Beispiel für die Blüte indischer Kunst unter den Guptas: Dieser Torso aus Sandstein entstand im 5. Jahrhundert und ist heute im Victoria and Albert Museum in London zu sehen.

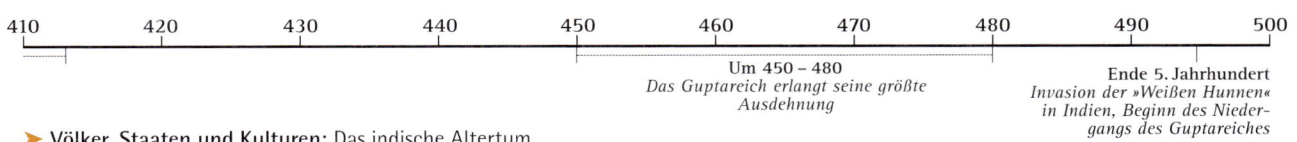

---

410 — 420 — 430 — 440 — 450 — 460 — 470 — 480 — 490 — 500

Um 450–480
Das Guptareich erlangt seine größte Ausdehnung

Ende 5. Jahrhundert
Invasion der »Weißen Hunnen« in Indien, Beginn des Niedergangs des Guptareiches

▶ Völker, Staaten und Kulturen: Das indische Altertum
▶ Religionen und Glaubensformen: Der Hinduismus
▶ Religionen und Glaubensformen: Kastensystem und indische Gesellschaft
▶ Religionen und Glaubensformen: Der Buddhismus
▶ Handel und Wirtschaft: Indische Wirtschaft der Gupta-Zeit

Der militärische Aufstieg des Frankenreiches

*Von den Staaten, die germanische Stämme in der Völkerwanderungszeit auf dem Boden
des ehemaligen Römischen Reiches errichteten, sollte sich das Reich der Franken als das bedeutendste
und dauerhafteste erweisen – nicht zuletzt dank seiner militärischen Schlagkraft.*

Der Sieg Chlodwigs I. über die Burgunder im Jahr 500, dargestellt auf einem spätmittelalterlichen Bildteppich

Die Reichsbildung der Franken ist mit dem Herrschergeschlecht der Merowinger verknüpft. Diese eroberten von Nordbrabant aus das römisch verwaltete Gallien und das Gebiet der Alemannen. König Chlodwigs I. (Reg. 482 – 511) Taufe und Bekenntnis zum Christentum ermöglichte das Zusammenwachsen von bereits christianisierten Galloromanen und germanischen Einwanderern. Die politischen Zentren des Reichs lagen in Paris, Soissons, Orléans und Metz.

Durch den Sieg in der Schlacht von Vouillé 507 entrissen die Franken den Westgoten Aquitanien, 531 unterwarfen sie die Thüringer, zwischen 532 und 534 die Burgunder. Die Stabilität des Reiches litt unter den Reichsteilungen, die die merowingischen Könige nach fränkischem Erbrecht immer wieder vornahmen, dazu kamen Spannungen zwischen Königtum und Adel.

Der Aufstieg der Karolinger

Diese Miniatur einer karolingischen Handschrift zeigt einen fränkischen Reiter mit zweischneidiger Axt.

Nach dem Tod König Dagoberts I. 639 sanken die Merowinger zu einer Schattendynastie ab, die wahre Macht übten nunmehr Hausmeier aus, also Angehörige der Aristokratie, die eigentlich dem König bei der Verwaltung hatten helfen sollen. Das Schwergewicht des Reiches verlagerte sich in den Osten, ins Teilreich

Militärischer Aufstieg des Frankenreichs

Pferde im Karrenzug erfunden war, konnte man im Nachschubwesen auf den langsamen Ochsenwagen verzichten.

Der Panzerreiter

Ein weiteres Plus der Franken war die Verwendung eines neuen Kriegertyps, des schwerbewaffneten, gepanzerten Reiters. In dem ständig sich vergrößernden Reich wurden die Räume militärischer Einsätze immer weiter. Zu Pferd gelangte man rascher zum Kriegsschauplatz als im Fußmarsch, und Stärke und Geschwindigkeit des Pferdes ließen sich auch im Kampf nutzen. So hatte ein Lanzenstoß, den ein Reiter tat, durch die Energie des mit ihm verbundenen Pferdes eine ganz andere Durchschlagskraft, als wenn er von einem Infanteristen ausgeführt wurde. Voraussetzung war natürlich, dass sich der Reiter stabil auf dem Rücken seines Tieres hielt, was durch die Form des Sattels gewährleistet war. Der Panzerreiter war mit Lanze, Schwert sowie Pfeil und Bogen ausgerüstet, er schützte sich mit Schild und Helm und der Brünne, einem Panzerhemd aus Stoff oder Leder mit in Schuppenform aufgenähten Metall- oder Hornplatten.

Chlodwig I. (um 466 bis 511) aus dem Haus der Merowinger, der erste christliche König der Franken; Kupferstich von Nicolas III. de Larmessin (1640 – 1725)

In der Schlacht bei Vouillé, in der Nähe von Poitiers, besiegte Chlodwig I. 507 die Westgoten unter Alarich II.

Bewaffnung und Ausrüstung eines Reiters waren allerdings teuer, und um voll einsetzbar zu sein, musste er sich ständig in Übung halten. Es bedurfte daher bestimmter sozialer Voraussetzungen, dass ein solch geschulter und hochgerüsteter Kriegertyp entstehen konnte. Diese fanden sich im Lehnswesen, das sich bei den Franken frühzeitig entwickelte. Der Kriegsdienst wurde mit dem Ertrag von Grund und Boden entlohnt; nur wer ausreichend Grundbesitz hatte, den er von anderen bewirtschaften lassen konnte, kam für ein Berufskriegertum in Frage.

Austrien. Mit Pippin II., dem Mittleren (Reg. 687 – 714), begann der Aufstieg der austrischen Hausmeier aus dem Geschlecht der Karolinger. Sein unehelicher Sohn Karl Martell (Reg. 714 – 741) besiegte 732 die Araber bei Tours und Poitiers. Im Jahr 751 setzte Pippin III. den letzten merowingischen König Childerich III. ab und ließ sich mit Unterstützung des Papstes selbst zum König erheben. Das Bündnis mit der Kirche in Rom bereitete den Boden, auf dem Pippins Sohn Karl der Große das abendländische Kaisertum errichten konnte.

Römische Strukturen

Bei den germanischen Völkern gehörte der Krieg zum Leben, jeder hatte sich darauf einzustellen. Die Einübung ins Waffenhandwerk war Teil der Sozialisation des freien Mannes. Unterhalt und Ausrüstung für den Krieg hatte jeder aus eigenen Mitteln zu bestreiten. Es gab die Vorstellung einer »allgemeinen Wehrpflicht«, in bestimmten Situationen und zu bestimmten Zeiten konnten alle Wehrfähigen aufgeboten werden. Was die Franken aber den übrigen germanischen Völkern voraus hatten, war dies: In ihrem Reich ging die germanische Wehrverfassung eine eigentümliche Synthese mit den vorgefundenen römischen Traditionen und Institutionen ein. War das römische Militärwesen zuvor durch die Aufnahme von Germanen »barbarisiert« worden, so bedienten sich die Franken der noch vorhandenen römischen Strukturen, etwa der Garnisonen und Militärbezirke, um ein schlagkräftiges Heer aufzubauen, und ahmten auch die Strategien der Römer nach.

Dazu kamen technische Neuerungen. Im Frankenreich wurde ein besonders elastischer und harter Stahl hergestellt, fränkische Waffen galten als die besten ihrer Zeit. Seit das Brustgeschirr für

Karl Martell
besiegt die Araber bei Poitiers 732

»Die Sarazenen brachen mit ihrem König namens Abd Ar-Rahman auf, überschritten die Garonne und gelangten in die Stadt Bordeaux. Nachdem sie die Kirchen niedergebrannt hatten, zogen sie nach Poitiers weiter. Sie zündeten die Kirche des heiligen Hilarius an – die bloße Erwähnung bereitet mir Schmerz – und beschlossen, auch die Kirche des heiligen Martin zu zerstören. Gegen sie stellte der princeps Karl kühn eine Schlachtreihe auf und stürmte als großer Krieger gegen sie los. Mit Christi Beistand zerstörte er ihre Zelte und eilte in den Kampf, um ein großes Gemetzel anzurichten. Er tötete ihren König Abd Ar-Rahman, vernichtete ihn, rieb ihr Heer auf, kämpfte und siegte. So triumphierte er als Sieger über die Feinde.« (Zitat aus der Fortsetzung der »Fredegarchronik«)

▶ Völker, Staaten und Kulturen: Das Frankenreich
▶ Menschen und Ideen: Frankenkönig Chlodwig

Der Siegeszug des Islams in Nordafrika, Asien und Europa

Die arabischen Heere drangen bis nach Zentralasien vor, eroberten Nordafrika und fassten Fuß auf der Iberischen Halbinsel. Bis 750 hatten sie innerhalb kürzester Zeit ein islamisches Weltreich errichtet, das jedoch an inneren Konflikten, Spaltungen und dem Erstarken der Turkvölker zerbrach.

Islamische Krieger zu Zeiten Mohammeds, dargestellt auf einer türkischen Miniatur des 17. Jahrhunderts

Die später christianisierte Moschee von Córdoba erinnert an die islamische Herrschaft in Europa.

Nicht nur militärische Erfolge führten zum Siegeszug des Islams, der heute zu den großen Weltreligionen gehört. In Afrika südlich der Sahara etwa oder in Südostasien wurde die Mission jahrhundertelang vor allem von reisenden Kaufleuten und Mystikern betrieben. Auch schon die erste arabische Expansionswelle, die um 630 einsetzte, wurde vielfach durch die freiwillige Unterwerfung der einheimischen Bevölkerung erleichtert; denn in den politisch zerrissenen Reichen der Byzantiner und der persischen Sassaniden lebten zahlreiche Christen und Angehörige anderer Bekenntnisse, die sich unterdrückt fühlten und sich gerne den neuen Herren ergaben. Die Muslime bekämpften zwar den Polytheismus, garantierten Juden und Christen aber Religionsfreiheit, sofern sie spezielle Abgaben zahlten.

Der Krieg auf dem Weg Gottes

Trotz ihrer Toleranz führten die Araber einen »heiligen Krieg« gegen Andersgläubige, sie sahen Eroberung und Kampf als religiöse Pflicht an. So bedeutet der Begriff »Dschihad« (Anstrengung auf dem Weg Gottes) zwar auch den Kampf des Gläubigen mit seinem schlechten Selbst, ebenso aber den Krieg zur Ausdehnung und Verteidigung des islamischen Herrschaftsgebietes. Ein weiterer Anreiz zum Kampf war das koranische Versprechen, dass die gefallenen Muslime sofort in das Paradies kommen würden.

Hoch motiviert erzielten die Araber glänzende militärische Siege; wie in den beiden Schlachten des Jahres 636 am Yarmuk, einem Nebenfluss des Jordan, gegen Byzanz und bei Qadisiya im heutigen Irak gegen die Sassaniden. Die arabischen Kämpfer trugen Schwerter, Lanzen und Schilde. Der Bogen diente vor allem der Jagd und wurde nur gelegentlich von Fußsoldaten benutzt. Die Reiter kämpften zu Pferde, während das Dromedar den Transport übernahm. Über schwere Waffen, Kriegselefanten und Panzerreiter verfügten die Araber, anders als ihre Gegner, nicht. Auch zahlenmäßig dürften sie unterlegen gewesen sein. Zum Teil machten die Muslime dies durch individuellen Heldenmut wett, wie er bei den arabischen Beduinen seit jeher geschätzt wurde. Zusätzlich wies die Offenbarung Mohammeds der Tapferkeit einen religiösen Wert zu.

Der wesentliche Vorteil der Araber bestand in ihrer hohen Mobilität. Gegen die schwerfälligen feindlichen Armeen wandten

622 Mohammed wird aus Mekka vertrieben (Hedschra)

632–634 Kalif Abu Bakr unterwirft die arabischen Staaten, stößt nach Syrien und Persien vor

634 Omar, »Beherrscher der Gläubigen«, baut einen theokratischen Staat mit straffer Militärverwaltung auf, erobert Syrien, Palästina, Persien, Ägypten

697 Eroberung Karthagos

711 Eroberung des Indusgebiets

711 Tarik überschreitet die Meerenge von Gibraltar und vernichtet auf der Iberischen Halbinsel das Westgotenheer

718 erfolglose Belagerung von Byzanz

732 Niederlage gegen christliches Ritterheer zwischen Tours und Poitiers: der weitere arabische Vorstoß ins Abendland wird gestoppt

Siegeszug des Islams

sie die Taktik des *karr wa-farr* an, den schnellen Angriff und Rückzug, den sie schon in vorislamischer Zeit auf ihren Beutezügen, den so genannten Razzias, angewandt hatten. Ohne Oberbefehlshaber operierende Trupps brachen in weit entfernte Regionen auf. Oft wurden sie bei diesen Eroberungszügen geschlagen, dann zogen sie sich zurück, um erneut anzugreifen, bis sie den Sieg errungen hatten.

In der Schlacht bei Bakr im Jahre 624 gelang Mohammed ein entscheidender Sieg über die Mekkaner. Damit begann der militärische Aufstieg des Islams; Illustration einer spätmittelalterlichen islamischen Handschrift.

NEUE FORMEN DER KRIEGSFÜHRUNG

Zu Land hatten die Araber reiche Kampferfahrung, aber der Seekrieg war ihnen ursprünglich fremd. In Syrien angeworbene Juden und Christen halfen dem omajjadischen Kalifen Moawija I. (Reg. 661–680) jedoch beim Aufbau einer Flotte. Damit schlug er Byzanz im Mittelmeer und gelangte bis vor die Mauern Konstantinopels, bevor seine Schiffe vom griechischen Feuer vernichtet wurden, einem gefürchteten Brandsatz, der schwer löschbar war.

In abbasidischer Zeit rekrutierten sich die muslimischen Truppen weitgehend aus turkstämmigen Söldnern. Sie ersetzten die arabischen Stammeskrieger, die durch die Eroberungserfolge gesättigt waren und nur ungern Befehle befolgten. Neue militärische Mittel, etwa das griechische Feuer, wurden übernommen, schwere Waffen und Belagerungsgeräte eingesetzt. Aus türkischer und persischer Tradition stammte die strategische Verwendung berittener Bogenschützen.

Stehende Armeen wurden in der Folge zum Standard, bis mit den aus Zentralasien kommenden islamisierten Türken eine Welle nomadischer Stammeskrieger in die islamische Welt einbrach. Nach Siegen über mehrere Heere islamischer Länder begannen die türkischen Seldschuken einen neuen Angriff auf Byzanz, das in der Schlacht von Manzikert 1071 vernichtend geschlagen wurde. Der Islam breitete sich damit bis vor die Mauern Konstantinopels aus. Erobert wurde die Metropole jedoch erst 1453 durch die mit Feuerwaffen ausgestatteten Truppen des Osmanensultans Mehmet II.

Die Ruinen des einst prachtvollen Omajjaden-Palastes im libanesischen Anjar

---

750 — **ab 750** Aufstieg der arabischen Teilreiche

756 Dynastie der Omajjaden gründet Emirat von Cordoba

750–850 Dynastie der Abbasiden etabliert sich nach Sieg über China als asiatische Großmacht

900 — **ab 900** Fatimiden erobern die islamischen Teilreiche im Maghreb und in Ägypten

▶ **Völker, Staaten und Kulturen:** Die arabischen Kalifate
▶ **Völker, Staaten und Kulturen:** Verbreitung der islamischen Kultur
▶ **Religionen und Glaubensformen:** Ausbreitung des Islams
▶ **Handel und Wirtschaft:** Wirtschaftlicher Aufstieg der islamischen Welt

China unter den Tang
Die Eroberung eines Weltreichs

Im 7. Jahrhundert stieg das Tang-Imperium in die Reihe der Weltmächte auf. Niemals zuvor war China größer gewesen! Doch die gewaltige Ausdehnung und die Komplexität der Reiches führten schließlich zum Niedergang.

Die Tonplastik aus der Zeit der Tang-Dynastie (618 – 906) stellt einen Pferdeführer dar.

Nach einer langen Epoche der Zerrissenheit im Inneren und der Schwäche nach außen erstarkte China unter den Herrschern der Tang-Dynastie – allen voran Taizong (627 – 649) und Gaozong (Reg. 650 – 683) – zu nie gekannter Größe. Man gab die Diplomatie, die im 4. bis 6. Jahrhundert die Beziehungen zu den nicht immer friedlichen Nachbarvölkern bestimmt hatte, auf und setzte auf die militärische Offensive.

Die Westlande, der Norden und Süden

Am Anfang stand die chinesische Expansion in die so genannten Westlande, also Nordindien, Persien und Zentralasien oder Turkestan. Durch Südostturkestan, die Wüsten- und Oasenregion des Tarimbeckens (etwa das Gebiet der heutigen chinesischen Provinz Xinjiang), verliefen die Routen der Seidenstraße. Über sie zogen die Karawanen in den Vorderen Orient oder vom Osten des Beckens aus gen Süden Richtung Indien. Waren und Ideen hatten seit Jahrhunderten ihren Weg über diese Handelsstraße genommen, auch der Buddhismus war über Zentralasien nach Osten gelangt.

Bei ihren ersten Eroberungen profitierten die Tang von der seit Ende des 6. Jahrhunderts bestehenden Uneinigkeit der Türken in Nordasien. So konnten sie nach der Unterwerfung der Ost- und der Westtürken 630 und 641 zunächst im Tarimbecken ein auf Militärgarnisonen in den Oasen abgestütztes Protektorat errichten, während sie die Tibeter durch ein Bündnis in Schach hielten. Bis etwa 660 brachten sie die Oasen Transoxaniens unter ihre Kontrolle, namentlich Samarkand, Buchara, Taschkent, Maimargh, Kuschanika, Kaputana, Kisch. Einen Vorstoß unternahmen die Chinesen auch in die nordindische Region Patna und gerieten dabei in Berührung mit den Arabern, die dabei waren, das persische Sassaniden-Reich zu erobern. Beide Seiten zogen jedoch diplomatische Kontakte vor; allerdings gewährte China dem letzten Sassaniden-Herrscher Zuflucht in Chang'an.

Die chinesische Expansion richtete sich auch gen Nordosten – siegreiche Feldzüge führten zur Dominanz über die Mandschurei und Korea – und nach Süden. Hier entstand das Protektorat Annam, das den Norden Vietnams umfasste.

Die in sechs Generalgouvernements gegliederten Territorien von Korea bis Persien, vom Ili-Tal bis nach Vietnam unterstanden Militärprotektoraten. Das riesige Imperium stand jedoch auf brüchigem Fundament, zu komplex waren angesichts der großen logistischen Herausforderungen die militärischen und administrativen Aufgaben. Als die Generäle, denen die Tang ihre Weltgeltung verdankten, seit Anfang des 8. Jahrhunderts vor allem in den Grenzregionen nach selbständiger Herrschaft strebten, wurde der Staat von innen ausgehöhlt – ein Prozess, der im Aufstand des An Lushan (755 – 762) gipfelte und die Dynastie beinahe zu Fall brachte. Ein Erstarken der Randvölker war die Folge, ihrer Bedrohung konnte sich China nicht dauerhaft erwehren. Auch der erneute Vorstoß nach Westen – 751 Niederlage gegen die Araber am Fluss Talas – konnte den Niedergang der Militärmacht nicht aufhalten. So gingen die Westlande, die Mandschurei und Korea verloren, im Süden wurde das tibeto-birmanische Reich Nanzhao zur Bedrohung.

Das kosmopolitische China

Mit Errichtung des Protektorats öffneten sich die beiden Metropolen Chang'an und Loyang sowie die Hafenstädte für Ausländer und exotische Güter. Flüchtlinge aus den von Arabern eroberten Gebieten strömten ein und wurden in den kaiserlichen Werkstätten beschäftigt, Händler und Kaufleute ließen den Fernhandel erblühen. Es herrschte ein toleranter Geist. Zoroastrier, Nestorianer, Juden, Manichäer, Mohammedaner, Buddhisten konnten ihren Glauben und ihre Lebensart in China pflegen. Und bei den Chinesen selbst kam es in Mode, sich nach inner- oder westasiatischer Art zu kleiden, zu frisieren oder zu schminken. Die Fremden lebten in selbstverwalteten Ausländerkolonien, nur rechtlich unterlagen sie chinesischen Gesetzen. In den Ausländerkolonien südchinesischer Hafenstädte wie Canton lag der Seehandel mit Südost- und Südasien zumeist in Händen indischer, malaiischer, persischer oder arabischer Kaufleute. Ausgeführt wurden Keramik und Porzellan, importiert Gewürze, Aromen, Metalle, Glas und Textilien.

620	630	640	650	660	670	680	690

- 626 – 683 *Expansion der Tang*
- 641 *Bündnis mit den Tibetern*
- 658 *Protektorat im Tarimbecken*
- 661 *Chinesische Verwaltung in Transoxanien*
- 668 – 676 *Militärherrschaft in Korea*
- 679 *Protektorat in Annam*

EROBERUNG EINES WELTREICHS UNTER DEN TANG

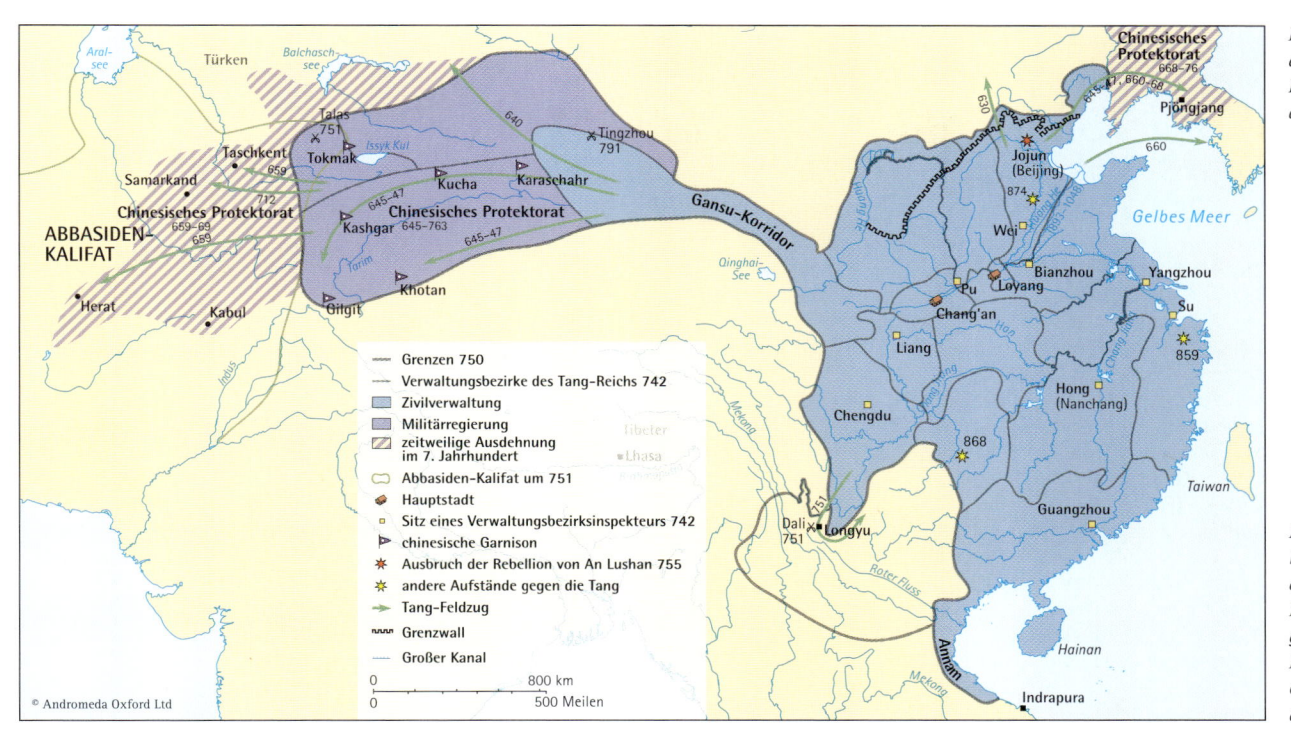

Die Ausbreitung des chinesischen Reiches während der Tang-Dynastie

Beispiele für die hoch stehende Kultur der Tang-Zeit: ein Detail eines Höhlengemäldes, das zwei Bittsteller zeigt, und eine kniende Hofdame mit Flöte.

Die Kultur der Tang-Zeit strahlte auf den gesamten ostasiatischen Raum aus und begründete die chinesische Kulturhegemonie, die auch nach dem politischen und militärischen Zusammenbruch des riesigen Reiches fortbestand. Während in Korea, Japan und Vietnam das Vorbild chinesischer Administration, Gesetze, Schrift, Kunst, Literatur und Stadtplanung nachgeahmt wurde, kam es in China um 800 zu einem fremdenfeindlichen Umschwung und zur Rückbesinnung auf chinesische Traditionen.

Ab 750
Erstarken der Randvölker und Niedergang der Tang-Macht

➤ **Völker, Staaten und Kulturen:** China von der Sui- zur Song-Dynastie

RELIGION UND KRIEG

Das Verhältnis zwischen Religion und Krieg erweist sich – im Mittelalter wie in anderen Epochen – als höchst widersprüchlich und vielschichtig, die großen Weltreligionen wie viele andere Religionen auch verurteilen Gewalt und militärische Auseinandersetzungen und haben einen entscheidenden Beitrag zur Ächtung und Eindämmung von Kriegen geleistet. Zugleich wurden und werden aber Kriege aus religiöser Sicht gerechtfertigt und die Geschichte weist eine lange Reihe blutiger Konflikte auf, die aus Glaubensgründen geführt wurden. Religiöse Ursachen treten dabei allerdings selten allein auf, häufig verbinden sie sich mit anderen zu einem komplexen Bündel von Kriegsgründen.

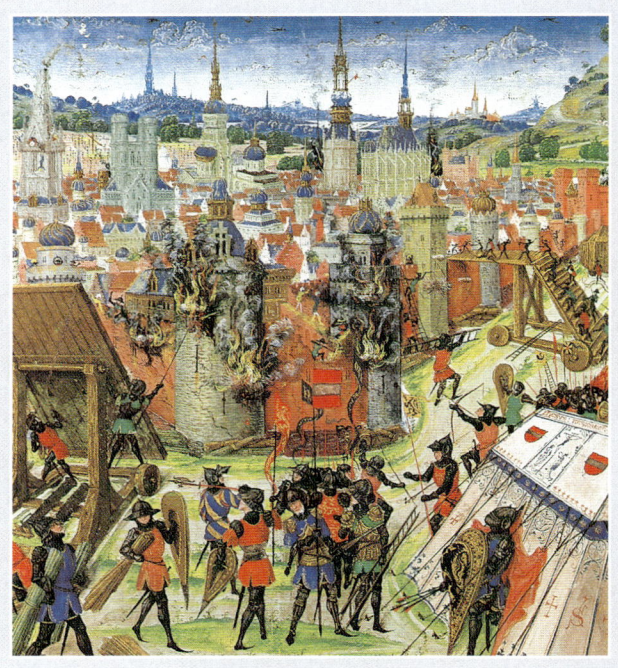

DIE ISLAMISCHE EXPANSION

Ein Vers einer Sure im Koran fordert den Kampf gegen die Ungläubigen (moderne islamische Theologen interpretieren die betreffende Passage inzwischen anders), und in der Geschichte des Islams spielte – wie im Christentum – militärische Gewalt zur Durchsetzung religiöser Ziele eine wichtige Rolle. So wurde die islamische Expansion seit dem 7. Jahrhundert – neben friedlicher Missionierung und freiwilliger Unterwerfung – vom Dschihad, dem »heiligen Krieg« zur Ausbreitung des Glaubens, getragen. Der Islam entwickelte sich zur Weltreligion, zugleich entstand bei einer engen Verbindung religiöser und politischer Macht eines der größten Imperien des Mittelalters, das den Kalifen eine außerordentliche Macht verlieh: der religiöse Antrieb, der anfangs dominierte, verband sich im Laufe der Zeit mit politischen Zielsetzungen.

Am 15. Juli 1099 stürmten die Kreuzritter Jerusalem. Dem Blutbad, das sie anrichteten, entkamen nur wenige Muslime.

Eine Miniatur des 13. Jahrhunderts zeigt den Kampf christlicher Ritter gegen die Mauren.

DIE KREUZZÜGE

Das Christentum kennt zwar kein ausdrückliches Gebot des gewaltsamen Kampfes gegen Andersgläubige, aber auch Christen führten im Namen des Glaubens Krieg, wie etwa die lange Reihe der Kreuzzüge des Hoch- und Spätmittelalters zeigt. Ganz Europa wurde von dieser Bewegung erfasst, Ritter wie Bauern machten sich mit dem Segen des Papstes und unter der Führung europäischer Fürsten auf den Weg, um das unter islamischer Herrschaft stehende Heilige Land zu »befreien«: Im Vorderen Orient entstanden vorübergehend christliche Kreuzfahrerstaaten und im 13. Jahrhundert wurde nach der Eroberung von Byzanz gar ein Lateinisches Kaiserreich gegründet, das allerdings mit der ursprünglichen Zielsetzung der Kreuzfahrer kaum mehr zu rechtfertigen war und nur wenige Jahrzehnte Bestand hatte. Wie die islamische Expansion führten also die Kreuzzüge auch zu politischen Konsequenzen, die wiederum – neben den religiösen Faktoren – den weiteren Fortgang der Bewegung mitbestimmten.

RELIGION, MACHT UND KRIEG

Als Kreuzzug wurde auch die Reconquista auf der Iberischen Halbinsel bezeichnet, die jedoch von Anfang an eine von Macht und Einfluss bestimmte Ausweitung der christlichen Herrscher gegen das islamische Spanien darstellte. Die spanische Conquista gegen die Indios in Mittel- und Südamerika erhielt ebenfalls eine religiöse Legitimation, obwohl zunächst wirtschaftliche und politische Interessen ausschlaggebend waren. Die mittelalterlichen Feldzüge gegen die Albigenser – ein Beispiel für die religiösen Konflikte innerhalb der Religionen – wurden als Bestrafung von Häretikern propagiert, tatsächlich ging es nicht zuletzt um die Durchsetzung der Macht der französischen Krone.

Wie eng verwoben politische und religiöse Kriegsgründe sein konnten, zeigen etwa die Sachsenkriege Karls des Großen. Er bekriegte die unruhigen Nachbarn im Osten vorrangig, um die Grenzen zu befrieden und seinen Herrschaftsbereich auszuweiten. Der zweite Schritt bestand in der Christianisierung der unterworfenen »Heiden«, wobei neben religiösen vor allem machtpolitische Gründe eine entscheidende Rolle spielten, bildete doch der religiöse Zusammenhalt einen entscheidenden Pfeiler politischer Macht.

RELIGION UND KRIEGSMOTIVATION

Religiöse Ursachen spielten (und spielen) also eine mehr oder weniger entscheidende Rolle bei militärischen Auseinandersetzungen, zugleich gewährleisten sie häufig eine besonders starke Motivation der Kämpfenden.

Eine auf das Jenseits und die Ewigkeit gerichtete Begründung des kriegerischen Handelns verlieh besondere Gewissheit (die sich als Glaubensgewissheit nicht so leicht

Der letzte westgotische König Spaniens (links) und der islamische General, der ihn 711 schlug

Die Verbrennung des tschechischen Reformators Jan Hus war der Auslöser für die Hussitenkriege.

erschüttern ließ), in den religiösen, in den »heiligen« Kriegen konnten sich die Krieger des Beistands Gottes sicher sein und wer im Kampf fiel, wurde von seinen Sünden erlöst, ihm öffneten sich die Tore des Paradieses.

·········· RELIGIÖSE KRIEGSBEGRÜNDUNG ··········

Aus religiösen Anlässen brachen zu allen Zeiten Kriege aus, viele Kriege wurden religiös begründet, allerdings lagen die tieferen Ursachen nicht immer ausschließlich im Glauben, und in manchem »Religionskrieg« ging es nicht zuletzt um politische oder wirtschaftliche Interessen. Das heißt nicht, dass religiöse Motive in diesen Fällen immer nur vorgeschoben wurden, häufig waren die Kriegsführenden gar nicht in der Lage, das komplexe Bündel an Kriegsgründen zu benennen und machten die Ursachen für ihr kriegerisches Handeln an einer besonders »sinnfälligen« Komponente wie dem Glauben fest.

DIE REICHSBILDUNG KARLS DES GROSSEN – MILITÄRISCHE ASPEKTE

Im Jahr 800, als König Karl in Rom zum Kaiser gekrönt wurde, umfasste sein Reich die Kerngebiete Europas. Die gewaltige Ausdehnung erforderte Neuerungen auf dem Gebiet des Heerwesens, die von der Pflicht zum Kriegsdienst bis zum Flottenbauprogramm reichten.

Karls Kaiserkrönung in Rom gilt als Geburtsstunde des abendländischen Kaisertums.

Die Franken, jedenfalls deren Eliten, sahen den Kampf als ihren vornehmsten Daseinszweck an. Kaum ein Jahr verging, in dem man sich nicht um den König scharte und gegen einen Feind zog. Diesen Kriegen haftete noch etwas sehr Archaisches an, sie waren eher Beutezüge, bewaffnete Expeditionen, um Tribut einzutreiben, Gefangene zu machen und die materiellen Ressourcen des Feindes zu zerstören. Nach Möglichkeit wurde das Zusammentreffen mit einem gleichwertigen Gegner in der Schlacht vermieden, stattdessen spezialisierte man sich auf das taktische Prinzip des Überfalls. Mit Kriegszügen dieser Art dehnten die Franken ihr Herrschaftsgebiet immer weiter aus.

Eroberungskriege

Unter Karl dem Großen (Reg. 768–814) wuchs das Frankenreich, das bereits weite Teile des heutigen Frankreichs, der Niederlande, Belgiens, West- und Mitteldeutschlands und der Schweiz einnahm, zu einzigartiger Größe: 774 eroberte Karl das Langobardenreich in Italien, 791 bis 796 das Awarenreich in Ungarn, 772 bis 804 die sächsischen Gebiete. An den Reichsgrenzen, in Nordspanien, Pannonien und in der Bretagne, entstanden die militärisch besonders gesicherten Marken. Karl dachte aber auch an die Gefahren von See, richtete am Ärmelkanal einen Küstenwachdienst ein und förderte den Bau von Kriegsschiffen. Die Quellen berichten von Inspektionsfahrten, auf denen der Kaiser sich über den Bau seiner Flotte unterrichtete. Und im Mittelmeer schlugen Schiffe aus den italienischen Seestädten in fränkischem Namen regelrechte Seeschlachten gegen die Sarazenen.

Diese Bronzeplastik Karls des Großen, wohl um 870 entstanden, setzt die antike Tradition der kaiserlichen Reiterstandbilder fort.

Reichsbildung Karls des Grossen

Wie König Carl der Groß unterstünde die Donaw und den Rein zusamen zu zugraben

In dem nechsten Jare darnach Nämlich 793 unterstund sich König Carl...

Zur Verbesserung der Verkehrswege innerhalb seines riesigen Reiches plante Karl einen Kanal zwischen Donau und Rhein. Aber das gewaltige Vorhaben scheiterte; Würzburger Bistumschronik, 1546.

senkriegen deutlich. Statt sich nach Art seiner Vorfahren mit Plünderungszügen und Scharmützeln an der Grenze aufzuhalten, setzte er auf die systematische Eroberung des ganzen Landes, die Sicherung von Vormarschwegen und Stützpunkten. Gleichzeitig pflegte er diplomatische Kontakte und schickte Missionare, um die Einbindung der neuen Untertanen in sein christlich geprägtes Reich zu erleichtern. Es ging ihm eben nicht ums Beutemachen. Vielmehr zielte er auf die vollständige Integrierung der eroberten Gebiete.

Eine geschickte Strategie der Einschüchterung verfolgte Karl der Große im Jahre 787 bei der Entmachtung des widerspenstigen Bayernherzogs Tassilo: Der fränkische Aufmarsch in mehreren Heeressäulen wirkte auf die Bayern so bedrohlich, dass die eigentlichen Kampfhandlungen unterblieben. Auch gegen die Awaren wurden mustergültige militärische Operationen veranstaltet, Zangenangriffe über weite Räume wie aus einem Lehrbuch der Kriegskunst.

Modernisierung des Kriegswesens

Die eindrucksvolle territoriale Expansion wäre ohne eine Umstrukturierung des Heerwesens nicht denkbar gewesen, und diese wiederum steht in engem Zusammenhang mit der wohl bedeutendsten karolingischen Innovation, dem Lehns- oder Feudalstaat. Karl verpflichtete nämlich jeden Lehnsträger – als Ausgleich für die Überlassung von Grund und Boden – zur Heerfolge. Wer sich dieser Pflicht zum Kriegsdienst entzog, musste mit der Todesstrafe rechnen.

Karls Heerzüge und der Unterhalt ständig besetzter Garnisonen waren mit hohen Kosten verbunden. Und nachdem die Schauplätze der militärischen Konflikte weit auseinander lagen, konnten die Kriege allein mit Lehnsmännern, die womöglich im Sommer zur Ernte wieder zu Hause sein mussten, nicht bewältigt werden. Es bürgerte sich daher eine gewisse Professionalisierung des Kriegsdienstes ein.

So erschien zur Heeresversammlung im Frühjahr nicht mehr unbedingt jeder »Wehrpflichtige«. Nur Lehnsmänner, die mehr als vier Hufen bebaubares Land besaßen, mussten in eigener Person in den Krieg ziehen. Weniger Begüterte, deren Arbeitskraft in der Landwirtschaft gebraucht wurde, konnten sich unter Umständen durch den so genannten Heerschilling freikaufen, aus dem das Heerwesen finanziert wurde.

Reinste Repräsentation fand das neuartige Kriegshandwerk in der *Scara francisca*, einer Schar besonders gut bewaffneter und leistungsfähiger Männer, die Karl ähnlich einer Leibgarde ständig zur Verfügung stand. Zur militärischen Elite gehörten auch die berittenen Verbände. Der Panzerreiter wurde geradezu der Inbegriff des fränkischen Kriegers.

Krieg und Politik

Dass Karl seine militärischen Unternehmungen höheren politischen Zielen unterordnete, wird in den Sach-

Stellungsbefehl

In einem Brief fordert Karl seinen Lehnsmann, den Abt Fuldrad von Altaich, unmissverständlich auf, sich »mit allen deinen wohlbewaffneten und ausgerüsteten Leuten an dem genannten Platz einzustellen. Du wirst wohl vorbereitet mit deinen Leuten erscheinen, um von hier aus, wohin dich auch unser Befehl schicken mag, eine militärische Expedition durchzuführen; das heißt mit Waffen und Gerät und aller anderen kriegerischen Ausrüstung, mit Proviant und Bekleidung. Jeder Berittene soll Schild, Lanze, Schwert und Hirschfänger haben, dazu Bogen, Köcher mit Pfeilen, und eure Packwagen sollen Vorräte aller Art mitführen, Spitzhacken und Äxte, Bohrer, Beile, Spaten, eiserne Grabscheite und alle anderen Werkzeuge, die man bei einem Feldzug braucht. Die Lebensmittel müssen vom Reichstag an gerechnet drei Monate reichen, Waffen und Bekleidung ein halbes Jahr.«

Eine deutsch-nationale Geschichtsverfälschung des 19. Jahrhunderts: Selbstverständlich errang Karl den Sieg über die Sarazenen nicht unter der schwarz-rot-goldenen Fahne.

> **Völker, Staaten und Kulturen:** Das Frankenreich
> **Menschen und Ideen:** Karl der Große
> **Kunst und Architektur:** Pfalzkapelle

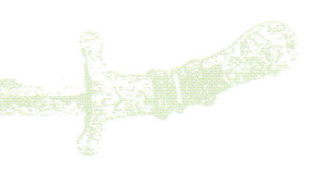

Zwischen Orient und Okzident
Der Kampf um Byzanz

Als Nachfolgestaat Ostroms schuf das byzantinische Kaiserreich mit seiner Hauptstadt Konstantinopel eine blühende Hochkultur, erwarb sich aber durch seine politische und ökonomische Vormachtstellung zahllose Feinde. Trotzdem konnte sich Byzanz ein Jahrtausend lang behaupten.

Die byzantinische Buchmalerei des 11. Jahrhunderts zeigt Byzantiner im Kampf gegen Seldschuken.

Eines der großartigen Mosaiken in der Hagia Sophia von Istanbul zeigt Kaiser Alexander, der das Byzantinische Reich in den Jahren 912/13 regierte.

Zwei Faktoren haben in der wechselvollen Geschichte des Byzantinischen Reiches immer eine wesentliche Rolle gespielt: Zum einen ist seine Lage als Brücke und zugleich Puffer zwischen Europa und Asien zu erwähnen, zum anderen fungierte dieser christliche Staat als Schutzwall des Abendlandes gegen die Muslime. Und doch stand Byzanz, weil es vom Griechentum geprägt war, auch in Rivalität zum lateinischen Westen.

Die Grossmacht im Osten des Mittelmeerraums

Die Teilung des Römischen Reiches im Jahr 395 hatte den Zerfall der westlichen Reichshälfte zur Folge. Im Osten jedoch etablierte sich als Nachfolgestaat Ostroms langfristig das Byzantinische Reich. Es umfasste die Balkanhalbinsel, die Inseln des östlichen Mittelmeers, die asiatischen Provinzen und Ägypten. Benannt war es nach Byzanz, der uralten Stadt am Bosporus, die im Jahre 330 unter dem Namen Konstantinopel zur Hauptstadt des Gesamtreiches geworden war und Rom bald an Glanz übertraf.

Kein Wunder, dass diese reiche und glanzvolle Metropole mit ihrem blühenden Handelshafen nicht nur Fremde mit friedlichen Absichten wie magisch anzog. Doch schon Kaiser Theodosius II. (Reg. 401 bis 450) setzte den Eroberungsgelüsten das gewaltigste Bollwerk der Spätantike entgegen. Er schützte seine Hauptstadt durch turmbewehrte Land- und Seemauern von 20 Kilometern Länge. Bis zum Aufkommen schwerer Artillerie am Ende des Mittelalters galt Konstantinopel als uneinnehmbare Stadt.

Über Jahrhunderte bedroht von allen Seiten

Schon in seiner Frühzeit musste sich das Byzantinische Reich gegen zahlreiche Übergriffe und Eroberungszüge der Hunnen wie Awaren, der Slawen und persischen Sassaniden, der Goten und Germanen zur Wehr setzen. Doch im Jahre 488 bezwang der Ostgotenkönig Theoderich im Auftrag des byzantinischen Kaisers Zeno, dessen Geisel er war, die Germanen und vertrieb sie endgültig aus der oströmischen Machtsphäre.

Kaiser Justinian der Große konnte im 6. Jahrhundert das alte Imperium Romanum noch einmal einen und durch seine Generäle Narses und Belisar große Gebiete des früheren Reiches zurückerobern. Den Frieden mit den Sassaniden musste er allerdings erkaufen, um sich im Osten den Rücken frei zu halten. Doch war dadurch die Bedrohung keineswegs beseitigt. Die Auseinandersetzung mit den Persern dauerte noch rund 100 Jahre, bis die Araber das Sassanidenreich vernichteten.

Für die Byzantiner hieß das allerdings dass sie vom Regen in die Traufe kamen! Denn in den muslimischen Arabern erwuchs ihnen ein neuer und weit gefährlicherer Feind der schon im Jahre 678 vor den Toren Konstantinopels stand. Nur mit Hilfe des legendären griechischen Feuers, eines wirkungsvollen Brandsatzes wohl auf

---

395 Teilung des Römischen Reiches; das Byzantinische Reich tritt die Nachfolge Ostroms an

408–450 Kaiser Theodosius II., Konstantinopel wird befestigt.

5. Jahrhundert Abwehr von Goten, Hunnen, Germanen, Slawen; Konflikte mit den persischen Sassaniden

527–565 Unter Kaiser Justinian I. erobern Belisar und Narses das Wandalenreich in Afrika und das Gotenreich in Italien, behaupten sich gegen die Perser in Kleinasien und Syrien.

565–578 Kaiser Justin II. verliert große Teile Italiens an die Langobarden.

634–642 Araber unterwerfen Syrien, Mesopotamien und Ägypten. Auf dem Balkan bilden sich slawische Reiche.

DER KAMPF UM BYZANZ

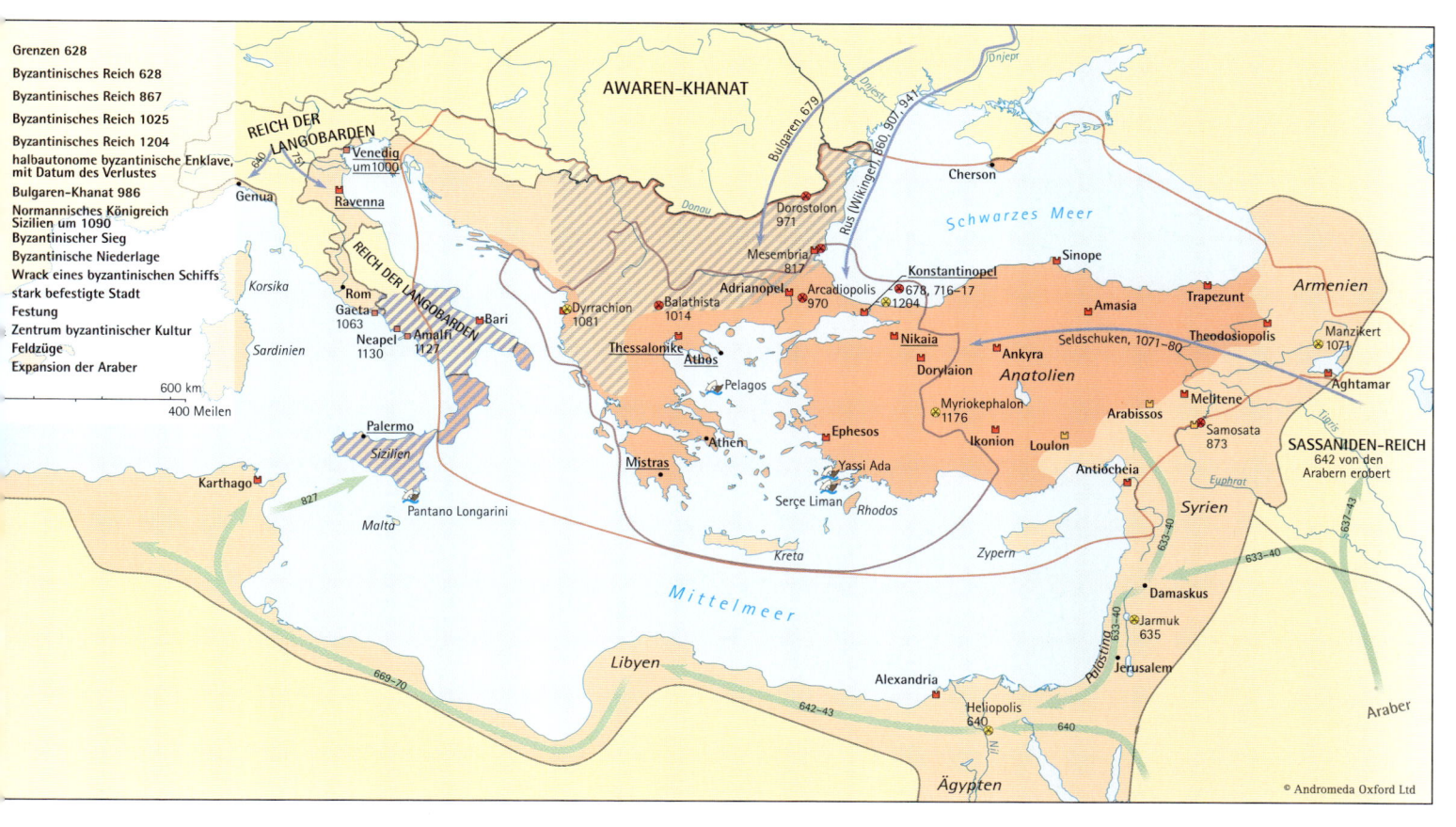

Legende:
- Grenzen 628
- Byzantinisches Reich 628
- Byzantinisches Reich 867
- Byzantinisches Reich 1025
- Byzantinisches Reich 1204
- halbautonome byzantinische Enklave, mit Datum des Verlustes
- Bulgaren-Khanat 986
- Normannisches Königreich Sizilien um 1090
- Byzantinischer Sieg
- Byzantinische Niederlage
- Wrack eines byzantinischen Schiffs
- stark befestigte Stadt
- Festung
- Zentrum byzantinischer Kultur
- Feldzüge
- Expansion der Araber

Salpeterbasis, wurde Byzanz der Bedrohung Herr.

Auch die nächsten beiden Jahrhunderte sah sich das Reich als Angriffsziel der Araber, die große Truppenkontingente bezwangen und ganze Landstriche verwüsteten, jedoch mehrmals an der stark befestigten Hauptstadt scheiterten.

KREUZRITTER AUS DEM WESTEN GEGEN BYZANZ

Erst den Kreuzfahrern, den Kriegern in Christi Namen, glückte das »Heldenstück«. Angestachelt von Venedig, der machthungrigen italienischen Handelsrepublik, die das Byzantinische Reich als Hauptrivalin im östlichen Mittelmeer ausschalten wollte, lenkten sie den Vierten Kreuzzug nicht gegen die »Ungläubigen« im Heiligen Land, sondern gegen das christliche Byzanz. Am 12. April 1204 nahmen die Kreuzritter die prächtige Hauptstadt Konstantinopel ein, zogen plündernd und brandschatzend durch die Straßen. Sie raubten goldene Liturgiegefäße und schmolzen sie ein, zerstörten Ikonen und entführten herrliche Kunstwerke, etwa die berühmte Bronzequadriga, die bis heute in Venedig zu bewundern ist.

Das von den Kreuzfahrern im Jahre 1204 errichtete Lateinische Kaiserreich umfasste allerdings nur Konstantinopel selbst sowie die angrenzenden Landschaften und war auch nicht von Dauer. Denn von ihrem Exilreich aus konnten die Byzantiner unter Kaiser Michael VIII. Palaiologos die Hauptstadt schon im Jahre 1261 zurückerobern. Doch das Reich erholte sich von der Heimsuchung durch die Westchristen nie wieder: Die goldene Epoche war endgültig vorbei, der Niedergang eingeläutet. Vollendet wurde er jedoch erst durch die türkischen Osmanen, die 1453 Konstantinopel eroberten und damit der 1000-jährigen Reichgeschichte von Byzanz ein Ende setzten.

In seiner Blütezeit beherrschte Byzanz den gesamten östlichen Mittelmeerraum und den Vorderen Orient.

Mitte des 14. Jahrhunderts, als diese englische Buchmalerei entstand, hatte Konstantinopel zwar seine politische Macht weitgehend verloren, nicht aber seinen Ruhm

Zeitleiste:

8./9. Jahrhundert – Kriege gegen Araber und Bulgaren: Araber verwüsten Kleinasien, erobern Sizilien, Bulgaren stehen vor Konstantinopel.

10. Jahrhundert – Kulturelle und politische Hochblüte des Byzantinischen Reiches mit Rückeroberungen, größter Ausdehnung, Vernichtung des bulgarischen Reiches

Ab 1056 – Innenpolitische Zwistigkeiten lähmen die Widerstandskraft des riesigen Reiches.

1204 – Das christliche Heer des 4. Kreuzzugs plündert Konstantinopel, der Niedergang von Byzanz beginnt.

▶ Völker, Staaten und Kulturen: Das Byzantinische Reich
▶ Handel und Wirtschaft: Konstantinopel

WIKINGER, NORMANNEN UND WARÄGER
DER SIEGESZUG DER MÄNNER AUS DEM HOHEN NORDEN

*An den Küsten Europas verbreiteten die räuberischen Wikinger Angst und Schrecken.
Doch die skandinavischen Seefahrer waren auch Eroberer und Krieger, Entdecker und Händler.
Mit ihren Reichsgründungen in Russland, England und Süditalien erbrachten
Waräger und Normannen bleibende historische Leistungen.*

Der einzigartige Bildteppich von Bayeux stellt die Eroberung Englands durch den Normannenfürsten Wilhelm dar. Der Ausschnitt zeigt die Überfahrt der Normannen auf ihren so genannten Drachenschiffen.

Zwischen 790 und 1066 standen große Teile der damals bekannten Welt im Zeichen einer Expansion, die ihren Ursprung in Skandinavien hatte: Die Wikinger kamen als Räuber oder als Händler übers Meer, sie waren gefürchtet oder willkommen, aber in den ersten Jahrzehnten kehrten sie auf ihren Schiffen regelmäßig in die Heimat zurück. Das änderte sich um 850, als sie sich in der Fremde niederließen und Herrschaften errichteten. Ab dieser Phase der Staatenbildung werden die Männer aus dem Norden nicht mehr einheitlich als Wikinger bezeichnet, sondern auch als Normannen beziehungsweise Waräger.

DIE WIKINGER

Zahlreiche Gründe sind für den Aufbruch der Wikinger genannt worden: Landnot, Überbevölkerung, Klimaverschlechterung, das Erbrecht, das nur den Erstgeborenen berücksichtigte, politischer Druck durch die Reichseinigungspolitik der skandinavischen Könige, die Schwäche der Nachbarn, die zum Angriff einlud, oder auch einfach Abenteuerlust. Doch in einem sind sich die Forscher einig: Voraussetzung für die Fahrten der Wikinger war eine technische Meisterleistung – der Bau eines Schiffes (»Drachenschiff«) mit Rudern und Segeln, das sowohl große Distanzen auf hoher See bewältigte, als auch für die Flussschifffahrt taugte. Selbst ein Transport über Land, etwa über eine Wasserscheide, war möglich: Man legte dem Schiff Rundhölzer als Rollen unter und schob es vorwärts.

Den ersten einer langen Reihe von Wikingerüberfällen datierten die Chronisten auf den 8. Juni 793, als das Kloster Lindisfarne in Northumbrien heimgesucht wurde. Ihr taktisches Konzept nannten die Wikinger *strandhögg* (Strandhieb): überraschende Landung in der Nähe eines Klosters oder einer Siedlung, Überwältigung oder Vertreibung der Bewohner, Zusammenraffen der Wertgegenstände, schneller Abzug und Brandschatzung, um Verfolger möglichst aufzuhalten.

750 — 800 — 850 — 900

790–840
Beutezüge der Wikinger an den Küsten Europas

850
Gründung des Warägerreichs von Nowgorod

882
Gründung des Warägerreichs von Kiew

911
Belehnung dänischer Wikinger mit dem Herzogtum Normandie

WIKINGER, NORMANNEN, WARÄGER

BEDEUTENDE EROBERER

Mit der Zeit gingen die Plünderer dazu über, sich auf vorgelagerten Inseln oder an Flussmündungen festzusetzen. Teilweise lagen diese Stützpunkte schon weit im Binnenland, aber immer nahe bei Gewässern. Ursprünglich als Winterquartiere gedacht, entwickelten sie sich zur Ausgangsbasis territorialer Expansion. So kam es 839 von Dublin ausgehend zur Gründung eines irischen Wikingerreiches.

866 begann der langwierige Kampf um England: Dänische Wikinger unterwarfen das Gebiet nördlich der Themse. Doch das Kriegsglück wechselte mehrmals und schließlich trug wieder ein Angelsachse die Krone, als England zum bisher letzten Mal in seiner Geschichte erobert wurde. Der berühmte Eroberer hieß Wilhelm und er war ein Nachkomme jener dänischen Wikinger, die seit 896 in der Seinemündung siedelten und dem Frankenreich Paroli boten. Der ständigen Konflikte müde, verlieh der Frankenkönig 911 den Normannen, so wurden die wehrhaften Eindringlinge aus dem Norden nun genannt, das Herzogtum Normandie. Als Herzog der Normandie setzte Wilhelm 1066 nach England über, siegte bei der Schlacht von Hastings und errichtete die normannische Herrschaft: Die bisherigen angelsächsischen Herren wurden zu Knechten gemacht, die angestammte Kultur zerstört und dem kontinentalen Einfluss unterworfen. Mit weitreichenden Folgen: Bis zum Hundertjährigen Krieg sollten die engen Beziehungen zwischen England und Frankreich bestehen bleiben.

Ein anderer Normanne von Weltgeltung war Robert Guiscard, der 1057 die byzantinischen und langobardischen Gebiete Unteritaliens eroberte und die normannischen Herzogtümer Apuliens und Kalabriens begründete. Er scheute nicht vor der kriegerischen Auseinandersetzung mit den Großmächten des Mittelmeers zurück und vertrieb auch die Araber aus Sizilien.

EXPANSION IN DEN NORDWESTEN UND DEN OSTEN

Nicht um Beute oder Macht, sondern nur um Siedlungsraum ging es bei den Wikinger-Expeditionen in den Nordwesten. Erstes Ziel waren Westschottland und die Inselgruppen Färöer, Shetlands, Orkneys, Hebriden, wobei die Landnahme häufig mit der gewaltsamen Vertreibung der ansässigen Bevölkerung einherging. Die Siedlungsbewegung erreichte um 870 Island, 982 entdeckten die Wikinger Grönland. Einigen wagemutigen Seefahrern gelang sogar der Sprung hinüber zur nordamerikanischen Küste, wo sie vermutlich in Neufundland kurzzeitig eine Kolonie unterhielten, die sie »Vinland« (Weinland) nannten.

Bei der skandinavischen Expansion nach Osten stand als Motiv das Handelsinteresse obenan. Seit dem 9. Jahrhundert fuhren Wikinger, hauptsächlich aus Schweden, über die Ostsee in die baltischen Länder und ins Gebiet des heutigen St. Petersburg. Von dort aus erschlossen sie dem Fernhandel die Flusssysteme Russlands, die ihnen den Zugang zum Schwarzen und zum Kaspischen Meer öffneten und lukrative Handelsbeziehungen zum Byzantinischen Reich und dem Kalifat von Bagdad ermöglichten. Das Bedürfnis, ihren blühenden Handelsniederlassungen Schutz und Beständigkeit zu verleihen, gab den Ausschlag für die Bildung von Staaten: 850 gründeten die Waräger (von *Varjagi*, slawisch für Wikinger) das Reich von Nowgorod, 882 das Reich von Kiew: Erstmals in der Geschichte wurde Russland eine politische Einheit.

In der Schlacht von Hastings besiegte Wilhelm der Eroberer im Jahr 1066 die englischen Truppen.

Von der Herrschaft der Normannen in Unteritalien und auf Sizilien zeugen bis heute so eindrucksvolle Bauwerke wie der Palast von Palermo.

Der feingliedrige Innenhof des nach außen trutzig wirkenden Normannenpalastes in Palermo

---

950 — 1000 — 1050 — 1100

1013 Dänische Wikinger erobern England

ab 1059 Normannenherzöge in Apulien und Kalabrien

1066 Wilhelm der Eroberer landet in England

▶ Völker, Staaten und Kulturen: Waräger und Normannen

DIE MILITÄRISCHE WIEDERHERSTELLUNG DES RÖMISCHEN REICHES DURCH OTTO DEN GROSSEN

Die Herrschaft des Ottonen war in gewisser Weise ein Königtum ohne Staat. Zur Durchsetzung und Demonstration seiner Autorität war der Herrscher auf militärische Erfolge angewiesen, die ihm in der Nachfolge Karls des Großen den Weg zur Erlangung der Kaiserwürde ebneten.

Die Schlacht auf dem Lechfeld brachte Otto nicht nur den Sieg über die Ungarn, sondern stärkte auch seine bis dahin umstrittene Position als deutscher König.

Europa wurde nach dem Zerfall des Karolingerreiches von schweren Krisen erschüttert. Zu blutigen Fehden der großen Adelsfamilien kam erschwerend die Bedrohung durch Sarazenen, Normannen und Ungarn hinzu. Das Fehlen mächtiger Zentralgewalten, die die Abwehr dieser Völker organisieren konnten, verschärfte noch den Eindruck der Ohnmacht. Jeder militärische Erfolg musste daher als göttliches Zeichen erscheinen. Vor diesem Hintergrund kann man verstehen, dass der Sieg Ottos I. auf dem Lechfeld bei Augsburg 955 nicht nur die Ungarngefahr für Mittel- und Osteuropa beendete, sondern auch seine persönliche Stellung festigte.

In militärischer Hinsicht war die Schlacht wohl eher ein Glücksfall. Aus ungeklärten Gründen verzichteten die Ungarn auf ihre bisher erfolgreiche Taktik aus schnellen, von Pfeilhagel unterstützten Vorstößen und Scheinrückzügen, die die Phalanx des Gegners aufbrechen halfen. Stattdessen stellten sie sich zur offenen Feldschlacht und konnten so durch Ottos Panzerreiter vernichtet oder in die Flucht geschlagen werden.

Zur Sicherung seiner Macht im Osten begründete Otto das Bistum Magdeburg. Im Dom der Stadt ist dieses Bildnis Ottos und seiner ersten Gemahlin Editha zu sehen.

DIE SICHERUNG DER KÖNIGSGEWALT

Otto wurde zwar dank der klugen Politik seines Vaters von den deutschen Stammesherzögen einstimmig zum König gewählt. Aber da er von ihnen eine weitgehende Unterordnung unter seine königliche Gewalt verlangte, das sakral überhöhte Königtum in der Nachfolge Karls des Großen anstrebte, kam es nach seiner Krönung 936 immer wieder zu Rebellionen der selbstbewussten Stammesherzöge. Um seine königliche Autorität zu stützen, brauchte Otto außenpolitische Erfolge. Sie erreichte er durch die Unterwerfung der slawischen Nachbarn.

Einen wichtigen Stützpfeiler im Kampf um Königsmacht und Reichseinheit bildeten die Kirchenämter; so beschenkte Otto Verwandte und andere Adelige mit Kirchenämtern, die er nach deren Tod neu vergeben konnte. Auch die intensive Missionierung der unterworfenen Slawen war Teil von Ottos Kirchenpolitik.

Als einige norditalienische Adelige die Besitzungen des Kirchenstaates bedrohten, sandte der Papst eine Gesandtschaft zu Otto. Dieser Hilferuf verschaffte dem deutschen König 961 die willkommene Gelegenheit, nach Italien zu ziehen und sich die Verbundenheit des Papstes zu erwerben. Ihn brauchte er für sein großes Ziel, die Krönung zum Kaiser.

935 — 940 — 945

936
Otto I. (913 – 973)
zum deutschen König gekrönt

Otto der Grosse

Der Weg zur Kaiserkrönung

Für den Italienzug sammelte Otto ein großes Heeresaufgebot auf dem Lechfeld. Ein solches Aufgebot stellte den König vor vielfältige Probleme. Angesichts der inneren Spannungen war es wahrscheinlich, dass einzelne Teilnehmer in Versuchung gerieten, die Heerfahrt als Bühne für ihre Fehden zu nutzen. Dem wurde durch Gebetsverbrüderungen und Freundschaftsverträge entgegengewirkt. Daneben dürfte auch der Kontakt mit den andersartigen Sitten in Sprache, Recht, Siedlungsstruktur, Speisegewohnheit oder Kleidung ein Wir-Gefühl unter den deutschen Italienfahrern erzeugt haben. Die langen Auslandsaufenthalte erforderten auch eine Heeresreform: Die Lehnsträger des Königs mussten nicht mehr mit allen Untervasallen erscheinen, sondern wurden lediglich auf eine begrenzte Anzahl von Panzerreitern, die ihrem Rang und ihrer Leistungsfähigkeit entsprachen, verpflichtet.

Der Durchzug durch Norditalien verlief ohne größere Schwierigkeiten. Im Februar 962 wurde Otto in Rom vom Papst zum Kaiser gekrönt und gesalbt. Im Gegenzug bestätigte Otto I. dem Papst den Besitz des Kirchenstaates, sicherte sich allerdings gleichzeitig die Kontrollrechte darin und einen Treueid des Papstes. Doch der wollte sich nicht immer an seine Verpflichtung dem Kaiser gegenüber halten. So sah sich Otto wieder gezwungen, mit seinem Heer nach Rom zu ziehen, um zunächst die Absetzung des rebellischen Papstes durch eine von ihm einberufene Synode zu erreichen, sodann verstärkten Einfluss auf künftige Papstwahlen zu nehmen: Die Römer mussten schwören, ohne Zustimmung des Kaisers keinen Papst zu wählen! Auf dieser Grundlage dominierte das Kaisertum ein Jahrhundert lang das Papsttum.

Zwischen den Jahren 966 und 972 fand, ausgelöst durch Konflikte mit Byzanz, ein dritter Italienzug statt, den Otto nutzte, um seine Herrschaft nach Süditalien auszudehnen und die Sarazenen zu bekriegen. Insgesamt verbrachte Otto zwischen 961 und 973 immerhin zehn Jahre in Italien. Dies zeigt, wie hoch der Prestigewert des Kaisertitels anzusetzen ist, denn die militärischen Kosten für solche Expeditionen waren gewaltig. Doch Otto erreichte nicht nur Prestige, sondern auch die faktische Vorherrschaft seines Kaisertums über Europa.

Das Reich Ottos des Großen

Vermählung Kaiser Ottos II. mit der byzantinischen Prinzessin Theophanu

---

950 — **951/952** 1. Italienzug und Krönung Ottos in Pavia zum König der Langobarden

955 Ottos entscheidender Sieg über die Ungarn auf dem Lechfeld

960 — **962** 2. Italienzug, Kaiserkrönung Ottos I. in Rom

965

▶ Völker, Staaten und Kulturen: Das Heilige Römische Reich
▶ Religionen und Glaubensformen: Papst und Kaiser

Krieg und Kriegsführung im Hoch- und Spätmittelalter

Um das Jahr 1000 war in Europa die auf dem germanischen Heerkönigtum beruhende Entwicklung zum mittelalterlichen Feudalsystem abgeschlossen. Von Spanien bis zu den Grenzen des Byzantinischen Reichs und von Süditalien bis nach Schottland war das Rittertum ein gesamteuropäisches Phänomen. Seine befestigten Wohnsitze, die Burgen, prägten das Erscheinungsbild Europas mit. Sein Land, dessen Bauern ihn und sein Gefolge zu ernähren hatten, erhielt der Ritter als Lehen vom König, dafür schuldete er ihm die Heerfolge.

Als gepanzerter Reiter beherrschte der Ritter die Schlachtfelder des Mittelalters, wobei zum Kriegsdienst verpflichtete Gefolgsleute oder Söldner als eine Art Infanterie-Unterstützung dienten, die vor allem bei Belagerungen zum Einsatz kamen. Aber auch in den seltenen großen Schlachten übertrafen die Fußsoldaten das Aufgebot der Panzerreiter zahlenmäßig. In der Feldschlacht prallten die Ritterheere mit eingelegter Lanze aufeinander, darauf folgte der mit Schwert und Axt geführte Nahkampf, in den auch das Fußvolk eingriff.

Die Theorie der Kriegs- und Belagerungskunst sowie Taktik und Strategie, in der Antike bereits hoch entwickelt, waren dem europäischen Mittelalter nur ansatzweise vertraut. Das gesamte technische Wissen über Belagerungsmaschinen und Katapulte beruhte, bis auf wenige Ausnahmen, ausschließlich auf dem antiken Erbe. Vermittelt wurde es durch das Byzantinische Reich und im Rahmen der Kreuzzüge durch die Araber.

ISLAMISCHE KRIEGSKUNST

Seit dem 9. Jahrhundert machte sich im Vorderen Orient, bedingt durch die Eroberungen der Araber in Zentralasien, ein starker türkischer Einfluss bemerkbar. Die islamischen Herrscher nahmen türkische Truppen in ihre Dienste, die zusammen mit Persern die schwere Kavallerie und berittenen Bogenschützen bildeten. Weitere Truppenteile waren die leichte Kavallerie und Infanterie der arabischen Beduinen sowie die schwere Infanterie und der Belagerungszug, für die meist Krieger aus dem Irak, aus Syrien und Ägypten rekrutiert wurden. Das oft beschworene Bild vom wendigen orientalischen Reiter, der gegen den schwer bewaffneten europäischen Ritter kämpft, ist also nur zum Teil richtig, da die islamischen Heere auch über starke Verbände gepanzerter Kavallerie verfügten.

DIE MONGOLEN

Die Panzerung von Mann und Pferd in Verbindung mit dem Einsatz von Pfeil und Bogen war seit dem ersten Jahrtausend vor Christus aus der Wechselwirkung der Kulturen des Orients mit denen der Steppenvölker Zentralasiens hervorgegangen und verschaffte nun den Steppenvölkern eine militärische Überlegenheit, der man durch Nachahmung in allen Armeen von Europa bis China zu begegnen suchte. Zur höchsten Vollendung führten die Mongolen diese Art der Kriegsführung, als sie Mitte des 12. Jahrhunderts unter dem militärischen Genie Tschingis Chans zu ihren Eroberungszügen aufbrachen, in denen sie sich schnell Asien untertan machten und bis nach Europa vordrangen.

Tschingis Chan verstand es, Disziplin, Schnelligkeit und Strategie zu einer unbezwingbaren Mischung zu verknüpfen. Er teilte seine Heere in Einheiten ein, deren Anzahl genau festgelegt war. Befehle wurden mit Hilfe von Signalpfeilen übermittelt, und die Krieger mussten Ersatzpferde mitbringen. Dadurch wurde die Mobilität erhöht und ein für damalige Zeiten unglaublich schneller Vormarsch ermöglicht. Nachdem weite Teile Chinas erobert waren, dienten den mongolischen Heeren im Belagerungskrieg kenntnisreiche chinesische Spezialisten, die wahrscheinlich auch schon Sprengsätze verwendeten. So gelang es den Mongolen, auch befestigte Städte, die für reine Reiterheere praktisch uneinnehmbar waren, zu stürmen und das größte zusammenhängende Landreich der Geschichte zu errichten. Erst die neuen Feuerwaffen und die damit verbundene innovative Infanterietaktik bedeuteten das Ende des gepanzerten berittenen Bogenschützen und der Überlegenheit der Steppenvölker.

DAS ENDE DES RITTERTUMS

Einer der Gründe für den Niedergang des europäischen Ritters im Spätmittelalter lag in seiner relativen Unbeweglichkeit. Als weiterer Faktor kamen die seit dem 14. Jahrhundert verstärkt eingesetzten Feuerwaffen dazu, die als schwere Artillerie jede Burgmauer zum Einsturz brachten und nach der Entwicklung von Handfeuerwaffen auch die Schlachten beeinflussten. Zur Ausrüstung der modernen Heere des späten Mittelalters gehörten also neben dem traditionellen Bogen auch schon Fern- und Handfeuerwaffen, außerdem zur Abschirmung der Offensive die Lanzenträger, die mit langen Spießen ausgerüstet waren. Zu einer festen Schlachtordnung gefügt, konnten die Lanzenträger jeder Reiterattacke trotzen. Sie machten schon früh die zunehmende Bedeutung der Infanterie deutlich, die in den kommenden Jahrhunderten stetig anwachsen sollte, bis sie zur Hauptwaffengattung aller Heere wurde.

DIE AUSSTATTUNG DES RITTERS

Das Erscheinungsbild des europäischen Ritters war einer ständigen Entwicklung unterworfen und das Ergebnis verschiedener Einflüsse. Um 1100 trug er in der Schlacht ein langärmeliges, bis zu den Knien reichendes Kettenhemd, Beinlinge aus Kettengeflecht und einen konisch zulaufenden Helm mit Nasenschutz. Sein Schild zum Schutz des Körpers folgte byzantinischen Vorbildern: oben abgerundet, länglich, in angenäherter Dreiecksform. Als Waffen dienten Schwert und Lanze, gelegentlich Streitaxt und Streitkolben, während Bogen und Armbrust als unritterliche Waffen galten.

Um 1300 wurde die Rüstung schwerer. Die Helme bekamen Visiere und über dem Kettenhemd wurde ein Brustpanzer getragen. Dieser bestand anfangs aus unter ein Stoffgewebe genieteten Eisenplatten, entwickelte sich dann schnell zu einem zweiteiligen Brustharnisch. Dazu traten aus Eisenblech gefertigte Arm- und Beinröhren auf, die den Schutz weiter verstärkten. Durch die verbesserte Körperpanzerung wurden auch die Schilde immer kleiner.

Um 1450 war die Entwicklung der hochmittelalterlichen Rüstung abgeschlossen und der Körper des Ritters von den heute als Inbegriff der Ritterrüstung geltenden Plattenharnischen vollständig bedeckt. Der Körperschutz wurde auch auf die Pferde ausgedehnt, die ebenfalls mit vollständigen oder nur die Vorderseite bedeckenden Plattenpanzern ausgerüstet waren. Eindeutig war die Beweglichkeit zugunsten der Sicherheit eingeschränkt. Trotzdem kam es im Falle eines Sturzes nicht, wie heute häufig vermutet wird, zur völligen Bewegungsunfähigkeit, da die Rüstungen aus relativ dünnen Blechen gearbeitet und wesentlich leichter waren, als es den Anschein hat.

KRIEG, EIN BEDEUTUNGSVOLLES WORT

Erst im Mittelhochdeutschen, also mit dem 12. Jahrhundert, bezeichnete man den bewaffneten Kampf mit dem Wort Krieg, das ursprünglich Anstrengung bedeutete. Gleichzeitig hielt sich noch lange das vorher übliche Wort Streit im Sinne von Zwist, gestörter Friede. Das althochdeutsche »werra« (Streit, Krieg) ging in die englische (war), die französische (guerre) und die spanische Sprache (guerra, verkleinert: guerrilla) ein, ist aber auch im Deutschen noch zu erkennen, etwa in »wirr«, »verwirren«, »Wirrwarr«.

Der Siegeszug der Seldschuken in Vorderasien

Der Sieg der Seldschuken über das Byzantinische Reich im Jahr 1071 war das entscheidende Ereignis für die Türkisierung Anatoliens. Später entstanden aus dem Reich der so genannten Rum-Seldschuken viele kleine türkische Fürstentümer, darunter das Fürstentum Osman, aus dem das Osmanische Reich hervorgegangen ist.

Gebetsnische in der Freitagsmoschee von Isfahan, einem der schönsten Bauwerke der Seldschuken.

Als die Macht der hochkultivierten Samaniden in Persien im Jahre 999 durch die karachanidischen Türken gebrochen wurde, begann die Zeit der Seldschuken. Der Name stammt von Seldschuk, dem Häuptling eines oghusischen Stammesverbandes, der am unteren Lauf des Syrdarja nomadisierte. Seldschuk hatte im Jahre 970 den Islam angenommen und war als Truppenführer in den Dienst der persischen Samaniden eingetreten.

Seit Mitte des 11. Jahrhunderts unternahmen die Seldschuken erste geordnete Feldzüge nach Anatolien. Höhepunkt dieser Expansionspolitik war 1071 die Schlacht bei Manzikert (heute Malazgirt), als der Seldschukenführer Alp Arslan (Reg. 1063 – 1072) über die byzantinische Armee siegte. 1085 war die Eroberung weiter Teile Anatoliens abgeschlossen, Alp Arslans Nachfolger erhielten vom Kalifen von Bagdad den Titel der Sultane des Rum-Landes verliehen.

EXPANSION IN KLEINASIEN

Noch waren die anatolischen Seldschuken nicht die alleinigen Herrscher Kleinasiens. Im äußersten Westen hielt sich das Byzantinische Reich mit Konstantinopel, außerdem gab es zahlreiche regionale Mächte. Sie unterstanden entweder dem Sultan von Rum, dem großseldschukischen Sultan in Persien oder seldschukischen Prinzen und Statthaltern. Große historische Bedeutung erlangte Süleiman Schah (Reg. 1072 – 1107), ursprünglich Heerführer des großseldschukischen Sultans in Westanatolien. In den 1070er Jahren erweiterte er das von ihm beherrschte Gebiet innerhalb kürzester Zeit, so dass er aus heutiger Sicht als der eigentliche Eroberer von Anatolien gesehen wird.

Süleimans zweiter Sohn Kilidsch Arslan (Reg. 1092 – 1107) schaffte es, aus der Herrschaft seines Vaters das Sultanat der anatolischen Seldschuken zu gründen, das sich gegen Byzanz im Westen und das östlich gelegene Emirat Danischmend behauptete. 1176 schlugen die anatolischen Seldschuken die byzantinische Armee und zwei Jahre später die Danischmendiden.

Die Geschichte der anatolischen Seldschuken fällt auch in die Zeit der Kreuzzüge, wobei dem Vierten Kreuzzug (1202 bis 1204) eine entscheidende Rolle zukommt. Auf ihm nämlich eroberten die christlichen Kreuzfahrer – geführt von Venedig, das seinem Konkurrenten im östlichen Mittelmeer, schaden wollte – Konstantinopel und das Byzantinische Reich. Für die anatolischen Seldschuken bedeutete dies das Ende der Bedrohung durch Byzanz.

Der großartige Innenhof der Freitagsmoschee in Isfahan, die im Hochmittelalter entstand

Das aufwändig geschnitzte Koranpult aus seldschukischer Zeit stammt aus Konya in der heutigen Türkei.

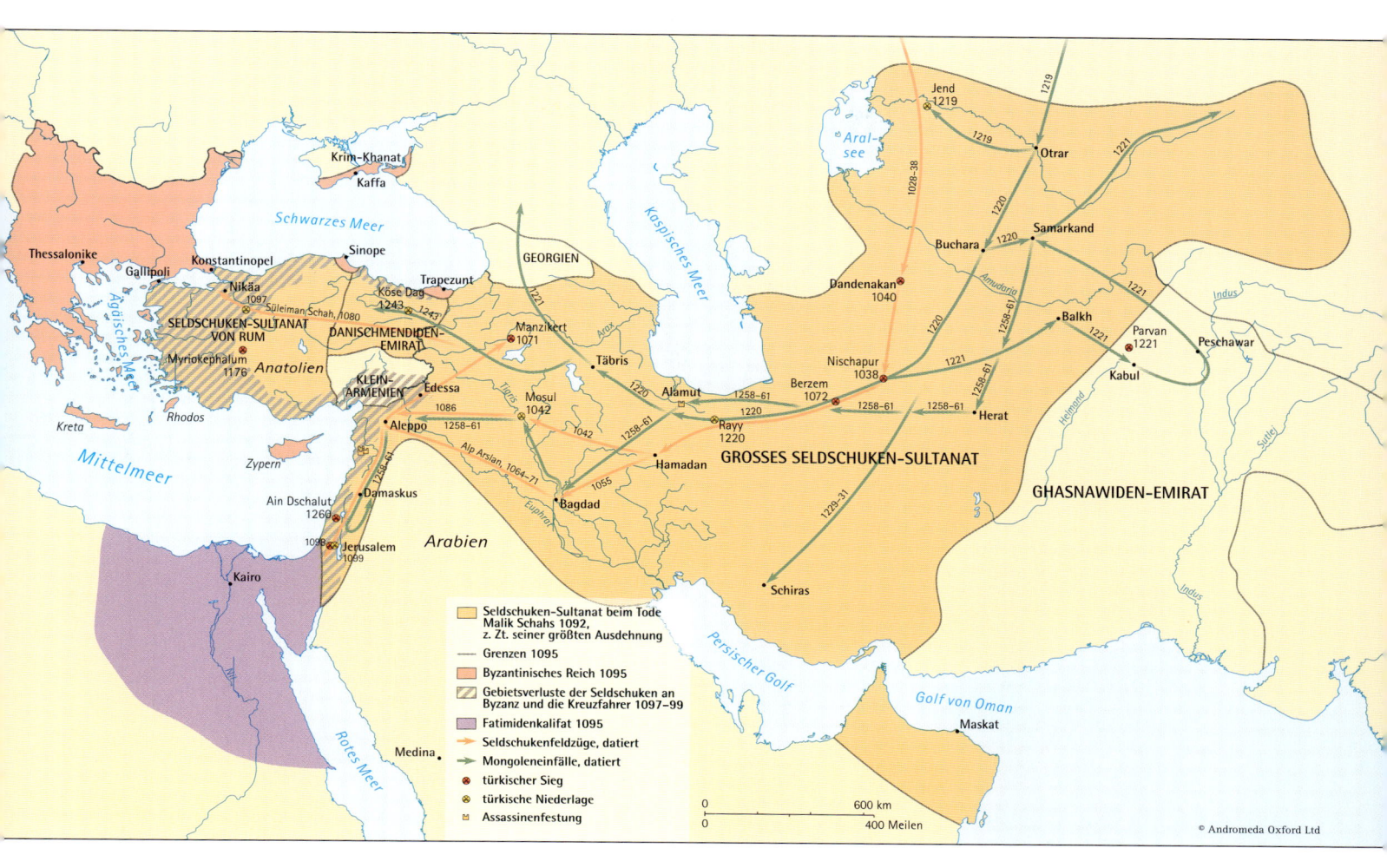

Seine größte Ausdehnung hatte das Reich der Seldschuken von Rum in der ersten Hälfte des 13. Jahrhunderts. Es beherrschte fast ganz Anatolien. Unabhängig blieben nur die byzantinischen Territorien im Westen, Trapezunt an der Schwarzmeerküste sowie Kleinarmenien.

NICHT NUR KRIEGERISCHE ERFOLGE

Die wirtschaftliche Grundlage des Seldschukenstaates bildete die hoch entwickelte Landwirtschaft. Die Bauernschaft bestand größtenteils aus Griechen, Armeniern und Slawen. Sie hatten das Land nach der seldschukischen Eroberung nicht verlassen, da die neuen Herrschaftsverhältnisse ihr tägliches Leben praktisch nicht berührten. Finanziell stellten sich die Bauern sogar besser, weil sie den neuen Herren lediglich die religionsgesetzlich vorgesehene Kopfsteuer zu entrichten hatten, die geringer war als die Summe der verschiedenen byzantinischen Steuern. Aber auch die seldschukische Oberschicht war nicht daran interessiert, etwas an dieser Lage zu ändern, da die Arbeit der Bauern den Bestand der Kulturlandschaft garantierte, die Basis für gesicherte Steuereinnahmen.

DIE MONGOLEN UND DAS ENDE DER RUM-SELDSCHUKISCHEN HERRSCHAFT

Die Blütezeit der anatolischen Seldschuken währte nicht lange; denn die anstürmenden Mongolen fügten ihnen eine vernichtende militärische Niederlage zu und leiteten damit die mongolische Oberhoheit in Anatolien ein. Zeitweilig zerfiel das Reich in einen westlichen und in einen östlichen Teil, wobei der westliche Staat sich mit dem byzantinischen Nicäa verbündete, während der Ostteil die Gunst der Mongolen genoß. Zwar gelang es Perwane Muinuddin, einem hohen Würdenträger des Ostreichs, die staatliche Einheit in Anatolien wiederherzustellen. Doch nach dem Einfall der Mamluken unter der Führung Sultan Baibars in Anatolien wurde er des Hochverrats bezichtigt und im Jahre 1277 hingerichtet.

Ab diesem Zeitpunkt wurde die Macht der Seldschuken immer schwächer. In den Grenzgebieten entstanden kleine, relativ unabhängige Fürstentümer, die die politische Entwicklung im kommenden Jahrhundert bestimmen sollten. Die Mongolen besetzten ihrerseits den seldschukischen Thron nicht mehr, sondern nahmen die Verwaltung selbst in die Hand und zwar für die Gebiete, die noch vom ehemaligen rum-seldschukischen Staat übrig geblieben waren.

Das Herrschaftsgebiet der Seldschuken im Hochmittelalter

·············· DAS LAND RUM ··············

Der Name Rum ist arabischen Ursprungs und geht auf das lateinische Roma (Rom) zurück. Bezeichnet haben die Seldschuken damit Anatolien, das »Land der Römer«, weil es sich vor der Eroberung im Besitz von Byzanz, dem Nachfolgestaat des Oströmischen Reichs, befunden hatte.

▶ Völker, Staaten und Kulturen: Das Byzantinische Reich

DER KAMPF DER STAUFER UM ITALIEN

Die Stauferkaiser hatten ein großes Ziel vor Augen: die Wiederherstellung des Imperiums. Dazu gehörte die Herrschaft über Italien. Doch hier hatten sich die politischen Verhältnisse entscheidend verändert und alle Anstrengungen, eine Zentralgewalt einzurichten, blieben auf Dauer vergebens.

Papst Alexander III., langjähriger Widersacher Friedrich Barbarossas

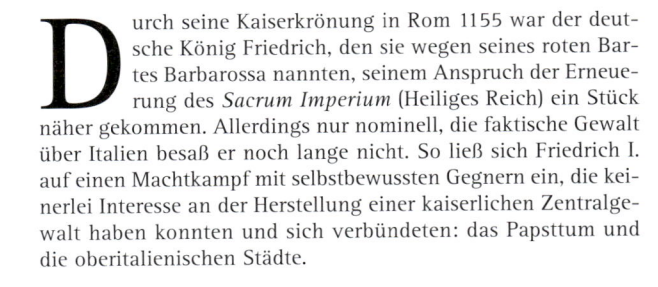

Als Reliquiar diente der um 1160 entstandene Cappenberger Barbarossa-Kopf.

Vom Papst um militärische Hilfe gebeten, vertrieb der französische Graf Karl von Anjou (im Bild mit einem knienden Vasallen) die Staufer endgültig aus Sizilien.

Durch seine Kaiserkrönung in Rom 1155 war der deutsche König Friedrich, den sie wegen seines roten Bartes Barbarossa nannten, seinem Anspruch der Erneuerung des *Sacrum Imperium* (Heiliges Reich) ein Stück näher gekommen. Allerdings nur nominell, die faktische Gewalt über Italien besaß er noch lange nicht. So ließ sich Friedrich I. auf einen Machtkampf mit selbstbewussten Gegnern ein, die keinerlei Interesse an der Herstellung einer kaiserlichen Zentralgewalt haben konnten und sich verbündeten: das Papsttum und die oberitalienischen Städte.

DIE WEHRHAFTEN STÄDTE

Vor allem die Entschlossenheit der Kommunen unterschätzte Friedrich. Sie waren nicht nur durch Handel und Gewerbe reich geworden, sondern hatten sich auch weitgehend die politische Autonomie erkämpft. Dem Kaiser zu geben, was des Kaisers ist, hatten sie nicht im Sinn. Doch Friedrich brauchte ihre Steuern und Abgaben, nachdem im wirtschaftlich noch wenig entwickelten Deutschland nicht viel zu holen war. Hinter seiner Politik standen nämlich nicht nur ideelle, sondern auch sehr handfeste Motive: Die oberitalienische Städtelandschaft war die wohlhabendste Region im damaligen Europa.

Sechsmal zog Friedrich nach Italien. Es kam zu erbitterten Kämpfen, etwa in der Klause von Verona

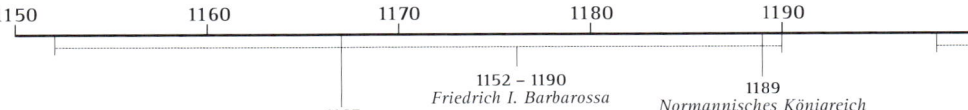

1167
Gründung des Lombardischen Städtebundes
(Mailand, Cremona, Bologna, Venedig,
Verona, Vicenza, Padua und Treviso)

1152 – 1190
Friedrich I. Barbarossa

1189
Normannisches Königreich
Sizilien (mit Unteritalien)
fällt den Staufern zu.

Kampf der Staufer um Italien

(1155), bei Tusculum in der Nähe von Rom (1167) und bei Legnano (1176). Barbarossa ließ in Oberitalien Städte wie Tortona (1155), Crema (1159/60) und das glänzende Mailand (1162) in Schutt und Asche legen. Der Tod hielt schreckliche Ernte unter seinen Soldaten, und das nicht nur auf den Schlachtfeldern, er kam auch als Malariaseuche vor Rom (1167) und als Hungersnot bei der vergeblichen Belagerung von Alessandria (1174/75). Im Frieden von Venedig (1177) fand Friedrich Barbarossa seinen Ausgleich mit Papst Alexander III., im Frieden von Konstanz (1183) mit den Städten der Lombardei. Aber das Gleichgewicht blieb prekär.

Erfolge in Unteritalien

Ende des 12. Jahrhunderts fiel das normannische Königreich Sizilien, das auch Apulien und Kalabrien umfasste, durch die Heirat von Barbarossas Sohn Heinrich VI. mit der normannischen Alleinerbin Konstanze den Staufern zu. Zwar stellten die normannischen Barone einen eigenen König auf, aber dieser Tankred von Lecce war der Auseinandersetzung nicht gewachsen. 1194 zog Heinrich als Sieger in Palermo ein, der Hauptstadt des Königreichs. Mit hochfliegenden Plänen: Er wollte von hier aus die Vormachtstellung im Mittelmeerraum erringen. Doch sein früher Tod im September 1197 machte alles zunichte, und als kurz darauf auch Konstanze starb, übernahm Papst Innozenz III. als testamentarisch bestellter Vormund des minderjährigen Thronfolgers Friedrich II. formal die Regentschaft, tatsächlich brach jedoch eine Zeit der Anarchie an.

Zur Ruhe kam das Königreich Sizilien erst, als Friedrich II., inzwischen in Deutschland zum König gewählt (1212) und in Rom zum Kaiser gekrönt (November 1220), in den Süden zurückkehrte und entschlossen klare Verhältnisse schuf: Mit den Hoftagsbeschlüssen von Capua (1220) brachte er die in den letzten drei Jahrzehnten zerrütteten Rechtsverhältnisse im Königreich wieder in Ordnung. In den Konstitutionen von Melfi (1231) gipfelten die Bemühungen zur Wiederherstellung und zum weiteren Ausbau des effizienten normannischen Beamtenstaates. Auseinandersetzungen mit dem Papsttum blieben ihm nicht erspart: 1228/1229 führte er sein Kreuzzugsheer als Exkommunizierter an. Und wie sein Großvater geriet auch er in Kämpfe mit den oberitalienischen Städten. Bei Cortenuova gelang ihm 1237 ein glänzender Sieg.

Das Ende der Staufer

Bei seinem Tod im Dezember 1250 hinterließ Kaiser Friedrich II., der als einer der bedeutendsten und fortschrittlichsten Herrscher des Mittelalters gelten kann, das Königreich Sizilien seinem Sohn, dem deutschen König Konrad IV. Der nahm Anfang 1252 den Kampf um sein Erbe auf und konnte auch im Oktober 1253 siegreich in Neapel einziehen, doch sein Tod im folgenden Jahr machte wieder alles zunichte. Nach ihm wagte sein Halbbruder Manfred noch einmal den Griff nach der Macht; 1258 ließ er sich zum König ausrufen, unterlag aber 1266 in der Schlacht von Benevent dem französischen Grafen Karl von Anjou, den Papst Klemens IV. ins Land gerufen hatte. Karl wehrte in der Schlacht von Tagliacozzo (1268) den allerletzten Versuch eines deutschen Fürsten – Konradin, Enkel Friedrichs II. – ab, im Königreich Sizilien Fuß zu fassen. Der Tod des 16-jährigen auf dem Schafott in Neapel bedeutete das Ende der Stauferherrschaft in Italien.

Der trutzige Rundturm der Stauferburg im apulischen Lucera, deren Bau Kaiser Friedrich II. im Jahr 1223 begann. Karl von Anjou, König von Sizilien und Neapel, erweiterte sie später zu einer der mächtigsten Festungen seines Reiches.

1198 – 1250
Kaiser Friedrich II.

1268
Karl von Anjou zerschlägt die staufische Macht in Unteritalien.

▶ Völker, Staaten und Kulturen: Das Heilige Römische Reich
▶ Religionen und Glaubensformen: Papst und Kaiser
▶ Menschen und Ideen: Friedrich Barbarossa
▶ Menschen und Ideen: Friedrich II.

DIE RECONQUISTA

Im 8. Jahrhundert setzte die Vertreibung der Mauren von der Iberischen Halbinsel durch christliche Herrscher von Norden her ein. Aber erst 1492, als mit Granada die letzte muslimische Bastion auf europäischem Boden fiel, war die Reconquista – spanisch für: Wiedereroberung – abgeschlossen.

Nach Jahrhunderten des Kampfes triumphierte die Reconquista: Übergabe von Granada, des letzten maurischen Königreichs auf der Iberischen Halbinsel, an die Katholischen Könige im Jahr 1492.

Den kleinen christlichen Herrschaften im Nordwesten der Iberischen Halbinsel gelang 722 unter Führung des legendären Don Pelayo ein Sieg über die Muslime, der allgemein als Beginn der Reconquista gilt, allerdings für lange Zeit ein singuläres Ereignis blieb. Denn die arabische Eroberung war damit noch lange nicht abgeschlossen. Seine größte Ausdehnung erreichte das Kalifat von Córdoba erst unter dem entschlossenen Wesir Al-Mansur (Reg. 977 – 1002). Nach dessen Tod jedoch setzten Thronwirren ein: Das Kalifat von Córdoba zerfiel in über zwanzig kleine Reiche, die Taifas, deren Herrscher oft untereinander Kriege führten.

Diese Schwäche nutzten die Christen. So eroberte König Ferdinand I. von Kastilien-Leon (Reg. 1035 – 1065) Teile des Nordostens und Portugals und erzwang Tributzahlungen von den unterlegenen Mauren – so die mittelalterliche Bezeichnung für die Muslime Nordafrikas und der Iberischen Halbinsel.

Das königliche Ehepaar Isabella I. von Kastilien und Ferdinand II. von Aragon vollendete die Reconquista und legte den Grundstein zum spanischen Gesamtstaat.

DAS KÖNIGREICH TOLEDO

Tiefgreifende Querelen unter den muslimischen Herrschern begünstigten auch die Kampagne des kastilischen Königs Alfons VI., die nach zähem Ringen auf beiden Seiten im Mai 1085 zur Eroberung Toledos führte. Dadurch fielen auch wichtige Städte wie Madrid, Talavera, Guadalajara, Hita, Consuegra, Uclés und Cuenca unter kastilische Herrschaft. Mehr noch: Die Grenze zwischen dem christlichen und dem maurischen Spanien verschob sich vom Fluss Duero bis zum Tajo und ermöglichte dem König, Christen in den neu erworbenen Territorien anzusiedeln.

Dennoch war der Sieg nicht perfekt. In den folgenden Jahren kam es immer wieder zu kriegerischen Konflikten, in denen als überragende Figur Rodrigo Díaz de Vivar (um 1043 – 1099) erschien, der den arabischen Beinamen El Cid (der Herr) trug. Er war einer jener für die Zeit typischen Krieger, die abwechselnd Christen und Mauren dienten. Dennoch wurde er zum spanischen Nationalhelden, dessen Tapferkeit zahlreiche Dichtungen rühmten. Ihm gelang 1094 die Eroberung von Valencia und ein glänzender Sieg über die Mauren in Cuarte.

DER KREUZZUGSGEDANKE

König Alfons I. von Aragón (Reg. 1104 bis 1134), der Saragossa sowie Stützpunkte am unteren Ebro einnahm, war stark vom Kreuzzugsgedanken geprägt; er schuf auch den ersten spanischen Ritterorden in Monreal del Campo und folgte damit der vom einflussreichen Kloster Cluny ausgehenden Idee des Heiligen Krieges gegen den Islam. Immer mehr abendländische Ritter, vor allem verarmte französische Adelige, kamen zu Hilfe, besonders nachdem der Papst wegen der schweren militärischen Rückschläge der Christen Anfang des 13. Jahrhunderts zum Kreuzzug nach Spanien rief. 1212 errang das Kreuzritterheer unter Führung der Könige von Aragon und von Kastilien einen überwältigenden Sieg bei Navas de Tolosa, der den Niedergang der arabischen Herrschaft einleitete.

Eines der bekanntesten Ereignisse der Reconquista war die Rückeroberung der Balearen, die eine Schlüsselstellung für den katalanischen Handel einnahmen. Im September 1229 ließ der aragonesische König Jakob I. eine Flotte von 150 Schiffen auslaufen, belagerte Mallorca und griff bis zur Übergabe der Insel am Silvestertag selbst in die Kämpfe ein. Doch erst 1232 gaben die Mauren Menorca auf, 1235 Ibiza.

DER SIEG DER RECONQUISTA

Ferdinand III. von Kastilien eroberte bis 1248 das Gebiet am unteren Guadalquivir. Ab 1292 waren die restlichen arabischen Herrscher Vasallen der Spanier, die bis 1457 alle wichtigen Punkte an der Straße von Gibraltar erobert hatten. Trotzdem dauerte die Einnahme der letzten arabischen Bastion, des Königreichs Granada, noch elf Jahre: Von 1481 bis 1486 fiel der westliche Teil und von 1486 bis 1489 der östliche. Die Araber besaßen nur noch die Stadt und das Gebiet um das Alpujarrasgebirge. Am 2. Januar 1492 zogen die katholischen Könige Isabella von

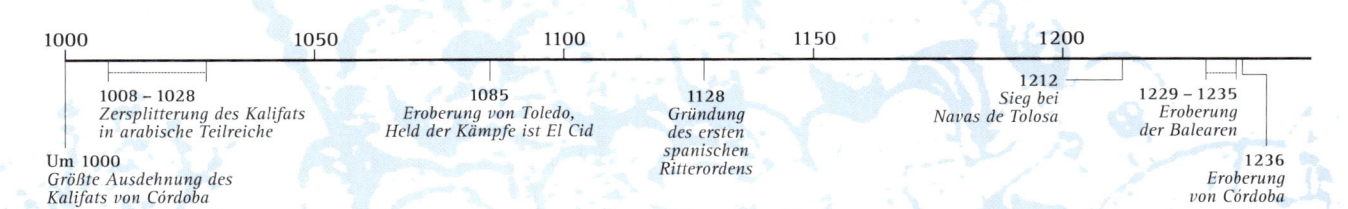

Um 1000
Größte Ausdehnung des Kalifats von Córdoba

1008 – 1028
Zersplitterung des Kalifats in arabische Teilreiche

1085
Eroberung von Toledo, Held der Kämpfe ist El Cid

1128
Gründung des ersten spanischen Ritterordens

1212
Sieg bei Navas de Tolosa

1229 – 1235
Eroberung der Balearen

1236
Eroberung von Córdoba

RECONQUISTA

Spanien, Reconquista

Legende:

- → Kriegszüge der Araber 711–721 n. Chr.
- — Nördlichste Grenze des Omajjaden-Reichs um 720 n. Chr.

Das Wachstum der christlichen Staaten:
- Kgr. León und Kastilien um 910 n. Chr.
- Kgr. Navarra um 910 n. Chr.
- Kgr. León-Kastilien um 1150 n. Chr.
- Kgr. Navarra um 1150 n. Chr.
- Kgr. Aragon um 1150 n. Chr.
- Kgr. Portugal um 1150 n. Chr.
- Kgr. Kastilien um 1250 n. Chr.
- Kgr. Navarra um 1250 n. Chr.
- Kgr. Aragon um 1250 n. Chr.
- Kgr. Portugal um 1250 n. Chr.

- 713 Jahr der arabischen Eroberung
- 1177 Jahr der Reconquista
- — Heutige spanische Grenze

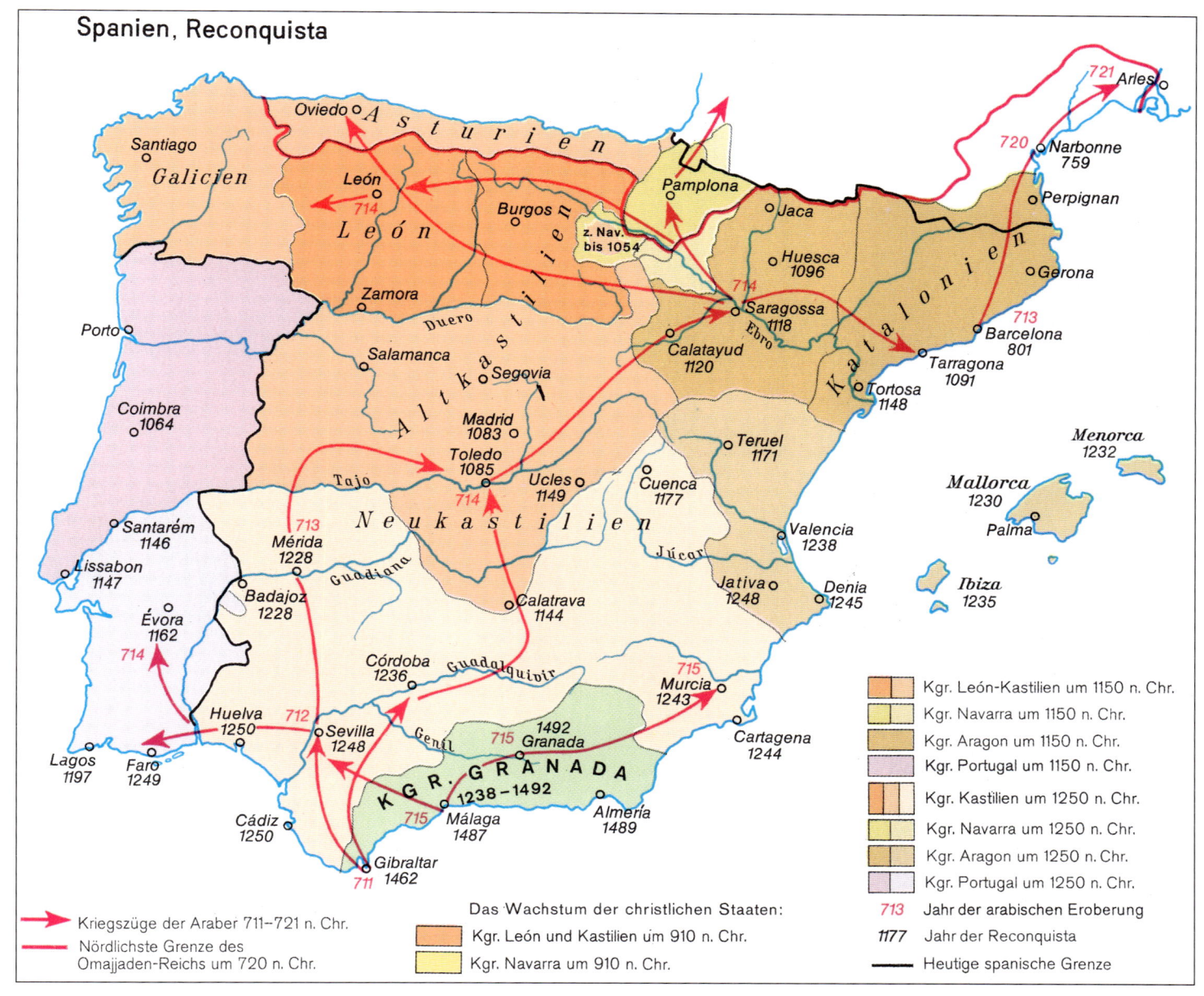

Kastilien und Ferdinand II. von Aragón feierlich in die Alhambra ein – die Reconquista war abgeschlossen.

Der Erfolg der Reconquista brachte den Zusammenbruch einer glänzenden Kultur mit sich, die der christlichen der damaligen Zeit in manchem überlegen war. Die Mauren, die den oftmals grausamen christlichen Eroberern entgingen, flohen nach Nordafrika. Der andalusische Handel kam für lange Zeit zum Erliegen, blühende Städte verödeten. Epidemien machten sich breit, weil man nicht alle Toten beerdigen konnte, Hunger war an der Tagesordnung. Man versuchte, von den nicht geflohenen Mauren und Juden Geld zu erpressen, und trieb sie in Gettos zusammen. Schließlich machte die Erneuerung der Inquisition unter dem Großinquisitor Torquemada (1483–1498) Spanien zu einem Land des fanatischen Katholizismus: Wer sich nicht taufen ließ, wurde vertrieben oder getötet.

Die staatliche Gliederung der Iberischen Halbinsel im Mittelalter

Der Sarkophag des legendären Don Pelayo, dem 722 in der Schlacht von Covadonga/Asturien ein erster Sieg über die Mauren gelang.

1483–1498 Großinquisitor Torquemada

1492 Einzug der Katholischen Könige in der Alhambra: Abschluss der Reconquista

▶ Religionen und Glaubensformen: Zeitalter der Toleranz in Spanien
▶ Kunst und Architektur: Alhambra
▶ Literatur und Musik: Das Lied vom Cid

DIE KREUZZÜGE

*Nach 1095 stand das Abendland zwei Jahrhunderte lang im Zeichen der Kreuzzüge.
Eine kriegerische Massenbewegung, hauptsächlich getragen vom niederen Adel, entstand und ihr Ziel war,
das Heilige Land für die Christenheit zu erobern.*

Auch Richard Löwenherz folgte dem Kreuz.

Mitte des 11. Jahrhunderts wurde das Gleichgewicht der Kräfte im Vorderen Orient gestört: Neben die beiden Großmächte Ägypten und Byzanz, die bisher das friedliche Nebeneinander von Muslimen und Christen und den freien Zugang zu den Pilgerstätten des Heiligen Landes garantiert hatten, trat eine dritte, unruhige Kraft: muslimische Türken, die sich Seldschuken nannten. Sie eroberten Jerusalem und schließlich auch Anatolien, wodurch sie das orthodoxe Kaiserreich Byzanz in arge Bedrängnis brachten. Man bat die christlichen Brüder im Westen um Unterstützung. Aber statt des erwarteten Hilfskorps traf eine ungeordnete Masse »heiliger Krieger« ein, die – letzten Endes – zum Untergang von Byzanz, dem christlichen Bollwerk im Osten, beitrugen.

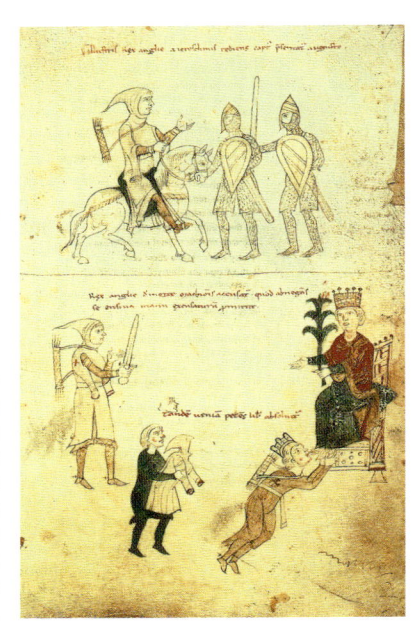

Der Kreuzzugsgedanke beendete die innereuropäischen Konflikte keineswegs: Nach Siegen im Heiligen Land wurde Richard Löwenherz auf der Heimreise in Österreich gefangen genommen.

Papst Urban II. ruft 1095 auf der Synode von Clermont zum Kreuzzug auf.

DIE BEWAFFNETE WALLFAHRT

Der Auslöser für die Massenbewegung war die Rede Papst Urbans II. 1095 auf der Synode von Clermont, in der er zum Kampf gegen die Ungläubigen und die Befreiung des Heiligen Landes aufforderte. Dass seinem Ruf ein derart gewaltiges Echo folgen würde, war damals nicht abzusehen, entsprach aber dem Zeitgeist. Die vom burgundischen Kloster Cluny ausgehende Reformbewegung förderte den religiösen Eifer in allen Schichten. Hier war auch die Idee einer Friedensbewegung entwickelt worden, die die aggressiven Energien der abendländischen Ritterschaft gegen den gemeinsamen Feind – den Islam – lenkte. Auf der Iberischen Halbinsel hatte man bereits Erfolge in der Reconquista, dem Kampf gegen die Mauren, errungen.

Nun wurde das Ziel höher und weiter gesteckt: Jerusalem, das »Zentrum der Welt«, sollte endlich den Christen gehören! Die Teilnahme am Kreuzzug versprach das Seelenheil und über die irdi-

---

1096 – 1099
Erster Kreuzzug unter Führung französischer und flandrischer Adeliger wie Gottfried von Bouillon

1099
Eroberung von Jerusalem, Errichtung des Königreichs Jerusalem

1147 – 1149
Zweiter Kreuzzug nach Aufruf des hl. Bernhard von Clairvaux, scheitert unter der Führung des französischen Königs Ludwig VII. und des Staufers Konrad III.

1187
Sultan Saladin erobert Jerusalem

1189 – 1192
Dritter Kreuzzug, initiiert von Friedrich Barbarossa, der auf dem Weg im anatolischen Fluss Saleph ertrinkt. Die Könige von England und Frankreich, Richard Löwenherz und Philipp II. August, nehmen Akkon ein und schließen Frieden mit Saladin, der freien Zugang zu den Pilgerstätten garantiert.

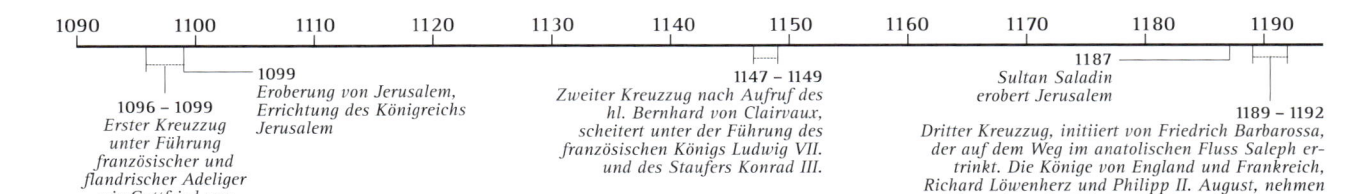

KREUZZÜGE

te, schlugen bereits im Rheinland erbarmungslos zu: Ihr Hass galt den dort ansässigen Juden, die sie ermordeten und vertrieben. Sie selbst wurden in Osteuropa aufgerieben.

Doch das Haupttheer eroberte im Juli 1099 Jerusalem. Dabei ging der Triumph des Kreuzes mit einem Massaker unter der Bevölkerung einher, das seinesgleichen suchte. Schließlich besetzten die Kreuzfahrer Palästina und Syrien und gründeten das Königreich Jerusalem, dem kleinere christliche Lehnsstaaten wie Antiochia, Edessa und Tripolis angeschlossen waren. Zum Schutz der Pilger und zur Landesverteidigung bildeten sich die geistlichen Ritterorden der Templer und Johanniter sowie der Deutsche Orden.

Französische Kreuzritter des 13. Jahrhunderts in einer zeitgenössischen französischen Handschrift

DAS SCHEITERN EINER IDEE

Ständig muslimischen Angriffen ausgesetzt, brauchte der Außenposten des Abendlandes immer neue Zufuhr von Menschen. Dem Ersten Kreuzzug folgten weitere, das Kriegsglück wechselte. Auf Dauer konnten sich die christlichen Enklaven in der muslimischen Welt nicht halten. 1291 fiel Akkon, die letzte Bastion.

schen Güter der Kreuzfahrer wachte während ihrer Abwesenheit die Kirche. Man hatte also nichts zu verlieren – nur das Leben. Und das ließen Unzählige in den Kämpfen im Heiligen Land, aber auch auf dem gefährlichen und beschwerlichen Weg.

JERUSALEM UNTER DER HERRSCHAFT DES KREUZES

Dem Aufruf zum Kreuzzug folgten Ritterheere, aber auch Bauernhaufen und Scharen von Armen. Nach mehreren Missernten war man vor allem in Frankreich und Flandern bereit, das Kreuz zu nehmen. Unter dem Motto »Gott will es!« suchte man sein Glück im reichen Orient. Die Massen französischer Habenichtse, die der asketische Eiferer Peter von Amiens hinter sich sammel-

Ausschlaggebend für das Scheitern war nicht zuletzt die mangelnde Geschlossenheit des Abendlandes. Als nach dem unrühmlichen Verlauf des Zweiten Kreuzzugs die Begeisterung verpuffte, zählte nur mehr das eigene Interesse. So nutzte etwa Venedig, das am Schiffstransport von Kreuzfahrern und Pilgern im Übrigen gut verdiente, den Aufbruch zum Vierten Kreuzzug (1202 – 1204), um einen unliebsamen Konkurrenten zu schädigen: Man brachte das Kreuzzugsheer nur bis Konstantinopel, das geplündert und verwüstet wurde. Die Hauptstadt des Byzantinischen Reiches sollte sich davon nie wieder erholen – und Venedig übernahm dessen Vormachtstellung im östlichen Mittelmeer.

Im Lauf der Epoche kam es auch in Europa zu so genannten Kreuzzügen, die sich gegen Nichtchristen und Ketzer richteten, etwa gegen die Wenden im Nordosten (1147), die Albigenser in Südfrankreich (1209 – 1229) und die Stedinger Bauern an der Unterweser (1233/34).

Die Kreuzritterburg Krak des Chevaliers, ab 1142 von den Johannitern in Syrien errichtet

Sturm der Kreuzritter auf Jerusalem im Jahre 1099; Miniatur einer französischen Handschrift des 14. Jahrhunderts

---

1200 — 1210 — 1220 — 1230 — 1240 — 1250 — 1260 — 1270 — 1280 — 1290 — 1300

1202 – 1204
Vierter Kreuzzug, von Venedig nach Konstantinopel gelenkt, das zerstört wird

1248 – 1254
Sechster Kreuzzug König Ludwigs IX. von Frankreich mit Ziel Ägypten scheitert, ebenso dessen Siebter Kreuzzug nach Tunis (1270)

1291
Fall von Akkon, der letzten christlichen Bastion im Heiligen Land.

▶ Religionen und Glaubensformen: Jerusalem
▶ Religionen und Glaubensformen: Die Kreuzzüge
▶ Menschen und Ideen: Friedrich Barbarossa
▶ Menschen und Ideen: Saladin

Schutz und Trutz im europäischen Mittelalter

Noch heute legen europäische Landschaften wie Kastilien, das österreichische Burgenland oder der Rheingau Zeugnis ab von der Burg als einem kulturhistorischen Phänomen, das wie kein anderes das abendländische Mittelalter repräsentiert. Für die Zeitgenossen war die Burg vor allem sichtbarer Ausdruck von Herrschaft. Von hier aus wurde das Land regiert und Recht gesprochen. Die Burg – in den alten Quellen »arx«, »castrum« oder »burgus« genannt – bot aber auch Schutz vor Feinden. So ist die erste Welle von Burgbauten auch als Reaktion auf die Bedrohung des Abendlandes durch Ungarn, Sarazenen und Normannen zu sehen. Geschickt nutzte der deutsche König Heinrich I. einen Waffenstillstand mit den Ungarn zu einer gezielten Burgenpolitik. Teilweise wurden auch antike Bauwerke genutzt, etwa die römische Engelsburg am Tiber, die ursprünglich ein Mausoleum war und nach Umbauten den mittelalterlichen Päpsten immer wieder als Schutz- und Fliehburg diente.

Steinernes Statussymbol
Die Hierarchie der feudalen Welt spiegelt sich im Burgenbau wider. Seit dem 11. Jahrhundert wurden großräumige Pfalzen und Kirchenburgen ebenso wie die Burgen von Landesherren in Steinbauweise ausgeführt, während der einfache Landadel nur bescheidene Wohntürme und »feste Häuser« aus Bruchstein und Holz besaß. Typisch für die Adelsburg als multifunktionalem Bau ist die Höhenburg: Graben, Ringmauer und ein starker Turm, Bergfried genannt, weisen sie als Wehrbau aus; der Wohnbereich besteht aus dem so genannten Palas mit großen Saal und kleinen Wohngemächern, die Gaden oder Kemenaten heißen. Zur Burg gehörten auch eine Kapelle sowie Wirtschaftsgebäude, die sich auf Vorburgen ausdehnen konnten.

Seine Blütezeit erreichte der abendländische Burgenbau im 12. und 13. Jahrhundert, gefolgt von einer Periode des Burgensterbens, die zudem vom Übergang zu Schloss und Festung gekennzeichnet war.

Berittener Krieger des 11. Jahrhunderts in einer zeitgenössischen Darstellung; Detail aus dem Teppich von Bayeux

Berittene Krieger
Seit der Zeit Karls des Großen war der berittene Krieger Herr und Diener zugleich. Als Vasall hatte er Landgüter zu Lehen, die von seinen Bauern bewirtschaftet wurden. Hoch zu Ross erscheint der ideale Ritter mit Panzer, Helm und Schild zu seinem Schutz, und mit Schwert und Lanze als den klassischen Trutzwaffen. Trug

Meist gelang die Erstürmung einer befestigten Stadt oder einer Burg erst nach langer Belagerung.

Burg Eltz an der Mosel gehört zu den am besten erhaltenen mittelalterlichen Burganlagen Deutschlands.

seit dem frühen Mittelalter die Verwendung tiefer Sättel zu einer sicheren Haltung und damit verbesserten Kampftechnik des Reiterkriegers bei, so machte die Tendenz zu schweren Plattenpanzern und Topfhelmen den Ritter nahezu unkenntlich. Deshalb entstand das Wappen, mit dem man ein spezielles Symbol »im Schilde führte«. Zur kleinsten militärischen Einheit, der *Gleve*, gehörte ein Knappe oder Knecht, der dem Kämpfer beim Anlegen der Montur half, das Streitross, das nur in der Schlacht geritten wurde, und der so genannte Klepper, der Rüstung und Waffen zu tragen hatte. Bevor im Laufe des 14. Jahrhunderts Geschütze und Feuerwaffen zum Einsatz kamen, dominierte das gepanzerte Ritterheer die Kriegsführung.

Turnier und Minnegesang

Zu den großen kulturellen Leistungen des hohen Mittelalters gehört die Herausbildung einer höfisch-ritterlichen Lebensweise, zu der ein gesittetes, gesellschaftsfähiges Benehmen gehörte. Zu Zentren einer verfeinerten adeligen Lebensform wurden die Höfe der Könige und Fürsten, die ein gesteigertes Repräsentationsbedürfnis zur Schau trugen, das sich in einer ausgeprägten Festkultur äußerte. Standesgemäße Existenz drückte sich aus in prächtiger Kleidung, in Bildung, im Frauendienst der »höfischen Liebe«, die durchaus auch erotische Tendenzen aufwies, man vergnügte sich bei Brettspielen wie Trick-Track und Schach oder auf der Jagd.

Höhepunkte des Jahres waren die Turniere, die als formalisierte Kampfspiele Aggression kanalisieren sowie Tugenden wie Ehre und Tapferkeit fördern sollten. Diese moralischen Grundmuster wurden ergänzt durch die Ideale des *miles christianus*, des »christlichen Ritters«, und fanden Eingang in den Minnegesang und epische Dichtungen wie den »Parzival« des Wolfram von Eschenbach. Sie waren Ausdruck der ersten christlichen Laienkultur des Abendlandes.

Wehrhafte Städte

Da die mittelalterlichen Städte ihre Privilegien, ihren Wohlstand und das Leben ihrer Einwohner selbst verteidigen mussten, gehörte der Bau von schützenden Stadtmauern zu den bedeutendsten kommunalen Aufgaben. So leistete sich das reiche Köln schon im 12. Jahrhundert eine 4,6 Kilometer lange Stadtmauer mit 50 Türmen, 12 Toren und 22 Pforten. Und in Nürnberg ordnete der Rat im beginnenden 15. Jahrhundert, als der Einfall der Hussitenheere drohte, für alle Bewohner der Stadt auf zehn Jahre einen jährlichen Schanztag an, an dem an der Befestigung selbst Hand angelegt wurde. Das Resultat war eine gigantische Wehranlage mit zwei Mauerringen, zwischen denen ein breiter Zwinger (Umgang) lag, mit mehr als 120 Türmen und mehreren befestigten Stadttoren mit Vorwerken.

Wachdienst und Teilnahme am Kriegsaufgebot gehörten ebenfalls zu den Pflichten des Bürgers. Schon im 14. Jahrhundert übten Schützengilden mit der Armbrust, deren Geschosse mühelos einen Harnisch durchdrangen. Erfolgreich setzten sich 1302 in der Goldsporenschlacht von Kortrijk die flandrischen Städte gegen ihre französische Besatzer zur Wehr – erstmals musste sich ein Ritterheer einem Bürgerheer geschlagen geben. Kriegerisch gebärdete sich auch die Hanse: Im 14. Jahrhundert führte der norddeutsche Städtebund Krieg gegen Dänemark und erreichte sogar ein Zustimmungsrecht bei der dänischen Königswahl.

######### **Vom Steigbügel zur Feuerwaffe** #########

8. Jahrhundert:	Einführung des Steigbügels
9. Jahrhundert:	Beginn des europäischen Burgenbaus
12. Jahrhundert:	Stadtbefestigung von Köln misst 4,6 Kilometer
12./13. Jahrhundert:	Höhepunkt der ritterlich-höfischen Kultur, Blütezeit des Burgenbaus
14. Jahrhundert:	Einsatz von Geschützen und Feuerwaffen

MILITÄRISCHER AUFSTIEG UND NIEDERGANG DES DEUTSCHEN ORDENS

Der Deutsche Orden, 1190 auf dem Dritten Kreuzzug als Hospitals- und Ritterorden im Heiligen Land gegründet, verbreitete sich schnell im Orient und im Abendland. Doch verlieh ihm erst sein Wirken im Land der Pruzzen seine historische Bedeutung als Stifter des Staates Preußen.

Der Deutschordensstaat

Dass sich aus den Ordensbesitzungen im Ostseeraum eine Staatsmacht entwickeln konnte, war nur unter den speziellen Bedingungen des hohen Mittelalters möglich. Darin mischten sich christlicher Missionsgedanke, ritterlicher Ehrenkodex und der asketische Geist des Mönchtums mit dem mittelalterlichen Gesetz der Einheit von Kirche und Staat.

Im Unterschied zu den Mönchsorden hatten die Ritterorden den kirchlichen Auftrag, die Glaubensfeinde mit der Waffe zu bekämpfen. Geld und Mannschaft waren dazu nötig und nur durch militärische Eroberungen zu beschaffen. Die Ritter der Ordensgemeinschaft waren wie die Mönche strengen Ordensregeln unterworfen. Allerdings erforderte der militärische Charakter einige Abweichungen. So lebten die Ordensritter, bedingt durch ihre Mission, meist in Burgen, nicht in Klöstern.

Missionieren hieß erobern. Die gewonnenen Länder wurden dem Papst unterstellt und in seinem Auftrag mit kirchlichen Niederlassungen (Kommenden) überzogen; diese wiederum wurden zu größeren Provinzen (Balleien) zusammengefasst, die einem Deutsch- oder Landmeister unterstanden. An der Spitze des Gesamtordens stand der Hochmeister.

Hermann von Salza war von 1209 bis 1239 Hochmeister des Deutschen Ordens und einer seiner erfolgreichsten Kriegsherren.

DER DEUTSCHORDENSSTAAT

Einer der wichtigsten Hochmeister war Hermann von Salza (1209–1239). Zuerst kam er nur zögerlich und auf Drängen von Kaiser und Papst den wiederholten Bitten des polnischen Piastenherzogs Kon-

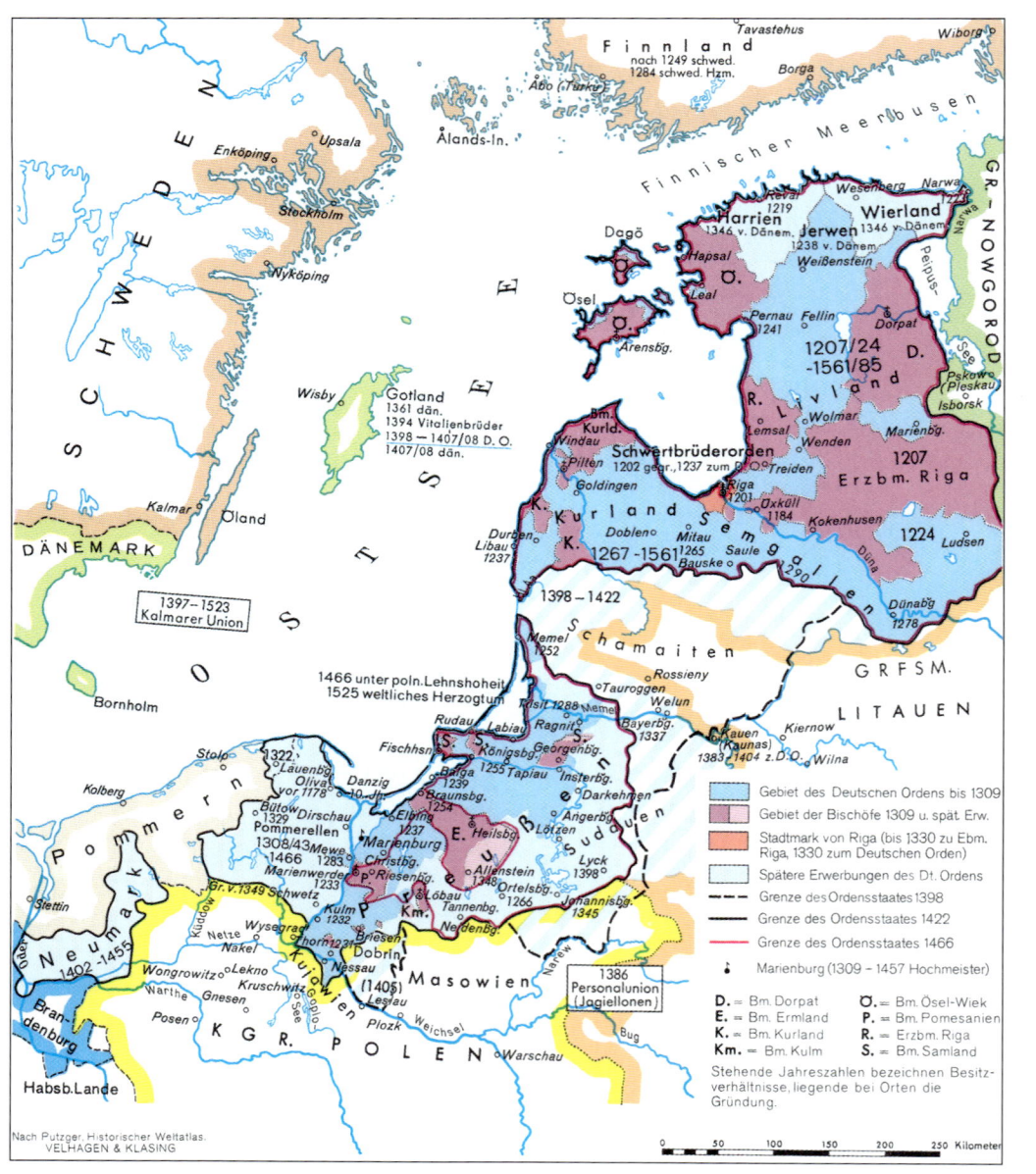

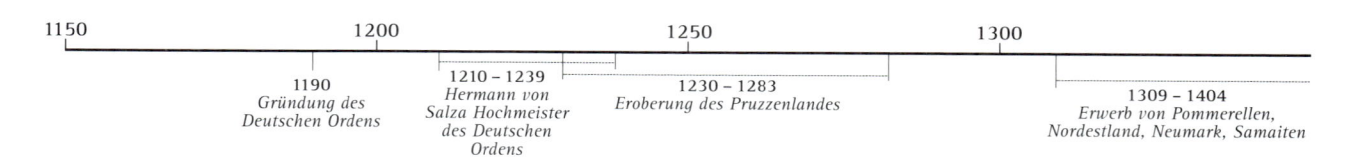

1150 — 1200 — 1250 — 1300

1190 Gründung des Deutschen Ordens

1210–1239 Hermann von Salza Hochmeister des Deutschen Ordens

1230–1283 Eroberung des Pruzzenlandes

1309–1404 Erwerb von Pommerellen, Nordestland, Neumark, Samaiten

Deutscher Orden

rad von Masowien nach, der militärischen Beistand gegen die baltischen Pruzzen östlich der Weichsel brauchte. Der Herzog hatte in einem Kreuzzug gegen das heidnische Volk das Culmer Land eingebüßt, das er jetzt dem Deutschen Orden zur Rückeroberung anbot.

Unterdessen hatte etwas weiter nordöstlich ein anderer deutscher Ritterorden, der Schwertbrüderorden, Livland und Kurland unterworfen. Das gemeinsame Anliegen beider Orden im Baltikum legte auch ein gemeinsames Vorgehen nahe; 1237 bestimmte der Papst die Eingliederung der Schwertbrüder in den Deutschen Orden. 1231 und 1233 zogen die Ordensbrüder gegen die Pruzzen. Bis 1283 eroberten und christianisierten sie ein Gebiet von der Weichsel bis zum Finnischen Meerbusen; bis 1404 erreichte der Ordensstaat seine größte Ausdehnung. Durch die päpstliche Goldbulle von Rimini war das Gebiet bereits 1226, in Erwartung der Eroberung, der Oberhoheit des Hochmeisters übertragen worden; es war damit Besitz des Ordens, gehörte gleichzeitig dem deutschen Reich an, ohne jedoch dem Kaiser lehnspflichtig zu sein. Das Schalten und Walten oblag hier der Ordensleitung, und so verlegte 1309 der Hochmeister seinen Sitz auf die Marienburg im neuen Ordensland.

Der Ausbau des Territoriums zu einem unabhängigen Staatsapparat während des 14. Jahrhunderts blieb ein Sonderfall in der Geschichte. Das geschah vor allem durch die planvolle Ansiedlung von Deutschen, die mit den bekehrten Pruzzen zu Preußen wurden.

Die Ordensgegner

Der Staat erreichte in der zweiten Hälfte des 14. Jahrhunderts seine Blüte. Seine Städte Danzig, Kulm, Thorn, Elbing, Braunsberg und Königsberg gehörten der Hanse an. Man trieb Handel mit Getreide, Holz und Bernstein.

Der Umschwung in der Ordensgeschichte setzte mit den Kreuzzügen gegen Litauen ein. Als Polen und Litauen 1386 durch dynastische Heirat in Personalunion miteinander verbunden wurden, konnte das Ordensheer gegen die militärische Übermacht nichts mehr ausrichten. Die entscheidende Niederlage gegen die Union geschah 1410 in der Schlacht bei Tannenberg. Zahlungsforderungen bei Friedensschluss schwächten den Orden wirtschaftlich, aber vor allem erlebte er eine innere Krise: Durch den Unionsschluss war Litauen von Polen christianisiert worden, was den Deutschherren mit all ihren Feldzügen nicht gelungen war.

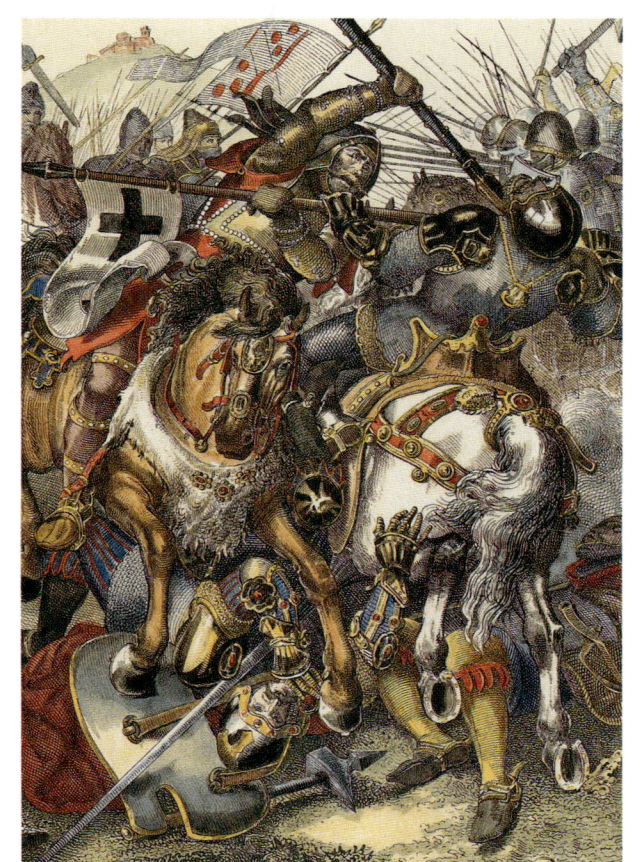

Der Sieg des polnischen Königs Jagiello in der Schlacht bei Tannenberg 1410 besiegelte den Untergang des Ordensstaates.

Damit verlor der Orden mit einem Schlag seine vorrangige Legitimation. Zudem forderten Städte und Adel, die sich 1440 zum Preußischen Bund zusammenschlossen, mehr politische Mitbestimmung im Ordensland. Als sich der Orden verweigerte, kam es zur Allianz zwischen dem Preußischen Bund und Polen.

Nach 13 Jahren Krieg verlor der Orden seine westlichsten Landesteile, das preußische Land sowie Livland an Polen, Estland fiel an Schweden. Unter dem Einfluss der lutherischen Lehre wandelte der Fürst und Hochmeister Albrecht von Brandenburg-Ansbach 1525 das preußische Ordensland in ein erbliches Herzogtum, aus dem das spätere Königreich Preußen erwuchs.

In den Schlachten der Ritterorden wurde viel Blut vergossen, um den kirchlichen Missionsauftrag zu erfüllen.

Die Marienburg, seit 1309 Sitz des Hochmeisters, kam nach dem Niedergang des Ordens in polnischen Besitz.

1350 — 1400 — 1450 — 1500 — 1550

- 1410 Niederlage bei Tannenberg
- 1440 Preußischer Bund
- 1454–1466 Dreizehnjähriger Krieg
- 1466 Verlust des preußischen Ordenslandes an Polen
- 1525 Preußisches Ordensland wird erbliches Herzogtum

MONGOLISCHE EROBERUNGEN

DIE MONGOLISCHEN EROBERUNGEN
DAS GRÖSSTE LANDREICH DER GESCHICHTE ENTSTEHT

Unter Tschingis Chan machten sich die ostasiatischen Steppenvölker zu Beginn des 13. Jahrhunderts auf, um ein Weltreich zu erobern. Im Sturm nahmen sie weite Teile Asiens, drangen in Russland ein, bedrohten Mitteleuropa. Doch als das riesige Reich geteilt wurde, brach die mongolische Weltmacht bald zusammen.

Kublai Chan, in Hermelin gekleidet, auf einer Jagdpartie. Von 1260 bis 1294 herrschte er als erster Mongolenkaiser über China.

Die verwegenen Reiterstämme schienen aus dem Nichts zu kommen, blitzschnell und rücksichtslos griffen sie zu, eroberten Metropolen wie Peking, Bagdad oder Samarkand, überrollten China, rissen ein Reich an sich, dessen Ausdehnung zu Lande vorher und nachher nie wieder übertroffen wurde. In erster Linie war dieser unglaubliche Erfolg einem einzigen Mann zu verdanken: Temudschin, der 1206 von allen mongolischen, türkischen und tatarischen Steppenvölkern Asiens zum »höchsten Herrscher« ausgerufen wurde und fortan den Namen Tschingis Chan (1155/1167 – 1227) trug.

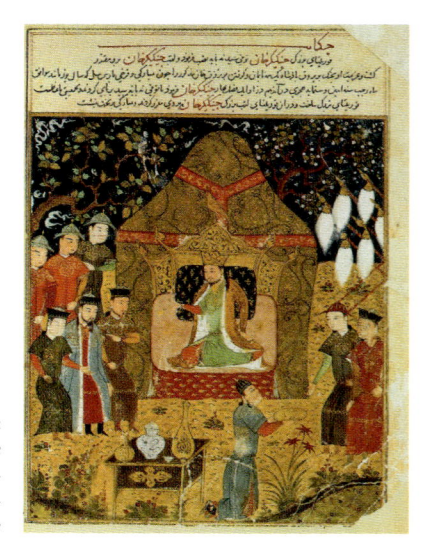

Tschingis Chan (Reg. 1206 bis 1227), der Begründer des mongolischen Großreichs

TSCHINGIS CHAN

Mit politischem Geschick gelang es ihm, die gesamte Streitkraft der früher teilweise verfeindeten Stämme zu vereinen. Das riesige Heer wurde in 130 Tausendschaften eingeteilt, die jeweils einem Führer unterstanden, der wiederum dem Großchan Gehorsam schuldete. Mit dieser Streitmacht brach Tschingis Chan auf, um die Welt in die Knie zu zwingen und reiche Beute zu machen. Bald waren die flinken, zähen Reiter, die durch das harte Leben in der Steppe an Entbehrungen gewohnt waren und sogar im Galopp mit dem Bogen schießen konnten, allerorten gefürchtet.

Neben dem schnellen Überraschungsangriff war die Mobilität ihre Stärke: Bis zu 100 Kilometer pro Tag legten die Heere zurück. Dazu kam das militärische Genie ihres Führers, der Taktik und Führungsstärke mit Agressivität und Brutalität verband, vor keiner List zurückschreckte, glanzvolle Städte ohne Zögern dem Erdboden gleich machte, sich aber auch mit hoher Intelligenz die Militärtechniken des Gegners zu eigen machte. Allerdings ließen die Mongolen, wenn sie einmal gesiegt hatten, auch Toleranz

1206 – 1227
Eroberungen Tschingis Chans von Nordchina bis zum Schwarzen Meer

1241
Sieg bei Liegnitz über deutsch-polnisches Ritterheer; Teilung des Mongolenreiches in Chanate

ab 1251
Herrschaft der Goldenen Horde in Russland

1260
Kublai Chan erobert Südchina und regiert in Peking; Mongolensiege im Vorderen Orient, aber Niederlage gegen Mameluken

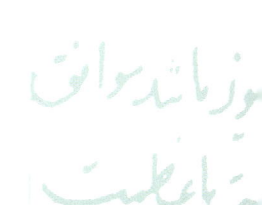

Mongolische Eroberungen

Reiche und Feldzüge der Mongolen im Hoch- und Spätmittelalter

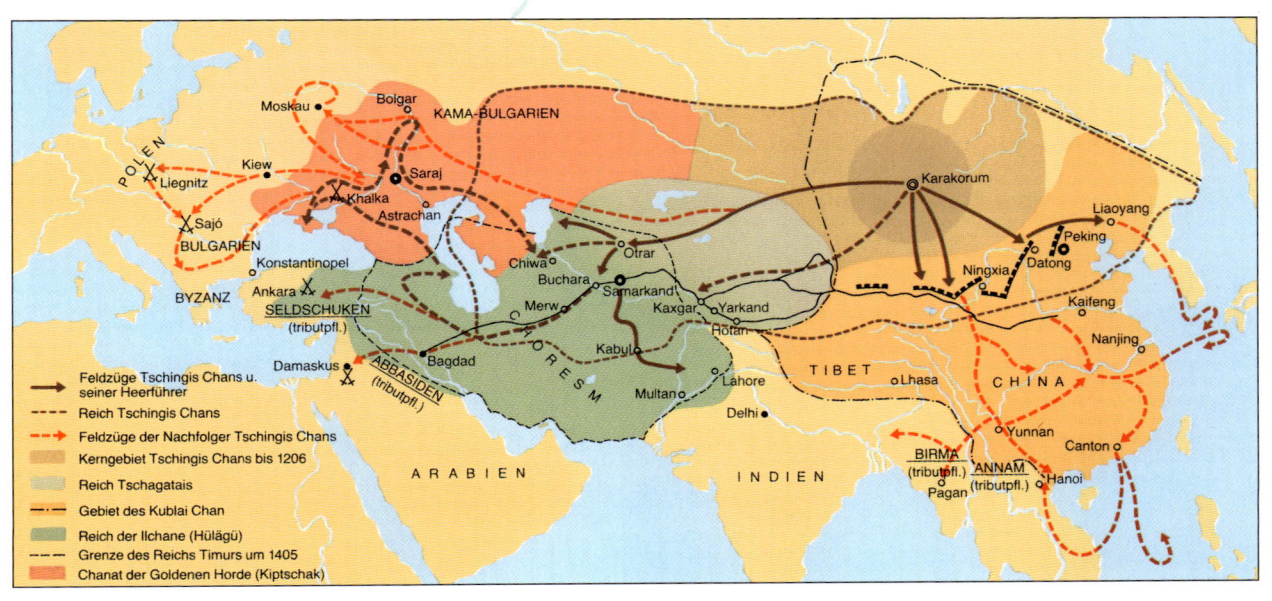

walten: Unter ihrer Herrschaft gab es keine bevorzugte Religion und der Fernhandel zwischen Europa und Asien unterlag nur geringen Einschränkungen.

Das mongolische Weltreich

Kaum jemand wagte es, den Reiterhorden entgegen zu treten. Zuerst wurden die Uiguren, ein innerasiatischer türkischer Volksstamm, unterworfen, dann Nordchina und Peking, dann ging es nach Westen. Tschingis Chans Heere blieben unerbittlich, der Triumphzug führte bis ans Kaspische Meer und tief in die russischen Steppen hinein. Doch 1227 starb der große Chan, einer seiner Söhne, Ögödei, übernahm die Oberherrschaft.

Die Mongolen zogen weiter, unter Ögödei und dessen Nachfolgern in den Teilreichen fiel ganz China in ihre Hände. Persien, Korea, Turkestan und das riesige russische Reich waren innerhalb kürzester Zeit eingenommen, schreckliche Verwüstungen richteten sie in Armenien und vor allem Georgien an. 1238 fiel Moskau, 1240 Kiew. Bald waren Polen und Bulgarien erobert, schließlich Ungarn. 1241 versuchte ein deutsch-polnisches Ritterheer, den Mongolensturm beim schlesischen Liegnitz zu stoppen. Das misslang ebenso wie die Gegenwehr des ungarischen Königs in der Schlacht am Sajo. Dass Mitteleuropa die asiatische Fremdherrschaft erspart blieb, war Zufall: Der Großchan starb im selben Jahr, worauf sich die Mongolen zurückzogen.

Der Niedergang der Mongolenherrschaft

Die entscheidende Wende trat ein, als nach Ögödeis Tod das Weltreich innerhalb der Familie aufgeteilt wurde. Neben dem Großchanat, dessen Hauptsitz die mongolische Stadt Karakorum war, bildeten sich weitere Chanate, also Fürstentümer. Länger als die anderen Chanate, nämlich bis ins letzte Drittel des 15. Jahrhunderts, konnte die Goldene Horde ihre Herrschaft über Russland halten – keine glänzende Epoche für Russland, das von den Mongolen ausgebeutet und dem kulturellen Verfall preisgegeben wurde.

Ein bedeutender Mongolenführer der Epoche war Kublai Chan, der zwischen 1260 und 1294 als Großchan regierte. Sein Gebiet umfasste das mongolische Kernland bis Südchina. 1264 verlegte er seine Residenz nach Peking – an seinem Hof war der Weltreisende Marco Polo zu Gast – und begründete die Yüan-Dynastie, die China bis 1368 regierte.

Auch im Vorderen Orient setzten sich die Mongolen weiter durch: 1258 bezwangen sie das islamische Kalifat der Abbasiden und zerstörten die Großstadt Bagdad, die wohl berühmteste Metropole der Zeit. Doch in Ägypten herrschten die Mameluken, ursprünglich Söldner aus der Schwarzmeerregion. Sie bereiteten den Mongolen 1260 ihre erste wirklich schmerzhafte Niederlage.

Es sollen Neid, Missgunst und Familienfehden gewesen sein, die letztendlich zum Untergang des Weltreiches geführt haben. Tatsächlich spalteten sich die Chanate immer mehr auf. Dazu kam ein gewisser Assimilierungsprozess: Da sich die Kultur der eroberten Völker, etwa in China oder im islamischen Persien, häufig als stärker erwies, passten sich die Mongolen an und verloren ihre eigenen Wurzeln.

Schlacht bei Liegnitz: Erfolglos stellte sich 1241 in Schlesien ein deutsch-polnisches Ritterheer den Mongolen entgegen.

Bagdad, die glänzende arabische Metropole, wurde 1258 von den Mongolen erobert und zerstört.

1336–1405 Zweites Mongolenreich von Samarkand unter Timur Lenk/Tamerlan

▶ Völker, Staaten und Kulturen: Die Mongolen
▶ Menschen und Ideen: Tschingis Chan
▶ Menschen und Ideen: Timur

UNABHÄNGIGKEITSKAMPF UND EXPANSIONSKRIEGE DER SCHWEIZ

Zur Verteidigung ihrer Freiheiten gegen die Habsburger schlossen sich nach 1291 in mehreren Bündnissen Schweizer Eidgenossen zusammen, die nach kriegerischer Expansion Ende des 15. Jahrhunderts an der Schwelle zur europäischen Großmacht standen, diese Position aber rasch wieder verloren.

Ob »Rütlischwur« und Wilhelm Tell Gründungsmythos oder historische Realität sind, ist kaum zu entscheiden. Eine Urkunde des Jahres 1291 belegt aber den Bund der drei Waldstätte Uri, Schwyz und Unterwalden zum Schutz ihrer vom Kaiser gewährten Privilegien gegen das Haus Habsburg. In der Schlacht bei Morgarten 1315 gegen Herzog Leopold von Österreich bestand der Bund eine erste Bewährungsprobe und wurde in einer Form erneuert, die ihn nach außen hin als politisches Ganzes erscheinen ließ; 1332 schloss sich auch Luzern an.

ANNÄHERUNG DER DREI BÜNDE

Obwohl sich die Stadt Zürich bereits 1291 auf drei Jahre mit den Waldstätten verbündete, schuf sie ein eigenständiges System von Städteabkommen gegen den Adel der Umgebung, was sie aber nicht hinderte, noch bei Morgarten Truppen auf habsburgischer Seite zu entsenden. Erst der »Ewige Bund« mit den Waldstätten und Luzern im Jahre 1351 brachte die Wendung Zürichs gegen Habsburg. Ein drittes Bündnis bildete sich schließlich um das territorial rasch expandierende Bern.

Im 14. Jahrhundert näherten sich die drei Bünde einander an: Truppen aus den Waldstätten halfen Bern 1339 in der Schlacht bei Laupen, als die Expansion der Stadt den Krieg mit dem Adel der Region unausweichlich machte. Nach Zürich trat nun auch Bern 1353 in ein »immerwährendes Bündnis« zur gegenseitigen Absicherung.

Vor allem die Spannungen mit dem ansässigen Adel einten die Verbündeten, die 1386 bei Sempach und 1388 bei Näfels gegen Österreich siegten. Schriftlich fixiert wurde das Gebilde aus nunmehr acht

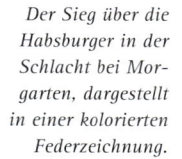

Der Sieg über die Habsburger in der Schlacht bei Morgarten, dargestellt in einer kolorierten Federzeichnung.

1476 konnten die Eidgenossen das von Burgund besetzte Schloss Grandson am Südwestufer des Neuenburger Sees zurückerobern.

1250 — 1300 — 1350 — 1400

1291 Bündnis zwischen Uri, Schwyz, Unterwalden

1315 Schlacht bei Morgarten, Sieg über Herzog Leopold von Österreich

1386 Schlacht bei Sempach

1393 Sempacherbrief

UNABHÄNGIGKEITSKAMPF DER SCHWEIZ

Orten (die drei Waldstätte, Zürich, Bern, Luzern, Glarus und Zug) durch den Sempacherbrief vom 10. Juli 1393, der nach dem Pfaffenbrief von 1370 neben der inneren Befriedung der beteiligten Orte auch eine Kriegsordnung zur Territorialsicherung nach außen festhielt.

AUFSTIEG ZU EUROPÄISCHER GRÖSSE

Im 15. Jahrhundert wich die vorwiegend defensive Orientierung der eidgenössischen Bünde aus quasi-souveränen Republiken einer expansiven Politik, die auch innere Konflikte mit sich brachte. Zwar verfestigten direkte Verträge Berns mit Luzern (1421) und Zürich (1423) den Zusammenschluss. Aber auch Gegensätze wurden sichtbar, wie der Krieg Berns mit den Waldstätten oder der erste Zürichkrieg der Stadt Zürich gegen Schwyz und Glarus zeigen, die sich jeweils an individuellen Versuchen der Machtausweitung entzündeten.

Der Klärung der inneren Verhältnisse folgte die Konzentration auf die räumliche Vergrößerung: 1452 gewann man das Land Appenzell von der Abtei St. Gallen, 1460 folgte die Eroberung des Thurgau. Aufs Neue wurden äußere Feinde wichtig, etwa im berühmten Konflikt mit Karl dem Kühnen, Herzog von Burgund. Der Auslöser waren Streitigkeiten der Stadt Mühlhausen mit Karls Vogt Peter von Hagenbach, die schließlich in dessen Hinrichtung im Jahre 1474 gipfelten. Unter der Führung bernischer Kontingente besiegten die Eidgenossen überraschend den berühmten Herzog in mehreren Schlachten (1476 Grandson und Murten, 1477 bei Nancy, wo Karl der Kühne fiel) und etablierten sich damit endgültig als politische und militärische Größe auf europäischer Ebene.

GROSSMACHTPOLITIK UND FALL

Schweizer Söldner erwarben sich in den europäischen Heeren einen hervorragenden Ruf, seit sie 1494 auf französischer Seite um die Vorherrschaft in Italien kämpften. Aber man engagierte sich auch in eigener Sache, so in den Auseinandersetzungen mit dem Reich, die im Schwabenkrieg des Jahres 1499 gipfelten. Danach blieb die Eidgenossenschaft formell noch Glied des Reichs, allerdings mit Freiheiten versehen, die einer faktischen Herauslösung gleichkamen. Das Jahr 1510 sah den Bruch mit Frankreich und die Hinwendung zur Heiligen Liga. Höhepunkt dieses Engagements wurde das Protektorat über das Herzogtum Mailand (Sieg bei Novara 1513), Zeichen der größten machtpolitischen Ausdehnung.

Die Wende brachte aber bereits 1515 die verheerende Niederlage bei Marignano, die zusammen mit weiteren Niederlagen (Bicocca 1522, Pavia 1525) – nunmehr wieder auf französischer Seite – zu einer Rücknahme der außenpolitischen Ambitionen führte, zumal die innere konfessionelle Spaltung die Kräfte der Eidgenossen zusätzlich band. Eine letzte territoriale Erweiterung gelang Bern, das im Jahre 1536 noch das Waadtland eroberte. Wenn in Zukunft schweizerische Söldner in den Kriegen Europas kämpften, taten sie dies meist in fremdem Dienste, wie etwa der Solddienstvertrag der katholischen Orte mit Spanien im Jahre 1587 zeigt.

Ein wertvolles Dokument zur Geschichte der Eidgenossenschaft: der Schweizer Bundesbrief von 1291

In der Schlacht bei Murten besiegten die Schweizer 1476 Herzog Karl den Kühnen von Burgund.

Im erbittert geführten Schwabenkrieg von 1498/99 ging es den Eidgenossen auch um die Abgrenzung gegen ihre schwäbischen Nachbarn, von denen sie respektlos Kuhschweizer genannt wurden. So enthielt der Friedensschluss dann auch ein Verbot gegenseitiger Schmähungen.

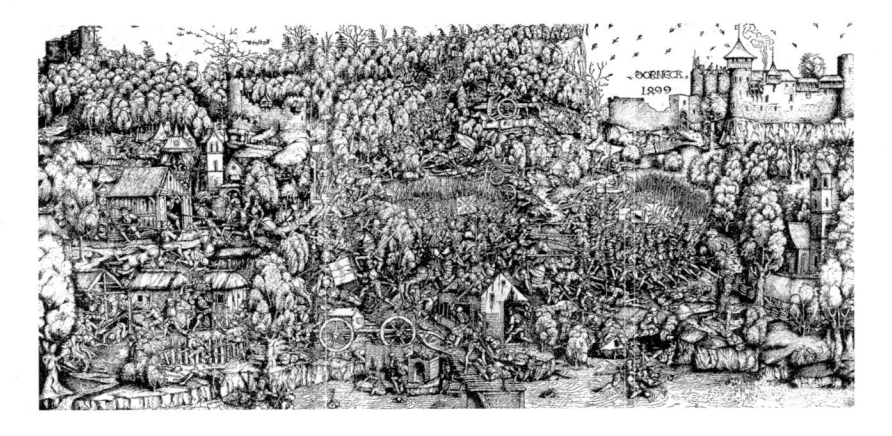

1450	1500	1550	1600

1477 Sieg gegen Burgund bei Nancy, Karl der Kühne fällt

1515 Niederlage von Marignano

1536 Bern und Freiburg erobern Waadtland von Savoyen

1587 Allianz- und Solddienstvertrag der katholischen Orte mit Spanien

Schottlands Kampf um die Unabhängigkeit

Der Konflikt mit England dominierte die schottische Geschichte Jahrhunderte lang. Immer wieder mussten sich die Schotten gegen die Vereinnahmung durch den übermächtigen Nachbarn wehren. Doch in den Kriegen und Volksaufständen begründete sich auch, früher als anderswo, der schottische Patriotismus.

Die schottische Königin Maria Stuart wurde 1587 in England hingerichtet.

Das im 12. Jahrhundert errichtete Kloster auf der Hebrideninsel Iona war Grablege der schottischen Könige.

Edinburgh Castle auf dem Felsen über dem Firth of Forth ist das Wahrzeichen der schottischen Hauptstadt.

Schottland stellte während des Mittelalters und zu Beginn der Neuzeit kein homogenes Land dar. Die südlichen Lowlands waren geprägt von einer Aristokratie, die nicht nur normannisches Französisch sprach, sondern im hohen Mittelalter mit dem Feudalsystem auch die gleichen Werte wie die englische Oberschicht übernommen hatte. Dagegen herrschten in den gälischsprachigen Highlands die mächtigen Clans: in alten Traditionen verwurzelte, patriarchale Familienverbände, die sich immer wieder gegenseitig befehdeten und teilweise Territorien ausbauen konnten.

Englische Invasion und Auld Alliance

Nachdem gegen Ende des 13. Jahrhunderts die königliche Dynastie Canmore ausgestorben war, überließen die schottischen Großen die Entscheidung über die Nachfolge dem englischen König Eduard I. Dieser nutzte die Vakanz, um mit John Balliol einen vermeintlich gefügigen Kandidaten einzusetzen, der ihm 1292 den Lehenseid leistete. Doch gegen Frankreich verweigerte der neue schottische König den Engländern die Gefolgschaft. Eduard beantwortete den Affront mit einer langwierigen Invasion, in deren Verlauf 1296 der alte schottische Krönungsstein

---

1000 — 1050 — 1100 — 1150 — 1200 — 1250 — 1300 — 1350

11./12. Jahrhundert
Lowlands übernehmen englisches Feudalsystem, Highlands vom Clansystem geprägt

1296–1304
Unabhängigkeitskrieg; Entführung des Stone of Scone nach London; Begründung der Auld Alliance zwischen Schottland und Frankreich; Volksaufstand unter William Wallace

1328
Anerkennung des Königreichs Schottland durch England

SCHOTTLANDS KAMPF UM DIE UNABHÄNGIGKEIT

Stone of Scone nach London verschleppt wurde. Als Reaktion schloss John Balliol mit Frankreich, Englands stärkstem Gegner, einen richtungsweisenden Pakt, der als Auld Alliance in den folgenden Jahrhunderten mehrfach erneuert wurde.

VOLKSAUFSTAND UNTER WILLIAM WALLACE

Als König Eduard, der den berüchtigten Beinamen »Hammer der Schotten« erlangen sollte, Ansprüche auf den schottischen Thron erhob, stieß er auf entschlossenen Widerstand. Im Herbst 1297 setzte sich in der Schlacht von Stirling Bridge erfolgreich ein kleines Heer von Schotten gegen eine englische Übermacht von 5000 Soldaten zur Wehr. Durch geschickte Ausnutzung des sumpfigen Geländes trug ihr Anführer William Wallace den Sieg davon – »Braveheart« (tapferes Herz) nennen die Schotten ihren Nationalhelden.

Die patriotische Erhebung wurde hauptsächlich vom einfachen Volk getragen, da der Adel seine Unterstützung bald versagte. Schließlich wurde der Aufstand bei Falkirk niedergeschlagen, Wallace 1305 in London enthauptet. Man hat ihn geviertelt und seine Körperteile in den schottischen Städten Stirling, Berwick, Perth und Edinburgh zur Abschreckung öffentlich ausgestellt.

NATIONALE UNABHÄNGIGKEIT TROTZ FEINDLICHER ÜBERMACHT

Doch die Schotten kämpften weiter für ihre Unabhängigkeit. Als neuer Führer trat Robert the Bruce auf, der sich nach politischer Wende und der Beseitigung eines Rivalen 1306 am symbolträchtigen Ort Scone selbst zum König erhob. Dagegen schritten die Engländer ein. Im Juni 1314 kam es am Bannockburn, einem Nebenfluß des Forth, zur entscheidenden Schlacht. Folgt man

In der einstigen Augustinerabtei Holyrood nahe Edingburgh residierte Maria Stuart, bevor sie 1568 vor dem schottischen Adel nach England floh.

den Chronisten, so bot der englische König Eduard II. 20 000 Mann auf, darunter gepanzerte Ritter, irische und walisische Bogenschützen und zahlreiche Fußsoldaten. Ihnen standen nur 6 000 schottische Krieger gegenüber, aber ihre Taktik und ihre Ortskenntnis in schwierigem Gelände brachten dem Feind eine empfindliche Niederlage bei. 1328 musste England die Unabhängigkeit des Königreichs Schottland unter Robert I. offiziell anerkennen.

UNION OF THE CROWNS UND REGIONALPARLAMENT

Der Aufstieg des Hauses Stewart (auch: Stuart), das von 1371 bis 1714 Schottland regierte und für mehr als hundert Jahre auch die Könige Englands stellte, fiel in eine Periode, die von der aggressiven Rivalität der Barone geprägt war. Größere Autorität erlangte die schottische Krone gegenüber Adel und Parlament erst unter Jakob IV., der 1503 durch seine Heirat mit der englischen Prinzessin Margarete Tudor außerdem für seine Nachkommen die Ansprüche auf den englischen Thron sicherte. Schottlands Allianz mit Frankreich führte jedoch bald wieder zum Krieg mit England. Die Schlacht von Flodden Hill (1513) endete in der Katastrophe: Jakob fiel und mit ihm ein Großteil der schottischen Streitmacht.

Mit der englischen Königin Elisabeth I. legte sich die schottische Königin Maria Stuart an, als sie – von ihrem eigenen Adel zur Abdankung gezwungen und verjagt – Ansprüche auf den englischen Thron erhob. 1587 wurde sie auf Elisabeths Befehl geköpft, aber ihr Sohn Jakob trat 1603 das Erbe der kinderlosen Engländerin an. Mit der *Union of the Crowns* (Vereinigung der Kronen) regierte er England und Schottland in Personalunion.

Zu Beginn des 18. Jahrhunderts büßte Schottland endgültig seine Souveränität ein. Erst gegen Ende des 20. Jahrhunderts konnte eine regionales Parlament in Edinburgh seine Arbeit aufnehmen; vorausgegangen war die Rückgabe des Stone of Scone als symbolische Anerkennung schottischer Selbständigkeit durch England.

Robert I. Bruce regierte von 1306 bis 1329 als König von Schottland.

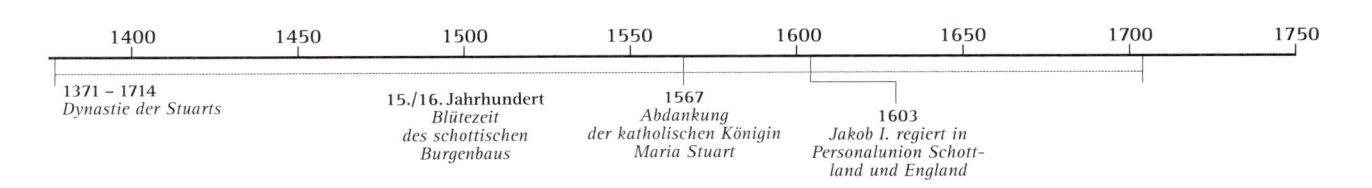

1400	1450	1500	1550	1600	1650	1700	1750

1371 – 1714 *Dynastie der Stuarts*

15./16. Jahrhundert *Blütezeit des schottischen Burgenbaus*

1567 *Abdankung der katholischen Königin Maria Stuart*

1603 *Jakob I. regiert in Personalunion Schottland und England*

▶ Menschen und Ideen: Elisabeth

[98]
VENEDIGS MACHT IM MITTELMEERRAUM

VENEDIGS AUFSTIEG UND MACHT IM MITTELMEERRAUM

Die Vorherrschaft im Mittelmeerraum – Verbindungsglied zwischen Okzident und Orient und für das mittelalterliche Europa wichtigster Handelsraum – war heiß umkämpft. Doch die kleine Lagunenstadt Venedig stellte sich der Herausforderung und nahm einen beispiellosen Aufstieg.

Der Doge von Venedig bildete mit seinen neun Ratgebern seit 1310 den Rat der Zehn, die mächtigste Institution der Seerepublik.

Um das Jahr 1000 dominierten Byzanz und die arabischen Länder das Mittelmeer. Vor allem mit den Luxuswaren des Orients ließen sich lukrative Geschäfte machen. Am Rande waren schon Kaufleute aus italienischen Hafenstädten beteiligt, auch aus Venedig. Zwar wurde Venedig, das zum Reich von Byzanz gehörte, offiziell im Auftrag seiner Herren aktiv, als es gegen sarazenische Piraten kämpfte, Kriegsschiffe gegen die Normannen in Unteritalien schickte und Dalmatien gegen Angriffe der Südslawen und Ungarn erfolgreich verteidigte. Doch in diesen Kämpfen des 11. Jahrhunderts konnte die Lagunenstadt ihre Position sukzessive stärken und zur Herrin über die Adria aufsteigen. Byzanz verwöhnte seine Tochter mit wertvollen Privilegien im Osthandel und der Herrschaft über kroatische Küstenstädte. Mit Ruhm und Reichtum wuchs das Selbstbewusstsein! Doch bald stieß man auf entschlossene Konkurrenten, allen voran Genua und Pisa, die den Handel im östlichen Mittelmeer nicht den Venezianern überlassen wollten und versuchten, ebenfalls in Konstantinopel, der glänzenden Hauptstadt des byzantinischen Reiches, Fuß zu fassen.

DER TRIUMPH ÜBER BYZANZ

Mitte des 12. Jahrhunderts war die Entfremdung zwischen Byzanz und dem ehrgeizigen Venedig so stark, dass die venezianische Kolonie in Konstantinopel geschlossen wurde. Doch der ebenso geniale wie skrupellose Doge Enrico Dandolo verstand es, Thronstreitigkeiten in Byzanz zu nutzen, und setzte zum entscheidenden Schlag an, als der Papst zum Vierten Kreuzzug (1202–1204) aufrief. Venezianische Schiffe sollten – gegen gute Bezahlung – die Kreuzfahrer ins Heilige Land bringen. Doch Dandolo lenkte die Schiffe nach Konstantinopel, wo Alexios, Sohn des vertriebenen Kaisers, den Kreuzfahrern finanzielle Unterstützung versprach, wenn sie ihm zu seinem Recht verhalfen. Tatsächlich

Die einzige aus der Antike erhaltene Quadriga – die Pferde von San Marco – kam als Kriegsbeute aus Konstantinopel nach Venedig.

1050 — 1100 — 1150 — 1200 — 1250 — 1300 — 1350 — 1400

Ab 1095
Erstarken von Pisa und Genua als Konkurrentinnen im Mittelmeerhandel

1082
Nach Flottenhilfe gegen die Normannen erhält Venedig von Byzanz Handelsprivilegien und kroatische Städte: Der Aufstieg beginnt.

1204
Zerstörung von Konstantinopel durch die von Venedig gelenkten Kreuzfahrer

1210 – 1381
Bewaffnete Konflikte mit Genua, enden in venezianischer Dominanz über das Mittelmeer

Venedigs Macht im Mittelmeerraum

Venedig mit Markusplatz, Dogenpalast und Campanile in einer Ansicht des späten 15. Jahrhunderts.

nahmen sie die Stadt ein und setzten Alexios auf den Kaiserthron. Aber es kam zum Aufstand gegen die Besatzer, Alexios wurde ermordet – und die Tragödie Konstantinopels nahm ihren Lauf: Venezianer und Kreuzfahrer steckten ganze Viertel der Stadt in Brand, mordeten und plünderten. Die kostbarsten Schätze schleppten die Venezianer nach Hause. Noch heute erinnert die Quadriga auf dem Markusdom an diesen Raubzug. In Konstantinopel wurde ein Lateinisches Kaisertum errichtet, das von Venedig politisch abhängig war. Die kleine Lagunenstadt hatte sich an Stelle ihrer einstigen Herrin gesetzt.

Die goldene Zeit Venedigs

Der Triumph über Konstantinopel war nicht von Dauer. 1261 wurde das byzantinische Kaisertum noch einmal wiederhergestellt, wenn auch in stark geschwächter Form. Venedigs alte Rivalin Genua hatte dabei die Hand im Spiel, und die Byzantiner bevorzugten nun die ligurischen Kaufleute gegenüber der undankbaren ehemaligen Provinz. Bald wurde der Wettbewerb zwischen den beiden Hafenstädten mit Kriegsflotten ausgetragen, und erst nach 130 Jahren konnten die Venezianer ihre Konkurrenz im Seesieg bei Chioggia (1379) endgültig ausschalten. Nun begann die glücklichste Periode in der Geschichte Venedigs. Der Festlandsbesitz wurde erweitert und zu einem Territorium *(terra ferma)* ausgebaut. Die Herrschaft auf dem Peloponnes und den Inseln der Ägäis kam hinzu. Handel und Gewerbe florierten, Wissenschaft und Künste wurden gepflegt.

Allmählicher Niedergang

Kein Jahrhundert nach dem Sieg über Genua jedoch war ein neuer Widersacher im östlichen Mittelmeer immer bedrohlicher geworden: die türkischen Osmanen. Besonders nachdem sie Konstantinopel 1453 eingenommen hatten, stellten sie eine ernsthafte Bedrohung dar. Nach und nach musste Venedig all die Besitzungen aufgeben, die es sich rund 250 Jahre zuvor angeeignet hatte. Immerhin gelang es, die türkische Flotte in der Seeschlacht von Lepanto 1571 zu vernichten und die türkische Expansion vorübergehend zu stoppen. Doch die Welt hatte sich verändert. Seit der Entdeckung Amerikas verlagerte sich der Schwerpunkt des Handels weg vom Mittelmeer und hin zum Atlantik. Venedig verlor seine Basis, die Handelsmacht, und jede politische Bedeutung.

Das 1104 gegründete Arsenal war in Venedigs Glanzzeiten die größte Schiffswerft Europas.

- 1453 Die Türken erobern Konstantinopel
- 1489–1571 Zypern venezianisch, gleichzeitig Verlust der meisten anderen Stützpunkte im Mittelmeer
- 1571 Sieg über die Türken bei der Seeschlacht von Lepanto
- 1669 Kreta fällt als letzte wichtige Herrschaft an die Türken
- 1797 Rücktritt des letzten Dogen

▶ Völker, Staaten und Kulturen: Italien in der Renaissance
▶ Menschen und Ideen: Marco Polo
▶ Handel und Wirtschaft: Aufstieg der oberitalienischen Stadtstaaten
▶ Kunst und Architektur: Dogenpalast

DER HUNDERTJÄHRIGE KRIEG

Obwohl nicht ununterbrochen gekämpft wurde, zeigte der Krieg zwischen England und Frankreich, der zwischen 1339 und 1453 auf französischem Boden ausgetragen wurde, verheerende Auswirkungen. Die entscheidende Wende brachte 1429 Jeanne d'Arc, die im unterlegenen Frankreich den nationalen Widerstand weckte.

Am 26. August 1346 kam es in der Schlacht bei Crécy zu einer vernichtenden Niederlage des französischen Ritterheers.

Nachdem 1328 die direkte Linie der französischen Kapetingerkönige ausgestorben war, regelten die Franzosen ihre Thronfolge nach salischem Recht, das Frauen und deren Nachkommen von der Erbfolge ausschloss. So wurde Philipp VI. aus dem Haus Valois, einer Nebenlinie der Kapetinger, König von Frankreich. Das Nachsehen hatte König Eduard III. von England, der sich aufgrund der direkten Abstammung seiner Mutter aus dem Herrscherhaus der Kapetinger Hoffnungen auf den französischen Thron gemacht hatte. Der Konflikt spitzte sich zu, als Philipp 1337 Aquitanien besetzen ließ, das Herzogtum an der südfranzösischen Atlantikküste, das seit dem 12. Jahrhundert zu England gehörte.

DIE NIEDERLAGE DER RITTER

1339 begannen die Kampfhandlungen. Den ersten großen Erfolg konnten die Engländer 1340 mit der Zerstörung der französischen Flotte im Hafen von Sluis in den Niederlanden verbuchen. Im August 1346 wurde das französische Ritterheer bei Crécy vernichtend geschlagen. Damit schrieben die Engländer Militärgeschichte: Ihre moderne Armee – bestehend aus Söldnerkompanien sowie freien Männern, die begeistert für die Sache ihres Königs kämpften – zeigte sich dem konventionellen, noch im hohen Mittelalter verwurzelten Ritterheer der Franzosen absolut überlegen. Auch eine neue Waffe führten die Engländer ein, den so genannten langen Bogen, der in der Hand eines geübten Schützen vernichtende Wirkung zeigte.

In der Schlacht bei Azincourt am 25. Oktober 1415 besiegten die Engländer unter Heinrich V. mit ihren Langbogenschützen das zahlenmäßig überlegene französische Ritterheer.

Der Hundertjährige Krieg

Nach siebenmonatiger Belagerung nahmen die Engländer die Hafenstadt Calais, in der Schlacht von Maupertuis bei Poitiers (1356) geriet der französische König Johann der Gute für fünf Jahre in englische Gefangenschaft. Frankreich versank im Chaos, Söldnerbanden ohne militärische Führung zogen mordend und plündernd durchs Land. Hinzu kamen Missernten, Hungersnöte und die Pest. Im Jahr 1360 musste Frankreich im Frieden von Brétigny bedeutende Gebiete an den englischen König abtreten, der im Gegenzug auf die französische Krone verzichtete.

Innere Konflikte in Frankreich

1380 bestieg der 12-jährige Karl VI. den französischen Thron. Da er aufgrund einer Geisteskrankheit auch im Erwachsenenalter nur beschränkt regierungsfähig war, entbrannte um die Regentschaft ein blutiger Konflikt zwischen den mächtigen Herzögen von Burgund und von Orléans. Die Engländer nutzten die innere Schwäche Frankreichs: 1415 landeten sie unter ihrem König Heinrich V. wieder auf dem Festland, eroberten die Normandie, schließlich Paris. Der Vertrag von Troyes brachte England 1420 den Durchbruch: König Heinrich V. erhielt die Tochter des französischen Königs zur Frau und erlangte sowohl die Regentschaft als auch das Recht auf die französische Erbfolge. Die Verwirrung nahm zu, als 1422 der englische wie auch der französische König starben und die Erbfolge beider Reiche auf den erst zehn Monate alten englischen Thronfolger Heinrich VI. überging. Dagegen wehrte sich der legitime Nachfolger des französischen Königs, der Dauphin Karl VII., mit Waffengewalt. Aber den überlegenen Truppen der Engländer hatte er wenig entgegen zu setzen. Im Oktober 1428 begannen sie mit der Belagerung der wichtigen Festungsstadt Orléans an der Loire.

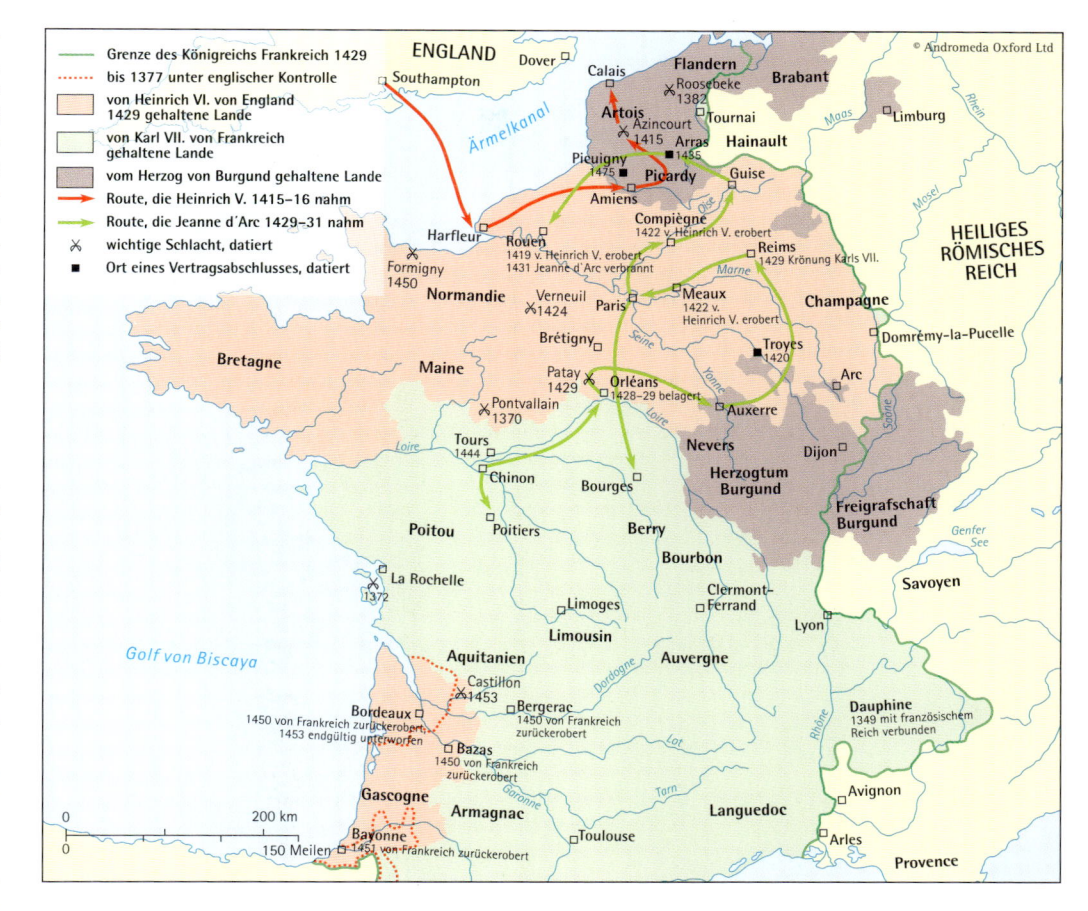

Nationaler Widerstand

Die entscheidende Wende des gesamten Kriegsverlaufs brachte die junge Jeanne d'Arc, deren bedingungsloser Glaube in Frankreich das Nationalgefühl weckte und alle Kräfte gegen England mobilisierte. So gelang 1429 die Befreiung von Orléans und ein glänzender Schlachtensieg bei Patay. Der Krönung des legitimen französischen Königs in der Kathedrale von Reims stand nun nichts mehr im Wege. 1436 eroberten die Franzosen Paris zurück, 1450 vertrieben sie die Engländer aus der Normandie, 1453 aus allen übrigen Gebieten Frankreichs mit Ausnahme von Calais, das erst 1558 fiel, und den Kanalinseln, die bis heute in britischer Hand sind.

Frankreich zur Zeit des Hundertjährigen Krieges

Jeanne d'Arc, die Jungfrau von Orléans

Die Tochter wohlhabender Bauern, die 1412 im Dorf Domrémy-la-Pucelle in Lothringen geboren wurde, hörte schon mit 13 Jahren Stimmen. Wie sie später sagte, waren es die Stimmen der Heiligen Katharina, Margarethe und Michael, denen sie im Alter von 17 Jahren folgte. Sie trugen ihr auf, Orléans zu befreien und den Dauphin Karl VII. zur Krönung nach Reims zu führen. Beide Aufgaben erfüllte sie 1429. Im Mai 1430 wurde sie in Compiègne von den mit England verbündeten Burgundern gefangen genommen und gegen ein hohes Lösegeld an die Engländer verkauft. In einem Inquisitionsprozess wurde sie in Rouen als Ketzerin verurteilt und am 30. Mai 1431 öffentlich verbrannt. 25 Jahre später wurde sie im Revisionsprozess, den König Karl VII. angeregt hatte, rehabilitiert. Dem entschlossenen jungen Mädchen war es gelungen, den Franzosen während der Schreckenszeiten des Hundertjährigen Krieges Mut zu machen und die nationale Sache zum Sieg zu führen: eine Nationalheldin, die in der Geschichte ihresgleichen sucht! 1920 erfolgte die offizielle Heiligsprechung durch Papst Benedikt XV. in Rom.

Jeanne d'Arc, die Jungfrau von Orléans, wurde Frankreichs Nationalheldin.

▶ Menschen und Ideen: Jeanne d'Arc

Die Rosenkriege in England

Zwischen 1455 und 1485 kämpften die Nebenlinien der königlichen Dynastie Plantagenet um die englische Krone: das Haus Lancaster, das die rote Rose, und das Haus York, das die weiße Rose im Wappen trug. In diesem Krieg rieb sich der Hochadel auf und die staatliche Ordnung versank im Chaos.

Richard III. aus dem Haus York war nur zwei Jahre König von England, doch Shakespeares Drama sicherte ihm einen Platz im Gedächtnis der Menschen.

Eine Schlüsselfigur der Rosenkriege war Richards älterer Bruder Eduard IV., der die englische Krone von 1461 bis 1470 und dann, zum zweiten Mal, von 1471 bis 1483 trug.

Bis heute gelten die Rosenkriege, die durch Shakespeares Königsdramen in das kollektive Gedächtnis des Landes eingingen, in England als Zeit der größtmöglichen staatlichen Zerrissenheit. Mit Hilfe der so genannten Companien, Söldnerheeren des gerade beendeten Hundertjährigen Krieges, lieferte sich der Hochadel einen erbitterten Krieg, in dem nicht nur Schlachten, sondern auch Mord und Totschlag an der Tagesordnung waren. Am Ende hatten sich die Häuser Lancaster und York praktisch gegenseitig ausgerottet und alle moralischen Prinzipien waren auf der Strecke geblieben. Allerdings schafften es die Städte, in diesem reinen Machtkampf weitgehend neutral zu bleiben, so dass das Wirtschaftsleben nur wenig beeinträchtigt war: Während der Hochadel einen nie gekannten Blutzoll lieferte, ging im normalen Volk das Leben weiter.

Dynastischer Konflikt

Als Beginn der Rosenkriege gilt der gewaltsame Thronwechsel des Jahres 1399, als Heinrich von Bolingbroke, der Sohn des Herzogs von Lancaster, seinen Cousin Richard II. als König absetzte und selbst die Regierung als Heinrich IV. antrat. Doch Lancaster schien als neue königliche Dynastie in Nachfolge der Plantagenet weitgehend anerkannt gewesen zu sein, da auch Heinrich V. und sein noch minderjähriger Sohn Heinrich VI. die Thronfolge relativ ungehindert antreten konnten. Ernsthafte Konflikte traten erst gegen Ende des Hundertjährigen Krieges (1339 bis 1453) auf, als die Position in Frankreich endgültig verloren war und die unzufriedenen, nun beschäftigungslos gewordenen Söldner nach England zurückkehrten. Sie erhoben sich 1450 in »Jack Cade's Revolt«, und der Kreis der einflussreichen Adligen um den König kam in Bewegung.

Der Königsmacher

Als 1455 mit der Schlacht von St. Albans die Rosenkriege begannen, herrschte mit Heinrich VI. das Haus Lancaster. Doch Richard von York, wegen der Geisteskrankheit des Königs zum Regenten bestellt, wollte seine Ambitionen auf den Thron durchsetzen, obwohl ein rechtmäßiger Lancaster-Erbe geboren war. Tatsächlich siegte York in dieser ersten Schlacht und ließ den König verhaften, fiel aber 1460 in der Schlacht von Wakefield. Das Haus Lancaster, vertreten durch Margarete, die Ehefrau des Königs, gewann die Unterstützung des Adels und dessen Wortführers Richard Neville, Earl of Warwick. Dieser »Königsma-

Nachdem sich die Häuser Lancaster und York gegenseitig ausgeschaltet hatten, bestieg 1485 der Tudor Heinrich VII. den englischen Thron.

1395 — 1400 — 1405 — 1410 — 1415 — 1420 — 1425 — 1430 — 1435 — 1440

1399
Absetzung Richards II. aus dem Haus Plantagenet durch Heinrich IV. aus dem Haus Lancaster

cher« wurde zur Schlüsselfigur; denn er wechselte schon bald die Seiten. So verhalf er dem Haus York 1461 bei Towton Moor zum Sieg über Lancaster: Eduard IV. aus dem Haus York bestieg den englischen Königsthron.

Mit Hilfe Warwicks gelang es ihm 1463, Margarethe erneut zu schlagen und seinen Rivalen Heinrich VI. im Tower gefangen zu setzen. Die erfolgreiche Allianz zerbrach aber durch die Ehe, die Eduard ohne Wissen seines Verbündeten mit Elisabeth Woodville einging. Der in der Entscheidung übergangene Warwick, der Konkurrenz durch die Verwandten der neuen Königin befürchtete, setzte daraufhin 1470 König Eduard gefangen, nachdem sich bereits Heinrich VI. in seinem Gewahrsam befand. Sowohl Warwick, der sich nun wieder mit Margarete verbündete, als auch Eduard waren zeitweise zum Verlassen des Landes gezwungen und versicherten sich militärischer Unterstützung vom Kontinent – Frankreich auf Seiten Warwicks, Burgund auf jener Eduards –, bevor die entscheidenden Schlachten von Barnet (April 1471) und Tewkesbury (Mai 1471) die Situation bereinigten und Eduard sich als alleiniger König durchsetzen konnte. Die verbleibende Zeit seiner Regierung bis zum Jahr 1483 war gekennzeichnet durch weit gehende Friedensbestrebungen nach außen und Konzentration auf die wirtschaftlichen Bedürfnisse.

Die Schlachten der Rosenkriege

DIE ROSEN VEREINIGT – ÜBERGANG ZUM HAUS TUDOR

1483 kam es wieder zur Krise, da Eduard IV. bei seinem Tod nur minderjährige Söhne hinterließ. Deren Onkel Richard von Gloucester, bis zur Volljährigkeit des Thronfolgers als Regent eingesetzt, strebte nun ebenso nach der Krone wie Heinrich Tudor, der mit dem Haus York verschwägert war und daher Ansprüche ableitete. Zunächst konnte Richard – nach dem bis heute ungeklärten Tod der beiden minderjährigen Prinzen im Tower von London und der gezielten Ausschaltung konkurrierender Kräfte – die Krone behaupten. Aber am 22. August 1485 fiel er in der Schlacht von Bosworth Field. Damit waren die Häuser Lancaster und York praktisch ausgeschaltet und der »lachende Dritte«, Heinrich Tudor, bestieg als Heinrich VII. den Thron.

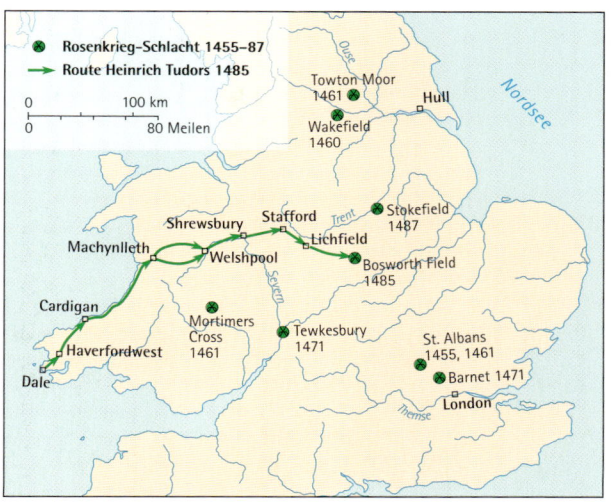

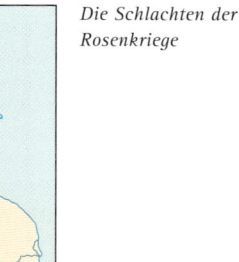

Der berühmte Schauspieler David Garrick als Richard III.

Der Tod König Richards III. in der Schlacht von Bosworth Field am 22. August 1485

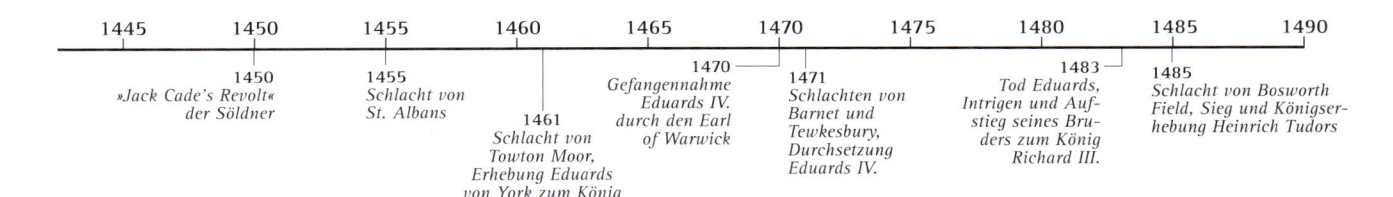

| 1445 | 1450 | 1455 | 1460 | 1465 | 1470 | 1475 | 1480 | 1485 | 1490 |

1450 »Jack Cade's Revolt« der Söldner

1455 Schlacht von St. Albans

1461 Schlacht von Towton Moor, Erhebung Eduards von York zum König

1470 Gefangennahme Eduards IV. durch den Earl of Warwick

1471 Schlachten von Barnet und Tewkesbury, Durchsetzung Eduards IV.

1483 Tod Eduards, Intrigen und Aufstieg seines Bruders zum König Richard III.

1485 Schlacht von Bosworth Field, Sieg und Königserhebung Heinrich Tudors

KRIEGE UND REICHE DER TOLTEKEN, AZTEKEN UND INKAS IN MITTEL- UND SÜDAMERIKA

Auch den allgemein als friedlich geltenden Tolteken gelang die Errichtung ihres altmexikanischen Reiches nur mit kriegerischen Mitteln. Gleichermaßen aggressiv expandierten und herrschten später die Azteken in Mexiko sowie die Inkas an der Pazifikküste Südamerikas.

Aztekische Krieger waren prächtig geschmückt. Zu ihrer Ausrüstung gehörten neben Pfeil und Bogen auch Keulen und Lanzen.

Die gesicherte Grundversorgung der Bevölkerung in Teilen Mittel- und Südamerikas begünstigte in der postklassischen Periode die Entwicklung einer urbanen Kultur. Dazu gehörte ein entsprechendes religiöses Weltbild mit einem bestimmten Pantheon. Diese Gegebenheiten mögen eine Rolle für die Betonung des militärischen Aspekts der Reiche in dieser Zeit gespielt haben.

Atahualpa (1502 bis 1533), der letzte Inkaherrscher von Peru, gewann seine Macht durch einen militärischen Sieg über seinen Halbbruder. Schließlich wurde er trotz Zahlung eines enormen Lösegeldes von den spanischen Eroberern ermordet.

DIE KRIEGERISCHEN TOLTEKEN

Die Tolteken drangen von Norden nach Mesoamerika ein und errichteten zwischen 850 und 1200 ein riesiges Reich. Die Azteken bewunderten die Tolteken und beschrieben sie den Spaniern als friedliebendes Volk, dessen oberster Gott, Quetzalcoatl, keine Menschen als Opfer forderte. Dieses idyllische Bild ist kaum vereinbar mit den szenischen Darstellungen in der toltekischen Hauptstadt Tula, deren beherrschendes Thema der Krieg ist. Tafeln oder Friese in Steinreliefen zeigen Aufmärsche von Kriegern oder Adler und Jaguare – die späteren Insignien der Kriegergesellschaften –, die bluttriefende Herzen fressen. Daneben erscheinen die Symbole der Gefiederten Schlange Quetzalcoatl oder des Gott gewordenen Mixcoatl, der »Düsteren Schlange«. Zeugnisse militärischer Macht sind ebenfalls die Atlanten auf der Pyramide B in Tula. Sie stellen toltekische Krieger mit zylinderartigem Kopfschmuck, der Waffenspeerschleuder *atlatl* und einem Bündel Wurfspeeren in den Händen dar. Der Körper ist durch einen Wattepanzer, der linke Arm durch einen kleinen Schild geschützt.

Ein Teil der Tolteken verließ Tula um 1000 auf Grund interner Streitigkeiten in Richtung Yucatán. Im Tempel der Krieger in Chichén Itzá belegen Wandgemälde das äußerst grausame Vorgehen der toltekischen Eroberer.

DIE EROBERUNGSZÜGE DER AZTEKEN

Die Mexic'a mit ihrer Hauptstadt Tenochtitlán bildeten zusammen mit den Acolhua'can, die in Tetzcoco residierten, und den Tepaneken mit ihrem Zentrum Azcapotzalco eine Dreiheit, die später als Reich der Azteken bezeichnet wurde. Das hoch entwickelte Militärwesen diente in erster Linie dazu, Kriegszüge zur Erweiterung des Reiches durchzuführen. Damit sollte die wirtschaftliche Leistungsfähigkeit, der Besitz wertvoller Handelsgüter und die Gewinnung von Opfergefangenen gesichert werden. Nach aztekischer Überzeugung hatte der oberste Gott, Huitzilopochtli, die Kriege befohlen: Das Blut der geopferten Kriegsgefangenen sei für die Ernährung von Erde und Sonne lebensnotwendig.

Die aztekischen Herrscher hatten kein stehendes Heer, sondern rekrutierten die Soldaten je nach Bedarf aus dem Adelsstand und aus Nichtadeligen, die in speziellen Schulen zum Militärdienst ausgebildet wurden. Die Krieger waren prächtig geschmückt und hatten, in toltekischer Tradition, besondere Kriegerorden wie Jaguar und Adler. Sie kämpften mit Pfeil und Bogen, der hölzernen Keule *macana* und mit Lanzen. Die Soldaten setzten die Bevölkerung des zu erobernden Gebietes so lange unter Druck, bis diese aufgab und sich zu Tributzahlungen bereit erklärte. Tapferkeit im Krieg und die Anzahl der Gefangenen waren für die Nichtadeligen die einzige Möglichkeit, sich Privilegien zu verschaffen.

DER ORGANISIERTE INKASTAAT

In Südamerika wurde unter der Führung der Inka-Dynastie ein Reich errichtet, das ausgehend von Cuzco im heutigen Peru bis Argentinien und Mittelchile im Süden und bis Ecuador im Norden reichte. Nach dem Sieg über die Chancy bauten die Inkas in Cuzco eine zentralistische Verwaltung auf, mit der sie das gesamte Reich kontrollierten. Sie forderten von den unterworfenen Völkern keine Tributzahlungen, sondern bestanden auf einem temporären Arbeitsdienst, *mita* genannt, der auch den Militärdienst mit einschloss. Die Truppen rekrutierten sich somit aus unterschiedlichen ethnischen Gruppenangehörigen, die zwar dem Kommando der Inka-Elite unterstanden, doch unter ihren eigenen Führern kämpften.

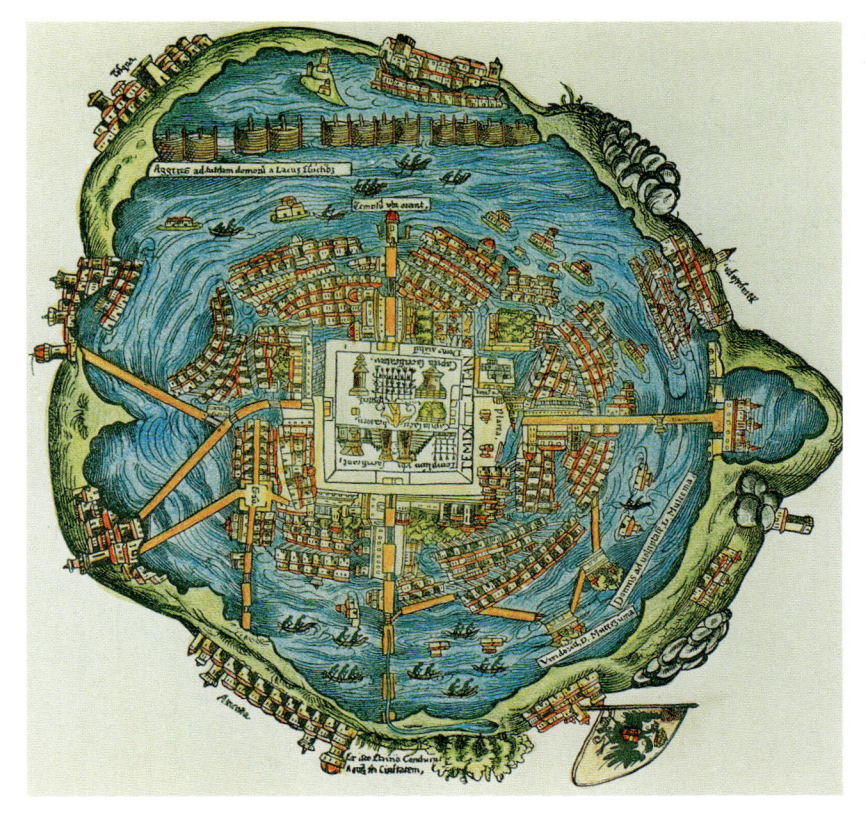

Der Plan zeigt die Aztekenhauptstadt Tenochtitlán, die auf einer Insel lag; handkolorierter Holzschnitt, Nürnberg 1524.

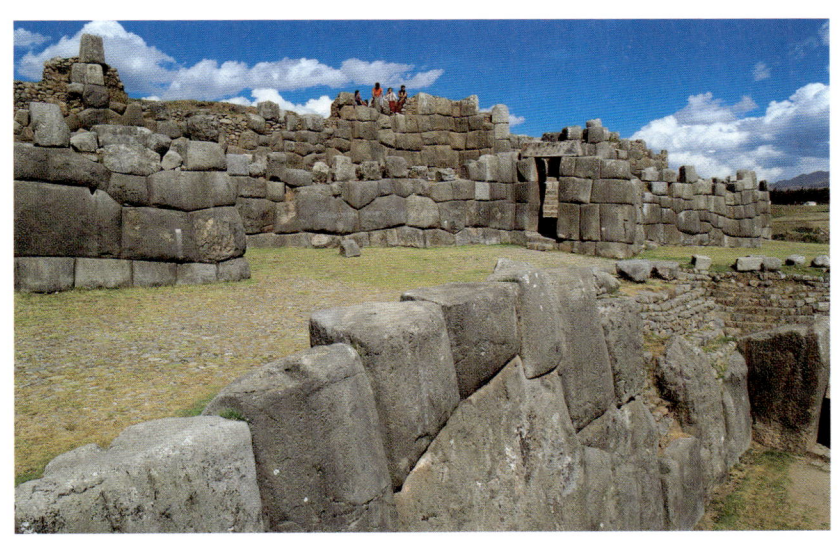

WAFFEN DER INKAS

Zum Nahkampf benutzten die Krieger zum Teil schon aus Kupfer gefertigte Streitäxte, Keulen, Lanzen, Schleudern, Speerschleudern und Schleuderkugeln. Runde und rechteckige Schilde, aber auch Baumwollpanzer und Helme dienten der Verteidigung. In militärischer Hinsicht hatten die Inkas gegenüber den Küstenbewohnern den Vorteil, dass sie von rückwärts angreifen und den Wasserzufluss zur lebensnotwendigen Bewässerung abschneiden konnten. Ihr flächendeckendes Straßensystem erlaubte ihnen, schnell mit Truppenbewegungen auf Aufstände zu reagieren. Die wehrfähigen Männer jedes Bezirks waren nach dem Dezimalsystem in Zehner-, Hunderter- und Tausendertruppen gestaffelt und in Form des Knotensystems *quipu* festgehalten.

Wehrmauern einer Inkafestung im peruanischen Cuzco

DER FALL DER BLÜHENDEN REICHE

Die Archäologen unterscheiden in der postklassischen Periode Altamerikas die Phase der kriegerischen Städte und Stammesgemeinschaften zwischen 900 und 1250, in die die Herrschaft der Tolteken fällt, und die Phase der imperialistischen Metropolen zwischen 1250 und 1521, zu der Azteken- und Inkareich gerechnet werden. Die Imperien der Azteken und Inkas kamen durch die spanischen Konquistadoren zu Fall. Beide standen zu dieser Zeit, Anfang des 16. Jahrhunderts, in voller Blüte. Doch gegen die Feuerwaffen und Pferde der spanischen Eroberer, aber auch gegen das geschickte Paktieren der Europäer mit den unterjochten Gruppen und nicht zuletzt gegen die eingeschleppten Krankheiten hatten sie keine Chance.

> Völker, Staaten und Kulturen: Die Tolteken
> Völker, Staaten und Kulturen: Die Inka
> Völker, Staaten und Kulturen: Die Azteken
> Kunst und Architektur: Inka-Architektur
> Mythen, Rätsel und Orakel: Die Inka

DER AUFSTIEG DES OSMANISCHEN REICHES

Nach dem Untergang der Seldschuken setzten sich in Kleinasien ab Mitte des 13. Jahrhunderts turkmenische Nomaden muslimischen Glaubens fest. Eines ihrer Fürstentümer wuchs durch entschlossenes Expansionsstreben zum mächtigen Osmanischen Reich, das im 15./16. Jahrhundert seine Blüte erlebte.

Mit der Niederlage gegen die Mongolen 1243 begann der Auflösungsprozess des Seldschukenreiches in Anatolien. Gleichzeitig wanderten aus Turkestan Nomadenstämme in das vakante Gebiet ein, wurden sesshaft und bildeten eine Reihe von Herrschaften. Eines der kleinsten dieser türkischen Emirate – in direkter Nachbarschaft zum mächtigen Byzanz gelegen – wurde von Osman I. (Reg. 1281 – 1326) regiert. Seine Macht und sein Ansehen stiegen rasch, nicht zuletzt weil er sich in der Auseinandersetzung mit dem christlichen Byzanz als aktiver muslimischer Glaubenskrieger profilierte. Dafür stand sein Beiname Ghasi, ein Ehrentitel, den nur tragen durfte, wer sein Leben der Verbreitung des Islam, notfalls mit Waffengewalt, weihte. Osman I. gilt als Gründer des Osmanischen Reiches, das 700 Jahre Bestand hatte und durch zahllose Kriege sowie geschickte Diplomatie und Heiratspolitik Weltmachtstellung errang.

Nach der Eroberung am 29. Mai 1453 wurde Konstantinopel Hauptstadt des Osmanischen Reiches und erhielt den Namen Istanbul.

Diese französische Buchmalerei von 1455 zeigt die zwei Jahre zurückliegende Einnahme Konstantinopels durch die Türken.

STAATENBILDUNG UND HEERESREFORM

Osmans Sohn und Nachfolger Orkhan (Reg. 1326 – 1360) gelang im ersten Jahr seiner Regierung die Einnahme von Bursa, das er zu seiner Hauptstadt machte. Weitere Eroberungen folgten. Dank der aggressiven Expansionspolitik wuchs das Territorium der Osmanen auf Kosten anderer türkischer Fürstentümer und schließlich wurde mit der Prägung einheitlicher Silbermünzen und der Einführung der Kopfbedeckung Fes als nationalem Symbol aus dem Stammesgebiet ein mächtiger Staat. Spätestens ab dem Jahr 1360 trugen die osmanischen Herrscher den Titel eines Sultans, der für die Dominanz über die anderen türkischen Stämme steht. Zu dieser Zeit kam es auch zur Neuorganisation der Streitkräfte. Aus den Stammeskriegern wurde ein Heer, das sich in leichte Truppen und Kavallerie gliederte sowie in religiös besonders motivierte Elitetruppen: So wurden die kampfstarken Janitscharen, die sich aus zum Islam bekehrten Christen rekrutierten, zum Schrecken der unterworfenen christlichen Länder; denn zwischen 1360 und 1675 mussten sie den osmanischen Herren den so genannten Knabenzins leisten: Jeder fünfte Knabe wurde zur militärischen und religiösen Ausbildung eingezogen.

1281 – 1326 Regierungszeit Osmans I., des Begründers der osmanischen Dynastie

1326 – 1360 Regierungszeit Orkhans: Fortführung der osmanischen Expansionspolitik, Ausgreifen nach Europa

1361 Erfolgreiche Feldzüge gegen das christliche Reich von Byzanz, dessen Staatsgebiet auf Konstantinopel beschränkt wird

1389 Schlacht auf dem Amselfeld (Kosovo) bricht den Widerstand der christlichen Balkanvölker

1396 Schlacht bei Nikopolis: christliches Kreuzfahrerheer zur Wiedereroberung von Byzanz zurückgeschlagen

1402 Mongoleneinfall

Aufstieg des Osmanischen Reiches

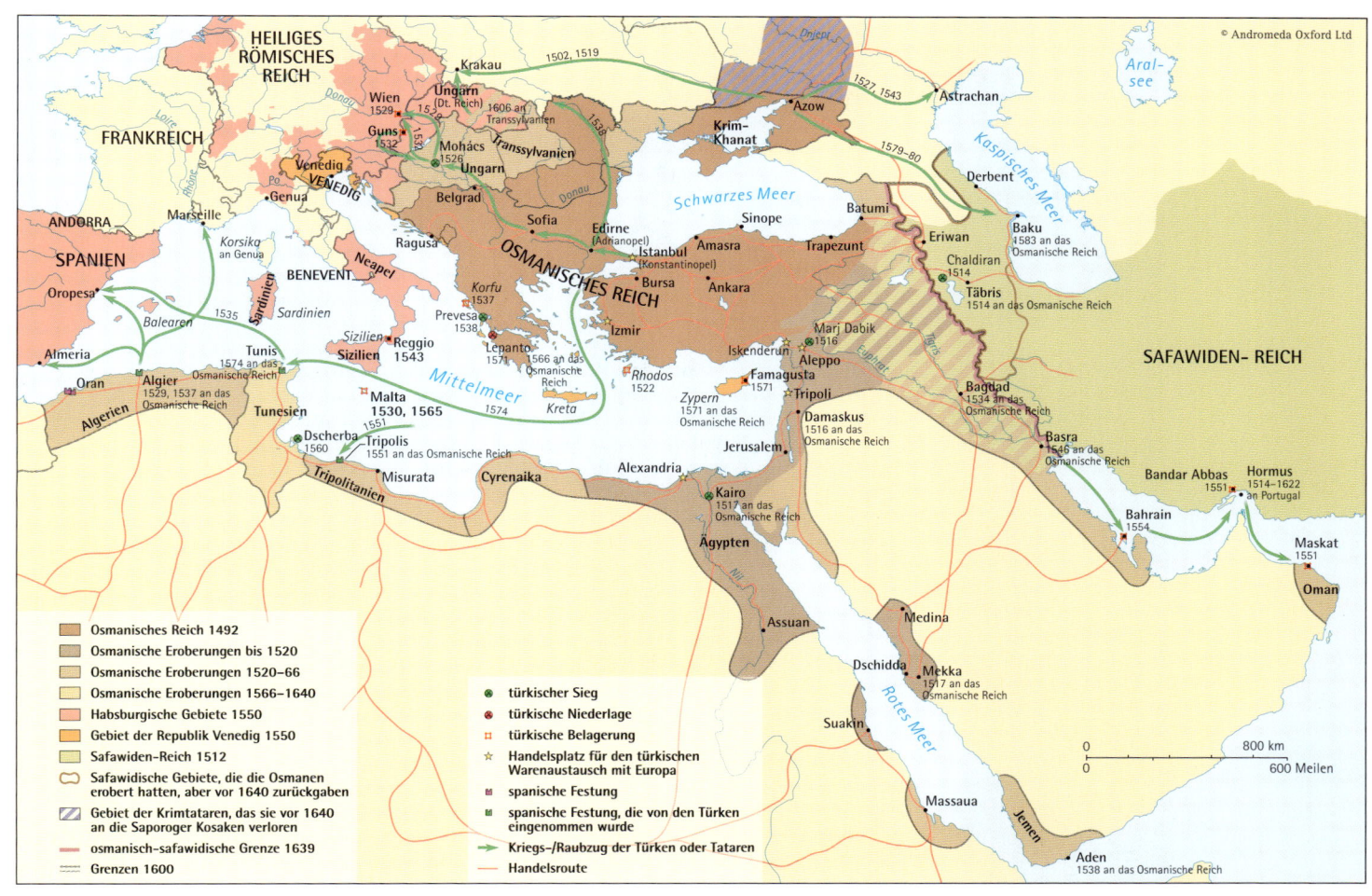

Die Osmanen und Byzanz

Brisant blieb das Verhältnis zwischen den Osmanen und Byzanz, der einstigen, mittlerweile schwer angeschlagenen Vormacht im östlichen Mittelmeer. Doch es wurden nicht nur Kriege geführt. So nutzte Orkhan die innere Zwietracht in Byzanz aus, um beim großen Nachbarn politisch die Fäden zu ziehen: Er unterstützte den byzantinischen Thronprätendenten Johannes Kantakuzenos und heiratete dessen Tochter Theodora. Ein Jahr später verhalf er seinem Schwiegervater auf den byzantinischen Thron. Kantakuzenos seinerseits gab Orkhan den Vorzug, weil dieser sein direkter Nachbar war, von dem er effektiver und schneller militärische Hilfe bekommen konnte als von anderen Fürstentümern. Als es im Byzantinischen Reich erneut zu Thronwirren kam, fiel es den Osmanen nicht schwer, 1354 mit Gallipoli einen Brückenkopf auf europäischem Boden zu besetzen. Kurze Zeit danach wurden von dort die ersten Eroberungszüge in Richtung Balkan unternommen.

Vom Sultanat zum Weltreich

Unter Orkhans Nachfolgern dehnte sich der Osmanische Staat aus. Die hereinbrechenden Mongolen unter Timur und die vernichtende Niederlage der Osmanen in der Schlacht um Ankara (1402) setzten diesem Expansionsprozess zwar ein Ende, doch die Osmanen erholten sich schnell und konnten ihr Reich wiederherstellen. Schließlich griffen sie nach Konstantinopel aus, der blühenden Handelsstadt, die auch als Bollwerk des Christentums gegen den Islam für das Abendland seit Jahrhunderten von herausragender Bedeutung war: Sultan Mehmed II., der Eroberer, nahm 1453 Konstantinopel ein. Als Istanbul wurde die glänzende Metropole zur muslimischen Hauptstadt des Osmanischen Reiches, das unter Süleiman II. dem Prächtigen (Reg. 1520 bis 1566) zur höchsten Blüte gelangte und zur Weltmacht wurde.

Die Entwicklung des Osmanischen Reiches vom 15. bis 17. Jahrhundert

Sultan Osman I. (Reg. 1281–1326) war der Begründer des nach ihm benannten Osmanischen Reiches.

Zeitleiste

- **1453** Belagerung und Einnahme von Konstantinopel durch die Osmanen unter Mehmed II., dem Eroberer
- **1512–1520** Eroberung von Syrien, Arabien, Ägypten
- **1521** Eroberung von Belgrad
- **1522** Vertreibung der Johanniter von Rhodos
- **1526** Schlacht von Mohács: Ungarn verliert seine Selbständigkeit.
- **1529** erste Belagerung Wiens
- **1534** Übernahme Persiens
- **1571** Seeschlacht bei Lepanto: Die Vernichtung der türkischen Flotte leitet den Niedergang des Osmanischen Reiches ein, das jedoch bis 1923 weiter besteht.

> Völker, Staaten und Kulturen: Das Byzantinische Reich
> Völker, Staaten und Kulturen: Die Osmanen

Die neuen Kriegsherren
Condottieri und Landsknechtführer

Seit dem von Krisen und bewaffneten Auseinandersetzungen geprägten 14. Jahrhundert wurden die mittelalterlichen Ritterheere und ihre bürgerliche Entsprechung, die städtischen Milizen, in der Kriegsführung zunehmend durch Söldnertruppen ersetzt: Der Krieg entwickelte sich zum Geschäft, geführt von Unternehmern, die auch die Seiten wechselten, wenn es Profit versprach. Marodierende Trupps, die plünderten und Abgaben erpressten, wurden zur Geißel der Zivilbevölkerung, vergleichbar den heutigen Soldatenbanden in der Dritten Welt. Frankreich wurde während des Hundertjährigen Krieges von großen Truppenverbänden, so genannten Companien, drangsaliert, die auf ihren Raubzügen mobile Herrschaftsverbände bildeten, Priester und Handwerker in ihrem Gefolge hatten und eigene Juristen und Bankiers beschäftigten. In Ober- und Mittelitalien war durch den Zerfall der kaiserlichen wie der päpstlichen Herrschaft ein Machtvakuum entstanden, das die zu Macht und Reichtum gekommenen Stadtrepubliken füllten. Herausragende Beispiele sind etwa Mailand, Florenz und Bologna oder die Seemächte Genua und Venedig. In ständig wechselnden Bündnissen kämpften sie gegeneinander um die regionale Vorherrschaft. In ihren Diensten standen die Condottieri mit ihren Söldnerheeren.

Freie Kriegsunternehmer

Der Condottiere war gleichzeitig militärischer Oberbefehlshaber und Unternehmer. Er stellte das Startkapital, aus dem zunächst der Sold der Soldaten und die Ausrüstung des Heeres – Pferde, Artillerie, Belagerungsmaschinen – bestritten wurden. Mit dem Auftraggeber vereinbarte er vertraglich die Kriegsführung und die Kriegsziele, ebenso die Bezahlung sowie die Aufteilung von Lösegeldern oder Entschädigungen durch den Gegner. Die Entlohnung der Soldaten richtete sich nach dem Umfang ihrer Ausrüstung, die sie grundsätzlich selbst zu stellen hatten.

Das Risiko war hoch. Schwankende politische Machtverhältnisse, Märkte und Monopole spielten eine Rolle, aber auch Vorstellungen von Ehre und Ruhm für Auftraggeber und Heerführer. Allerdings setzte der Condottiere sein »Kapital«, nämlich Soldaten und Waffen, eher vorsichtig ein, um es für die weitere Verwendung zu schonen. So kam es selten zu blutigen Schlachten, vielmehr beschränkte man sich lieber auf Einschüchterung, Belagerung und Ermüdung des Gegners. Nicht immer wurde die Loyalität gegenüber einem Auftraggeber gewahrt; wenn es opportun erschien oder mehr Gewinn versprach, wechselte der Condottiere schon einmal die Fronten und kämpfte für den einstigen Gegner.

Ein Phänomen der italienischen Renaissance waren die Condottieri. Den erfolgreichsten dieser Söldnerführer, im Bild Niccolò da Tolentino, huldigte man mit prächtigen Kunstwerken.

Condottieri und Landsknechtführer

Francesco Sforza stieg vom Söldnerführer zum Herzog auf: die Trutzburg der Sforza-Herzöge, das Castello Sforzesco in Mailand (15. Jh.).

Unter den Condottieri finden sich neben Ausländern, etwa dem berüchtigten John Hawkwood, zahlreiche Einheimische aus dem mittleren Adel wie Braccio Fortebracci di Montone (1368–1424) und Bartolomeo Colleoni (1400–1475), aber auch aus berühmten Geschlechtern wie den Montefeltro oder Malatesta. Ein steiler sozialer Aufstieg gelang Erasmo Gattamelata (1370–1443) aus Narni, aber das große Ziel, Alleinherrscher zu werden, erreichte nur einer von ihnen: Francesco Sforza (1401–1466) der in Mailand regierte.

Vater der Landsknechte

Was den italienischen Herren ihre Condottieri, waren Kaiser Maximilian I. (Reg. 1486–1519) seine Landsknechtführer, deren Söldner vorrangig aus deutschen Landen stammten. Als ihm 1487 Erbadel und Reichsritterschaft die Gefolgschaft verweigerten, organisierte und bewaffnete er seine eigenen Verbände nach dem Vorbild der Schweizer Söldner, dem im 15. und 16. Jahrhundert schlagkräftigsten Heeresverband Europas.

Neben den mit Harnisch, Blechhelm, Schwert und Spieß voll ausgerüsteten Landsknechten gab es die schlechter bezahlte Hilfstruppe der mit Feuerwaffen ausgestatteten Hakenschützen. Dienst und Sold waren in einem Artikelbrief geregelt, die Namen der Söldner wurden in Listen erfasst. Die Spießknechte kämpften in geschlossener Formation. An ihren langen, wie Igelstacheln wirkenden Spießen scheiterten selbst massive Angriffe schwerer Reiterei.

Berühmt wurde der Landsknechtführer Georg von Frundsberg (1473–1528), der 1525 entscheidend zum Sieg des kaiserlichen Heeres in der Schlacht von Pavia und zur Gefangennahme des französischen Königs beitrug. 1526 führte er seine überwiegend lutherischen Männer gegen Papst Klemens VII. erneut nach Süden. Doch unterwegs wurde er vom Schlaganfall getroffen und starb auf seiner bis heute erhaltenen Burg bei Mindelheim. So geschah der berüchtigte *Sacco di Roma*, die Plünderung Roms, 1527 ohne sein Zutun: Das kaiserliche Söldnerheer verwüstete und plünderte die Stadt und nahm den Papst gefangen.

Deutsche Landsknechte verspotten nach der Einnahme und Plünderung Roms, dem Sacco di Roma von 1527, den Papst.

Francesco Sforza
Vom Condottiere zum Herzog

Sein Vater schon hatte es vom Bauernsohn aus der Romagna zum wichtigsten Heerführer der Königin Johanna II. von Neapel gebracht. Nach dessen Tod übernahm Francesco die Truppe und erwarb sich den Beinamen Sforza, der Bezwinger, der später als Familienname erblich wurde. Er stand in Diensten des Herzogs Filippo Maria Visconti von Mailand, machte sich unentbehrlich und erhielt dessen Tochter zur Frau, wodurch er in den Hochadel aufstieg. Nach Filippos Tod 1447 erlangte der politisch weitsichtige Francesco durch die – wohl erkaufte – »Gunst des Volkes« 1450 die Herzogswürde.

Ein Reich in Waffen
Japan im 15. und 16. Jahrhundert

Das »Zeitalter der kämpfenden Provinzen« steht für jene Epoche permanenter Bürgerkriege, in denen sich die mächtigen Geschlechter des Inselreiches gegenseitig bekämpften. Doch zugleich erlebte die japanische Gesellschaft eine Phase beispielloser kultureller Blüte und sozialer Mobilität.

Durch den Einsatz westlicher Feuerwaffen gelang Oda Nobunga 1575 in der Schlacht von Nagashino der Sieg über das gegnerische Ritterheer.

In den Zeiten eines schwachen Kaisertums vertrat der Shogun als faktisch Herrschender die Zentralgewalt in Japan. Bis Mitte des 15. Jahrhunderts war es den Shogunen aus dem Haus der Ashikaga gelungen, die machthungrigen Feudalherren (Daimyo) in den Provinzen in Schach zu halten. Doch 1467 kam es anlässlich eines Streits um die Nachfolge des Shoguns zum offenen Konflikt zwischen den mächtigen Daimyo-Geschlechtern. Zehn Jahre lang tobte der Krieg zwischen den Vasallen des Shoguns. Zwar wurde im Jahre 1477 eine Waffenruhe vereinbart, doch Kyoto, Schauplatz des Gemetzels, blieb zerstört zurück und Japan für ein Jahrhundert ohne zentrale Autorität.

Zeitalter der kämpfenden Provinzen

Der Krieg verlagerte sich in die Provinzen, überzog alle Regionen des Inselreiches. Doch nicht als lodernder, alles vernichtender Flächenbrand, sondern in Form von zahllosen Scharmützeln, gezielten Mordanschlägen, langwierigen Belagerungen und einigen großen Feldschlachten wurde dieser Kampf ausgefochten. Das »Zeitalter der kämpfenden Provinzen« brachte einen bestimmten Typus des Feudalherrn (Sengoku Daimyo) hervor, der sich in ganz besonderer Weise durch taktisches Kalkül, strategische Kompetenz und Reaktionsschnelligkeit auszeichnete. Loyalität und Treue gegenüber dem Herrn galten meist nur solange, wie sie auch dem eigenen Fortkommen dienten. Geschichten von der heimtückischen Ermordung der Daimyo oder des Shoguns durch die eigenen Vasallen sind Legion und stehen in krassem Widerspruch zum ritterlichen Ehrenkodex der Samurai, so wie er in zahllosen »Hausregeln« (kakun) der Schwertadelsgeschlechter beschworen wurde.

Traditionelle japanische Waffen: Pfeile in einem Ständer

Der Weg nach Kyoto

Um 1500 war Japan unter mehr als 250 rivalisierende Daimyo aufgeteilt, die versuchten, im zähen Kampf mit ihrem jeweiligen Nachbarn das eigene Territorium Stück für Stück zu vergrößern. Durch regionale Siege, so das Kalkül, könnte es irgendwann gelingen, in den wirtschaftlich wohlhabenden Zentralprovinzen um Kyoto Fuß zu fassen. Der Kriegsherr, dem dies tatsächlich gelang, war Oda Nobunaga (1534–1582), ein typischer Sengoku Daimyo, dessen Stammlande in Owari an der Pazifikküste lagen, nahe dem heutige Nagoya. Früh zeichnete er sich als militärischer Taktiker und rücksichtsloser Kämpfer aus, der ohne Respekt vor Rang und Namen auch hochgestellte Feudalherren gefangen nahm. In der entscheidenden Schlacht von Nagashino verbündete er sich 1575 für kurze Zeit mit Tokugawa Ieyasu, dem späteren Gründer des Tokugawa-Shogunats. Dann bewaffnete er seine Soldaten mit den erst seit 30 Jahren von Portugiesen in Japan eingeführten Feuerwaffen und brachte so dem traditionell mit Schwertern und Lanzen ausgerüsteten Heer seines Gegners eine grausame Niederlage bei.

Der reich ornamentierte Dolch zeigt die Kunstfertigkeit der japanischen Schmiede.

JAPAN, EIN REICH IN WAFFEN

BLUTIGE ALLEINHERRSCHAFT

Doch nicht nur Samurai stellten sich Nobunaga in den Weg: Buddhistische Abteien unterhielten eigene Heere, Zehntausende von Bauern hatten sich unter der Führung buddhistischer Geistlicher organisiert und herrschten über ganze Landstriche. Kennzeichnend für Nobunaga war seine Haltung gegenüber den traditionellen Mächten. Shogun, Hofadel, buddhistische Tempel und Schreine wurden nur solange respektiert, wie sie seinen Anspruch auf Alleinherrschaft nicht in Frage stellten. Die Mönche des Enryakuji-Tempels, Zentrum religiöser Gelehrsamkeit und buddhistische Abtei mit großer politischer Macht, mussten ihren Widerstand teuer bezahlen: 1571 machte Nobunaga den Tempelberg nördlich von Kyoto dem Erdboden gleich und tötete mehr als 3000 Geistliche. In Owari kesselte er drei Jahre später 20000 Anhänger des Honganji-Tempels ein und ließ sie durch Feuer vernichten.

Auch das Ende Nobunagas passt in diese Zeit des »Niederschlägt-oben« *(gekokujo)*: 1582, 14 Jahre nachdem er als neuer »starker Mann« in Kyoto eingezogen war, wurde Nobunaga von seinem Gefolgsmann und General Akechi Mitsuhide in einem Tempel der Hauptstadt überfallen und in den Tod getrieben.

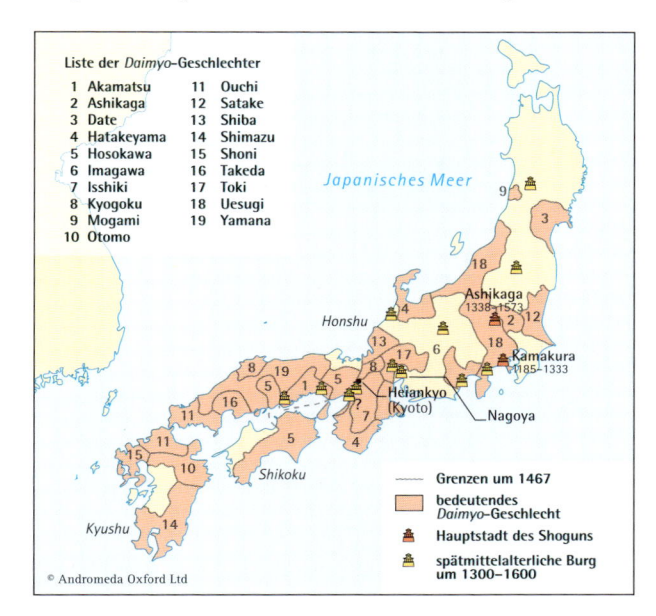

Rüstung mit Samurai-Motiv aus dem späten 16. oder frühen 17. Jahrhundert

Japan im »Zeitalter der kämpfenden Provinzen«

BLÜTE DER KULTUR INMITTEN DES KRIEGES

Das Jahrhundert der Bürgerkriege war paradoxerweise auch eine Blütezeit der japanischen Kultur. Denn die Daimyo versuchten ihren jeweiligen Stammsitz in den Provinzen kulturell attraktiv zu gestalten und in der Region ein »kleines Kyoto« zu schaffen. In den Provinzstädten wurden am Fuße der Burg nach den Samurai auch Handwerker und Händler angesiedelt, die Kunst und Wirtschaft zum Aufschwung verhelfen sollten. Meister der Gartenkunst, der Teezeremonie und der Malerei wurden angeworben, um den Glanz der klassischen Künste auch in der Provinz erstrahlen zu lassen. Dies geschah in dem Bewusstsein, dass nur ein kultivierter Militärführer Anspruch auf Herrschaft erheben konnte. Insbesondere in Süd- und Westjapan führte die Begegnung mit dem Christentum seit etwa 1550 zu einer weiteren Bereicherung der traditionellen japanischen Kultur.

Japanische Rüstung aus dem späten 16. Jahrhundert

▶ Völker, Staaten und Kulturen: Shogun-Herrschaft in Japan
▶ Völker, Staaten und Kulturen: Samurai und Ritter

Krieg im Zeitalter des europäischen Kolonialismus und Absolutismus

In der Epoche des 16. bis 18. Jahrhunderts zeigte die europäische Kriegsgeschichte Entwicklungen, die eng mit der Entstehung des modernen, absolutistischen Staates zusammenhingen. Durch die Expansion der europäischen Mächte nach Amerika und Asien wurden im Kriegsfall auch die überseeischen Kolonien und die Weltmeere zu Kriegsschauplätzen. So kann man bereits den Siebenjährigen Krieg als eine Art Weltkrieg bezeichnen, da die Kämpfe gleichzeitig in Europa, Nordamerika und Indien stattfanden und außerdem einheimische Bevölkerung und Machthaber einbezogen waren.

Die Überlegenheit europäischer Waffentechnik

Die auf die Entdeckungsfahrten folgende Kolonisierung der Welt wurde nicht zuletzt durch die zunehmende waffentechnische Überlegenheit Europas erleichtert. Vor allem die indianischen Völker Amerikas, die noch mit Waffen der Stein-Kupferzeit kämpften, hatten keine Chance zu Erfolg versprechendem Widerstand. Dagegen war die Kriegstechnik der islamischen Welt, Indiens und Chinas bis etwa 1600 der europäischen durchaus ebenbürtig; doch dann machten sich die wissenschaftlichen Entdeckungen seit der Renaissance auch auf militärischem Gebiet bemerkbar. Wesentlich trug zur europäischen Überlegenheit die Tatsache bei, dass sich weite Teile des Kontinents in einem Dauerkriegszustand befanden. Man hatte also reichlich Kampferfahrung und versuchte beständig, durch systematische Verbesserung der Waffen einen Vorteil zu erlangen.

Dies schlug sich im Aufschwung des Geschützbaus nieder sowie in der Entwicklung leichterer und zuverlässigerer Handfeuerwaffen. Das Ergebnis war eine neuartige Infanterietaktik, die dem Fernkampf mit gestiegener Feuerüberlegenheit die Hauptrolle zuwies. Dagegen kam ein Feind, der noch in der mittelalterlichen Tradition stand, nicht an! Das zeigten die Türkenkriege des 17. Jahrhunderts. Die kaiserliche Infanterie verschanzte sich hinter beweglichen Hindernissen, den so genannten spanischen Reitern, und verurteilte mit ständigem Gewehrfeuer jeden türkischen Reiterangriff zum Scheitern. Diese Taktik der Feuerüberlegenheit in geschlossenen Einheiten war nur durch eine langwierige und sorgfältige Ausbildung zu gewährleisten, die auf Disziplin größten Wert legte.

Staat und Soldat

Bis zum Dreißigjährigen Krieg warben die kriegsführenden Parteien Söldner an. Geführt wurden die Verbände von einem Oberst, einem militärischen »Unternehmer«, der die Bedingungen und den Sold mit dem Kriegsherrn aushandelte. Jeder Mann hatte für seine Ausbildung im Kriegshandwerk sowie für Waffen und Ausrüstung selbst zu sorgen. Der Absolutismus, der im 17. und 18. Jahrhundert seinen Höhepunkt erreichte, unterzog dieses System einer radikalen Änderung. Nun war der Staat ganz auf die Person des Herrschers zugeschnitten. *L'etat c'est moi* (»Der Staat bin ich«), sagte der französische Sonnenkönig, Ludwig XIV., dessen glanzvolle Repräsentation und zentralistische Regierung für viele andere europäische Fürsten Vorbild wurde.

In den stehenden Heeren der absolutistischen Staaten kämpften zwar noch immer Angeworbene, die keineswegs – wie später im Nationalstaat – Landeskinder sein mussten. Aber sie unterstanden dem alleinigen Befehl des Fürsten, der sie mit einheitlicher Kleidung (Uniform) und Waffen versorgte. Der Krieg wurde so zu einer Sache des Staates, aus der man den Bürger möglichst heraushielt. Es brach die Zeit der

Kabinettskriege an, in denen mit begrenzter Zielsetzung gekämpft wurde. Meist ging es um ein bestimmtes Territorium, etwa in den Schlesischen Kriegen zwischen Preußen und Österreich, oder eine strittige Erbfolge beim Aussterben einer regierenden Dynastie.

Selbstverständlich starben weiterhin zahllose Menschen, Soldaten und Zivilisten, wurden ganze Landstriche verwüstet. Doch im Gegensatz zu früher, als die Beute einen Teil des Kriegslohns darstellte und der Sieger jedes Recht für sich in Anspruch nahm, wurden nun Übergriffe auf die Zivilbevölkerung hart bestraft. Fanatischer Hass auf den Gegner war meistens unbekannt, und da gut ausgebildete Soldaten teuer und nicht leicht zu ersetzen waren, schonten die Befehlshaber diese so weit wie möglich. Lieber manövrierte man den Gegner durch Umgehungen aus, als das Risiko einer womöglich verlustreichen Attacke auf sich zu nehmen.

Truppen und Taktik

Die im 17. Jahrhundert beginnende Differenzierung der Gattungen Infanterie, Kavallerie und Artillerie, zu denen sich nun auch technische Truppen wie Pioniere und das Nachschubwesen gesellten, wurde während des 18. Jahrhunderts abgeschlossen. Den Kern der Schlachtordnung bildete die in Linien aufgestellte Infanterie, daher der Begriff Linieninfanterie. Jede Linie war mehrere Glieder tief und stellte sich von der nächsten Linie in einiger Entfernung auf. Jeder dieser Linien, Treffen genannt, war an den Flanken Kavallerie und Artillerie beigegeben, wobei letztere auch vor der Front stehen konnte. Salvenfeuer sollte die gegnerische Schlachtordnung soweit in Unordnung bringen, dass der Infanterie ein Angriff mit dem Bajonett möglich war.

Die wegen der Schwere der Geschütze ursprünglich recht unbewegliche Artillerie wurde im Laufe des 18. Jahrhunderts immer leichter und stellenweise auch zu reitenden Batterien zusammengefasst. So konnten sie je nach Bedarf an verschiedenen Orten des Schlachtfelds aufgestellt werden, wodurch sich ihre taktische Bedeutung erhöhte.

Die Kavallerie des 18. Jahrhunderts gliederte sich in leichte Kavallerie und schwere Kavallerie, die mit dem Brustpanzer (Kürass) versehenen Kürassiere. Daneben existierten noch die Dragoner, ursprünglich eine Art berittene Infanterie, die sich aber schon im 18. Jahrhundert immer mehr zur reinen Kavallerie entwickelte. Die Aufgabe der schweren Kavallerie war die Erschütterung des Feindes durch Attacken, die mit blanker Waffe geführt wurden. Mehr zur Selbstverteidigung als zum Angriff dienten Pistolen und Karabiner. Die leichte Kavallerie, Husaren und Panduren, hatte zwei Aufgaben: Den Feind durch vom Pferd aus abgefeuerte Karabinerschüsse und Scheinangriffe zu beunruhigen und ihn gegebenenfalls auf der Flucht zu verfolgen. Unter diesen militärtechnischen und taktischen Voraussetzungen wurden auch die ersten Schlachten gegen das revolutionäre Frankreich geführt, wobei sich dieses System gegen die von einem neuen Geist getragene neuartige französische Militärtaktik nicht mehr behaupten konnte.

Die Entwicklung der Uniform

Ende des 17. Jahrhunderts lösten gleich gekleidete, also uniformierte Militäreinheiten die bunt zusammengewürfelten Söldnerhaufen ab. In Schnitt und Formgebung unterschied sich die Uniform bis auf einige militärische Details nicht von der jeweiligen zivilen Mode. Wegen des dichten Pulverqualms auf den Schlachtfeldern wurden, im Gegensatz zu heute, die Uniformen möglichst bunt gehalten, um eine Unterscheidung der einzelnen Kriegsparteien zu gewährleisten. Schon früh setzte sich in den jeweiligen Ländern bei der Infanterie eine Grundfarbe durch, die bis zum Beginn des 20. Jahrhunderts beibehalten werden sollte: Blau stand für Preußen (später für ganz Deutschland) und für Frankreich, Rot für England, Weiß für Österreich (ab 1868 dunkelblau), Grün für Russland.

KONFLIKTE IM REICH

STÄNDISCHE, RELIGIÖSE UND SOZIALE KONFLIKTE IM REICH

In der ersten Hälfte des 16. Jahrhunderts war die deutsche Geschichte von inneren Konflikten geprägt. Ihre Ursachen lagen vorrangig in der konfessionellen Spaltung, aber auch im Machtzuwachs der Landesfürsten und dem gleichzeitigen Niedergang der mittelalterlichen Ständeordnung.

DER AUFSTAND DER BAUERN

Die Verlierer dieses Prozesses waren das Kaisertum, die – durch das Aufkommen des Landsknechtwesens – bedeutungslos gewordenen Reichsritter sowie die Bauern, denn die frühmodernen Landesherren strebten einen einheitlichen Untertanenverband an, in dem für ständische Privilegien kein Platz mehr war. Doch die Bauern waren entschlossen, ihre alten Rechte zu verteidigen und sich gegen neue wirtschaftliche Belastungen zu wehren. Sie deuteten die »Freiheit des Christenmenschen«, die Luther verkündet hatte, auch politisch und forderten in lokalen Aufständen ihr Selbstbestimmungsrecht ein.

Johann van Leyden, Führer der Wiedertäufer zu Münster, wurde 1535 hingerichtet.

Seine Parteinahme für Kaiser Karl V. im Schmalkaldischen Krieg brachte Herzog Moritz die sächsische Kurwürde ein.

Durch die Reformation Martin Luthers wurde die konfessionelle Einheit der deutschen Länder zerstört. Damit entfiel eine wichtige mentale Klammer, die das territorial zersplitterte Reich zusammenhielt. Zwar hatte es im Innern des Reiches auch früher bewaffnete Interessenskonflikte gegeben, aber nun kam die Frage des »richtigen« Glaubens als Krisenfaktor hinzu. Darüber hinaus erlebte die frühe Neuzeit gesellschaftliche Umwälzungen, aus denen letztendlich die Territorialherren als stärkste Kraft im Reich hervorgingen.

1524 begann im Südwesten Deutschlands der Bauernkrieg, der sich rasch nach Thüringen und Oberösterreich ausbreitete. Einzelne Reichsritter wie Florian Geyer (um 1490 – 1525) oder Götz von Berlichingen (1480 – 1562) schlossen sich den Aufständischen an. Doch es fehlte an einheitlicher Planung und Zielsetzung. Schließlich einigte das wütende Morden und Brennen der ungeordneten Bauernhaufen die Gegner: Mit Luthers Billigung schlugen die Fürsten militärisch zurück und beendeten den Krieg als Sieger.

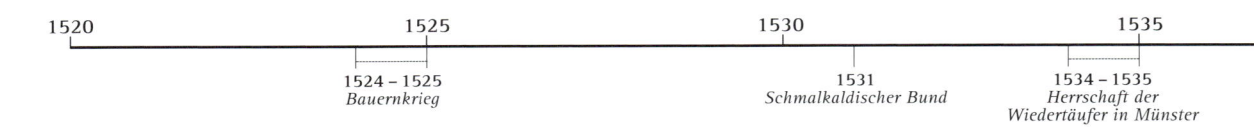

1520 — 1525 — 1530 — 1535

1524 – 1525
Bauernkrieg

1531
Schmalkaldischer Bund

1534 – 1535
Herrschaft der Wiedertäufer in Münster

Konflikte im Reich

Sozialrevolutionäre Experimente

Der geistige Führer der thüringischen Bauern war Thomas Münzer (um 1490–1525), ein sprachgewaltiger protestantischer Theologe. Allerdings stand er in Gegnerschaft zu Luther, weil er die innere Erleuchtung über das Wort der Bibel stellte und den geistigen Stand abschaffen wollte. Gleichermaßen verfolgt von Katholiken und Lutheranern, radikalisierte sich Münzer zunehmend auch politisch und proklamierte das Widerstandsrecht des Volkes gegen die »unverschämte Tyrannei« der Obrigkeit. Sein revolutionäres Ziel war die Errichtung eines »Gottesreichs« ohne soziale Schranken. 1525 gelang es Münzer gemeinsam mit Heinrich Pfeifer, im sächsischen Mühlhausen eine radikaldemokratische Verfassung durchzusetzen. Von hier aus schürte er den Aufstand in Thüringen. Nach der blutigen Niederlage des 6 000 Mann starken Bauernheers geriet er in Gefangenschaft und widerrief unter der Folter seine Lehre.

Die kompromisslose Ablehnung der bestehenden politischen und sozialen Ordnung sowie die Erwartung des baldigen Weltuntergangs prägten die religiöse Bewegung der Wiedertäufer, die durch die Reichsgesetzgebung von 1528/29 einer harten Verfolgung ausgesetzt war. Dennoch fand das an der urchristlichen Gemeinde orientierte Täufertum vor allem in den unteren Schichten viel Zuspruch. Seine sozialrevolutionäre Kraft manifestierte sich in Münster, wo 1534 das »neue Zion« errichtet wurde. Fanatische Religiosität, Besitzlosigkeit und soziale Gleichheit kennzeichneten dieses Täuferreich, das nach einer monatelangen Belagerung 1535 von bischöflichen Truppen zerstört wurde.

Protestantische Fürsten gegen den Kaiser

Zahlreiche deutsche Fürsten und Reichsstädte führten in ihren Territorien die Reformation durch, was sie in Gegnerschaft zum katholischen Habsburgerkaiser brachte. Als dieser die protestantischen Reichsstände zum alten Glauben zurück zwingen wollte, schlossen sie sich 1531 im Schmalkaldischen Bund zusammen. Zum offenen Krieg kam es, nachdem Kaiser Karl V. (Reg. 1519–1556) die beiden Führer des Bundes, den Kurfürsten von Sachsen und den Landgrafen von Hessen, ächtete. Aber die Protestanten nutzten ihre anfängliche militärische Überlegenheit nicht, sondern ließen Karl genügend Zeit, um seinerseits Bündnispartner zu finden. So konnte er 1547 in der Schlacht von Mühlberg an der Elbe den Schmalkaldischen Krieg für sich entscheiden.

Angesichts der Türkengefahr durfte der Kaiser keine weiteren innenpolitischen Konflikte zulassen. Er schuf den Ausgleich mit den protestantischen Reichsständen und unterzeichnete 1555 den Augsburger Religionsfrieden, der im Reich die Gleichberechtigung von katholischem und lutherischem Bekenntnis verankerte. Eingeführt wurde auch der Rechtsgrundsatz *cuius regio, eius religio*: Wer die Herrschaft innehat, bestimmt über die Religion in seinem Territorium. Das bedeutete, dass die Untertanen jeweils der Konfession des Landesherrn anzugehören hatten.

Das kaiserliche Edikt barg ein Konfliktpotenzial, das in den folgenden Jahrzehnten für immer neue Reibereien sorgte. Für lange Zeit sollte das Reich nicht mehr zur Ruhe kommen: 1608 schlossen sich protestantische Fürsten zur Union zusammen, ein Jahr später die katholischen zur Liga. Der konfessionelle Gegensatz mündete schließlich in den Dreißigjährigen Krieg, den bis dato schrecklichsten Krieg auf deutschem Boden.

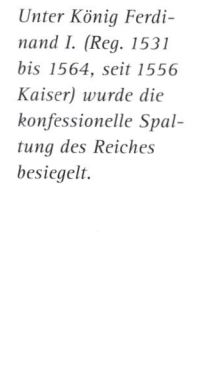

Unter König Ferdinand I. (Reg. 1531 bis 1564, seit 1556 Kaiser) wurde die konfessionelle Spaltung des Reiches besiegelt.

Die letzte Seite des Augsburger Religionsfriedens von 1555 mit der Unterschrift Ferdinands I.

1540 — 1545 — 1550 — 1555

1546–1547 Schmalkaldischer Krieg

1555 Augsburger Religionsfrieden

> Völker, Staaten und Kulturen: Das Heilige Römische Reich
> Religionen und Glaubensformen: Reformation in Deutschland
> Menschen und Ideen: Herrscher der frühen Neuzeit
> Menschen und Ideen: Martin Luther

DIE SPANISCHE EROBERUNG MITTEL- UND SÜDAMERIKAS

Innerhalb weniger Jahrzehnte baute Spanien nach 1494 sein Kolonialreich in Mittel- und Südamerika auf. Die eindrucksvolle Entdeckung der neuen Welt ging Hand in Hand mit aggressiver Expansionspolitik und rücksichtsloser Ausbeutung.

Der Habsburger Karl V. (1500 – 1558) war deutscher König, König von Spanien und Kaiser.

Am 12. Oktober 1492 landete Christoph Kolumbus auf der Suche nach einem Seeweg nach Indien in der Karibik. Er hatte einen neuen Kontinent entdeckt: Amerika. Doch über seine Nachricht, dass er hier »so viel Gold verschaffen kann, wie sie nur wünschen«, mögen sich die spanischen Hoheiten, die seine Reise finanziert hatten, viel mehr gefreut haben. In Europa, wo Gold ein höchst rares Gut war, schien das Edelmetall der Schlüssel zu allem irdischen Glück. Und die Suche nach Eldorado, dem sagenhaften Goldland in Südamerika, ein Unternehmen, das alle Mühe wert war. Wagemutige Spanier erschlossen innerhalb weniger Jahre ganz Mittelamerika und drangen schließlich zum Pazifik vor. Wegen der unwegsamen Gebirge war der Pazifik von den Atlantikküsten aus allerdings nur schwer zu erreichen. So versuchte man, auf zahlreichen gefährlichen Expeditionen nach Norden und nach Süden, eine günstige Verbindung zwischen den beiden Meeren zu entdecken. Aber die Spanier kamen nicht nur als Entdecker, sondern auch als kriegerische Eroberer. Schon auf den Antillen schlugen sie alle Aufstände der Ureinwohner blutig nieder.

CORTÉS EROBERT MEXIKO

Die Expansion nach Übersee stellte die Spanier vor riesige Probleme: Sie kamen mit den klimatischen Bedingungen nur schlecht zurecht, waren den Indios zahlenmäßig weit unterlegen und trafen nicht nur auf »wilde« Stämme, sondern auch auf die kulturell hoch stehenden Reiche der Maya, Inka und Azteken.

Von den Antillen ausgehend, wurde der Kontinent erkundet. Die Expedition des Fernández de Córdoba landete 1517 an der mexikanischen Küste von Yucatán, wurde allerdings von den dort ansässigen Maya zurückgetrieben. Mehr Erfolg hatte eine zweite Expedition von 400 Männern unter Hernán Cortés: 1519 gründete er am Golf von Mexiko die Stadt Veracruz und ließ sich von seinen Leuten zum Capitán General ausrufen. Die Eroberung des mexikanischen Aztekenreiches, das seinerseits noch jung und auf brutale Unterdrückung gestützt war, gelang Cortés nicht zuletzt durch geschickte Bündnispolitik mit Stämmen, die den Azteken feindlich gesonnen waren. Schließlich nahmen die Spanier die Hauptstadt Tenochtitlán ein. Der Aztekenherrscher Montezuma II. wurde 1520 ermordet. Doch in der berüchtigten *Noche Triste* (traurige Nacht) schlug die aufständische Bevölkerung zurück: Nur 400 Spanier überlebten das Massaker.

Aber Cortés gab nicht auf, er besetzte die Hauptstadt erneut und ließ den neuen Herrscher foltern, um die Schätze der Azteken in seinen Besitz zu bekommen. 1522 war das mexikanische

Der spanische Eroberer Hernán Cortés 1520 in der Schlacht von Otumba, die mit der Niederlage der Azteken endete.

Eroberung Mittel- und Südamerikas

Zentralplateau fest in spanischer Hand und damit die Grundlage für das künftige Vizekönigreich *Nueva España* (Neuspanien) geschaffen.

Pizarro in Peru

Die Taten eines Cortés und die Nachrichten über einzigartige Goldschätze lockten andere spanische Eroberer in den Süden. Francisco Pizarros Expedition brachte 1527 erste Nachrichten über das Inkareich. Aber bevor er weitere Schritte unternahm, sicherte er sich bei der spanischen Krone verschiedene Titel und Privilegien, die ihn als künftigen Gouverneur und Generalkapitän jenes noch zu erobernden Gebietes auswiesen. Das riesige Territorium umfasste das heutige Peru, Ecuador und einen Teil Boliviens. 1532 traf Pizarro mit nur 200 Mann auf die 30 000 Krieger des Inkaherrschers Atahualpa. Aber die Indios kannten keine Pferde und flohen in Panik vor der spanischen Reiterei. Pizarro siegte, der Herrscher wurde getötet, die Inkahauptstadt Cuzco fiel. Bis 1539 brachten die Spanier das ganze Reich unter ihre Kontrolle. 1535 gründete Pizarro Lima als neue Hauptstadt.

Die Konquistadoren

Vielfach wird die Conquista, die Eroberung Mittel- und Südamerikas – mit Ausnahme des portugiesischen Brasilien – für die spanische Krone, als Fortsetzung der Reconquista gedeutet, jenes »Kreuzzugs«, den die christlichen Herrscher auf der Iberischen Halbinsel gegen den Islam führten. Tatsächlich ging es auch in der neuen Welt um Christianisierung; denn im Vertrag von Tordesillas (1494), der die Welt in eine spanische und eine portugiesische Einflusssphäre aufteilte, hieß es: »für Gott die Seelen, das Land dem König«. Zu verteilen war aber auch viel Gold, und das beanspruchten die erfolgreichen Konquistadoren zu einem großen Teil für sich. Sie waren Abenteurer und Offiziere, die, auch wenn sie bei ihren Eroberungszügen in Diensten der spanischen Krone standen, die Ausbeutung der unterworfenen Länder teilweise recht eigenmächtig handhabten. Es ging um viel Geld! So lieferten sich die Konquistadoren auch untereinander blutige Kämpfe. Pizarro etwa ließ Diego de Almagro, den Eroberer des späteren Bolivien, 1538 ermorden, wurde aber von dessen Anhängern drei Jahre später seinerseits getötet.

·········· Das Gold des Inka Atahualpa ··········

Thronstreitigkeiten im Herrscherhaus nutzte Pizarro bei seiner Eroberung des Inkareichs. Er unterstützte zuerst den Prinzen Atahualpa. Als dieser seinen Rivalen beseitigt hatte, stellte sich Pizarro gegen ihn. Atahualpa verfügte zwar über eine gewaltige Armee, aber Pizarro setzte Reiter und Kanonen ein – beides den Inka absolut fremd. Sie flohen in Panik, die Spanier nahmen Atahualpa gefangen. Um sich die Freiheit zu erkaufen, machte er Pizarro ein märchenhaftes Angebot: So viel Gold wie in das Zimmer, in dem sie sich befanden, hineinpasste, sollte der Spanier dafür bekommen. Pizarro nahm das Gold, gab ein Fünftel davon an die spanische Krone, behielt den Rest für sich – und ließ Atahualpa ermorden. Dessen Tod war eines der infamsten Verbrechen der Spanier in der Neuen Welt.

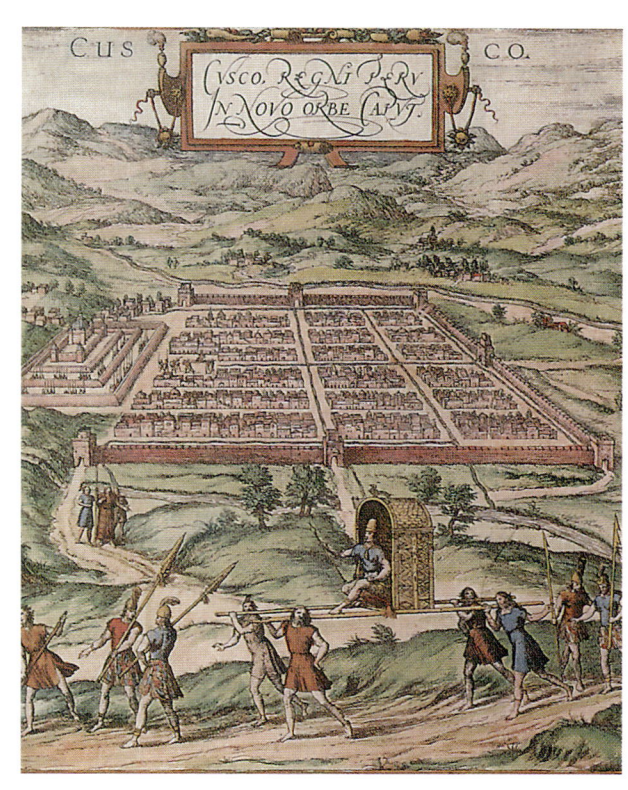

Cuzco, die geometrisch angelegte Hauptstadt des Inkareiches, wurde 1533 von den Spaniern unter Pizarro eingenommen.

Francisco Pizarro (um 1471 – 1541), der Entdecker und Eroberer Perus, war berüchtigt für seine Skrupellosigkeit.

▶ Völker, Staaten und Kulturen: Spanien und sein Weltreich
▶ Große Entdeckungen: Entdeckung der Neuen Welt
▶ Große Entdeckungen: Erste Durchquerung Amerikas
▶ Große Entdeckungen: Auf den Spuren der Konquistadoren
▶ Handel und Wirtschaft: Raubzüge der Konquistadoren

DIE HUGENOTTENKRIEGE

In Frankreich lieferte die katholische Partei zwischen 1562 und 1598 den Hugenotten, die der Lehre des Reformators Jean Calvin folgten, einen nicht nur religiös motivierten Kampf. Das Land erlebte eine Epoche von Bürgerkriegen, Mord und Totschlag, Verfolgung und Emigration.

Das Massaker an den Hugenotten in der Bartholomäusnacht (23./24. August 1572) ging auch unter dem Namen »Pariser Bluthochzeit« in die Geschichte ein.

Auch nach seinem Übertritt zum Katholizismus sympathisierte Heinrich IV. (1553 – 1610), König von Frankreich und Navarra, mit den Hugenotten.

Im Jahr 1560 war die religiöse Minderheit der Calvinisten, damals auch schon Hugenotten genannt, in Frankreich zu einem politisch wichtigen Faktor geworden, da an ihrer Spitze Verwandte des Königshauses und Vertreter des Hochadels standen: König Anton von Navarra (Reg. 1555–1562), der ein Neffe des französischen Königs Franz I. (Reg. 1515–1547) war, Prinz Louis de Condé und der königliche Admiral Gaspard de Coligny. Prompt bekamen die Hugenotten 1562 von der Krone das Recht zur Abhaltung von Gottesdiensten außerhalb der Städte garantiert. Auf diese Erleichterungen antwortete die Gegenseite mit dem »Massaker von Vassy«, bei dem 60 Hugenotten erschlagen wurden. Anstifter waren die streng katholischen Herzöge aus dem lothringischen Haus der Guise, die das königliche Finanz- und Militärwesen kontrollierten und wegen des wachsenden calvinistischen Einflusses um ihre Stellung fürchteten.

DIE EPOCHE DER BÜRGERKRIEGE

Dieses Massaker bildete den Auftakt zu acht französischen Bürgerkriegen. Zwar lassen sie sich auch als Religionskriege interpretieren, zumal katholische und reformierte Bevölkerungsteile aufeinander prallten und die Hugenotten um ihre konfessionelle Anerkennung rangen. Doch ging es ebenso um die Machtinteressen der beiden konkurrierenden Parteien des Hochadels. Sie schürten die Aggressionen, um ihre Position nicht zuletzt auf Kosten der Krone zu stärken. Denn das Herrscherhaus, das zwischen den Parteien lavierte, befand sich in einer Krise, seit Karl IX. (Reg. 1560–1574) als Kind den Thron bestiegen hatte und die Regentschaft de facto von seiner Mutter Katharina von Medici, einer wenig respektierten Italienerin, ausgeübt wurde. Auch unter Karls Bruder Heinrich III. (Reg. 1574–1589) änderte sich die schwache Stellung der Krone nicht.

Kennzeichnend für die Bürgerkriege war, dass sie nie das ganze Land erfassten, von mehrjährigen Waffenruhen unterbrochen und nicht durch Schlachten, sondern durch Massenmorde und Attentate geprägt wurden. So fielen herausragende Vertreter beider Seiten – Coligny, Condé, drei Herzöge der Guise und König Heinrich III. – dem Terror zum Opfer.

1572 erreichten die Grausamkeiten ihren Höhepunkt in der berüchtigten »Batholomäusnacht«: Am 24. August, dem Bartholomäustag, heiratete Heinrich von Navarra, der zum Katholizismus übergetretene Sohn des calvinistischen Königs Anton von

---

1540 — 1560 — 1580 — 1600 — 1620 — 1640 — 1660

Bis 1550 *Entstehung hugenottischer Gemeinden in ganz Frankreich*

1562–1598 *Epoche der Bürgerkriege*

1572 *Bartholomäusnacht*

1598 *Edikt von Nantes*

1629 *Fall von La Rochelle*

HUGENOTTENKRIEGE

Die historische Karte aus dem »Theatrum Orbis Terrarum« des Abraham Ortelius (Antwerpen, 1579) zeigt Frankreich in der zweiten Hälfte des 16. Jahrhunderts.

Navarra, die Schwester des französischen Königs in Paris. Er brachte Hugenotten im Gefolge mit, gegen die die Katholiken eine begrenzte Aktion planten. Doch die Sache eskalierte, es kam zu fanatischen Ausschreitungen in verschiedenen Teilen Frankreichs, bei denen Tausende von Hugenotten getötet wurden.

DAS EDIKT VON NANTES

1588 ließ der kinderlose Heinrich III., der letzte männliche Valois auf dem französischen Thron, zwei Herzöge der Guise ermorden. Damit konnte er einen möglichen Staatsstreich abwenden, fiel aber 1589 selbst einem Attentat zum Opfer. Ihm folgte sein Schwager, der Bourbone Heinrich von Navarra, auf den französischen Thron: Unter Heinrich IV. endete die Epoche der Bürgerkriege und das französische Königtum gewann auf Kosten des opponierenden Hochadels neue Stärke.

Seine hugenottenfreundliche Haltung wollte Heinrich IV. (Reg. 1589–1610) auch als katholischer König nicht verleugnen. So wurde der Calvinismus im Edikt von Nantes 1598 zumindest in bestimmten Grenzen als Konfession offiziell anerkannt: Den Hugenotten wurden Niederlassungs- und Gewissensfreiheit im ganzen Königreich gewährt, ab jetzt standen ihnen auch Schulen und Universitäten offen. Die öffentliche Ausübung des reformierten Gottesdienstes wurde unter anderem dort gestattet, wo es ihn vor 1597 und aufgrund früherer Edikte gegeben hatte. Hinzu kam die Erlaubnis zur Abhaltung von Synoden. Ferner sicherte ihnen ein geheimer Zusatzartikel für acht Jahre 150 Orte zu, darunter die Festung La Rochelle an der Atlantikküste.

DAS SCHICKSAL DER HUGENOTTEN IM 17. UND 18. JAHRHUNDERT

Während in verschiedenen Ländern Europas die Calvinisten Rechtsgleichheit genossen, sahen sich die französischen Hugenotten erneuter Unterdrückung ausgesetzt: 1629 wurden unter Ludwig XIII. (Reg. 1610–1643) ihre politischen Rechte nach der gewaltsamen Einnahme La Rochelles aufgehoben. 1685 folgte unter dem Sonnenkönig Ludwig XIV. (Reg. 1643 bis 1715) die Rücknahme des Edikts von Nantes, so dass sie ihren Glauben nur noch im Verborgenen ausüben konnten. Aus Furcht vor Vermögenskonfiskation und anderen Strafmaßnahmen verließen über 200 000 Hugenotten die Heimat. Die französische Wirtschaft litt enorm unter diesem Aderlass, während in Staaten wie Preußen, die den Glaubensflüchtlingen Exil boten, der Gewerbefleiß und die Geschäftstüchtigkeit der Hugenotten zur ökonomischen Blüte beitrugen. In Frankreich erhielten die Hugenotten erst durch die Revolution von 1789 die konfessionelle Gleichberechtigung.

1598 erließ Heinrich IV. das Edikt von Nantes, das den Calvinismus als Konfession anerkannte.

1680 — 1700 — 1720 — 1740 — 1760 — 1780 — 1800

1685 Rücknahme des Edikts von Nantes

1789 Anerkennung der Hugenotten in Frankreich

▶ Religionen und Glaubensformen: Das konfessionelle Zeitalter
▶ Menschen und Ideen: Herrscher der frühen Neuzeit

Der niederländische Freiheitskrieg

Die rigorose Unterdrückung durch den spanischen König Philipp II. rief in den zu Spanien gehörenden Niederlanden Widerstand hervor. 1568 brach der kompromisslos geführte Freiheitskrieg aus. 1581 erklärten sich die nördlichen Provinzen zur unabhängigen Republik, aber bis 1648 ging der Kampf weiter.

Wilhelm I. von Oranien (1533 bis 1584) führte den Freiheitskampf gegen Philipp II. von Spanien an.

Die spanischen Niederlande lagen auf einem Gebiet, das heute die Niederlande, Belgien, Luxemburg und Teile Nordfrankreichs umfasst. Politisch stellten sie einen Länderbund aus 17 Provinzen dar, die sich weitgehend selbst verwalteten. Darüber stand der Generalstatthalter des spanischen Königs. Der Besitz der Niederlande hatte für Spanien vor allem wirtschaftliche Bedeutung: Ihr Steueraufkommen brachte der Krone siebenmal mehr ein als das Gold und Silber der amerikanischen Kolonien. Denn die Niederlande gehörten mit ihren 200 blühenden Städten nicht nur zu den dichtest besiedelten Landschaften Europas, sondern durch Fernhandel und Gewerbe auch zu den reichsten, nur noch vergleichbar mit Oberitalien. Konfessionell waren die Niederlande überwiegend katholisch geprägt; Calvinisten, Lutheraner und Täufer bildeten nur eine kleine Gruppe.

Aufstand und Krieg

Als Philipp II. 1556 die spanische Krone übernahm, wuchs der Druck auf die Niederlande. Als Vertreter des Frühabsolutismus forcierte Philipp, anders als noch sein Vater Karl V., die Zentralisierung der Staatsgewalt und verschärfte die Jagd auf Protestanten durch die Einführung der Inquisition. Diese Hispanisierung ihrer Heimat rief den Widerstand der niederländischen Eliten

Diego de Velázquez, »Die Übergabe von Breda« (1635). Das berühmte Gemälde zeigt die Übergabe der Stadt durch die Niederländer an Spanien im Jahr 1625.

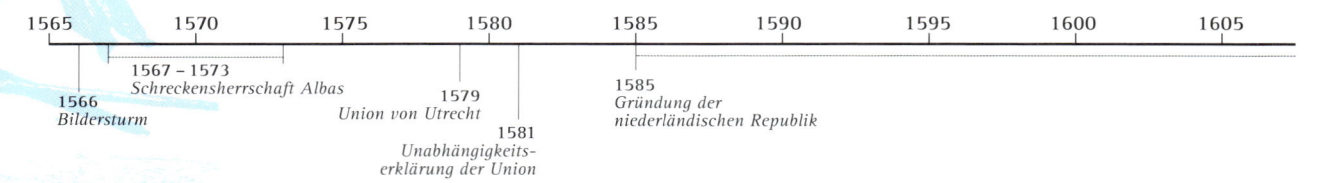

1565 — 1570 — 1575 — 1580 — 1585 — 1590 — 1595 — 1600 — 1605

1566 Bildersturm

1567–1573 Schreckensherrschaft Albas

1579 Union von Utrecht

1581 Unabhängigkeitserklärung der Union

1585 Gründung der niederländischen Republik

Niederländischer Freiheitskrieg

hervor, die bisher die wichtigsten Ämter innehatten: Hoher und niederer Adel sowie die bürgerliche Oberschicht der Städte sahen ihren Einfluss bedroht, aber auch ihre niederländische Identität, die nicht zuletzt auf den alten Freiheiten der städtischen Kaufleute beruhte: Dadurch waren sie reich und selbstbewusst geworden!

Die Verbitterung entlud sich 1566 im großen Bildersturm, bei dem in katholischen Kirchen Kunstwerke und liturgisches Gerät zerstört wurden. Philipp antwortete 1567 mit der Ablösung der nachgiebigen Statthalterin Margarete von Parma und schickte den »eisernen« spanischen Herzog Alba mit einer Besatzungsarmee. Dessen Maßnahmen – Steuererhöhungen, radikale Verfolgung von Protestanten, Blutgericht über die Rebellen, dem auch die populären Freiheitskämpfer Egmont und Hoorn zum Opfer fielen – lösten den niederländischen Aufstand aus. Getragen wurde er von der adelig-bürgerlichen Oberschicht, unterstützt von den verfolgten Calvinisten und von breiten Schichten des Volkes.

Bis 1573, dem Jahr seiner Abberufung, hatte Alba nur Teile der südlichen Niederlande erobern können. Im Norden behaupteten sich die Aufständischen mit ihren Söldnertruppen unter Wilhelm von Oranien, dem Statthalter der Provinzen Seeland und Holland. Einen erfolgreichen Kleinkrieg lieferten der spanischen Militärdiktatur die Geusen (von französisch *gueux*, Bettler), die zumeist dem niederen Adel entstammten und die spanischen »Tyrannen und Rechtsbrecher« als Wassergeusen auch zur See bekämpften.

In den Niederlanden als Unterdrücker verhasst: der spanische Feldherr und Staatsmann Herzog Fernando von Alba (1507–1582)

als Spanische Niederlande dem Königreich. Aus den sieben Nordprovinzen der Union von Utrecht, die bereits 1581 ihre Unabhängigkeit erklärt hatten, entstanden die Republik der Vereinigten Niederlande, auch Generalstaaten genannt. Da die vormalige Provinz Holland innerhalb des neuen Staates eine führende Stellung einnahm, werden die Niederlande noch heute häufig als Holland bezeichnet.

1648 wurde die Republik im Haager Frieden völkerrechtlich anerkannt. Doch bis dahin waren die Kämpfe – auf Seiten der Generalstaaten von dem genialen Moritz von Oranien geführt und von England, dem Feind Spaniens, offen unterstützt – weitergegangen. Sie wurden nun auch in Übersee ausgetragen: Durch Überfälle auf Faktoreien und Niederlassungen in den spanischen Kolonien schafften es die freien Niederländer nicht nur, dem Feind erheblichen wirtschaftlichen Schaden zuzufügen, sondern in Südafrika, Indien und Südostasien ein eigenes Kolonialreich zu begründen. Während Spanien sukzessive seine einstmals überragende Machtposition verlor, stieg die Republik der Niederlande in die erste Reihe der europäischen Handels- und Seemächte auf.

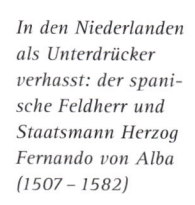

Entstehung der Niederländischen Republik

1578 übernahm der politisch kluge Alexander Farnese die Sache Spaniens in den Niederlanden. Ihm gelang es, die katholischen Südprovinzen durch Zugeständnisse zu versöhnen beziehungsweise durch Druck zu unterwerfen und sie in der Union von Arras zu vereinen. Damit spaltete er die Niederlande; denn die Nordprovinzen schlossen sich 1579 zur Union von Utrecht zusammen und setzten den Freiheitskampf fort.

Für beide Bündnisse markierte das Jahr 1585 einen Meilenstein. Die mit der Union von Arras eingeleitete Rückgewinnung der Südprovinzen durch Spanien fand ihren Abschluss: Artois und Hennegau, ferner Luxemburg, Namur und Limburg sowie die einstigen Kernprovinzen Flandern und Brabant verblieben

Dieses Gemälde von Rodrigo de Holanda zeigt die Schlacht bei Nimwegen, die 1585 stattfand.

König Philipp II. von Spanien (Reg. 1556–1598) – seine repressive Politik löste die Erhebung der selbstbewussten Niederländer aus.

1610 | 1615 | 1620 | 1625 | 1630 | 1635 | 1640 | 1645 | 1650

1585–1648 Krieg zwischen der Republik und Spanien

1648 Anerkennung der Republik

▶ Religionen und Glaubensformen: Gegenreformation
▶ Menschen und Ideen: Herrscher der frühen Neuzeit

Kriegsführung zur See im Zeitalter des frühen europäischen Kolonialismus

Im Jahr 1571 feierte das Abendland den Sieg der christlichen über die türkische Flotte bei Lepanto. Beide Seiten hatten in dieser Schlacht einen im Grunde schon überholten Schiffstyp eingesetzt: die Galeere, deren schlanker Schiffskörper von Ruderern rasch und unabhängig vom Wind manövriert werden konnte. Im Gefecht rammte man das gegnerische Schiff und enterte es über Enterbrücken.

Karavellen und Galeonen

Galeeren taugten jedoch nur für die ruhigeren Gewässer des Mittelmeers, nicht für die von den europäischen Entdeckern befahrenen Ozeane. Schon im 15. Jahrhundert wurden mit Geschützen bestückte Segelschiffe entwickelt, die im Gegensatz zu den Galeeren die Technik des Kreuzens beherrschten und bei widrigen Winden Kurs halten konnten. Ihre Hauptwaffe war die Artillerie. So ist die Niederlage der spanischen Armada im Ärmelkanal (1588) für die Seekriegsführung bedeutsamer als Lepanto; denn sie war den Geschützen der modernen englischen Schiffe unter Sir Francis Drake zu verdanken.

Die am Atlantik liegenden Staaten Spanien, Portugal, England, Frankreich und die Niederlande setzten hauptsächlich zwei Typen von Segelkriegsschiffen ein: Karavellen, die mit durchschnittlich 15 Geschützen auf dem Oberdeck und den Aufbauten bestückt waren, und die größeren, oft mit mehr als hundert Kanonen ausgestatteten Galeonen. Bei diesen war die Artillerie zur Erhöhung der Feuerkraft auch im Rumpf unter dem Oberdeck untergebracht. Gegnerische Schiffe wurden erst geentert, wenn ihre Masten weggeschossen waren, womit sie bewegungsunfähig wurden.

Das neue Kanonenrohr

Dafür brauchte man schnell schießende, weit reichende Geschütze. Neben dem neuen Schiffstypus bildete die in der ersten Hälfte des 14. Jahrhunderts einsetzende Entwicklung von Feuerwaffen für den Land- und bald auch den Seekrieg eine entscheidende Voraussetzung der europäischen Machtausweitung.

Verglichen mit hochwertigen, in der Produktion kostspieligen Bronzerohren waren Rohre aus Gusseisen billiger, aber schwerer und schlecht zu bewegen. Doch für die Marineartillerie spielte die Transportfrage eine geringere Rolle. So fanden sich diese Schwergewichte schon in den dreißiger Jahren des 14. Jahrhunderts auf französischen und genuesischen, 1380 auf venezianischen Kriegsschiffen.

In England, das anfangs gegenüber Frankreich, Deutschland oder Italien ein eher unbedeutender Geschützhersteller war, ge-

Einen ihrer berühmtesten Seesiege errangen die Engländer 1588 im Ärmelkanal über die spanische Armada.

Kriegsführung zur See im frühen Kolonialismus

Martin Frobisher (1535–1594) nahm 1585 an Drakes Westindienfahrt und 1588 an der Schlacht gegen die spanische Armada teil.

Zum Schrecken der mittel- und südamerikanischen Küsten wurden im 17. Jahrhundert die Flibustier, deren Name sich von holländisch »vlieboot« (Eilboot) ableitete, was schon auf ihre gefürchtete Schnelligkeit hinweist. Diese Seeräuber, ursprünglich französische Siedler der Antilleninseln, setzten sich nach ihrer Vertreibung durch die Spanier vor allem auf Santo Domingo (Haiti) fest und plünderten von hier aus ganze Städte auf dem Festland. Sie lebten in einer Art demokratischer Gemeinschaft: Auf ihren Schiffen waren die Kapitäne zwar unumschränkte Herrscher – aber auf Zeit. Denn sie konnten von der Besatzung jederzeit abgesetzt werden. Unter dem Engländer John Morgan eroberten sie 1641 die Karibikfestung Porto Bello, drangen über die Landenge von Panama bis zum Stillen Ozean vor, plünderten die Stadt Panama und kehrten mit Raubgut beladen ungehindert zu ihren Schiffen zurück – ein Beweis für die Schwäche der einstigen Großmacht Spanien.

lang William Levett im Jahre 1543 ein entscheidender technologischer Durchbruch. Er entwickelte lange Rohre aus billigem Eisenguss mit relativ geringem Kaliber, die aufgrund des hohen Phosphorgehalts in dem verwendeten Brauneisenerz bruchfest waren. Gegenüber ungepanzerten Holzschiffen waren kleinkalibrige Kanonen auf hoher See vorteilhaft, da sie schneller feuern konnten. So stieg England rasch zu einem der wichtigsten Waffenexporteure auf.

Krieg der Piraten

In den Kriegen des 16./17. Jahrhunderts waren politische, wirtschaftliche und konfessionelle Motive kaum trennbar. So nutzte Spanien, Vormacht des Katholizismus, die Gewinne aus seinen südamerikanischen Kolonien auch, um den Kampf gegen die protestantischen »Ketzer« zu finanzieren. Im Gegenzug waren für die protestantischen Seemächte England und Niederlande die Gold- und Silbertransporte Spaniens attraktive Angriffsziele: Piraterie erschien zur Verteidigung des rechten Glaubens legitim – und war überdies ausgesprochen einträglich. Die große englische Königin Elisabeth I. (1558–1603) bediente sich im Seekrieg gegen Spanien der so genannten Merchant Adventurers – ursprünglich in Handelsgesellschaften verbundene Unternehmer, die das Monopol für den Tuchhandel mit den Niederlanden und Hamburg besaßen. Ihnen stellte Elisabeth Kaperbriefe aus und gewann damit kostenlos eine Seestreitmacht, die von so berühmten Kapitänen wie John Hawkins, Francis Drake und Martin Frobisher geführt wurde.

Sir Francis Drake (um 1545–1596) – der wagemutige Freibeuter wird 1581 von Elisabeth I. auf seinem Schiff zum Ritter geschlagen.

Sir Francis Drake

Einer der berühmtesten englischen Seehelden war Francis Drake (um 1545–1596), der in Diensten seiner Königin Elisabeth I. nicht nur als erster Engländer die Welt umsegelte, sondern vor allem Spanien, Englands schärfstem Rivalen auf den Weltmeeren, gewaltigen Schaden zufügte. Er plünderte und eroberte spanische Kolonialstädte, kaperte spanische Gold- und Silbertransporte, schlug die Armada und schoss bei einem Überfall auf den Hafen von Cádiz einen Großteil der spanischen Kriegsflotte in Brand: Er habe »dem spanischen König den Bart versengt«, beschrieb er seinen kühnen Handstreich.

▶ Menschen und Ideen: Elisabeth I.

Die Expansion des Moskowiterreiches

Vom Großfürstentum Moskau ging seit dem 14. Jahrhundert das »Sammeln der russischen Erde« aus. Diese entschlossene Expansionspolitik in alle Himmelsrichtungen führte, trotz mancher Rückschläge, im Laufe der Jahrhunderte zur Bildung des neuzeitlichen russischen Großreichs.

Die Kosaken, wegen ihrer Schlagkraft gefürchtete Reiterscharen, siedelten seit dem 16. Jahrhundert als Wehrbauern in der Ukraine. Das Gemälde »Der polnische Kosak« stammt von Anthonis van Dyck.

Im Jahr 1328 verlieh der Khan der Goldenen Horde dem Herrscher von Moskau den Titel eines Großfürsten. Iwan I. hatte sich diese Würde nicht nur durch einen militärischen Sieg über die mächtigen Tataren erkämpft, sondern auch durch hohe Tribute erkauft. Zusätzliches Ansehen gewann Iwan I., als er den Metropoliten zur Übersiedlung nach Moskau bewegen konnte. Damit wurde die Hauptstadt des Moskowiter Großfürstentums auch ein religiöses Zentrum.

Annexion von Nowgorod

Im Zuge der Modernisierung Russlands schuf Zar Iwan IV., der seinen skrupellosen Methoden den Beinamen »der Schreckliche« verdankte, auch ein stehendes Heer.

Aber erst Großfürst Iwan III. (Reg. 1462 – 1505), »der Große« genannt, trieb die Expansion energisch voran. Er vergrößerte das Moskowiterreich um ein Vielfaches, indem er andere russische Teilfürstentümer eroberte. Herausragende Bedeutung kam der Annexion der reichen Stadtrepublik Nowgorod und ihres gewaltigen Territoriums zu. Seine Nachfolger setzten die expansive Politik fort, allerdings mit wechselndem Erfolg. So fiel zwar 1510 Pleskau, aber der Kampf gegen Polen-Litauen erwies sich als schwierig. Smolensk ergab sich zwar 1514, aber danach mussten die Moskauer Truppen eine schwere Niederlage hinnehmen. Die vorübergehende Schwäche des Moskowiterreiches behob Iwan IV. (Reg. 1533 – 1584) durch die radikale Straffung des Herrschaftssystems sowie die Modernisierung des Militärs. Seine Methoden waren gefürchtet – nicht umsonst hieß er »der Schreckliche«.

Unter ihm griffen die Moskowiter den mittlerweile schwachen Deutschen Orden in Livland an. 1558 fielen die Städte Narva und Dorpat, zwei Jahre später zerbrach der militärische Widerstand des Ordens völlig. Doch Polen, Litauer und Schweden hatten ebenfalls Interessen in Livland und schlugen zurück. Im Waffenstillstand von 1582 musste Iwan IV. alle eroberten Gebiete im Westen zurückgeben. In dieser Richtung war seine Expansionspolitik komplett gescheitert.

Öffnung nach Asien

Siegreich verliefen dagegen die Auseinandersetzungen mit den Tataren im Südosten. Ihnen nahm er zunächst die wichtige Stadt Kasan (Kazan) ab, dann 1556 Astrachan am Kaspischen Meer – somit war die Wolga bis zur Mündung russisch, der freie Zugang zu den asiatischen Märkten gewährleistet. Die permanenten Spannungen zwischen den Völkern dieser Region ermöglichten es

1300	1350	1400	1450	1500
	1328 Moskau wird Großfürstentum	**14. Jahrhundert** Beginn der moskowitischen Expansion		**1478** Annexion der Republik Nowgorod

Expansion des Moskowiterreiches

Die Expansion des russischen Zarenreiches im 16. und 17. Jahrhundert

Legende:
- Russland 1505
- Expansion Russlands bis 1598
- Expansion Russlands bis 1689
- Polen z. Zt. seiner größten Ausdehnung 1618-34
- größte Ausdehnung des Osmanischen Reichs (inkl. seiner Vasallen) 1699
- größte Ausdehnung Schwedens 1700
- Aufstand von Weißrussen und Ukrainern 1648-51
- russische Stadtgründung, datiert
- Werft
- Reise Peters des Großen 1697-98
- russische Handelsstraße im 17. Jahrhundert
- Meervereisung im Winter

Moskau, seinen Einfluss bis nach Georgien auszudehnen. Seit dem 16. Jahrhundert siedelten sich Russen in den südlichen und südöstlichen Reichsgebieten an, sie kolonisierten das Land und steckten die Grenzen immer weiter. Bald musste die Verteidigungslinie bis zum Fluss Donez verlängert werden, Mitte des 17. Jahrhunderts bis zur Wolga bei Simbirsk.

Eine weitere Stoßrichtung der russischen Expansion zielte weit in den Osten. Jenseits des Urals nutzten Händler – vor allem ging es um die in Europa begehrten Pelze – und Siedler die Hauptflusswege, um nach Sibirien vorzudringen. Bereits Mitte des 17. Jahrhunderts war der Pazifik erreicht. Die diplomatischen Kontakte zum Nachbarn China führten 1698 zum Vertrag von Nertschinsk, in dem die gegenseitigen Beziehungen freundschaftlich und für viele Jahre geregelt wurden.

Der Eid des Kosakenführers

Durch die inneren Wirren, die Moskau nach dem Tod Iwans des Schrecklichen erschütterten, wurde das Reich nach außen verwundbar. Der westliche Nachbar nutzte die Schwäche. 1605 besetzten polnische Truppen Moskau, 1611 wurde Smolensk polnisch. Eine Wende trat ein, als sich die Kosaken der Ukraine gegen die polnische Herrschaft erhoben. Die Reibereien zwischen den polnischen Großgrundbesitzern und den freien Kosaken, einem Bauernvolk mit straffer militärischer Organisation, eskalierten 1648 im Kosakenaufstand unter Hetman Bohdan Chmielnicki. Er gründete eine autonome Republik Kiew, die jedoch schnell unter russischen Einfluss geriet. 1654 leistete Chmielnicki den Eid auf den Zaren. Damit war der russischen Expansionspolitik – poetisch als »Sammeln der russischen Erde« umschrieben – auch im Westen wieder Erfolg beschieden.

Da sich Polen mit den Verlusten nicht abfinden wollte, kam es zu langwierigen bewaffneten Konflikten zwischen den feindlichen Nachbarn. Schließlich legte 1667 das Waffenstillstandsabkommen von Andrusowo die neue Grenze fest: Russland gewann Smolensk und vor allem die Ukraine mit Kiew. Konsequent trieben die Zaren die Expansion nach Süden bis zum unteren Dnjepr voran. Allerdings fiel erst Ende des 18. Jahrhunderts mit dem Khanat der Krim der letzte europäische Tatarenstaat.

Zu den bedeutensten Herrschergestalten seiner Epoche gehörte Großfürst Iwan III., der sich »Herr über ganz Russland« nannte.

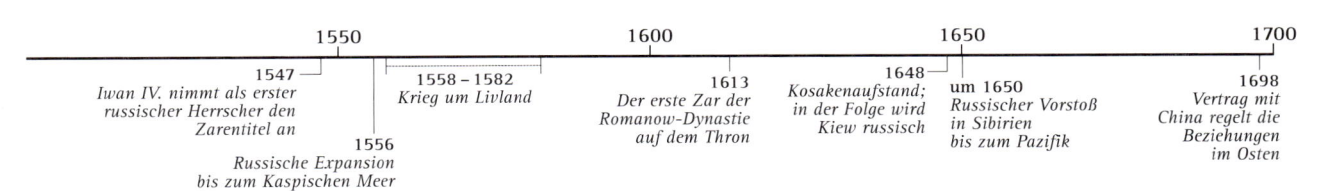

- **1547** Iwan IV. nimmt als erster russischer Herrscher den Zarentitel an
- **1556** Russische Expansion bis zum Kaspischen Meer
- **1558–1582** Krieg um Livland
- **1613** Der erste Zar der Romanow-Dynastie auf dem Thron
- **1648** Kosakenaufstand; in der Folge wird Kiew russisch
- **um 1650** Russischer Vorstoß in Sibirien bis zum Pazifik
- **1698** Vertrag mit China regelt die Beziehungen im Osten

▶ Völker, Staaten und Kulturen: Das Russische Reich

DIE ERRICHTUNG DER MANDSCHU-HERRSCHAFT IN CHINA

Seit etwa 1600 formierte sich in der Mandschurei im Nordosten Chinas eine starke Nation mit schlagkräftigem Militär. Diesen Mandschu gelang es 1644, nicht zuletzt dank der innenpolitischen und wirtschaftlichen Probleme des Ming-Reichs, die letzte nationale Dynastie Chinas zu stürzen.

Die kaiserliche Armee im Mandschu-China des 18. Jahrhunderts

Zwei Drucke einer Serie zur Eroberungspolitik des Mandschu-Kaisers Qianlong (Reg. 1736–1796); unter ihm erreichte das chinesische Kaiserreich seine größte Machtausdehnung.

Die Wald- und Steppenregion im Nordosten Chinas, insbesondere die heutige Mandschurei, hatte seit dem 10. Jahrhundert zum Herrschaftsbereich nomadischer Fremddynastien gehört und bildete zur Ming-Zeit eine nicht von der chinesischen Zivilverwaltung erfasste Randzone. Hier gab es unterschiedliche Wirtschafts- und Sozialstrukturen. Den im Süden siedelnden chinesischen Bauern standen in der Steppe mongolische Hirten und in den Wäldern tungusische Jäger und Fischer gegenüber. Lediglich von den Militärgarnisonen im Süden, umgewandelten Präfekturen und Kreisen der Steppenreiche ging chinesischer Einfluss aus.

DAS ERSTARKEN DER MANDSCHU-NATION

Tungusische Jäger und Fischer gaben im Lauf der Ming-Zeit ihre nomadische Lebensweise auf und siedelten zunehmend im politischen und kulturellen Zentrum der vom Ackerbau geprägten Zone um Shenyang, der heutigen Provinz Liaoning. Sie blieben dort und erstarkten, auch militärisch. An der Wende zum 17. Jahrhundert war es so weit: Unter ihrem Dschurdschen-Fürsten Nurhachi und seinem Sohn Abahai wurden sie zur ernsthaften Bedrohung Chinas. Der Aufstieg war zwar begleitet von internen Stammeszwisten, aber auch einer klugen Bündnispolitik mit den Ostmongolen. 1616 erhob man Anspruch auf die Herrschaft

---

1115–1234
Jin, erste Dschurdschen-Dynastie in China

1559–1626
Nurhachi, Gründer der Mandschu-Nation

MANDSCHU-HERRSCHAFT IN CHINA

über das chinesische Reich. In bewusster Anlehnung an die im 12./13. Jahrhundert über Nordchina herrschende Dschurdschen-Dynastie wurde 1616 die Spätere Jin-Dynastie ausgerufen, die sich 1636 in Da Qing, »Große Reine«, verkürzt zu Qing, umbenannte. Die strategische Basis hatten sich die Eroberer nach der Einnahme des 1625 zur Hauptstadt gekürten Shenyang (Mukden), Koreas, der Mandschurei bis zum Einfallstor nach Süden und der nördlichen Amurregion bis 1644 geschaffen.

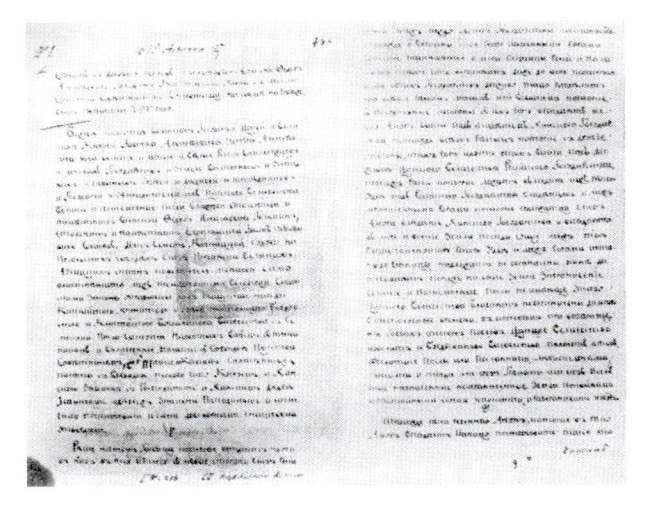

Das chinesische Kaiserreich im 17. Jahrhundert unter den Mandschu

DIE ORGANISATION DER BANNER

Der Erfolg der Mandschu, so nannten sich die Dschurdschen seit 1635, beruhte auf der Verschmelzung des eigenen militärisch geprägten Sozialsystems mit den Administrationsprinzipien Chinas. Nach dem Vorbild der chinesischen Garnisonen gründete Nurhachi so genannte Banner, in denen Soldaten und ihre Familien lebten und ihr wirtschaftliches Auskommen fanden. Im Frieden betrieben die Angehörigen der Streitkräfte Viehzucht, Handel oder bestellten ihre Äcker. Wer im Kriegsfall in den Kampf zog, wurde von den Daheimgebliebenen unterhalten.

Wirtschaftsgrundlage bildete der Ackerbau; ummauerte Städte dienten als Administrations- und Kulturzentren, in denen in die Banner eingegliederte chinesische Berater den Mandschu alles Wissenswerte über die chinesische Verwaltungs- und Sozialstruktur vermittelten. Neben den auf alle eroberten Gebiete ausgedehnten Bannern gab es zusätzlich Ministerien nach dem Muster der Ming.

DIE EROBERUNG CHINAS

Am Vorabend der Mandschu-Invasion hatte sich die Lage im chinesischen Ming-Reich krisenhaft zugespitzt. Der Verwaltung war die Kontrolle über die Provinzen und der Zugriff auf die Steuern entglitten. Die Regierung war wegen der Konflikte zwischen den Beamten und den diktatorisch herrschenden Eunuchen nicht mehr funktionsfähig. Hinzu kam die innere Zersetzung durch zahlreiche Volkserhebungen, die infolge von Naturkatastrophen und Missernten auftraten.

Diese Schwäche nutzten die Mandschu. Peking und Nordchina fielen ihnen mühelos in die Hände. Die Eroberung des ganzen Reichs dauerte jedoch wegen des Widerstands patriotischer Ming-Loyalisten Jahrzehnte. Der überwiegend von Teilen der Beamtenschaft, nicht vom Volk getragene Widerstand, unterstützt von Militärs und an der Südostküste operierenden Piraten, inthronisierte mehrere Nachkommen der Ming-Kaiser im Süden. Er fand aber nicht zu einer zentral geführten nationalen Bewegung. Die schwankende Haltung der zivilen und militärischen Führungsschicht gab letztlich den Ausschlag zugunsten der Mandschu. Schon bei der Einnahme Pekings war es geschehen, dass sich der Kommandeur der chinesischen Nordtruppen auf die Seite der Eroberer schlug, statt die nach Peking einmarschierten Loyalisten zu unterstützen. Ähnlich waren auch die Aktionen im Süden geprägt vom Opportunismus. Die Elite ließ sich von der Überlegung leiten, welche Partei den eigenen Besitzstand besser zu schützen versprach.

Endgültig brach der Widerstand gegen die Mandschu-Herrschaft südlich des Chang Jiang 1683 zusammen. Bereits zwei Jahre zuvor hatte eine Seestreitmacht der Qing einen Verbündeten der Nachfolger des letzten Ming-Kaisers besiegt, nämlich Geng Jingzheng, den Sohn eines berühmten Piratenführers, der die Südostküste bedrohte und seine Machtbasis auf Taiwan hatte. Die 1683 eroberte Insel wurde erstmals dem chinesischen Reich einverleibt. Nach diesem Erfolg begann die bis Ende des 18. Jahrhunderts andauernde Blütezeit der Qing-Dynastie.

1689 schloss Russland in Nertschinsk als erste europäische Macht einen Staatsvertrag mit China.

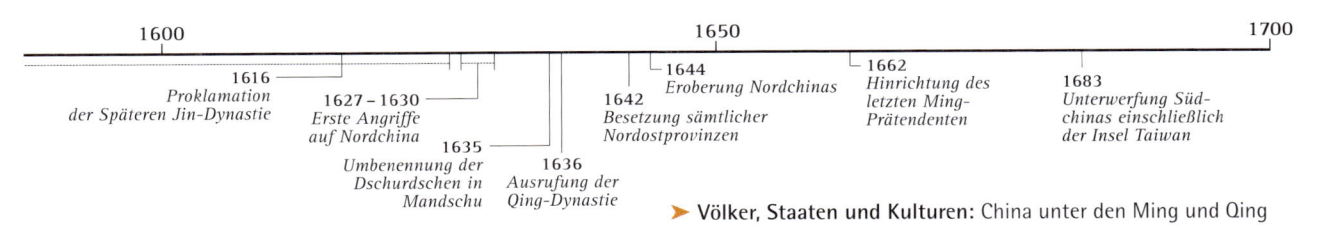

- 1600
- 1616 Proklamation der Späteren Jin-Dynastie
- 1627–1630 Erste Angriffe auf Nordchina
- 1635 Umbenennung der Dschurdschen in Mandschu
- 1636 Ausrufung der Qing-Dynastie
- 1642 Besetzung sämtlicher Nordostprovinzen
- 1644 Eroberung Nordchinas
- 1650
- 1662 Hinrichtung des letzten Ming-Prätendenten
- 1683 Unterwerfung Südchinas einschließlich der Insel Taiwan
- 1700

▶ Völker, Staaten und Kulturen: China unter den Ming und Qing

DREISSIGJÄHRIGER KRIEG

DER DREISSIGJÄHRIGE KRIEG
EIN BLUTIGER KAMPF UM GLAUBE UND MACHT

Der konfessionelle Konflikt, der durch die Reformation entstanden war, entlud sich in militärischer Aggression. Doch der Krieg, der in der ersten Hälfte des 17. Jahrhunderts auf deutschem Boden tobte, wurde zum Kampf um politischen Einfluss und territoriale Gewinne.

Kaiser Ferdinand II., Habsburger und Katholik, war nicht in der Lage, die konfessionellen Gegensätze im Reich friedlich zu lösen.

Die Bemühungen im Heiligen Römischen Reich deutscher Nation zu einer Einigung in der konfessionelle Fragen zu kommen, wurden spätestens 1608 als gescheitert betrachtet: Die evangelischen Reichsstände gründeten unter Führung des pfälzischen Kurfürsten Friedrich V. die protestantische Union. Im Jahr darauf sammelte sich die katholische Liga um Maximilian von Bayern. Feuer an die Lunte legten die Habsburger, als Kaiser Matthias die Religionsfreiheit missachtete, die den böhmischen Ständen zugesichert war.

Kurfürst Maximilian I. von Bayern führte die 1609 gegründete katholische Liga an, die das Gegenstück zur bereits bestehenden protestantischen Union darstellte.

Die Schlacht am Weißen Berg bei Prag 1620 besiegelte das Schicksal des protestantischen »Winterkönigs« Friedrich von der Pfalz.

DER FENSTERSTURZ
Die protestantische Wut entlud sich 1618 gegen die kaiserlichen Statthalter, die kurzerhand aus einem Fenster der Prager Burg geworfen wurden und nur wie durch ein Wunder überlebten. Ehe Matthias Entscheidendes gegen die böhmischen Rebellen unternehmen konnte, starb er und vererbte den schwelenden Konflikt seinem Nachfolger Ferdinand II., einem gegenreformatorischen Eiferer. Böhmen verweigerte natürlich seine Wahl und hob als Gegenkönig den Protestantenführer Friedrich V. von der Pfalz auf den Schild. Ein kaiserliches Heer unter dem erfahrenen Feldherrn Johann Tserclaes von Tilly (1559 bis 1632) vernichtete allerdings schon im Jahr darauf durch einen Sieg am Weißen Berg die böhmischen Hoffnungen, was Friedrich den Spottnamen »Winterkönig« einbrachte.

1623 war dieser Böhmisch-Pfälzische Krieg beendet, die pfälzische Kurwürde fiel an Bayern, und über Böhmen erging ein schweres Strafgericht mit Hinrichtungen, Enteignungen und Vertreibungen; 150 000 Böhmen verließen ihre Heimat. Dänemarks König Christian IV. nahm sich daraufhin der protestantischen Sache an, traf aber auf einen überlegenen Gegner: Albrecht von Wallenstein (1583 – 1634) – aus dem alten böhmischen Geschlecht derer zu Wald(en)stein stammend, vor allem durch Heirat enorm reich geworden und ein glühender Katholik.

Er stellte dem Kaiser auf eigene Kosten ein 40 000-Mann-Heer zur Verfügung und führte es mit genialer Taktik von Sieg zu Sieg. Dabei organisierte er die Versorgung seiner Männer nach dem Plünderungsgrundsatz: »Der Krieg ernährt den Krieg.« Bis 1629 war fast ganz Norddeutschland in katholischer Hand und der Dänisch-Niedersächsische Krieg abgeschlossen. Kaiser Ferdinand ergriff die Gunst der Stunde und verfügte in einem Restitutionsedikt die Rückgabe aller seit 1552 von den Protestanten gewonnenen Gebiete.

DER »LÖWE AUS MITTERNACHT«
Wallenstein aber, zum Herzog von Friedland erhoben, war den Reichsfürsten zu mächtig geworden; sie erzwangen seine Abberufung. Das sollte sich rächen, denn mittlerweile war eine europäische Großmacht aufgeschreckt: Schweden fürchtete um seine Ostseeposition und griff mit

---

1615	1620	1625	1630
	1618 – 1623 Böhmisch-Pfälzischer Krieg	1625 – 1629 Dänisch-Niedersächsischer Krieg	1630 – 1635 Schwedischer Krieg

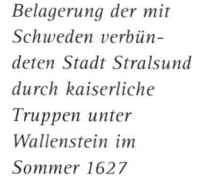

Belagerung der mit Schweden verbündeten Stadt Stralsund durch kaiserliche Truppen unter Wallenstein im Sommer 1627

Truppen unter König Gustav II. Adolf in den deutschen Krieg ein, der nun in seine dritte Phase trat und ein schwedischer wurde. Die katholische Seite geriet in schwere Bedrängnis, nachdem Tilly 1631 in der Schlacht bei Breitenfeld vom »Löwen aus Mitternacht«, so der Kriegsname des Schwedenkönigs, vernichtend geschlagen worden und nach der nächsten Niederlage bei Rain am Lech seinen Verwundungen erlegen war.

Eilends bestellte man Wallenstein wieder zum Generalissimus: Er besiegte die Sachsen und stoppte die Schweden. Zwar verlor er die Schlacht bei Lützen im November 1632, doch die Niederlage war wertvoller als jeder Sieg, denn Gustav Adolf fiel, was den schwedischen Schwung entscheidend bremste. Nun, nachdem er Schlesien hatte nehmen können, sah Wallenstein seine Stunde auch politisch gekommen und bahnte Friedensverhandlungen mit den Schweden an. Eigenmächtig, gewiss, aber Rebellion, wie damals und später oft behauptet? Wallenstein-Biograph Golo Mann meint dazu, »daß seine vielberedete Verschwörung stark überwiegend Missverständnis, Verleumdung, Nebel und Humbug war«.

Das aber reichte zum Gegenkomplott: Am 25. Februar 1634 fiel der Feldherr nach Verurteilung und Absetzung durch den Kaiser in Eger einem Mordanschlag einiger seiner Offiziere zum Opfer. Beide Seiten waren damit ihrer charismatischen Führer beraubt. Im Frieden von Prag 1635 verzichtete Ferdinand II. zwar auf das prokatholische Restitutionsedikt von 1629, aber der Krieg ging weiter. Denn das katholische Frankreich des Kardinals Richelieu sah nun die Chance, Habsburg zu schwächen, und verbündete sich mit den Schweden und deutschen protestantischen Fürsten. Die vierte, längste und letzte Phase, der Französisch-Schwedische Krieg, begann.

DEUTSCHLAND IN NOT

Vierzehn Jahre zog er sich hin und machte den Dreißigjährigen Krieg erst zu dem Trauma, das die deutsche Geschichte für Jahrhunderte prägen sollte. Entscheidende Siege gelangen keiner Seite mehr. Längst wußte kaum noch jemand, wofür gekämpft und gestorben wurde. Front war überall da, wo die oft führerlos marodierenden Landsknechtshaufen auftauchten und sich um die schäbigen Reste in den Vorratskammern der Bauern schlugen. Mit bestialischen Foltermethoden wie dem »Schwedentrunk« (kochende Jauche) versuchte man Hinweise auf versteckte Habseligkeiten aus den hungernden Menschen herauszupressen.

Albrecht von Wallenstein befehligte als kaiserlicher Generaloberst-Feldhauptmann ein bis zu 40 000 Mann starkes Heer.

1635 — 1648
Französisch-Schwedischer Krieg

1648/49
Westfälischer Frieden

Gustav Adolf, König von Schweden, fiel 1632 in der Schlacht.

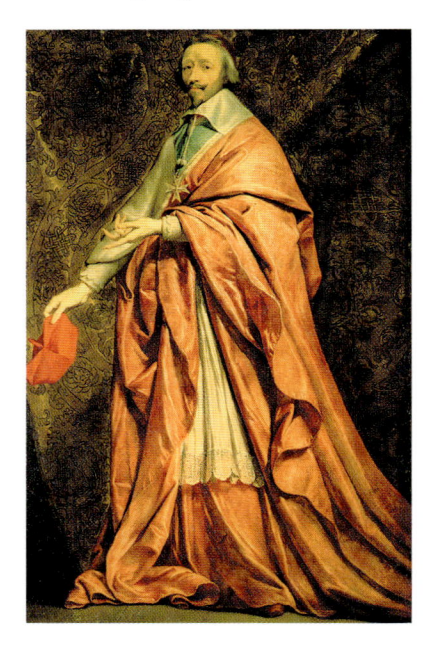

Der mächtige französische Staatsmann Kardinal Richelieu bekämpfte zwar den Protestantismus im eigenen Land, wurde aber im Dreißigjährigen Krieg zur treibenden Kraft gegen das katholische Habsburg.

Doch langsam verlosch der Krieg wie ein Feuer, das immer weniger Nahrung findet. Allgemeine Erschöpfung und eine tiefe Sehnsucht nach Frieden führte die Parteien 1644 an die Verhandlungstische in den westfälischen Kongressorten Münster und Osnabrück, während im Feld noch weiter gekämpft wurde. Die Verhandlungen gestalteten sich äußerst schwierig, da nicht nur eine Reihe komplexer Punkte wie die endgültige Regelung der Konfessionsfrage zu klären waren, sondern sich drei Parteien gegenüber saßen: der Kaiser, der französische König sowie die schwedische Königin (Gustav Adolfs Tochter Christine) mit ihren jeweiligen Verbündeten. Am 24. Oktober 1648 konnte das Gesamtvertragswerk mit seinen zahllosen Klauseln zum Interessenausgleich unterzeichnet werden. Dieser Westfälische Friede sollte für die folgenden anderthalb Jahrhunderte das maßgebliche Reichsgrundgesetz werden.

DER WESTFÄLISCHE FRIEDE

Durch Amnestie wurden alle Betroffenen von der Reichsacht befreit. Das galt vor allem für die Pfalz, die wieder als Reichsstand anerkannt wurde. Allerdings blieb die Kurwürde bei Bayern, so dass eine achte Kur für die Pfalz geschaffen wurde. Bei der Wiederherstellung der Gebiete galt die Ausgangslage von 1618 als maßgeblich. Die kaiserliche Gewalt wurde erheblich eingeschränkt durch das neue Mitspracherecht der Reichsstände in der Außenpolitik und bei Entscheidungen über Krieg und Frieden.

In der Konfessionsfrage griff man auf den Augsburger Religionsfrieden von 1555 zurück, anerkannte nun aber auch den Calvinismus als eigene Konfession. Damit galt wieder das Bekenntnis des Landesherrn als verbindlich, doch wurde hier der Status des »Normaljahrs« 1624 zugrundegelegt und damit der Erfolg der Gegenreformation festgeschrieben. Die Bekenntnisentscheidung nämlich sollte für immer gelten, so dass die Bevölkerung nicht jeden Konfessionswechsel des Fürsten mitmachen musste. Konfessionelle Streitfragen waren nicht mehr von Kaiser und Reich zu entscheiden, sondern von paritätisch besetzten Reichsbehörden. Katholische und evangelische Reichsstände sollten bei solchen Konflikten getrennt tagen, ein »Reichsschluss« nur bei Einigung beider Gültigkeit haben.

Zu Friedensgaranten wurden die Großmächte bestimmt. Sie ließen sich diese Mitwirkung wie die Beteiligung am Krieg entsprechend belohnen: Schweden wurde vollgültiger Reichsstand, erhielt Territorien in Norddeutschland und fünf Millionen Taler zur Abfindung seiner Soldaten. Frankreich übernahm die letzten habsburgischen Besitzungen im Elsass und endgültig die schon vorher angegliederten Bistümer Metz, Toul und Verdun. Die vormals spanischen Niederlande wurden zum souveränen Staat und die Schweiz, schon lange de facto selbständig, schied aus dem Reichsverband aus.

Plünderung, Brandschatzung, Verwüstung, Hungersnöte und Seuchen waren die Gräuel, die vor allem die Zivilbevölkerung auf dem Kriegsschauplatz Deutschland heimsuchten.

Dreissigjähriger Krieg

Freüdenreicher Postillon von Münster/ den durch deß Allerhöchsten ohnaußsprechliche Gnad/ von den Vornembsten Potentaten der gantzen Christenheit/ daselbst den 24. vnd 25. Octob. Anno 1648. Ratificierten/ vnderschriebenen vnd mit grossen Frewden offentlich Publicierten hochwerthen lieben Frieden bringent.

Der »freudenreiche Postillon von Münster« verbreitet die Kunde vom Westfälischen Frieden.

Mit diesen grundsätzlichen Klärungen wurde das Jahr 1648 zu einer Epochengrenze in der deutschen Geschichte. Das Reich verblasste mit der Kaisermacht, die Territorialfürsten gingen gestärkt aus dem jahrelangen Ringen hervor. Dem Aufstieg der mächtigeren unter ihnen stand nun nichts mehr im Wege. Für lange Zeit sollte deutsche Geschichte nicht mehr vorwiegend Reichsgeschichte sein, sondern ein kaum noch als gemeinsam empfundenes Nebeneinander von Sondergeschichten der Territorien, die Deutschland wie ein Flickenteppich überzogen.

Abrüstung

Der Frieden bedeutete für das Gros des Volkes kaum Besserung der wirtschaftlichen Lage. Die Menschen erlebten ihn aber als Befreiung von Unsicherheit, Leid und Tod. Hoffnung auf einen wirklichen Neuanfang keimte, zugleich jedoch auch tiefe Sorge, das Friedenswerk, das sich ohnedies erst sehr allmählich im Alltag bemerkbar machte, könne bald wieder dem Waffenlärm weichen; denn noch standen auf Deutschlands Boden riesige Armeen aller Parteien.

Während die französischen Truppen nur den Schauplatz wechselten und bis 1659 gegen Spanien weiterkämpften, musste Schweden fast 100 000 Mann, zumeist angeworbene Deutsche, demobilisieren, die Kaiserlichen etwa 70 000. Im Allgemeinen handelte es sich um Söldner, die außer dem Kriegshandwerk nichts gelernt hatten und keineswegs von der Sehnsucht nach Frieden getrieben waren. Auch mussten Zehntausende von Frauen und Kindern, die mit den Soldaten gezogen waren, ins zivile Leben integriert werden.

Mit dem Abrüstungsproblem befasste sich der 1649 bis 1651 in Nürnberg tagende »Friedens-Exekutionskongress«. Aber das Marodeurwesen blieb dennoch lange virulent, hier und dort mussten Truppen zur Bekämpfung von Räuberbanden abgestellt werden und Kaufleute reisten weiter in bewaffneter Begleitung.

Artillerie

Bei Ausbruch des Dreißigjährigen Krieges konnte das Geschützwesen bereits auf eine Erfahrung von fast drei Jahrhunderten zurückblicken. Man unterschied nun schwere Kanonen wie Scharfmetze, Basilisk, Singerin, Nachtigall und Kartaune von den leichteren wie Notschlange, Schlange, Falkaune, Viertelschlange, Falkonett und Serpentinelle. Der Krieg brachte eine Vereinfachung der Formen, gebräuchlichstes Modell wurde die Kartaune, und zwar als ganze, halbe, Viertel- oder Achtelkartaune mit Kugeln zu 42, 24, 12 und 6 Pfund. Daneben gab es Mörser (Steilfeuergeschütze), die Kugeln im Gewicht von 15 bis 47 Pfund verschossen, und so genannte Orgelgeschütze kleineren Kalibers mit bis zu 60 Rohren. Die Rohre waren aus Bronze gegossen, die Lafetten aus Holz gefertigt, spezielle Einrichtungen ermöglichten das Auffangen des Rückstoßes, das Einstellen der Rohrerhöhung, die Kühlung. Die Schussfolge betrug ungefähr 50 Schuss pro Tag. Als Munition wurden zumeist Kugeln aus Gusseisen verwendet. Daneben gab es Kartätschen, so genannte Beutel oder Büchsen, die mit Steinen, Eisen- oder Bleikugeln, Nägeln oder Schrott gefüllt waren, Granaten (Hohlkugeln mit einer Sprengstoffladung), Brandsätze und anderes. Besonders gefürchtet waren Kettenkugeln, also Kugeln, die mit einer Kette verbunden waren und während des Fluges rotierten, wodurch ganze Reihen von Infanterie oder Kavallerie niedergemäht werden konnten.

▶ Völker, Staaten und Kulturen: Das Heilige Römische Reich
▶ Religionen und Glaubensformen: Gegenreformation
▶ Literatur und Musik: Simplicissimus

Mit »Eisenseiten« gegen die Monarchie
Bürgerkrieg und Militärdiktatur in England

Mitte des 17. Jahrhunderts erlebte England dramatische Zeiten. Die Protagonisten waren ein König mit absolutistischem Anspruch, ein Parlament, das selbstbewusst auf alte Rechte pochte, und schließlich ein sehr erfolgreicher Kriegsherr und Diktator, dem jedoch wieder ein König folgte.

Die öffentliche Enthauptung des englischen Königs Karl I. im Jahr 1649 bildete den grausamen Höhepunkt der puritanischen Revolution.

Die kluge Königin Elisabeth I. hatte England als wohl geordnetes Staatswesen hinterlassen. Doch ihre Nachfolger Jakob I. (Reg. 1603–1625) und Karl I. (Reg. 1625 bis 1649) zeigten eine wenig glückliche Hand. Sie entstammten dem schottischen Königshaus der Stuarts und waren erfüllt von ihrem Gottesgnadentum.

Absolutismus gegen Parlamentarismus

Mit starren absolutistischen Machtansprüchen stellten sich die Stuartkönige in Gegensatz zum Parlament, dem seit 1215 in England das alleinige Recht zustand, neue Steuern festzusetzen. Wiederholt lösten sie die widerspenstige Ständevertretung auf und beriefen sie seit 1629 gar nicht mehr ein. Für weiteren Zündstoff sorgten die Könige durch ihre katholikenfreundliche Politik, wodurch die konfessionellen Konflikte wieder aufbrachen. In den nationalen Mythos ging die Verhinderung des *Gunpowder Plot* (»Pulververschwörung«) ein, als 1605 der katholische Fanatiker Guy Fawkes versuchte, das Parlament zu sprengen.

Während die Katholiken Schonung genossen, verfolgte Karl I. alle die Protestanten, die sich nicht der anglikanischen Hochkirche und ihrem Oberhaupt, dem König, beugen wollten. Und das waren vor allem die Puritaner und die schottischen Pres-

In der Schlacht bei Naseby 1645 errang Oliver Cromwell einen entscheidenden Sieg über die Truppen des Königs.

1642 — 1643 — 1644 — 1645 — 1646 — 1647 — 1648 — 1649 — 1650 — 1651

1642–1648
Bürgerkrieg zwischen Anhängern der Krone und des Parlaments, kriegsentscheidend: die Elitetruppe des Heerführers Oliver Cromwell

1649
Verurteilung und Hinrichtung König Karls I., Abschaffung der Monarchie

BÜRGERKRIEG UND DIKTATUR IN ENGLAND

byterianer. Als letztere 1637 gegen anglikanische Gängelung revoltierten, wollte der König Militär einsetzen, brauchte aber dafür Steuergelder, die ihm wiederum nur die Stände bewilligen konnten. So berief er 1640 zähneknirschend das Parlament ein – und bekam sofort den befürchteten Gegenwind zu spüren.

Die Abgeordneten ließen den engsten Vertrauten des Königs, Lord Stafford, verhaften und hinrichten. Sie schlossen die königlichen Sondergerichte, schränkten die Kirchenhoheit des Monarchen ein und ermächtigten allein das Parlament zur Ernennung von militärischen Befehlshabern. Das konnte und wollte der König nicht hinnehmen und griff mit seiner Truppe, den so genannten Kavalieren, zu den Waffen. Auch das Parlament, das sich mit den Schotten verbündete, stellte Truppen auf, die man wegen ihres Haarschnitts als *Roundheads* (Rundköpfe) bezeichnete. Ihr Befehlshaber war der Landedelmann Oliver Cromwell (1599 – 1658).

»EISENSEITEN«, RUNDKÖPFE UND KAVALIERE

Der energische und mitreißende Truppenführer schuf eine Kerntruppe von schwer gepanzerten Reitern, die allesamt streng gläubige Puritaner waren. Mit Hilfe dieser schlagkräftigen *Ironsides* (»Eisenseiten«) gewann er die Schlachten bei Marston Moor (1644) und bei Naseby (1645). Der König floh nach Schottland, wurde aber ausgeliefert. Inzwischen war es jedoch zum Konflikt zwischen Cromwell und dem Parlament gekommen: Als die Kammer die anglikanische Kirche abschaffte und eine presbyteriale Kirchenverfassung verfügte, sah Cromwell die Glaubensfreiheit gefährdet und schritt mit seiner ihm blind ergebenen puritanischen Elitetruppe ein.

Unterdessen suchte das Parlament die Verständigung mit dem gefangenen König und mit den Schotten, doch der militärische Sieg Cromwells bei Preston (1648) besiegelte den Untergang der Monarchie und bedeutete zugleich das Ende parlamentarischer Macht. Denn der allmächtige General entfernte alle Presbyterianer aus der Ständevertretung und ließ von den übrigen Abgeordneten, dem ihm hörigen »Rumpfparlament«, den König zum Tod verurteilen. Am 30. Januar 1649 fiel Karls Kopf unter dem Fallbeil.

SIEG DER MILITÄRDIKTATUR

1653 schaltete Cromwell das Parlament endgültig aus und wurde »auf Vorschlag des Heeres« Lordprotektor. Der Mann, der als Verteidiger der Volksrechte und der individuellen Gewissensfreiheit angetreten war, herrschte nun wie ein Diktator und reglementierte, gestützt auf das furchteinflößende Militär, das Leben seiner Untertanen im streng puritanischen Sinn. Mit seiner aggressiven Außenpolitik verzeichnete Cromwell allerdings erstaunliche Erfolge: So besiegte er die Niederlande – Englands potenteste Rivale im Überseehandel – 1654, entriss den Spaniern 1655 Jamaika und unterwarf das katholische Irland in einen erbarmungslosen Feldzug.

Doch Cromwells System war derart auf seine Person zugeschnitten, dass es nach seinem Tod im Jahre 1658 rapide verfiel. Schließlich bot das Parlament dem Sohn des hingerichteten Königs Karls I. die englische Krone an. 1660 wurde durch Karl II. die britische Monarchie wiederhergestellt, aber nachdem auch dieser Stuart seine absolutistischen und katholischen Tendenzen nicht unterdrücken mochte, erhob sich das Parlament erneut: 1688 kam es zur *Glorious Revolution*, der unblutigen »ruhmreichen« Revolution, die die noch heute gültige parlamentarische Monarchie Englands konstituierte.

Als Lordprotektor errichtete Oliver Cromwell (1599 bis 1658) eine Diktatur, die sich auf das Militär stützte und den Alltag der Untertanen nach strikt puritanischen Prinzipien regelte.

Karl I. aus dem Hause Stuart, 1625 – 1649 König von England

1641 verurteilte das Parlament den königlichen Vertrauten Lord Stafford zum Tode.

| 1652 | 1653 | 1654 | 1655 | 1656 | 1657 | 1658 | 1659 | 1660 |

1654 — Cromwells Seesieg über die Niederlande
1653 – 1658 — Cromwell Lordprotektor, Militärdiktatur
1660 — Restitution der englischen Monarchie

MILITÄRISCHER WIDERSTAND GEGEN DEN SPANISCHEN ZENTRALISMUS

Staatliche Misswirtschaft und permanente Kriege führten das spanische Habsburgerreich im 17. Jahrhundert in eine schwere innere Krise. In Katalonien und Portugal wehrten sich die Stände gegen den spanischen Zentralismus, wobei die Feinde Spaniens, Frankreich und England, die Unruhen kräftig schürten.

Pau Claris führte 1640 den Aufstand der Katalanen an.

Im 16. Jahrhundert war Spanien durch seine amerikanischen Kolonien zur Weltmacht aufgestiegen, in Europa durch seinen kämpferischen Katholizismus zur Vormacht der Gegenreformation. Doch mit dem Abfall der Niederlande und der Zerstörung der Armada durch die Engländer begann der Niedergang. Als Philipp IV. 1621 den Thron bestieg, war das spanische Volk durch Kriege, Missernten und Epidemien schwer belastet. Der Habsburger, wenig interessiert an Regierungsgeschäften, legte die Verantwortung völlig in die Hand des Grafen von Olivares. Unermüdlich tätig, aber ohne große Visionen lenkte dieser den Staat bis zu seinem Sturz 1643 als allmächtiger Minister.

Seine Auffassung, dass die militärische Zusammenarbeit zwischen Madrid und Wien unbedingt erforderlich sei, um die dynastischen Interessen der Habsburger zu wahren, hatte weitreichende innenpolitische Folgen. Den Provinzen der Iberischen Halbinsel wurde mitgeteilt, wie viele Steuern und Soldaten sie im Kriegsfall aufzubringen hatten. Kastilien beispielsweise musste 44 000 Mann stellen, Aragonien 10 000 und Katalonien 16 000. Da begann es in Katalonien zu brodeln.

DIE GESCHEITERTE REVOLTE DER KATALANEN

Katalonien war damals keine wohlhabende Region. Es war bäuerlich strukturiert und hatte vom Handel mit den Kolonien, im Gegensatz zum reichen Kastilien, kaum profitiert. Was Olivares forderte, war ganz einfach zu viel! 1626 und noch einmal 1632 weigerten sich die katalanischen Stände in den Cortes, dem spanischen Parlament, die verlangten Steuern und Männer aufzubringen. Die Lage spitzte sich zu, als Spanien 1635 wieder in einen Krieg mit Frankreich eintrat und zusätzliche Soldaten brauchte. 1640 kam es in Katalonien zur offenen Revolte, die Kardinal Richelieu, der geniale französische Staatsmann, nach Kräften unterstützte.

Auf Dauer konnte sich die Autonomiebewegung der Katalanen – im Bild der Aufstand am Fronleichnamstag 1640 – nicht gegen den spanischen Zentralstaat durchsetzen.

Der spanische König Philipp IV. (Reg. 1621–1665) überließ die Regierungsgeschäfte ganz seinem allmächtigen Minister Olivares.

über die portugiesischen stellte. Wie in Katalonien begannen auch hier die Unruhen mit Beschwerden über die zunehmende Steuerlast. Und auch in Portugal erhielten die Aufständischen Unterstützung aus Frankreich, das – wie England – keine Gelegenheit ausließ, um Spanien zu schaden.

Die ersten lokalen Unruhen der Jahre 1628 und 1637 warf Olivares ohne Probleme nieder. Aber dann schaltete sich der portugiesische Adel ins Geschehen ein: Im Oktober 1640 trug man dem Herzog von Braganza, den künftigen König Johann IV., die Krone Portugals an. Der Funke sprang über auf Andalusien, wo allerdings der Versuch des Herzogs von Medinasidonia scheiterte, sich zum König zu proklamieren.

Die militärischen Auseinandersetzungen zwischen Portugiesen und Spaniern gestalteten sich eher zurückhaltend, allerdings litten die Grenzprovinzen, vor allem die Estremadura, wirtschaftlich enorm unter dem Konflikt. Schließlich gelang es mit Unterstützung Englands, 1668 Spanien zur Anerkennung der portugiesischen Unabhängigkeit zu zwingen.

Die Aufstände der Bauern und Städte, die beim Klerus Rückhalt fanden, gipfelten im Einmarsch von rebellierenden Banden in der Hauptstadt. Am Fronleichnamstag des Jahres 1640 töteten sie den Vizekönig Santa Coloma. Der katalanische Adel sowie Teile des Klerus wählten eine neue Regierung, die Beziehungen zu Kardinal Richelieu knüpfte. Zu spät kam Olivares' Entschluss, die widerspenstige Provinz durch Militär gefügig zu machen; denn im Oktober 1640 standen bereits die Franzosen in Barcelona und unterschrieben einen Bündnisvertrag mit den Katalanen. Am 26. Januar 1641 kam es vor Barcelona am Berg Montjuic zur Schlacht, bei der die spanisch-kastilische Armee ungefähr 2000 Opfer zu beklagen hatte, die katalanische nur 100.

Selbstbewusst wurde die Republik ausgerufen und der französische König als Herzog von Barcelona eingesetzt. Aber die Autonomie blieb nur eine Episode, der spanische Zentralstaat war auf Dauer stärker. Nach vielen Jahren des Krieges schlossen Frankreich und Spanien 1659 den Pyrenäenfrieden, in dem Katalonien seine Hoffnungen auf Selbständigkeit begraben und sogar eine Teilung hinnehmen musste: Die katalanische Grafschaft Roussillon wurde französisch.

Die Unabhängigkeit Portugals

Als das portugiesische Königshaus 1580 ausgestorben war, hatte der spanische König den verwaisten Thron übernommen. Dass dieser König vom fernen Madrid aus das Land regierte, wurde in Portugal nie wirklich akzeptiert. Berechtigt waren die Klagen, dass die spanische Krone die eigenen kolonialen Interessen in Amerika

Unter der Führung des Fischers Masaniello rebellierte in Neapel das Volk gegen die spanische Herrschaft.

············ Der Fischer von Neapel ············

Seit 1504 war Neapel der spanischen Krone unterstellt. Und auch hier regte sich Mitte des 17. Jahrhunderts der Widerstand gegen den Absolutismus und dessen Misswirtschaft. Während Madrid kostspielige Kriege führte, wurde in Neapel gehungert! Und als 1647 noch dazu die Lebensmittelpreise erhöht werden sollten, brach ein Volksaufstand aus. Anführer war der Fischer Tomas Aniello, Masaniello genannt. Man proklamierte die Republik und bat die Franzosen um Hilfe. Gleichzeitig erhoben sich in Palermo – auch Sizilien gehörte zur spanischen Krone – die armen Bauern. Aber sie hatten nicht genügend Kraft, um sich gegen den an Spanien orientierten Adel durchzusetzen. Nach blutigen Kämpfen siegte in Unteritalien die spanische Zentralmacht.

▶ Völker, Staaten und Kulturen: Spanien und sein Weltreich
▶ Kunst und Architektur: Las Meninas

Der Sieg des Absolutismus in Frankreich

Die Durchsetzung des Absolutismus in Frankreich unter König Ludwig XIV. war Resultat eines über Jahrzehnte währenden, auch mit militärischen Mitteln geführten Kampfes zwischen den verschiedenen sozialen Schichten und politischen Gruppen um die »gerechte Ordnung« und um politische Macht.

Als leitender Minister (1642 – 1661) hatte Kardinal Mazarin maßgeblichen Anteil an der Durchsetzung des Absolutismus in Frankreich.

Das Gemälde von Adam Frans van der Meulen (1632 bis 1690) zeigt Ludwig XIV. als Feldherrn vor der Überquerung des Rheins am 12. Juni 1672.

Die Herausbildung des Absolutismus beziehungsweise der absoluten Monarchie ist verbunden mit der Formierung des »Staates« als einer bis dahin unbekannten politisch-institutionellen Formation. Der absolutistische Staat, der sich in grundlegenden Aspekten vom »modernen« Staat seit dem 19. Jahrhundert unterscheidet und nicht vorschnell als dessen Vorläufer missdeutet werden darf, musste seinen Anspruch auf absolute Macht hauptsächlich gegen vier konkurrierende Kräfte durchsetzen: gegen den Papst und den Kaiser als den kirchlichen und weltlichen Repräsentanten des christlichen Universalismus des Mittelalters, gegen die politischen Stände sowie gegen dynastische Mitkonkurrenten. Die Verdichtung dieser Konfliktlinien im 16. und 17. Jahrhundert lässt sich als »Staatenbildungskrieg« (J. Burkhardt) bezeichnen, der in besonderer Weise durch Konfessionskonflikte infolge der Reformation geprägt war.

Volk und Adel gegen königliche Macht

Einen nicht-militärischen Versuch, den konfessionellen Bürgerkrieg in Frankreich seit Mitte des 16. Jahrhunderts beizulegen, unternahm König Heinrich IV. mit seiner Toleranzpolitik (Toleranzedikt von Nantes, 1598) und durch den Aufbau eines neuen, jenseits der streitenden Konfliktparteien positionierten »staatstragenden Standes« (E. Hinrichs) der absoluten Monarchie *(officiers)*. Gegen die hierdurch ausgelöste Politik zusätzlicher königlicher Steuereintreibung kam es zu zahlreichen lokalen und regionalen Volksaufständen, die – zum Teil hiermit verbunden – zeitlich einhergingen mit politischem Protest und gewaltsamen Revolten des alten Adels, der seinen Machtverlust nicht hinzunehmen bereit war. Vor allem die Regierungszeit König Ludwigs XIII. (1610 – 1643) und seines leitenden Ministers Kardinal Richelieu (1624 – 1642) stand ganz im Zeichen dieser Revolten. Durch deren erfolgreiche Niederschlagung hat Richelieu den Aufbau der absoluten Königsmacht entscheidend vorangebracht.

Wie wenig gefestigt der Absolutismus bis dahin dennoch war, wurde nach dem Tod Ludwigs XIII. und Richelieus deutlich, als es unter deren Nachfolgern, dem noch minderjährigen Ludwig XIV. und seinem leitenden Minister Kardinal Mazarin (1642 bis 1661), zu erneuten Erschütterungen der Monarchie kam. Dieser

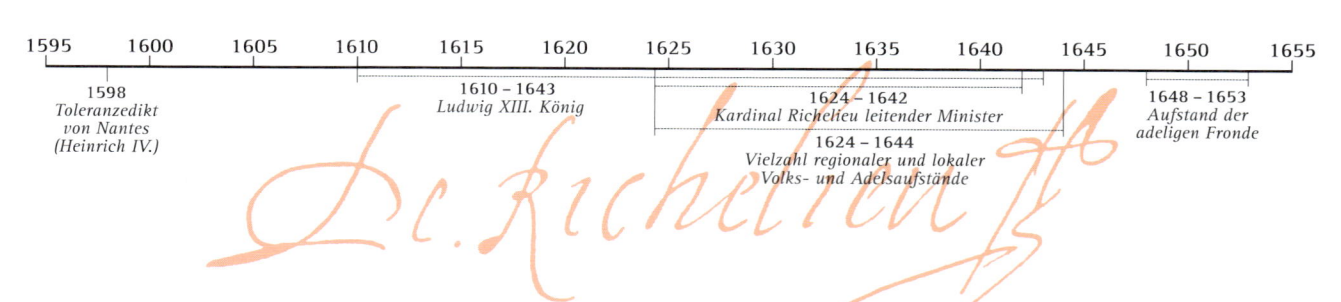

- 1598 Toleranzedikt von Nantes (Heinrich IV.)
- 1610 – 1643 Ludwig XIII. König
- 1624 – 1642 Kardinal Richelieu leitender Minister
- 1624 – 1644 Vielzahl regionaler und lokaler Volks- und Adelsaufstände
- 1648 – 1653 Aufstand der adeligen Fronde

Absolutismus in Frankreich

Das ehrgeizigste Bauvorhaben Ludwigs XIV.: Schloss und Park von Versailles

sioneller und politischer Bürgerkriege führte er einerseits zur Befriedung und Stabilisierung im neuen Rahmen der »höfischen Gesellschaft« (N. Elias), in die Ludwig XIV. den alten Adel nach dessen militärischer und politischer Niederlage integrierte. Andererseits bescherten die nachfolgenden zahlreichen Kriege Ludwigs XIV. Frankreich ein finanzpolitisches Problem, das sich aufgrund der Ambitionen des französischen Absolutismus als europäische Hegemonialmacht und der darin begründeten aggressiven Außenpolitik zu einem Kardinalproblem im 18. Jahrhundert ausweitete, an dem das System schließlich in der Revolution von 1789 scheiterte.

neuerliche Aufstand, die Fronde, dauerte fünf Jahre (1648 – 1653). Ihre Hauptakteure waren zunächst der Gerichtshof *(parlement)* von Paris, ein Teil der Justizelite also, der gegen seine teilweise Entmachtung und gegen seine Kontrolle durch die neu geschaffene Verwaltungsschicht der so genannten Intendanten protestierte; sodann und vor allem der alte Feudaladel einschließlich Teilen des königlichen Hauses selbst, der sich in gewaltsamen Rebellionen gegen die vormundschaftliche königliche Regierung unter Mazarin erhob. Unterschiedliche Interessen zwischen der Justizelite und dem Feudaladel sowie Rivalitäten innerhalb des Feudaladels selbst jedoch verhinderten eine gemeinsame oppositionelle Strategie der Fronde gegen die absolute Monarchie. Ihr Scheitern wurde schließlich durch die militärische Niederlage der Aufständischen im Südwesten Frankreichs *(Ormée)* 1653 besiegelt.

Der militärische Sieg der neuen Ordnung

Die Erfahrungen von Opposition und gewaltsamer Rebellion seit seiner Jugendzeit haben das Verständnis monarchischer Autorität Ludwigs XIV. stark geprägt. Und als während seiner Alleinregierung (1661 bis 1715) erneut konspirative Pläne militärischer Rebellionen in Südfrankreich, im Roussillon und in der Normandie (1674) aufgedeckt wurden, an denen wiederum Teile des alten Hochadels beteiligt waren, ließ er den engen Verschwörerkreis um den Anführer Chevalier de Rohan in Paris öffentlich hinrichten.

Der Widerstand des alten Feudaladels gegen die neue Ordnung der absoluten Monarchie war damit endgültig gebrochen. Diese war nicht allein, aber doch entscheidend mit Hilfe militärischer Mittel durchgesetzt worden – gegen den feudalen Adel nach »innen« und gegen die teilweise mit dem Feudaladel verbundenen dynastischen Mächte von »außen«, vor allem gegen die Habsburger.

Der Sieg des Absolutismus in Frankreich war Teil des in Europa über Jahrzehnte sich hinziehenden »Staatenbildungskriegs«. Nach einer Epoche konfes-

Französische Offiziere zur Zeit König Ludwigs XIV. – Frankreich war in jenen Jahren die führende Militärmacht Europas

Das Reiterstandbild Ludwigs XIV. vor seinem Schloss Versailles

---

1659 Pyrenäenfrieden zwischen dem bourbonischen Frankreich und dem habsburgischen Spanien

1674 Niederschlagung von Aufstandsplänen in Südfrankreich, Roussillon, Normandie

1661 – 1715 Alleinregierung Ludwigs XIV.

▶ Völker, Staaten und Kulturen: Absolutismus
▶ Völker, Staaten und Kulturen: Frankreich vom Absolutismus bis Napoleon
▶ Menschen und Ideen: Ludwig XIV.
▶ Kunst und Architektur: Versailles

DER KAMPF UM INDIEN

Die enormen Ressourcen des indischen Subkontinents zogen seit Anfang des 16. Jahrhunderts fast alle großen europäischen Seefahrernationen in ihren Bann. Aus den blutigen Schlachten um die Vorherrschaft gingen die Briten als Sieger hervor. Sie machten Indien zum wichtigsten Pfeiler ihrer Kolonialmacht.

Das an der Westküste des indischen Subkontinents liegende Goa wurde 1510 von den Portugiesen eingenommen und zur Hauptstadt ihrer Besitzungen in Indien erhoben.

Der Stahlstich des 19. Jahrhunderts zeigt eine Ansicht der britischen Gründung Madras, bis heute einer der wichtigsten Handelshäfen Indiens.

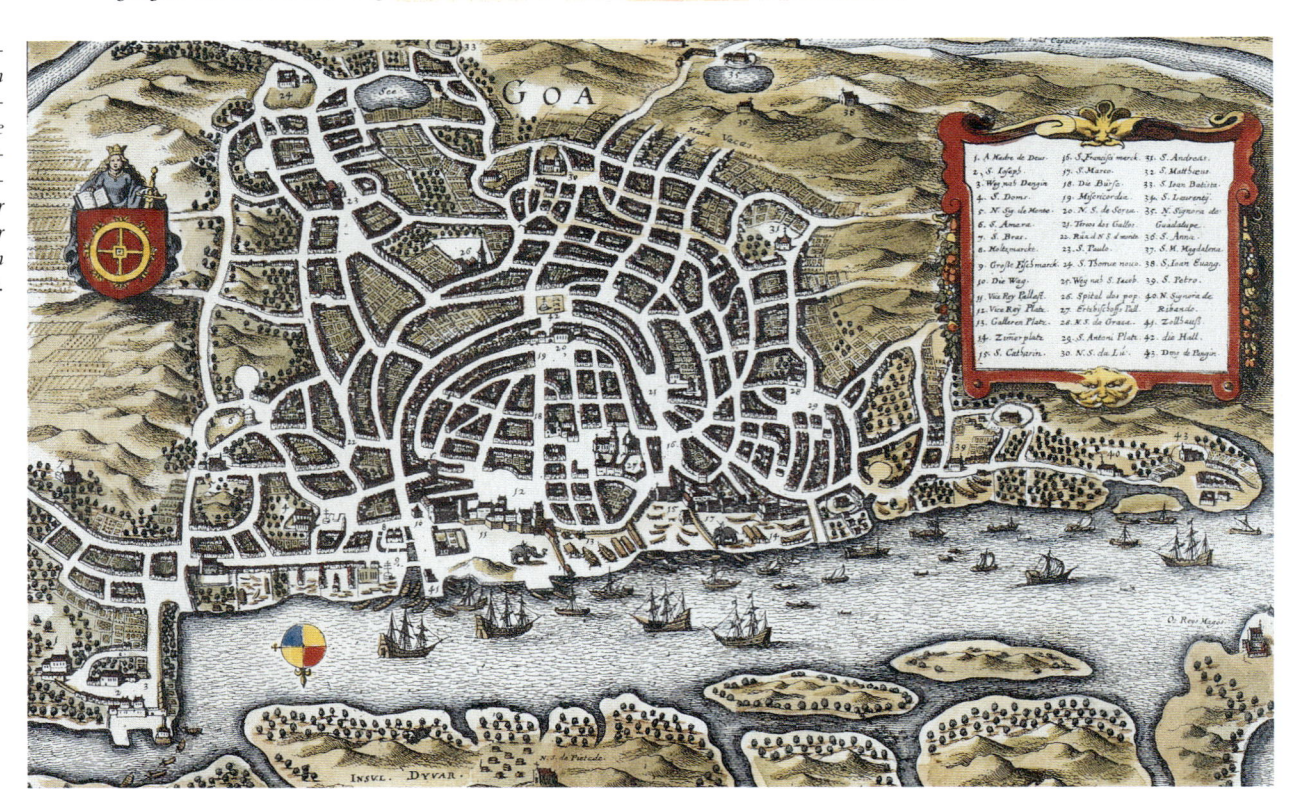

Mit der Entdeckung des Seewegs nach Indien durch Vasco da Gama 1498 setzte die Epoche der Kolonialisierung Indiens ein. Zuerst kamen die Portugiesen, die 1510 Goa eroberten und dort einen Vizekönig einsetzten. Erst ein knappes Jahrhundert später wurde das portugiesische Handelsmonopol durch die Niederländer gebrochen, kurz darauf durch die Briten, die sich letztendlich als führende Kolonialmacht auf dem Subkontinent durchsetzen konnten.

Die East India Company, eine private Gesellschaft, die das britische Monopol für den Indienhandel besaß, eröffnete 1612 in Surat ihren ersten Handelsposten, es folgten Madras (1640), Bombay (1668) und Kalkutta (1690). Als besonders profitabel erwies sich für die Briten der innerasiatische Handel mit den begehrten indischen Textilien. Damit machten sie genügend Gewinn, um jene Güter aufzukaufen, die sie nach Europa verschickten.

DAS REICH DER MOGULN

Lange Zeit blieb die East India Company (Ostindiengesellschaft) das, was sie als ihre eigentliche Bestimmung ansah, nämlich ein erfolgreiches Wirtschaftsunternehmen. Ein territoriales oder politisches Engagement war dabei weder erforderlich, noch erwünscht. Hieraus erklärt sich auch das friedfertige Nebeneinander der britischen Geschäftsleute mit den Großmogul.

Indien war ja nicht herrenlos, als die Europäer kamen. So hatte die ursprünglich aus Zentralasien stammende Dynastie der muslimischen Moguln seit Beginn des 16. Jahrhunderts aufgrund ihrer überlegenen Kriegsführung fast den gesamten Norden des indischen Subkontinentes erobert. Nach und nach dehnten sie ihren Einflussbereich auch in den Süden aus. Die Blütezeit des Mogulreichs fiel in die zweite Hälfte des 16. Jahrhunderts, als es vorübergehend gelang, den einheimischen hinduistischen Adel mit den neuen muslimischen Herren zu versöhnen. Doch auf Dauer waren die religiösen Gegensätze nicht aufzulösen. Sie bestimmen noch heute die Politik auf dem Subkontinent und wa-

1600
Gründung der britischen Ostindiengesellschaft

▶ Völker, Staaten und Kulturen: Das Reich der Moguln
▶ Völker, Staaten und Kulturen: Neuzeitlicher Kolonialismus und Imperialismus
▶ Völker, Staaten und Kulturen: Indien unter britischer Herrschaft
▶ Handel und Wirtschaft: Neue Märkte in Asien
▶ Kunst und Architektur: Taj Mahal

Kampf um Indien

ren auch entscheidend daran beteiligt, dass die europäischen Kolonialmächte in Indien ein relativ leichtes Spiel hatten. Der Subkontinent war religiös gespalten und auch politisch keine wirkliche Einheit, sondern eine Ansammlung verschiedener regionaler Fürstentümer, die sich nicht immer einer übergeordneten Herrschaft beugten.

Schauplatz europäischer Kolonialpolitik

Die Briten machten mit den Moguln hervorragende Geschäfte, beobachteten aber umso misstrauischer das Engagement der europäischen Konkurrenz. Frankreich wollte sich auch ein Stück von der reichen Beute Indien einverleiben und gründete 1672 in Pondicherry an der Südostküste den ersten Handelsposten. Die Franzosen versuchten, die von den Briten sorgsam austarierte Machtbalance zwischen Fürsten und Kolonialherren zu unterlaufen, indem sie die lokalen Herrscher mit Versprechungen für sich zu gewinnen suchten. 1746 gelang es ihnen sogar, Madras zu erobern, das sie jedoch schon drei Jahre später wieder an die Briten abtreten mussten. Als die Briten im Januar 1760 die Franzosen in der Schlacht von Wandiwash vernichtend schlugen, schien es, als könnten sie sich unangefochten als dominierende Macht etablieren.

Indischer Widerstand

Nicht alle indischen Fürsten wollten sich jedoch kampflos fügen. So plante Siraj-du-Daula, der Fürst von Bengalen, die Zerstörung der sehr einträglichen britischen Faktoreien in Kalkutta. Es kam zum Krieg. Unter der Führung des wagemutigen, erst 30-jährigen Robert Clive schlugen die zahlenmäßig weit unterlegenen britischen Truppen den Nawab von Bengalen. Bengalen, das Rückgrat der britischen Kolonialmacht, war gerettet. Krieg wurde auch gegen Haider Ali geführt, der von seiner Machtbasis Mysore aus weite Teile Südindiens unter seine Kontrolle gebracht hatte und dessen Sohn erst 1799 besiegt war.

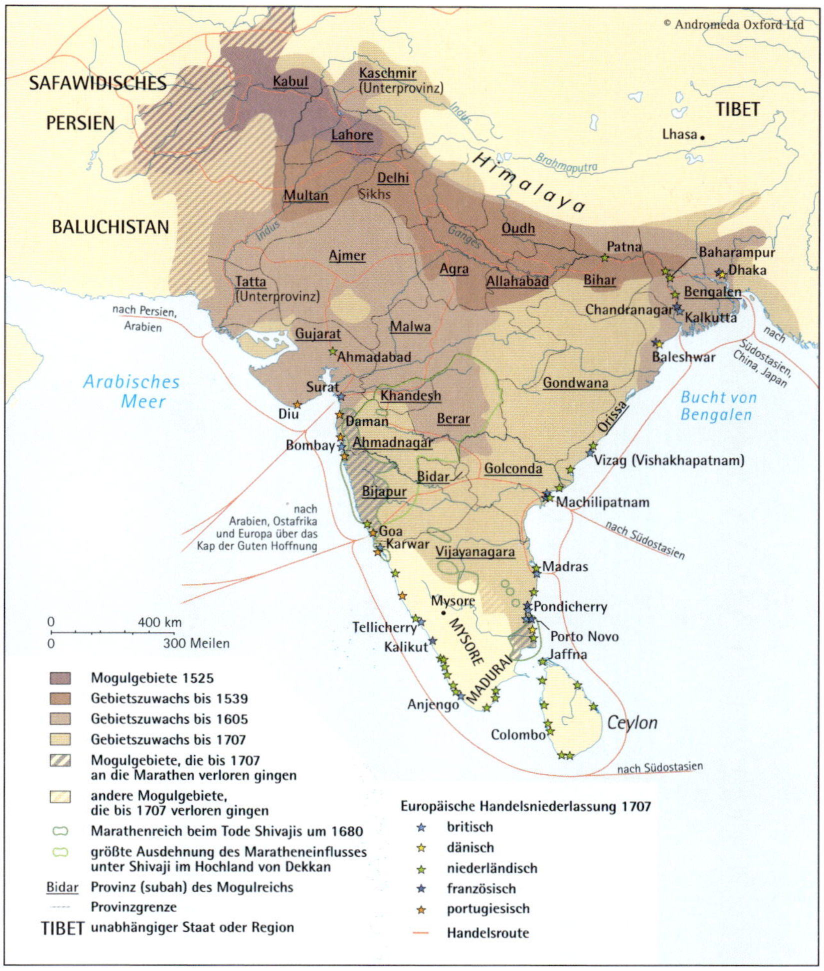

Ein noch ernster zu nehmender Gegner waren die kriegerischen Marathen aus dem westlichen Hochland. Unter ihrem Führer Shivaji hatten sie in ihrer Heimat schon dem letzten Großmogul empfindliche Niederlagen beigebracht. Erst nach vielen verlustreichen Schlachten holten die Briten 1818 zum entscheidenden Schlag gegen die Marathen aus. Zu Aufständen kam es auch bei den afghanischen Grenzstämmen, den Gurkhas im Himalaya und den Sikhs im Pandschab. Doch den britischen Kolonialherren gelang es, den Widerstand durch Waffengewalt zu brechen und die Rebellen durch geschickte Politik zu integrieren.

Indien als Kronkolonie

Bereits 1857 wurden die Briten erneut mit einer Erhebung konfrontiert – und diesmal kam das gesamte System ins Wanken: Die Sepoys, so wurden die einheimischen Soldaten in den britischen Kolonialtruppen genannt, meuterten und viele Zivilisten schlossen sich ihnen an. Auf beiden Seiten starben Tausende bei der Niederschlagung des Aufstands, der jedoch den Keim zur ein knappes Jahrhundert später siegreichen indischen Unabhängigkeitsbewegung legte.

Nach dem Sepoy-Aufstand zog London die Zügel straffer, löste die Ostindiengesellschaft auf und machte den Subkontinent zur Kronkolonie. 1877 nahm Königin Viktoria den Titel einer Kaiserin von Indien an. Gleichzeitig schritt die Anglisierung Indiens voran. Bis heute beherrscht die englische Sprache den Subkontinent.

Der indische Subkontinent vom 16. bis Anfang des 18. Jahrhunderts

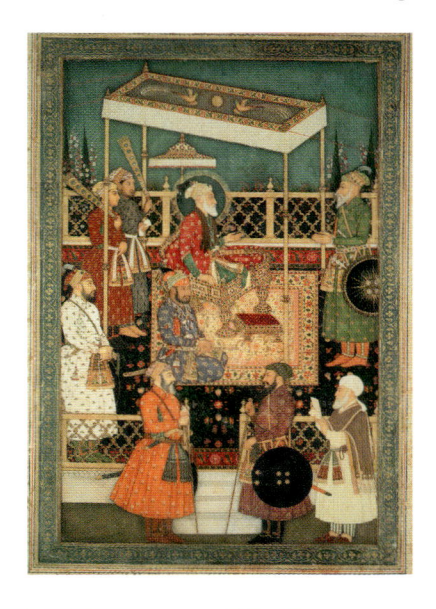

Unter Großmogul Aurangzeb I. (Reg. 1658 - 1707), der die Verbreitung des Islam rücksichtslos vorantrieb, erreichte das Mogulreich seine größte Ausdehnung.

- **1760** Entscheidender Sieg der Briten über die Franzosen
- **ab 1775** Regionale Aufstände gegen die Kolonialmacht, von den Briten jeweils blutig niedergeschlagen
- **1857** Sepoy-Aufstand
- **1858** Auflösung der Ostindiengesellschaft, Indien wird britische Kronkolonie
- **1877** Die britische Königin Viktoria wird auch Kaiserin von Indien

Die Türkenkriege und Österreichs Aufstieg zur Grossmacht

Der Begriff Türkenkriege bezeichnet eine Serie türkischer Eroberungszüge nach Westen. Sie begannen im 14. Jahrhundert, wurden nach der Eroberung Konstantinopels häufiger und erreichten ihren Höhepunkt, als die Türken 1683 vor Wien standen.

Österreich wurde erstmals im 15. Jahrhundert durch türkisch-tatarische Übergriffe in Kärnten und Krain mit der Türkengefahr konfrontiert. Die Notwendigkeit, sich mit den Osmanen politisch auseinander zu setzen, ergab sich jedoch erst mit dem Fall Ungarns an das Haus Habsburg im Jahr 1526. Eine Belagerung Wiens durch Sultan Süleiman den Prächtigen 1529 blieb erfolglos. Weitere Vorstöße folgten, die Türken kamen aber nie über Ungarn hinaus. Der Friede von Zsitvatorok 1606 bereitete den immer wieder aufflackernden Kämpfen im habsburgisch besetzten Westen Ungarns vorläufig ein Ende. Dennoch war die Gefahr allgegenwärtig. Die tief sitzende Angst vor den muslimischen Osmanen fand in kleineren Grenzkonflikten immer neue Nahrung.

Prinz Eugen von Savoyen (1663–1736), der überragende österreichische Feldherr und Staatsmann

Der ungarische Kuruzenaufstand

Ausgelöst durch Thronstreitigkeiten in Siebenbürgen gab es 1663 neuerliche Zusammenstöße. Die Schlacht bei Sankt Gotthard an der Raab 1664 war der erste österreichische Sieg über ein türkisches Haupttheer. Österreich zeigte sich im Friedensschluss von Vasvár großzügig, was die Ungarn, die sich zunehmend gegen den Wiener Zentralismus wehrten, weiter verärgerte. So kam es zur ungarischen Magnatenverschwörung unter Miklos Zrinyi, die zwar niedergeschlagen wurde, aber den Auslöser für den Türkenangriff von 1683 mit der Belagerung Wiens bildete.

So gelang es Imre Tököly, den ungarisch-protestantischen Kuruzenaufstand zu einer mächtigen Bewegung auszubauen. Auf der Suche nach breiter Unterstützung wandte er sich an die Osmanen, die ihn 1682 zum Fürsten von Oberungarn ernannten, was die Habsburger zum Handeln zwang. Zugeständnisse Leopolds I. führten dazu, dass sich ein Teil der Ungarn von Tököly distanzierte, was die Türken zum Angriff herausforderte. Da sowohl Ludwig XIV., als auch der polnische König Johann III. Sobieski gegenüber dem Osmanischen Reich in wohlwollender Neutralität verharrten, wandte sich Leopold Hilfe suchend an den Türkenfeind Papst Innozenz XI.

Die Türken vor Wien

Der Großwesir Kara Mustafa hatte sich einen günstigen Moment ausgesucht: Habsburg war durch die Ungarnfrage geschwächt und im Westen mit Gebietsstreitigkeiten beschäftigt. Unter dem Einfluss des Papstes und der türkischen Bedrohung entschied sich aber Polen, seinen antihabsburgischen Kurs aufzugeben, und schloss im April 1683 ein Bündnis mit Österreich, die »Liga von

Prinz Eugen 1717 in der Schlacht bei Belgrad, wo er einen seiner glänzenden Siege errang

| 1350 | 1400 | 1450 | 1500 | 1550 |

1354 – Erster türkischer Stützpunkt in Europa
1444 – Niederlage gegen die Türken bei Varna
1529 – Die Türken stehen vor Wien
1540–1547 – Belagerung Ungarns

Die Türkenkriege

Warschau«. Mit deren Hilfe gelang der Sieg über die Türken am Kahlenberg vor Wien am 12. September 1683. Die einmonatige Belagerung der Stadt, für die Kara Mustafa ein Heer von 200 000 Mann aufgeboten hatte, war vorbei und mit ihr endete die türkische Expansion.

Die muslimischen Türken sahen sich einer breiten abendländischen Allianz gegenüber. So hatten auf österreichischer Seite Truppenkontingente aus Bayern, Franken, Schwaben und Sachsen sowie das Heer Karls V. von Lothringen gekämpft. Auf Vermittlung des Papstes, der die Osmanen vernichtend schlagen wollte, kam es 1684 zum Abschluss der Heiligen Liga, einem Angriffsbündnis gegen die Türken. Polen sollte in der Ukraine und in Podolien gegen die Türken kämpfen, Österreich in Ungarn und Kroatien. Venedigs Flotte sollte in der Adria und der Ägäis die Osmanen zurückdrängen.

Im Juni 1684 brachen die Truppen auf. Nach der gescheiterten Belagerung von Ofen folgte ein Sieg bei Gran 1685 und die Eroberungen von Neuhäusel und Ofen. Nach dem Sieg bei Mohács 1687 konnte Ungarn auf dem Pressburger Reichstag Österreich wieder angeschlossen werden. Ab diesem Zeitpunkt war das Haus Habsburg königlich-kaiserliche Doppelmonarchie – die »k. u. k. Monarchie Österreich-Ungarn«.

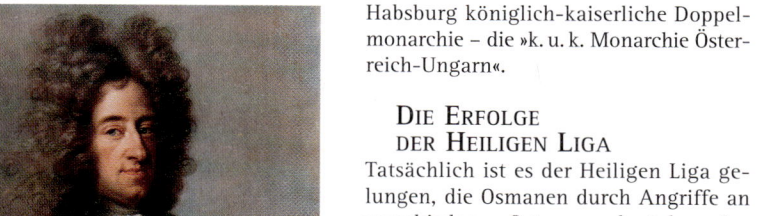

Die Erfolge der Heiligen Liga

Tatsächlich ist es der Heiligen Liga gelungen, die Osmanen durch Angriffe an verschiedenen Orten zu schwächen. Am 24. April 1686 schloss sich Moskau der Liga an. Prinz Eugen von Savoyen war als kaiserlicher Feldherr maßgeblich an der Zurückdrängung der Türken beteiligt. Neben Mohács gehen auch die Siege bei Senta (1697), Peterwardein auf dem Balkan (1716) und Belgrad (1717) auf sein Geschick zurück. Im Frieden von Karlowitz (1699) mussten die Osmanen auf den größten Teil Ungarns verzichten. Im Folgejahr verloren sie Asow am Schwarzen Meer an Russland. Nach der Rückeroberung von Belgrad mussten die Osmanen im Frieden von Passarowitz im Jahr 1718 den Banat, Teile der Walachei, Bosniens und Serbiens an Habsburg übergeben. Neuerliche Kämpfe folgten, in denen es den Türken bis zum Frieden von Belgrad 1739 gelang, die an Österreich verlorenen Gebiete, mit Ausnahme des Banats, zurückzuerobern.

Kurfürst Max II. Emanuel von Bayern (Reg. 1680 – 1726) kämpfte auf Seiten Österreichs gegen die Türken.

Rundplan der ersten türkischen Belagerung Wiens im Jahr 1529

- 1550
- 1600
- 1606 Friede von Zsitvatorok
- 1650
- 1669 Ungarischer Aufstand
- 1683 Die Türken belagern Wien
- 1683 – 1699 Großer Türkenkrieg
- 1699 Friede von Karlowitz
- 1700
- 1718 Friede von Passarowitz
- 1739 Friede von Belgrad
- 1750

▶ **Völker, Staaten und Kulturen:** Die Osmanen
▶ **Völker, Staaten und Kulturen:** Österreichs Aufstieg
▶ **Menschen und Ideen:** Prinz Eugen

Der grosse nordische Krieg

Seit dem Dreißigjährigen Krieg zählte Schweden, das die Vorherrschaft im Ostseeraum an sich gerissen hatte, zu den europäischen Großmächten. Doch im Großen Nordischen Krieg von 1700 bis 1721 verlor das skandinavische Königreich nach anfänglichem Kriegsglück seine hegemoniale Stellung.

August der Starke (1694–1733), Kurfürst von Sachsen und König von Polen, bekämpfte Schweden im Nordischen Krieg.

Der erst 17-jährige Schwedenkönig Karl XII. sah sich 1699 einer Allianz dreier Mächte gegenüber, die sich aufgrund ihrer dem Ostseeraum geltenden Expansionsinteressen zusammengefunden hatten. Schwedens alter Rivale Dänemark träumte von der Wiedergewinnung früherer Gebiete, darunter Schonen. Kurfürst August der Starke von Sachsen, seit 1697 als August II. auch König der Wahlmonarchie Polen, begehrte Livland. Zar Peter I. brannte auf einen Zugang zur Ostsee, der ihm die Öffnung eines eisfreien Meeres und zugleich die ersehnte Anbindung Russlands an das westliche Europa bescheren sollte.

Schwedische Siege

Womit diese Koalition allerdings kaum gerechnet hatte, war die zunächst höchst erfolgreiche Gegenwehr des bei Kriegsbeginn gerade einmal 18-jährigen Schwedenkönigs. Karl XII. erwies sich als genialer Feldherr. Er zwang 1700 nach einem Blitzfeldzug Dänemark zum Frieden, befreite das von August belagerte Riga und vernichtete die zwar unerfahrene, aber zahlenmäßig überlegene russische Armee bei Narva. Daraufhin wandte er sich gegen Polen. 1702 besiegte er ein sächsisch-polnisches Heer bei Krakau, vertrieb August aus Polen, setzte dort 1704 die Wahl eines Marionettenkönigs durch und erzwang nach dem Einmarsch in Sachsen 1706 in einem Diktatfrieden den Verzicht Augusts auf die polnische Krone. Allerdings hatte der Zar unterdessen seine Armee reorganisieren können. Seit 1702 bemächtigte er sich des Baltikums, wo er 1704 St. Petersburg gründete. Karl suchte die Entscheidung mit einem Vorstoß auf Moskau und marschierte 1708 in die Ukraine ein. Zwar wurde er hier durch die antizaristisch und antipolnisch eingestellten, nach Autonomie strebenden Kosaken unterstützt. Aber von seiner Versorgung abgeschnitten, wurde Karls durch Hunger, Epidemien und Kälte geschwächte Armee bei der Belagerung von Poltawa 1709 durch eine russische Übermacht vernichtend geschlagen.

In der Schlacht bei Poltawa am 8. Juli 1709 wurde der schwedische König Karl XII. vernichtend geschlagen.

1698 — 1699 — 1700 — 1701 — 1702 — 1703 — 1704 — 1705 — 1706 — 1707 — 1708 — 1709 — 1710

1699 *Russland, Dänemark und Sachsen-Polen bilden Koalition gegen Schweden*

1700–1706 *Siege Karls XII. über die Koalition*

1708–1709 *Russlandfeldzug Karls XII.*

Nordischer Krieg

Die Allianz schlägt zurück

Das war der Wendepunkt des Krieges. Während Karl auf türkisches Gebiet floh, rächte sich die gegnerische Allianz. Zar Peter annektierte Estland und Livland und verwüstete Finnland, die Dänen suchten Schonen heim, und August von Sachsen bemächtigte sich wieder der polnischen Krone. Inzwischen hatte Karl seine Hoffnung auf jenes Reich gesetzt, das ihm Asyl gewährt hatte. Und wirklich erklärte 1710 der neue türkische Großwesir Russland den Krieg, dessen Machtposition den osmanischen Herrschafts- bzw. Einflussbereich nördlich des Schwarzen Meeres zu bedrohen schien.

Obwohl eine riesige türkische Armee die zaristischen Truppen am Pruth eingekesselt hatte, kam es 1713 zu einem rätselhaften, für die Russen mehr als glimpflichen Friedensschluss. Dabei soll der Schmuck der Zarin Katharina als Bestechungsgeschenk für den Großwesir eine Rolle gespielt haben. Peter musste lediglich Asov mit einer kleinen Flotte an die Osmanen ausliefern und seine Verbände aus Polen abziehen. Damit hatten die Osmanen vielleicht nicht unbedingt eine weltpolitische Chance vergeben, aber doch sicherlich die große Möglichkeit verpasst, im eigenen Interesse den Aufstieg Russlands zumindest zu verzögern. Auf jeden Fall aber konnte sich durch diesen Frieden die alte Koalition gegen Schweden erneut formieren, nunmehr erweitert durch den Beitritt des Königreichs Preußen und des Kurfürstentums Hannover, das von Großbritanniens neuem König Georg I. in Personalunion regiert wurde.

Bis 1716 eroberte diese Allianz alle schwedischen Besitzungen außerhalb Skandinaviens. Zwischenzeitlich war Karl XII. zwar nach einem legendären Gewaltritt quer durch Europa 1714 in Stralsund aufgetaucht, führte aber – nach eigensinniger Ablehnung eines Ausgleichs – mangels mächtiger Bündnispartner einen letztlich aussichtslosen Kampf. Als ihn 1718 während seines Marsches auf Kristiania (Oslo) eine tödliche Kugel traf, war der Weg für Friedensverhandlungen mit seiner Schwester Ulrike Eleonore frei.

Friedensverträge und Ergebnisse

In mehreren Abkommen wurden die Positionen der Ostseemächte neu bestimmt: Im Frieden von Stockholm (1719) trat Schweden Bremen-Verden an Hannover und ferner Vorpommern bis zur Peene mit Stettin, Usedom und Wollin an Preußen ab, behauptete aber das restliche Vorpommern, Wismar und Rügen. So blieb im westlichen Ostseeraum ein gewisses Kräftegleichgewicht gewahrt. Anders sah es im Baltikum aus. Im Frieden von Nystad (1721) konnte Russland von Schweden die Abtretung von Ingermanland, Estland, Livland, eines Teils von Karelien und der Inseln Ösel und Dagö erzwingen. Trotz der Bewahrung Finnlands hatte Schweden damit seine Rolle als beherrschende Ostseemacht ausgespielt und musste seinen Platz unter den europäischen Großmächten für den eigentlichen Gewinner dieses Krieges räumen – für Russland.

Der Große Nordische Krieg veränderte die Machtverhältnisse im Ostseeraum.

Zar Peter I., der Große, war der eigentliche Gewinner der kriegerischen Auseinandersetzungen: Russland wurde zur europäischen Großmacht.

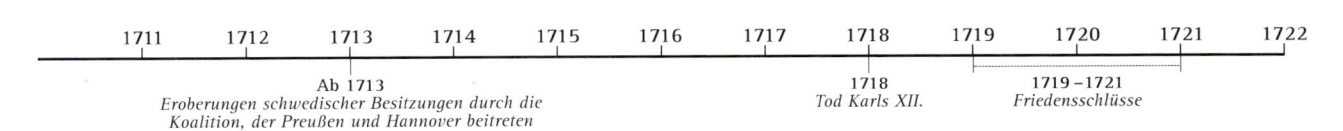

| 1711 | 1712 | 1713 | 1714 | 1715 | 1716 | 1717 | 1718 | 1719 | 1720 | 1721 | 1722 |

Ab 1713
Eroberungen schwedischer Besitzungen durch die Koalition, der Preußen und Hannover beitraten

1718
Tod Karls XII.

1719–1721
Friedensschlüsse

▶ Völker, Staaten und Kulturen: Das Russische Reich
▶ Menschen und Ideen: Peter der Große

Das Heerwesen im 17./18. Jahrhundert

Die Kriegstechnik des 17. Jahrhunderts bildete die Grundlage für eine Vielzahl von militärischen Entwicklungen der Neuzeit. Eine der wichtigsten war die Verbesserung der Handfeuerwaffen vom schwerfälligen Luntenschlossgewehr über das teure, komplizierte und daher seltener verwendete Radschloss- zum leichteren Steinschlossgewehr, das ab 1680 in den europäischen Armeen eingeführt wurde.

Die neue Infanterie

Die neue Waffentechnik brachte eine grundlegende Änderung der bisherigen Infanterietaktik mit sich. Der Musketier (Feuerwaffenträger) benötigte den Schutz von Pikenieren (Langspießträger), um die langwierige und umständliche Ladeprozedur seiner Waffe vorzunehmen. Doch bald wurde das leichtere und schneller zu ladende Steinschlossgewehr mit seitlich angebrachten Bajonetten bewehrt, was die Pikeniere überflüssig machte. So entstand eine einheitlich mit Gewehren ausgerüstete Infanterie, die im Fern- und Nahkampf eingesetzt werden konnte. Diese Geschlossenheit drückte sich auch in der Uniformierung aus, die gegen Ende des 17. Jahrhunderts eingeführt wurde und die früher übliche individuelle Kriegstracht ersetzte.

Kavallerietaktiken

Die Kavallerie des beginnenden 17. Jahrhunderts legte einige Rüstungsteile ab und beschränkte sich überwiegend auf Helm und Brustpanzer. Die Lanze als Angriffswaffe machte mehr und mehr zwei am Sattel getragenen Reiterpistolen Platz. Allerdings mussten die Reiterschwadronen, nachdem sie beim Angriff gefeuert hatten, wieder wenden und zurückreiten, um die Pistolen neu zu laden. Dieses Caracolieren (von französisch *caracole,* Wendung) wurde aber von Gustav Adolf von Schweden während des Dreißigjährigen Krieges zugunsten der Reiterattacke mit dem blanken Degen aufgegeben, was sich als erfolgreicher erwies.

Im Laufe des 17. Jahrhunderts gewann die Artillerie als gleichberechtigte Waffengattung an Bedeutung, vor allem durch den Einsatz leichter Lafetten und Geschütztypen in der Feldschlacht. Und wie zu allen Zeiten beeinflusste die Entwicklung der Artillerie den Festungsbau. So entwickelte der französische Baumeister Vauban sternförmige Befestigungen mit vorgeschobenen Bastionen, Gräben und Vorbefestigungen mit sich überschneidenden Schussfeldern. Dies sollte die Festungsartillerie in die Lage versetzen, den Feind im Vorfeld zu beschießen und dessen Artilleriefeuer so weit wie möglich von den Hauptbefestigungen fernzuhalten.

Das 18. Jahrhundert

Nach wie vor war das glattläufige Vorderladergewehr mit Steinschloss die Standardwaffe der Infanterie, allerdings in zunehmend leichterer Bauweise. Schon ab 1670 waren Papierpatronen, in denen abgemessene Pulverladung und Kugel enthalten waren, eingeführt, nun kam der eiserne Ladestock dazu. Der Vorgang des Ladens wurde also einfacher und schneller, so dass ein geübter Soldat drei Schuss in der Minute abgeben konnte. Beim Kriegseinsatz kam es darauf an, schnellstmöglich zu schießen und dann zum Sturmangriff überzugehen. Das wurde vor allem in Preußen trainiert und trug neben der eisernen Truppendisziplin zu den Siegen Friedrichs des Großen bei. Wegen der mangelnden Treffsicherheit der Gewehre

Schwere Artillerie bei der Beschießung einer Stadt, deren Befestigung den im 17. Jahrhundert entwickelten sternförmigen Grundriss aufweist.

Heerwesen im 17./18. Jahrhundert

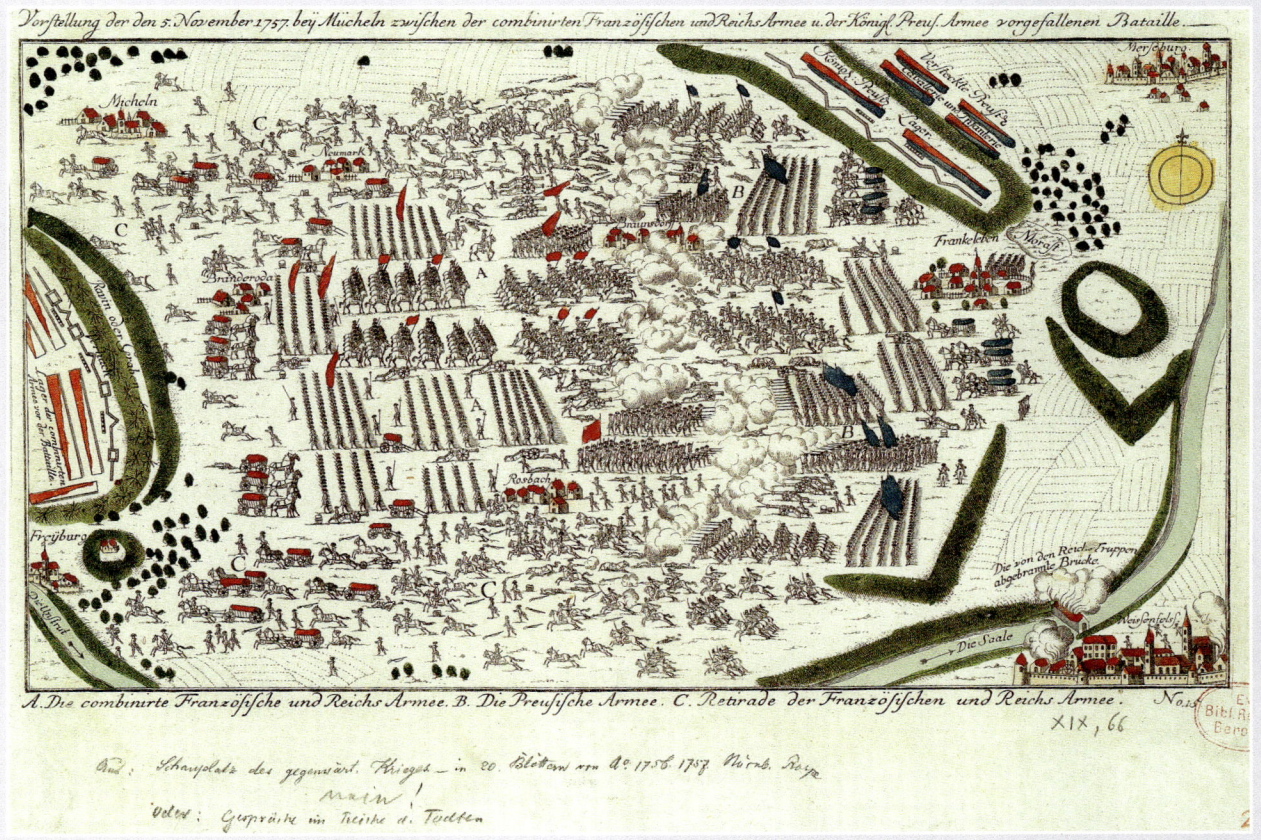

Schlacht bei Roßbach am 5. November 1757: Vor allem der Reiterei unter General von Seydlitz war es zu verdanken, dass die Armee Friedrichs des Großen innerhalb weniger Stunden die vereinigten französischen und kaiserlichen Truppen in die Flucht schlagen konnte.

blieb das wirksame Feuer einer Einheit allerdings auf ungefähr 300 Meter beschränkt. Da auch die Schussweite eingeschränkt war, erkannte man die Wichtigkeit einer sehr beweglichen Feldartillerie, damit die Stellungswechsel auf dem Schlachtfeld schnell vonstatten gehen konnten. So entstand die reitende Artillerie, bei der auch die Bedienungsmannschaft der Geschütze einzeln beritten war.

Die Kavallerie des 18. Jahrhunderts legte bis auf den Brustpanzer alle Teile der Rüstung ab, selbst der Helm wurde durch einen Hut ersetzt. Sie führte weiterhin die Sattelpistolen, ebenso den an einem Bandelier herabhängenden Karabiner (Gewehr mit verkürztem Lauf). Doch die Hauptangriffswaffe blieb der schwere, gerade Reiterdegen (Pallasch). Die Türkenkriege des 17./18. Jahrhunderts hatten den Wert einer leichten Kavallerie für Aufklärungszwecke, Hinterhalte und überfallartige Angriffe gezeigt. So fanden die aus Südosteuropa stammenden Panduren und vor allem die Husaren in ihrer typischen Tracht Eingang in alle europäischen Armeen und wurden mit der Zeit zu regulären Truppen. Ihre wichtigste Aufgabe, den Kleinkrieg im Rücken des Feindes zu führen und als »Augen« der Armee zu dienen, schloss ihren Einsatz in der Feldschlacht nicht aus. Als Waffen führten sie Pistolen, Karabiner und den gekrümmten Säbel türkischer Herkunft. Zusätzlich erlangten während des 18. Jahrhunderts auch leichte Infanterieeinheiten eine zunehmende Bedeutung.

DAS BAJONETT

Das Seitengewehr oder Bajonett hat seinen Namen von der im 16. Jahrhundert für ihre Dolchherstellung berühmten französischen Stadt Bayonne. Mitte des 17. Jahrhunderts gingen die Musketiere, nachdem sie ihre Waffen leer geschossen hatten, dazu über, spezielle Steck- oder Spundbajonette in die Läufe der Gewehre zu stecken. Da so jedoch ein Nachladen oder Schießen unmöglich war, entwickelte man um 1700 Tüllenbajonette, die seitlich an den Gewehrlauf aufgesteckt wurden und so das Gewehr für Nah- und Fernkampf tauglich machten.

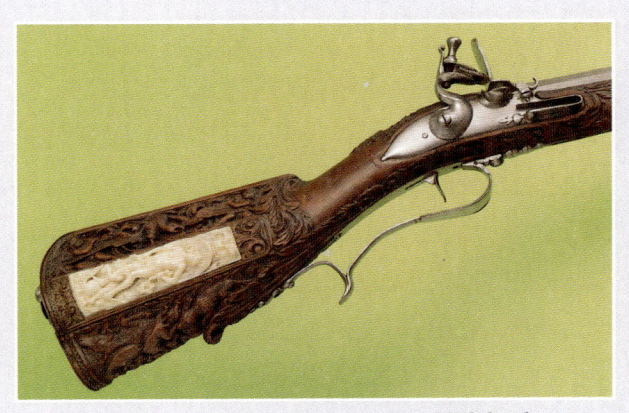

Das Steinschlossgewehr gehörte seit dem späten 17. Jahrhundert zur Standardbewaffnung der Infanterie.

DIE ERBFOLGEKRIEGE

Im 18. Jahrhundert, der Epoche des europäischen Absolutismus, ereigneten sich eine Reihe von Kabinettskriegen, die aus dynastischen Überlegungen angezettelt wurden, um territoriale Ansprüche geltend zu machen. Die Erbfolgekriege sind dafür anschauliche Beispiele.

Als der spanische König Karl II. im Jahr 1700 kinderlos starb, entbrannte der Konflikt um das Erbe.

Maria Theresia – hier mit ihrem Gemahl Franz I. und dem Thronfolger Joseph – musste Kriege führen, bevor sie als Monarchin anerkannt wurde.

Ein brisantes Thema war um 1700 die Nachfolge des kinderlosen spanischen Habsburgerkönigs Karl II.; denn falls dessen gewaltiges Erbe – dazu gehörten neben Spanien die spanischen Niederlande, Mailand, Neapel, Sizilien, Philippinen, Westindien und andere Kolonien in Übersee – an eine der Großmächte Frankreich, Österreich, England oder Holland fiel, wäre das europäische Gleichgewicht gefährdet gewesen. Berechtigte Erbansprüche hatten Ludwig XIV. von Frankreich und Leopold I. von Österreich.

DER SPANISCHE ERBFOGEKRIEG

Karl II. bestimmte Philipp von Anjou, den Enkel Ludwigs XIV., zum Nachfolger. Dessen Krönung 1700 als Philipp V. von Spanien wurde unterstützt von Frankreich und dessen Verbündetem Bayern. Gegen diese Thronfolge schlossen sich England und Holland mit Österreich, Preußen, Hannover, Savoyen und Portugal zusammen. Ein Krieg brach los, der nach dem Zusammenschluss des österreichischen Feldherrn Prinz Eugen und des englischen Herzogs von Marlborough in den Schlachten von Ramillies (1706), Oudenaarde (1708) und Malplaquet (1709) zugunsten der Alliierten verlief. Die Wende brachten der Ausstieg Englands sowie der neue österreichische Herrscher.

Im Frieden von Utrecht erkannten die Alliierten 1713 den Anjou als spanischen König an, unter der Bedingung, dass Spanien nicht mit Frankreich vereinigt wurde und die Niederlande, Mailand und Sardinien an Österreich abtrat. England erhielt Gibralter und Menorca sowie französische Besitzungen in Übersee und begründete so seine Weltmachtstellung.

DER POLNISCHE THRONFOLGEKRIEG

Der Krieg um die Nachfolge Augusts des Starken als König von Polen zeigt die Bereitschaft der absolutistischen Herrscher zu dynastischen Verschiebungen. Frankreich und Spanien brachten den Schwiegervater König Ludwigs XV., Stanislaus Leszczynski, ins Spiel, während Russland und Österreich Augusts Sohn favorisierten. Die Russen marschierten in Polen ein und erreichten 1733 die Anerkennung Augusts III., aber Frankreich und Spanien führten den Krieg gegen Österreich am Rhein und in Italien fort. Im Wiener Frieden 1738 wurde Stanislaus mit den Herzogtümern Bar und Lothringen entschädigt. Der Lothringer und spätere Kaiser Franz I. erhielt dafür das durch das Aussterben der Medici frei gewordene Großherzogtum Toskana.

DER ÖSTERREICHISCHE ERBFOLGEKRIEG

Umstritten war unter Europas Herrschern nach dem Tod Karls VI. (1740) die Pragmatische Sanktion von 1713, die in Österreich die weibliche Erbfolge zuließ und somit Maria Theresia zur Thronfolgerin bestimmte. Man sah die Gelegenheit gekommen, sich anlässlich dieses Erbfalls selbst zu bereichern: Karl Albert von Bayern spekulierte auf die Kaiserkrone, Friedrich II. von Preußen beanspruchte Schlesien, Spanien wollte die südlichen Niederlande und Mailand zurückgewinnen. 1740 überfiel Friedrich das zu Österreich gehörende Schlesien und löste damit den Österreichischen Erbfolgekrieg aus.

Dem 1741 geschlossenen Bündnis zwischen Bayern, Frankreich und Spanien gegen Maria Theresia traten unter anderen auch Preußen und Sachsen bei. Nur England, die Niederlande, Sardinien und Russland standen zu Österreich. Frankreich und Bayern marschierten in Oberösterreich ein und Sachsen besetzte Böhmen. Der Bayer wurde als Karl VII. 1742 zum Kaiser gekrönt, starb aber bereits 1745, worauf sich Bayern aus dem Krieg zurückzog. Im selben Jahr erlebte Österreich die schmerzhafte Niederlage bei Fontenoy, verlor die Niederlande an Frankreich und musste zugunsten Friedrichs II. auf den größten Teil Schlesiens verzichten: Der Aufstieg Preußens zur europäischen Großmacht war besiegelt.

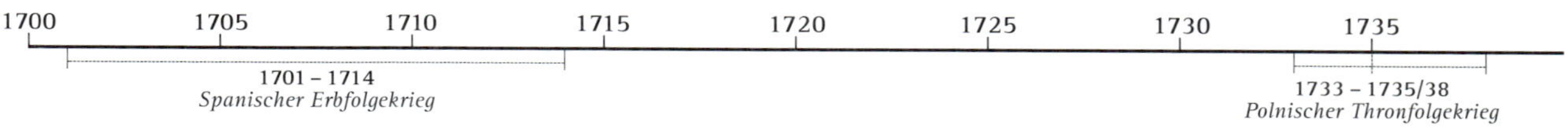

Trotz der Unterstützung Frankreichs und Spaniens konnte sich Stanislaus Leszczynski auf dem polnischen Königsthron nicht auf Dauer behaupten.

| 1700 | 1705 | 1710 | 1715 | 1720 | 1725 | 1730 | 1735 |

1701 – 1714
Spanischer Erbfolgekrieg

1733 – 1735/38
Polnischer Thronfolgekrieg

ERBFOLGEKRIEGE

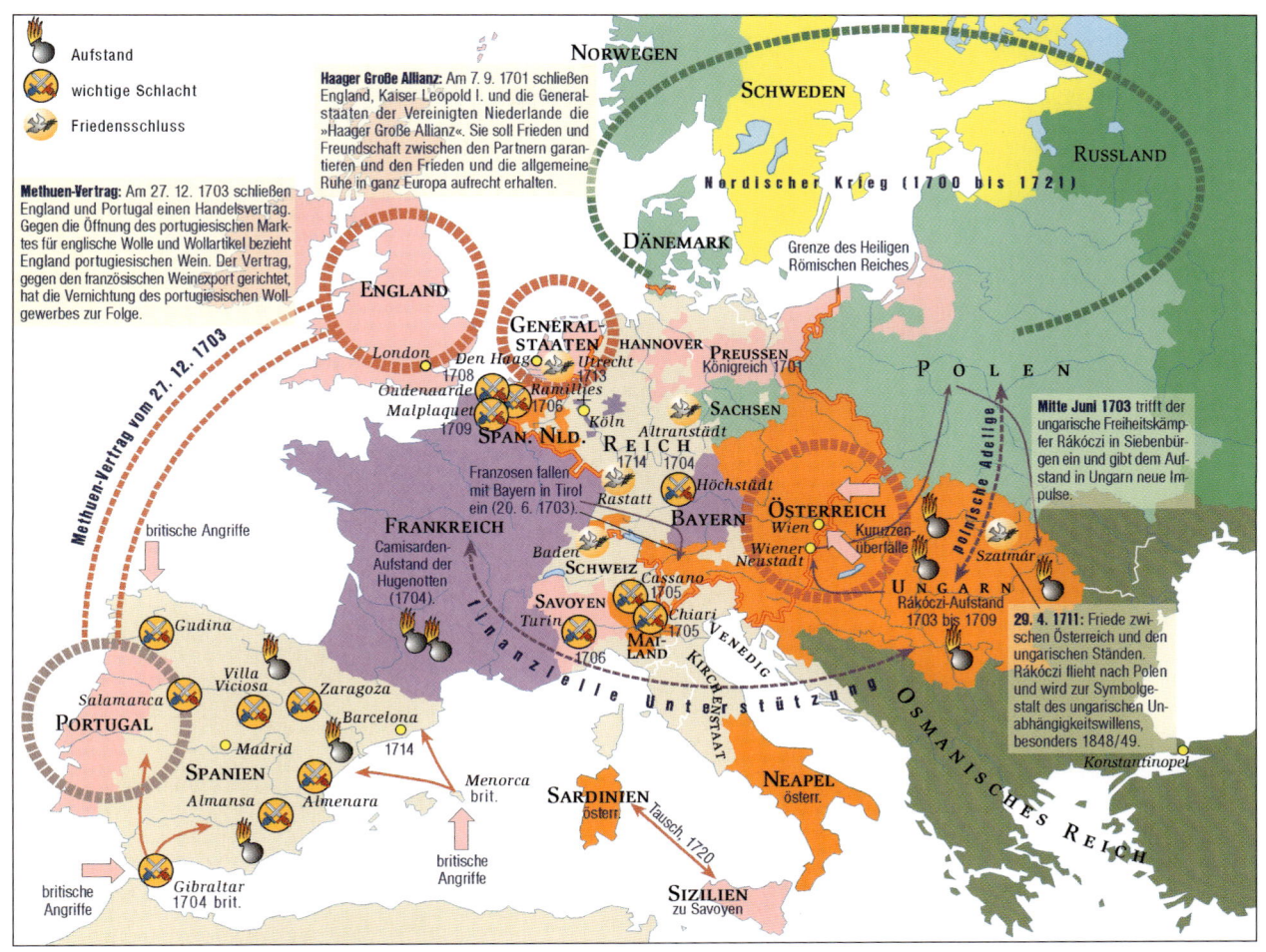

Europa zur Zeit des Spanischen Erbfolgekrieges

Haager Große Allianz: Am 7. 9. 1701 schließen England, Kaiser Leopold I. und die Generalstaaten der Vereinigten Niederlande die »Haager Große Allianz«. Sie soll Frieden und Freundschaft zwischen den Partnern garantieren und den Frieden und die allgemeine Ruhe in ganz Europa aufrecht erhalten.

Methuen-Vertrag: Am 27. 12. 1703 schließen England und Portugal einen Handelsvertrag. Gegen die Öffnung des portugiesischen Marktes für englische Wolle und Wollartikel bezieht England portugiesischen Wein. Der Vertrag, gegen den französischen Weinexport gerichtet, hat die Vernichtung des portugiesischen Wollgewerbes zur Folge.

Mitte Juni 1703 trifft der ungarische Freiheitskämpfer Rákóczi in Siebenbürgen ein und gibt dem Aufstand in Ungarn neue Impulse.

29. 4. 1711: Friede zwischen Österreich und den ungarischen Ständen. Rákóczi flieht nach Polen und wird zur Symbolgestalt des ungarischen Unabhängigkeitswillens, besonders 1848/49.

Der Krieg endete 1748 mit dem Frieden von Aachen. Maria Theresia musste Piacenza und Parma an eine Nebenlinie der spanischen Bourbonen abtreten, erhielt aber die meisten eroberten Gebiete zurück. Ihr wichtigster Sieg: Die Pragmatische Sanktion wurde allgemein anerkannt.

DER BAYERISCHE ERBFOLGEKRIEG

Nach dem Aussterben der bayerischen Linie der Wittelsbacher 1777 sah Kaiser Joseph II., Sohn Maria Theresias, die Chance gekommen, Österreichs Stellung zu stärken und das Staatsgebiet zu arrondieren. So verabredete er mit dem Pfälzer Wittelsbacher Karl Theodor, der die bayerische Herrschaft erben sollte, einen Ländertausch: Bayern würde die habsburgischen Niederlande bekommen, Österreich dafür Niederbayern und Teile der Oberpfalz.

Das konnte dem Preußenkönig Friedrich II., Österreichs entschlossenem Gegner, überhaupt nicht passen. Er marschierte mit den verbündeten Sachsen im habsburgischen Böhmen ein und lieferte sich mit den Österreichern den so genannten Kartoffelkrieg, der sich auf kleinere Gefechte beschränkte. Durch Vermittlung Frankreichs und vor allem Russlands kam dann im Jahre 1779 der Friede von Teschen zustande, der Österreich nur das vormals bayerische Innviertel zusprach. Preußen konnte sich mit Bayreuth und Ansbach vereinigen, während Sachsen eine Abfindung erhielt.

Durch jahrzehntelange Kriegspolitik führte König Friedrich II. Preußen zur Vormachtstellung.

1740 – 1748 Österreichischer Erbfolgekrieg

1778/79 Bayerischer Erbfolgekrieg

▶ Völker, Staaten und Kulturen: Österreichs Aufstieg
▶ Völker, Staaten und Kulturen: Das Königreich Preußen
▶ Menschen und Ideen: Friedrich der Große

SCHLESISCHE KRIEGE

PREUSSEN UND ÖSTERREICH IN DEN SCHLESISCHEN KRIEGEN

Seit Jahrhunderten gehörte Schlesien unter der böhmischen Krone zu Österreich. Trotzdem marschierte Preußen ein, mit schwachen Erbansprüchen, aber einer starken Armee. Zwei blutige Kriege später war Schlesien preußisch – und das bis dato unbedeutende Preußen auf dem Weg zur europäischen Großmacht.

Der junge Preußenkönig Friedrich II. überfiel Schlesien, das zum Habsburgerreich gehörte.

Der Große Kurfürst Friedrich Wilhelm von Preußen hatte 1686 auf alle Ansprüche in Schlesien verzichtet. Im Testament aber forderte er seine Nachfolger auf, bei Erlöschen des habsburgischen Mannesstamms dennoch zuzugreifen. Der Urenkel ließ sich das nicht zweimal sagen: Als Friedrich II., den man nach dem Zweiten Schlesischen Krieg den Großen nennen sollte, im Sommer 1740 den Thron bestieg, galt er als Flöte spielender Philosoph. Ganz Europa rieb sich erstaunt die Augen, als er noch im Winter seines ersten Regierungsjahres mit 30 000 Mann in Schlesien einrückte.

MILITÄRISCHE ÜBERLEGENHEIT

Im Oktober 1740 war der regierende Habsburger Kaiser Karl VI. ohne männlichen Nachkommen gestorben. Seine Tochter Maria Theresia sollte ihm auf dem österreichischen Thron folgen. Diese umstrittene weibliche Erbfolge weckte Begehrlichkeiten bei den anderen europäischen Mächten, was zum Österreichischen Erbfolgekrieg führte. Als Erster nutzte Friedrich die österreichische Schwäche, um Ansprüche auf das mit Bodenschätzen gesegnete, reiche Schlesien zu erheben. Da diese Ansprüche rechtlich äußerst fadenscheinig waren, stützte er sie durch Waffengewalt. Mit seiner bestens gerüsteten Armee, die sein Vater aufgebaut, aber nie eingesetzt hatte, überfiel er Schlesien, das ihm praktisch schutzlos ausgeliefert war, nachdem die österreichischen Truppen anderweitig gebraucht wurden. »Die Glut der Leidenschaft, der Ruhmesdurst«, wie er später bekannte, hatte den musischen Schöngeist in einen zynischen Machttaktiker verwandelt.

Aber Maria Theresia war nicht die Frau, die diesen Landraub tatenlos hingenommen hätte. Trotz leerer Kriegskasse stellte sie Streitkräfte nach Schlesien ab, die allerdings weit schlechter gerüstet und ausgebildet waren als die ihres Gegenspielers. So kam es nach österreichischen Niederlagen bei Mollwitz am 10. April 1741 und bei Chotusitz am 17. Mai 1742 zum Berliner Frieden vom 28. Juli 1742. Friedrich erhielt Niederschlesien, Teile Oberschlesiens und die Grafschaft Glatz. Nur vorübergehend kehrte Ruhe ein; denn Maria Theresia sammelte ihre Kräfte und gewann Verbündete, um Schlesien zurückzugewinnen.

KRIEGSSCHAUPLATZ BÖHMEN

Aufhorchen ließ Friedrich vor allem das Bündnis Österreichs mit Sachsen. Und so schloss Friedrich seinerseits am 5. Juni des Jahres 1744 eine Allianz mit Frankreich, riss mit einem präventiven Einmarsch ins habsburgische Böhmen die Initiative an sich und nahm nach zweiwöchiger Belagerung am 16. September 1744 Prag. Er wusste auch den Kaiser – Karl VII. – auf seiner Seite, der erstmals seit Jahrhunderten kein Habsburger war, sondern ein Wittelsbacher. Doch Maria Theresia schlug zurück: Ihr Feldherr Karl von Lothringen vereinigte sich mit den Sachsen und zwang Friedrich, Prag wieder aufzugeben und schließlich sogar Schlesien zu räumen, weil der Nachschub in Gefahr geriet und seine Armee durch Desertionen geschwächt war. Hinzu kam, dass Frankreich sein Engagement zugunsten Friedrichs deutlich verringerte.

DIE STUNDE DES ALTEN DESSAUERS

Diese günstige Gelegenheit zur Rückgewinnung Schlesiens ergriff Wien beim Schopf: Gestützt auf das Bündnis mit England, Sachsen und Holland (so genannte Vierer- oder Quadrupelallianz) und begünstigt durch den Tod des Kaisers, dem der Ehemann Maria Theresias, Franz von Lothringen nachfolgte, ließ man Truppen in Schlesien vorrücken. Wer aber geglaubte hatte, der geschwächte

Die österreichische Monarchin Maria Theresia nahm den Kampf um Schlesien auf – und verlor.

1740 — 1745 — 1750 — 1755 — 1760

1740 – 1742
Erster Schlesischer Krieg: große Teile Schlesiens preußisch

1744 – 1745
Zweiter Schlesischer Krieg: Schlesien preußisch

1740 – 1780
Regierungszeit Maria Theresia von Österreich

SCHLESISCHE KRIEGE

Friedrich sei bereits geschlagen, der lernte jetzt eine seiner später noch so oft bewiesenen Stärken kennen: Angeschlagen wurde er erst richtig gefährlich. Bei Hohenfriedberg besiegte er die zahlenmäßig weit überlegenen Österreicher am 4. Juni 1745; Karl von Lothringen verlor 19 000 Mann, die Preußen 5000.

Gut zwei Monate später siegte Friedrich auch bei Soor und schwächte die Österreicher weiter, die mit 8 500 Mann mehr als doppelt so hohe Verluste hatten. Aber auch nach einer dritten Niederlage, am 23. November im sächsischen Hennersdorf, war Maria Theresia nicht zur Aufgabe bereit. Erst die Schlacht bei Kesselsdorf in Sachsen am 15. Dezember 1745 brachte die Entscheidung: Friedrichs damals bereits 75 Jahre alter Feldherr Leopold von Anhalt-Dessau, der legendäre »Alte Dessauer«, bereitete dem österreichisch-sächsischen Bündnis eine schmerzhafte Niederlage, der die Kapitulation folgte.

Preußen behielt Schlesien! Dadurch vergrößerte sich der Umfang des Königreichs um ein Drittel, die Bevölkerungszahl um die Hälfte: Friedrich hatte die territoriale Basis der Großmacht Preußen geschaffen. Doch der österreichisch-preußische Antagonismus war nicht ausgeräumt, der nächste Krieg bereits programmiert.

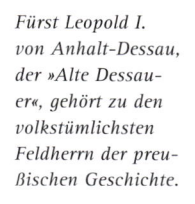

Fürst Leopold I. von Anhalt-Dessau, der »Alte Dessauer«, gehört zu den volkstümlichsten Feldherrn der preußischen Geschichte.

Beerdigung der preußischen Toten der kriegsentscheidenden Schlacht von Kesselsdorf (15. Dezember 1745)

Die Schlacht bei Hohenfriedberg (4. Juni 1745)

| 1765 | 1770 | 1775 | 1780 | 1785 | 1790 |

1740 – 1788 Regierungszeit Friedrich II., der Große, von Preußen

▶ Völker, Staaten und Kulturen: Österreichs Aufstieg
▶ Völker, Staaten und Kulturen: Das Königreich Preußen
▶ Menschen und Ideen: Friedrich der Große

DER SIEBENJÄHRIGE KRIEG
GLOBALE KONFLIKTE ZWISCHEN 1756 UND 1763

Der Kampf der absolutistischen Herrscher um Territorien und Machtpositionen, der die europäische Politik dieser Epoche prägt, wird durch koloniale Interessen zum Weltkrieg. Schließlich können Preußen und England ihre jeweilige Stellung ausbauen, während mit Russland eine neue Großmacht die Bühne betritt.

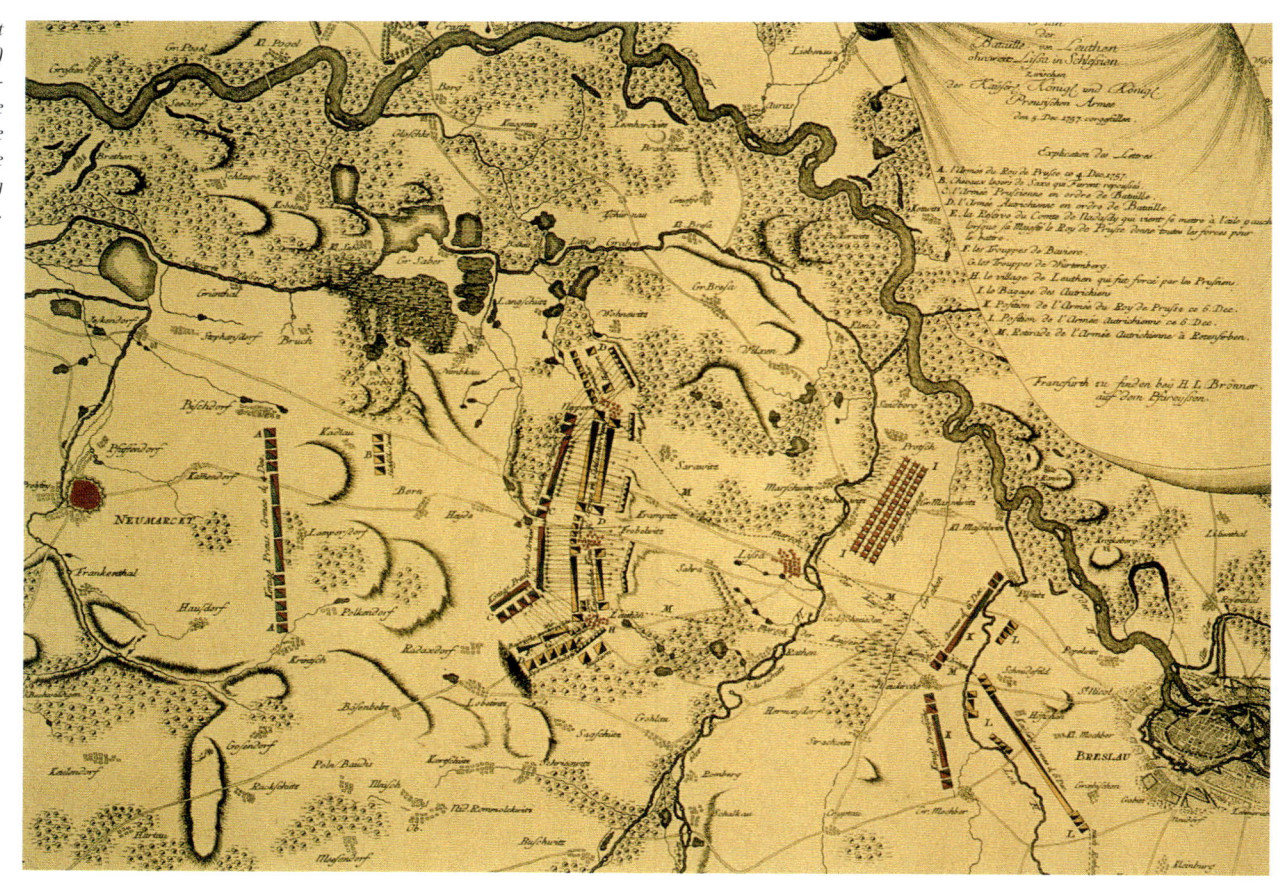

In der Schlacht bei Leuthen (1757) errang die zahlenmäßig unterlegene preußische Armee durch geschickte Taktik einen Sieg über Österreich.

Die preußisch-österreichische Gegnerschaft, die sich im Kampf um Schlesien manifestierte, sowie die englisch-französische Rivalität in Übersee bestimmten den Siebenjährigen Krieg, der gelegentlich als »erster Weltkrieg« bezeichnet wird. Eng verwoben waren die weit auseinander liegenden Schauplätze durch das europäische Bündnissystem, das der österreichische Kanzler von Kaunitz, ein herausragender Diplomat, seit 1753 neu gestaltet hatte: Er konnte Frankreich und Russland für die Allianz mit Österreich gewinnen, woraufhin sich 1756 Preußen und England zusammenschlossen.

Preußische Infanterie-Uniformen des späten 18. Jahrhunderts

Der Siebenjährige Krieg

Im September 1759 landeten die Engländer in der Bucht von Quebec und besiegten in einer Entscheidungsschlacht die französische Kolonialmacht in Nordamerika.

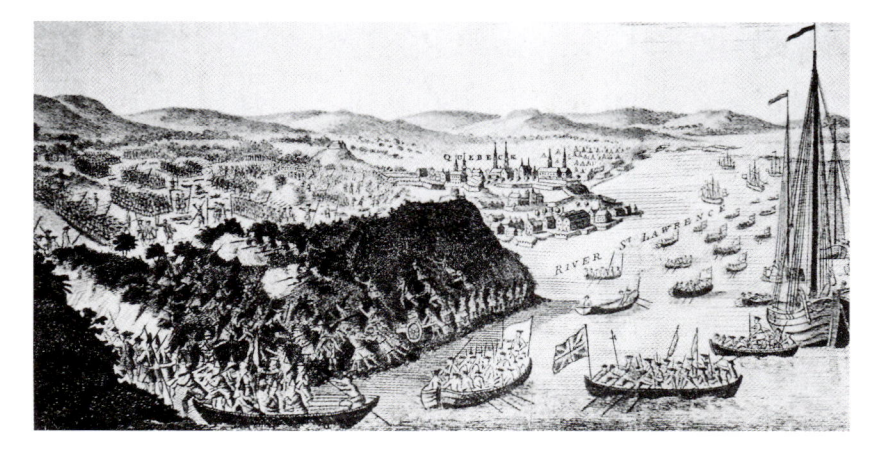

Der Krieg in Europa

Preußens König Friedrich II. eröffnete den Siebenjährigen Krieg Ende August 1756. Seine Taktik war der schnelle Vernichtungsschlag. So überfiel er Kursachsen und baute es zur Operationsbasis aus. Doch als er im Frühjahr 1757 im habsburgischen Böhmen einmarschierte, endete seine Begegnung mit der österreichischen Hauptarmee in der Niederlage von Kolin. Österreich nahm sich wieder einen Teil Schlesiens, Russland marschierte in Ostpreußen ein, Frankreich in Hannover, das in Personalunion mit England regiert wurde.

Der Preußenkönig meisterte jedoch die Krise. Er nahm sich die Gegner einzeln vor, zwang sie zur Schlacht und errang glänzende Siege, allerdings unter schmerzhaften Verlusten. Im August 1759 unterlag er bei Kunersdorf, führte den Krieg aber im folgenden Sommer siegreich weiter. Ende 1761 jedoch überschritten Österreicher und Russen die Grenzen Preußens.

Umso bedrohlicher wurde Friedrichs Lage, als gleichzeitig der Bündnispartner wegfiel: England hatte Preußen gebraucht und dessen Krieg mitfinanziert, um französische Truppen in Europa zu binden. Doch nachdem es nun den Kolonialkrieg praktisch schon für sich entschieden hatte, sah London keinen Grund mehr, länger in Preußen zu investieren.

Friedrich stand alleine da, als das »Wunder« geschah: 1762 schloss Russland unter dem neuen Zaren Peter III. Frieden mit Preußen, das sich nun auf Österreich konzentrieren konnte. Nach dem preußischen Sieg bei Freiberg erkannte Wien die Aussichtslosigkeit weiterer Kämpfe. Am 15. Februar 1763 wurde in Schloss Hubertusburg bei Leipzig der Friede unterzeichnet: Preußen behielt Schlesien und festigte seine Position als europäische Großmacht. Dagegen musste Österreich seinen Anspruch auf Schlesien endgültig aufgeben und sich die hegemoniale Stellung im Reich mit Preußen teilen. Russland gewann – als Zünglein an der Waage – an Selbstbewusstsein: In Zukunft würde es im Spiel der europäischen Mächte eine Hauptrolle übernehmen.

Der Krieg in Indien und Westafrika

Der südamerikanische Kontinent war zwar in den Händen der Spanier und Portugiesen, aber um den Rest des Kuchens stritten sich England und Frankreich. Es ging um nicht weniger als die »Aufteilung der Welt«! Auf dem indischen Subkontinent konnten sich die Franzosen, nach anfänglichen Erfolgen, gegen die britische Konkurrenz nicht behaupten; denn diese kämpften nicht nur, sondern machten sich auch die Intrigen der indischen Fürsten zunutze. Ein Verrat führte 1757 in Plassey zum britischen Sieg über eine zwanzigfache Übermacht. Wohl einzigartig in der Geschichte: Nur zehn Briten fielen in diesem Gefecht, das die Grundlage für die britische Kolonialherrschaft über Indien schuf. Anfang 1761 kapitulierten die Franzosen in Indien. Genauso erfolgreich für die Briten verlief der Kolonialkrieg in Westafrika: Bestechungsgelder, aber auch siegreiche Seeschlachten (Lagos und Quiberon) öffneten die Tore der französischen Stützpunkte. Jenseits des Atlantiks griffen die Briten die französischen Antillen an, doch der entscheidende Kriegsschauplatz war Nordamerika.

Der Krieg in Nordamerika

Mit Ausnahme des spanischen Florida teilten sich Franzosen und Briten Nordamerika: Englisch war das relativ dicht besiedelte Hinterland der Atlantikküste, französisch das Gebiet der großen Seen bis hinunter zur Mississippimündung. Dazwischen lag im Süden Indianerland. Um die Mitte des 18. Jahrhunderts verschärften sich im Norden die Grenzauseinandersetzungen. 1755 gerieten fast 2000 Briten, von denen nur 500 überlebten, bei Fort Duquesne, dem heutigen Pittsburgh, in einen Hinterhalt der Franzosen und ihrer indianischen Verbündeten.

Tragödien wie diese führten in London zum Umdenken: Der entschlossene William Pitt übernahm das Außenministerium, besann sich auf Englands ureigenste Domäne, die Flotte, und verstärkte gleichzeitig die Landtruppen in Übersee. 1758 gelang der Vorstoß ins Ohio-Tal, wichtige französische Forts, auch Duquesne, fielen. Den Durchbruch zu den großen Seen schafften die Briten 1760, nachdem sie Quebec und Montreal, die beiden zentralen Stützpunkte der Franzosen, genommen hatten. Der Friede von Paris (1763) bestätigte die britische Herrschaft in Nordamerika.

Eine schmerzhafte Niederlage erlebte Friedrich der Große gegen Österreicher und Russen im August 1759 in der Schlacht bei Kunersdorf.

.... **Britische Ranger** ....
Die landschaftlichen Gegebenheiten Nordamerikas erforderten neue militärische Taktiken. Statt auf große Schlachten mit umfangreichen Verbänden setzten die Briten auf »Kleinkrieg«: Erkundung feindlicher Truppenbewegungen, überraschende Angriffe auf Forts, Überfälle von Nachschubkolonnen. Maßgeblichen Anteil am Erfolg hatten die neu geschaffenen Ranger-Kompanien: relativ kleine, flexibel und schnell operierende Einheiten.

- ▶ Völker, Staaten und Kulturen: Europäische Kolonisationsbewegungen
- ▶ Völker, Staaten und Kulturen: Österreichs Aufstieg
- ▶ Völker, Staaten und Kulturen: Das Königreich Preußen
- ▶ Völker, Staaten und Kulturen: Kolonialismus und Imperialismus
- ▶ Menschen und Ideen: Friedrich der Große

Der Amerikanische Unabhängigkeitskrieg

Die Spannungen zwischen Großbritannien und seinen nordamerikanischen Kolonien über Steuererhebung und parlamentarische Mitbestimmung eskalierten 1775. Acht Jahre später endete der Krieg: Das einstige Mutterland musste die Unabhängigkeit der USA anerkennen.

George Washington (1732 bis 1799) kämpfte als Truppenführer gegen das Mutterland Großbritannien und wurde der erste Präsident der USA.

Seit dem Ende des Siebenjährigen Kriegs 1763 hatte Großbritannien die Steuerschraube in seinen nordamerikanischen Kolonien immer enger angezogen. Doch die Forderungen der neuenglischen Kolonisten nach Mitbestimmung im britischen Parlament wurden in London überhört. Der amerikanische Zorn darüber machte sich erstmals 1773 bei der berühmten »Boston Tea Party« Luft, als die Teeladung – Tee war mit einer Sondersteuer belegt – von drei Schiffen im Hafen versenkt wurde. 1774 organisierte sich der Widerstand politisch: Die 13 Neuengland-Kolonien Massachusetts, New Jersey, New York, Rhode Island, Connecticut, New Hampshire, Pennsylvania, Delaware, Virginia, Maryland, North Carolina, South Carolina und Georgia schickten ihre Delegierten zum ersten amerikanischen »Kontinental-Kongress« nach Philadelphia.

Rebellion gegen das Mutterland

Im April 1775 fielen bei Lexington und Concord die ersten Schüsse zwischen amerikanischer Miliz, einer aus Freiwilligen bestehenden Bürgerwehr, und britischen Soldaten. Der Kongress begann daraufhin mit der Aufstellung einer Armee. Den Oberbefehl übernahm George Washington, ein Gutsbesitzer aus Virginia, der bereits in den Grenzkriegen gegen Indianer und Franzosen militärische Erfahrung gesammelt hatte. Ende August erklärte der britische König Georg III. die Neuengland-Kolonien zum Rebellengebiet.

Im Frühjahr 1776 wuchs in Neuengland das Gefühl, dass unter der britischen Krone eine befriedigende Lösung nicht mehr erreichbar sei. Immer intensiver dachte man an die Trennung vom Mutterland. Und am 4. Juli – bis heute Nationalfeiertag der USA – war es so weit: Die 13 Neuengland-Staaten proklamierten ihre Unabhängigkeit.

Die Verschärfung des Krieges

Der Kampf um die Autonomie war nicht nur ein Freiheitskrieg, sondern auch ein Bürgerkrieg, da ungefähr ein Drittel der Kolonisten sich weiterhin zur Krone bekannten. Diese Loyalisten wurden von der britischen Führung jedoch weitgehend ihrem Schicksal überlassen. Ihre Wortführer wurden von den amerikanischen Patrioten eingesperrt und enteignet.

1776 beabsichtigten die Briten, zunächst die Hauptzentren des Widerstandes zu besetzen und einzelne Kolonien durch die Mobilisierung von Loyalisten abzuspalten. General William Howe nahm im September 1777 Philadelphia ein und trieb Washington, der im Oktober bei Germantown mit 3 500 Mann nur knapp der Vernichtung entging, nach Nordwesten zurück. Aber schon kurz darauf trat die Wende ein: Die Amerikaner konnten die von Kanada vorstoßenden Briten unter General John Burgoyne bei Saratoga stoppen und zur Kapitulation zwingen.

Die Unabhängigkeitserklärung der 13 Vereinigten Staaten von Amerika vom 4. Juli 1776.

Amerikanischer Unabhängigkeitskrieg

Bald zeigten auch die diplomatischen Bemühungen, Frankreich für die amerikanische Sache zu gewinnen, Erfolg: Anfang 1778 schloss Frankreich ein Bündnis mit dem amerikanischen Kongress, dem Spanien und die Niederlande beitraten. Somit hatte die junge Republik drei Vertreter der alten Ordnung auf ihrer Seite, die im Grunde nichts anderes beabsichtigten, als Großbritannien zu schaden. Das Motiv der Bündnispartner bekümmerte die Amerikaner wenig; denn nun floss die finanzielle Hilfe aus Europa. Die Gelder wurden in die Armee gesteckt, für die George Washington bereits sein gesamtes Vermögen verpfändet hatte.

Die allmählich eintreffenden französischen Truppen stärkten die amerikanische Kampfkraft und immer wieder gelang es der französischen Flotte, die britische Blockade zu durchbrechen. Dennoch blieben die Briten in offener Feldschlacht überlegen, ohne allerdings eroberte Gebiete dauerhaft sichern zu können.

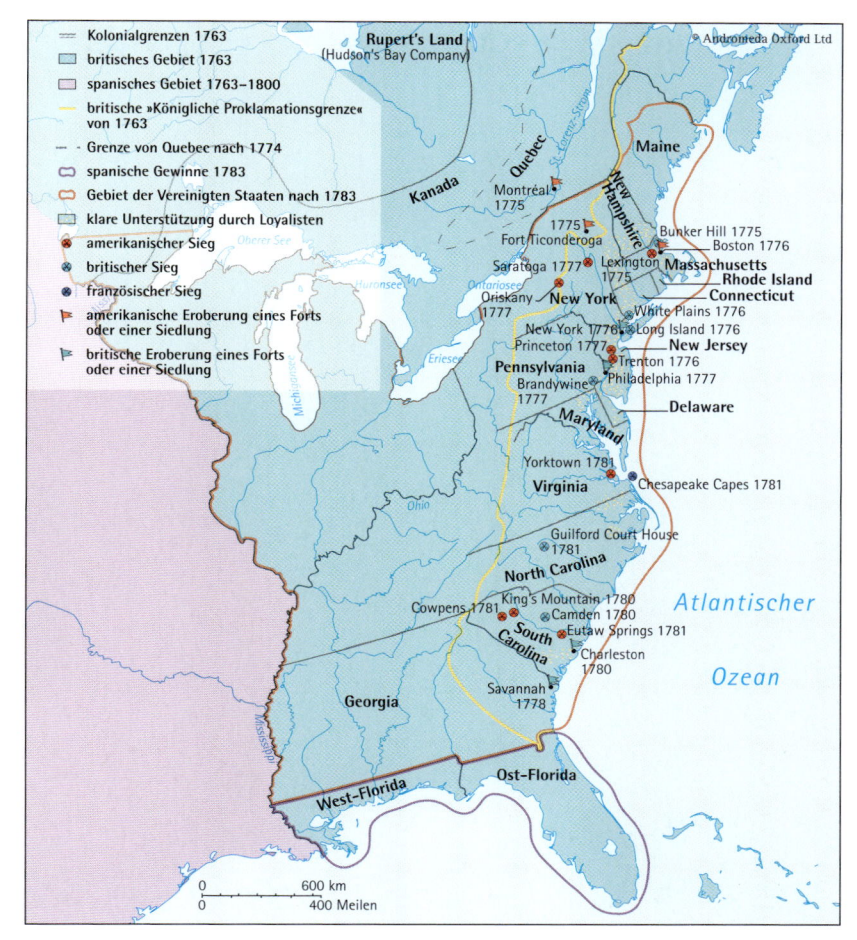

GROSSBRITANNIEN GIBT AUF

Die Entscheidung fiel eigentlich recht unvermittelt im Spätsommer 1781. Ein Großteil der britischen Truppen lag beim Hafen Yorktown in Virginia und kontrollierte von dort das Hinterland. Als Washington erfuhr, dass eine französische Flotte von der Karibik her zu seiner Unterstützung unterwegs war, verlegte er starke Einheiten nach Virginia. Amerikaner und Franzosen schlossen die Briten in Yorktown ein. Am 19. Oktober 1781 streckten die Belagerten die Waffen.

Angesichts der Kriegsmüdigkeit im eigenen Land stimmte das britische Unterhaus Anfang 1782 gegen die Fortsetzung des Krieges. Zähe Verhandlungen führten schließlich am 3. September 1783 zum Frieden von Versailles. Großbritannien akzeptierte offiziell die Unabhängigkeit und trat den Nordwesten bis zum Mississippi an die USA ab, Florida aber wieder an Spanien.

Der Amerikanische Unabhängigkeitskrieg

Thomas Jefferson (1743 – 1826) aus Virginia hatte wesentlichen Anteil an der Verfassung der amerikanischen Unabhängigkeitserklärung.

Kapitulation des britischen Generals Burgoyne vor den amerikanischen Milizen am 17. November 1777 bei Saratoga.

DEUTSCHE SÖLDNER

Da Großbritannien nicht genügend Soldaten zur Verfügung standen, mussten welche gekauft werden – in diesen Zeiten der Söldnerheere nichts Ungewöhnliches. Sechs deutsche Landesväter fanden sich auch bereit, gegen entsprechende Bezahlung Truppenkontingente zu stellen. Insgesamt erwarb die britische Regierung die Dienste von ungefähr 30 000 Deutschen. Die Mehrzahl, etwa 17 000, wurde dabei von Landgraf Friedrich II. von Hessen-Kassel gestellt. Wenig erboste die Amerikaner so sehr wie diese Verwendung fremder Söldner in einem innerbritischen Streit. Aber auch sie nutzten deutsches Know-how: Friedrich von Steuben, ehemals Offizier Friedrichs des Großen, brachte den Rebellentruppen preußischen Drill bei. Allerdings hatte er sich freiwillig für Amerika entschieden.

▶ Völker, Staaten und Kulturen: Der Aufstieg der Vereinigten Staaten
▶ Völker, Staaten und Kulturen: Kolonialismus und Imperialismus
▶ Menschen und Ideen: George Washington
▶ Menschen und Ideen: Thomas Jefferson
▶ Handel und Wirtschaft: Europäische Kolonisationsbewegungen

DIE RUSSISCH-TÜRKISCHEN KRIEGE

In zwei Kriegen – 1768 bis 1774 und 1787 bis 1792 – gegen die Türken sowie durch die Annexion der Halbinsel Krim eroberte Russland die Küste des Schwarzen Meeres einschließlich des Asowschen Meeres. Durch diese bedeutenden Gebietsgewinne wurde der Niedergang des Osmanischen Reichs besiegelt.

Nachdem die Türken 1787 in die Ukraine einmarschiert waren, schlugen die Russen zurück. Im Bild ihre Einnahme der Festung Otschakow Ende 1788

Ich glaube, wenn die Türken je aus Europa vertrieben werden, dann wird es durch die Russen geschehen.« Diese ermutigenden Worte richtete Voltaire an Zarin Katharina II. (Reg. 1762 – 1796) und die Herrscherin selbst war dieser Idee durchaus nicht abgeneigt; denn das, was man später das »Griechische Projekt« der großen Katharina nennen sollte, sah in der Tat die Vertreibung der Türken aus Europa, die Eroberung Konstantinopels und die Wiederaufrichtung eines »Oströmischen Reiches« unter russischer Herrschaft vor. Auch für ihre Generäle stand fest, dass die »natürliche« Südgrenze Russlands das Schwarze Meer sei, das allerdings – noch – in türkischer Hand war.

DIE TÜRKISCHE FLOTTE WIRD ZERSTÖRT

Doch zuerst galten die russischen Expansionsabsichten Polen, was Sultan Mustafa III. ermutigte, Katharina 1768 den Krieg zu erklären und gleichzeitig ihren Gesandten in Konstantinopel gefangen zu setzen. Der Sultan hatte seine militärische Schlagkraft grenzenlos überschätzt: Russische Truppen drangen in die Donaufürstentümer ein, 17 000 Russen schlugen 150 000 Türken bei Kagul. Wichtige türkische Stützpunkte am Schwarzen Meer wurden besetzt, auch Bukarest sowie das Gebiet um das Asowsche Meer. Aber noch kühner war ein anderes russisches Unternehmen: Unter Führung von Admiral Alexej Orlow, der von britischen See-Offizieren unterstützt wurde, segelten zwei Geschwader der russischen Ostseeflotte über Gibraltar ins östliche Mittelmeer. Bei Çezme vor der anatolischen Küste kam es im Sommer 1770 zur Schlacht, die für die türkische Flotte in der Katastrophe endete. Europa sprach nur noch vom »kranken Mann am Bosporus«: Der Niedergang des Osmanischen Reiches schien besiegelt, während Russland triumphierte.

Österreich allerdings sah die russische Machtdemonstration an der Donau mit Sorge und versuchte, Preußen zu einer antirussischen Allianz zu bewegen. Doch Friedrich der Große zeigte wenig Interesse an den Konflikten im fernen Südosten, worauf sich Österreich mit der Türkei verbündete, allerdings ohne bleibende Konsequenz.

SUWOROW GREIFT AN

In Feldmarschall Alexander Suworow stand Katharina ein genialer Feldherr zur Verfügung. Mit seiner Taktik der aufgelockerten Schützenkette und des Überraschungsangriffs im Zusammenwirken von Infanterie und Artillerie gelang es ihm, die russische Armee an die neue Zeit anzupassen, in der Kriege mit riesigen Heeren geführt wurden. Suworow wurde von seinen Männern geliebt und verehrt, für ihn wären sie durchs Feuer gegangen. Doch das war in diesem Krieg nicht notwendig. Als er im Juli 1774 nur noch 300 Kilometer vor Konstantinopel stand, unter-

Im Sommer 1770 errang Russland zu Wasser und zu Lande triumphale Erfolge über das Osmanische Reich.

schrieben die Türken bei Kütschük-Kainardschi, einem Dorf in der Dobrudscha, einen Friedensvertrag, der Russland Gebietsgewinne von eminenter wirtschaftlicher Relevanz einbrachte: Russischen Handelsschiffen stand nun der Weg ins Schwarze Meer offen und durch die Dardanellen ins Mittelmeer. In die Geschichte ging dieser Friedensschluss auch wegen einer anderen Bestimmung ein: Russland wurde Schutzmacht der orthodoxen Christen auf dem gesamten Balkan. Aber die Zarin wollte noch mehr.

Seit dem Friedensschluss von 1774 stand nicht nur ein großer Teil des südlichen Steppenlandes unter Katharinas Herrschaft. Es war auch die Unabhängigkeit des Khanats der Krim, des letzten Tatarenreiches auf europäischem Boden, von der türkischen Oberhoheit festgelegt worden. Die Krim zu besitzen, jene fruchtbare und sonnige Halbinsel im Schwarzen Meer, musste Katharina locken. Sie annektierte sie 1783, während gleichzeitig der Bau einer Schwarzmeerkriegsflotte zügig vorangetrieben wurde.

Noch einmal versuchten die Türken, der russischen Expansion einen Riegel vorzuschieben, und erklärten 1787 erneut den Krieg. Sultan Abdul-Hamid marschierte in die Ukraine ein. Die russische Armee war schlecht gerüstet, es fehlte an Proviant und Uniformen, Schießpulver musste aus den Niederlanden importiert werden. Trotzdem errang Suworow wieder bedeutende Siege. Die erschöpfte Türkei gab nach. Im Frieden von Jassy (Winter 1791/92) musste sie nicht nur die Annexion der Krim anerkennen, sondern auch das Gebiet an der Schwarzmeerküste zwischen Bug und Dnjestr abtreten.

·········· POTJOMKINSCHE DÖRFER ··········

Zum Statthalter der neu eroberten Gebiete im Süden ernannte die Zarin ihren Günstling Fürst Grigorij Potjomkin, von dem der französische Gesandte Fürst de Ligne sagte, er sei der »außergewöhnlichste Mann, dem ich je begegnet bin«. Potjomkin gelang es, die Region administrativ in das russische Reich einzugliedern, befestigte Städte wie Odessa zu errichten und zahlreiche Siedler, unter anderen die so genannten Wolgadeutschen, ins Land zu holen. Dabei nahm er allerdings weder auf Menschenleben noch auf finanzielle Mittel Rücksicht. Eindeutig schoss er übers Ziel hinaus, als er Katharina bei ihrer berühmten Krimreise von 1787 mehr zeigen wollte, als tatsächlich schon vorhanden war. So ließ er angeblich entlang des Wolgawegs die berüchtigten Potjomkinschen Dörfer errichten, die nur aus Fassaden bestanden.

Zarin Katharina II., die Große, im Herrensitz und in Uniform; über drei Jahrzehnte lang, von 1762 – 1796, lenkte sie die Geschicke Russlands.

▶ Völker, Staaten und Kulturen: Das Russische Reich
▶ Völker, Staaten und Kulturen: Die Osmanen
▶ Menschen und Ideen: Katharina die Große

Kriege im Zeitalter des Nationalismus

Volkserhebungen, die den Namen Revolution verdienen, hat Europa immer wieder gekannt und schon im England des 17. Jahrhunderts war ein gesalbter König unter dem Fallbeil gestorben. Was die Französische Revolution, die 1789 ausbrach und in deren Verlauf 1792 die Republik ausgerufen und 1793 der König getötet wurde, vor allen früheren auszeichnete, war dann auch weniger ihre Radikalität als ihre Breitenwirkung: Die Ideen von Freiheit, Gleichheit und Brüderlichkeit überwanden die Grenzen Frankreichs und wurden im europäischen Liberalismus und Sozialismus des 19. Jahrhunderts fortgeführt. Eine rasche Verbreitung erfuhr auch der nationale Gedanke. Nicht zuletzt brachten die Kriege des republikanischen und später napoleonischen Frankreichs gegen die alten Monarchien eine Neuordnung Europas mit sich.

Nation und Volksheer

Eine neue Epoche leitete die Französische Revolution auch in der Militärgeschichte ein: Die mit Berufs- und Söldnerheeren geführten Kabinettskriege, in denen sich die Herrscher um Territorien und Erbansprüche stritten, wurden abgelöst von den Kriegen der Nationen, in denen Bürger als Wehrpflichtige kämpften. Am Beginn dieser Entwicklung stand die Levée en Masse des Pariser Nationalkonvents vom August 1793, die allgemeine Mobilmachung zur Verteidigung des Vaterlands. Neu war die Einführung der allgemeinen Wehrpflicht, die zur gewaltigen Vergrößerung der Streitmacht führte. Und die revolutionäre Armee sang ein Kampflied, die Marseillaise, die später zur französischen Nationalhymne wurde: Symbolträchtiger ist die Beziehung zwischen Heer und Nation kaum darzustellen!

Die Öffnung des Militärs machte die Offizierslaufbahn nicht mehr ausschließlich von der adeligen Geburt abhängig, sondern auch von der individuellen Leistung. Ein militärisches Genie wie Napoleon, der bürgerliche Korse, hätte in einer Armee des Absolutismus wohl kaum Karriere gemacht. Der militärische Enthusiasmus stärkte das Nationalgefühl der Franzosen und auch ihren missionarischen Eifer: Man wollte die eigenen Ideale in die Welt hinaustragen, auch mit Waffengewalt.

Dass die nationale Idee in Vielvölkerstaaten wie dem Osmanischen Reich, der Habsburgischen Monarchie oder dem zaristischen Russland auf fruchtbaren Boden fallen würde, lag auf der Hand. Die erste »Befreiungsideologie« der neueren Zeit war geboren. Das Nationalbewusstein erwachte allerorten, bei den Serben genauso wie bei den Italienern, allerdings wendete es sich etwa in Spanien und Tirol gegen die napoleonische Fremdherrschaft; denn die Feldzüge Napoleons dienten bald nicht mehr der Verteidigung der jungen französischen Republik. Vielmehr ging es um Expansion und hegemonialen Anspruch: Ohne Rücksicht auf das einstmals propagierte Selbstbestimmungsrecht der Völker wollte sich der Kaiser der Franzosen ganz Europa unterwerfen. Dabei blieben unzählige Soldaten seiner Grande Armee auf der Strecke. Hier zeigte sich bereits die Kehrseite des Nationalbewusstseins, nämlich der übersteigerte, aggressive Nationalismus.

Im Namen der Freiheit

Napoleons rigorose Machtpolitik und das Vorbild der französischen Nation zeigten Wirkung auch in Deutschland. So weckte die demütigende Erfahrung der militärischen Niederlage in Preußen ein nie dagewesenes Nationalgefühl, das in den Befreiungskriegen gegen Napoleon alle Kräfte bündelte. Ein besonders anschauliches Beispiel für die große Bedeutung der napoleonischen Kriege für den Patriotismus ist Polen, das seit den Zeiten Friedrichs des Großen unter der Teilung litt und sich von Napoleon die Einigung erhoffte. So kämpfte in dessen Italienarmee 1797 eine polnische Legion, deren Mitglieder das berühmte Lied »Noch ist Polen nicht verloren« sangen. 1807 schuf Napoleon das Großherzogtum Warschau, das sich nach seinem Sturz allerdings Russland einverleibte. Die Aufstände, die 1830 sowie 1846 bis 1848 in Polen gegen die russische Fremdherrschaft ausbrachen, trugen Züge eines beinahe religiösen Nationalismus, der in den Versen des Dichters Adam Mickiewicz seinen hymnischen Ausdruck fand.

Der Freiheitskampf der Polen befriedigte romantische Sehnsüchte in ganz Europa. Eine ähnliche Sympathie brachten die Europäer den Griechen und ihrer Auflehnung gegen die türkische Herrschaft entgegen. Aus machtpolitischen Gründen – vom Verfall des Osmanischen Reiches versprach man sich Vorteile – schickten Großbritannien, Frankreich und Russland Militärhilfe und setzten 1827 mit den aufständischen die Unabhängigkeit Griechenlands durch.

Der Gedanke der nationalen Einigung beschäftigte die Liberalen vor allem in Deutschland und Italien, wo man die territoriale Zersplitterung überwinden wollte. Aber dagegen stand die Restauration, die in dem Bestreben, die Zeit zurückzudrehen und den vorrevolutionären Absolutismus wiederherzustellen, alle gegenläufigen Bewegungen zu unterdrücken suchte. Erst 1848 kam es in weiten Teilen Europas zur Revolution. Sie wurde hauptsächlich vom national-liberalen Bürgertum getragen und kämpfte nicht zuletzt für moderne Verfassungen, die die Menschen- und Bürgerrechte berücksichtigten.

DIE EUROPÄISIERUNG DER WELT

Aber die Stimmung änderte sich. Gegen Ende des 19. Jahrhunderts strebte der europäische Patriotismus nicht mehr die Verwirklichung hehrer Ideale an, sondern stellte sich säbelrasselnd in den Dienst nationaler Größe. Es ging vor allem um Macht und Profit, nicht nur in Europa, sondern in der Welt. Damals erlebte die Wirtschaft der europäischen Industriestaaten einen einzigartigen Boom, riesige Kapitalmengen wurden angehäuft. In wirtschaftlicher wie politischer Hinsicht hatte Großbritannien, das als Seemacht über entsprechende Voraussetzungen verfügte, die Führungsrolle übernommen und war zur Weltmacht aufgestiegen. Als Frankreich nach 1815 ausgeschaltet war, nutzte Großbritannien die Zeit, um sich in Asien und Afrika endgültig durchzusetzen und seine Kolonialmacht zu etablieren.

Als Deutschland nach der Einigung von 1871 den Griff nach Übersee wagen konnte, war der Kuchen, von dem sich Mitte des Jahrhunderts auch das neu erstarkte Frankreich noch ein Stück genommen hatte, praktisch schon verteilt. Trotzdem wurde die Idee, der Nation einen »Platz an der Sonne« zu erkämpfen, auch in Deutschland von allen Schichten der Gesellschaft begrüßt.

AFRIKA DEN EUROPÄERN

In Afrika zeigten sich der Imperialismus und die Rivalität zwischen den europäischen Mächten am deutlichsten. Gegen Ende des 19. Jahrhunderts hatten die Briten in Nigeria, Rhodesien und Zentralafrika Fuß gefasst. Zwischen 1887 und 1889 besetzten die Italiener Abessinien und das Somaliland, mussten jedoch 1896 bei Adua im Krieg gegen den Negus eine schwere Niederlage hinnehmen. Auch Frankreich sicherte sich seinen Anteil an Afrika und nahm Senegal, die Elfenbeinküste sowie Guinea in Besitz. Der belgische König Leopold II. erwarb den Kongo als »Privatbesitz«. Deutschland trat spät in den Kreis der Kolonialmächte, sicherte sich aber ab 1884 noch Südwestafrika, Togo, Kamerun und Ostafrika.

Freiheit, Gleichheit, Brüderlichkeit
Die Französische Revolution

Von der Gründung einer Nationalversammlung 1789 bis zu Napoleons Staatsstreich 1799 erlebte Frankreich epochale Umwälzungen. Der alte Ständestaat ging unter und der Sturm auf die Bastille wurde, nicht nur in Frankreich, zum Symbol für das Widerstandsrecht des Volkes gegen Unterdrückung und Ausbeutung.

Der Sturm auf die Bastille am 14. Juli 1789 gilt als Beginn der Französischen Revolution.

König Ludwig XVI. wurde von den Revolutionären zum Tode verurteilt.

Drohender Staatsbankrott wegen Überschuldung, Missernten, Wirtschaftskrise und Massenarbeitslosigkeit, ein hungerndes Volk und ein selbstbewusstes, politische Rechte forderndes Bürgertum – um die brisante Situation aufzufangen, hätte Frankreich einen entschlossenen, klugen König gebraucht. Das war Ludwig XVI. entschieden nicht. So vollzog sich beinahe zwangsläufig der Untergang des Ancien Régime, des alten Ständestaats, der Adel und Geistlichkeit privilegierte und rund 85 Prozent der Bevölkerung von den politischen Entscheidungsprozessen weitgehend ausschloss.

Aufruhr der Massen

Im Mai 1789 sah sich Ludwig gezwungen, die Generalstände – Adel, Geistlichkeit und Bürgertum – einzuberufen, um eine Steuerreform zur Sanierung der Staatsfinanzen zu erreichen. Doch schon über den Abstimmungsmodus zerstritt sich dieses Parlament, das zwar vom ganzen Volk gewählt war, aber den Vertretern der privilegierten Stände Adel und Geistlichkeit ein deutliches Übergewicht zumaß. So erklärte sich im Juni der dritte Stand zur Nationalversammlung und gelobte, nicht eher auseinander zu gehen, bis man Frankreich eine neue Verfassung gegeben hätte.

Der Aufstand der politischen Elite fand seinen Widerhall auf der Straße. Es kam zu Unruhen, die am 14. Juli – noch heute französischer Nationalfeiertag – im Sturm der Massen auf das Staatsgefängnis von Paris, die Bastille, gipfelten. Der Aufruhr breitete sich flächenhaft aus. Die Bauern erhoben sich, ein Exodus des verängstigten Adels setzte ein, die alte Staatsgewalt brach zusammen. Im Oktober marschierten die Pariser Marktfrauen zum Schloss von Versailles, wo sie vom König Brot für ihre hungrigen Familien verlangten und – so heißt es – von der weltfremden Königin Marie Antoinette Kuchen angeboten bekamen. Danach wurde die königliche Familie unter Zwang ins Pariser Stadtschloss Tuilerien gebracht.

Der Wohlfahrtsausschuss stellt die Bestätigung bürgerlicher Herkunft aus, ein begehrtes Dokument in Zeiten des revolutionären Terrors.

Französische Revolution

Die neue Verfassung

Im August 1789 schaffte die Nationalversammlung alle Standesvorrechte ab und proklamierte *Liberté* (persönliche Freiheit), *Egalité* (Rechtsgleichheit) und *Fraternité* (Brüderlichkeit). Die Menschen- und Bürgerrechte wurden Basis für die 1791 angenommene Verfassung, die Frankreich zu einer konstitutionellen Monarchie machte: Der König musste den Verfassungseid leisten, für die Gesetzgebung war nur noch die Volksvertretung zuständig. Alle Kirchengüter wurden verstaatlicht und die Priester hatten auf die Verfassung zu schwören. Europas Monarchen in Österreich, Preußen und anderswo fürchteten, der revolutionäre Funke würde auch auf ihre Länder überspringen. Sie schlossen sich zu einer Koalition zusammen, forderten die Wiederherstellung der französischen Monarchie und drangen schließlich, nach einer Kriegserklärung der Nationalversammlung, mit ihren Truppen in Frankreich ein. Doch das begeistert kämpfende Revolutionsheer stoppte in der Kanonade von Valmy (20. September 1792) den Vormarsch der Preußen und ging zur Gegenoffensive über.

Der Henker zeigt der begeisterten Menge das abgeschlagene Haupt König Ludwigs XVI.

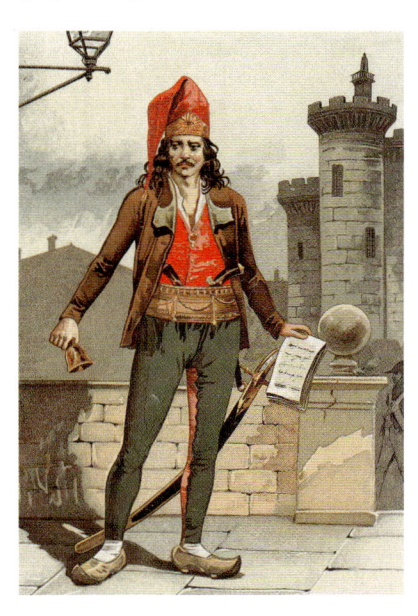

Herrschaft der Guillotine

Unterdessen radikalisierte sich – nicht zuletzt wegen der Bedrohung von außen – der revolutionäre Prozess in Paris: Im August 1792 stürmten die Massen, unbehindert von Revolutionsführern wie Danton, die Tuilerien und internierten die königliche Familie. Es kam zu den berüchtigten Septembermorden: Tatsächliche und vermeintliche Royalisten wurden vom Mob gelyncht und aufgehängt. Dem König machte man den Prozess, im Januar 1793 fiel sein Kopf unter der Guillotine, dann im Oktober der seiner Frau Marie Antoinette.

Im selben Jahr richtete der Konvent, so hieß nach Ende der Monarchie die Nationalversammlung, das Revolutionstribunal und den so genannten Wohlfahrtsausschuss ein, die gemeinsam eine unmenschliche Tötungsmaschinerie in Gang setzten. Nachdem die Herrschaft der gemäßigten Girondisten im Sommer durch Massenexekutionen gebrochen worden war, übernahmen nach dem Mord am beliebten »Volksfreund« Marat die radikalen Jakobiner die Macht. Ihr asketischer Führer Robespierre wurde zum Inbegriff des »Terreurs«, der Schreckensherrschaft, vor der niemand mehr sicher war. Nicht einmal ein Danton, der am 5. April 1794 geköpft wurde.

Doch nun kippte die Stimmung. Es kam zum Putsch gegen das Gewaltregime. Am 9. Thermidor (27. Juli 1794) wurden Robespierre und seine Anhänger verhaftet und tags darauf hingerichtet. Ein Kollektiv aus fünf Direktoren übernahm die Staatsgeschäfte, die nun wieder in ruhigere Bahnen mündeten. Trotzdem blieben Gesinnungsschnüffelei und Denunziation an der Tagesordnung, bis 1799 durch den Staatsstreich des populären Generals Napoleon Bonaparte die Revolution nach einem Jahrzehnt definitiv auslief.

Der fanatische Revolutionsführer Maximilien de Robespierre (1758 bis 1794) wurde selbst ein Opfer der Guillotine.

Zur typischen Tracht der Jakobiner gehörten die langen Hosen sowie die so genannte phrygische Mütze, die zu einem Symbol der Freiheit wurde.

Menschen- und Bürgerrechte

Die von der französischen Nationalversammlung am 26. August 1789 verkündeten Menschen- und Bürgerrechte wurden zum Vorbild für freiheitlich-demokratische Verfassungen in aller Welt. Hier einige Kernpunkte:

Artikel I: Die Menschen sind und bleiben von Geburt an frei und gleich an Rechten. – II: Diese Rechte sind Freiheit, Sicherheit und Widerstand gegen Unterdrückung. – IV: Die Freiheit besteht darin, alles tun zu können, was dem anderen nicht schadet. – VII: Kein Mensch kann anders als in den gesetzlich verfügten Fällen und den vorgeschriebenen Formen angeklagt, verhaftet und gefangen genommen werden. – X: Niemand darf wegen seiner Meinung, selbst religiöser Art, belangt werden. – XVII: Eigentum ist ein unverletzliches und heiliges Recht.

- ▶ Völker, Staaten und Kulturen: Frankreich vom Absolutismus bis Napoleon
- ▶ Menschen und Ideen: Politisches Denken am Ende des Ancien Régime
- ▶ Menschen und Ideen: Georges Danton
- ▶ Kunst und Architektur: Der Tod des Marat

Die kriegerische Expansion des revolutionären Frankreichs

Gegen das revolutionäre Frankreich schlossen sich die europäischen Monarchien zu einer Koalition zusammen. Aber weder die neue Idee noch die begeistert kämpfende Armee waren von den alten Mächten in Zaum zu halten. Nicht zuletzt dank Napoleon, dessen Stern in diesen Kriegen aufging.

»Aufbruch der Pariser Nationalgarde zur Armee im September 1792«, Gemälde von Léon Cogniet (1794 bis 1880) Versailles, Musée Historique

Rouget de Lisle trägt zum ersten Mal die von ihm geschaffene Marseillaise vor, das revolutionäre Schlachtlied, das zur Nationalhymne wurde.

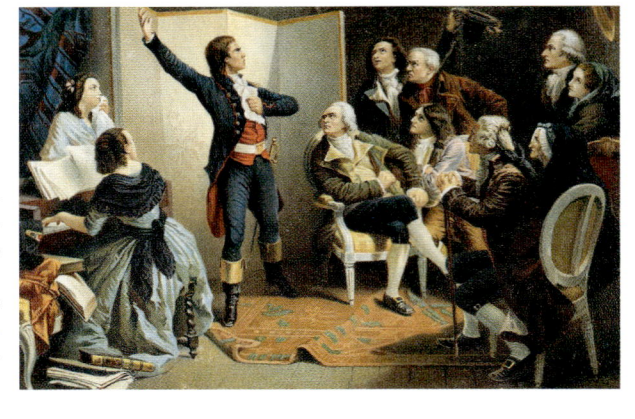

Mit Sorge beobachteten die gekrönten Häupter Europas den Umsturz in Frankreich. Würde das Virus der Revolution die Grenzen überwinden? Vorsorglich schloss Österreich Anfang 1792 ein Defensivbündnis mit Preußen, das die französische Nationalversammlung zu Recht als feindselig einschätzte. Da Österreich der ultimativen Aufforderung, das Bündnis aufzugeben, nicht nachkam, zwang die Nationalversammlung König Ludwig XVI. zur Kriegserklärung. Preußen stellte sich sofort an die Seite Österreichs, andere kleinere Länder schlossen sich der Koalition an.

Erster Koalitionskrieg

Im Sommer 1792 kamen die militärischen Maßnahmen in Gang. Unter dem Herzog von Braunschweig rückte ein Koalitionsheer in Frankreich ein, traf aber schon in der Champagne auf uner-

1791 — 1792 — 1793 — 1794 — 1795 — 1796 — 1797

1792–1797 Erster Koalitionskrieg

1796 Napoleons Feldzug gegen Österreich in Oberitalien

Expansion Frankreichs

In der Seeschlacht bei Abukir vernichtete die britische Flotte unter Admiral Nelson am 1. August 1798 die französische.

wartet heftigen Widerstand. Die Kanonade von Valmy machte dem alliierten Vormarsch nicht nur ein Ende, vielmehr gingen die Revolutionstruppen zum Gegenangriff über. Prophetisch konstatierte Goethe, der als Beobachter teilnahm: »Von hier und heute geht eine neue Epoche der Weltgeschichte aus, und ihr könnt sagen, ihr seid dabei gewesen.« Bewunderung und Trauer schwingen darin mit, denn ein Freund von Umstürzen war der Dichter wahrlich nicht. Er fürchtete, dass die Revolution auch auf Deutschland übergreifen würde.

Tatsächlich besetzten die Franzosen bald Mainz, wo sie die erste Republik auf deutschem Boden errichteten, und das linke Rheinufer. Sie schlugen die Österreicher bei Jemappes, besetzten auch deren Niederlande und annektierten Savoyen. Doch als sich Großbritannien und Spanien der Koalition anschlossen, verschoben sich die Gewichte: Die Preußen konnten Mainz im Juli 1793 zurückgewinnen, und die Briten besetzten Toulon. Hier aber kam es zur entscheidenden Wende – in Gestalt eines Mannes, dessen Stern jetzt aufging. Mit geschicktem Artillerie-Einsatz vertrieb der junge korsische Offizier Napoleon Bonaparte im Dezember 1793 die Briten aus der Hafenstadt und wurde als 24-Jähriger zum General befördert.

Das französische Nationalheer

Inzwischen hatte der französische Kriegsminister Carnot eine Levée en masse (allgemeine Erhebung) organisiert. Diese Einführung der allgemeinen Wehrpflicht band breite Schichten des Volkes an die Nation, förderte den Patriotismus und beendete die Epoche der von Söldnerheeren ausgetragenen Kabinettskriege. Im neuen Volksheer hatte jeder eine Karrierechance, denn die Beförderung zum Offizier war nicht mehr an adelige Geburt gebunden, sondern an Leistung und Tapferkeit. Begeistert kämpften die Wehrpflichtigen für die republikanische Idee und ihr Land und ließen sich von einem neu komponierten Marsch mitreißen, der Marseillaise, die noch heute Frankreichs Nationalhymne ist.

Die Niederlande, die Generalstaaten und das gesamte linke Rheinufer gerieten unter französische Kontrolle. Preußen zog die Konsequenzen, arrangierte sich im Frieden von Basel 1795 mit dem Sieger und überließ Österreich den weiteren Kampf. Der wurde zum Desaster! Die Österreicher bekamen es nämlich mit dem jungen Napoleon zu tun, der ihnen in einer Reihe glänzender Siege 1796 ganz Oberitalien entriss: Lodi, Bassano, Arcole. Im Jahr darauf stieß er über Tirol und die Steiermark auf Wien vor und zwang Kaiser Franz II. zum Frieden von Campoformio.

Nur England blieb unbezwungen. Napoleons Versuch, den Gegner durch die Eroberung Ägyptens in seinen kolonialen Interessen zu treffen, scheiterte in der Seeschlacht bei Aboukir am 1. August 1798: Die französische Flotte unterlag der britischen unter Admiral Nelson.

Zweiter Koalitionskrieg

Von London ging dann auch Ende 1798 die Initiative zur Formierung einer zweiten Koalition aus, der sich Russland, Österreich, Türkei, Portugal und Neapel anschlossen. Doch die Anfangserfolge des Bündnisses fanden ein jähes Ende, als Napoleon – geschlagen, aber voller Energie – im Oktober 1799 aus Ägypten zurückkehrte, in Paris die politische Macht an sich riss und nach Oberitalien marschierte. Im Juni 1800 schlug er die Österreicher bei Marengo vernichtend, während sein Mitstreiter Moreau nach Bayern vorstieß und Ende des Jahres bei Hohenlinden einen glänzenden Sieg erfocht.

Im Frieden von Lunéville (Februar 1801) musste Österreich die französischen Eroberungen links des Rheins, in den Niederlanden und in Oberitalien sowie die dort errichteten Republiken von Napoleons Gnaden anerkennen. Die anderen Koalitionäre übernahmen die Abmachungen weitgehend. Nach Sicherung von Ägypten und Malta folgte auch Großbritannien und schloss im März 1802 in Amiens Frieden mit Napoleon, der mittlerweile zum unumstrittenen Alleinherrscher in Paris aufgestiegen war.

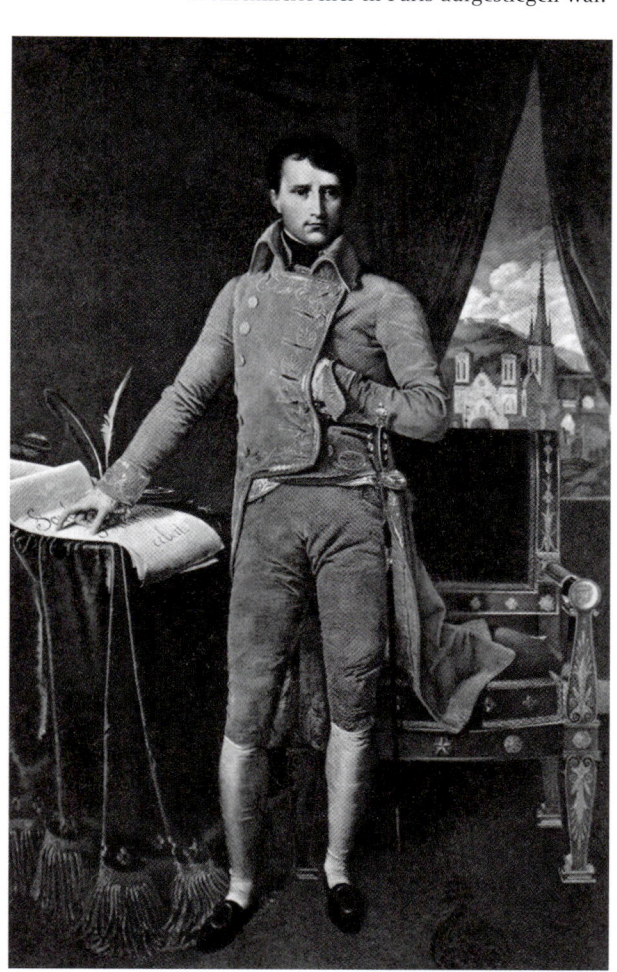

Seine militärischen Triumphe ebneten Napoleon Bonaparte den Weg zur politischen Macht.

1798 — 1799 — 1800 — 1801 — 1802 — 1803

1798/99 Napoleons Feldzug gegen England in Ägypten

1799 Napoleon wird als Erster Konsul auf zehn Jahre gewählt; faktisches Ende der demokratischen Verfassung Frankreichs

1799 – 1802 Zweiter Koalitionskrieg

> Völker, Staaten und Kulturen: Frankreich vom Absolutismus bis Napoleon

Die napoleonischen Kriege

*Umgeben vom Nimbus der Unschlagbarkeit setzte Napoleon seinen Siegeszug fort.
Sein militärisches Genie verschaffte ihm eine einzigartige Machtposition,
die er nutzte, um Europa nach seinen Vorstellungen politisch neu zu ordnen.
Nur England widersetzte sich dem napoleonischen System.*

Das Gemälde von Jacques Louis David »Napoleon I. Bonaparte, die Alpen überschreitend« nimmt Bezug auf den Feldzug der französischen Armee nach Oberitalien, wo die Österreicher am 14. Juni 1800 bei Marengo vernichtend geschlagen wurden.

Indem sich Napoleon 1804 selbst zum Kaiser der Franzosen krönte, zeigte er aller Welt, dass sein Machtstreben keine Grenzen kannte. Seine Untertanen reagierten mit Jubel auf die Selbstherrlichkeit des Mannes, der Frankreich in Europa zur Großmacht und im Inneren zu einem straff organisierten, modernen Staat gemacht hatte. Doch das selbstbewusste, noch unbesiegte Großbritannien war entschlossen, ihn in die Schranken zu weisen. 1805 verbündete es sich mit Russland, Schweden und Österreich zu einer neuen Koalition und rief zu den Waffen. Natürlich suchten die Briten den Kampf in ihrem ureigensten Element. Bei Trafalgar vor der Straße von Gibraltar stellte Lord Nelson im Oktober 1805 die französische Flotte und zerschlug sie. Dass er selbst dabei fiel, war ein schwerer Verlust, aber sein Sieg sicherte Großbritannien auf Jahrzehnte hinaus die Herrschaft zur See.

Das Ende des alten Europa

Doch zu Lande bewies Napoleon seine Stärke aufs Neue: Am 2. Dezember 1805 lieferte er beim böhmischen Austerlitz sein Meisterstück als genialer Feldherr und schlug Russen und Österreicher in der legendären Dreikaiserschlacht. Österreich musste im Frieden von Preßburg harte Bedingungen akzeptieren: Verlust Tirols an Bayern, Venetiens an das napoleonische Königreich Italien, des Breisgaus an Baden. Napoleons Verbündete Bayern und Württemberg wurden zu Königreichen aufgewertet. Das tausendjährige Heilige

Einen seiner glänzendsten Siege erfocht Napoleon bei der so genannten Dreikaiserschlacht von Austerlitz am 2. Dezember 1805, dagegen zählte die Seeschlacht von Trafalgar zu den empfindlichsten Niederlagen Frankreichs.

Römische Reich Deutscher Nation war am Ende, Napoleon ordnete die Machtverhältnisse völlig neu.

GEDEMÜTIGTES PREUSSEN

In Berlin regierten derweil die Zauderer: Sollte man sich dem Zaren anschließen oder dem französischen Eroberer, der seine Freunde so reich belohnte? Bismarck schüttelte noch Jahrzehnte später den Kopf über so viel Unentschlossenheit: »Stillzusitzen war noch unverständiger, als für Frankreich Partei zu nehmen.« Am 7. Oktober 1806 erklärte Preußen Napoleon schließlich doch den Krieg. Nichts anderes hatte er mit seiner Politik der Nadelstiche bezweckt; denn Preußen stand allein da, mit einem Heer, das nur noch ein Schatten der ruhmreichen Armee Friedrichs des Großen war. Schon eine Woche nach Kriegsbeginn wurde es von Napoleon in der Doppelschlacht bei Jena und Auerstedt völlig aufgerieben.

»Wir sind auf den Lorbeeren eingeschlafen«, klagte die schöne Königin Luise, und ihr persönlicher Bittgang zum Sieger verhinderte allenfalls, dass Preußen ganz zerschlagen wurde. Drastische Amputationen und schwer lastende Besatzung blieben jedoch nicht erspart. Preußen verlor alle Gebiete links der Elbe, aus Westpreußen und Teilen Schlesiens und Ostpreußens schuf Napoleon das Großherzogtum Warschau.

Europa im Jahr 1812

TRIUMPH ÜBER ÖSTERREICH

Mit Russland arrangierte sich Napoleon nach zwei Schlachten am 7. Juli 1807 im Frieden von Tilsit. Der gesamte Kontinent stand nun im Zeichen des napoleonischen Systems – nur Großbritannien lag außerhalb seines Machtbereichs. Es musste in die Knie gezwungen werden! Da nach dem Verlust der französischen Flotte bei Trafalgar an eine Invasion der Insel nicht zu denken war, setzte Napoleon auf die Kontinentalsperre für britische Waren. Doch dieses Handelsembargo traf den Kontinent genauso hart wie Großbritannien. Unruhen flackerten allenthalben auf und Wien sah die Chance zum Widerstand gekommen. Aber Erzherzog Karl, der militärisch hoch begabte Sohn des österreichischen Kaisers, hatte sich nicht rechtzeitig um Verbündete bemüht und stand nach der Kriegserklärung vom April 1809 den Franzosen allein gegenüber.

Wieder einmal bewies Napoleon seine unvergleichliche Mobilität und Schnelligkeit. In einem Blitzkrieg schlug er die Hauptmacht der nach Bayern vorgedrungenen Österreicher und zog Mitte Mai in Wien ein. Plötzlich aber keimte wieder Hoffnung auf, als Erzherzog Karl eine Woche später bei Aspern Napoleon die erste Niederlage beibrachte und seinen Nimbus ankratzte. Schon Anfang Juli schlug Napoleon bei Wagram zurück und diktierte den demütigenden Frieden von Schönbrunn: Verlust Dalmatiens an Frankreich, Bündnis mit Paris – und Verheiratung der Kaisertochter Marie Luise mit Napoleon sozusagen als familiäres Faustpfand. Napoleon stand auf dem Gipfel seiner Macht!

Am 13. Mai 1809 zog Kaiser Napoleon zum zweiten Mal in Wien ein und diktierte den geschlagenen Österreichern seine Friedensbedingungen.

DIE DREIKAISERSCHLACHT VON AUSTERLITZ

Die österreichische und die russische Armee, insgesamt etwa 89 000 Mann, hatten sich bei Olmütz vereinigt. Napoleon zog ihnen mit rund 70 000 Soldaten bis Brünn entgegen, ohne allerdings anzugreifen. Das überließ er Zar Alexander I., der seine Reiterei im Morgengrauen des 2. Dezember 1805 trotz österreichischer Einwände gegen den rechten französischen Flügel ins Treffen schickte. Napoleon bestärkte die Russen in der Attacke im dichten Frühnebel, indem er hinhaltendes Zurückweichen befahl. Als dann gegen acht Uhr morgens die Sonne durchkam, die im französischen Nationalmythos so oft beschworene »Sonne von Austerlitz«, griff Napoleon mit den Korps Soult und Bernadotte frontal an. Seine Männer überrannten das Zentrum des Koalitionsheers, das ohne Hilfe der vorgepreschten Kavallerie blieb und in regelloser Flucht das Schlachtfeld verließ. Die Verbündeten hatten 27 000 Tote und Verwundete zu beklagen, Napoleon nicht einmal ein Viertel davon. Sein Triumph wurde von den Anhängern frenetisch bejubelt und propagandistisch ausgeschlachtet, während die Gegner an der scheinbaren Unbesiegbarkeit des Korsen schier verzweifelten.

▶ Völker, Staaten und Kulturen: Frankreich vom Absolutismus bis Napoleon
▶ Menschen und Ideen: Napoleon

GROSSBRITANNIENS KAMPF UM DIE WELTMACHT

Napoleons Versuche, die führende See- und Handelsmacht Großbritannien durch die Kontinentalsperre in die Knie zu zwingen, scheiterte. Auch aus den kolonialen Konflikten in Übersee ging Großbritannien letztendlich siegreich hervor. 1815, nach dem Wiener Kongress, war das Britische Empire mächtiger denn je.

Die Kriegsflotte war der Stolz Großbritanniens; Gemälde des englischen Malers Nicholas Pocock (1740–1821).

Insbesondere nach der Machtergreifung Napoleons 1799 betrieb Frankreich eine expansive Politik, mit der es nicht nur die Hegemonie anstrebte, sondern auch revolutionäre Ideen verbreiten und die europäischen Monarchien stürzen wollte. Dagegen setzten sich die kontinentalen Großmächte und Großbritannien in den Koalitionskriegen (1792–1807) zur Wehr. Gegen die wechselnden Koalitionen baute Napoleon bis 1809 ein Imperium aus verbündeten und abhängigen Staaten auf, das weite Teile Europas umfasste. Dennoch konnte er zu keiner Zeit den Widerstand Großbritanniens brechen.

FÜHRENDE WIRTSCHAFTSMACHT

Im Gegensatz zu Frankreich hatte Großbritannien keine territorialen Interessen auf dem europäischen Kontinent und hielt sich dort weitgehend heraus. Die Inselmacht beschränkte sich auf das, worauf sie sich am besten verstand: die Kontrolle der Weltmeere. Die industrielle Revolution hatte das Land technologisch an die Spitze gebracht; die Produktion stieg, der Handel blühte. Die britische Dominanz im Kolonialwarenhandel bestand weiter. Aufgrund ihrer Stärke zur See und ihres weltwirtschaftlichen Gewichts konnten

Um sich den Zugang zur Ostsee zu sichern, griffen die Briten 1801 die dänische Flotte vor Kopenhagen an.

die Briten sich durchwegs gegen Napoleon behaupten, der sich eher zu Lande als siegreich erwies. Insgesamt gelang es Großbritannien sogar, sein Kolonialreich durch Eroberung von französischen, spanischen und niederländischen Kolonien wie Malta, Ceylon und Kapland zu erweitern und sich den Seeweg nach Indien zu sichern.

Frankreich war zwar der aggressivste, aber nicht der einzige Gegner. Von 1775 bis 1818 führte Großbritannien siegreich drei Kriege gegen die in Indien herrschende Föderation der Marathen-Stämme, die beträchtliche Gebietsgewinne und damit die Vormacht auf dem Subkontinent einbrachten. Der Krieg, den die USA 1812 gegen Großbritannien anzettelten, um bessere Handelsbedingungen durchzusetzen und nebenbei noch die Kronkolonie Kanada zu erobern, ging mit dem britischen Sieg 1814 ohne Veränderung des Status quo aus.

VON TRAFALGAR BIS WATERLOO

Unter Admiral Nelson konnte die Kriegsflotte einige Siege verzeichnen: 1802 vereitelte sie Napoleons Plan zur Errichtung eines karibischen Kolonialreiches. 1805 sicherte die Schlacht von Trafalgar, bei der Nelson fiel, Großbritannien die Seeherrschaft.

1792 — 1793 — 1794 — 1795 — 1796 — 1797 — 1798 — 1799 — 1800 — 1801 — 1802 — 1803

1793 Eintritt Großbritanniens in die Koalitionskriege

1800 Besetzung Maltas

1802 Ceylon britisch

1803 Eroberung Tasmaniens

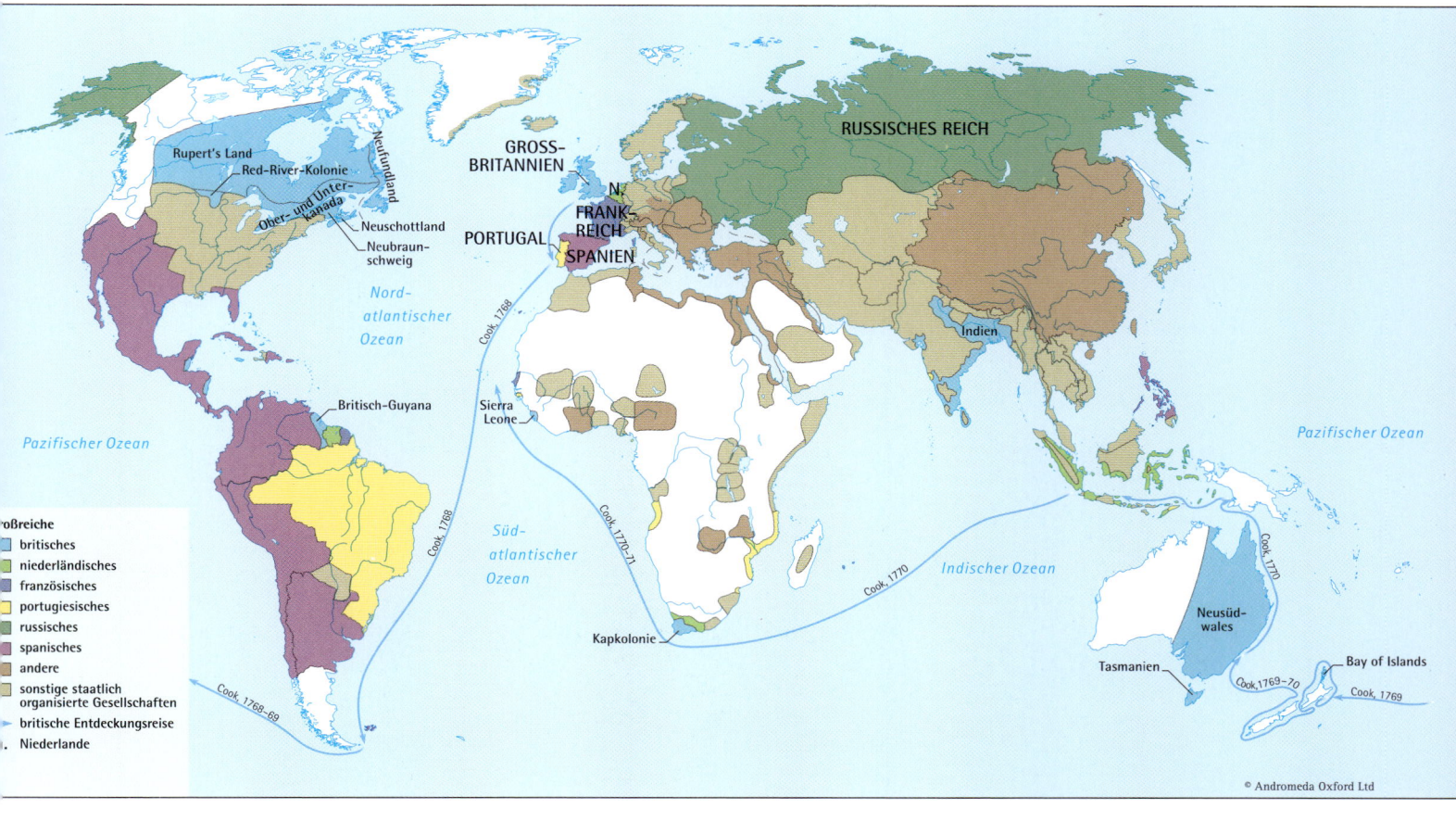

GROSSBRITANNIENS KAMPF UM DIE WELTMACHT

Die europäischen Großreiche und ihre Kolonien zu Beginn des 19. Jahrhunderts

Napoleon legte alles darauf an, Großbritannien als Handelsmacht zu zerschlagen. Bevor er 1806 die Kontinentalsperre ausrief, waren die Briten dazu übergegangen, die französischen Häfen zu blockieren und Schiffe zu kapern, mit denen sie ihre Flotte um jährlich rund 2000 Schiffe verstärkten. Als das neutrale Dänemark ein britisches Bündnisangebot ablehnte, schritt Großbritannien zur Bombardierung Kopenhagens und kaperte auch die dänische Flotte, um sich noch einen Zugang zur Ostsee offen zu halten. Als Reaktion darauf trat Dänemark auf die Seite Frankreichs, das seine Blockade gegen Großbritannien 1807 verschärfte.

Mit der Kontinentalsperre bezweckte Napoleon, Großbritannien vom europäischen Festland abzukoppeln, seinem wichtigsten Absatzmarkt für Kolonialwaren und Industrieprodukte. Unbeabsichtigt schädigte er damit kontinentale Staaten wie Russland, die industriell noch völlig unterentwickelt waren. Aber auch in Großbritannien zeigte die Blockadepolitik ab 1810 beträchtliche Auswirkungen: Arbeitslosigkeit, Hungersnöte und innere Unruhen aufgrund großer Absatzprobleme.

Großbritannien fing die Krise auf, indem es als neuen Markt Südamerika erschloss; dort unterstützte es die Unabhängigkeitsbewegung gegen Spanien, das damals von Frankreich abhängig war. Schließlich eröffneten die Briten 1808 unter der Führung von Arthur Wellesley (ab 1809: Lord Wellington) eine »zweite Front« in Portugal gegen Napoleons Herrschaft auf der Iberischen Halbinsel, deren Befreiung 1813 gelang. Großbritannien erwies sich damit als treibende Kraft der Gegenrevolution und nationaler Erhebungen gegen die napoleonische Fremdherrschaft. Es beteiligte sich an den Befreiungskriegen 1813 bis 1815. Endgültig besiegt wurde Napoleon von den britischen und preußischen Truppen unter Generalfeldmarschall Blücher und Lord Wellington in der Schlacht von Waterloo 1815.

Im selben Jahr noch bestätigte der Wiener Kongress den Briten gegen eine engere politische Einbindung in Europa und Entschädigungszahlungen ihre neu gewonnenen Stützpunkte und Kolonien, was dem Kontinent den Frieden und Großbritannien die Vormacht im Welthandel sicherte.

Der britische Seeheld Lord Horatio Nelson fiel 1805 in der Schlacht bei Trafalgar.

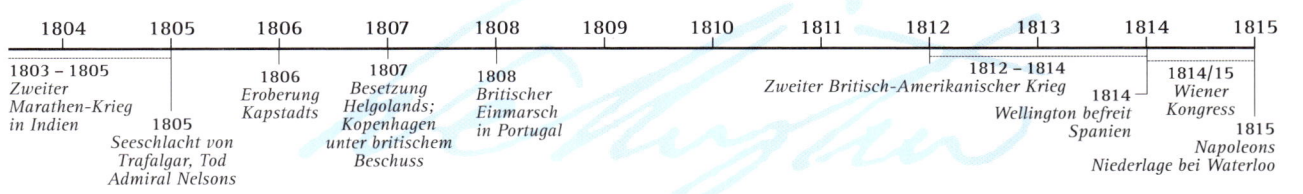

Zeitleiste 1804–1815

- **1803–1805** Zweiter Marathen-Krieg in Indien
- **1805** Seeschlacht von Trafalgar, Tod Admiral Nelsons
- **1806** Eroberung Kapstadts
- **1807** Besetzung Helgolands; Kopenhagen unter britischem Beschuss
- **1808** Britischer Einmarsch in Portugal
- **1812–1814** Zweiter Britisch-Amerikanischer Krieg
- **1814** Wellington befreit Spanien
- **1814/15** Wiener Kongress
- **1815** Napoleons Niederlage bei Waterloo

▶ Völker, Staaten und Kulturen: Das britische Weltreich
▶ Völker, Staaten und Kulturen: Kolonialismus und Imperialismus

Das Heer- und Kriegswesen im Zeitalter des Nationalismus

Die Napoleonischen Kriege wurden mit der im Wesentlichen unveränderten Waffentechnik des 18. Jahrhunderts geführt. Es gab allerdings einige Neuerungen bei den Uniformen und in der Taktik. Unter dem Einfluss der Französischen Revolution war es zu einer Demokratisierung des Militärs gekommen: Der Aufstieg in hohe Offiziersränge blieb nicht länger dem Adel vorbehalten, sondern stand bei entsprechender Leistung jedem offen.

Uniformen und Taktik der napoleonischen Zeit

Diese Verbürgerlichung der Armeen sowie die neue Mode des auf Einfachheit bedachten Klassizismus beeinflussten den Schnitt der Uniformen. Sie wurden schlichter, Verzierungen verschwanden. Infanterie und Kavallerie legten die Hüte ab und ersetzten sie durch einen Ledertschako oder den antikisierenden Helm aus Eisen, Messing oder gehärtetem Leder. Lediglich die Grenadiere und einige Husarenregimenter behielten ihre Pelzmützen.

In den Napoleonischen Kriegen gab Frankreich die alte Lineartaktik zugunsten von massierten Infanteriekolonnen auf, vor denen leichte Truppen ausschwärmten, um den Feind durch ständiges Gewehrfeuer zu beunruhigen. Diese erfolgreiche Tirailleurtaktik wurde schnell in anderen Ländern nachgeahmt. Man verstärkte die seit dem 18. Jahrhundert bekannten, meist grün uniformierten Schützen- oder Jägerkompanien, die als leichte Infanterie und Scharfschützen dienten. Ausgerüstet waren sie mit gezogenen Büchsen, die eine weit größere Reichweite und Treffsicherheit als die glattläufigen Gewehre der Linieninfanterie hatten.

Die Grenadiere aus Napoleons Alter Garde stellten eine ausgesuchte Elitetruppe dar.

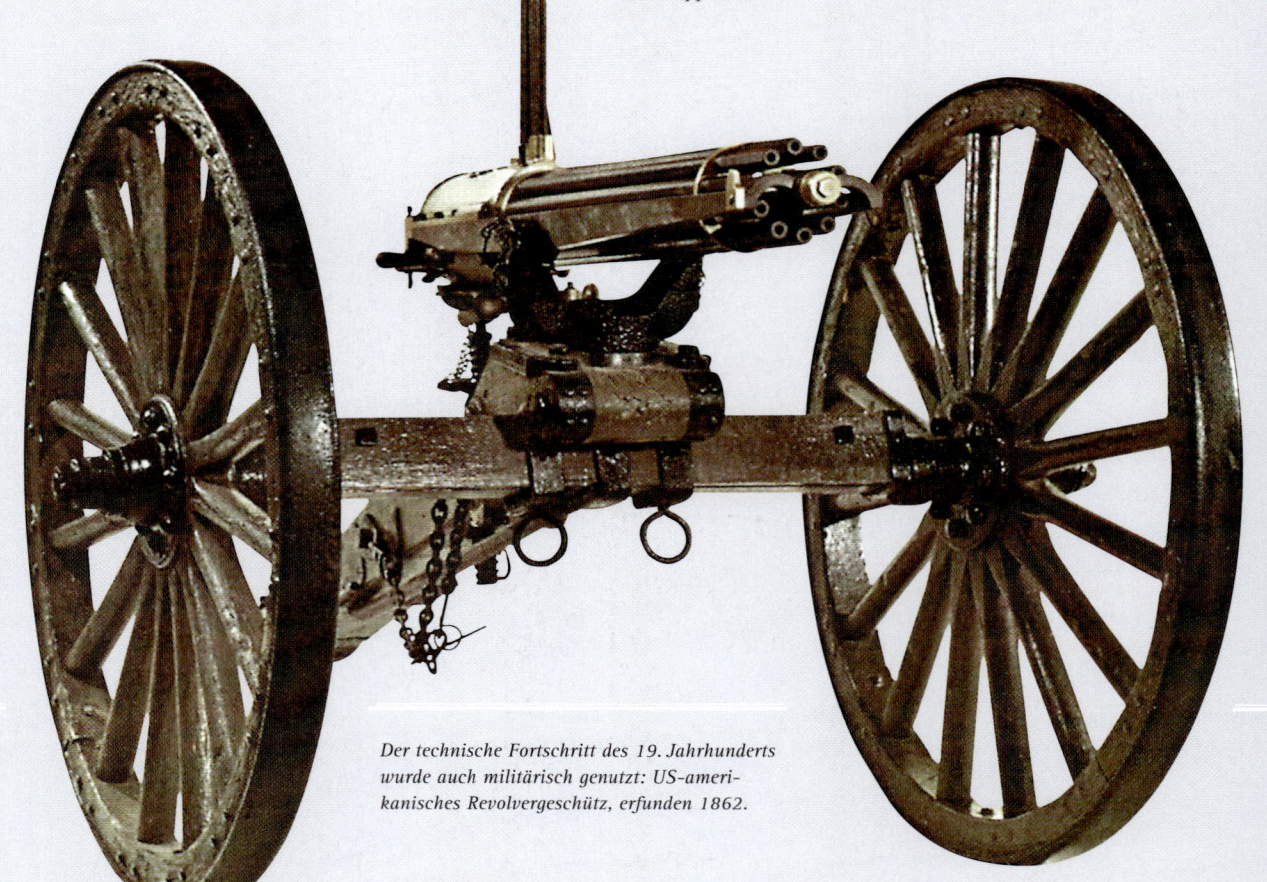

Der technische Fortschritt des 19. Jahrhunderts wurde auch militärisch genutzt: US-amerikanisches Revolvergeschütz, erfunden 1862.

HEER- UND KRIEGSWESEN IM ZEITALTER DES NATIONALISMUS

Gefecht bei Hampton Court Road im März 1862 im Amerikanischen Bürgerkrieg

INDUSTRIELLE REVOLUTION UND MILITÄRWESEN

Bis in die 30er Jahre des 19. Jahrhunderts änderte sich in der Militärtechnologie Europas wenig. Erst dann machte sich das Kriegswesen die Errungenschaften der Industriellen Revolution, die technischen Erfindungen und die verbesserten Methoden der Stahlherstellung zunutze. Dadurch erfuhr die Entwicklung der Handfeuerwaffen einen gewaltigen Schub, der sich auch bei den Geschützen bemerkbar machte.

Beherrschte die Artillerie dank ihrer überlegenen Reichweite noch Anfang des Jahrhunderts das Schlachtfeld, so wurde sie durch die gesteigerte Reichweite der Handfeuerwaffen zunehmend in die Defensive gedrängt. Bis Mitte des 19. Jahrhunderts bestand die Feldartillerie aus Geschützen mit glattläufigen Bronzerohren. Nachdem diese zum Teil mit Zügen versehen wurden, verbesserten sich auch hier Reichweite und Trefferleistung. Revolutionär wirkte sich jedoch das durch Alfred Krupp angewandte Gussstahlverfahren aus. Nun konnte man belastbare gezogene Rohre herstellen, die zusätzlich einen Hinterladungsverschluss erhielten. Diese Konstruktion wurde für die Artillerie ab 1860 richtungsweisend und stärkte die Position der Waffengattung auf dem Schlachtfeld erneut.

DIE MILITÄRGEWEHRE DES 19. JAHRHUNDERTS

Anfang der 40er Jahre war an den Gewehren die Umstellung vom Steinschloss auf die sogenannte Perkussionszündung mittels Zündhütchen abgeschlossen, was eine zuverlässigere Zündung des Schusses auch bei feuchtem Wetter ermöglichte. Um 1850 wurde das Gewehr mit gezogenem Lauf, der die Reichweite und Treffsicherheit der Waffen enorm verstärkte, eingeführt. Fast zeitgleich gelang es, Gewehre mit Hinterladung (Zündnadelgewehr von Dreyse) zu entwickeln, deren Überlegenheit über die Vorderlader sich in den deutschen Einigungskriegen und im Amerikanischen Bürgerkrieg erwies. Ab 1875 war der einschüssige Hinterlader mit Metallpatrone die Standardwaffe aller europäischen Armeen. Von hier bis zur Mehrladewaffe fehlte nur noch ein kleiner Schritt. Um 1890 war die Umrüstung auf Mehrladegewehre mit Hebelschloss und Munition mit rauchfreiem Pulver abgeschlossen.

VORBOTEN DES 20. JAHRHUNDERTS

Eine weitere Innovation in der Kriegsführung war das vorerst noch handbetriebene Maschinengewehr. Die ersten Konstruktionen ähnelten von ihrer Größe her noch den Feldgeschützen, und ihre relativ seltene Verwendung im Deutsch-Französischen Krieg von 1870/71 ließ noch keine schlachtentscheidende Wirkung erkennen. Erst durch den Einsatz in den Kolonialkriegen und durch technische Verbesserungen entwickelte es sich zu jener Waffe, deren mörderische Wirkung vor allem im Ersten Weltkrieg offensichtlich wurde.

Die technologische Entwicklung des 19. Jahrhunderts änderte das Kriegswesen grundlegend. Neben den immer wirksameren Waffen bestimmten nun industrielle Kapazität, Nachschub von Rohstoffen, der Einsatz der Eisenbahn bei Truppenaufmärschen und der Telegraph als neues technisches Mittel der Nachrichtenübermittlung zunehmend den Kriegsverlauf. Schon während des Krimkriegs begann das Anlegen von Schützengräben, was im Amerikanischen Bürgerkrieg noch weiter verstärkt wurde und im Zusammenhang mit den oben genannten Faktoren die Vorboten der Materialschlachten und Grabenkämpfe des Ersten Weltkriegs bildete.

·········· DER NIEDERGANG DER KAVALLERIE ··········

Eine Neuerung bei der Kavallerie waren die Lanzenreiter (Ulanen), die erstmals als polnische Hilfstruppen in der napoleonischen Armee auftraten. 1807 gründete Preußen ein erstes Ulanenregiment, bald gehörten sie zum gewohnten Erscheinungsbild in den europäischen Armeen. Langfristig war die Kavallerie jedoch zur Bedeutungslosigkeit verurteilt. Das zeichnete sich bereits lange vor der Motorisierung der Armeen ab; denn vom waffentechnischen Fortschritt, der Infanterie und Artillerie enorm stärkte, war sie ausgeschlossen. So musste die Kavallerie bei ihren Attacken verheerende Verluste hinnehmen, was dazu führte, dass sie später hauptsächlich für Umgehungen, Flankenangriffe und Erkundungszwecke eingesetzt wurde. Sie kämpfte immer häufiger zu Fuß und entwickelte sich so zu einer Art berittenen Infanterie.

Schweres Geschütz – im Bild ein 220 Pfund Parrot-Geschütz – fuhr der hoch industrialisierte Norden im Amerikanischen Bürgerkrieg gegen die Südstaaten auf.

Volkserhebungen gegen das napoleonische System in Tirol und Spanien

Erstmals in der neueren Geschichte trat in den Volkserhebungen in Tirol und Spanien das Phänomen des Partisanenkriegs in Erscheinung. Aber während sich Tirol, ohne Hilfe von außen, der napoleonischen Übermacht beugen musste, setzte sich Spanien mit britischer Unterstützung durch.

Am 12. April 1809 gelang den aufständischen Tirolern die Eroberung von Innsbruck.

Nach der vollständigen Niederlage von Austerlitz musste Österreich Ende 1805 die Friedensbedingungen Napoleons akzeptieren. Besonders schmerzhaft war der Verlust von Tirol, das dem mit Napoleon verbündeten Königreich Bayern zugeschlagen wurde. Mit aufklärerischen und antiklerikalen Ideen versuchte die radikal fortschrittlich gesinnte bayerische Regierung, Tirol mit Gewalt an die neue Zeit anzupassen – und stieß damit auf den entschlossenen Widerstand der traditionsbewussten Bevölkerung.

Tirol: der Held aus den Bergen

Jahrelang schien Napoleon Europa zu beherrschen und nach seinem Gutdünken umgestalten zu können. Doch Ende 1807 trafen in Wien ermutigende Nachrichten aus Spanien ein, wo man sich gegen Napoleon auflehnte. Nun regte sich auch in Österreich der Widerstand: 1808/1809 wurde die Landwehr, eine nationale Miliz, aufgebaut. Am 9. April 1809 erklärte Österreich Frankreich den Krieg.

Am selben Tag erhoben sich die Tiroler Bauern gegen das napoleonische System. Sie waren der bayerischen Fremd-

Napoleons Bruder Joseph konnte sich nicht lange gegen den Willen des Volkes auf dem spanischen Königsthron behaupten.

herrschaft und ihrer Modernisierungsversuche müde und fühlten sich, wie seit Jahrhunderten, Österreich und dem Kaiser in Wien zugehörig. Der Führer dieser konservativen Volkserhebung war Andreas Hofer (1767 – 1810), ein Gastwirt aus dem Südtiroler Passeiertal. Im Mai 1809 brachten er und seine Männer in zwei Schlachten am Berg Isel der bayerisch-französischen Armee empfindliche Niederlagen bei. Doch schließlich scheiterte der Aufstand am Desinteresse Österreichs. Der schwärmerische Erzherzog Johann, ein nachgeborener Sohn des österreichischen Kaisers, hatte das revolutionäre Feuer in den Tiroler Bergen zwar mit schönen Worten geschürt, aber Taten blieben aus. Wien ließ die Tiroler im Stich und schloss, um sich selbst zu retten, Frieden mit Napoleon. Die Tiroler Volkserhebung

---

1808

1808
Französische Invasion in Spanien, Volkserhebung in Madrid, Bildung von Juntas zur Organisation des nationalen Widerstands

1808/09
Spanienfeldzug Napoleons, Gegenwehr der spanischen Guerilla

1809

1809
Tiroler Volkserhebung mit zwei Siegen am Berg Isel; Friedensschluss Österreichs mit Napoleon bedeutet Ende des Tiroler Widerstands

1810

1810
Erschießung des Tiroler Freiheitshelden Andreas Hofer in Mantua

1811

ERHEBUNGEN GEGEN NAPOLEON

Sein Kampf gegen die von Napoleon eingesetzte bayerische Fremdherrschaft machte den Südtiroler Gastwirt Andreas Hofer (1767–1810) zum Volkshelden.

Aufstand der Spanier gegen die napoleonische Herrschaft

brach zusammen. Schließlich wurde Andreas Hofer, der sich in den Bergen versteckt hatte, von einem Landsmann an die Franzosen verraten. In Mantua stellten sie ihn vor ein Kriegsgericht. So endete das Leben des Volkshelden durch ein Erschießungskommando.

SPANIEN: DER KRIEG DER PARTISANEN

In Spanien entlud sich der Volkszorn 1807 zunächst in einem Aufstand gegen den spanischen König Karl IV. und seinen Günstling Godoy, der mit Napoleon paktiert und die Invasion französischer Truppen in Kauf genommen hatte. Karl musste abdanken, aber auch dessen Sohn Ferdinand wollte Napoleon nicht auf dem spanischen Thron. Stattdessen machte er seinen Bruder Joseph Bonaparte in Spanien zum König. Die Empörung darüber setzte das Signal zur Volkserhebung: Am 2. Mai 1808 brach in Madrid die Revolte aus, im ganzen Land bildeten sich die so genannten Juntas (Ausschüsse), um den bewaffneten Kampf gegen die französischen Invasoren zu organisieren. Frühzeitig bemühte man sich um die militärische Unterstützung Großbritanniens, der einzigen europäischen Großmacht, die sich standhaft gegen Napoleon behauptete.

Spanien lieferte Napoleon einen langen Krieg, der von beiden Seiten mit äußerster Grausamkeit geführt wurde. Im Juli 1808 mussten die Franzosen in der Schlacht von Bailén eine herbe Niederlage einstecken. Zermürbender als der offene Kampf wurde jedoch die »Guerrilla« (»kleiner Krieg«), der vor allem von Adel und Klerus geleitete Partisanenkrieg. Auf dem Land und in den Städten kam es zum heroischen Widerstand der einfachen Leute. So ermutigte die Volksheldin Agustina de Aragón die Bewohner von Saragossa, die Stadt nur als Trümmerhaufen zu übergeben. Das geschah auch so in Gerona. Aber die Opferbereitschaft der Volksmassen sowie die etwa 120 000 Mann starke reguläre Armee des freien Spaniens konnten die bittere Niederlage in Ocaña (November 1809) nicht verhindern.

SIEG ÜBER NAPOLEON

Denn mittlerweile hatte Napoleon 300 000 Mann seiner ruhmreichen Armee nach Spanien verlegt und selbst in den Krieg eingegriffen. Nicht nur aus Prestigegründen wollte der als unbesiegbar geltende Korse die Iberische Halbinsel in die Knie zwingen. Es ging ihm auch um die Durchsetzung seiner Kontinentalsperre gegen Großbritannien, die von den iberischen Atlantikküsten aus immer wieder durchbrochen wurde. Napoleon war also hoch motiviert und wollte um jeden Preis siegen. Tatsächlich gelang es seinen Generälen 1812, Madrid einzunehmen. Doch die Spanier gaben ihren Willen zur nationalen Unabhängigkeit nicht auf. So fand in Cádiz ein epochales Ereignis statt: Spanien gab sich die erste liberale Verfassung der Neuzeit.

Mit Hilfe der Briten und Portugiesen wurden die Franzosen im Juli 1812 in Arapiles, nordöstlich von Madrid, geschlagen. Für Napoleon, der gleichzeitig seinen unheilvollen Russlandfeldzug führte, war es der Anfang vom Ende: Ab Mai 1813 verfolgten die britisch-spanischen Armeen die Franzosen bis zu den Pyrenäen, schlugen sie im Juni in Vitoria und im August in San Marcial. Das spanische Abenteuer Napoleons war zu Ende.

Nach der Niederschlagung des Tiroler Volksaufstands wurde Andreas Hofer in Mantua vor ein französisches Kriegsgericht gestellt und erschossen.

1812 — Franzosen erobern Madrid, aber in Cádiz Proklamation einer ersten liberalen Verfassung für Spanien

1813/14 — Eingreifen Großbritanniens führt zur Befreiung Spaniens

➤ Völker, Staaten und Kulturen: Frankreich vom Absolutismus bis Napoleon
➤ Völker, Staaten und Kulturen: Österreichs Aufstieg
➤ Völker, Staaten und Kulturen: Aufstieg des Nationalismus in Europa
➤ Menschen und Ideen: Napoleon

Der Russlandfeldzug Napoleons

Da sich der Bündnispartner Russland nicht an Vereinbarungen hielt, marschierte Napoleon ein, mit der größten Armee, die die Welt bis dahin gesehen hatte. Doch die »Parthertaktik«, die Weite des Landes und der Winter retteten Russland und führten Napoleons Heer in die Katastrophe: Hunderttausende starben.

Jugendbildnis des Zaren Alexander I., der Russland von 1801 bis 1825 regierte.

Der russische Feldmarschall und Nationalheld Fürst Michael Kutusow bezwang Napoleon.

Der Friede, den Napoleon und Alexander I. in Tilsit 1807 geschlossen hatten, währte nicht lange. Zwar kam dem Zaren, der im Übrigen den bürgerlich geborenen Franzosenkaiser von Herzen verachtete, das Bündnis gerade recht, um Finnland zu annektieren, aber bei der Neugestaltung Polens sah er seine Interessen verletzt. Es waren allerdings vorrangig die extremen wirtschaftlichen Probleme seines Landes, die den Zaren nötigten, die Kontinentalsperre zu durchbrechen und sich damit Napoleon zum Feind zu machen. Ein Krieg schien unvermeidlich. Alexander hatte ein Heer von rund 220 000 Mann zur Verfügung. Um die Flanken seines Reiches zu sichern, schloss er ein Bündnis mit Schweden und vereinbarte den Frieden mit der Türkei.

Die Invasion der Grande Armee

Im Juni 1812 überschritt Napoleon ohne Kriegserklärung die Memel. Seine Grande Armée umfasste an die 600 000 Mann. Zu einem Drittel bestand die kämpfende Truppe aus Deutschen – Kontingente von Napoleons Verbündeten, vor allem Sachsen, Württemberger, Bayern, Preußen und Österreicher. Die Versorgungsprobleme waren Napoleon durchaus bewusst. Er hoffte sie zu lösen, indem er für zwanzig Tage Lebensmittel plante, feste Magazine einrichtete und die Flüsse als Transportwege nutzte. Nach einem seiner gefürchteten Eilmärsche erreichte er schnell den wichtigen russischen Militärstützpunkt Wilna. Und hier stellte sich ein anderes Problem, das nicht logistisch zu lösen war: Die Russen hatten Wilna verlassen. Wo sollte Napoleon die Entscheidung suchen?

Der Übergang über die Beresina im November 1812 vollendete die Katastrophe, in die Napoleon seine Armee auf dem Russlandfeldzug geführt hatte.

RUSSLANDFELDZUG NAPOLEONS

DIE PARTHERTAKTIK

Die defensive Haltung gegen eine übermächtige Invasionsarmee war das Grundprinzip dieser russischen Taktik, die viel Geduld erforderte und keine glänzenden Siege versprach. Aber in den endlosen Weiten Russlands sollte sie sich als überaus erfolgreich erweisen! Die Taktik bestand darin, den Feind ins Innere des Landes zu locken und in endlosen Märschen zu ermüden, die eigene Verteidigung beweglich zu halten, nicht zu attackieren und bei feindlichen Angriffen auszuweichen. Dazu kam die Politik der »verbrannten Erde«: Napoleon durfte keine Möglichkeit erhalten, sich im Land Nachschub zu besorgen! Bauerndörfer wurden niedergebrannt, bevor sie dem Feind in die Hände fielen, Munitionslager geräumt oder in die Luft gesprengt, Städte evakuiert. Die Natur tat ein Übriges: Der Herbst kam, und mit ihm Dauerregen und aufgeweichte Böden.

Kein anderer Name ist mit der »Parthertaktik« und dem »Großen Vaterländischen Krieg«, wie die Russen stolz ihren siegreichen Kampf gegen Napoleon – später auch den gegen NS-Deutschland – nennen, so eng verknüpft wie der des russischen Feldmarschalls und Nationalhelden Fürst Michael Kutusow (1745–1813). Gegen so manchen Draufgänger, der lieber vorgeprescht wäre, um dem verhassten Franzosen die Stirn zu bieten, beharrte er auf seiner Taktik des Ausweichens, womit er letztendlich den Niedergang des ruhmreichen Korsen herbeiführte.

MOSKAU BRENNT

Napoleon marschierte auf Moskau zu. Ungefähr 100 Kilometer vor der Stadt, beim Dorf Borodino, kam es am 7. September 1812 doch zur Schlacht, mit erheblichen Verlusten auf beiden Seiten. Eine Woche später stand Napoleon in Moskau, wobei die Stadt schon zum Großteil evakuiert war. Der Zar und der Adel hatten die Stadt längst verlassen. Jeder Versuch Napoleons, mit Alexander Friedensverhandlungen aufzunehmen, wurde kategorisch abgeschmettert.

Dann brannte Moskau! Wer dieses Fanal verursacht hat, wird man mit letzter Sicherheit wohl nie erfahren. Vieles weist auf den russischen Gouverneur Rostopschin hin. Jedenfalls fiel dem Brand nicht nur der Kreml zum Opfer, sondern vor allem die Moral der ausgelaugten Soldaten Napoleons. Man sah sich mit unlösbaren Versorgungsproblemen konfrontiert. Ende September kündigte sich bereits der Winter an. Nach 35 Tagen, Mitte Oktober 1812, verließ Napoleon mit seinen Truppen, die nur mehr ein Schatten der Grande Armée waren, Moskau.

Der Brand Moskaus im September 1812 zwang Napoleon zum längst überfälligen Rückzug.

DIE TRAGÖDIE DER BERESINA

Kutusow zwang Napoleon, den Rückzug auf dem gleichen Weg anzutreten, den er beim Vormarsch genommen hatte – also einen Weg durch »verbrannte Erde« ohne Chance auf Nachschub. Zum Hunger und der Kälte kamen ständige Angriffe durch wendige kleine Trupps von Partisanen und Kosaken, die die Franzosen und ihre Verbündeten vollends zermürbten. Doch die finale Tragödie stand noch bevor: Im November 1812, bei Minus 17 Grad Kälte, versuchte die verbliebene Truppe, über die Beresina zu setzen. Kaum mehr als 30 000 Mann schafften es, die anderen ertranken im eiskalten Fluss.

Obwohl die Russen keinen entscheidenden militärischen Sieg errungen hatten, war Napoleon geschlagen. Das Desaster stärkte in Paris die Opposition gegen den Kaiser. Anfang Dezember verließ Napoleon seine Soldaten und eilte mit wenigen Getreuen zurück nach Frankreich.

·········· DIE KONTINENTALSPERRE ··········

Auslöser für Napoleons Feldzug war Russlands Bruch seiner Kontinentalsperre, durch die er die führende See-, Handels- und Industriemacht Großbritannien, die militärisch nicht zu schlagen war, in die Knie zwingen wollte. Napoleon beabsichtigte die vollständige Blockade des britischen Handels mit dem europäischen Kontinent. Aber Schmuggler gab es überall, und vor allem Portugal, Schweden und das Osmanische Reich waren kaum zu kontrollieren. Letztendlich schadete die Maßnahme vor allem dem Wirtschaftsleben auf dem Kontinent, während Großbritannien im Überseehandel weiterhin beste Geschäfte machte.

Mit dem Frieden von Tilsit 1807 hoffte Napoleon in Zar Alexander I. einen verlässlichen Bündnispartner zu gewinnen.

▶ Völker, Staaten und Kulturen: Das Russische Reich
▶ Völker, Staaten und Kulturen: Frankreich vom Absolutismus bis Napoleon
▶ Menschen und Ideen: Napoleon
▶ Literatur und Musik: Krieg und Frieden

Die Befreiungskriege – Napoleons Ende

*Napoleons Untergang begann mit der Katastrophe des Russlandfeldzugs.
Schließlich versetzten die Befreiungskriege, deren Hauptlast Preußen trug, dem angeschlagenen Kaiser den Todesstoß.
Sein letztes Aufbäumen konnte den endgültigen Zusammenbruch des napoleonischen Systems nicht verhindern.*

Der Herzog von Wellington (1769 bis 1852) führte die britischen Truppen in die Schlacht von Waterloo, die Napoleons Untergang besiegelte.

Solange Napoleon von Sieg zu Sieg geeilt war, hatte es niemand gewagt, ihm die Stirn zu bieten. Der Widerstand formierte sich erst, als seine Grande Armée in Russland unterging, eine Armee, zu der die deutschen Satellitenstaaten rund 200 000 Mann hatten beisteuern müssen. Mit der Trauer um die verlorenen Söhne und dem Hass auf den fremden Despoten wuchs in Deutschland das Nationalitätsgefühl.

Der Kampf der preussischen Patrioten

Preußen, das nie wirklich hinter seinem Bündnis mit Napoleon gestanden hatte, scherte zuerst aus. Schon zum Jahreswechsel 1812/13 erklärte der preußische General Hans David Ludwig von Yorck sein 20 000 Mann starkes Hilfskorps, das er unter Napoleon gegen Russland befehligte, für neutral. Diese berühmte Konvention von Tauroggen wurde ohne Wissen des preußischen Königs Friedrich Wilhelm III. geschlossen, aber sie war der erste Schritt zur gemeinsamen Politik Preußens und Russlands gegen Frankreich, die im Februar 1813 im Vertrag von Kalisch besiegelt wurde.

Noch zögerte der vorsichtige Friedrich Wilhelm zu den Waffen zu rufen. Doch die Zeichen standen längst auf Sturm. Am 5. Januar schon schrieb Generalfeldmarschall Blücher seinem Freund, dem preußischen Heeresreformer Scharnhorst: »Mich juckt's in alle Finger, den Säbel zu ergreifen.« Und: »Nicht nur Preußen allein, das ganze deutsche Vaterland muss wiederum heraufgebracht werden.«

Dieser Gedanke der einen Nation, des gemeinsamen Vaterlandes, schreckte die gekrönten Häupter Deutschlands und Österreichs wohl noch mehr als Napoleon. Nicht zuletzt deshalb bauten sie ihm mehrfach goldene Brücken für einen ehrenhaften Frieden. Aber der selbstherrliche Kaiser der Franzosen »wollte sich partout nicht retten lassen«, wie Österreichs Kanzler Metternich klagte. Die deutschen Patrioten fühlten sich von ihren Herrschern verraten. Bitter schrieb der junge Dichter Theodor Körner, der noch im selben Jahr im Befreiungskampf fallen sollte: »Dies ist kein Krieg, von dem die Kronen wissen.«

Am 27. März 1813 erklärte Friedrich Wilhelm III., von preußischen Patrioten wie Scharnhorst und Hardenberg bedrängt, Frank-

Die Preußen unter Generalfeldmarschall Blücher in der Schlacht von Waterloo am 18. Juni 1815

BEFREIUNGSKRIEGE

Europa im Jahre 1815 nach dem Sturz Napoleons

reich den Krieg. Das preußische Volk war zu allen Opfern bereit, Geld- und Sachspenden wurden geleistet, um Linientruppen aufzustellen und zu bewaffnen, sechs Prozent der Bevölkerung leisteten aktiven Wehrdienst. Den Freikorps schlossen sich auch Kämpfer aus ganz Deutschland an. »Deutsche für Deutsche!«, hieß die Parole. Aber nur allzu oft standen Deutsche gegen Deutsche, denn die süddeutschen Rheinbundstaaten kämpften nach wie vor auf Napoleons Seite. So wurde das viel besungene Freikorps des Freiherrn von Lützow, die »Schwarze Schar«, bei Kitzen (nahe Plauen) von Württembergern aufgerieben.

DIE ENTSCHEIDUNG

Nachdem die Kämpfe des Frühjahrs zu keiner Entscheidung geführt hatten, wurde durch Vermittlung Österreichs Anfang Juni 1813 eine Waffenruhe vereinbart, die Napoleon später als »größten Fehler meines Lebens« verfluchte. Die Atempause nämlich nutzten Preußen und Russland dazu, Österreich auf ihre Seite zu ziehen und Großbritannien zumindest als Geldgeber zu gewinnen.

Als Glücksfall für die Koalition sollte sich erweisen, dass mit General Gneisenau ein strategisches Genie als Generalstabschef auf einen mitreißenden Heerführer wie Blücher, den »Feldherrn des Herzens«, stieß. Noch einmal zwar spürte man die Pranke des verwundeten korsischen Löwen, als er im August bei Dresden den Alliierten eine empfindliche Niederlage beibrachte. Doch Mitte Oktober wurde er bei Leipzig in der dreitägigen so genannten Völkerschlacht entscheidend besiegt. Es gab über 100 000 Tote und Verwundete. Mit den kläglichen Resten seiner Armee entkam Napoleon über den Rhein. Die Verbündeten setzten ihm nach. Nach mehreren Niederlagen in Frankreich war Napoleon, dem mittlerweile auch der Rückhalt im eigenen Volk fehlte, am Ende. Am 11. April 1814 dankte er ab und ging in die Verbannung auf die Insel Elba.

NAPOLEONS WATERLOO

Während die Siegermächte auf dem Wiener Kongress über eine Neuordnung Europas verhandelten, verließ Napoleon heimlich seinen Verbannungsort, die Insel Elba, und landete Anfang März 1815 auf französischem Boden. Bald lag ihm sein Volk – enttäuscht von den neuen Machtverhältnissen und verführt von den Versprechungen des einst so geliebten Kaisers – wieder zu Füßen. Napoleon schritt zur Tat: Mit einem raschen Vorstoß nach Norden wollte er die dort stehenden Armeen der Verbündeten einzeln niederwerfen. Am 16. Juni konnte er die Preußen unter Blücher tatsächlich schlagen und wandte sich nun gegen die beim belgischen Waterloo in Stellung gegangenen Briten unter Wellington. Der geriet in schwere Bedrängnis, doch der zweite Teil seines Stoßseufzers während der Kämpfe am 18. Juni wurde erhört: »Ich wollte, es wäre Nacht oder die Preußen kämen.« Sie kamen gegen 17 Uhr, gerade noch rechtzeitig, um die Schlacht von Waterloo und damit Napoleons Schicksal endgültig zu entscheiden.

▶ Völker, Staaten und Kulturen: Frankreich vom Absolutismus bis Napoleon
▶ Völker, Staaten und Kulturen: Österreichs Aufstieg
▶ Völker, Staaten und Kulturen: Das Königreich Preußen
▶ Völker, Staaten und Kulturen: Aufstieg des Nationalismus in Europa
▶ Menschen und Ideen: Napoleon

Freiheitskämpfe in Mittel- und Südamerika

Die Krise Spaniens, verursacht durch die napoleonische Okkupation, stärkte die emanzipatorische Bewegung im spanischen Kolonialreich: Zwischen 1810 und 1824 erkämpfte sich der südamerikanische Kontinent die Unabhängigkeit vom Mutterland.

Der Freiheitskämpfer José de San Martín brachte Chile und Peru die Unabhängigkeit.

Die Gedanken der Französischen Revolution sowie das Beispiel Nordamerikas, das sich im Unabhängigkeitskrieg von Großbritannien gelöst hatte, weckten auch in den spanischen Vizekönigreichen Mittel- und Südamerikas den Wunsch nach politischer Freiheit und wirtschaftlicher Autonomie. Und mit der napoleonischen Herrschaft in Spanien seit 1808 geriet die spanische Kolonialherrschaft vollends in die Krise. Im Jahre 1810 führte der Priester Miguel Hidalgo in Zentralmexiko einen ersten Aufstand an, in der Folge häuften sich die Unruhen auf dem ganzen Kontinent. Aber in Spanien wurde jeder Mann für den Kampf gegen Napoleon gebraucht; Truppen zur Unterstützung der Kolonialverwaltung nach Übersee zu schicken, war unmöglich. Dadurch sahen sich die Vertreter des Unabhängigkeitsgedankens ermutigt, revolutionäre Ausschüsse, so genannte Juntas, zu bilden. Bald kämpften Juntas in Quito, Buenos Aires, Bogotá und Santiago gegen die spanische Zivil- und Militärgewalt. Die Aufbruchstimmung wurde in erster Linie von den Kreolen getragen, also den in den Kolonien geborenen Nachkommen europäischer Einwanderer. Sie bildeten die Oberschicht und machten zwischen 10 und 40 Prozent der Bevölkerung aus.

Simón Bolívar, der Befreier

Rücksichtslose Gewalt, auf Seiten der Kolonialmacht wie auch der Unabhängigkeitsbewegung, prägte die Epoche: Hinrichtung eines mexikanischen Freiheitskämpfers durch ein spanisches Erschießungskommando.

In Venezuela wurde 1810 eine Junta gegründet. General Francisco de Miranda, der lange in England und den USA gelebt hatte, übernahm die Führung der Rebellen in Caracas, während ein Kongress die Unabhängigkeit Venezuelas proklamierte. Allerdings mussten sich die Aufständischen in Puerto Cabello geschlagen geben. Interne Konflikte führten dazu, dass Miranda festgenommen wurde und 1816 im Gefängnis starb. Mehr Erfolg hatte der berühmte *Libertador* (Befreier) Simón Bolívar (1783 – 1830), der im Mai 1813 Merida und später Trujillo einnahm. Er führte einen mörderischen Krieg, aber die Grausamkeit der Royalisten unter General Monteverde standen den seinen in nichts nach. Bald war die Bevölkerung der Kämpfe müde. Bolívar appellierte an die Engländer, die mit der Aussicht auf künftige Handelsbeziehungen bereitwillig Hilfe stellten.

1816 landete im Vizekönigreich Neu-Granada unter Führung von Pablo Morillo die einzige spanische Militärexpedition von Bedeutung, die das Mutterland jemals gegen die Aufständischen schickte. Bolívar zog sich auf Jamaika zurück, wo er ein berühmtes Manifest verfasste, in dem er die Revolution verteidigte und die Vereinigung von Venezuela und Neu-Granada in einer Republik Kolumbien forderte. Danach landete er mit seiner Armee auf der Insel Margarita, wo er 1817 Morillo angriff – unterstützt von den Briten, die nach wie vor Geld und Freiwillige schickten. Ab Mai 1819 warf Bolívar seine Armee mit insgesamt 3400 Mann gegen Neu-Granada. Nach Überquerung der Anden besiegte er im Juli die Spanier in Boyaca und erreichte im August Bogotá. Ein Kongress in Angostura proklamierte Ende 1819 die Unabhängigkeit der Republik von Cundinamarca (Neu-Granada), Venezuela und Quito vom Königreich Spanien.

José de San Martín, der Held des Südens

Auch im Süden des Kontinents kam es bereits 1810 zu Aufständen. 1816 wurde in Tucumán die Unabhängigkeit des Rio del Plata proklamiert. Anführer der Bewegung war der zweite große Freiheitsheld: José de San Martín (1778 – 1850), Sohn eines spanischen Offiziers, der im Mutterland bereits gegen Napoleon gekämpft hatte. Sein Ziel war die Unabhängigkeit Chiles und Perus. Eine phänomenale Leistung war seine Überquerung der Anden, der »Wintermarsch« von 1817/18. Es folgte der Sieg über die Spanier in Chacabuco und die Einnahme Santiagos. Die Unabhängigkeit Chiles war somit besiegelt. Mit Hilfe der Briten konnte er seine Truppen

Freiheitskämpfe in Mittel- und Südamerika

Lateinamerika nach Erlangung der Unabhängigkeit Anfang des 19. Jahrhunderts

einschiffen und die Befreiung Perus in Angriff nehmen. Im Juli 1821 erklärte er in Lima die Unabhängigkeit; ein Jahr später siegten die Aufständischen in Pichincha und befreiten somit Ecuador. 1824 fand die Entscheidungsschlacht statt.

Die Kapitulation des Vizekönigs

Am 9. Dezember trafen die spanischen Truppen unter Vizekönig La Serna im peruanischen Ayacucho auf die Aufständischen unter José de Sucre, einem General der Armee Bolívars. Die Spanier zählten 7000 Mann, die Aufständischen 4000 Kolumbianer, ungefähr 1000 Peruaner und 500 Chilenen und Argentinier. Die Spanier hatten 11 Kanonen, die Südamerikaner eine. Nach anfänglichen Friedensbemühungen kam es zur Schlacht, in der 1800 Spanier fielen und 3000 gefangen genommen wurden. Die Aufständischen hatten gesiegt. Noch am selben Tag unterschrieb der Vizekönig die Kapitulation, die die Unabhängigkeit ganz Südamerikas bedeutete. Die Auseinandersetzungen waren damit allerdings nicht beendet; denn nun bekämpften sich die »Befreier« gegenseitig. Die Zersplitterung der Territorien führte innerhalb weniger Jahrzehnte zur Bildung jener zwanzig lateinamerikanischen Staaten, die noch heute bestehen.

Brasilien

Ähnlich Spanien stand auch Portugal im Bann Napoleons. Angesichts der drohenden Besetzung Portugals durch Frankreich floh der portugiesische Hof im Jahre 1808 nach Brasilien. Nach dem Ende der napoleonischen Herrschaft auf der Iberischen Halbinsel kam es auch in der portugiesischen Kolonie Brasilien zu Unabhängigkeitsbestrebungen. Allerdings gestaltetet sich hier die Loslösung vom Mutterland völlig friedlich: Der in Brasilien aufgewachsene portugiesische Thronfolger Pedro kehrte auch nach Napoleons Sturz nicht nach Portugal zurück, sondern ließ sich 1822 zum ersten Herrscher des neu gegründeten Kaiserreichs Brasilien ausrufen.

▶ Völker, Staaten und Kulturen: Spanien und sein Weltreich
▶ Völker, Staaten und Kulturen: Kolonialismus und Imperialismus
▶ Menschen und Ideen: Simón Bolívar

KOLONIALKRIEGE IN ASIEN

BRITISCHE UND FRANZÖSISCHE KOLONIALKRIEGE IN ASIEN

Im 19. Jahrhundert dehnten Großbritannien und Frankreich ihren Einfluss über große Gebiete in Asien aus. Doch während die Vorherrschaft Frankreichs auf Indochina beschränkt blieb, entfaltete sich die britische Kolonialmacht von Indien bis China.

Die Farblithographie von 1842 zeigt Kandahar, das im 19. Jahrhundert eines der städtischen Zentren des südöstlichen Afghanistans wurde.

Die Kontrolle des Opiumhandels in Ostasien brachte der britischen Kolonialmacht reiche Profite ein.

Wirtschaftliche Erwägungen standen im Vordergrund beim Ausbau des britischen Kolonialreichs in Asien. So bildete die East India Company, eine Art halbstaatliche Handelsgesellschaft, die Vorhut bei der Expansion auf dem indischen Subkontinent. Gegen Ende des 18. Jahrhunderts waren viele Provinzen des nur noch nominell bestehenden Mogulreiches britisch besetzt.

DIE EROBERUNG INDIENS IM 19. JAHRHUNDERT

Neue Gebietserweiterungen erfolgten durch Kriege mit den Marathen, den Herrschern von Sindh und den Sikhs, deren Staaten annektiert wurden. Auch Nepal wurde nach einem kurzen Krieg britisches Protektorat. Hervorragende Soldaten aus den besetzten Gebieten, wie die Sikhs und die nepalesischen Gurkhas, traten daraufhin in britische Dienste. Bis 1857 befand sich ein Großteil Indiens unter britischer Herrschaft. Um die Seerouten nach Indien zu schützen, eroberten die Briten 1839 Aden am Roten Meer. Schon 1826 war ein Teil Birmas annektiert worden. 1839 bis 1842 führten die Briten den Ersten Afghanistan-Krieg. Doch statt die Kontrolle über Afghanistan zu gewinnen, schlitterten sie in die Katastrophe. Beim Rückzug wurde fast die gesamte britisch-indische Streitmacht vernichtet. Aber die britische Herrschaft in Indien hielt der Krise stand, es bestanden nur noch wenige unabhängige Fürstentümer.

Das Territorium der East India Company war aufgeteilt in drei große Verwaltungseinheiten – Bengalen, Bombay, Madras –, die jeweils einen eigenen Gouverneur und auch eine eigene Armee hatten. Diese bestand aus einigen europäischen Regimentern sowie hauptsächlich aus einheimischen Soldaten, die Sepoys (eine Verballhornung des persischen Wortes »sipahi«, Krieger) genannt wurden. Befehligt wurden diese Truppen von britischen Offizieren.

Für die Briten völlig überraschend brach 1857 in der Armee von Bengalen ein Aufstand aus, der sich über weite Teile Nordindiens ausdehnte. Die Gründe für die Unzufriedenheit lagen in der Entmachtung der alten einheimischen Eliten, in der britischen Wirtschaftspolitik, die zur Verarmung einst Wohlhabender führte, und in der – wohl nicht beabsichtigten – Verletzung religiöser Gefühle. Der Aufstand wurde erst 1859 endgültig nie-

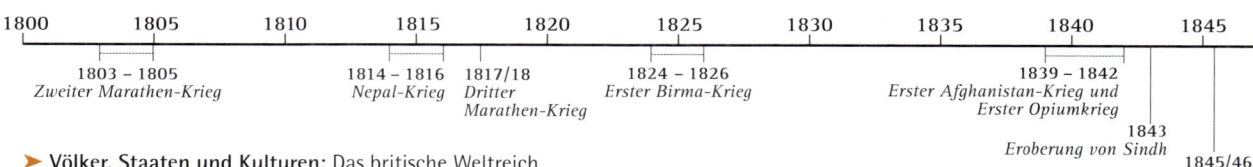

1800 — 1805 — 1810 — 1815 — 1820 — 1825 — 1830 — 1835 — 1840 — 1845

1803 – 1805 Zweiter Marathen-Krieg
1814 – 1816 Nepal-Krieg
1817/18 Dritter Marathen-Krieg
1824 – 1826 Erster Birma-Krieg
1839 – 1842 Erster Afghanistan-Krieg und Erster Opiumkrieg
1843 Eroberung von Sindh
1845/46 Erster Sikh-Krieg

➤ Völker, Staaten und Kulturen: Das britische Weltreich
➤ Völker, Staaten und Kulturen: Indien unter britischer Herrschaft
➤ Völker, Staaten und Kulturen: Asien unter kolonialer Herrschaft
➤ Völker, Staaten und Kulturen: Kolonialismus und Imperialismus

KOLONIALKRIEGE IN ASIEN

dergeschlagen und hatte in dieser Zeit die Form eines regelrechten Krieges angenommen, der alle Kräfte Großbritannien forderte. Danach wurde die East India Company aufgelöst und das Land der britischen Krone direkt unterstellt.

DER ZWEITE AFGHANISTAN-KRIEG
Großbritannien verfolgte mit Sorge die Eroberung der zentralasiatischen Khanate durch Russland. Der Verdacht, dass Russland über den Khaibarpass, das bewährte Einfallstor auf dem Weg nach Indien, vorstoßen wollte, lag nahe. Um das zu verhindern, führten die Briten 1878 bis 1880 den Zweiten Afghanistan-Krieg. Aber wieder widersetzten sich die Afghanen; die Briten mussten sich mit einem Kompromiss zufrieden geben, der zwar die Kontrolle über die Außenpolitik des Landes ermöglichte, aber keinerlei Einmischung in die inneren Angelegenheiten duldete.

Überaus erfolgreich waren die Briten dagegen in Birma, das in zwei Kriegen (1824–1826 und 1851–1853) unterworfen wurde. In Ostasien gelang 1819 die Gründung Singapurs zur Kontrolle der Schifffahrtsrouten. Von diesem Stützpunkt aus dehnte sich der britische Einflussbereich auf die Malaiische Halbinsel und den Nordteil Borneos aus. Gegen Ende des 19. Jahrhunderts war hier die Expansion abgeschlossen.

DIE OPIUMKRIEGE
China wurde mit Opium aus Indien beliefert – ein gutes Geschäft für die britischen Kolonialherren! Dem wollte die chinesische Regierung Einhalt gebieten, um den Abfluss von wertvollem Silber, damals Zahlungsmittel in China, zu verhindern. Doch im so genannten Opiumkrieg (1839–1842) unterlag China der modernen europäischen Kriegsführung und musste den Briten sogar die Insel Hongkong überlassen. 1857 bis 1860 flammten die Feindseligkeiten erneut auf. Im Verlauf der Kämpfe eroberte eine britisch-französische Streitmacht Peking und brannte den Sommerpalast des Kaisers nieder, was China wieder zu einem Friedensschluss mit weitgehenden Zugeständnissen zwang.

DIE FRANZOSEN IN SÜDOSTASIEN
Nachdem den französischen Ambitionen in Indien im 18. Jahrhundert von den Briten Einhalt geboten wurde, beschränkte Frankreich seine asiatischen Interessen weitgehend auf den Handel. Seit dem 17. Jahrhundert waren in Vietnam französische Missionare tätig gewesen, doch gegen Mitte des 19. Jahrhunderts flammte das Misstrauen des Kaisers von Vietnam gegen alle Europäer und insbesondere gegen die Missionare auf. Dies gipfelte in dem Verbot der Missionstätigkeit und der Aussetzung von Prämien für die Ermordung von Europäern. Frankreichs Kaiser Napoleon III. antwortete darauf mit militärischer Gewalt: 1859 eroberten die Franzosen Saigon, 1864 erlangten sie die Anerkennung ihrer Oberhoheit durch Kambodscha, das als Protektorat nunmehr zur Union von Indochina gehörte. Mit der Annexion von Laos im Jahre 1893 war die Eroberung Indochinas abgeschlossen.

Der britische Angriff auf Delhi galt einem bedeutenden Stützpunkt des indischen Aufstands gegen die Kolonialmacht von 1857–1858

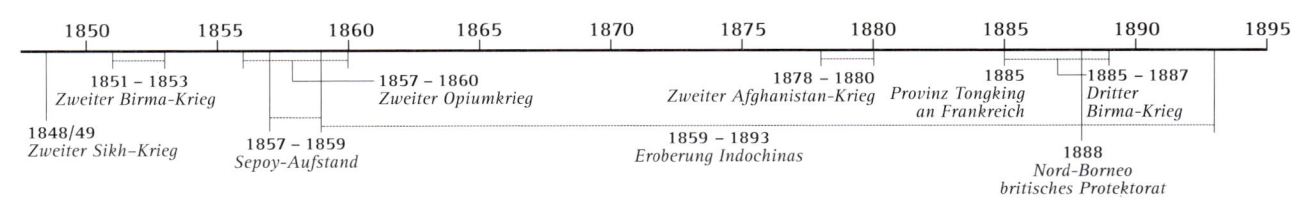

1850 — 1855 — 1860 — 1865 — 1870 — 1875 — 1880 — 1885 — 1890 — 1895

1851–1853 Zweiter Birma-Krieg
1848/49 Zweiter Sikh-Krieg
1857–1859 Sepoy-Aufstand
1857–1860 Zweiter Opiumkrieg
1878–1880 Zweiter Afghanistan-Krieg
1859–1893 Eroberung Indochinas
1885 Provinz Tongking an Frankreich
1885–1887 Dritter Birma-Krieg
1888 Nord-Borneo britisches Protektorat

NATIONALLIBERALE AUFSTÄNDE IN SÜDEUROPA

Auf den Zusammenbruch des napoleonischen Systems folgte in den europäischen Monarchien innenpolitisch die Restauration – die Wiederherstellung der alten absolutistischen Ordnung durch Unterdrückung liberaler Tendenzen. Die Antwort darauf waren in vielen Ländern, vor allem Südeuropas, bewaffnete Aufstände.

Der englische Dichter Lord Byron war der populärste Vertreter jener europäischen Künstler und Intellektuellen, die sich aus romantischer Begeisterung dem Freiheitskampf der Griechen anschlossen.

In Spanien hatten die frei gewählten Volksvertreter in den Cortes, so der Name des Parlaments, während der napoleonischen Besetzung 1812 die erste liberale Verfassung des Landes ausgerufen. König Ferdinand VII. verwarf sie jedoch nach seiner Rückkehr aus französischem Gewahrsam und führte den Absolutismus wieder ein. Aber die Anhänger der Verfassung, darunter viele Offiziere, die im Guerillakrieg gegen Napoleon gekämpft hatten, gaben nicht auf. 1820 erreichten sie einen ersten Sieg, als sie Ferdinand zum Eid auf die Verfassung zwangen. Allerdings konnte sich weder der König damit abfinden noch die Schicht derer, die sich durch die Verfassung ihrer Privilegien beraubt sahen. Im folgenden Bürgerkrieg erhielten die Anhänger Ferdinands 1823 Unterstützung aus dem Ausland, als die Heilige Allianz der restaurativen Mächte ein Heer von rund 100 000 französischen Soldaten unter dem Herzog von Angoulême nach Spanien schickte und die Liberalen besiegte.

RISORGIMENTO

Der Wiener Kongress von 1815 hatte die seit Jahrhunderten währende politische Zersplitterung der italienischen Halbinsel nur bestätigt. Dagegen erhoben sich nun die italienischen Liberalen, die neben einer modernen Verfassung auch die nationale Einigung und Unabhängigkeit forderten. Viele von ihnen waren in Geheimbünden organisiert, die Namen trugen wie *Carbonaria*, zu deutsch etwa: Vereinigung der Köhler, oder *Veri Italiani* (»wahre Italiener«). Treibende Kraft der Aufstände waren Offiziere. So kam es im Juli 1822 in Neapel zu einem Militärputsch unter General Guglielmo Pepe, der den schwachen Bourbonenkönig Ferdinand I. zwang, eine liberale Verfassung zu proklamieren. In ganz Italien bekam dadurch die revolutionäre Agitation enormen Auftrieb. Aber auch hier wurden die Revolten schnell erstickt, denn Österreich griff ein und schlug mit militärischer Übermacht zurück. Auch in Turin, wo Offiziere eine Verfassung nach spanischem Muster ausriefen, endete der Aufstand in einem Blutbad. Die Österreicher hatten in Italien wieder »Gesetz und Ordnung« hergestellt, aber ihre brutale Unterdrückung schürte den Hass auf Habsburg. Den Wunsch nach Freiheit

Nach dem Ende der Türkenherrschaft erklärten die europäischen Mächte Griechenland zum selbständigen Königreich und machten den Bayern Otto von Wittelsbach – hier bei seinem Einzug in Nauplia – zum ersten König.

1800 — 1805 — 1810

1804 – 1812
Erster Aufstand der Serben

1812
Truppenrevolte in Cádiz und erste liberale Verfassung Spaniens

Aufstände in Südeuropa

In der Seeschlacht von Navarino schlug eine britisch-französisch-russische Koalition am 20. Oktober 1826 die türkisch-ägyptische Flotte.

und Einigkeit konnten sie nicht aus der Welt schaffen. Die Idee des Risorgimento (Wiedererhebung) lebte weiter.

Serben und Griechen erheben sich

Das Osmanische Reich, ein Vielvölkerstaat, in dem die verschiedenen Religionen – Islam sowie orthodoxes und römisch-katholisches Christentum – die Situation zusätzlich komplizierten, befand sich seit über einem Jahrhundert im Zustand des Zerfalls. Das machte es den unterdrückten Völkern und Volksgruppen relativ leicht, sich gegen die Herrschaft zu erheben. Als 1804 die Janitscharen, eine türkische Elitetruppe, gegen den Pascha von Belgrad putschten, bewaffnete dieser die serbischen Bauern, um den Aufstand niederzuschlagen. Allerdings dachten die siegreichen Serben danach nicht daran, die Waffen wieder niederzulegen, sondern wählten Georg Karadjordje, den »Schwarzen Georg«, zu ihrem Führer im Kampf um die nationale Unabhängigkeit und gaben sich eine Verfassung. Nach einem Rückschlag und erneuter türkischer Besetzung (1813) setzten die Serben auf den Partisanenkampf. Schließlich führte der zweite Aufstand von 1815 zu einem Vertrag mit dem Osmanischen Reich, der der künftigen serbischen Autonomie durch neue Steuergesetze und Verwaltungsreformen den Weg bahnte.

Zur vollständigen Unabhängigkeit vom Osmanischen Reich brachte es 1821 Griechenland. Graf Alexander Ypsilanti, ein ehemaliger Adjutant des Zaren Alexander I., hatte bereits erfolglos versucht, von der moldauischen Hauptstadt Jassy aus einen Aufstand gegen die Türken zu inszenieren. Kurz darauf entbrannte der Kampf auf dem Peloponnes und erfasste auch die küstennahen Inseln. Am 1. Januar 1822 verkündete der neu gegründete griechische Nationalkongress in Epidauros die Unabhängigkeit, während sich in ganz Europa eine Welle von Sympathie für die Aufständischen ausbreitete. Als die türkisch-ägyptische Flotte bei Navarino 1827 von einer russisch-britisch-französischen Koalition zerstört wurde, sah sich das Osmanische Reich gezwungen, die Unabhängigkeit Griechenlands anzuerkennen, dessen erster König Otto von Wittelsbach wurde.

In blutigen Bürgerkriegen bekämpften im 19. Jahrhundert die Karlisten, wie sich die spanischen Traditionalisten nannten, die Befürworter des Verfassungsstaates.

1815	1820	1825	1830

- 1815–1817 Zweiter Aufstand der Serben, bereitet den Weg in die Autonomie
- 1820 Spanischer König leistet unter Druck den Eid auf die Verfassung
- 1820 Nationalliberale Erhebung und Verfassungsgebung in Neapel, durch österreichische Truppen niedergeschlagen
- 1821 Nationalliberale Erhebung und Verfassungsgebung in Turin, durch österreichische Truppen niedergeschlagen
- 1823 Unterdrückung des liberalen Aufstands in Spanien mit französischer Militärhilfe
- 1821–1829 Erfolgreicher Unabhängigkeitskampf der Griechen gegen das Osmanische Reich

➤ Völker, Staaten und Kulturen: Die Osmanen
➤ Völker, Staaten und Kulturen: Aufstieg des Nationalismus in Europa

Das Scheitern der polnischen Nationalbewegung

Als sich im Zuge der europäischen Nationalbewegungen im geteilten Polen der Widerstand gegen die Fremdbestimmung bewaffnete, führte der Kampf nicht zu Einheit und Freiheit, sondern in die Katastrophe: Polen wurde größtenteils russische Provinz und blieb ein europäischer Unruheherd.

Um den russischen Vergeltungsmaßnahmen zu entkommen, verließen viele polnische Freiheitskämpfer nach der Niederlage die Heimat und gingen ins Exil.

Seit den Teilungen des späten 18. Jahrhunderts, als sich Russland etwa zwei Drittel des Landes aneignete, Preußen und Österreich den Rest unter sich aufteilten, rang Polen um die Rückgewinnung seiner Einheit. Aber die Aufstände wurden blutig niedergeschlagen. Auch Napoleon, auf den die Patrioten große Hoffnungen setzten, sah nur sein eigenes Interesse. Schließlich beschäftigte die »polnische Frage« den Wiener Kongress von 1814/15. Doch wieder kam es nur zur Fortschreibung der Teilung: Posen und Westpreußen blieben preußisch, Galizien österreichisch, sämtliche anderen Gebiete wurden, mit Ausnahme des Freistaats Krakau, zum Königreich Polen zusammengefasst. Diesem so genannten Kongresspolen gestand man zwar eine eigene Verfassung, Verwaltung und Armee zu, aber es wurde mit Russland in Personalunion von Zar Alexander I. regiert. 1830 sprang der Funke der Pariser Julirevolution auf Polen über, das sich gegen die russische Besatzungsmacht erhob.

Der Aufstand von 1830/31

Alles begann als Verschwörung auf der Warschauer Kadettenanstalt am 29. November 1830, woraus sich rasch eine nationale Revolte gegen die russischen Besatzer entwickelte. Die Feindseligkeiten griffen auch auf Litauen über. Russland schlug zurück und ließ seinem militärischen Sieg brutale Vergeltungsmaßnahmen folgen. Adelsgüter wurden enteignet, die früheren Besitzer deportiert, die Universitäten von Warschau und Wilna geschlossen. Entsetzt mussten die Aufständischen erleben, wie Zar Nikolaus I. das Königreich Polen in eine russische Provinz verwandelte und seinem zentralistischen Reich einverleibte. Alle Sonderrechte gingen verloren, der Zustand war jetzt schlimmer als zuvor.

Die polnische Nationalbewegung ging ins Exil, vor allem in Paris fanden Freiheitskämpfer freundliche Aufnahme. Das Herz des liberalen Europa schlug für Polen, aber Taten blieben aus.

Polnische Nationalbewegung

Auch als 1846 nach einem Aufstand der Freistaat Krakau von Österreich annektiert wurde, rührte sich keine Hand für das Recht eines Volkes auf Selbstbestimmung.

Eine Wende trat erst ein, als der russische Zar Alexander II. nach seiner demütigenden Niederlage im Krimkrieg (1854–1856) Bereitschaft zu größeren liberalen Reformen zeigte. Das Tauwetter war auch in Polen zu spüren, vor allem durch Lockerung der Restriktionen im kulturellen und konfessionellen Bereich.

Weisse und Rote in Polen

Den Problemen des unfreien Bauernstandes sollte sich eine eigens ins Leben gerufene Landwirtschaftliche Kommission widmen, die aus reformwilligen Großgrundbesitzern unter Führung des Grafen Zamoyski bestand. Aus dieser Kommission ging die aristokratische Nationalbewegung der »Weißen« hervor. Ihr standen die demokratischen »Roten« gegenüber: Studenten, junge Armeeoffiziere, Handwerker und Angehörige des Landadels. Sie verlangten radikale Reformen auf dem Agrarsektor und veranstalteten Demonstrationen im Gedenken an polnische Patrioten oder historische Ereignisse.

Als 1861 in Russland zwar die Leibeigenschaft aufgehoben wurde, die jetzt freien Bauern wirtschaftlich aber schlechter gestellt waren als vorher, erfolgten Hungerrevolten und politische Unruhen, auch in Warschau.

Der Aufstand von 1863

Die russischen Herren Polens suchten anfangs noch den Dialog mit Vertretern der Führungsschicht, etwa dem gemäßigten Grafen Alexander Wielopolski. Doch dessen Reformvorschläge stießen bei den »Roten« auf heftige Ablehnung. Die allgemeine Unzufriedenheit wuchs, es kam zum Massaker an Demonstranten auf dem Schlossplatz. Die »Roten« sahen in Wielopolski nun den erklärten Feind, sie ernannten ein revolutionäres Nationalkomitee, auch die »Weißen« gründeten eine Untergrundorganisation.

Im Januar 1863 rief das Nationalkomitee die Völker Polens, Litauens und der Ukraine zur allgemeinen Revolte auf. Im Frühjahr schlossen sich auch die »Weißen« dem Aufstand an. Schlecht bewaffnet und ohne einheitliche Führung musste die Volkserhebung schließlich scheitern, zumal Preußen den Zaren aktiv gegen die Aufständischen unterstützte. So vom übrigen Europa im Stich gelassen, wurde der Aufstand von zaristischen Truppen bis Herbst 1864 im Blute erstickt, sein letzter Führer, Romuald Traugutt, endete am Galgen.

Nach dem gescheiterten Aufstand von 1863 wurden polnische Rebellen nach Sibirien verschleppt.

··········· Die Russifizierung Polens ···········

Die Jahrzehnte, die dem Januaraufstand von 1863 folgten, waren von Vergeltungsmaßnahmen und verstärkter Russifizierung gekennzeichnet. Starke Garnisonen unterdrückten jede mögliche Unruhe im Keim. Während die Führer des Aufstands deportiert und hingerichtet wurden, wechselten unzählige Güter den Eigentümer und fielen in russische Hand. Die Unierte Kirche verschwand völlig, die Katholiken sahen sich Repressalien ausgesetzt. In Litauen verdiente sich der neue Generalgouverneur Murawjow den blutigen Beinamen »Der Henker«. Die polnische Frage verschwand seit 1870 von der politischen Bühne, das düstere Kapitel endete erst mit der russischen Revolution von 1905.

Warschau, Ende November 1830: aufständische Polen im Kampf gegen die russische Fremdherrschaft vor dem Denkmal des polnischen Nationalhelden König Johann III. Sobieski

▶ Völker, Staaten und Kulturen: Das Russische Reich
▶ Völker, Staaten und Kulturen: Aufstieg des Nationalismus in Europa

Die europäischen Revolutionen von 1848/49

Im Frühjahr 1848 breitete sich die revolutionäre Bewegung in weiten Teilen Europas aus. Mit den liberalen Forderungen nach bürgerlicher Freiheit und Verfassung wurde im politisch zersplitterten Deutschland und im habsburgischen Vielvölkerstaat die nationale Frage verknüpft.

Straßenschlacht zwischen Aufständischen und Militär während der Februarrevolution von 1848 in Paris

Schwarzrotgold, die Farben der deutschen Nationalbewegung, im revolutionären Berlin

Korruption, Profitgier, maßlose Ausbeutung der arbeitenden Bevölkerung waren in Frankreich an der Tagesordnung. Die bürgerliche Freiheit wurde durch Pressezensur, Bestechlichkeit von Gerichten und Behörden, Klassenwahlsystem und Polizeimaßnahmen eingeschränkt. Nachdem die Pariser Februarrevolution von 1848 das korrupte Regime des Königs Louis Philippe hinweggefegt hatte, wurde eine provisorische Regierung gebildet, die das »Recht auf Arbeit« gesetzmäßig verankerte und so genannte Nationalwerkstätten einrichtete. Dieses sozialistische Experiment rief das Bürgertum auf den Plan, das sich in Frankreich, im Gegensatz zu anderen europäischen Ländern, einer politisierten Arbeiterschaft gegenüber sah, die mit den Massen der Armen gemeinsame Sache machte.

Revolutionen von 1848/49

In der Nacht zum 23. Juni 1848 bewaffneten sich in Paris die Arbeiter und errichteten Barrikaden. Das Militär griff an, es kam zu Straßenschlachten. Schließlich wurde der Aufstand niedergeworfen, Scharen von Revolutionären wurden verhaftet, deportiert und exekutiert. Das verschreckte Bürgertum wählte Ende des Jahres Louis Napoleon Bonaparte zum Präsidenten der Zweiten Republik, der sich zwei Jahre später nach einem Militärputsch als Napoleon III. zum alleinigen Herrscher des Zweiten Kaiserreichs machte.

Europa in Aufruhr

Letztendlich scheiterte die Revolution von 1848/49 also auch in Frankreich. Doch der Erfolg der Pariser Februarrevolution hatte einen europäischen Flächenbrand ausgelöst. So forderten Bürgerkomitees im März 1848 in fast allen Ländern des Deutschen Bundes Pressefreiheit, Schwurgerichte, Bürgerwehr und ein frei gewähltes Parlament. Studenten gingen auf die Straße, das gebildete Bürgertum zeigte furchtlos seine liberale Haltung. Derart unter Druck gesetzt, gaben die Monarchen in Baden, Württemberg, Hessen, Hannover und Sachsen schnell nach und beriefen die Führer der liberalen Opposition in ihre Ministerien. In München dankte König Ludwig I. nach Studenten- und Bürgerprotesten ab.

In Wien musste der allmächtige Kanzler Fürst Metternich – die Personifizierung der europäischen Reaktion – vor dem Volkszorn fliehen. Nicht nur in der Hauptstadt, sondern im gesamten Habsburgerreich gärte es: In Prag und Budapest, in Venetien und in der Lombardei verbanden sich die liberalen Forderungen mit den Nationalbewegungen – eine brisante Mischung im Vielvölkerstaat! Unter diesen Eindrücken genehmigte Kaiser Ferdinand im Juli einen ersten verfassunggebenden Reichstag.

Triumph in Berlin

In Preußen zögerte der an sich aufgeschlossene König die Bewilligung von demokratischen Reformen so lange hinaus, bis es in Berlin zum Aufstand kam, der vom Militär blutig niedergeschlagen wurde. In den »Märzgefallenen« fand die Revolution, die in Deutschland nicht nur eine liberale, sondern auch eine nationale war, ihre Märtyrer. Am 21. März ritt Friedrich Wilhelm IV. mit schwarz-rot-goldener Schärpe – den Farben der deutschen Nationalbewegung – durch Berlin und verkündete das Programm der Einheit: »Preußen geht fortan in Deutschland auf.« Es schien, als ob nahezu überall in Europa der politische Frühling ausgebrochen sei. Fürstenherrschaft, Ministerialbürokratie und Polizeiterror befanden sich im Rückzug. Radikale wie Gustav von Hecker und Friedrich Struve riefen Studenten und Bürger zu den Waffen, um die »Deutsche Republik« zu gründen.

Nach den blutigen Auseinandersetzungen zwischen Bürgern und Militär war König Friedrich Wilhelm IV. bereit, Preußen in eine konstitutionelle Monarchie umzuwandeln.

Das blutige Ende

Die Mächte der Reaktion aber hatten nur scheinbar nachgegeben, sie holten Atem – und schlugen zurück. Im April 1848 bereits waren die aufständischen Polen durch russische Truppen niedergeworfen. Im November 1848 holte der preußische König Feldmarschall Wrangel mit seinen Truppen nach Berlin. Die Waffen sprachen auch im Habsburgerreich: Feldmarschall Radetzky besiegte die oberitalienische Revolution, Fürst Windischgrätz die tschechische. Schließlich nahm er, nach wochenlanger Belagerung, Ende Oktober auch das heiß umkämpfte Wien ein. Überall wurden die Anführer der Revolution eingekerkert oder gar erschossen. Zar Nikolaus I., den man den »Gendarmen Europas« nannte, warf bis Mitte 1849 den Aufstand Kossuths in Ungarn nieder. Im Frühjahr und Sommer 1849 bezwangen preußische Soldaten die letzten demokratischen Erhebungen in Baden, die große Flucht der Freiheitskämpfer und Demokraten nach Amerika begann. Die europäische Revolution erlosch, sie war den Truppen der Mächtigen nicht gewachsen gewesen.

Die Frankfurter Nationalversammlung

Am 18. Mai 1848 traten in der Frankfurter Paulskirche etwa 600 aufgrund des allgemeinen und gleichen Wahlrechts gewählte Abgeordnete zur Deutschen Nationalversammlung zusammen. Ziel war die Einheit Deutschlands und die Ausarbeitung einer Verfassung. Da weder die kleindeutsche (ohne Österreich), noch die großdeutsche Lösung (mit Österreich) durchzusetzen war, scheiterten die Einigungspläne. Im Juni 1849 wurde das Parlament ohne Ergebnis aufgelöst.

Wie hier in Mannheim gingen die Bürger in vielen deutschen Städten auf die Barrikaden.

▶ Völker, Staaten und Kulturen: Italien ab 1830

Der Italienische Einigungskrieg

Als eine direkte Folge des Französisch-Österreichischen Krieges von 1859, der die Herrschaft Österreichs in Norditalien entscheidend schwächte, begann im Frühjahr 1860 der Kampf um die Einigung Italiens. Die nationalen Kräfte setzten sich durch und etablierten schließlich das Königreich Italien.

Der legendäre italienische Freiheitskämpfer Giuseppe Garibaldi (1807–1882) in jener Tracht, der seine Anhänger, die Rothemden, ihren Namen verdankten.

Sie standen für die Idee eines freien und geeinten Italien: König Viktor Emanuel II., Camillo Cavour und Giuseppe Garibaldi (von links nach rechts).

Der Staatsmann Camillo Graf Benso di Cavour (1810 – 1861)

Die nationale Vereinigung der in mehrere Einzelstaaten zersplitterten italienischen Halbinsel wurde seit Jahrzehnten von nationalliberalen Kreisen gefordert. Einen ersten Erfolg erreichte im Norden das Königreich Sardinien-Piemont. Treibende Kraft des Unterfangens war Camillo Graf Benso di Cavour, der Ministerpräsident des populären Königs Viktor Emanuel II. Durch die Teilnahme Sardinien-Piemonts am Krimkrieg (1855/56) brachte Cavour das Problem der Einigung Italiens auf die internationale Bühne. Gemeinsam mit französischen Truppen gelang es 1859 der piemontesischen Armee, die Österreicher in Norditalien zu schlagen, die daraufhin die Lombardei abtreten mussten. Im August des Jahres sprachen sich revolutionäre Versammlungen in der Toskana, in Modena, in Parma und in der Romagna für eine Union mit Sardinien-Piemont aus. Durch Volksabstimmungen gelangten diese Gebiete schließlich im März 1860 unter die Herrschaft Viktor Emanuels II.

Die Eroberung des Südens

Der Erfolg der nationalen Bewegung in Norditalien ermutigte ihre Anhänger im Süden, woraufhin in Sizilien, das zum Königreich beider Sizilien mit Hauptstadt Neapel gehörte, Unruhen ausbrachen. Im Frühjahr 1860 begann daher der Freischärler Giuseppe Garibaldi, seine eigene Privatarmee aufzubauen, um die Einigung Italiens auf Sizilien voranzutreiben. Im Mai schifften sich seine etwa 1000 Freiwilligen bei Genua ein und landeten in Marsala. Garibaldi erklärte sich zum Diktator der Insel. Der König beider Sizilien, Franz II., hatte 20 000 Soldaten auf Sizilien stationiert, die Garibaldis Schar von Dichtern, Studenten und Glücksrittern leicht hätten bezwingen können. Aber die Truppen des Bourbonenherrschers ließen sich nach und nach ausmanövrieren und besiegen. Ein Aufstand in Palermo machte Garibaldi den Weg in die Stadt frei und Mitte Juli befand sich ganz Sizilien unter seiner Herrschaft.

Garibaldis Vorhut überquerte in der Nacht des 18. August 1860 die Straße von Messina und zwang die neapolitanische Garnison bei Reggio zur Kapitulation. Der Widerstand der Bourbonen erlahmte, so dass Garibaldi seinen Scharen vorauseilte und am 7. September in Neapel eintraf. Die Eroberung eines Landes von elf Millionen Einwohnern in weniger als fünf Monaten war eine bemerkenswerte Leistung. Garibaldi ruhte sich jedoch auf seinen Lorbeeren nicht aus, sondern plante eine Invasion der Marken, die zum Kirchenstaat gehörten.

Mittelitalien

Unterdessen verfolgte Cavour vom Norden aus Garibaldis Aktionen mit einigem Argwohn. Er glaubte nicht an die ehrliche Absicht des Freischarenführers, Italien unter König Viktor Emanuel vereinigen zu wollen, sondern befürchtete eine republikanische Verschwörung. In Mittelitalien wollte er Garibaldi zuvorkommen. Cavour war klar, dass ein Angriff auf die Marken zum Konflikt mit Rom führen musste, wo sich noch eine französische Garnison zum Schutz des Papstes befand. So ließ er den Großteil der piemontesischen Armee im Kirchenstaat einmarschieren, wo am 18. September die Streitkräfte des Papstes bei Castelfidardo besiegt wurden. Anschließend zogen die norditalienischen Freiheitskämpfer südwärts, besiegten die Neapolitaner bei Capua und schlossen das Bourbonenheer in der Festung Gaeta ein.

Inzwischen waren Garibaldis Einheiten auf ihrem Marsch nach Norden am Volturno in zähe Verteidigungskämpfe verwickelt. Doch mittlerweile lag die Initiative sowieso bei Cavour. Noch bevor die militärische Entscheidung gefallen war, holte er sich die Zustimmung des Parlaments zur Annexion Süditaliens ein. Als im Oktober eine überwältigende Mehrheit der Bevölkerung für die Union mit Sardinien-Piemont stimmte, verzichtete Garibaldi auf seine Stellung als Diktator.

Königreich Italien

Im Februar 1861 kapitulierten die bourbonischen Truppen in Gaeta, worauf sich

········· **Garibaldi, der italienische Nationalheld** ·········

Unlösbar verbunden mit der Geschichte der italienischen Einigung war der aus Nizza stammende Freiheitskämpfer Giuseppe Garibaldi (1807 – 1882). Im Jahre 1833 begegnete er dem überzeugten Republikaner Giuseppe Mazzini und legte einen feierlichen Eid ab, die italienischen Gebiete zu einer vereinten Nation zu machen. 1834 wurde er wegen der Teilnahme an einem Aufstand verbannt und verbrachte die folgenden 13 Jahre in Südamerika, wo er sich zum tüchtigen, besonders in der Führung von Freischaren geschulten Kommandeur entwickelte. Garibaldi konnte die Massen begeistern, zeigte aber wenig politische Finesse: Er war ein Mann des Volkes.

Der italienische Einigungskrieg

Die italienische Einigung

20. 7. 1858: Der sardinische Ministerpräsident Cavour trifft den französischen Kaiser Napoleon III. zu einem geheimen Gespräch. Für die Unterstützung Sardinien-Piemonts im Krieg gegen Österreich ist Cavour bereit, das Gebiet von Nizza und Savoyen an Frankreich abzutreten.

Prinzregent Wilhelm von Preußen entsendet 6 Armeekorps an die französische Grenze. Napoleon III. schließt mit Franz Joseph I. Frieden.

10. 11. 1859: Der Waffenstillstand von Villafranca wird in Zürich zu einem Definitivfrieden umgewandelt.

Venetien wird 1866, nach dem verlorenen Krieg gegen Preußen, italienisch.

8. 7. 1859: Waffenstillstand zwischen Frankreich und Österreich. – Sardinien-Piemont wird nicht informiert.

Sardinisch-piemontesische Truppen kommen Garibaldi im Kampf gegen die Bourbonenherrschaft und den Papst zur Hilfe.

Der Freiheitskämpfer und Piratenkapitän Giuseppe Garibaldi landet mit seinen Freischaren, den »Rothemden«, zur Unterstützung der aufständischen Mazzinisten in Marsala (Frühjahr 1860). Durch Unterstützung des sardinischen Ministerpräsidenten Cavour stürzt Garibaldi die Bourbonenherrschaft im Königreich beider Sizilien.

Mai bis September 1860: »Zug der Zehntausend« unter Garibaldi zur Einigung Italiens.

— Königreich Italien 1860

---

in Turin das neue italienische Parlament versammelte, das die gesamte Halbinsel mit Ausnahme Roms und Venetiens repräsentierte. Viktor Emanuel II. (Reg. 1861 bis 1878) wurde zum König von Italien erklärt. Venetien, die letzte italienische Besitzung Österreichs, fiel nach dem Deutschen Krieg von 1866 an Italien. Ein schwierigeres Problem stellte Rom dar, weil sich Papst Pius IX., ein erklärter Gegner des Liberalismus, beharrlich weigerte, mit dem neuen Italien einen Kompromiss zu schließen. Im September 1870 erfolgte schließlich die Besetzung des Kirchenstaates durch italienische Truppen. Dem Papst verblieb nur noch die Hoheit über den Vatikanstaat und Rom wurde 1871 Hauptstadt des nun völlig geeinten Italiens.

Im Jahre 1861 war die Einigung der politisch zersplitterten Nation vollzogen: Viktor Emanuel II. wurde König von Italien.

▶ **Völker, Staaten und Kulturen:** Aufstieg des Nationalismus in Europa
▶ **Völker, Staaten und Kulturen:** Italien ab 1830
▶ **Menschen und Ideen:** Henri Dunant

DER KAMPF UM MEXIKO

Von Unruhen geschwächt, verlor Mexiko weite Gebiete an die USA, die sich auch in die Innenpolitik einmischten und die Liberalen an die Macht brachten. Da griff Frankreich ins Geschehen ein und übertrug die Regierung einem unerfahrenen Kaiser, was das Land in einen neuen Bürgerkrieg stürzte.

Der mexikanische Politiker Benito Juárez (1806 bis 1872) trat für antiklerikale und liberale Reformen ein.

Allein zwischen 1821 und 1855 gab es in Mexiko 44 Regierungen. Es war eine Zeit der Anarchie, in der Staatsstreiche zum Alltag gehörten. Parallel dazu entwickelte sich die wachsende Abhängigkeit von den USA. Beides zusammen hatte weitreichende Konsequenzen. So nutzte Texas 1836 eine innenpolitische Krise, um sich de facto von Mexiko loszulösen. Als die Provinz Yucatán diesem Beispiel 1840 folgen wollte, kam es zu blutigen, aber ergebnislosen Auseinandersetzungen: Die Halbinsel blieb mexikanisch.

KRIEG MIT DEN USA

1846 wurde Texas, mittlerweile ein beliebtes Einwanderungsgebiet für US-Amerikaner vor allem aus den Südstaaten, von den USA annektiert. Dabei stützte man sich auf die Monroe-Doktrin von 1823 (benannt nach dem US-Präsidenten James Monroe), die unter dem Schlagwort »Amerika den Amerikanern« berühmt wurde. Sie war antikolonialistisch, indem sie jede Einmischung europäischer Staaten in die Angelegenheiten unabhängiger amerikanischer Regierungen zurückwies. Andrerseits behauptete sie die Dominanz der USA als Schutzmacht der mittel- und südamerikanischen Staaten.

Die Annexion von Texas veranlasste Mexiko zum sofortigen Krieg gegen die USA. Anfangs konnte man den Amerikanern noch Gegenwehr liefern, aber schon bald zeigte sich deren militärische Über-

Kaiser Maximilian konnte der republikanischen Bewegung nicht lange standhalten. Nach nur dreijähriger Regierungszeit wurde er 1867 hingerichtet.

1835 — **1840** — **1845** — **1850**

1836 Texas löst sich von Mexiko

1846 USA annektieren Texas

1846–1848 Mexiko und USA im Krieg um Texas; Ergebnis: gewaltige Gebietsverschiebungen zugunsten der USA

Kampf um Mexiko

legenheit. Mexiko musste kapitulieren und im Februar 1848 im Friedensvertrag von Guadalupe Hidalgo gewaltige Territorialverluste akzeptieren: Die Provinzen Neu-Mexiko, Arizona, Kalifornien, also das gesamte Gebiet nördlich des Rio Grande, fielen an die USA. Im Jahr 1853 zwangen die USA Mexiko zum Verkauf weiterer Gebiete, damit der Bau der Eisenbahn zum Pazifik möglich wurde.

Kräftig mischten sich der mächtige Nachbar auch in die mexikanische Innenpolitik ein. Da nämlich tobte seit Mitte des Jahrhunderts der Kampf um die Säkularisierung, also Verstaatlichung von Kirchengut. Führer der antiklerikalen Partei war der Liberale Benito Juárez, der 1855 zwar ins Exil gehen musste, aber drei Jahre später mit US-amerikanischer Hilfe zurückkam, die Macht übernahm und einschneidende Reformen durchführte. Darüber entbrannte ein verlustreicher Bürgerkrieg zwischen Liberalen und Klerikalen, den erst 1861 Juárez' Sieg beendete.

Der unglückliche Kaiser

Als Juárez wegen ökonomischer Probleme den Schuldendienst an ausländische Gläubiger aussetzte, schickten Großbritannien, Frankreich und Spanien ein Expeditionskorps nach Mexiko. Und obwohl Juárez schnell nachgab, dachte der französische Kaiser Napoleon III. nicht daran, seine Truppen wieder abzuziehen: Er sah hier die günstige Chance, seine Einflusssphäre in Übersee zu vergrößern. 1863 eroberten die Franzosen Puebla sowie die Stadt Mexiko. Trotz des heftigen Protests der USA, die ihre Monroe-Doktrin verletzt sahen, besetzten die französischen Truppen das Land. Und Napoleon konnte einen seiner Lieblingspläne, die Wiedereinführung der Monarchie in Mexiko, durchsetzen: Eine mexikanische Notabelnversammlung trug Erzherzog Maximilian, dem Bruder des österreichischen Kaisers Franz Joseph, die Krone an. Im Juni 1864 hatte Mexiko einen Kaiser.

Der unerfahrene Maximilian machte viele Fehler. Zum einen favorisierte er Franzosen für wichtige Ämter in Armee und Verwaltung. Zum anderen brachte er die konservativen, monarchistischen Kräfte im Lande gegen sich auf, weil er die liberalen, antiklerikalen Gesetze der Republik beibehielt. Trotz Militärhilfe von Frankreich, Belgien und Österreich gelang es den kaiserlich-mexikanischen Truppen nicht, den bewaffneten republikanischen Widerstand auszuschalten. Im November 1864 ließ sich Juárez im Grenzgebiet zu den USA, die ihn nach wie vor unterstützten, wieder als Präsident proklamieren.

Mittlerweile legte sich Napoleon III. in Europa mit Preußen an und zog seine Truppen aus Mexiko ab. Maximilian sah sich von dem Mann, der das ganze Debakel angezettelt hatte, im Stich gelassen. Er hätte gerne abgedankt, glaubte sich aber zum Weitermachen gezwungen, nachdem er wegen der mexikanischen Krone auf seine erzherzoglichen Rechte verzichtet und mit Wien gebrochen hatte. Tatsächlich war Napoleon seine einzige wirkliche Stütze gewesen. Maximilian führte den Kampf gegen die Republikaner weiter. 1867 wurde er in Querétaro besiegt, vor ein Kriegsgericht gestellt und zusammen mit seinen treuen Generälen erschossen.

Politischer Ehrgeiz trieb den österreichischen Erzherzog Maximilian gegen den Willen seines Bruders Kaiser Franz Joseph I. in das mexikanische Abenteuer, das tödlich für ihn endete.

Dass Mexiko seine Auslandsschulden nicht bezahlen konnte, verschaffte Napoleon III. von Frankreich die willkommene Gelegenheit, militärische Präsenz zu zeigen: 1863 nahm ein französisches Expeditionskorps Mexiko-Stadt ein.

1855 — 1860 — 1865 — 1870

- 1858–1861 Liberale Reformen unter Benito Juárez; Bürgerkrieg zwischen Liberalen und Klerikalen
- 1863 Besetzung durch französische Truppen
- 1864 Österreichischer Erzherzog wird Kaiser Maximilian I. von Mexiko
- 1864–1867 Krieg zwischen Monarchisten und Republikanern
- 1867 Hinrichtung des Kaisers

Der Krimkrieg

Im Krimkrieg von 1853 bis 1856 zerbrach das seit 1815 gültige europäische Bündnissystem: Großbritannien und Frankreich stoppten die Expansionspolitik des einstigen Partners Russland gegenüber dem zerbrechenden Osmanischen Reich. Auf dem Balkan begann der österreichisch-russische Gegensatz.

Die zerstörte Malakoff-Bastion bei Sewastopol nach der Erstürmung durch die westlichen Alliierten im Jahr 1855

Seit den russisch-türkischen Kriegen befand sich das Osmanische Reich in einer Dauerkrise, was die europäischen Mächte dazu ermutigte, die so genannte orientalische Frage zu diskutieren, sprich: die Aufteilung des riesigen Reiches nach dessen Zusammenbruch. Da sich jeder ein möglichst großes Stück vom Kuchen erhoffte, konnte die expansive Politik des Zaren den Anderen nicht passen. Seit dem Wiener Kongress von 1815 waren Großbritannien, Russland, Österreich und Preußen Bündnispartner gewesen, jetzt platzte diese Allianz.

Ein nichtiger Anlass mit Folgen

Der Auslöser des Konflikts war ein Vorgang, an den man im Grunde schon gewohnt war: Russland mischte sich wieder einmal in die Angelegenheiten des Osmanischen Reiches ein. Dabei ging es um Garantien für die orthodoxen Untertanen des Sultans sowie um die Betreuung der heiligen Stätten in Palästina, wo sich katholische und orthodoxe Mönche stritten. Arrogant, aber vergeblich forderte der russische Gesandte in Konstantinopel zudem den Beitritt des Osmanischen Reiches zu einem Defensivbündnis mit Russland, was im übrigen Europa höchste Aufregung verursachte.

Im Juli 1853 besetzten russische Truppen die Donaufürstentümer Moldau und Walachei, was die Briten zu einer Drohgebärde gegenüber Russland veranlasste. Verstärkt durch französische Verbände lief die Royal Navy Richtung Mittelmeer aus. Trotzdem erklärte Russland im November 1853 der Türkei den Krieg und zerstörte die türkische Flotte bei Sinope am Schwarzen Meer: Innerhalb weniger Stunden fanden 3 000 türkische Seeleute den Tod. Das »Massaker von Sinope« zerstörte alle noch vorhandenen Friedenshoffnungen.

Österreich, das Russland in der Heiligen Allianz verbunden war, zeigte sich zunächst neutral. Ohne die erhoffte Unterstützung Wiens sah sich der Zar gezwungen, im Sommer 1854 die Donaufürstentümer wieder zu räumen. Sofort ergriffen die Österreicher die Gelegenheit und besetzten nun ihrerseits Moldau und Walachei. Damit begann der russisch-österreichische Gegensatz auf dem Balkan, der sich bis in den Ersten Weltkrieg fortsetzte. Im September landeten Briten und Franzosen auf der Krim, der sonnigen Halbinsel im Schwarzen Meer, die zum Schauplatz eines europäischen Konflikts werden sollte.

Französische Kavallerieattacke auf russische Artilleriestellungen bei der Hafenstadt Balaklawa am 25. Oktober 1854

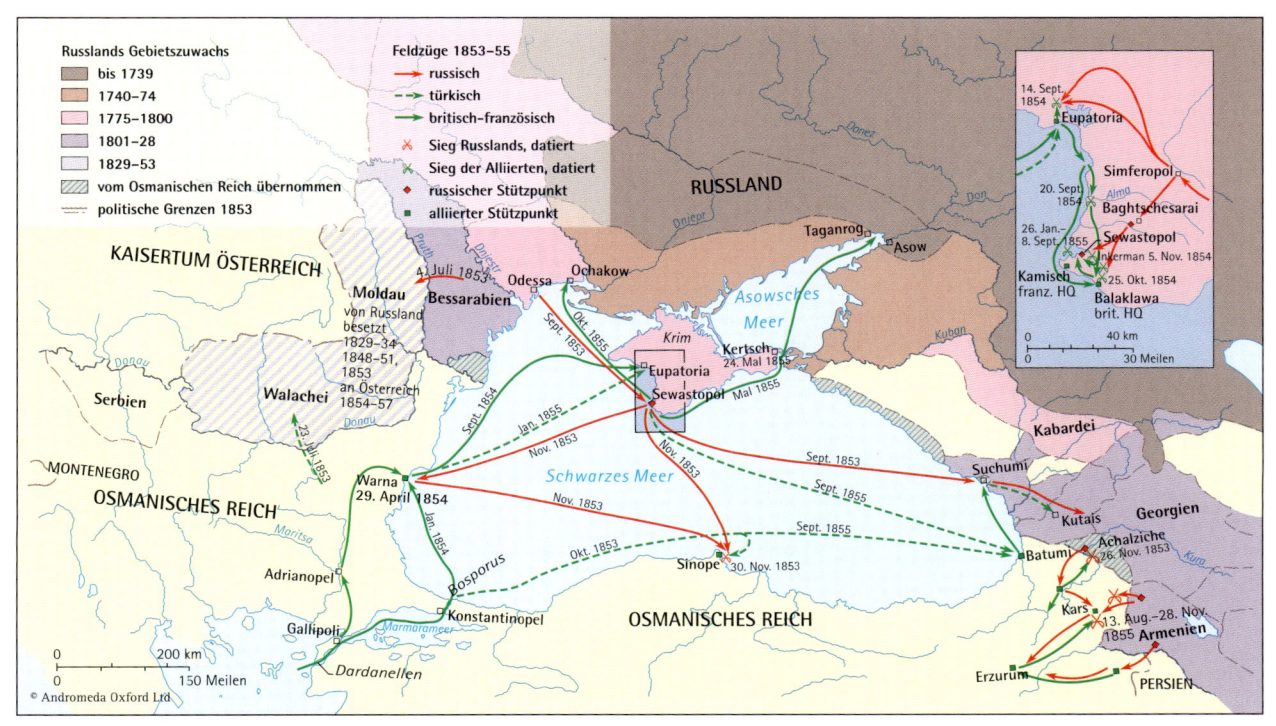

KRIMKRIEG

Die Expansion des Russischen Reiches im Süden bis zum Krimkrieg

BELAGERUNG UND FALL VON SEWASTOPOL

Unter erheblichen Verlusten, zu denen noch Zehntausende Choleraopfer kamen, gewannen die westlichen Alliierten die Schlachten an der Alma und bei Inkerman. Ihr vorrangiges Ziel war jedoch die Eroberung des wichtigsten russischen Flottenstützpunktes am Schwarzen Meer – Sewastopol, dessen starke Festungsanlagen mit 130 000 Mann besetzt waren. Im Oktober 1854 begann der erste große europäische Stellungskrieg, die Belagerung von Sewastopol, das elf Monate lang heldenhaft verteidigt wurde. Aber die 170 000 Mörsergranaten, die eine Distanz von mehreren Kilometern überwinden konnten, zwangen die Russen schließlich zur Aufgabe der Malakoff-Bastion. Dies war vor allem ein Erfolg der Franzosen, während die Briten bei der Erstürmung am Redan eine schwere Schlappe erlitten. Im September 1855 kapitulierte Sewastopol, was die russische Öffentlichkeit als ungeheure Demütigung empfand. Die Mängel in der russischen Armee sowie die Unzulänglichkeit der Versorgungswege waren offenbar geworden.

DAS ENDE IM KAUKASUS

Aber gekämpft wurde nicht nur auf der Krim. Von großer Bedeutung war für die Kolonialmacht Großbritannien und ihre asiatischen Interessen die Situation im Kaukasus. Gerade hier erlebten die Russen ihren größten Kriegserfolg, als sie Ende November 1855 die türkische Festung Kars nach fünfmonatiger Belagerung stürmten. Damit war der Weg in die Türkei offen, die wichtige Stadt Erzurum zum Greifen nahe. Es wurden bereits Gerüchte laut, dass sich griechische Freiwillige – aus Feindschaft zur osmanischen Besatzungsmacht mit Russland verbündet – formierten, um Anatolien anzugreifen. Aber in Russland herrschte nun Alexander II., der sich zum einen des maroden Gesamtzustands seiner Armee bewusst war, zum anderen die Schmach von Sewastopol durch die Eroberung von Kars ausgeglichen sah.

Alexander entschied sich für Verhandlungen, die 1856 zum Frieden von Paris führten: Russland verlor das Donaudelta, das Schwarze Meer wurde neutralisiert. Für Europa bedeutete dieser Friedensschluss eine Umordnung des Staatensystems, da Russland als Hegemonialmacht ausfiel und das siegreiche Frankreich – seit Napoleons Fall zweitrangig gewesen – diese Position wieder übernahm.

Britische Offiziere im Krimkrieg

DIE LADY MIT DER LAMPE

Die Engländerin Florence Nightingale (1820–1910) sorgte als Krankenschwester im Krimkrieg für Betten, Arznei und medizinische Geräte und stellte Essen und richtige Pflege für die verwundeten Soldaten sicher. Da sie nachts immer mit einer Lampe durch die Krankensäle ging, hieß sie bei den Überlebenden des Krieges zeitlebens nur die »Lady mit der Lampe«.

➤ Völker, Staaten und Kulturen: Das Russische Reich
➤ Völker, Staaten und Kulturen: Die Osmanen
➤ Völker, Staaten und Kulturen: Das britische Weltreich

Der Amerikanische Bürgerkrieg

Der erste »totale Krieg« der Neuzeit begann als begrenzte Auseinandersetzung zur Wiederherstellung der Union der Vereinigten Staaten von Amerika und endete mit der bedingungslosen Unterwerfung des rebellischen Südens. Der erbittert geführte Sezessionskrieg kostete über 600 000 Soldaten das Leben.

Trotz des militärischen Genies ihres Oberbefehlshabers Robert E. Lee konnten die Konföderierten, wie sich die rebellischen Südstaaten nannten, den Bürgerkrieg nicht gewinnen.

Ein gefallener Soldat der Schlacht bei Gettysburg (Juli 1863), die mit dem Sieg der Unionstruppen endete.

Nicht zuletzt in der Sklavenfrage spitzten sich die Gegensätze zwischen dem industrialisierten Norden und dem agrarisch strukturierten Süden – den liberalen Yankees und den aristokratischen Pflanzern – immer mehr zu. Als Abraham Lincoln, der Kandidat der gegen die Sklaverei gerichteten Republikanischen Partei, 1860 die Präsidentschaftswahlen gewann, lösten sich zuerst South Carolina und dann zehn weitere Südstaaten aus der Union der Vereinigten Staaten von Amerika und gründeten die Konföderierten Staaten von Amerika. Diese Abspaltung, Sezession genannt, wurde im April 1861 durch eine militärische Aktion unterstrichen: Die Hafenbatterien von Charleston, South Carolina, eröffneten das Feuer auf Fort Sumter vor der Hafeneinfahrt, dessen unionstreue Besatzung nicht zur Übergabe bereit gewesen war.

Die ersten Kriegsjahre

Der Norden, bestrebt die Einheit mit allen Mitteln wieder herzustellen, begann sofort eine enge Küstenblockade des Südens, um die Konföderation wirtschaftlich zu schädigen und somit zum Einlenken zu bewegen. Auch an Land ergriffen die Uniontruppen die Initiative und stießen gegen Richmond, Virginia, vor, die Hauptstadt der Konföderation. Im Juli 1861 jagten jedoch die Südstaatler die gleich starken Unionseinheiten in die Flucht. Dieser Sieg am Bull Run gelang, wie alle großen konföderierten Siege, unter General Robert Lee. Doch auch der beste Stratege des Bürgerkriegs konnte die technische und wirtschaftliche Unterlegenheit des Südens nicht wettmachen. In dem mörderischen Aufeinandertreffen am Antietam in Maryland (15. – 17. September

Artilleriestellung der Union vor Petersburg, Virginia im Juni 1864

AMERIKANISCHER BÜRGERKRIEG

1862) erlitten die Konföderierten schwere Verluste, ohne eine Entscheidung herbeiführen zu können. Lincoln nutzte die Krise, um die Sklavenbefreiung in den Gebieten der Sezession zu verkünden.

Unterdessen operierten die Unionstruppen erfolgreich im Westen. Anfang April 1862 drängte General Ulysses S. Grant bei Shiloh, Tennessee, den Gegner zurück und stieß entlang des Mississippi südwärts vor. Noch im gleichen Monat gelang es der Union, New Orleans vom Meer her zu nehmen. Im Frühsommer 1863 eroberte Grant Vicksburg am Mississippi. Bald kontrollierte die Union den gewaltigen Strom von der Quelle bis zur Mündung.

DIE KRIEGSWENDE

Inzwischen errang die Konföderation im Osten bedeutende Erfolge. General Lee schlug am 13. Dezember 1862 bei Fredericksburg und am 2./4. Mai 1863 bei Chancellorsville zahlenmäßig überlegene Uniontruppen und drang nach Pennsylvania vor. Doch bei der Kleinstadt Gettysburg sah er sich mit starken Unionseinheiten konfrontiert: Die größte Schlacht des Krieges begann. Zwei Tage lang griffen die Konföderierten an, am dritten Tag (3. Juli 1863) bliesen sie zum entscheidenden Sturm, scheiterten aber. Beide Seiten verloren jeweils rund 25 000 Mann, Lee musste seine Truppen nach Virginia zurückziehen.

Danach kämpften die Südstaaten nur noch defensiv. Ihre verzweifelten Versuche, die Küstenblockade zu brechen, um die katastrophale Versorgungslage zu verbessern, waren vergebens. Auch der erstmalige Einsatz einer Panzerfregatte (9. März 1862) und eines U-Boots (17. Februar 1864) erwies sich als erfolglos. Auf Dauer konnte die Konföderation gegen das wirtschaftliche Potenzial des Nordens nicht bestehen.

General Ulysses S. Grant wurde von Präsident Lincoln zum Oberbefehlshaber der Streitkräfte der Union ernannt und schlug sein Hauptquartier bei der östlichen Potomac-Armee auf. Unterdessen kämpften sich die im Westen positionierten Unionskräfte unter General William T. Sherman nach Georgia vor – ein verlustreicher, aufreibender Marsch, der sein Ziel verfehlte, die Truppen der Konföderation in eine nördliche und eine südliche Hälfte zu spalten. Doch Anfang September des Jahres 1864 fiel Atlanta in Shermans Hand. Die Hauptstadt von Georgia wurde zerstört und im weiten Umkreis die Ernte vernichtet. Am 3. April 1865 nahm General Grant Richmond ein – endlich war der Widerstand des Südens gebrochen. Sechs Tage später unterschrieb General Lee die Kapitulation bei Appomattox. Bis Anfang Juni 1865 gaben dann auch die letzten Soldaten der Konföderierten im tiefen Süden und westlich des Mississippi ihren aussichtslosen Kampf auf.

Der Amerikanische Bürgerkrieg

DIE SKLAVENFRAGE

Spätestens seit 1820 wurde das Problem der Sklaverei in den USA heftig diskutiert. Der Süden fürchtete, ohne die billige Sklavenarbeit sein Weltmonopol im Baumwollanbau zu verlieren, während sich der industrialisierte Norden auf die Menschenrechte berief und die Abolition, also die Abschaffung der Sklaverei, forderte. 1850 wurde das Problem den einzelnen Staaten überlassen, doch 1854 stellte sich im Kansas-Nebraska-Konflikt die Frage, ob in den neuen Staaten des Westens die Sklaverei eingeführt werden dürfe. Damals gründete sich die Republikanische Partei als Vertreterin der Abolitionisten. 1860 führte der Wahlsieg ihres Präsidentschaftskandidaten Abraham Lincoln zur Sezession der Südstaaten und schließlich in den Bürgerkrieg. Ein Ergebnis war die Sklavenbefreiung in ganz Nordamerika.

Das vom Bürgerkrieg zerstörte Richmond, Virginia, Hauptstadt der Südstaaten

▶ Völker, Staaten und Kulturen: Der Aufstieg der Vereinigten Staaten
▶ Völker, Staaten und Kulturen: Abraham Lincoln

Preussisches Hegemonialstreben
Der Deutsch-Dänische und der Deutsche Krieg

Mit zwei kurzen Kriegen erreichte Preußens Ministerpräsident Otto von Bismarck, für den der Krieg immer nur ein Mittel der Politik war, bis 1866 seine außenpolitischen Nahziele: Preußen in Deutschland als Vormacht zu etablieren und gleichzeitig Österreich aus dem Deutschen Bund zu manövrieren.

Der herausragende Stratege Helmuth Graf von Moltke (1800 bis 1891), Sieger von Königgrätz

1862 wurde Otto von Bismarck (1815 – 1898) preußischer Ministerpräsident. Die Porträtaufnahme stammt aus dieser Zeit.

Seit seiner Thronbesteigung im Jahr 1861 trug der preußische König Wilhelm I. einen erbitterten Konflikt mit seinem Parlament aus. Es ging um seine Heeresreform, die unter anderem eine dreijährige Wehrpflichtzeit, eine personelle Aufstockung der Rekruten und den Verzicht auf die Landwehr vorsah. Die liberale Mehrheit im Abgeordnetenhaus sah darin einen gefährlichen Machtzuwachs der Krone und verweigerte den Etat.

Dass der König seine Reform – die Grundlage für die künftigen militärischen Erfolge Preußens, aber auch seines gefürchteten Militarismus werden sollte – doch noch bekam, verdankte er dem genialen Taktiker Otto von Bismarck, der im September 1862 preußischer Ministerpräsident wurde. Schon in der ersten seiner berühmten Parlamentsreden verkündete der konservative 47-jährige Junker forsch, nicht Majoritätsbeschlüsse, sondern »Eisen und Blut« entschieden die Fragen der Zeit.

Willkommener Konflikt

Bismarck war weder Militarist, noch deutsch-national eingestellt. Aber um sein Ziel, die Größe Preußens, zu erreichen, war dem Pragmatiker jedes Mittel recht. Den willkommenen Anlass zu einem erfolgversprechenden Krieg lieferte Dänemark Ende 1863: Dessen Königshaus hatte seit 1851 auch die autonomen Herzogtümer Schleswig und Holstein regiert. Jetzt annektierte Dänemark widerrechtlich Schleswig – ein Stachel im Fleisch des deutschen Nationalismus! Gemeinsam mit Österreich marschierte Preußen im Auftrag des Deutschen Bundes ein. Kein Wunder, dass die beiden Großmächte das kleine Dänemark binnen kürzester Zeit in die Knie zwangen! Es musste Schleswig, Holstein und Lauenburg der preußischen und österreichischen Verwaltung übergeben.

Der preussisch-österreichische Gegensatz

Der Sieg brachte Bismarck die Sympathie aller national und liberal gesinnten Deutschen – eine notwendige Voraussetzung für den nächsten Schritt: Preußen in Deutschland als Vormacht zu etablieren. Dazu musste Bismarck allerdings Österreich ausmanövrieren, das im Deutschen Bund die Führungsposition innehatte. Durch geschickte Geheimdiplomatie gelang es ihm, Österreich international zu isolieren. Und als Wien seine Reform des Deutschen Bundes blockierte, bekam Bismarck den Anlass für offene Feindseligkeiten geliefert. Preußen erklärte seinen Austritt aus dem Deutschen Bund und annektierte Holstein. Darauf mobilisierte Österreich den Deutschen Bund gegen das abtrünnige Preußen: Am 15. Juni 1866 begann der Deutsche Krieg.

Der Bruderkrieg war nicht populär, doch die Ereignisse überrollten jeden Widerspruch. Die Entscheidung brachte schließlich ein einziger Tag, der 3. Juli 1866, als beim nordböhmischen Königgrätz die Heere zur bis dato größten Schlacht des 19. Jahrhunderts aufeinander trafen. Der Abend sah die Preußen unter Generalstabschef Helmuth von Moltke als triumphierende Sieger. Von ihren 220 000 Mann waren 9 200 verwundet oder gefallen, während die Österreicher bei 180 000 eingesetzten Soldaten 30 000 Tote zu beklagen hatten. Der Berliner Volksmund übersetzte den Namen des Schlachtenorts: »Dem König gerät's.«

Ein entscheidender Sieg gelang der preußischen Armee in der Schlacht von Königgrätz.

Deutsch-Dänischer und Deutscher Krieg

Deutschlands Weg zur nationalen Einheit unter preußischer Führung

Legende:
- Grenzen 1848
- Italien 1861
- Österreich-Ungarn 1866
- Frankreich 1866
- Preußen 1866
- andere deutsche Staaten 1866
- Deutscher Bund 1866
- südliche Grenze des Norddeutschen Bundes 1867
- Deutsches Reich 1871
- heutiger Küstenverlauf

Die Neuordnung Deutschlands

Die militärische Niederlage des Deutschen Bundes brachte Preußen beträchtliche Gebietserweiterungen ein: Hannover, das am 29. Juni 1866 bei Langensalza unterlag, wurde preußisch, auch Schleswig-Holstein, Hessen-Kassel, Nassau und die Reichsstadt Frankfurt am Main.

Dass Österreich nur Venetien an das mit Preußen verbündete Italien verlor, hatte es Bismarcks Weitsicht zu verdanken. Er nämlich sah – im Gegensatz zu den siegestrunkenen preußischen Militärs – in dem geschlagenen Feind bereits den künftigen Freund und ersparte Österreich im Frieden von Prag (23. August 1866) jede Demütigung. Bismarcks Hauptinteresse galt der Neugestaltung Deutschlands, die er nun in der Hand hielt. Er löste den Deutschen Bund auf und gründete unter preußischer Führung den Norddeutschen Bund. Der erste Schritt Richtung Einheit im Sinne der kleindeutschen Lösung – also ohne Österreich – war getan. Preußen war auf dem Weg zur deutschen Hegemonialmacht nicht mehr aufzuhalten. Die Politik Bismarcks zeigte Erfolge.

Düppeler Schanzen

Im Frühjahr 1864 begann der Deutsch-Dänische Krieg. Nachdem die Dänen Lauenburg und Holstein kampflos geräumt hatten, zogen sie sich auf eine stark befestigte Sperrstellung nordöstlich von Flensburg vor der Insel Alsen zurück, die Düppeler Schanzen. Von hier aus waren ihnen jederzeit Flankenangriffe gegen die in Jütland vorrückenden deutschen Truppen möglich. Deswegen übernahmen die Preußen mit 37 000 Mann die Belagerung der Schanzen und begannen im März mit der Beschießung der Bunker und Feuerstellungen. Mit ihren modernen Geschützen konnten sie aus mehreren Kilometern Entfernung über den Wemmingbund die Flanken der Stellung erreichen und schließlich sturmreif schießen. Unterdessen schob sich die Infanterie, den Dänen durch das neue Zündnadelgewehr überlegen, immer näher an die Wälle heran und nahm sie mit einem Überraschungsangriff am 18. April. Die Preußen hatten 268 Gefallene und 705 Verwundete zu beklagen, die dänischen Verluste waren doppelt so hoch. Obwohl dieser Sieg den Krieg nicht sofort beendete, war bei den Düppeler Schanzen die Entscheidung gefallen.

▶ Völker, Staaten und Kulturen: Preußen
▶ Völker, Staaten und Kulturen: Österreich-Ungarn
▶ Völker, Staaten und Kulturen: Das Deutsche Reich
▶ Menschen und Ideen: Otto von Bismarck

Bismarcks Krieg gegen Frankreich einigt Deutschland

Hurrapatriotismus auf beiden Seiten sowie die Demütigung des militärisch besiegten Frankreich durch die Proklamation des neuen deutschen Kaisers im Schloss von Versailles machten diesen kurzen Krieg von 1870/71 zum Ursprung der unseligen deutsch-französischen »Erbfeindschaft«.

Französische Kriegsgefangene in Metz

Reichskanzler Otto von Bismarck nutzte die nationale Begeisterung, um die Einigung Deutschlands unter preußischer Führung zu realisieren.

Seine auf nationales Prestige bedachte Haltung sowie die Furcht vor einer Umklammerung durch die deutsche Vormacht Preußen ließen Napoleon III., Kaiser der Franzosen, unangebracht arrogant auf das Ansinnen der Spanier reagieren, einen Hohenzollern auf ihren vakanten Thron zu setzen. Am 13. Juli 1870 stellte der französische Gesandte den preußischen König auf der Kurpromenade in Bad Ems und ersuchte darum, Wilhelm I. möge für alle Zukunft einen Thronanspruch der Hohenzollern in Spanien ausschließen.

Die Emser Depesche

Der König dachte nicht daran, unterrichtete seinen Kanzler Otto Graf Bismarck telegrafisch von dem unglaublichen Vorfall. Dieser wiederum ließ das Telegramm in verkürzter und verschärfter Form veröffentlichen: Der König habe den um ein Gespräch bittenden Franzosen wissen lassen, »dass Seine Majestät dem Botschafter nichts weiter mitzuteilen habe«.

Die provozierende Kürze dieser frisierten »Emser Depesche« beantwortete Frankreich am 19. Juli 1870 mit der Kriegserklärung an den Norddeutschen Bund. Bismarck hatte erreicht, dass Napoleon III. als Aggressor dastand, was internatio-

Die Schlacht von Sedan am 1. September 1870, bei der Kaiser Napoleon III. in Gefangenschaft geriet, brachte dem deutschen Heer einen viel bejubelten Sieg.

Das Gemälde von Adolf von Werner zeigt die Proklamation des deutschen Kaisers am 18. Januar 1871 im Schloss von Versailles.

len Interventionen vorbeugte und in ganz Deutschland die patriotischen Wogen hochschlagen ließ. Die Höfe in München, Stuttgart und Darmstadt konnten sich der nationalen Begeisterung nur noch anschließen und unterstellten ihre Truppen dem Oberbefehl des preußischen Königs und seines Generalstabschef Helmuth Graf Moltke. Damit hatte Napoleon III. nicht gerechnet: Er bekam es mit ganz Deutschland zu tun.

Ende des französischen Kaiserreichs

Die französischen Angriffe aus dem Elsass heraus wurden bei Weißenburg und Spichern, wo sich die Bayern auszeichneten, am 4. und 8. August von Truppen unter dem preußischen Kronprinzen Friedrich zurückgeschlagen. Wilhelm I. telegrafierte der Königin: »Welches Glück, dieser neue große Sieg dank Fritz! Es soll 'Victoria' geschossen werden.« Doch es bedurfte noch erheblich größerer Siege, ehe Frankreich als bezwungen gelten konnte. Bei Sedan kapitulierte am 2. September die eine der beiden französischen Hauptarmeen, wobei Napoleon III. in Gefangenschaft geriet, und in Metz wurde die zweite eingeschlossen. Sie ergab sich im Oktober, nachdem am 4. September das französische Kaiserreich gestürzt und die Dritte Republik ausgerufen worden war. Diese bereits geschlagene Republik verteidigte sich weiter mit unerwarteter Zähigkeit, obwohl Paris belagert und auf ausdrücklichen Wunsch Bismarcks unter schweren Beschuss genommen wurde.

Die Reichsgründung

Bismarck nutzte den nationalen Begeisterungstaumel, um die Einigung des Deutschen Reichs voranzutreiben. Den Fürsten machte er klar, dass die Einheit in jedem Fall komme, wenn nicht mit ihnen, dann gegen sie. Allerdings fürchtete der künftige Kaiser den Verlust der preußischen Souveränität und sperrte sich zuerst gegen Bismarcks Pläne, dem überwältigenden Zuspruch der Bevölkerung allerdings musste er sich beugen. Am 18. Januar 1871 nahm er als »Deutscher Kaiser« die Huldigung der deutschen Fürsten entgegen – im Spiegelsaal des französischen Königsschlosses Versailles. Diese Demütigung sollten die besiegten Franzosen den Deutschen lange nicht vergessen!

Deutsche Gebietsgewinne

Paris hatte unterdessen kapituliert. Am 10. Mai 1871 wurde der Frankfurter Frieden geschlossen: Frankreich musste Elsass-Lothringen an das neue Deutsche Reich abtreten und binnen drei Jahren fünf Milliarden Goldfrancs Kriegsentschädigung zahlen. Zwar hatte der politisch kluge Bismarck weitergehende Forderungen der Militärs und Begehrlichkeiten der Fürsten eindämmen können, doch ganz ohne Gebietsverlust für den Gegner ließ sich der Frieden nicht durchsetzen. Und die französische Erbitterung über die Hergabe von Elsass und Lothringen, die als Reichslande in Deutschland eingegliedert wurden, sollte die zukünftigen Beziehungen nachhaltig belasten. Die Kriegsverluste betrugen auf deutscher Seite 41 000 Gefallene und auf französischer 139 000 Tote und 384 000 Gefangene.

········· Die Schlacht von Sedan ·········

Der deutsche Oberbefehlshaber, der bereits 70-jährige Helmuth Graf Moltke, hatte die Absicht seines französischen Gegners durchschaut, mittels Eilmarsch die in Metz eingeschlossene Armee zu befreien. So ließ Moltke seine 3. Armee und die Maasarmee am 30. August 1870 nach Norden einschwenken und fing die Franzosen ab, die sich auf die Festung Sedan zurückzogen. In den frühen Morgenstunden des 1. September begann hier die Schlacht, in der die zahlenmäßig überlegenen deutschen Truppen alle französischen Angriffe und Ausbruchsversuche abwiesen und mit konzentriertem Artilleriefeuer Kapitulationsverhandlungen erzwangen. Den deutschen Verlusten von 9 000 Mann standen auf französischer Seite 83 000 Gefangene und 17 000 Gefallene gegenüber. Im Deutschen Reich wurde künftig der Sieg über Frankreich alljährlich als »Sedanstag« mit militärischem Pomp begangen, was der französischen Revanche-Propaganda ständig neue Nahrung gab.

➤ Völker, Staaten und Kulturen: Aufstieg des Nationalismus in Europa
➤ Völker, Staaten und Kulturen: Das Königreich Preußen
➤ Völker, Staaten und Kulturen: Das Deutsche Reich
➤ Völker, Staaten und Kulturen: Frankreichs Dritte Republik
➤ Menschen und Ideen: Otto von Bismarck

KRISEN AUF DEM BALKAN

Das Autonomiestreben der slawischen Völker, die sich in bewaffneten Aufständen aus dem Osmanischen Reich zu lösen suchten, sowie die imperialistischen Ansprüche Russlands und Österreichs auf dem Balkan schufen einen Konfliktherd, der durch Verhandlungen nicht zu beruhigen war.

Zar Alexander II. (Reg. 1855 - 1881) wollte den Balkan unter der Oberherrschaft Russlands, der »Schutzmacht der slawischen Völker«, vereinen.

Ein osmanischer Pascha nach einer demütigenden Niederlage im Russisch-Türkischen Krieg (1877/78).

Auch nach dem Krimkrieg beschäftigte die »Orientalische Frage«, nämlich die Zukunft des geschwächten Osmanischen Reiches und der unter seiner Herrschaft stehenden christlichen Völker, die europäischen Großmächte, allen voran Österreich und Russland, die sich schon als Erben der Türken sahen. In Russland gewann die panslawistische Ideologie immer mehr Gewicht; denn Zar Alexander II. hatte den Panslawismus – die Bewegung zur nationalen Einigung aller Slawisch sprechenden Völker – als Mittel seiner imperialistischen Balkanpolitik entdeckt. Russland strebte die Rolle einer Schutzmacht der slawischen Völker an, um sie unter seiner Oberherrschaft zu vereinen.

KRIEG AUF DEM BALKAN

Im Juli 1875 brachen in der Herzegowina Aufstände aus, und in Ostrumelien revoltierten die Bulgaren. Als die Türken die Freiheitsbewegungen erbarmungslos niederschlugen, griffen im Sommer 1876 Serbien und Montenegro, die dem Osmanischen Reich noch immer tributpflichtig waren, auf Seiten der Aufständischen ein. Bezeichnenderweise übertrugen die Serben das Kommando dem russischen General Michael Tschernajew, einem überzeugten Panslawisten. Gegen jede Erwartung schaffte es der neue Sultan Abdül-Hamid II. allerdings, die Slawen zu schlagen. Nach der bitteren serbischen Niederlage bei Djunis im Oktober 1876 war die Balkanfrage wieder offen.

Nicht uneigennützig nahm sich die Geheimdiplomatie Österreichs und Russlands des Schicksals der Balkanländer an. Man kam überein, dass Österreich im Falle eines russisch-türkischen Krieges neutral bleiben, im Gegenzug Russland die beabsichtigte österreichische Annexion von Bosnien-Herzegowina hinnehmen würde. Im Russisch-Türkischen Krieg von 1877/78 erreichten die zaristischen Truppen tatsächlich die Tore Konstantinopels, aber die britischen Interessen in Asien erlaubten zu diesem Zeitpunkt keine totale Zerschlagung des Osmanischen Reiches. So befand sich auch jetzt, wie schon im Krimkrieg, die britische Flotte in bedrohlicher Nähe. Unter diesem Druck unterschrieben Russen und Türken den Friedensvertrag von San Stefano (März 1878), in dem die Türkei auf fast alle europäischen Gebiete verzichtete. Hier entstand ein großer bulgarischer Staat, zu dem auch Makedonien und die ägäische Küste gehörten.

DER BERLINER KONGRESS

Aber diese Regelungen konnten von den Beteiligten kaum akzeptiert werden. Schon die Bevorzugung Bulgariens musste bei den anderen slawischen Völkern Ablehnung hervorrufen. Auch die russischen Panslawisten zeigten sich empört, dass der Zar dem britischen Druck nachgegeben und das seit Jahrzehnten ver-

KRISEN AUF DEM BALKAN

folgte Ziel, Konstantinopel einzunehmen, aufgegeben hatte. Schließlich einigte sich der Berliner Kongress im Sommer 1878 auf eine Umschichtung des Balkans: Serbien, Montenegro und Rumänien erhielten die völlige staatliche Autonomie, Thrakien (Ostrumelien) und Makedonien fielen wieder an die Türkei zurück. Das neue Bulgarien erhielt mit einem gewählten Fürsten und einem gewählten Parlament zwar eine gewisse Unabhängigkeit, war jedoch der Türkei weiterhin tributpflichtig und musste auf die südbulgarischen Gebiete, die türkische Provinz Ostrumelien, verzichten. Dagegen zählten die Briten zu den Gewinnern: Der Kongress sprach ihnen Zypern zu, wodurch die britische Position im Mittelmeer erheblich gestärkt wurde.

Auch der Berliner Kongress von 1878 konnte die Probleme des Balkans nicht dauerhaft lösen.

NEUE KONFLIKTE ZEICHNEN SICH AB

Kurz vor dem Kongress hatten Österreich und Serbien eine geheime Vereinbarung getroffen: Österreich sollte das Recht erhalten, Bosnien-Herzegowina unter seine Verwaltung zu stellen und in Novi Pazar, das zu diesem Zeitpunkt noch unter türkischer Verwaltung stand, eine Garnison einzurichten. Dafür würde Serbien im Südosten, auf Kosten Bulgariens, die Gebiete um Vranje und Niš erhalten.

Die Geheimdiplomatie barg neues Konfliktpotenzial, aber auch die Schlussakte des Kongresses konnte keinen der Beteiligten wirklich zufrieden stellen. So griffen wenige Jahre später die Bulgaren zu den Waffen. Im November 1885 errangen sie gegen die serbischen Truppen einen Sieg bei Sliwnica und annektierten Ostrumelien.

DIE GRIECHISCH-TÜRKISCHE FEINDSCHAFT

Bis heute ist das Verhältnis der beiden Nachbarstaaten und vor allem ihrer Bürger heikel. Die »Erbfeindschaft« liegt in der Annexion Griechenlands durch das Osmanische Reich (1548) begründet, die eine lange Zeit der Entrechtung und wirtschaftlichen Ausbeutung einleitete. Auch nachdem sich die Griechen mit europäischer Unterstützung 1830 die staatliche Unabhängigkeit erkämpft hatten, blieb der Konflikt bestehen: In der zweiten Hälfte des 19. Jahrhunderts rangen die Griechen den Türken die Ionischen Inseln sowie Thessalien ab. 1897 kam es um Kreta zum griechisch-türkischen Krieg, aber erst 1913 wurde die Insel offiziell dem griechischen Königreich angeschlossen.

August 1877: Gefecht am Schipkapass im Russisch-Türkischen Krieg

▶ Völker, Staaten und Kulturen: Das Russische Reich
▶ Völker, Staaten und Kulturen: Die Osmanen
▶ Völker, Staaten und Kulturen: Das britische Weltreich
▶ Völker, Staaten und Kulturen: Aufstieg des Nationalismus in Europa
▶ Völker, Staaten und Kulturen: Österreich-Ungarn

DER SÜDAMERIKANISCHE SALPETERKRIEG

In den 80er Jahren des 19. Jahrhunderts entbrannte in Südamerika zwischen den Nachbarstaaten Chile, Peru und Bolivien ein Krieg. Es ging um gewinnbringend zu exportierende Rohstoffe, aber auch um Grenzgebiete. Der Angreifer Chile war der große Sieger.

Am 16. Juli 1879 wurde Iquique, der wichtigste peruanische Ausfuhrhafen für Salpeter aus dem Atacamagebiet, von chilenischen Einheiten angegriffen. Seit dem Salpeterkrieg gehört die Stadt zu Chile.

Die militärischen Konflikte zwischen 1879 und 1884, Salpeterkrieg oder Pazifischer Krieg genannt, verwandelten Chile, Peru und Bolivien in erbitterte Feinde. Streitpunkt waren die reichen Vorkommen von Salpeter und Guano sowie die Kupfer-, Silber- und Goldminen in der Atacamawüste, einer Küstenlandschaft zwischen Peru, Bolivien und Chile.

Seit 1860 war es Peru mit Hilfe britischen Kapitals gelungen, durch den Export von Guano, der auf den vorgelagerten Inseln in reicher Menge abgebaut wurde, und von Salpeter aus den Südprovinzen einen ansehnlichen wirtschaftlichen Aufschwung zu nehmen. Eisenbahnbau und Dampfschifffahrt konnten finanziert werden. Und als Spanien 1864 die guanoreichen Inseln besetzte, schlugen sich Chile, Bolivien und Ecuador auf die Seite von Peru. Doch bald kam es in der Atacamawüste zu Grenzstreitigkeiten.

Kampf um die Atacamawüste

Schon länger hatte Chile in der Atacamawüste Bergbau betrieben, wozu den anderen Staaten die technischen Voraussetzungen fehlten. Bolivien, durch innere Probleme und ständig wechselnde Militärdiktaturen geschwächt, sah sich gezwungen, mit Chile einen komplizierten Vertrag abzuschließen, der die Landesgrenze beim 24. Grad südlicher Breite festlegte und überdies eine gemeinsame Förderungszone zwischen dem 23. und dem 25. Grad einrichtete. Aber 1868 kam der bolivianische Caudillo Melgarejo auf die Idee, einer angloamerikanischen Gesellschaft ein 15-jähriges Förderungsmonopol für alle Salpeterminen der Region zu überlassen; im Gegenzug wollte die Gesellschaft eine Eisenbahn bauen.

Doch mittlerweile fühlte sich Peru wegen seiner schwindenden Guano-Vorkommen gezwungen, die Salpeterförderung in seinem Territorium zu erhöhen. Vor diesem Hintergrund unterschrieben Bolivien und Peru im Jahr 1873 einen geheimen Militärpakt. Ein Jahr später schafften Chile und Bolivien die gemeinsame Förderungszone ab. Die Zeichen standen auf Sturm! Tatsächlich eröffnete Chile im Februar 1879 die Feindseligkeiten gegen Peru und bemächtigte sich der Stadt Antofagasta, dann der Minen von Caracole. Schließlich wurde die gesamte Atacamaregion besetzt.

Auch Bolivien gewann im Kampf um Iquique kurzfristig die Oberhand, doch letztendlich siegten die Chilenen. Das Bild zeigt den bolivianischen Präsidenten Daza 1879, der kurz darauf wegen militärischer Misserfolge gestürzt wurde.

Die Seeschlacht um Iquique am 23. Mai 1879; zeitgenössische Gravur

Die siegreichen Chilenen

Der Krieg fand zunächst zur See statt. Nach anfänglichen Erfolgen Perus landeten die Chilenen in Pisagua, besetzten die Provinz Tarapacá und siegten in Dolores. Bolivien eilte seinem Bündnispartner Peru zu Hilfe, konnte allerdings nicht viel ausrichten; denn trotz jahrzehntelanger Militärdiktatur war die Armee schlecht ausgebildet und gerüstet; über eine Flotte verfügte Bolivien schon gar nicht. Die Chilenen erzielten einen Sieg nach dem anderen; 1880 nahmen sie Moquegua ein. Und im Mai desselben Jahres fand die entscheidende und blutigste Schlacht des ganzen Krieges bei Tacna statt, wohin sich die bolivianischen Truppen zurückgezogen hatten. Wenig später brachten die Chilenen auch den Hafen Arica unter ihre Kontrolle.

Zwar versuchten die USA, die Kriegsparteien noch in Arica an den Verhandlungstisch zu bringen. Doch Chile wollte keinen Frieden und setzte den Krieg fort. Tatsächlich nahm der chilenische General Manuel Baquedano im Januar 1881 die peruanische Hauptstadt Lima ein.

Friedensbedingungen

Schließlich wurde 1883 ein Vertrag zwischen Chile und Peru in Ancón nahe Lima unterzeichnet, der Chiles Überlegenheit bestätigte. Es durfte Tarapacá behalten und die Gebiete um Tacna und Arica für zehn Jahre pachten; auch die Seeherrschaft war ihm sicher. Einen Waffenstillstand mit Bolivien schloss Chile 1884, wobei Bolivien den Zugang zum Meer verlor. Der endgültige Frieden kam erst 1904.

Der bolivianische Wirtschaft, die bis zum verlorenen Krieg von der Förderung von Salpeter und Guano profitiert hatte, blieben Zinn- und Silbervorkommen sowie die Kautschukförderung im Amazonasgebiet. Unter den Folgen des Krieges litt auch Peru: Es verlor nicht nur die Salpeterminen, seine wichtigste Geldeinnahmequelle, sondern auch bedeutende Gebiete. Das Land hatte unter der fremden Besatzung gelitten und unter den Guerillabanden. Arbeitskräfte waren vertrieben, die Landwirtschaft komplett gelähmt. In der Folgezeit erlebte Peru mehrere Bürgerkriege, die eine wirtschaftliche Erholung nicht zuließen.

··············· Guano und Salpeter ···············

Wegen seines hohen Stickstoff- und Phosphorgehalts ist Guano – das Verwitterungsergebnis von Kot und Leichen von Seevögeln – als Düngemittel in der ganzen Welt begehrt und somit eine lukrative Einnahmequelle. Die bedeutendsten Fundstätten befinden sich auf den Guanoinseln und vor Südwestafrika. Ebenfalls als Düngemittel, aber vor allem als Rohstoff zur Herstellung von Salpetersäure, Anilinfarben und Explosivstoffen diente vor der Entwicklung neuer synthetischer Verfahren der Salpeter, der in bedeutender Menge nur in der Atacamawüste vorkommt.

Die Atacamawüste wurde wegen der reichen Salpetervorkommen im Krieg zwischen Chile, Peru und Bolivien zum umkämpften Gebiet.

Europäischer Imperialismus in Nordafrika

130 Jahre lang beherrschten die Franzosen den Maghreb, und in kaum einer Region hat der europäische Imperialismus solch traumatische Nachwirkungen gehabt wie hier. Bis heute kämpft Algerien mit den Folgen der kulturellen und sozialen Entwurzelung, die die französische Herrschaft mit sich brachte.

Der britische Feldmarschall Lord Kitchener (1850 bis 1916) eroberte den ägyptischen Sudan und besiegte die Buren.

Die deutschen Proteste gegen die französische Kolonialpolitik in Marokko gipfelten im so genannten Panthersprung, als das deutsche Kriegsschiff »Panther« vor Agadir auftauchte.

Die französische Expansion Richtung Süden hatte vor allem wirtschaftliche und geopolitische Gründe. Die beginnende Industrialisierung des 19. Jahrhunderts setzte in Europa enorme Energien frei, die insbesondere Franzosen und Briten dazu veranlassten, neue Absatzmärkte für ihre Waren zu suchen. Heiß umkämpft waren der Nahe Osten und Nordafrika, eine Region, die damals weitgehend unter osmanischer Herrschaft stand. Aufgrund der britischen Dominanz im östlichen Mittelmeerraum, die bereits zu Beginn des 19. Jahrhunderts bestand, orientierten sich die Franzosen Richtung Nordafrika. So landete die französische Armee 1830 unter fadenscheinigen Begründungen an der algerischen Küste und besetzte die Hauptstadt Algier.

Als erstes machten sich die Besatzer daran, die osmanische Verwaltung abzubauen und das traditionelle Machtgefüge im Land zu zerstören. Das hatte weit reichende Folgen. Denn nun musste man, entgegen den ursprünglichen Absichten, entsprechendes Personal aus Frankreich nach Algerien holen, wollte man die eroberten Gebiete nicht wieder aufgeben.

Machtausbau und Machterhalt

Im Gegensatz dazu verfolgten die Briten eine andere Strategie, um ihre imperialen Interessen zu sichern: Sie schlossen Verträge mit lokalen Herrschern und drohten gegebenenfalls mit der Marine, wenn sich Widerstand regte. So genügte eine relativ kleine Anzahl von Kolonialbeamten, um große Teile der Erde zu kontrollieren. Einen Siedlerkolonialismus betrieben die Briten im Nahen Osten jedenfalls nicht.

Genau der entwickelte sich aber nach wenigen Jahren in Algerien. Während sich die französischen Kolonialbeamten und Händler zunächst in den Städten niederließen, entdeckten sie früher oder später die Profitmöglichkeiten, die die Landwirtschaft bot. Sie erwarben Grundbesitz, auf dem sie unter anderem Wein für den Export nach Europa anbauten. Die Armee ihrerseits drang weiter ins Landesinnere vor, um die Nachschubwege für die eigene Versorgung sowie Handelsrouten zu sichern. In den 1840er Jahren wurden Teile Algeriens administrativ an Frankreich angeschlossen, und bis 1860 hatten sich bereits 200 000 europäische Siedler, die so genannten Colons, in Algerien niedergelassen.

All das ging weitgehend auf Kosten der einheimischen Bevölkerung. Sie wurde von ihrem Land vertrieben, rechtlich diskriminiert, menschlich gedemütigt und ihrer Identität beraubt. Wer als Einheimischer überhaupt eine Chance auf sozialen Aufstieg haben wollte, musste sich vom Islam abkehren und Französisch sprechen. Gelegentliche Aufstände, die die Franzosen mit aller Brutalität niederschlugen, verschlimmerten die Lage noch.

Neben Algerien dehnte Frankreich seinen Einfluss in Nordafrika auch auf Tunesien und Marokko aus, die 1881 beziehungsweise 1912 zu französischen Protektoraten wurden. In Tunesien strebte es eine ähnliche Siedlungspolitik wie in Algerien an, doch die Ausmaße blieben begrenzt.

Feierlichkeiten anläßlich der Eröffnung des Suezkanals 1869

Europäischer Imperialismus in Nordafrika

Gefecht zwischen britischen Truppen und Beduinen während der britischen Besetzung Ägyptens im Sommer 1882.

Der Widerspruch des Kolonialismus

Das Beispiel Algerien zeigte besonders eklatant den Widerspruch auf, in dem sich die europäischen Kolonialmächte während des 19. und 20. Jahrhunderts befanden. So waren sie einerseits fest von ihrer *mission civilisatrice* überzeugt, die sie eigentlich dazu verpflichtet hätte, den »unzivilisierten« Völkern Afrikas und Asiens zu Fortschritt und Wohlstand zu verhelfen. Anderseits widersprach genau das den Interessen der Kolonialmächte. Denn letztlich waren sie gekommen, um diese Regionen wirtschaftlich auszubeuten und ihre imperialen Gelüste zu stillen, und nicht, um ihre Überlegenheit und damit die Macht mit den Einheimischen zu teilen.

Dennoch gab es in Frankreich immer wieder Politiker, die ernsthaft für eine Verbesserung der Lage der einheimischen Bevölkerung Algeriens eintraten. Sie scheiterten jedoch regelmäßig an den Colons, die sich mit allen Mitteln gegen derartige Veränderungen wehrten.

Die Briten schafften es wenigstens, ihre Kolonien und Einflussgebiete im Nahen Osten ohne größeres Blutvergießen in die Unabhängigkeit zu entlassen. Den Franzosen gelang das nur in Tunesien und Marokko, die beide 1956 selbständig wurden. Aus Algerien ließen sie sich erst 1962 nach einem langjährigen Krieg vertreiben.

·········· Die Narben der Vergangenheit ··········

Die Narben, die die Kolonialherrschaft in Algerien hinterlassen hat, sind noch längst nicht verheilt. Auch nach der Unabhängigkeit sprach die Elite im Land weiter Französisch, während sich die Masse der Bevölkerung auf Arabisch verständigte.

1992 brach ein Bürgerkrieg zwischen dem säkularen Regime und der islamistischen Opposition aus, der bis zum Jahr 2001 mehreren Zehntausend Menschen das Leben gekostet hat. Die Brutalität, mit der sich Säkularisten und Islamisten – oder anders ausgedrückt: Frankophone und Arabophone – bekämpfen, steht sinnbildlich für die innere Zerrissenheit, die die algerische Gesellschaft auch 40 Jahre nach der Unabhängigkeit noch prägt.

Zu blutigen Kämpfen mit britischen Truppen kam es während des Mahdi-Aufstands im Sudan 1881–1898.

▶ Völker, Staaten und Kulturen: Afrika unter kolonialer Herrschaft
▶ Völker, Staaten und Kulturen: Kolonialismus und Imperialismus

DER BURENKRIEG
KOLONIALKONFLIKT MIT DAUERHAFTEN FOLGEN

Der südafrikanische Krieg der Jahre 1899 bis 1902 zwischen Großbritannien und den unabhängigen Burenrepubliken war ein Kampf um die Kontrolle der Goldproduktion und die politische Herrschaft. Als einer der blutigsten Kolonialkriege endete er in der Einigung Südafrikas unter britischer Führung.

Die kriegerischen Zulu, die 1838 bereits vergebens gegen die Buren gekämpft hatten, mussten sich 1879 der britischen Kolonialmacht ergeben.

Erst 1652 ließen sich die ersten weißen Siedler dauerhaft am Kap der guten Hoffnung nieder. Seitdem besiedelten immer mehr Europäer diese Region und verdrängten die einheimischen Afrikaner, die unterworfen und ihres Landes beraubt wurden. Als schließlich 1814 Großbritannien das Kap annektierte, lebten dort etwa 20 000 Buren niederländischer Abstammung neben den zahlenmäßig stärker vertretenen Schwarzen und Mischlingen.

Doch auch zwischen Buren und Briten kam es zu wachsenden Spannungen. Unzufrieden mit den britischen Behörden und der Abschaffung der Sklaverei wanderten ab 1835 viele burische Kap-Siedler im berühmten Großen Trek ins Landesinnere Richtung Norden aus. Dort gründeten sie neben der Burenrepublik Natalia, die bereits 1845 von Großbritannien als Teil der Kapkolonie annektiert wurde, den Oranje-Freistaat und riefen in Transvaal eine Südafrikanische Republik aus.

GOLD IN TRANSVAAL

Zur Internierung der burischen Zivilbevölkerung errichteten die Briten ab Mai 1900 Lager.

Im Jahr 1866 entdeckte man jedoch am Witwatersrand im Transvaal reiche Goldvorkommen. Davon wurden Tausende von Briten angelockt und von den Buren als Uitlanders, Ausländer, mit hohen Steuern und Zöllen belegt. Dies führte zu wachsenden Spannungen zwischen Buren und Briten und weckte bei Großbritannien verstärkt den Wunsch, die Burenrepubliken ihrem Kolonialreich einzuverleiben. Cecil Rhodes, der Premierminister der Kapkolonie, inszenierte daher im Jahr 1895 einen Putschversuch in Transvaal, der jedoch scheiterte und ein Jahr später zu seinem Sturz führte.

Paul Kruger, der Präsident der Transvaal-Republik, setzte daraufhin die Repressionen gegen die Briten fort. Gleichzeitig wur-

1899 | 1900 | 1901 | 1902 | 1903 | 1904

11.10.1899
Buren erklären Großbritannien den Krieg

Dezember 1899
Buren erobern Kimberley, Mafeking und Ladysmith

Frühsommer 1900
Briten besetzen Kimberley, Bloemfontein, Johannesburg und Pretoria

1901/1902
Guerillakrieg der Buren

23.3.1902
Beginn der Friedensverhandlungen

31.5.1902
Unterzeichnung des Friedensvertrages von Vereeniging

Der Burenkrieg

Das südliche Afrika vom späten 18. bis ins frühe 20. Jahrhundert

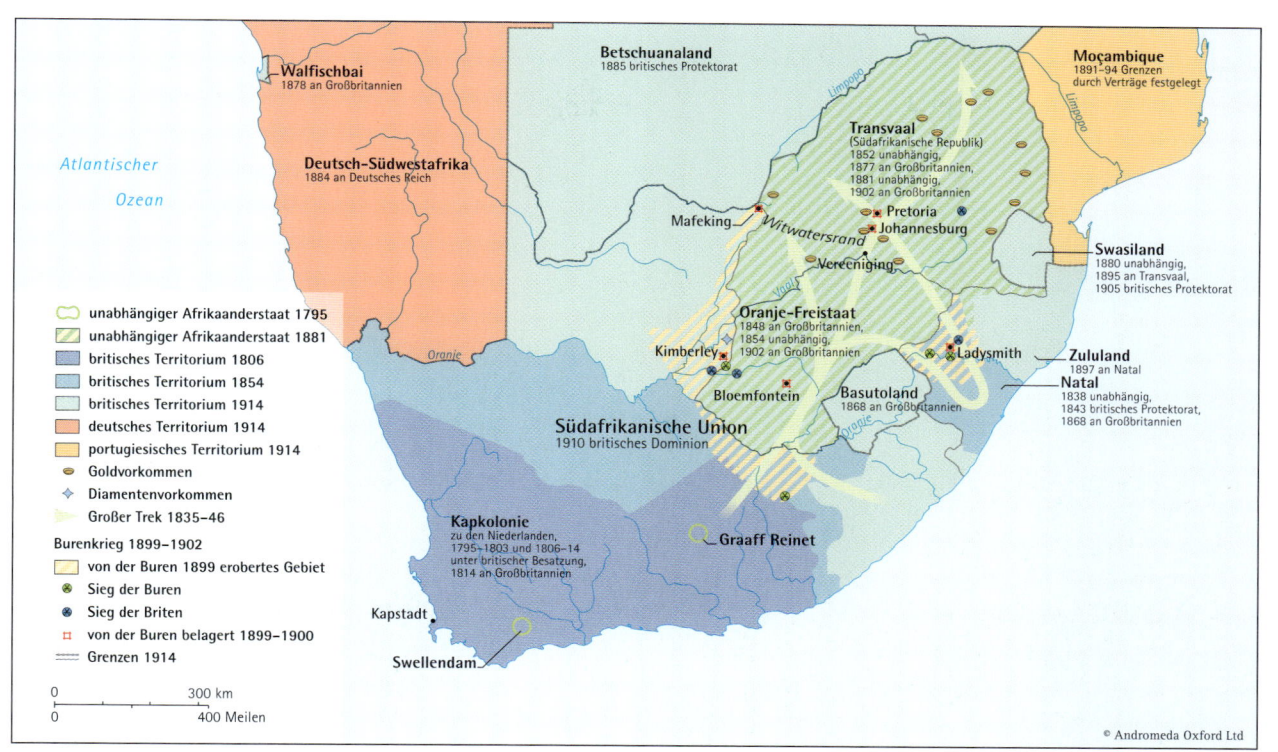

de in den britischen Kolonien die Truppenstärke von 12 000 auf 50 000 Mann erhöht. Ziel war, Südafrika unter britischer Führung zu einigen und dadurch auch die Kontrolle über die Goldproduktion zu gewinnen. Nur wer diesen wirtschaftlichen Schwerpunkt Südafrikas in der Hand hatte, konnte sich langfristig die politische Herrschaft sichern.

Der Krieg

Am 9. Oktober 1899 stellte Kruger den Briten das Ultimatum, binnen 48 Stunden ihre Truppen von den Grenzen nach Transvaal abzuziehen. Da die Briten nicht reagierten, erklärten die Südafrikanische Republik und der Oranje-Freistaat der Weltmacht Großbritannien am 11. Oktober 1899 den Krieg. Anfangs erzielten die Buren aufgrund ihrer moderneren Waffen, ihrer besseren Landeskenntnis und größeren Kampfmoral beachtliche Erfolge. Binnen weniger Tage eroberten sie im Dezember 1899 Städte in der Kapkolonie und in Natal.

Mit wachsender britischer Truppenstärke – etwa 88 000 Buren standen schließlich 450 000 Briten gegenüber – wendete sich das Kriegsglück. Ab Februar 1900 eroberten die Briten bedeutende Städte, auch die Hauptstadt des Oranje-Freistaats Bloemfontein, Johannesburg sowie Pretoria, die Hauptstadt von Transvaal. Anfang 1901 schien Großbritannien den Krieg gewonnen zu haben.

Die Buren gingen jedoch zu einem für beide Seiten aufreibenden Guerillakrieg über und fügten den Briten schwere Verluste zu. Diese reagierten unter ihrem neuen Oberbefehlshaber Horatio Kitchener mit rücksichtsloser Härte. Systematisch wurden die Farmen der Buren zerstört und die Zivilisten in Konzentrationslagern interniert. 27 000 burische Frauen und Kinder sowie 14 000 Afrikaner starben dort an Hunger und Krankheiten. Mit der Einrichtung von Konzentrationslagern provozierten die Briten zwar die Weltöffentlichkeit, zwangen aber die Buren schließlich zur Kapitulation.

Der Frieden von Vereeniging und die Folgen

Am 23. März 1902 begannen die Friedensverhandlungen. Sie endeten am 31. Mai mit der Unterzeichnung des Vertrags von Vereeniging durch 31 Burenführer: Transvaal und Oranje-Freistaat wurden selbstverwaltete britische Kronkolonien. Als Wiedergutmachung zahlte Großbritannien den Buren drei Millionen Pfund.

Der britische Kolonialpolitiker Cecil Rhodes (1853 bis 1902) erstrebte die Angliederung der Burenrepubliken an das britische Südafrika.

Für die Briten war der Burenkrieg der teuerste und verlustreichste Kolonialkrieg, den sie jemals geführt hatten. 22 000 britische Soldaten waren gefallen, die Kosten beliefen sich auf 200 Millionen Pfund. Im Gegenzug hatte die burische Seite 7000 Kämpfer verloren, Tausende von Zivilisten waren in den Konzentrationslagern umgekommen.

1910 wurden die früheren Burenrepubliken und die britischen Kolonien Kap und Natal schließlich zur Südafrikanischen Union vereinigt, die als Dominion dem britischen Commonwealth angehörte und 1961 als Republik Südafrika unabhängig wurde. Die nun einsetzende rigorose Apartheidspolitik, die der schwarzen Bevölkerungsmehrheit keinerlei demokratische Rechte zugestand, bildete die Grundlage für kommende Konflikte.

1910
Südafrikanische Union wird Mitglied des britischen Commonwealth.

▶ Völker, Staaten und Kulturen: Das britische Weltreich
▶ Völker, Staaten und Kulturen: Afrika unter kolonialer Herrschaft
▶ Völker, Staaten und Kulturen: Kolonialismus und Imperialismus

KOLONIALKRIEGE IN AFRIKA – EIN VERDRÄNGTES KAPITEL EUROPÄISCHER GESCHICHTE

Gegen die Eroberung Afrikas durch die Kolonialmächte an der Wende zum 20. Jahrhundert setzten sich viele Afrikaner mit ihren Waffen zur Wehr. Die zahlreichen Kolonialkriege endeten oft in schrecklichen Massakern an afrikanischen Völkern.

In Deutsch-Südwestafrika während des Aufstands der Herero: Angehörige der Schutztruppen mit Gefangenen.

Zwischen 1892 und 1910 kam es in Deutsch-Südwestafrika immer wieder zu bewaffneten Erhebungen der Herero, die gegen die deutschen Kolonialherren jedoch wenig ausrichten konnten.

Die Berliner Kongo-Konferenz 1884/85 legte die Bedingungen für die Aufteilung und Eroberung Afrikas fest. Verwirklicht wurde die koloniale Inbesitznahme durch mehr oder minder ehrenhafte Verträge mit afrikanischen Partnern. Inwieweit diese Inhalt und Bedeutung der Verträge stets verstanden und überhaupt für ihre Gemeinschaft zeichnungsberechtigt waren, interessierte die Europäer dabei wenig. In den folgenden Jahren wehrten sich die Afrikaner gegen Unterwerfung oder Unterdrückung. Dabei richtete sich der Widerstand vor allem gegen den Raub des Landes, gegen Zwangsarbeit und Steuern, gegen die koloniale Verwaltung und gegen die brutalen Strafen, mit denen selbst kleinste Vergehen belegt wurden. Auf die Erhebungen reagierten die Kolonialmächte mit brutaler Waffengewalt. Die Kolonialkriege endeten in der Niederlage der Afrikaner, mit der Ausnahme Äthiopien.

ÄTHIOPIENS ERFOLGREICHER WIDERSTAND

In Äthiopien, damals Abessinien genannt, hatte Menelik II. mit militärischer Unterstützung der Italiener 1889 den Thron bestiegen. In dem damals geschlossenen Pakt sahen die Italiener – im Gegensatz zu Menelik – die Zusicherung eines Protektorats über Abessinien. Zur Durchsetzung ihrer Ansprüche schickten sie Truppen, doch 1896 errang Menelik in der Schlacht von Adwa einen überragenden Sieg: Von 10 000 italienischen Soldaten waren 4 500 gefallen und 1 300 gefangen genommen. Der Friedensvertrag garantierte die Unabhängigkeit Abessiniens und legte die Grenzen des Landes fest, das durch die Feldzüge Meneliks noch erheblich vergrößert worden war: In Afrika sind nur Äthiopiens Grenzen nicht von Kolonialmächten gezogen worden.

GEGEN DIE DEUTSCHE KOLONIALMACHT

Die Herero akzeptierten 1885 einen »Schutzvertrag« mit der deutschen Kolonie Südwestafrika, dem heutigen Namibia, den sie drei Jahre später wieder aufkündigten, weil ihre Hoffnung auf Schutz gegen die feindlichen Nama nicht erfüllt worden war. Durch die große Rinderpest von 1897 ging ihr Viehbestand stark zurück, zudem dehnten sich die deutschen Farmen aus, was zur weiteren Einschränkung der Lebensgrundlage führte. Diese existenzbedrohende Situation sowie die in »Südwest« besonders ausgeprägte Herrenpolitik der weißen Siedler führten zur großen Erhebung der Herero. Am 2. Oktober 1904 verkündete General von Trotha: »Innerhalb der deutschen Grenze wird jeder Herero, mit oder ohne Gewehr, mit oder ohne Vieh, erschossen.« So wurde zwischen 1892 und 1909/10 die Bevölkerung der Herero von geschätzten 80 000 auf 15 000 dezimiert.

In Deutsch-Ostafrika, dem heutigen Tansania, erschütterte 1905/06 der Maji-Maji-Krieg die koloniale Ordnung. Unter dem Propheten Kinjikitile vereinigten sich politisch und militärisch eigenständige Gesellschaften zum Widerstand vor allem gegen die Plünderungen der Deutschen wie auch gegen arabische, indische und afrikanische Kaufleute. Die Maji-Maji-Kämpfer glaubten, dass die Kugeln der deutschen und der afrikanischen Kolonialsoldaten, der Askari, in Wasser *(Maji)* verwandelt würden: ein teuer bezahlter Irrglaube. Zwischen 75 000 und 300 000 Tote, Krieger und vor allem Zivilisten, werden auf Seiten der Afrikaner geschätzt. Denn die deutsche »Politik der verbrannten Erde« zerstörte Häuser, Felder und Ernten. Erst nach einer Hungerkatastrophe gebot der Deutsche Reichstag dem schrecklichen Morden Einhalt. Hohe Verluste mussten auch die Hehe in Deutsch-Ostafrika hinnehmen, die sich 1891 bis 1898 vor allem gegen die Brutalität des Reichskommissars Carl Peters zur Wehr setzten.

KOLONIALKRIEGE IN AFRIKA

Die europäischen Kolonien im Afrika des 19. und frühen 20. Jahrhunderts

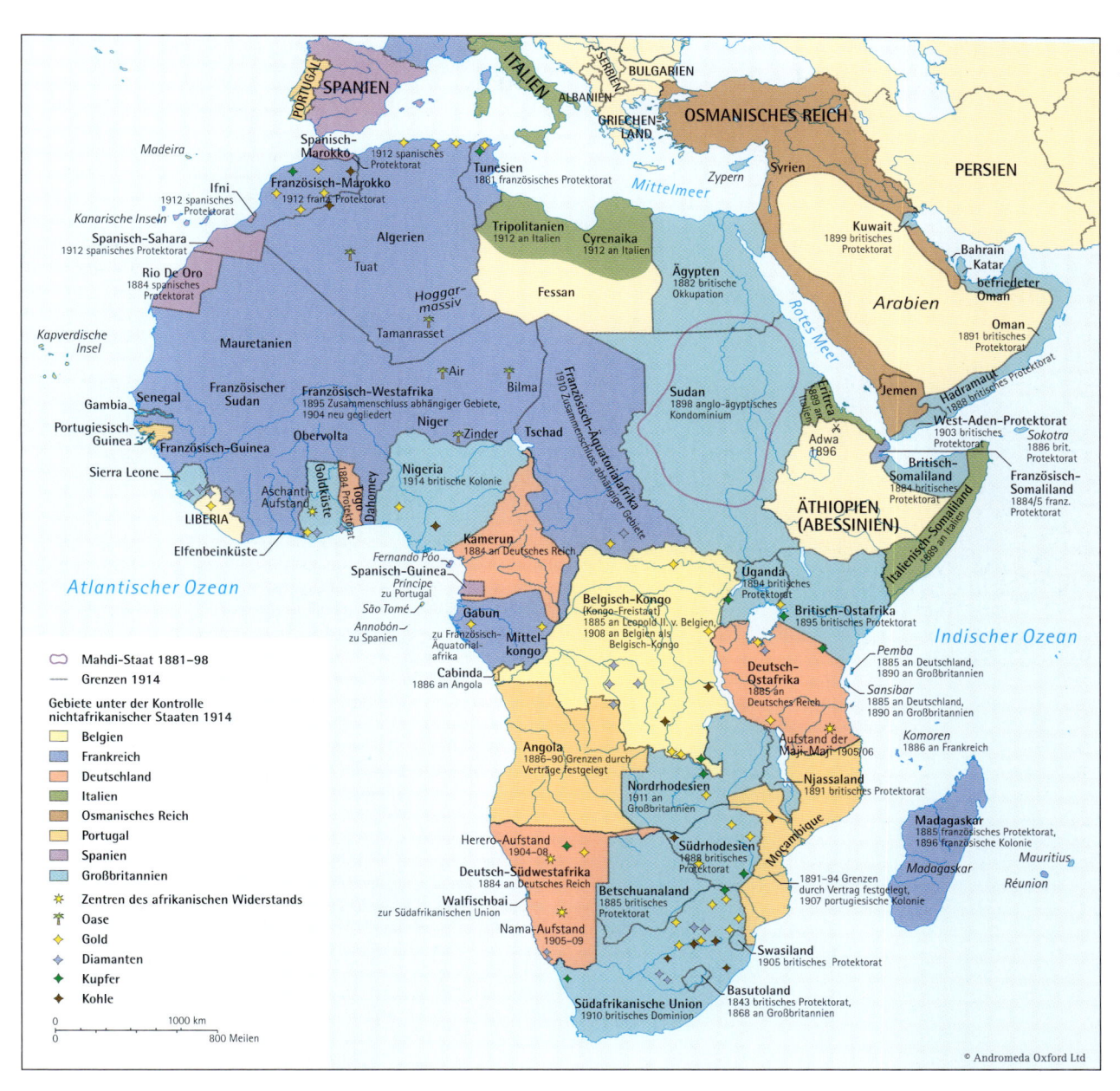

GEGEN FRANZOSEN UND BRITEN

Bei den Baule im Hinterland der Elfenbeinküste hatte die fanzösische Kolonialmacht zwischen 1900 und 1902 deren Widerstand gebrochen. 1908 brach ein Aufstand aus, der bis 1910 als Guerillakrieg andauerte. Die französische Kolonialmacht schlug erbarmungslos zurück: Von 1,5 Millionen Baule überlebten nur 260 000 die Kämpfe.

Bei den Ashanti der Goldküste wurde der britische Anspruch auf den Goldenen Hocker – Symbol ihrer Einheit und ihres Wohlbefindens sowie wichtigstes Attribut ihres Herrschers – im Jahre 1900 zum Auslöser von Aufständen; der neue britische Gouverneur hatte diesen Hocker als Sitzgelegenheit verlangt, um seine Oberhoheit über die Ashanti auszudrücken. Doch die verzweifelten Ashanti wurden von den Briten geschlagen, das Gebiet zur Kronkolonie erklärt.

Bewaffnete Erhebungen gegen die Kolonialmächte brachen nach dem Ersten Weltkrieg nicht mehr aus, die Europäer konnten ihre Herrschaft festigen und ausbauen. Erst nach dem Zweiten Weltkrieg erhoben sich die Freiheitsbewegungen.

·················· SUBTILER WIDERSTAND ··················

Nach den Niederlagen in den Kolonialkriegen nahm der afrikanische Widerstand gewaltlose Formen an. So wurden Häuptlingssöhne, die nach Anordnung der Kolonialregierung die Schule zu besuchen hatten, mit anderen Kindern »vertauscht«, um sie vor Entfremdung zu schützen. Ganze Dörfer flohen, wenn die Ankunft eines Kolonialbeamten bevorstand, der Arbeiter oder Soldaten zwangsrekrutieren oder Steuern eintreiben wollte. Solche Mittel und Wege waren keine Einzelfälle, sondern gehörten zum kolonialen Alltag.

▶ Völker, Staaten und Kulturen: Afrika unter kolonialer Herrschaft
▶ Völker, Staaten und Kulturen: Kolonialismus und Imperialismus

DIE WAFFEN NIEDER!
PAZIFISMUS ALS INTERNATIONALE BEWEGUNG

Bei der 1. Haager Friedenskonferenz im Sommer 1907 im niederländischen Den Haag

Die pazifistische Bewegung, die sich im 19. Jahrhundert bildete, konnte die Vermeidung, ja Ächtung von Krieg als dringliches Anliegen im öffentlichen Bewusstsein verankern. Dennoch ist der Krieg als »letztes Mittel der Politik« bis heute legitimiert.

Der Schweizer Henri Dunant (1828 – 1910), Gründer des Roten Kreuzes und erster Träger des Friedensnobelpreises

Die Sehnsucht nach Frieden kannte jede Epoche, die von extrem zerstörerischen Kriegen – etwa dem Dreißigjährigen Krieg oder den Napoleonischen Kriegen – heimgesucht wurde. Doch der Begriff Pazifismus, zurückgehend auf lateinisch *pacificus* (friedenstiftend), kam erstmals um die Mitte des 19. Jahrhunderts in Frankreich auf. Der Begriff bezeichnet eine Haltung, die Gewalt und militärische Aufrüstung aus ethischen Gründen grundsätzlich verurteilt.

FRIEDENSGESELLSCHAFTEN

Ursächlich für das Entstehen des Pazifismus waren in Europa der Krimkrieg 1853 bis 1856 und die deutschen Einigungskriege zwischen 1864 und 1871, in Nordamerika der Sezessionskrieg 1861 bis 1865. Erstmals kamen in diesen Kriegen Zündnadel- und Maschinengewehr zum Einsatz – mit erschreckenden Folgen für Leib und Leben. Die Artillerie richtete zudem bei rasant gewachsener Reichweite verheerende Schäden an. 1867 entstand eine französische, 1891 eine österreichische und im Jahr darauf die Deutsche Friedensgesellschaft. Doch da Kriege ein internationales Phänomen sind, versprach nur die Zusammenarbeit über die politischen Grenzen hinweg Erfolg. So wurde 1891 in Bern das Internationale Friedensbüro als Zentrale gegründet.

Zu den Wortführern der ersten Pazifisten-Generation zählten der deutsche Historiker Ludwig Quidde (1858 – 1941) und der französische Politiker Jean Jaurès (1859 – 1914) sowie die Österreicherin Bertha von Suttner (1843 – 1914), die mit ihrem Buch »Die Waffen nieder!« (1889) ein aufrüttelndes Manifest verfasste.

DAS ROTE KREUZ

Einen herausragenden Platz nimmt in der Geschichte des Pazifismus der Schweizer Kaufmann Henri Dunant (1828 – 1910) ein. Nach der Schlacht von Solferino (1859), bei der es 40 000 Tote und Schwerverwundete gab, sah er die Not der Soldaten mit eigenen Augen. Voller Leidenschaft appellierte er unter diesem Ein-

Pazifismus als internationale Bewegung

als das 20. Jahrhundert. Und es waren eher die Schrecken der Weltkriege als die pazifistische Idee, die der Verherrlichung des Krieges ein Ende setzten. Angriffskriege werden heute von der internationalen Staatengemeinschaft geächtet, doch als Ultima Ratio, als letztes Mittel der Politik, ist der Krieg weltweit nach wie vor legitimiert.

Pazifismus in Deutschland nach 1918

Der Erste Weltkrieg bereitete dem Pazifismus in Deutschland einen schweren Rückschlag. Zwar hatte man das Kriegsende allgemein herbeigesehnt, doch die Friedensverträge wurden als Schmach empfunden. Den weit verbreiteten Revanchismus konnte sich Hitler zunutze machen, der schon 1933 alle deutschen Friedensorganisationen verbot. Er bezeichnete den Pazifismus als »Würgemittel gegen das deutsche Volk« und »Appell an die Mutlosigkeit«, der den Selbstbehauptungswillen untergrabe. Entsprechend verächtlich behandelte er die »verweichlichten« Demokraten und nutzte deren Friedfertigkeit, um seine Ziele brutal durchzusetzen. Die Appeasement-Politik, mit der Großbritannien das auf Expansion bedachte NS-Deutschland zu zähmen versuchte, statt es rechtzeitig in die Schranken zu weisen, wurde im Nachhinein als folgenschwerer Fehler erkannt. So diskreditierte das Zurückweichen vor der Gewalt den Pazifismus in Deutschland nachhaltig. Noch die Friedensbewegung der 1980er Jahre musste sich vorhalten lassen, dem totalitären System des Ostblocks in die Hände zu arbeiten.

Der Historiker und Politiker Ludwig Quidde (1858 – 1941) war einer der Wortführer der pazifistischen Bewegung in Deutschland.

druck an das Gewissen der Menschheit und initiierte Freiwilligenkorps zur Rettung von Verwundeten – seien sie nun Freund oder Feind. Daraus entstand das Rote Kreuz als international anerkannte und tätige Organisation.

Für seine Verdienste wurde Dunant 1901 als erster Träger des Friedensnobelpreises geehrt. Gründer der Stiftung, die die Preisgelder zur Verfügung stellt, war der schwedische Chemiker und Industrielle Alfred Nobel (1833 – 1896), der 1867 das Dynamit erfunden hatte. Durch seine Patente an dem Sprengstoff, den man bald auch waffentechnisch nutzte, war er zu einem beträchtlichen Vermögen gekommen; denn Sprengstofffabriken gab es in allen Industrienationen.

Politik und Pazifismus

Die Pazifisten waren Idealisten, deren oftmals schwärmerisch vorgetragene Utopie einer Welt ohne Gewalt so manchen Pragmatiker abschreckte. Dennoch gewann die Bewegung eine breite Basis und fand schließlich auch Gehör bei den Staatsmännern. So nahmen 1899 an der ersten Haager Friedenskonferenz 26 Nationen teil, zur zweiten von 1907 schickten sogar 44 Staaten ihre Abgesandten. Zwar kam es in der zentralen Frage der Abrüstung nur zu Lippenbekenntnissen, aber immerhin konnten gewisse bindende Regeln der Kriegsführung aufgestellt werden. Diese Haager Landkriegsordnung betraf etwa den Umgang mit Gefangenen und führte den Begriff des Kriegsverbrechens ein.

Vom heutigen Standpunkt aus lässt sich sagen, dass der Pazifismus in seinem Anspruch, die Gewalt aus der Weltpolitik zu verbannen, gescheitert ist. Keine Epoche sah mehr Kriegsopfer

Bertha von Suttner (1843 – 1914), eine der herausragenden Gestalten des europäischen Pazifismus, erhielt 1905 den Friedensnobelpreis.

▶ Menschen und Ideen: Bertha von Suttner

ERHEBUNGEN IN OSTASIEN GEGEN DIE EUROPÄISCHEN KOLONIALMÄCHTE

Die verzweifelten Versuche, sich den westlichen Kolonialmächten durch Volksaufstände und Kriege zu entziehen, bestimmten gegen Ende des 19. Jahrhunderts das Geschehen im Fernen Osten. Vor allem China, innerlich zerrüttet, aber immer noch gigantisch groß, sah sich im Visier des Imperialismus.

Die Fotografie aus dem Jahr 1909 zeigt die niederländische Kolonialarmee, die auf Sumatra ihre militärische Überlegenheit über die Freiheitskämpfer bewies.

China hatte eine lange Phase des Niedergangs hinter sich, als 1895 Japan, 1897 Deutschland und 1898 Russland und Frankreich Ansprüche auf chinesisches Territorium anmeldeten. Ein Memorandum, das dem Hof in Peking 1898 von besorgten Ratgebern vorgelegt wurde, bringt die damalige Situation Chinas auf den Punkt: »Die westlichen Mächte verachten uns und gehen mit uns um wie mit Barbaren. Nachdem die Aufteilung Afrikas beendet ist, reden sie von der Teilung Chinas. Ihre Zeitungen behandeln das Thema offen, sogar mit genauen Teilungsplänen.« Tatsächlich glaubten die westlichen Imperialisten, mit China, das noch immer den Großteil Ostasiens einnahm, leichtes Spiel zu haben, nachdem das Land zunehmend im Chaos zu versinken drohte. An der Spitze des Staates stand eine intrigante Clique, die Bauern hungerten, der Mittelstand verarmte, Soldaten erhielten keinen Sold mehr. Und die meisten Chinesen gaben den geschäftstüchtigen Ausländern, die per Gesetz viele Privilegien genossen, die Schuld an der Misere. Eine Stimmung des Aufruhrs, der Gewaltbereitschaft und der Fremdenfeindlichkeit machte sich breit.

BOXER GEGEN DEN EINFLUSS DES WESTENS

An die Spitze der Bewegung trat der Geheimbund *Yi-he quan* (»Faustkämpfer für Recht/Gerechtigkeit und Einigkeit«), dessen Mitglieder sich zur körperlichen und moralischen Aufrüstung im chinesischen Kampfsport übten und deshalb von den Europäern abfällig als »Boxer« tituliert wurden. 1899/1900 sammelten sie sich zum Aufstand. Dabei fanden sie breite Unterstützung in der unzufriedenen Bevölkerung und wurden von der Regierung zumindest geduldet.

Zuerst wandten sich die Kämpfer in den Provinzen gegen Fabriken und Geschäfte, in denen ausländische Waren gefertigt beziehungsweise verkauft wurden. Es kam zu unkontrollierten Ausbrüchen der Zerstörungswut und zu Massakern an Ausländern, aber auch an chinesischen Christen. Schwer traf der Hass die christlichen Missionsstationen, zum einen, weil der Konfuzianismus eine nicht unbedeutende Rolle im Widerstand gegen die Verwestlichung spielte. Zum anderen, weil die europäischen Missionare ihren Einfluss nur allzu häufig im Sinne ihrer Herkunftsländer geltend machten.

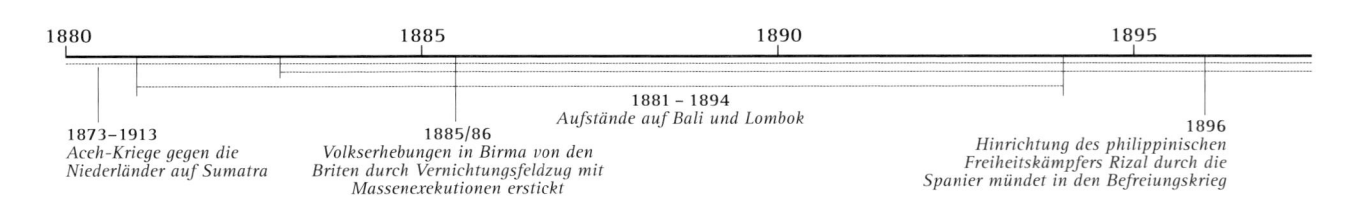

1880 — 1885 — 1890 — 1895

1873–1913
Aceh-Kriege gegen die Niederländer auf Sumatra

1885/86
Volkserhebungen in Birma von den Briten durch Vernichtungsfeldzug mit Massenexekutionen erstickt

1881–1894
Aufstände auf Bali und Lombok

1896
Hinrichtung des philippinischen Freiheitskämpfers Rizal durch die Spanier mündet in den Befreiungskrieg

Erhebungen in Ostasien gegen die Kolonialmächte

Der Tod des deutschen Gesandten

Bald breitete sich der Aufstand bis Peking aus, wo die Kämpfer das Diplomatenviertel einschlossen und den deutschen Gesandten Klemens Freiherr von Ketteler ermordeten. So erhielt ein deutscher Generalfeldmarschall den Oberbefehl über das gemeinsame militärische Korps, das die Westmächte – Großbritannien, Frankreich, Russland, USA, Italien, Deutschland, Österreich und dazu Japan – nach Peking schickten. Das vorrangige Ziel, die Diplomaten zu befreien, war schnell erreicht. Doch das Unternehmen eskalierte zu einer barbarischen Strafexpedition. Peking wurde geplündert.

Die Niederschlagung des »Boxeraufstands« durch die ausländische Intervention zeigte China deutlich, wer im Land das Sagen hatte. Bestätigt wurde der Eindruck durch das abschließende »Boxerprotokoll«, in dem China unter anderem zu Reparationszahlungen von 450 Millionen Tael Silber, das Dreifache der jährlichen Staatseinnahmen, verurteilt wurde. Außerdem verbot der Westen Waffenlieferungen an China und verwehrte sich gegen künftige ausländerfeindliche Aktionen.

Der heilige Krieg von Aceh

Seit Ende des 16. Jahrhunderts hatten die Niederländer ihren Einfluss in der indonesischen Inselwelt ausgebaut. Lange Zeit beschränkte man sich auf friedliche Methoden, auf die Gründung von Handelsniederlassungen und Gebietserwerbungen. Doch wie überall in der kolonialen Welt wurde das Klima im 19. Jahrhundert auch im »paradiesischen« Südostasien rauer.

Im Nordwesten Sumatras siedeln die Aceher, die dem Islam angehören und eine starke nationale Identität besitzen, die auf das mächtige Reich Aceh im 13. Jahrhundert zurückgeht. Als der imperialistische Druck im 19. Jahrhundert stärker wurde, sammelte man sich zum »heiligen Krieg«, um die politische und religiöse Integrität zu verteidigen. Von 1873 bis 1913 lieferten die Aceher den Niederländern den längsten und härtesten Krieg in deren Kolonialgeschichte. Aber letztendlich bewies die europäische Militärmacht in dieser für den Gewürzhandel bedeutenden Region ihre Überlegenheit: Aceh wurde unterworfen. Damit hatten die Niederländer den letzten Widerstand beseitigt und konnten ganz Indonesien ihrem Kolonialreich einverleiben. Allerdings führte der grausame Krieg im Mutterland zum Umdenken. In der nun folgenden »ethischen Kolonialperiode« gewährten die Niederländer der Kolonialbevölkerung zumindest begrenzte politische Rechte.

Im Jahr 1900 griffen internationale Truppenverbände – im Bild einige Vertreter – unter deutschem Oberbefehl in China ein und schlugen den Boxeraufstand nieder.

Die Hinrichtung eines Anführers der chinesischen Geheimorganisation, die den Boxeraufstand trug und den deutschen Gesandten in Peking ermordet hatte.

1900 — 1905 — 1910 — 1915

1900/01
Boxeraufstand in China

1883 – 1913
Nationale Aufstände gegen die französische Kolonialmacht
in Tonking, Kambodscha und Saigon

▶ Völker, Staaten und Kulturen: Asien unter kolonialer Herrschaft
▶ Völker, Staaten und Kulturen: Kolonialismus und Imperialismus

DER SPANISCH-AMERIKANISCHE KRIEG

Gegen Ende des 19. Jahrhunderts waren die USA durch massive imperialistische Politik auf dem Weg zur Weltmacht. Im Krieg von 1898 verlor Spanien nicht nur Kuba und Puerto Rico, seine letzten kolonialen Stützpunkte in Amerika, sondern auch die Philippinen.

Die Friedensverhandlungen 1898 in Paris bedeuteten für Spanien das Ende der Kolonialmacht, für die USA den Beginn ihres Aufstiegs zur Weltmacht.

Als sich 1868 erstmals kubanische Freiheitskämpfer gegen das spanische Mutterland erhoben, wurden sie von US-Amerikanern unterstützt; denn die USA hatten nach Beendigung ihres Bürgerkriegs die isolationistische Politik aufgegeben und sich wieder auf die Monroe-Doktrin von 1823 besonnen. Deren Grundprinzip lautete: »Amerika den Amerikanern!«, was zum einen bedeutete, dass europäische Kolonialmächte auf dem Kontinent nichts mehr zu suchen hatten. Zum anderen war damit auch schon die Hegemonialpolitik der USA angelegt, die bis heute in den mittelamerikanischen Staaten fortgesetzt wird.

FREIHEIT FÜR KUBA

Jose Martí (1853 – 1895), Sohn spanischer Einwanderer, zählt zu den Nationalhelden Kubas. Seit 1868 kämpfte er für die Unabhängigkeit, wurde 1871 nach Spanien deportiert, floh in die USA, wo er 1889 eine revolutionäre kubanische Partei gründete und mit anderen Exilkubanern die Invasion der Heimatinsel vorbereitete. Im Februar 1895 setzten die Rebellen über, aber Martí fiel bereits im ersten Gefecht.

Während seines Aufenthalts in den USA war Martí klar geworden, dass Kuba von Spanien in die Unabhängigkeit entlassen werden musste, um nicht an die USA zu fallen. Denn allein schon durch die räumliche Nähe waren die Beziehungen zwischen Kuba und den Vereinigten Staaten auf vielen Gebieten höchst intensiv. Und die US-amerikanische Öffentlichkeit, angestachelt von einer imperialistisch gesinnten Presse, schien nur auf eine Gelegenheit zu warten, um nach Kuba übergreifen zu können.

Im spanischen Mutterland war man einer derartigen Argumentation nicht zugänglich, sondern glaubte, die USA im Falle einer Intervention besiegen zu können. »Wir werden bis zum letzten Mann und bis zur letzten Peseta kämpfen«, wiederholte Ministerpräsident Canovas del Castillo unermüdlich. Tatsächlich schickte Spanien zwischen 1895 und 1898 über

Das US-Schlachtschiff »Maine« im Hafen von Havanna; seine Explosion am 15. Februar 1898 löste den Spanisch-Amerikanischen Krieg aus.

1865 — 1870 — 1875 — 1880

1867
Ankauf Alaskas von Russland für 7,2 Millionen Dollar

1878
Annexion von Pago-Pago-Bay und Samoa im Pazifik

1879
Heftige, letztendlich erfolgreiche Proteste gegen die französisch dominierte Gesellschaft zum Bau des Panamakanals

Spanisch-Amerikanischer Krieg

William McKinley (1843 – 1901) war während des kriegerischen Konflikts mit Spanien Präsident der USA.

220 000 Mann nach Kuba, um die von den USA geförderte Rebellion zu unterdrücken.

Geführt wurden die spanischen Truppen von General Martínez Campos, der ein kluger politischer Beobachter war und schon bald erkannte, dass die kubanische Gesellschaft den kolonialen Status längst überwunden hatte. Spaniens Ansprüche passten nicht mehr in die Zeit! Auf Kuba hatte sich nämlich nicht nur eine wohlhabende kreolische Mittelschicht gebildet, der es um politische Freiheit und wirtschaftliche Unabhängigkeit ging. Auch die unteren Schichten, die Nachfahren der Sklaven, die Mulatten, die Bauern sowie die arme Stadtbevölkerung, standen hinter den Forderungen der Rebellen. Als Campos sah, dass dieser Krieg auch gegen die Zivilbevölkerung gewonnen werden musste, verweigerte er sich. Die einzige Reaktion der spanischen Regierung war seine Absetzung.

Offener Krieg

Am 15. Februar 1898 explodierte der amerikanische Kreuzer »Maine« im Hafen von Havanna. Heute geht man davon aus, dass es sich um ein Unglück handelte. Aber in den Vereinigten Staaten nutzte man umgehend die Gelegenheit: Am 19. April erließ der amerikanische Kongress die *Joint Resolution,* wonach Spanien die Unabhängigkeit Kubas anzuerkennen und seine Truppen sofort zurückzuziehen habe. Der Krieg, der am 21. April zwischen Spanien und den Vereinigten Staaten ausbrach, endete am 13. Juli mit der Zerstörung der spanischen Flotte in Santiago de Cuba: 348 Seeleute starben, es gab 160 Verwundete und 1 600 Gefangene. Gleichzeitig hatten die Vereinigten Staaten Puerto Rico bombardiert und bis Oktober die Hauptstadt erreicht.

Siegermacht USA

Ein ähnliches Schicksal widerfuhr der spanischen Kolonialmacht auf den Philippinen. Auch hier gab es Freiheitskämpfe, geführt von Emilio Aguinaldo, die von den USA unterstützt wurden. Im Mai 1898 zerstörten die Amerikaner die spanische Flotte bei der Insel Luzon, worauf am 12. Juni die Unabhängigkeit der Philippinen proklamiert wurde.

Nur 112 Tage waren notwendig gewesen, um die spanische Kolonialmacht endgültig zu zerschlagen. Am 10. Dezember 1898 unterschrieben Spanien und die USA den Frieden von Paris. Für 20 Millionen Dollar trat Spanien Puerto Rico, die Philippinen sowie Guam an die Vereinigten Staaten ab und verzichtete auf Kuba. Kuba war nun unabhängig von Spanien, wurde aber 1903 Protektorat der USA, die den heute noch bestehenden Flottenstützpunkt Guantánamo an der Südküste einrichteten.

Die Euphorie, mit der die spanischen Truppen in den Krieg gegen die USA zogen, hielt nicht lange an: In nur 112 Tagen wurde die spanische Kolonialmacht zerschlagen.

- 1885
- 1887 — Alleinige Nutzung des Stützpunkts Pearl Harbor durch USA geregelt
- 1889 — Erste panamerikanische Konferenz unter US-Einfluss
- 1890
- 1895 — Unterstützung des kubanischen Freiheitskampfes
- 1898 — Spanisch-Amerikanischer Krieg
- 1900

▶ Völker, Staaten und Kulturen: Der Aufstieg der Vereinigten Staaten
▶ Völker, Staaten und Kulturen: Kolonialismus und Imperialismus

DER AUFSTIEG JAPANS ZUR GROSSMACHT
GEIST DES OSTENS, TECHNIK DES WESTENS

Die Öffnung Japans nach Jahrhunderten der Abschottung sowie seine Modernisierung nach westlichem Muster schufen die Voraussetzung für eine expansive Machtpolitik, die nicht nur die Staaten Ostasiens das Fürchten lehrte, sondern im Westen dem langlebigen Mythos von der »gelben Gefahr« neue Nahrung gab.

Der Russisch-Japanische Krieg wurde weitgehend auf chinesischem Boden ausgetragen: In der russischen Garnison Port Arthur (Lüshun) werden Granaten für die Kanonen scharf gemacht.

Als 1867 der letzte Shogun aus der Dynastie der Tokugawa zurücktrat, war das politische und gesellschaftliche System Japans am Ende. Dazu beigetragen hatten die imperialistischen Forderungen der USA, die sich als Vormacht im Pazifik etablieren wollten. Zerstritten darüber, ob man die »westlichen Barbaren« mit Waffengewalt vertreiben oder aber auf ihre Wünsche eingehen sollte, war es unter den Lehnsherren der Tokugawa zu blutigen Auseinandersetzungen gekommen. Nun stand fest: Das Shogunat hatte abgewirtschaftet und durch den Abschluss der aufgezwungenen, für Japan nachteiligen Verträge jede Vertrauensbasis vernichtet. Die von national gesinnten Gelehrten schon seit dem frühen 19. Jahrhundert geforderte Rückgabe der Herrschergewalt an den Tenno erschien nun als letzter Ausweg. Im Januar 1868 wurde die Restauration kaiserlicher Macht *(osei fukko)* proklamiert. Die Regierung des Kaisers Meiji begann.

VOM WESTEN LERNEN

Reisen nach Europa und in die USA überzeugten die führenden Meiji-Politiker von der technischen und militärischen Überlegenheit des Westens. Die 1870er Jahre standen ganz im Zeichen der Überwindung der noch verbliebenen feudalistischen Strukturen und des beinahe ungebremsten Imports westlicher Ideen und Techniken. Im folgenden Jahrzehnt wurden die institutionellen und wirtschaftlichen Grundlagen des imperialen Japan gelegt. Neben der Anpassung europäischer Verwaltungs- und Rechtsgrundlagen an die japanischen Verhältnisse galt dem Aufbau eigener Industrien das Hauptaugenmerk.

STRENGE DISZIPLIN UND UNBEDINGTE LOYALITÄT

Dazu gehörte auch die Rüstungsindustrie, deren Bedeutung für die Dominanz des Westens in Japan erkannt worden war. Unter dem Eindruck der militärischen Konflikte in Europa (Deutsch-Französischer Krieg) und den USA (Bürgerkrieg) waren den japanischen Politikern die Vorteile einer Bürgerarmee vor Augen

Am 9. Januar 1904, noch vor der offiziellen Kriegserklärung, bombardierten japanische Kriegsschiffe die russische Pazifikflotte bei Port Arthur.

1850	1855	1860	1865	1870	1875
	1853 USA fordern die Öffnung japanischer Häfen			1868 Proklamation der Meiji-Restauration	1873 Einführung der allgemeinen Wehrpflicht

geführt worden. Schon 1873 entschied man sich für die allgemeine Wehrpflicht: Jeder 20-jährige Japaner musste drei Jahre Wehrdienst leisten. Auch wenn die Samurai-Klasse als stehendes Heer ausgedient hatte, wurden die vom Schwertadel betonten alten Werte nun zur Norm für alle Soldaten. Dazu gehörten strenge Disziplin, Genügsamkeit und unbedingte Loyalität.

Als neues Leitbild trat die Aufopferung für den Tenno hinzu, dessen »göttlicher« Status in der bis 1945 geltenden Verfassung von 1889 betont wurde. Nicht das Parlament, sondern der Tenno hatte die Befehlsgewalt über das Militär. Heeres- und Marineminister verfügten damit über einen direkten Draht zum Thron. Seit 1900 durften nur noch aktive Militärs diese Ministerämter bekleiden.

Den Aufbau des Generalstabs besorgte Katsura Tarô, der sechs Jahre in Deutschland das Militärwesen studiert hatte und als Militärattaché an der japanischen Botschaft in Berlin akkreditiert gewesen war. Ab 1901 für mehrere Jahre japanischer Premierminister, entwickelte sich Japan unter seiner Führung zur dominierenden imperialistischen Macht in Ostasien.

In ihrer neuen Rolle als Weltmacht vermittelten die USA (US-Präsident Theodore Roosevelt in der Bildmitte) 1905 den Frieden von Portsmouth zwischen Russland und Japan.

Der japanische Holzschnitt zeigt eine Szene aus dem Chinesisch-Japanischen Krieg von 1894/95.

rungen an Korea. Da auch China die koreanische Halbinsel zu seiner Einflusssphäre zählte, kam es 1894/95 zum Chinesisch-Japanischen Krieg, der Japan außenpolitisch und militärisch große Erfolge einbrachte: Der Sieg bedeutete nicht nur die Annexion der Insel Formosa und die Sicherung des Einflusses in Korea, sondern auch die Anerkennung der imperialistischen Mächte Europas. Die bereits von Japan besetzte Liaodong-Halbinsel musste jedoch nach der Intervention Deutschlands, Frankreichs und Russlands 1895 wieder zurückgegeben werden – eine Schmach für die Japaner, die sich dem Kreis der Weltmächte zurechneten!

In den folgenden Jahren zeigte sich dann, dass auch Russland in Nordchina und der Mandschurei handfeste Interessen verfolgte. Abgesichert durch einen Freundschaftsvertrag mit Großbritannien griffen japanische Truppen im Februar 1904 die russische Pazifik-Flotte in Port Arthur (Lüshun) an. Nach verlustreichen Schlachten in Mukden besiegelte das japanische Militär im Mai 1905 mit der Vernichtung der baltischen Flotte vor der Insel Tsushima die russische Niederlage. Dieser japanische Sieg über eine europäische Großmacht verstärkte im Westen die ideologisch aufgeladene Furcht vor der »gelben Gefahr«.

DER GRIFF NACH KOREA UND CHINA

Nationalistisch gesinnte Samurai-Kreise hatten schon Mitte des 19. Jahrhunderts japanische Großmachtträume gehegt. Objekt der Expansionsgelüste war dabei meist Korea, das sich ähnlich wie Japan in den Jahrhunderten zuvor von der Außenwelt abgeschottet hatte. Wie Japan vom Westen zur Öffnung gezwungen worden war, so stellte es jetzt mit imperialer Geste Forde-

Japanische Truppen im Jahre 1904 bei der Landung in China

1880 — 1885 — 1890 — 1895 — 1900 — 1905

1894/95
Chinesisch-Japanischer Krieg

1904/1905
Russisch-Japanischer Krieg: Japan vernichtet die russische Flotte.

▶ Menschen und Ideen: Meiji Tenno

DIE CHINESISCHE REVOLUTION VON 1911/12

Nach dem Scheitern der Versuche, China durch Reformen zu modernisieren, gelang 1912 im Zusammenwirken von bürgerlicher Revolution und aufständischem Militär die Errichtung der Republik, die jedoch bald in die Diktatur mündete. Ebenso misslang 1919 der nationale Ansatz zum notwendigen Umbau des Staates.

1912 wurde der letzte Mandschu-Kaiser, der sechsjährige Pu Yi, zur Abdankung gezwungen. Das Foto zeigt ihn (rechts) als Zweijährigen.

Der republikanische Politiker Sun Yatsen (1866 – 1925)

Nur hundert Tage waren dem jungen Kaiser Guang Xu im Jahr 1898 für seine Reformpolitik vergönnt, bevor seine Tante, die Kaiserinwitwe Ci Xi, zurückschlug, ihn einkerkern und andere Reformer liquidieren ließ. Sie hatte nach dem Tod ihres Mannes 1862 widerrechtlich den Thron in Besitz genommen und sich durch Gift und Intrige an der Regierung gehalten, 46 Jahre lang, die sich für Chinas Modernisierung – wie sie etwa Japan damals durchlief – als verhängnisvoll erwiesen. Erst als Ci Xi 1908 »den Drachen bestieg«, wie die Chinesen den Tod eines Herrschers umschreiben, konnte das Reformwerk fortgesetzt werden.

ALTE ZÖPFE WERDEN ABGESCHNITTEN

Ein Großteil der aufstrebenden, demokratisch orientierten chinesischen Intelligenz holte sich in jenen restriktiven Jahren sein Rüstzeug in Japan. Auch Sun Yatsen (1866 bis 1925), der 1905 in Tokio die »Liga der Verbündeten« gründete. Ihre Ziele waren die Vertreibung der Mandschu-Dynastie, die nationale Wiedergeburt Chinas und die Gründung einer Republik. Suns Programm kreiste um die »Drei Grundlehren vom Volk«: Nationalismus, Demokratie und soziale Gerechtigkeit. Damit waren die Wiederherstellung der Souveränität Chinas, die Formulierung einer Verfassung sowie die Befriedigung der materiellen Bedürfnisse des Volkes gemeint.

Zwischen 1906 und 1911 inszenierte Sun mehrere Aufstände in seiner Heimat Südchina, die aber alle scheiterten. Tief in die chinesische Revolutionsgeschichte eingeprägt hat sich die Erhebung von Can-

Blick von der Stadtmauer auf die chinesische Hauptstadt Peking im Jahre 1900

Chinesische Revolution von 1911/12

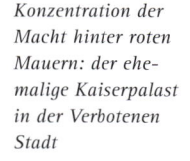

Konzentration der Macht hinter roten Mauern: der ehemalige Kaiserpalast in der Verbotenen Stadt

ton (Guangzhou) im April 1911; sie forderte das Leben von 72 »Märtyrern«, blieb aber ebenfalls erfolglos. Erst am 10. Oktober 1911 kamen die Revolutionäre zu ihrem ersehnten Ziel – allerdings nicht durch eigene Kraft, sondern weil sich die Armee erhob und sich die einzelnen Provinzen vom Kaiserhaus lossagten. Das alte Regime brach zusammen, ohne dass die Revolutionäre durch Taten dazu beigetragen hätten. Es war weniger eine bürgerliche Revolution – wie sie heute in vielen Geschichtsbüchern gelobt wird – als ein Zwist zwischen der regionalen Verwaltung und der Zentralregierung. Als die letzte Stunde der Mandschu-Dynastie geschlagen hatte, reagierten die Chinesen mit einer symbolischen Geste: Sie schnitten sich als Zeichen der Befreiung die Zöpfe ab, die ihnen von den Mandschu einst aufgezwungen worden waren.

Kurzes republikanisches Intermezzo

Chinas republikanische Epoche begann am 1. Januar 1912, als sich die provisorische Regierung unter Sun Yatsen in Nanjing vorstellte. Der letzte Mandschu-Kaiser, Pu Yi, damals sechs Jahre alt, wurde durch einen »Wohlwollenden Vertrag« zur Abdankung gezwungen. Aber der bürgerlich-revolutionären Gruppe war es nicht gelungen, das ganze Volk hinter sich zu vereinigen. So musste sie sehr bald Kompromisse schließen. Das führte dazu, dass Sun bereits nach sechs Wochen sein Amt als Präsident aufgab, um es einem Militärmachthaber anzudienen. Der wiederum hatte nichts Besseres im Sinn, als die Republikaner sofort zu verfolgen – Sun musste nach Japan fliehen – und die Monarchie zu restaurieren. Dieser letzte Schritt scheiterte nur am plötzlichen Tod des Diktators.

Die Vierte-Mai-Bewegung

Die eigentliche Revolution in China begann am 4. Mai 1919 mit einer Studentendemonstration gegen eine Bestimmung des Versailler Friedensvertrags, der die Niederlage Deutschlands im Ersten Weltkrieg besiegelte. Da hieß es nämlich, dass das ehemals deutsche »Pachtgebiet« am Gelben Meer bei Kiautschou (Jiaozhou) nicht an China zurückgegeben werde, sondern an Japan fallen sollte, das es sich bereits im Ersten Weltkrieg einverleibt hatte. Der Initialzündung in Peking folgten weitere Demonstrationen und landesweite Boykottaktionen gegen japanische Waren. Die Proteste hatten großen Erfolg. Die Studenten konnten die Bevölkerung von der nationalen Sache überzeugen: China verweigerte seine Unterschrift unter den Versailler Friedensvertrag.

Eine kulturelle Revolution

Der »bürgerlichen Revolution« von 1911 war es nicht gelungen, die kulturellen Verkrustungen, unter denen die Entwicklung Chinas litt, zu sprengen. Aber die »Vierte-Mai-Bewegung«, in der Geschichtsschreibung gerne als »Literaturrevolution« verniedlicht, setzte eine wahre Revolution in Gang. Sie machte nämlich nicht nur Schluss mit dem jahrtausendealten Sprachsystem – das heißt der Abspaltung der klassischen Schriftsprache, die den Gelehrten vorbehalten war, von der Umgangssprache, die immerhin 95 Prozent der Bevölkerung sprach –, sondern sie brachte auch den seit gut 2000 Jahren unangefochten staatstragenden Konfuzianismus samt all seinen Unterdrückungsmechanismen in Politik, Gesellschaft und Familie zu Fall. Ihre Ideale, die in den beiden Begriffen »Demokratie« und »Wissenschaft« gipfelten, konnte sie jedoch nicht verwirklichen, zahlreiche nötige Reformen wurden nicht durchgeführt.

▶ Völker, Staaten und Kulturen: China unter den Ming und Qing

Die Epoche der Weltkriege

Die Jahre zwischen 1914 und 1945 veränderten die weltpolitische Lage radikal. Global gesehen verlor Europa, erschüttert von zwei schrecklichen Kriegen, seinen Führungsanspruch und machte Platz für neue Mächte, in erster Linie die USA. Aber bereits vor 1914 hatte das vom Nationalismus bestimmte Europa Umwälzungen erlebt, die den Machtverlust der Alten Welt vorbereiteten. Die Balkankriege hatten die Auflösung des Osmanischen und des Habsburger Reiches beschleunigt; im Zentrum des Kontinents war das Deutsche Reich zu einer Großmacht geworden, hatte Frankreich zurückgedrängt und Großbritannien, die traditionell führende Seemacht, durch den Ausbau einer mächtigen Flotte aufs äußerste beunruhigt.

DER ERSTE WELTKRIEG

1914 herrschte in Europa das Gefühl vor, dass das Pulverfass über kurz oder lang explodieren müsse. Als ein serbischer Nationalist in Sarajevo das österreichische Thronfolgerpaar tötete, war es so weit. Der Kriegsbeginn wurde beinahe als Erlösung gefeiert. Doch die Ernüchterung erfolgte schnell. In einem verlustreichen Stellungskrieg fraßen sich die Fronten fest, in der Heimat wurde gehungert. Bald sehnten die Menschen das Ende des sinnlosen Krieges herbei, aber die verhärteten Positionen aufzulösen und zu einem für alle akzeptablen Frieden zu finden, gelang nicht.

Zwar wiesen die Siegermächte im Versailler Frieden von 1919 dem Deutschen Reich und seinen Verbündeten die Kriegsschuld zu. Tatsächlich aber hatten 1914 alle beteiligten Staaten in ihrem nationalistischen Machtstreben den Krieg in Betracht gezogen. Maßgebliche Verantwortung trug die deutsche Führung jedoch für den zu lange hinausgezögerten Friedensschluss und somit für das schier endlose Sterben.

Der Erste Weltkrieg hinterließ ein Europa, in dem nichts mehr so war wie zuvor. Deutschland verlor seine Vormachtstellung wieder und war wirtschaftlich und moralisch auf einem Tiefpunkt. Das Habsburger Reich, vorher ein wesentlicher Faktor europäischer Politik, zerbrach in eine Reihe neuer Staaten. Der österreichische Kaiser musste abdanken, auch der deutsche ging ins Exil, gestürzt von der linken Revolution, die den Krieg beendet hatte und Nachkriegsdeutschland mit Soldaten- und Arbeiterräten regieren wollte. Vorbild war die Russische Revolution von 1917, die das Zarenreich zum Sowjetstaat machte und die Weltrevolution anstrebte. In Deutschland allerdings siegte die Demokratie nach westlichem Muster, doch das Überleben fiel ihr schwer; denn bürgerkriegsähnliche Auseinandersetzungen zwischen der extremen Rechten und der extremen Linken prägten Deutschland vor allem in den Krisenjahren von 1919 bis 1921.

NUR EINE VERSCHNAUFPAUSE

Ernsthafte Friedensbemühungen auf der einen Seite, etwa 1920 die Gründung des Völkerbundes als Forum der gewaltlosen Verständigung, aggressiver Nationalismus auf der anderen kennzeichnen die Epoche zwischen den beiden Weltkriegen. Im Ersten Weltkrieg waren das Deutsche Reich und Österreich-Ungarn mit ihren Alliierten Bulgarien und Türkei besiegt worden. Weil die Friedensverträge von 1918/19 jedoch nicht immer vom Gedanken der Versöhnung getragen waren, sondern in vielem tatsächlich einem Diktat glichen, lösten sie in den besiegten Staaten einen weit verbreiteten Revanchismus aus, der schließlich in Deutschland – neben anderen wesentlichen Faktoren – dazu beitrug, den Nationalsozialismus ans Ruder zu bringen. Rechte Ideologie siegte jedoch auch in Italien, das im Ersten Weltkrieg auf Seiten der Sieger gekämpft hatte, sowie im Spanischen Bürgerkrieg, in dem die republikanischen Kräfte unterlagen, so dass General Franco langfristig als Diktator herrschen konnte.

Der Zweite Weltkrieg in Europa

Heute weiß man, dass Adolf Hitler seit seiner Machtergreifung 1933 zielstrebig auf einen Krieg hinarbeitete. Haben die Zeitgenossen das nicht erkannt? Jedenfalls verschaffte ihm vor allem die britische Politik des Appeasement seine größten außenpolitischen Erfolge, etwa die Annexion des Sudetenlandes. Man schob seinem Machtstreben nicht rechtzeitig einen Riegel vor, sondern gab ihm »um des lieben Friedens willen« nach.

Das rächte sich bitter. Dennoch steht die Kriegsschuld nicht zur Diskussion: NS-Deutschland war der Aggressor, gab auch durch seinen Überfall auf Polen im September 1939 den direkten Anlass zum Ausbruch des Zweiten Weltkriegs. Er dauerte bis 1945, überzog vor allem Europa mit bisher ungekanntem Leiden, das die Zivilbevölkerung ebenso wie die kämpfende Truppe traf. Einzigartig ist dieser Krieg auch, weil in seinem Zusammenhang der Genozid an den europäischen Juden zu sehen ist – eine singuläre Tragödie der Weltgeschichte. Hitler nutzte den Krieg und die deutschen Eroberungen, um eines seiner Hauptziele, die Vernichtung des jüdischen Volkes, durchzusetzen.

Der Zweite Weltkrieg in Asien

Übersteigertes Machtstreben, Militarismus und ein extremer Nationalismus prägten auch die Politik Japans vor und während des Zweiten Weltkriegs. Das Kaiserreich nahm in Asien eine ähnliche Position ein wie das Dritte Reich in Europa: Es wollte die kriegerische Expansion, trieb sie erbarmungslos voran, erreichte in der ersten Phase durch militärische Erfolge gewaltige Gebietsgewinne und führte schließlich durch Selbstüberschätzung die eigene Nation in die Katastrophe.

Im Ersten Weltkrieg hatten die Japaner auf der Seite der Alliierten gekämpft und gesiegt. Aber auch danach dachten sie nicht daran, ihre expansive Politik einzustellen. 1931 besetzten sie die Mandschurei, 1937 führten sie Krieg gegen China. Nach 1939 erfolgte die Besetzung der Philippinen sowie von Celebes, Borneo, Timor und Java. Auf dem Höhepunkt seiner kriegerischen Erfolge beherrschte Japan ein Territorium von 450 Millionen Menschen mit gewaltigen Bodenschätzen. Dann allerdings wendete sich das Blatt: Die Japaner griffen die USA an, die kommende Weltmacht.

USA: Das Werden einer Weltmacht

Die Grundlage für ihre Dominanz der Weltpolitik legten die Vereinigten Staaten von Amerika zu Beginn des 20. Jahrhunderts, als sie die bis zu diesem Zeitpunkt isolationistische Politik aufgaben und der Welt nicht länger nur ihre wirtschaftliche Stärke demonstrierten. Der machtpolitische Kurs der USA basierte vorerst auf dem Diktum »Amerika den Amerikanern« und wandte sich gegen die kolonialen Interessen Spaniens in der Karibik, dann auch auf den Philippinen – die USA entdeckten damals den pazifischen Raum für sich!

In Südostasien allerdings erwuchs den Vereinigten Staaten starke Konkurrenz: Das japanische Kaiserreich schickte sich an, ebenfalls, durch eine aggressive Expansionspolitik, in den Kreis der Weltmächte aufzusteigen. Der Konflikt zwischen den USA und Japan entbrannte dann jedoch erst im Zweiten Weltkrieg, als das Fanal von Pearl Harbor den Kriegseintritt der USA provozierte, und endete schließlich, als amerikanische Atombomben auf Japan dem Krieg ein grauenvolles Ende setzten.

Das Engagement der Vereinigten Staaten in Europa begann im Ersten Weltkrieg. 1917, als die europäischen Kriegsgegner bereits erschöpft waren, traten die USA auf Seiten der Alliierten in den Krieg ein und entschieden ihn damit letztendlich. Noch deutlicher trat ihre kriegsentscheidende Rolle im Zweiten Weltkrieg hervor, der die USA zu jener Weltmacht werden ließ, die bis heute das internationale Geschehen dominiert.

DIE BALKANKRIEGE – VORSPIEL ZUM ERSTEN WELTKRIEG

Der Balkan war die Krisenregion, in der sich die fatalen Tendenzen der europäischen Politik – übersteigerter Nationalismus sowie imperialistisches Expansionsstreben – zum hochexplosiven Gemisch vermengten. Frieden und Ordnung entstanden aus den Kriegen nicht, vielmehr neues Konfliktpotenzial.

Die politische Situation Südosteuropas vor dem Ersten Weltkrieg

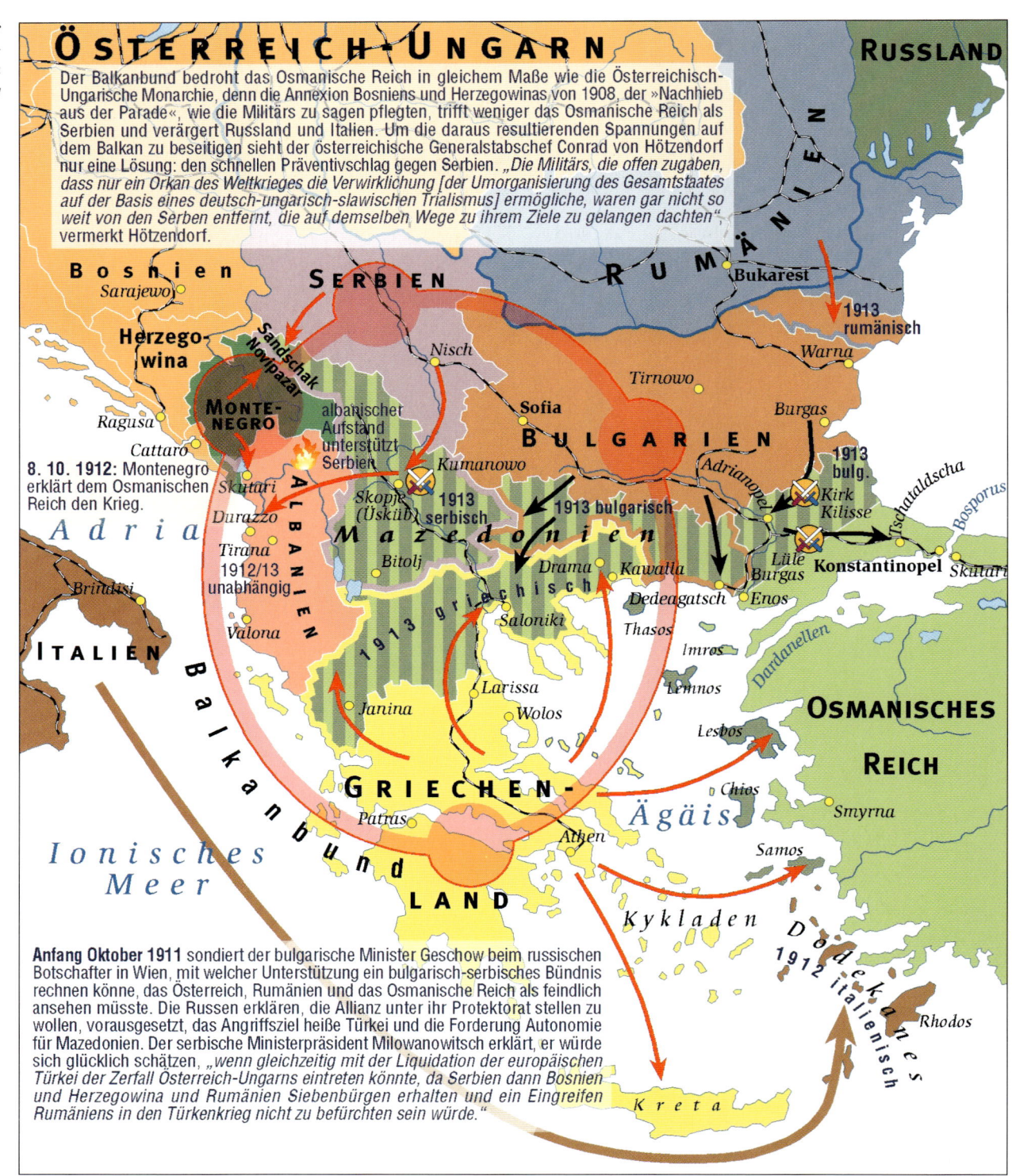

Der Balkanbund bedroht das Osmanische Reich in gleichem Maße wie die Österreichisch-Ungarische Monarchie, denn die Annexion Bosniens und Herzegowinas von 1908, der »Nachhieb aus der Parade«, wie die Militärs zu sagen pflegten, trifft weniger das Osmanische Reich als Serbien und verärgert Russland und Italien. Um die daraus resultierenden Spannungen auf dem Balkan zu beseitigen sieht der österreichische Generalstabschef Conrad von Hötzendorf nur eine Lösung: den schnellen Präventivschlag gegen Serbien. *„Die Militärs, die offen zugaben, dass nur ein Orkan des Weltkrieges die Verwirklichung [der Umorganisierung des Gesamtstaates auf der Basis eines deutsch-ungarisch-slawischen Trialismus] ermögliche, waren gar nicht so weit von den Serben entfernt, die auf demselben Wege zu ihrem Ziele zu gelangen dachten"*, vermerkt Hötzendorf.

Anfang Oktober 1911 sondiert der bulgarische Minister Geschow beim russischen Botschafter in Wien, mit welcher Unterstützung ein bulgarisch-serbisches Bündnis rechnen könne, das Österreich, Rumänien und das Osmanische Reich als feindlich ansehen müsste. Die Russen erklären, die Allianz unter ihr Protektorat stellen zu wollen, vorausgesetzt, das Angriffsziel heiße Türkei und die Forderung Autonomie für Mazedonien. Der serbische Ministerpräsident Milowanowitsch erklärt, er würde sich glücklich schätzen, *„wenn gleichzeitig mit der Liquidation der europäischen Türkei der Zerfall Österreich-Ungarns eintreten könnte, da Serbien dann Bosnien und Herzegowina und Rumänien Siebenbürgen erhalten und ein Eingreifen Rumäniens in den Türkenkrieg nicht zu befürchten sein würde."*

8. 10. 1912: Montenegro erklärt dem Osmanischen Reich den Krieg.

BALKANKRIEGE

Nach dem Berliner Kongress von 1878, auf dem die europäischen Großmächte die politischen Verhältnisse in Südosteuropa ordnen wollten, entwickelte sich der Balkan bald erneut zum Pulverfass. Die Ursachen lagen in den nationalen Probleme der Balkanländer und ihrem Expansionsdrang begründet, in der Verschärfung des österreichisch-russischen Gegensatzes und in der imperialistischen Einmischung Italiens. Dazu kam, dass das Osmanische Reich, der »kranke Mann am Bosporus«, als Ordnungsmacht nun endgültig ausfiel.

DIE BOSNIEN-HERZEGOWINA-KRISE VON 1908

Der Berliner Kongress hatte Österreich die Verwaltung der vormals türkischen Provinz Bosnien-Herzegowina zuerkannt. Doch wie schon früher schlug die Wiener Geheimdiplomatie Russland ein Geschäft auf Gegenseitigkeit vor: Man würde Bosnien-Herzegowina einfach annektieren und sich dafür den Wünschen Moskaus bezüglich der Öffnung der Dardanellen für russische Kriegsschiffe beugen. Gesagt, getan! Allerdings war Serbien ganz und gar nicht einverstanden mit der Annexion von Bosnien-Herzegowina, die eine bedeutende Stärkung der österreichischen Position auf dem Balkan mit sich brachte.

DER ERSTE BALKANKRIEG VON 1912

1911/12 trat ein neuer Spieler auf: Italien griff die Türkei an, besetzte Tripolis und die Inselgruppe um Rhodos. Die mangelnde Gegenwehr des Osmanischen Reiches wurde allgemein als Zeichen dafür gewertet, dass die einstige Weltmacht nun tatsächlich am Boden lag. Deshalb schlossen auf Betreiben Russlands Bulgarien und Serbien ein Militärbündnis ab, kurz darauf traten Griechenland und Montenegro diesem Balkanpakt bei. Nun brauchte es nur noch einen Anlass für den gewünschten Krieg gegen die Türken. Er war gefunden, als sich diverse Fraktionen in Nordalbanien stritten.

Am 8. Oktober 1912 erklärte Montenegro der Türkei den Krieg, zehn Tage später Serbien, Griechenland und Bulgarien. Die schlecht gerüstete türkische Armee war schnell geschlagen, von den Bulgaren bei Kirk, Kilisse und Lüle Burgas, von den Serben in Kumanovo. Die Serben drangen bis nach Skopje vor, die Griechen eroberten Saloniki und Janina, die Montenegriner Scutari, während die bulgarischen Truppen bis kurz vor Konstantinopel (Tschataldscha-Linie) kamen und Adrianopel einnehmen. Allerdings drohten die anschließenden Streitigkeiten der Verbündeten um die Verteilung der Beute zu einer neuen Eskalation zu führen. Eine Botschafterkonferenz unter Leitung Deutschlands und Großbritanniens sollte im Mai 1913 Ordnung schaffen. Das wichtigste Ergebnis: Die Türkei verlor den Rest seiner europäischen Gebiete, mit Ausnahme von Istanbul und Umgebung, sowie die ägäischen Inseln.

GROSSMACHTSTREBEN DER BALKANSTAATEN

Zu tief saß der Hass unter den Balkanvölkern, zu unvernünftig waren deren Herrscher, als dass es nach dem Vertrag von London zu einem dauerhaften Frieden hätte kommen können. Jeder versuchte auf Kosten des Nachbarn zu expandieren. Jeder träumte von einem Großreich. Und jeder überschätzte sich in grandioser Manier. So war es schon im Juni 1913 wieder so weit: Der Zweite Balkankrieg brach aus.

Bulgarien griff Serbien an, worauf sich auf serbischer Seite eine Allianz bildete, der Montenegro, Rumänien, Griechenland und sogar der ehemalige Hauptfeind Türkei angehörten. Bulgarien wurde besiegt und musste beträchtliche Gebietsverluste hinnehmen: Die Süddobrudscha mit dem Hafen Silistria fiel an Rumänien; Serbien erhielt Binnenmazedonien mit Skopje, Kosovo und Sandschak Novi Pazar, wodurch sich das serbische Staatsgebiet praktisch verdoppelte; Griechenland bekam einen Teil von Mazedonien mit Saloniki und Kavalla, dazu Janina im Epirus und die Insel Kreta; die Türkei, die mit allen Kräften versucht hatte, das im Ersten Balkankrieg Verlorene wieder zu gewinnen, konnte Adrianopel behalten. Dem Verlierer Bulgarien gestand man das Rhodopengebirge und das thrakische Küstengebiet mit Alexandropoulis.

Die unvorstellbar hart und blutig geführten Kriege hatten die notorisch brisante Balkanfrage nicht gelöst, sondern den Hass weiter geschürt. Verhängnisvoll war vor allem die Tatsache, dass sich die Großmächte zwar gegenseitig Verfehlungen vorwarfen, insgeheim aber nur im eigenen Interesse agierten. Die Russen etwa stellten alle Mittel für eine großserbische Propaganda zur Verfügung.

·········· UNABHÄNGIGKEIT FÜR ALBANIEN ··········

Die Albaner erreichten im Sommer 1913 als letztes der Balkanvölker die vollständige Autonomie, da die Türkei erst im Friedensvertrag von London auf alle Ansprüche verzichtete. Eine organisierte Freiheitsbewegung hatte es seit 1878 gegeben. Ende 1912 trafen sich 37 Delegierte zu einem Kongress in Valona, der von dem albanischen Nationalisten Ismail Kemal Bey im rumänischen Exil vorbereitet worden war, und proklamierten die Unabhängigkeit Albaniens. Doch dem standen die Bestrebungen Serbiens und Montenegros entgegen, die das Land gerne annektiert hätten. Vor allem Serbien wollte unbedingt Zugang zur Adria. Aber Österreich dachte nicht im entferntesten daran, ein Großserbien mit Adriahafen zu dulden. Der Londoner Kongress versuchte 1913 geordnete Verhältnisse zu schaffen, indem er einen deutschen Fürsten, Wilhelm zu Wied, zum Herrscher Albaniens berief. Der aber resignierte vor den Problemen und verließ seinen Posten nach nur sechs Monaten.

Peter I. Karadjordjevic, von 1903 bis 1921 König von Serbien, suchte die Anlehnung an Russland, um den österreichischen Einfluss einzudämmen.

Das seit 1878 unabhängige Fürstentum Montenegro war zwischen 1910 und 1916 Königreich. Im Bild: König Nikita I. in der Kutsche

▶ Völker, Staaten und Kulturen: Das Russische Reich
▶ Völker, Staaten und Kulturen: Die Osmanen
▶ Völker, Staaten und Kulturen: Aufstieg des Nationalismus in Europa
▶ Völker, Staaten und Kulturen: Italien ab 1830
▶ Völker, Staaten und Kulturen: Österreich-Ungarn

DER ERSTE WELTKRIEG 1914 BIS 1918

*In einem zermürbenden Stellungskrieg im Westen und in verlustreichen Schlachten im Osten
standen die Mittelmächte Deutschland und Österreich der britisch-französisch-russischen Allianz gegenüber.
Mit dem Eintritt der USA 1917 weitete sich der große europäische Krieg zum Weltkrieg aus.*

Der deutsche Kaiser Wilhelm II. zeigte sich gern in Uniform und liebte das Militär.

Das Prinzip des Gleichgewichts der Mächte, das die europäische Politik des 19. Jahrhunderts geprägt hatte, galt nicht mehr. Denn das Deutsche Reich Kaiser Wilhelms II. sah sich als künftige Führungs- und Ordnungsmacht Europas, was das Misstrauen Frankreichs und Russlands heraufbeschwor. Darüber hinaus forderte Deutschland lärmend einen »Platz an der Sonne«, sprich: ein Kolonialreich, wodurch es zum potenziellen Konkurrenten der Weltmacht Großbritannien wurde: Äußerst gereizt reagierte London deshalb auf die Hochrüstung der deutschen Flotte. Deutschlands Bündnispartner Österreich-Ungarn seinerseits fühlte sich durch die russischen Interessen auf dem Balkan bedrängt und führte einen aufreibenden Kampf gegen die Nationalismen im Vielvölkerstaat.

DAS ATTENTAT VON SARAJEVO

Die politische Gemengelage war hochexplosiv. Und nichts geschah, um den Frieden zu erhalten. Ganz Europa schien einen Krieg, der die unerträglichen Spannungen lösen sollte, geradezu herbeizusehen. Der willkommene Anlass fand sich, als am 28. Juni 1914 in Sarajevo die Schüsse des serbischen Nationalisten Gavrilo Princip das österreichische Thronfolgerpaar töteten. Hektische diplomatische Aktivitäten in der so genannten Julikrise vermochten die Lage nicht mehr zu retten. Der deutsche Kaiser Wilhelm II. sprach markig aus, was viele dachten: »Mit den Serben muss aufgeräumt werden, und zwar bald.«

Wenige Minuten vor dem Attentat, das den Ersten Weltkrieg auslöste: Der österreichische Thronfolger Franz Ferdinand und seine Gemahlin Sophie am 28. Juni 1914 in Sarajevo.

Am 28. Juli erklärte Österreich Serbien den Krieg. Gegen die militärischen Automatismen gab es nun kein Halten mehr. Am 1. August folgte die deutsche Kriegserklärung an Russland, zwei Tage später an Frankreich mit dem gleichzeitigen Einmarsch deutscher Truppen in Belgien. Weitere Kriegserklärungen: 4. August Großbritannien an Deutschland, 6. August Serbien an Deutschland und Österreich an Russland, 11. August Frankreich an Österreich, 12. August Großbritannien an Österreich.

Deutschland und Österreich standen als Mittelmächte der Entente aus Russland, Großbritannien und Frankreich gegenüber. Und allerorten herrschte Begeisterung und Siegesgewissheit. Schon zu Weihnachten, so glaubten die ausrückenden Soldaten, würden sie wieder zu Hause sein.

DER SCHLIEFFENPLAN

Den Schlieffenplan, 1905 benannt nach dem damaligen Generalstabschef, hatte das Deutsche Reich für den nun eingetretenen Fall des Zweifrontenkriegs schon in der Schublade. Er sah, nach Durchmarsch durch das neutrale Belgien, den Blitzsieg über Frankreich vor und im Anschluss die Eröffnung der Ostfront gegen Russland.

Was der Schlieffenplan nicht berücksichtigte, war der Gegner. Der wartete nämlich nicht, bis er von den Deutschen überrollt wurde, sondern handelte. So wurde der deutsche Vormarsch am 9. September in Nordfrankreich von alliierten britischen und französischen Truppen gestoppt. Nach diesem »Wunder an der Marne« erstarrte die Westfront in einem jahrelangen zermürbenden Stellungskrieg. 1916 scheiterte bei Verdun der deutsche Versuch, wieder Bewegung in die Front zu bringen. Die Alliierten attackierten ihrerseits erfolglos die deutsche Somme-Stellung und konnten ihre Überlegenheit im, noch bedeutungslosen, Luftkrieg nicht nutzen.

Auch im Osten hielt sich das Kriegsgeschehen nicht an den Schlieffenplan, der ja auf die extrem langsame Mobilisierung Russlands baute. Bereits Anfang August marschierten zwei russische Armeen in Ostpreußen ein, die jedoch von deutschen Einheiten geschlagen wurden: am 30. August bei Tannenberg, am 15. September an den Masurischen Seen. Gleichzeitig siegten die Russen in zwei Schlachten bei Lemberg über die Österreicher, die dadurch Ostgalizien und die Bukowina verloren.

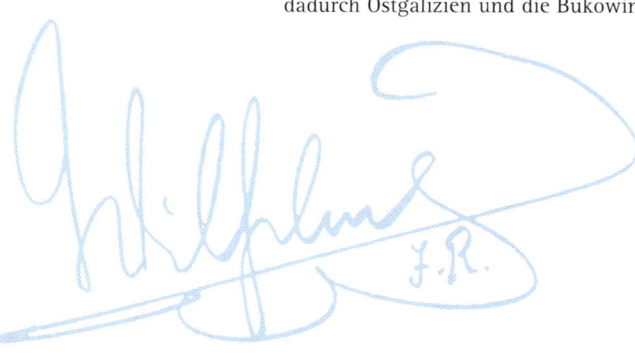

[221] Der Erste Weltkrieg

Kartenlegende

- Mittelmächte
- Entente
- neutrale Staaten
- weitestes Vordringen der Mittelmächte
- nach der russischen Revolution kampflos besetzte Gebiete (»Eisenbahnkrieg«)
- weitestes Vordringen der Entente
- deutsche U-Boot-Sperre
- entscheidende Schlacht

Anmerkungen auf der Karte

18. 2. 1915: Beginn des beschränkten deutschen U-Boot-Krieges gegen die Handelsschifffahrt als Vergeltung für die britische Seeblockade.
31. 1. 1917: Beginn des unbeschränkten deutschen U-Boot-Krieges.

31. 5./1. 6. 1916: Die Seeschlacht am Skagerrak endet ohne Sieger.

26. 11. 1916: Die Schlacht an der Somme, die am 24. 6. 1916 von der britischen Armee zur Entlastung der Franzosen bei Verdun begonnen wurde, wird ohne Entscheidung abgebrochen. Die Verluste der Deutschen betragen 400.000, der Franzosen 200.000, der Briten 400.000 Mann.

1915: Deutsche verwenden zum ersten Mal Chlorgas als neuen Kampfstoff.

15. 9. 1916 und 20. 11. 1917: Die Briten setzen Panzer ein.

6./9. 9. 1914: Vorläufiges Ende des deutschen Vormarsches.

Im Kampf um Verdun sterben 335.000 Deutsche und 360.000 Franzosen. Die Schlacht beginnt am 21. 2. 1916 mit einem deutschen Angriff auf dem rechten Maasufer und endet am 16. 12. 1916, nachdem die Kämpfe ab 24. 6. zu einem Stellungskrieg erstarrten.

7. 2. 1915: Die Deutschen erobern in der »Winterschlacht in Masuren« ganz Ostpreußen zurück.

23./31. 8. 1914: Russische Offensive scheitert.

Februar 1915: Die Offensive der Mittelmächte gegen die Russen in den Karpaten bleibt erfolglos. Erst am 2. 5. 1915 gelingt bei Gorlice der Durchbruch, Przemyśl und Lemberg werden zurückerobert.

Juni 1916: Die 1. Brussilow-Offensive erzielt einen 80 km tiefen Einbruch in die österreichisch-ungarische Front.

15. 12. 1914: Die österreichisch-ungarische Offensive gegen Serbien scheitert. Bis Herbst 1915 finden nur noch vereinzelte Stellungsgefechte statt.

Oktober 1917: Nach zwölf Isonzoschlachten bricht die italienische Front zusammen, die Österreicher erobern Udine.

Oktober 1915: Saloniki-Front der Westalliierten.

April/Mai 1915, Gallipoli-Unternehmen: Die Türken wehren einen britischen Angriff auf die Dardanellen ab.

Der europäische Kriegsschauplatz 1914 – 1918

Verdun

Eckpfeiler der französischen Front war die seit der Niederlage von 1870/71 stark ausgebaute Festung Verdun. Hier wollte Deutschland 1916 die Entscheidung suchen. Dabei ging es weniger um Eroberung, als vielmehr um ein »Ausbluten« des Gegners, der sich aus Prestigegründen den Fall von Verdun nicht leisten konnte. Am 21.2. brach nördlich der Stadt der deutsche Angriff auf gut zehn Kilometern Breite los. Wenig später stießen Verbände der 5. Armee auch auf dem linken Flügel vor. Die Höhen »Toter Mann« und »304« sowie das Fort Douaumont wurden genommen, ein Durchbruch aber glückte nicht. Im Gegenteil: Die Verteidiger warfen die Deutschen im Herbst 1916 wieder auf ihre Ausgangsstellungen zurück. Horrend war die Zahl der Opfer: 338 000 Deutsche und 364 000 Franzosen verloren in der »Hölle von Verdun« das Leben.

Deutsche Truppen im Stellungskrieg an der Westfront

- ▶ Völker, Staaten und Kulturen: Das Russische Reich
- ▶ Völker, Staaten und Kulturen: Die Osmanen
- ▶ Völker, Staaten und Kulturen: Der Aufstieg der Vereinigten Staaten
- ▶ Völker, Staaten und Kulturen: Das britische Weltreich
- ▶ Völker, Staaten und Kulturen: Italien ab 1830

1. August 1914

Im Januar 1917 erklärte das Deutsche Reich den uneingeschränkten U-Boot-Krieg.

DER KRIEG IM OSTEN

Russland war reich an Menschen und Rohstoffen, lag allerdings in der technischen Entwicklung weit zurück. Wegen der latenten Revolutionsgefahr brauchte der Zar dringend militärische Erfolge. Die blieben jedoch aus: In der Winterschlacht in den Karpaten (1914/15) wurde der russische Vormarsch in Ungarn gestoppt, und nach dem deutschen Sieg bei Gorlice-Tarnow im Mai 1915 wankte die gesamte russische Front.

Deutsche Infanterietruppen auf dem Vormarsch

Aber im Sommer 1916 gerieten die Mittelmächte in die Defensive: Mit letzter Kraft schlugen deutsche Reserven die russischen Streitkräfte zurück. In der Bukowina allerdings siegte Russland über Österreich und machte 200 000 Gefangene. Nur die österreichische Isonzo-Front gegen Italien, das 1915 auf alliierter Seite in den Krieg eingetreten war, stand stabil. Da erwuchs den Mittelmächten in Rumänien, das sich auf die Seite Russlands schlug, ein zusätzlicher Gegner. Doch im Dezember fiel Bukarest unter dem Ansturm deutscher Truppen.

Die entscheidende Wende im Ostkrieg brachte die innenpolitische Krise Russlands: Hunger und Kriegsmüdigkeit sowie die Unzufriedenheit mit dem maroden zaristischen System trieben die Menschen auf die Straßen. Die Oktoberrevolution von 1917 brachte den Bolschewistenführer Lenin an die Macht, der umgehend mit den Mittelmächten die Friedensverhandlungen von Brest-Litowsk aufnahm. So wurde im März 1918 ein großer Teil des deutschen Ostheers frei für die Westfront.

Generalfeldmarschall Paul von Hindenburg mit Kaiser Wilhelm II. und Generalstabschef Erich Ludendorff (von links nach rechts) bei einer strategischen Beratung.

DER SEEKRIEG

»Deutschlands Zukunft liegt auf dem Meer«, hatte man vor dem Krieg geglaubt. Doch die Realität zeigte Großbritanniens Übermacht auf den Weltmeeren. Schon Ende 1914 gingen drei deutsche Kreuzer in der Seeschlacht vor den Falklandinseln unter. In der Nordsee vermied man die direkte Konfrontation – bis zum Mai 1916, als die deutsche Flotte die britische Hauptmacht vor dem Skagerrak stellte: 21 deutsche und 37 britische Großkampfschiffe lieferten sich eine verbissene Schlacht, die schließlich unentschieden abgebrochen wurde.

Um die britische Blockade der Nordsee zu durchbrechen, dachte man in Deutschland intensiv über den Einsatz von U-Booten nach, auch auf die Gefahr hin, dadurch die USA, die seit Kriegsbeginn mit der Allianz sympathisierten, zu reizen: In lebhafter Erinnerung waren die amerikanischen Proteste gegen die Versenkung des britischen Handelsschiffs »Lusitania« im Mai 1915 durch deutsche U-Boote. In der Illusion, Großbritannien binnen fünf Monaten in die Knie zwingen zu können, noch ehe auch nur ein amerikanischer Soldat europäischen Boden betreten habe, erklärte das Deutsche Reich im Januar 1917 den uneingeschränkten U-Boot-Krieg.

Im April 1917 kam, was kommen musste: Die USA erklärten Deutschland den Krieg. Der »große Krieg«, wie ihn die Zeitgenossen nannten, wurde zum Weltkrieg. Amerikanische Soldaten griffen auf den Schlachtfeldern Europas ein und machten deutsche Offensiven illusorisch. Sie waren ja schon bisher trotz des Einsatzes einer neu entwickelten mörderischen Waffe, des Giftgases, allesamt gescheitert.

WENDE IM STELLUNGSKRIEG

Schon Anfang 1917 hatte die Oberste Heeresleitung die deutsche Westfront auf die so genannte Siegfried-Stellung zwischen Arras und Soisson zurückgenommen, die allen alliierten Angriffen trotzte. Erst gegen Jahresende glückte den Briten mit einer neuen Waffe ein kleiner Einbruch: Bei

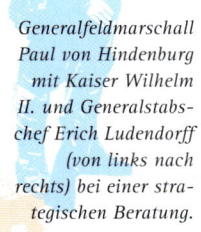

Cambrai tauchten vor den deutschen Stellungen 400 gepanzerte Ungetüme auf, die feuerspeiend die Linien aufrollten. Tanks nannten sie die Briten, Panzer hießen sie später bei den Deutschen, doch ihre psychologische Wirkung war anfangs größer als ihre Feuerkraft.

Als weitaus gefährlicher für die Deutschen erwiesen sich die 300 000 US-Soldaten, die die alliierten Stellungen in Frankreich stärkten. In der Frühjahrsoffensive 1918 sammelte Deutschland noch einmal alle Kräfte und drang sogar über die Marne vor. Doch mehr als ein paar Artillerie-Salven auf das nur fünf Tagesmärsche entfernte Paris waren nicht möglich. Es kam der »schwarze Tag« der deutschen Armee, der 8. August 1918, an dem die Briten aus dem Raum Amiens mit 500 Tanks in südöstlicher Richtung angriffen und die deutsche Front eindrückten. Hier zeigte sich, dass das deutsche Heer gegen die wachsende Übermacht der Alliierten – jetzt standen schon 600 000 Amerikaner an der Front, im Oktober sollten es 1,8 Millionen sein – auf Dauer nicht bestehen würde.

Der Zusammenbruch der Mittelmächte

Am 14. September 1918 bot Österreichs neuer Kaiser Karl I. den Alliierten den Frieden an. Endlich, am 4. Oktober, rang sich auch die deutsche Regierung unter Kanzler Prinz Max von Baden dazu durch, um Waffenstillstand nachzusuchen. Doch der richtige Zeitpunkt war versäumt, und es half auch nichts, dass man sich auf die »14 Punkte« des amerikanischen Präsidenten Wilson für einen Versöhnungsfrieden berief. Briten und Franzosen bestanden auf der Kapitulation. Das Deutsche Reich war am Ende: Kaiser Wilhelm II. setzte sich am 9. November in die Niederlande ab und zwei Tage später unterzeichnete eine deutsche Delegation im Wald von Compiègne die Waffenstillstandsbedingungen.

Kaum zu quantifizieren sind die materiellen Verluste dieses großen Krieges, allenfalls die direkten, die auf knapp eine Billion Goldmark geschätzt wurden. Selbst die Zahl der Opfer lässt sich nur ungefähr angeben, da die durch Hunger, Seuchen und Spätfolgen Umgekommenen in den Statistiken nur unzureichend erfasst sind. Von den insgesamt eingesetzten 65 Millionen Soldaten fielen rund zehn Millionen, davon fast zwei Millionen Deutsche und Österreicher.

Nach dem Frieden von Brest-Litowsk im März 1918 mit dem revolutionären Russland konnte das Deutsche Reich Truppen von der Ostfront abziehen.

1917 setzten die Briten eine neue Waffe ein: den Panzer.

················ Nebenschauplätze des Krieges ··················
Östliches Mittelmeer: Im Oktober 1914 tritt das Osmanische Reich auf der Seite der Mittelmächte in den Krieg ein. Britische und französische Truppen scheitern bei der Besetzung der Dardanellen (Januar 1916: Räumung von Gallipoli), landen aber unter Bruch der griechischen Neutralität in Saloniki, wo sie die Südostflanke der Mittelmächte bedrohen.

Naher Osten: Der britische Vormarsch gegen Bagdad wird von türkischen Truppen aufgehalten, während Großbritannien den Suezkanal gegen türkische Angriffe verteidigt, in Palästina einmarschiert und von dort aus den arabischen Aufstand gegen das hinfällige Osmanische Reich unterstützt.

Die deutschen Kolonien: Die schwachen deutschen Kolonialtruppen können das Kolonialreich nicht halten. Die Südafrikaner nehmen Deutsch-Südwestafrika ein, Briten und Franzosen Kamerun und Togo, nur Deutsch-Ostafrika wird bis Kriegsende verteidigt. Die deutschen Besitzungen in der Südsee werden von australischen, neuseeländischen und japanischen Truppen besetzt, die deutschen Pachtgebiete in China fallen an Briten und Japaner.

➤ Völker, Staaten und Kulturen: Österreich-Ungarn
➤ Völker, Staaten und Kulturen: Das Deutsche Reich
➤ Völker, Staaten und Kulturen: Frankreichs Dritte Republik
➤ Menschen und Ideen: Nikolaus II.
➤ Handel und Wirtschaft: Wirtschaftliche Folgen des Ersten Weltkriegs

Bemühungen um den Frieden nach dem Ende des Ersten Weltkriegs

Der Vertrag von Locarno, hier die offizielle Unterzeichnung am 1. Dezember 1925, war ein bedeutender Schritt auf dem Wege europäischer Friedenssicherung.

Der Erste Weltkrieg nahm mit dem Waffenstillstand zwischen dem Deutschen Reich und den Alliierten am 11. November 1918 im Wald von Compiègne sein Ende. Die Alliierten waren den deutschen Truppen überlegen, so dass ein Weiterkämpfen unnützes Blutvergießen bedeutet hätte. Bei der Unterzeichnung des Waffenstillstands führte für Deutschland eine zivile Delegation die Verhandlungen und war unter Druck der Alliierten gezwungen, deren Bedingungen anzunehmen, die aus deutscher Sicht einer Kapitulation gleich kamen. Das Osmanische Reich und Österreich-Ungarn hatten nur wenige Tage zuvor Waffenstillstandsabkommen mit den Alliierten geschlossen. Russland hatte nach der Oktoberrevolution 1917 bereits allen kriegführenden Parteien den Frieden angeboten. Am 3. März 1918 endete für Russland mit dem Frieden von Brest-Litowsk der Krieg mit Deutschland und den anderen Mittelmächten unter Hinnahme großer Gebietsabtretungen. Die grausame Bilanz des Ersten Weltkriegs: Etwa 10 Millionen Soldaten starben, 20 Millionen wurden verwundet und fast 6,5 Millionen gefangen genommen.

Präsident Wilsons Friedensplan und der Völkerbund

Die Grundlage für den an den Waffenstillstand anschließenden Friedensschluss der Alliierten mit dem Deutschen Reich bildete der 14-Punkte-Plan des US-amerikanischen Präsidenten Woodrow Wilson, den dieser bereits im Januar 1918 vorgestellt hatte. Darin hatte er konkrete

Der deutsche Außenminister Gustav Stresemann erhielt 1926 den Friedensnobelpreis.

Forderungen formuliert, vor allem aber Grundsätzliches zur künftigen Friedenssicherung gesagt. Eine »Gesellschaft der Nationen« sollte nach Wilsons Vorstellungen den Frieden weltweit garantieren. Auf diese Idee geht die Gründung des Völkerbunds zurück, eines Zusammenschlusses von zunächst 45 Staaten. 1926 trat auch Deutschland auf Vermittlung von Außenminister Gustav Stresemann dem Staatenbund bei, schied aber 1933 unter Hitler wieder aus. Die USA wurden nicht Mitglied.

1920 nahm der Völkerbund, dessen Satzung Bestandteil des auf der Pariser Friedenskonferenz 1919 geschlossenen Versailler Vertrags war, seine Arbeit auf. Zwar sah seine Satzung vor, dass alle Mitgliedsstaaten einem anderen Mitglied im Falle eines Angriffs beistehen sollten, in der Praxis boten diese Worte jedoch nur eine moralische, aber keine zwingende Verpflichtung, in bewaffnete Konflikte einzugreifen – neben dem Nichtbeitritt der Weltmacht USA einer der Gründe, warum der Völkerbund dem Ausbruch des Zweiten Weltkriegs machtlos gegenüberstand.

Friedensbemühungen nach dem Ersten Weltkrieg

Der Versailler Vertrag und die Reparationsfrage

Der Versailler Vertrag, der Friedensvertrag des Ersten Weltkriegs, wurde ohne Beteiligung der Mittelmächte und Russlands ausgehandelt. Als die Vertragsbestimmungen bekannt wurden, waren sie für die Deutschen ein Schock, denn Deutschland wurde die alleinige Kriegsschuld zugeschrieben und sollte erhebliche Reparationszahlungen leisten. So stieß das Vertragswerk in Deutschland auf breite Ablehnung, wurde auf Druck der Alliierten aber dennoch am 28. Juni 1919 unterzeichnet. Die USA, die die Ratifizierung des Versailler Vertrags abgelehnt hatten, weil er nicht in allen Punkten mit Wilsons 14-Punkte-Plan konform ging, schlossen mit Deutschland 1921 einen separaten Friedensvertrag ab.

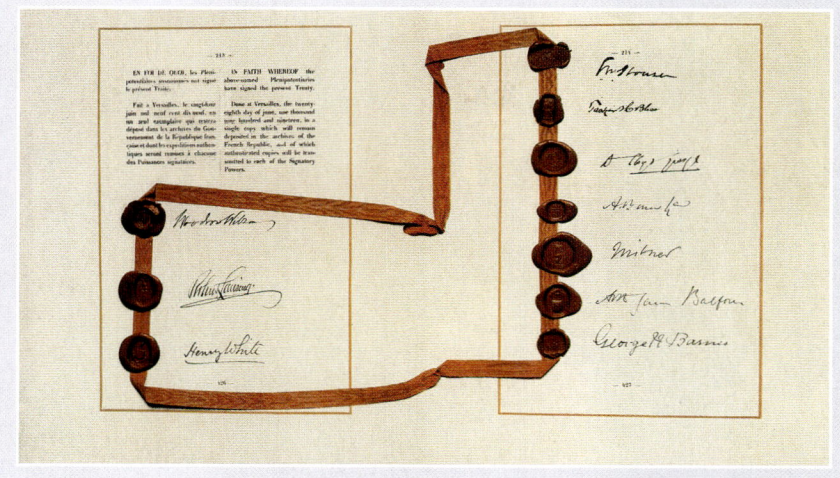

Die Reparationen an die Alliierten überstiegen die wirtschaftlichen Verhältnisse Deutschlands, weshalb es 1921 mit der Zahlung in Verzug geriet. Frankreich, das

Unterschriften und Siegel unter dem Versailler Friedensvertrag, der in weiten Kreisen der deutschen Gesellschaft auf erbitterte Ablehnung stieß

Die Vertreter der Alliierten bei der Friedenskonferenz von Versailles

sich zum Ziel gesetzt hatte, die Forderungen des Versailler Vertrags vehement durchzusetzen, und Belgien besetzten daraufhin Anfang 1923 das Ruhrgebiet. 1924 wurden die Reparationszahlungen im Dawes-Plan neu geregelt und an die wirtschaftliche Leistungsfähigkeit Deutschlands angepasst. 1929 löste der Young-Plan, der erstmals die Reparationssumme begrenzte, den Dawes-Plan ab. Auf der Konferenz von Lausanne 1932 schließlich wurde die Einstellung der Zahlungen beschlossen.

Schritte zu mehr Entspannung und Abrüstung

Um einen dauerhaften Frieden in Europa zu sichern, fand 1925 in Locarno auf Anregung des deutschen Außenministers Gustav Stresemann eine internationale Konferenz über Sicherheitsfragen statt, mit dem Ergebnis, ein europäisches Sicherheitssystem aufzubauen. Deutschland erklärte sich zudem bereit, seine im Versailler Vertrag neu festgelegte Westgrenze zu akzeptieren; auch Frankreich und Belgien verzichteten auf eine gewaltsame Veränderung ihrer Grenzen. Die treibenden Kräfte für die Einigung waren Stresemann und der französische Außenminister Aristide Briand, die dafür 1926 den Friedensnobelpreis erhielten.

Im Jahre 1928 wurde die Entspannungspolitik mit dem Briand-Kellogg-Pakt, benannt nach Aristide Briand und seinem US-amerikanischen Amtskollegen Frank Billings Kellogg, vorangetrieben. Die 15 Staaten – darunter auch Deutschland, das zur Unterzeichnung mit Gustav Stresemann erstmals wieder einen Außenminister nach Paris entsandte –, die als Erste das Abkommen unterschrieben, verpflichteten sich mit ihrer Unterzeichnung, auf Krieg als Mittel zur Durchsetzung von Streitigkeiten zu verzichten. Bis zum Jahr 1929 schlossen sich weitere 48 Staaten an.

••••• ERFOLGE DES DEUTSCHEN •••••
AUSSENMINISTERS STRESEMANN
1925 Abschluss der Verträge von Locarno
1926 Beitritt Deutschlands zum Völkerbund
1926 Friedensnobelpreis
1928 Unterzeichnung des Briand-Kellogg-Pakts

Eine Ära geht zu Ende – Gustav Stresemann bei seiner letzten großen Rede vor dem Völkerbund in Genf am 9. September 1929.

▶ Völker, Staaten und Kulturen: Das Deutsche Reich
▶ Völker, Staaten und Kulturen: Frankreichs Dritte Republik

REVOLUTIONEN IN RUSSLAND

Anfang des 20. Jahrhunderts erlebte Russland, der in jeder Hinsicht rückständigste Staat Europas, eine Reihe von Aufständen und Umsturzversuchen. Das Ende der Zarenherrschaft brachte die Oktoberrevolution von 1917, die in den Bürgerkrieg und schließlich in die kommunistische Diktatur mündete.

Das Winterpalais in Sankt Petersburg war im Oktober 1917 Schauplatz blutiger Kämpfe.

Trotz des repressiven zaristischen Regimes blühte in Russland seit dem ausgehenden 19. Jahrhundert die politische Agitation. Da weite Teile der Bevölkerung mit den sozialen, wirtschaftlichen und politischen Zuständen zutiefst unzufrieden waren, fielen revolutionäre Ideen auf fruchtbaren Boden.

BLUTIGER SONNTAG

Während der schweren Wirtschaftskrise um die Jahrhundertwende radikalisierte sich das linke Lager. Streiks unter den Arbeitern und Unruhen bei den Bauern nahmen zu. Und Zar Nikolaus II. wusste keine andere Antwort darauf, als weiterhin alle Reformen zu verhindern und auch die liberale Forderung nach Volkswahlen abzuweisen. Im Januar 1905 eskalierte ein Streik in Sankt Petersburg zum Volksaufstand. Militär wurde eingesetzt, und als eine Arbeiterdelegation auf das Winterpalais marschierte, wurde das Feuer eröffnet. Bei diesem »Blutigen Sonntag« gab es Hunderte von Verwundeten und Toten.

Lenin, der herausragende Führer der Oktoberrevolution, spricht zu Arbeiter- und Soldatenräten.

REVOLUTIONEN IN RUSSLAND

Im Mai 1905 bildete sich in Iwanowo-Wosnessensk erstmals ein Arbeiterrat. Das Beispiel dieses Sowjet machte Schule. Auch Teile des Militärs schlossen sich der Bewegung an: Die Meuterei auf dem Panzerkreuzer »Potemkin« in Odessa setzte dafür ein deutliches Zeichen. Aber erst als sein Onkel von Revolutionären ermordet wurde, zeigte sich der Zar zu Zugeständnissen bereit. Im Oktober 1905 versprach er die Einberufung einer Duma (Volksversammlung) und die Anerkennung von Bürgerrechten. Vorerst schien die Krise bewältigt. Doch schon bald machten sich die Revolutionäre wieder mit blutigen Terroraktionen bemerkbar, umso grausamer schlug das zaristische System zurück.

Oppositionelle Führer wurden verhaftet, nach Sibirien verbannt oder gingen ins Ausland. Wie etwa Lenin, der seit 1907 vom Exil aus seine politische Arbeit fortführte. In Schriften und öffentlichen Reden warb er für seine am Marxismus orientierte Ideologie und die sozialistische Machtübernahme in Russland.

Die berühmte Treppenszene aus dem Film »Panzerkreuzer Potemkin« (1925) des russischen Regisseurs Sergej M. Eisenstein.

DIE FEBRUARREVOLUTION

Als 1914 der Erste Weltkrieg ausbrach, zeigte sich die zaristische Herrschaft wieder einmal von ihrer unfähigsten Seite: Die verfehlte Militärpolitik kostete bereits im ersten Jahr zwei Millionen Russen das Leben. Nun verlor der Zar auch seine Anhänger im bürgerlichen Lager. Je aussichtsloser die Kriegssituation, umso größer wurden die Demonstrationen für den Frieden. Wieder reagierte das Regime mit Gewalt. Als der Zar im Februar 1917 die Auflösung der Duma befahl, widersetzten sich die Volksvertreter. In der selben Nacht meuterte die Petersburger Garnison, die Menschen gingen zu Massen auf die Straße. Unter dem Druck der Öffentlichkeit entschloss sich der Zar umgehend zur Abdankung, die Republik wurde ausgerufen, eine provisorische bürgerliche Regierung eingesetzt. Der Zar, der nach wie vor den Ernst der Lage nicht erfasste, wurde verhaftet. Man brachte ihn nach Jekaterinburg im Ural, wo er im Juli 1918 mit seiner Familie ermordet wurde. Aber zu diesem Zeitpunkt hatten bereits die Bolschewisten das Sagen.

ALLE MACHT DEN SOWJETS

Die Republik machte Lenin und vielen anderen Kampfgenossen den Weg zurück nach Russland frei. Ihr Ziel war die sozialistische Revolution. Lenin gab die Losung «Alle Macht den Sowjets» aus, in Fabriken und Werkstätten bildeten sich Arbeiterräte. Allerdings schlug ein Umsturzversuch im Juli 1917 fehl. Lenin musste nach Finnland fliehen, Leo Trotzki und andere Kommunistenführer wurden verhaftet. Nun übernahm der vormalige Justizminister Kerenskij die Macht und ernannte General Kornilow zum neuen Armeechef, der allerdings seinerseits gegen Kerenskij putschte. Dass die Gemäßigten nicht die Kraft haben würden, das Chaos zu ordnen und Frieden zu schaffen, wurde immer mehr Russen klar.

DIE REVOLUTION TRIUMPHIERT

Das bolschewistische Zentralkomitee war nun fest zum Umsturz entschlossen. Am 24. Oktober besetzten Revolutionäre alle strategisch wichtigen Punkte in Sankt Petersburg und ließen das Winterpalais, den Sitz der Regierung, vom Kreuzer »Aurora« beschießen. Schon in der folgenden Nacht floh Kerenskij. Der blutige Bürgerkrieg zwischen den antibolschewistischen Weißen und den Roten brach aus. 1921 waren die Weißen, in sich zerstritten und ohne konterrevolutionären Elan, endgültig geschlagen, während gleichzeitig die durch die Sowjets eingeführte Sozialisierung der Produktionsmittel das Land in eine schwere Wirtschaftskrise führte. Trotzdem konnten sich die Bolschewiken um Lenin letztendlich durchsetzen: Ende 1922 wurde die UdSSR, die Union der Sozialistischen Sowjetrepubliken, gegründet. Die Diktatur der kommunistischen Partei begann.

LENINS ERSTER SIEG

Der als Wladimir Iljitsch Uljanow in Simbirsk geborene Rechtsanwalt Lenin (1870 – 1924) betrat Ende des 19. Jahrhunderts das politische Parkett. Von Anfang an kämpfte er für die Befreiung der Arbeiterklasse, wobei er die marxistische Lehre allerdings den russischen Verhältnissen anpasste. Beim Zweiten Kongress der Russischen Sozialdemokratischen Arbeiterpartei 1903 errang Lenin einen ersten entscheidenden Sieg, als er sich mit seinen Thesen, die der »reinen Lehre« widersprachen, durchsetzen konnte. Fortan nannten sich seine Anhänger Bolschewiki (Mehrheitler).

Die Revolutionäre stürmen den Regierungssitz, das Winterpalais in Sankt Petersburg.

- ▶ Völker, Staaten und Kulturen: Das Russische Reich
- ▶ Völker, Staaten und Kulturen: Entstehung und Aufstieg der UdSSR
- ▶ Menschen und Ideen: Nikolaus II.
- ▶ Menschen und Ideen: Lenin
- ▶ Handel und Wirtschaft: Gegenmodell zum Kapitalismus

Deutschland zwischen Novemberrevolution und Hitlerputsch

Eine Zeit der politischen Gewalt und des Extremismus erlebte Deutschland nach der Niederlage im Ersten Weltkrieg. Die Krisenjahre 1919 bis 1923 waren gezeichnet von Aufständen, Putschversuchen und politischen Morden. Dagegen musste sich die junge Weimarer Republik als demokratisches System behaupten.

Von der Meuterei der Hochseeflotte in Wilhelmshaven am 29. Oktober 1918 ausgehend, sprang der revolutionäre Funke über. Die Mehrheit der Deutschen hatte genug vom Krieg, vom Hunger und auch vom kaiserlichen Obrigkeitsstaat, der noch immer nicht zum Frieden bereit war. Am 7. November brach die Revolution in München aus, zwei Tage später in Berlin. Kaiser Wilhelm II. floh ins Exil, die Republik wurde ausgerufen, die Regierungsgeschäfte dem SPD-Vorsitzenden Friedrich Ebert übertragen. Die Herausforderung war gewaltig: Tatsächlich ging es, nach dem Zusammenbruch des alten Systems, um den Aufbau und die Gestaltung eines ganz neuen Staates.

Der Spartakus-Aufstand

In dieser wesentlichen Frage war das linke Lager in sich gespalten. Während die gemäßigten Sozialisten und Sozialdemokraten für eine parlamentarische Demokratie eintraten, strebte der radikale Spartakus-Bund (später: Kommunistische Partei Deutschlands) den grundsätzlichen Umbruch an. Nach sowjet-russischem Modell bildeten sich Arbeiter- und Soldatenräte – auch in Opposition zur parlamentarischen Linken. Anfang Januar 1919 organisierte der Spartakus-Bund in Berlin einen bewaffneten Aufstand gegen die Regierung, die sich gezwungen sah, die einzig verfügbaren bewaffneten Verbände dagegen einzusetzen: Reichswehr-Offiziere und ihre Männer, die sich nach der Kapitulation von 1918 zu Freikorps, also Freiwilligentruppen, zusammengeschlossen hatten. Sie schlugen den Aufstand brutal nieder. Unter den Toten waren auch die Führer der Spartakisten, Karl Liebknecht und Rosa Luxemburg.

Die Dolchstosslegende

Unter den Kräften, die die Weimarer Republik von Anfang an bekämpften, nahm die Reichswehr eine Sonderstellung ein; denn die Demokratie, die mit dem alten Militarismus eigentlich aufräumen wollte, war – wie der Spartakus-Aufstand zeigte – gleichzeitig auf diese Männer angewiesen, die dem Kaiserreich nachtrauerten, die Demokratie als »undeutsch« ablehnten und ihr letztendlich die Schuld am verlorenen Krieg zuwiesen. Denn die militärischen Führer, Oberbefehlshaber Hindenburg und sein Generalstabschef Ludendorff, hatten den Waffenstillstand vom 11. November 1918 zwar ausdrücklich gefordert, aber nicht unterschrieben. Das und die demütigenden Friedensverhandlungen

Die Sozialistin Rosa Luxemburg – im Bild bei einer Rede 1907 in Stuttgart – wurde 1919 in Berlin von Freikorpsoffizieren ermordet.

1917	1918	1919	1920
	1918 Revolution, Ende des Deutschen Reiches, Ausrufung der Republik	1919 Spartakus-Aufstand in Berlin; Mord an dem sozialistischen bayerischen Ministerpräsidenten Kurt Eisner; Wahl Friedrich Eberts zum ersten Reichspräsidenten der Weimarer Republik	1920 Kapp-Putsch; Reichstagswahlen mit Stimmengewinnen für radikale Parteien

Beim Münchner Putsch vom 9. November 1923 scheiterten Hitler und seine Anhänger – hier bei der Verhaftung von Münchner Kommunalpolitikern – am Widerstand der Staatsgewalt.

hatten sie den Zivilisten mit dem Zentrumsabgeordneten Matthias Erzberger an der Spitze überlassen. So entstand die Dolchstoßlegende: Nationalisten und Militaristen warfen den Demokraten Verrat am Vaterland vor, den »Dolchstoß in den Rücken der unbesiegten Front«.

Am 13. März 1920 marschierte die Marinebrigade des Freikorpsführers Ehrhardt in Berlin ein. Der reaktionäre General von Lüttwitz und der rechtsextreme Politiker Wolfgang Kapp erklärten die Regierung für abgesetzt. Doch der Kapp-Putsch brach, ohne das Eingreifen der Reichswehr, nach wenigen Tagen zusammen, weil die Gewerkschaften einen Generalstreik ausriefen. Kurz darauf kam es in Mitteldeutschland zu Aufständen der Kommunisten, die von der Reichswehr niedergeschlagen wurden. Die aufgeheizte Stimmung schlug sich auch im Ergebnis der Reichstagswahlen vom 6. Juni 1920 nieder: Stimmverluste der bürgerlichen Koalition, Gewinne der radikalen Linken und Rechten.

DIE ANFÄNGE DES NATIONALSOZIALISMUS

1922/23 erreichte die Inflation ihren Höhepunkt. In dieser Zeit der Wirtschaftskrise machte der einstige Gefreite Adolf Hitler erstmals von sich reden. 1921 hatte er den Vorsitz der NSDAP (Nationalsozialistische Deutsche Arbeiterpartei) übernommen, als Parteiabzeichen führte man das Hakenkreuz, das schon auf den Stahlhelmen der Freikorps aufgetaucht war. Mit Unterstützung monarchistischer bayerischer Wehrverbände und des Generals Ludendorff gewann die NSDAP allmählich an Bedeutung.

In seinen Hasstiraden, die immer mehr Publikum fanden, zielte Hitler – wie alle anderen Rechtsradikalen auch – nicht zuletzt auf die »Erfüllungspolitik« der Demokraten, die sich dem »Diktat von Versailles« beugten, sprich: sich trotz Wirtschaftskrise bemühten, die im Friedensvertrag geforderten Reparationszahlungen zu leisten. Denn die Alliierten drängten auf die Einlösung der deutschen Verbindlichkeiten. 1923 kam es sogar zur Besetzung des Ruhrgebiets durch französische und belgische Truppen. Auf diesen Völkerrechtsbruch reagierte Reichskanzler Wilhelm Cuno mit dem Aufruf zum passiven Widerstand, während rechtsradikale Fanatiker wie Leo Schlageter ihre Anhänger zur Gewalt aufriefen.

Im November des Jahres 1923 bereiteten Adolf Hitler und Erich von Ludendorff einen Staatsstreich vor, und zwar mit dem Ziel, in Deutschland eine Diktatur zu errichten. Doch der Putschversuch scheiterte, Hitler wurde zu fünfjähriger Festungshaft in Landsberg am Lech verurteilt. Als man ihn bereits nach acht Monaten wieder entließ, war der erste Band seines Buchs »Mein Kampf« fertig.

Der Kapp-Putsch erschütterte im März 1920 das Deutsche Reich: Soldaten der Brigade Erhardt auf dem Potsdamer Platz in Berlin.

1921	1922	1923	1924
1921 Mord an dem Zentrumspolitiker Matthias Erzberger	1922 Mord an Außenminister Walther Rathenau	1923 Einmarsch französisch-belgischer Truppen im Ruhrgebiet; Putsch der »Schwarzen Reichswehr« in Küstrin; Hitler-Putsch in München	

▶ **Völker, Staaten und Kulturen:** Das Deutsche Reich
▶ **Menschen und Ideen:** Adolf Hitler
▶ **Menschen und Ideen:** Rosa Luxemburg
▶ **Menschen und Ideen:** Konrad Adenauer
▶ **Handel und Wirtschaft:** Hyperinflation in Deutschland

Der irische Freiheitskampf

Die Teilung Irlands ist das einschneidende Ereignis in der Geschichte der Insel. Sie erfolgte 1921, nach blutigen Kämpfen zwischen irischen Nationalisten und britischen Truppen, löste den Konflikt aber nicht, sondern verschärfte ihn zum regelrechten Bürgerkrieg von 1922/23.

Eamon de Valera, Führer der irischen Republikaner und erster Regierungschef des Freistaats, als Redner bei einer Protestveranstaltung

Freiwillige der irischen Unabhängigkeitsbewegung während des Osteraufstands von 1916 in Dublin

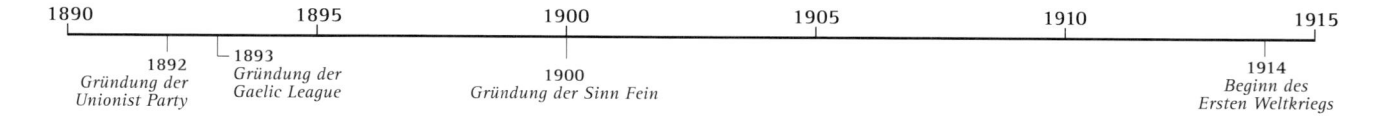

Im 12. Jahrhundert eroberten die Engländer Irland, die kleinere, keltisch besiedelte Nachbarinsel. Während in England im 16. Jahrhundert die Reformation durchgeführt wurde, blieb Irland katholisch. Von jeher wurden irische Rebellionen von den Engländern mit besonderer Härte niedergeschlagen, und von jeher war das nördliche Ulster die rebellischste der irischen Provinzen. Im 17. Jahrhundert ging London dazu über, Land in Ulster an protestantische Briten oder presbyterianische Schotten zu vergeben – Grundlage für die konfessionelle Spaltung Irlands, die bis heute ihre Brisanz erhalten hat. Im Zuge der irischen Unabhängigkeitsbewegung entstanden verschiedene katholisch-patriotische Organisationen, die von den Briten jedoch unterdrückt wurden. So erreichte 1798 die Rebellion der *United Irishmen* nicht die Unabhängigkeit, sondern das Gegenteil: Irland wurde 1801 Teil des Vereinigten Königreichs.

Radikalnationalisten und Unionisten

Im 19. Jahrhundert, als Irland direkt von London aus regiert wurde, besann man sich zunehmend auf die eigene irische Identität. Freiheitskämpfer formulierten die Forderung nach Selbstregierung und einem eigenen Parlament. Ihre politische Partei war die 1900 gegründete Sinn Fein.

Auf der anderen Seite gab es die so genannten Unionisten in Ulster, die nicht in einem von Katholiken dominierten Irland leben wollten und sich als Protestanten am sichersten innerhalb der Union mit Großbritannien aufgehoben

---

1890 — 1895 — 1900 — 1905 — 1910 — 1915

1892
Gründung der Unionist Party

1893
Gründung der Gaelic League

1900
Gründung der Sinn Fein

1914
Beginn des Ersten Weltkriegs

Der irische Freiheitskampf

In den unruhigen Jahren 1919/20 kam es vor allem in Dublin immer wieder zu Zusammenstößen zwischen Demonstranten und der Polizei.

sahen. Beide Seiten rüsteten bereits zum Kampf, und die mehrheitlich protestantischen Nordiren planten die Errichtung einer eigenen Regierung für den Fall, dass Irland unabhängig würde. Die so genannte Home-Rule-Bewegung erreichte 1914 im britischen Parlament immerhin ein Gesetz zur irischen Selbstverwaltung. Doch dann brach der Erste Weltkrieg aus.

Osteraufstand und Blutiger Sonntag

Am 24. April 1916 rief der Freiheitskämpfer Patrick Pearse in Dublin zum Erstaunen der gänzlich unvorbereiteten Bevölkerung die Irische Republik aus. Der Zeitpunkt war schlecht gewählt, denn die Menschen hatten mitten im Weltkrieg andere Sorgen. Der folgende Osteraufstand war blutig und dauerte eine Woche, bevor ihn die Briten niederschlagen konnten. Als die Briten Pearse und andere Anführer hinrichten ließen, schufen sie Märtyrer, die breite Bevölkerungsschichten für die Sache der Aufständischen gewannen. Die vorher eher unbedeutende Sinn Fein bekam gewaltigen Auftrieb als Partei.

Bei den Parlamentswahlen von 1918 gewann Sinn Fein 73 der 106 irischen Sitze im britischen Unterhaus, die sie jedoch nicht einnahm: Man wollte eben nicht innerhalb von Großbritannien repräsentiert, sondern selbständig sein! Unter Führung von Eamon de Valera bildete sich eine Regierung in Irland. Die paramilitärische Truppe Irisch-Republikanische Armee (IRA) wurde zusammengestellt, die einen Guerillakrieg gegen britische Einrichtungen zu führen begann. Der »Blutige Sonntag von Dublin« am 21. November 1920 markierte den Höhepunkt der Kämpfe zwischen den britischen Truppen und den irischen Nationalisten von Sinn Fein und IRA. 1920 erließ die britische Regierung ein Gesetz, das die Insel teilte: in Nordirland mit sechs mehrheitlich protestantischen Grafschaften und in Südirland mit 26 Grafschaften.

Bürgerkrieg

Während im Juni 1921 das nordirische Parlament gemäß des vom britischen Parlament beschlossenen Gesetzes zum ersten Mal im Stormont zusammentrat, verweigerte sich der Süden: Das Ziel war vollkommene Souveränität, die es nur in einem ungeteilten Irland geben könne. Im Dezember 1921 unterschrieben alle Verhandlungspartner zwar die Teilung Irlands in einen nationalirischen Freistaat mit Dominionstatus und einen kleinen selbstverwalteten protestantischen Teil innerhalb der Union mit Großbritannien. Doch weder die Radikalnationalisten noch die Unionisten waren mit dem Kompromiss zufrieden. Der Verhandlungsführer der Südiren Michael Collins fiel schon bald einem Attentat der eigenen IRA zum Opfer. 1922/23 entbrannte in ganz Irland zwischen Radikalen und Gemäßigten der Bürgerkrieg. Jetzt war der Konflikt nicht mehr nur ein katholisch-protestantischer, sondern spaltete auch das katholische Lager. Der Krieg sollte am Status quo jedoch nichts ändern.

Erst 1937 rief Ministerpräsident Eamon de Valera den souveränen, unabhängigen, demokratischen Staat Eire aus. Die neue Verfassung räumte der katholischen Kirche großen Einfluss ein. Mit der Proklamation war die Teilung auch von Südirlands Seite aus festgeschrieben, obwohl es offiziell Nordirland nie anerkannt hat. Die Teilung und der Gegensatz zwischen Protestanten und Katholiken sind bis heute Anlass zu blutigen Auseinandersetzungen geblieben.

Blick auf die Sackville Street während des Osteraufstands 1916: Dublin bietet einen Anblick der Verwüstung.

1916 Osteraufstand	1919 Gründung der IRA	1920 »Blutiger Sonntag« von Dublin / 1920 Teilung Irlands	1922/23 Bürgerkrieg		1937 Ausrufung der Republik Eire

➤ **Völker, Staaten und Kulturen:** Das britische Weltreich

DER RUSSISCH-POLNISCHE KRIEG

Polen sah sich Ende des Ersten Weltkriegs auf der Gewinnerseite. Es konnte sein Territorium erweitern, während das sowjetische Russland wichtige Gebiete verlor. Der Russisch-Polnische Krieg von 1920 bestätigte nach Intervention der Westalliierten die Vergrößerung Polens.

General Louis Maxime Weygand (links) leitete ein französisches Hilfskorps zur Unterstützung Polens.

Józef Klemens Piłsudski (Mitte) führte Polen im Krieg gegen Russland um die – einst polnischen – Gebiete der Ukraine und Weißrusslands zum Erfolg.

Simon Petljura, der antibolschewistische ukrainische Führer (rechts), schloss mit Polen ein Bündnis.

Die polnische Delegation bei den Verhandlungen in Riga, die 1921 zum Friedensvertrag zwischen Polen und Russland führten.

Der Russisch-Polnische Krieg

Nach ihrer siegreichen Oktoberrevolution von 1917 sahen sich die russischen Bolschewisten mit zwei Fronten konfrontiert. Sie standen mit den konterrevolutionären Truppen, den so genannten Weißen, im Bürgerkrieg und gleichzeitig im Krieg mit den Achsenmächten Deutschland, Österreich-Ungarn, Bulgarien und Türkei. So schlossen die Bolschewisten im März 1918 in Brest-Litowsk zunächst Frieden mit den äußeren Feinden, allerdings zu härtesten Bedingungen: Russland verlor Lettland, Litauen, Estland, Polen, Finnland sowie Teile Weißrusslands, der Ukraine und des Kaukasus.

Kriegskommissar Trotzkij

Nach der Kapitulation Deutschlands 1918 wurde der Vertrag zwar für nichtig erklärt, aber vorerst brachte er die Westalliierten gegen die Sowjetregierung auf; denn durch den Separatfrieden wurden deutsche Truppen aus dem Osten für die Westfront frei. Auch die nationalen Kreise in Russland lehnten den verlustreichen Frieden entschieden ab: Die weiße Bürgerkriegspartei sammelte neue Kräfte. Trotzdem gelang es dem roten Kriegskommissar Leo Trotzkij an der Wolga, den feindlichen Vormarsch auf Moskau zu stoppen. Ende 1919 schienen die konterrevolutionären Weißen geschlagen, die Sowjets konnten auf eine Konsolidierungsphase hoffen.

Streitfall Ukraine

Um das neue Russland in Schranken zu halten, setzten die Westalliierten auf Polen, das unter dem mächtigen Nachbarn von jeher gelitten hatte und zu dessen erklärten Feinden gehörte. General Józef Piłsudski, der Polen seit Ende 1918 in diktatorischer Weise regierte, hatte seine eigenen Pläne. Er strebte die die Errichtung einer litauisch-weißruthenisch-ukrainischen Föderation unter polnischer Führung an. Ende des Jahres 1919 schlossen Piłsudski und der antikommunistische ukrainische Führer Simon Petljura ein Bündnis.

Sowjetrussland sah die Gefahr und bereitete den groß angelegten militärischen Angriff vor, aber Piłsudski glaubte sich überlegen. Am 7. März 1920 zerstörte die polnische Armee bei Mosyr eine wichtige russische Eisenbahnlinie. Kurz darauf eröffnete Polen den Krieg. Als Operationsraum wählte Piłsudski die Ukraine rechts des Dnjepr, die ihm Petljura im Fall eines Sieges zusprach.

Kampf um Kiew

Am 7. Mai 1920 konnten die Polen Kiew kampflos besetzen, in allen polnischen Kirchen zelebrierte man Dankgottesdienste. Aber die bolschewistische Gegenoffensive erfolgte sofort: Am 14. Mai rückte General Tuchatschewskij, ehemals zaristischer Gardeoffizier, mit seinen Truppen ein, die Kavallerie des General Budjonnyj wurde mit 12 000 Mann aus dem Kaukasus abkommandiert und nach Kiew befohlen. So musste die polnische Besatzung Kiew schon am 11. Juni 1920 aufgeben. Neue Hoffnung setzte Piłsudski auf die antirevolutionäre weißrussische Armee. Aber die Invasion von 70 000 fremden Soldaten stieß in der Ukraine auf heftige Ablehnung: Man wollte nicht den roten Terror durch den weißen ersetzt sehen!

Inzwischen wurde im kommunistischen Politbüro in Moskau das weitere Vorgehen kontrovers diskutiert. Die wirtschaftliche Situation im Land war katastrophal, überall herrschte Kriegsmüdigkeit. Doch schließlich gab man General Tuchatschewskij nach, der Warschau angreifen wollte. Am 4. Juli 1920 setzten sich zwanzig sowjetrussische Divisionen in Richtung Wilna-Minsk-Warschau in Gang. Mitte August standen sie kurz vor Warschau. Gleichzeitig drang das Kavalleriekorps von Gay-Khan in Masuren ein. Angesichts der direkten Bedrohung bat Piłsudski die Westalliierten dringend um militärische Unterstützung. Man gewährte ihm ein französisches Hilfskorps unter General Weygand sowie Kriegsmaterial. Allerdings unter einer Bedingung: Piłsudski müsse die künftigen Entscheidungen der Alliierten bezüglich der polnisch-litauischen und der polnisch-tschechischen Grenze vorbehaltlos akzeptieren.

Das Wunder an der Weichsel

Inzwischen hatte eine Welle des Patriotismus Polen erfasst: Bauernbataillone, Freiwillige und reguläre Armee zählten insgesamt 900 000 Soldaten. Gleichzeitig kam es in der russischen Militärführung zu Unstimmigkeiten. Mitte August 1920 griff Piłsudski an und konnte die sowjetischen Truppen abschneiden. Niemand hatte noch an einen Sieg Polens geglaubt, aber nun war das »Wunder an der Weichsel« geschehen.

·········· Neuer polnischer Grenzverlauf ··········
Die Westalliierten saßen mit am Verhandlungstisch, als der Russisch-Polnische Krieg am 18. März 1921 mit dem Frieden von Riga beendet wurde. Zentraler Punkt war der Verlauf der polnischen Ostgrenze. Gemäß den Plänen des britischen Außenministers Lord Curzon wurde sie 250 Kilometer über die polnische Sprachgrenze hinaus nach Osten verschoben. Deutschland hatte Polen bereits nach dem Ersten Weltkrieg Posen und einen Großteil Westpreußens, den so genannten Korridor, abtreten müssen. 1921 erhielt Polen auch einen wesentlichen Teil des oberschlesischen Industriegebiets zugesprochen: Diese Gebietsverschiebungen störten das deutsch-polnische Verhältnis erheblich.

Polnische Soldaten verabschieden sich von ihren Familien: Im August 1920 gelang ihnen der überraschende Sieg gegen die Rote Armee, das so genannte Wunder an der Weichsel.

Um möglichst viele Freiwillige für den Wehrdienst zu gewinnen, warb die polnische Armee in Warschau mit Plakataktionen.

▶ Völker, Staaten und Kulturen: Entstehung und Aufstieg der UdSSR

DAS FASCHISTISCHE GEWALTREGIME IN ITALIEN

Nach dem Friedensschluss von 1919, der Italiens Wunsch nach nationaler Größe enttäuschte, setzte sich die antidemokratische und nationalistische Bewegung des Faschismus durch. Ihr Führer Mussolini errichtete ein totalitäres Regime und wurde zum wichtigen Bündnispartner Hitlers im Zweiten Weltkrieg.

Im Mai 1938 empfing Benito Mussolini in Rom Adolf Hitler.

Im Jahr 1915 trat Italien auf Seiten der Westalliierten in den Ersten Weltkrieg ein, nicht zuletzt weil man sich Gebietsgewinne versprach. Aber in zwölf Isonzoschlachten und 1917 bei Caporetto kam es zu schmerzhaften Niederlagen gegen Österreich. Die Bilanz: 600 000 Tote – und die Enttäuschung über einen Friedensvertrag, bei dem Italien praktisch leer ausging. Das Kolonialreich konnte nicht vergrößert werden und nur teilweise ging der Traum der völkischen Bewegung *Italia irredenta* (»unerlöstes Italien«) von der Einverleibung des Trentino, Triests, Friauls, Istriens und der dalmatinischen Küste in Erfüllung. Zu dieser nationalen Kränkung kamen hohe Staatsverschuldung, Massenarbeitslosigkeit und Unruhen unter den verarmten Fabrik- und Landarbeitern. Nutznießer der schlechten Stimmung wurde die faschistische Bewegung.

FANAL DER GEWALT

Jubel herrschte im September 1919, als der nationalistische Literat Gabriele d'Annunzio mit seinem Freikorps die dem neu gegründeten Jugoslawien zugesprochene Hafenstadt Fiume (Rijeka) für Italien einnahm. Nun schlug die Stunde Benito Mussolinis (1883 – 1945), des ersten westeuropäischen Politikers, der sich offen zum Totalitarismus bekannte. Ab März 1919 bildeten sich unter seiner Führung in *squadre* (Stoßtrupps) organisierte Kampfbünde, die *Fasci di Combattimento*. Den Begriff Faschismus – abgeleitet von lateinisch *fascis*, dem Rutenbündel als Symbol altrömischer Herrschergewalt – brachte Mussolini selbst ins Spiel, so wie er überhaupt im Rückgriff auf die große antike Vergangenheit ein neues mächtiges Italien propagierte und sein System entsprechend in Szene setzte.

Von der Elite in Heer und Bürokratie begünstigt, agierten die militanten Faschisten als brutale Handlanger der Unternehmer und Grundbesitzer gegen Fabrikbesetzer und Streikende. Nach dem Gewinn von 25 Mandaten bei den Parlamentswahlen im Mai 1921 steigerte die faschistische Bewegung ihren Terror und bereitete den so genannten Marsch auf Rom vor, der das liberale Kabinett unter Druck setzen sollte. Aber noch bevor seine »Schwarzhemden« am 29. Oktober 1922 Rom erreichten, wurde Mussolini von König Viktor Emanuel die Regierungsbildung übertragen. Die Wahl von 1924, begleitet von Gewaltaktionen gegen Andersdenkende, brachte den Faschisten schließlich 65 Prozent der Stimmen.

AGGRESSION NACH INNEN UND AUSSEN

Mussolinis Hauptinteresse galt der Außenpolitik. Der Erfolg seiner imperialistischen Abenteuer – 1923 die Besetzung Korfus,

Mussolini an der Spitze seiner Schwarzhemden beim Marsch auf Rom im Jahr 1922

1943   JULI   SEPTEMBER   1944

10.7.1943
Alliierte Truppen landen in Sizilien.

25.7.1943
Rücktrittsangebot Mussolinis, der König lässt ihn verhaften.

8.9.1943
Der geheime Waffenstillstand der Regierung Badoglio mit den Alliierten wird bekannt.

9.9.1943
Ausrufung der faschistischen Gegenregierung mit Sitz in Salò/Gardasee.

12.9.1943
Durch ein deutsches Kommando befreit, wird Mussolini Regierungschef in Salò.

FASCHISMUS IN ITALIEN

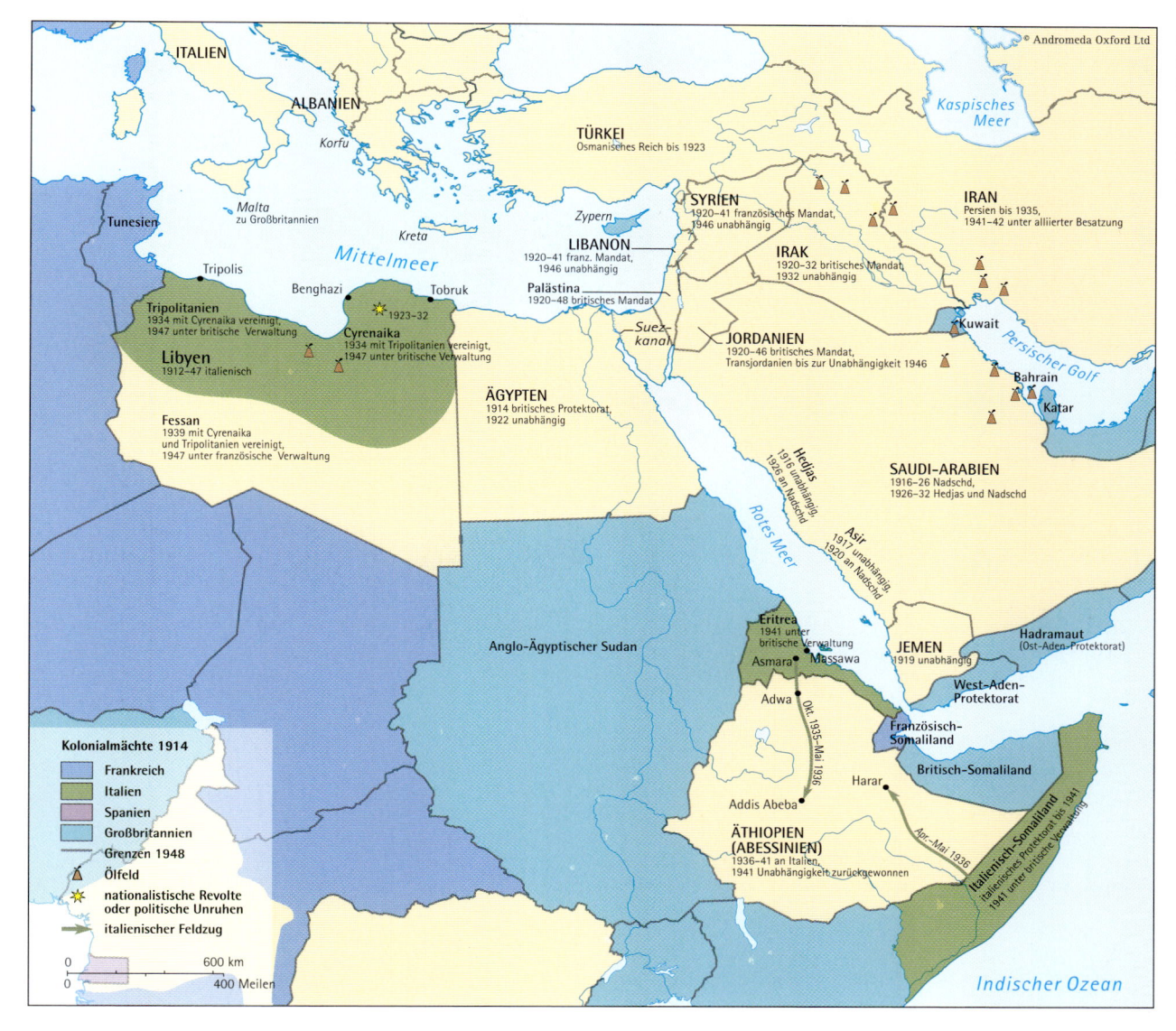

Nahöstliche und afrikanische Kolonien – darunter die italienischen Besitzungen in Afrika – in den Jahren zwischen 1914 und 1948

1935 der Überfall auf Abessinien, 1939 die Eroberung Albaniens – wurde durch das Bündnis mit NS-Deutschland abgesichert. Die Achse Berlin-Rom war Hitler so wichtig, dass er 1938 zugunsten Italiens auf das deutschsprachige Südtirol verzichtete, was in krassem Widerspruch zu seinen eigenen deutschnationalen Ansprüchen stand.

Innenpolitisch kam es zur Krise, als die Opposition nach der Ermordung des sozialistischen Abgeordneten Giacomo Matteotti am 10. Juni 1924 die Auflösung der Milizen forderte und, von der Mehrheit überstimmt, aus dem Parlament auszog. Doch Mussolini wusste auch diese Situation zu nutzen: Per Gesetz vom 24. Dezember 1925 erhielt er politische Generalvollmacht. Oppositionelle Organisationen wurden aufgelöst, ihre Presse verboten, ihre Führer verhaftet.

DAS TOTALITÄRE STAATSPROJEKT

So begann der Umbau Italiens in einen hierarchisch gegliederten, diktatorisch gelenkten Einparteienstaat im Gewande einer Monarchie mit Zweikammersystem. Mussolini war als *Capo dello Stato* (Staatschef) praktisch allmächtig und ließ sich als *Duce* (Führer) verherrlichen. Soziale Konflikte sollten die Korporationen beilegen, ständische Organe, die aus Syndikaten von Arbeitgebern und -nehmern bestanden. Es gab weder eine Trennung von Legislative und Exekutive noch von Staat und Partei; das oberste Parteiorgan, der Große Faschistische Rat, war zugleich oberstes Verfassungsorgan. Politische Gegner wurden von Sondergerichten nach Süditalien oder auf abgelegene Inseln verbannt. Insgesamt blieb die Zahl der Opfer bei weitem hinter denen des Nationalsozialismus oder des Stalinismus zurück. Doch unter Hitlers Druck entrechtete auch Mussolini ab 1938 die Juden und lieferte sie gegen Ende seines Regimes den Schergen Himmlers aus.

Die Kriegserfolge der Westalliierten hatten im Juli 1943 den Sturz Mussolinis zur Folge. Er wurde gefangen genommen, von der SS und einigen Getreuen jedoch befreit und als Chef der so genannten Republik von Salò eingesetzt. Italien versank im Bürgerkrieg. Das sinnlose Blutvergießen endete erst, als Mussolini im April 1945 von Partisanen auf der Flucht erschossen wurde.

1945 — April — September — 1946

28.4.1945
Mussolini wird auf der Flucht in die Schweiz von Partisanen erschossen.

Kapitulation der deutschen Italienarmee

▶ Menschen und Ideen: Totalitäre Ideologien im 20. Jahrhundert

DIE NATIONALE ERHEBUNG DER TÜRKEI

*Die Niederlage des Osmanischen Reiches im Ersten Weltkrieg führte zur
völligen Zerschlagung des Vielvölkerstaates und zur Gründung eines türkischen Nationalstaates,
der sich erfolgreich gegen die Besetzung durch die Siegermächte und Griechenland wehrte.*

Ein düsteres Kapitel des türkischen Nationalismus war der Terror gegen die Armenier. Im Bild: Armenische Truppen sammeln sich 1920 in Eriwan zum Kampf.

Reste der geschlagenen griechischen Armee auf dem Rückzug aus Anatolien

Nach dem Waffenstillstand von Mudros Ende Oktober 1918 besetzten die im Ersten Weltkrieg siegreichen Entente-Mächte die osmanische Hauptstadt Konstantinopel. Kurz darauf landeten die Briten an den Meerengen der Dardanellen, und eine Flotte bestehend aus englischen, griechischen, französischen und italienischen Schiffen fuhr in den Bosporus ein. Schließlich wurde auf der Pariser Friedenskonferenz am 30. Januar 1919 die Aufteilung des Osmanischen Reiches unter den Siegermächten beschlossen. Deren Verbündeter Griechenland nutzte die Gunst der Stunde und besetzte die westanatolische Hafenstadt Izmir (Smyrna).

Unter diesen Eindrücken wuchsen Unmut, Sorge und Angst bei der türkischen Bevölkerung, aber auch der Wunsch, die verlorene Unabhängigkeit wieder zu erlangen. An die Spitze der Bewegung stellte sich Mustafa Kemal Pascha, ein erfahrener General, der bereits vor dem Krieg in der patriotischen jungtürkischen Bewegung engagiert gewesen war. Er sollte später das erste Staatsoberhaupt der Türkei werden und den Ehrentitel Atatürk, Vater der Türkei, erhalten.

DER BEGINN DES UNABHÄNGIGKEITSKAMPFES

Als Kemal Pascha vom Sultan beauftragt wurde, als Armeeinspekteur die rebellischen Truppen im Osten des Landes zu überwachen und zur Ruhe zu bringen, ergriff er die Gelegenheit, um in Anatolien den Unabhängigkeitskampf einzuleiten. Am 19. Mai 1919 landete Kemal Pascha in der Hafenstadt Samsun am Schwarzen Meer. Dieser Tag gilt allgemein als Beginn der türkischen Erhebung.

Kemal Pascha trat aus den Diensten der Osmanen aus und widmete sich von nun an ganz der Organisation des Unabhängigkeitskampfes. So berief er bereits im Juli im ostanatolischen Erzurum einen Kongress ein, der eine nationale Regierung ein-

NATIONALE ERHEBUNG DER TÜRKEI

setzte. Diese nahm Ende 1919 in Ankara die Arbeit auf, während in Konstantinopel noch immer die osmanische Regierung bestand. Deren Verhandlungen mit den Siegermächten führten im August 1920 zum Friedensvertrag von Sèvres, der die Türkei auf Anatolien beschränkt hatte, und im ganzen Land eine nationale Empörung hervorrief. Selbstverständlich lehnte die jüngst einberufene türkische Nationalversammlung unter ihrem Vorsitzenden Kemal Pascha die Vereinbarungen ab und nahm den politischen und militärischen Kampf um Einheit und Unabhängigkeit auf.

Während Konstantinopel unter alliierter Besatzung blieb, erreichten die Nationalen im Osten den Abzug der Franzosen aus Maras und Urfa. Gleichzeitig sahen sie sich zur Errichtung einer Westfront gezwungen, da von Westen her griechische Truppen vordrangen und Balikesir und Bursa einnahmen. Auch in Thrakien, dem europäischen Teil des Osmanischen Reiches, waren die Griechen erfolgreich.

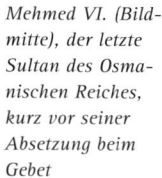

Mehmed VI. (Bildmitte), der letzte Sultan des Osmanischen Reiches, kurz vor seiner Absetzung beim Gebet

KRISE UND UNABHÄNGIGKEIT

Der griechische Vormarsch in den ersten drei Monaten des Jahres 1921 wurde in Inönü von den Türken erfolgreich gestoppt. Aber im Juli überquerten die griechischen Truppen den Fluss Sakarya und bedrohten Ankara. Die drei Wochen dauernde Schlacht konnten die Türken letztendlich für sich entscheiden. Die griechische Armee wurde zurückgeworfen und sollte nach dieser Niederlage ihre Schlagkraft für längere Zeit nicht wiedererlangen. Dieser Sieg war der Wendepunkt im türkischen Unabhängigkeitskampf. In der Folgezeit verließen auch die italienischen Truppen das Land und übergaben den Türken Adalia (Antalya). Nach der Unterzeichnung des Vertrags vom 20. Oktober 1921 in Ankara räumten die Franzosen Kleinasien, und Adana wurde wieder türkisch. Am 26. August 1922 begann die letzte Schlacht gegen die griechische Armee bei Dumlupnar. Der Durchbruch endete mit der Eroberung von Izmir (Smyrna) durch die türkischen Nationalkräfte.

Am 11. Oktober des gleichen Jahres wurde der Waffenstillstand in Mudanya (bei Bursa) unterzeichnet, Edirne von Griechen evakuiert. Nach der Abschaffung des Sultanats am 1. November 1922 durch die nationale Regierung verließ Sultan Mehmed VI. Wahideddin das Land. Die neue Türkei war geboren.

······· AUSZÜGE AUS KEMAL PASCHAS REDE ·······
VOR DEM TÜRKISCHEN PARLAMENT 1927

»Am 19. Mai 1919 landete ich in Samsun. Zu dieser Zeit stellte sich die Lage folgendermaßen dar: Die Mächtegruppe zu der die osmanische Regierung gehörte, war in dem großen Krieg besiegt worden. Das osmanische Heer war überall zerschmettert. Ein Waffenstillstand unter schweren Bedingungen war unterzeichnet worden. Die langen Jahre des großen Krieges hatten das Volk erschöpft und verarmt hinterlassen. [...] Die Entente-Mächte hielten es nicht für nötig, die Bestimmungen des Waffenstillstandes zu respektieren. [...] Unter diesen Umständen gab es nur einen Entschluss, nämlich einen neuen türkischen Staat zu schaffen, der sich auf die nationale Souveränität stützte [...]. Dies ist der Entschluss, den wir gefasst hatten, ehe wir noch Konstantinopel verließen.«

Der Nationalistenführer und erste Präsident der Türkei Mustafa Kemal Pascha (1881 bis 1938), bekannt als Atatürk (»Vater der Türken«), mit seiner Frau Latifah.

➤ Völker, Staaten und Kulturen: Die Osmanen
➤ Menschen und Ideen: Kemal Atatürk

DER KRIEG IM BEWUSSTSEIN DES 20. JAHRHUNDERTS – LITERATUR, KUNST, FILM

Als zentrale Kategorie für die Wirkung des Krieges in der Mentalität des 20. Jahrhunderts muss das seelische Trauma – von griechisch: Wunde – zugrunde gelegt werden. Der Psychoanalytiker Sigmund Freud wendete den Begriff der traumatischen Kriegsneurose auf die psychischen Störungen der Heimkehrer des Ersten Weltkriegs an. Der Schock des Fronterlebnisses hatte mit seiner Heftigkeit ihre bewusste Reizabwehr überwunden und sie so tief getroffen, dass sie das Unbewusste auch noch in Friedenszeiten zum ständigen inneren Wiedererleben des Fürchterlichen zwang. Für eine problemlose Rückkehr in den Alltag waren diese Männer nicht mehr tauglich. Doch zahlreiche Künstler schufen im Versuch, den Kriegsschock im Nachhinein zu erfassen, großartige Werke.

TRAUMATISCHES ERLEBNIS

Ein Teil der deutschen Expressionisten und die italienischen Futuristen hatten, aus Überdruss am alten Europa, den Ersten Weltkrieg zunächst begrüßt. Doch in den Schützengräben wich die Begeisterung der brutalen Ernüchterung. Für den österreichischen Dichter Georg Trakl wurde der Krieg zur fürchterlichen Bestätigung dessen, was er an persönlicher Bedrohung und kollektiver Todessehnsucht schon zuvor empfunden hatte. Als Sanitäter in Galizien eingesetzt, suchte Trakl am 3. November 1914 im Garnisonshospital von Krakau schließlich den Freitod. Sein Fazit aus dem Gedicht »Grodek«, das nach dem Schauplatz einer von ihm miterlebten Schlacht benannt ist, kann sinnbildhaft für die Verzweiflung stehen, die der Erste Weltkrieg auslöste: »Alle Straßen münden in schwarze Verwesung.«

Der französische Schriftsteller Louis-Ferdinand Céline stellte seine Kriegserfahrung in dem Roman »Reise ans Ende der Nacht« (1932) in einer ähnlich düsteren Vision dar. Ihm wird der Tod zur einzig gültigen Wahrheit, alles Existierende versinkt in Fäulnis und nachtschwarzer Angst, vor deren Hintergrund sich das Leben auf die Befriedigung der elementarsten Bedürfnisse reduziert. Die traumatische Erfahrung des Krieges entzieht

Szene aus dem Film »Deutschland im Jahre Null«, den der italienische Regisseur Roberto Rossellini 1947 im zerstörten Berlin mit deutschen Laiendarstellern drehte

Der Krieg im Bewusstsein des 20. Jahrhunderts

Die Gräuel des Vietnamkriegs prangerte Oliver Stone in seinem Film »Platoon« an.

bei ihm allen idealistischen und humanistischen Werten jegliche Legitimation und Grundlage. Die konträre Reaktion, die im Krieg eine heroische Schulung sah, verkörperte Ernst Jünger mit seinem Buch »In Stahlgewittern« (1920). Darin tritt eine Verhärtung und Versachlichung des Menschenbildes zutage, die dem Trauma entschlossen-gefasst mit souveräner Haltung begegnen will.

Engagement gegen den Krieg

Mit großer Breitenwirkung repräsentierten der Roman »Im Westen nichts Neues« (1929) von Erich Maria Remarque und seine amerikanische Verfilmung durch Lewis Milestone (1930) eine populäre Form des Engagements gegen den Krieg: Hier wird aus der Perspektive des einfachen Soldaten das Geschehen als den Einzelnen überwältigendes, sinnloses und anonymes Gemetzel dargestellt. Drastisch entlarvt die Realität des Schützengrabens die hehren Parolen des Patriotismus als hohle Phrasen. Das Buch und der Film wurden in Deutschland unter der Nazi-Diktatur nur zensiert freigegeben beziehungsweise verboten.

Der Ausbruch des Spanischen Bürgerkriegs im Jahr 1936 lieferte dann den Anlass für ein aktives Engagement von linken Intellektuellen und Künstlern im Kampf mit dem Faschisten Franco. Die Niederlage der spanischen Republik gegen die Militärs beraubte aber viele ihres Glaubens an die Möglichkeit eines sinnvollen bewaffneten Kampfes.

Deformation des Menschen

Insofern stellt das Gemälde »Guernica« (1937) von Pablo Picasso nicht nur den Schock dar, den die Bombardierung der baskischen Stadt Guernica durch die deutsche Legion Condor auslöste. Picasso gestaltete in einem allgemeingültigen Sinne das erschütternde Bild des Menschen, der vom Krieg buchstäblich in seine Einzelteile zerlegt wird. Die psychische und physische Deformation des Menschlichen, die in Picassos Bild erkennbar wurde, sollte sich darüber hinaus als prophetisch erweisen: Denn auch für die Auswirkungen der Vernichtungsmaschinerie und des »totalen Krieges« der Nazis, ja für den Abwurf der Atombombe auf Hiroshima kann Picassos Bild als gültige Darstellung angesehen werden.

Nullpunkt der Menschheit

Mit dem Ende des Zweiten Weltkriegs schien jegliche Form des Humanismus und des Vertrauens in die kulturellen Errungenschaften Europas geschwunden zu sein. Der Nullpunkt, den Roberto Rossellini mit seinem dokumentarischen Film »Deutschland im Jahre Null« (1947) beschwor, kann symbolisch aufgefasst werden.

Ein ähnliches Trauma sollte den USA dann mit dem Vietnamkrieg widerfahren. Nach Kriegsende wurde der Vietnamfilm geradezu zum Genre. In Zusammenarbeit mit Vietnamveteranen entstand Stanley Kubricks antimilitaristisches Meisterwerk »Full Metal Jacket« (1987): eine präzise Studie, die militärische Ausbildung und tatsächlichen Kriegseinsatz einander unversöhnlich gegenüberstellt. Die radikale Unvermitteltheit, mit der der reale Krieg den Drill in der Kaserne gleichzeitig einlöst und überbietet, hinterlässt eine Ratlosigkeit, die letztlich auch die Problematik künstlerischen Bemühens kennzeichnet, Krieg angemessen darzustellen.

········· Erich Maria Remarque ·········
über die zerstörte Generation

In einer Vorbemerkung zu seinem Welterfolg »Im Westen nichts Neues« schrieb Erich Maria Remarque (1898 – 1970): »Dieses Buch soll weder eine Anklage noch ein Bekenntnis sein. Es soll nur den Versuch machen, über eine Generation zu berichten, die vom Krieg zerstört wurde – auch wenn sie den Granaten entkam.«

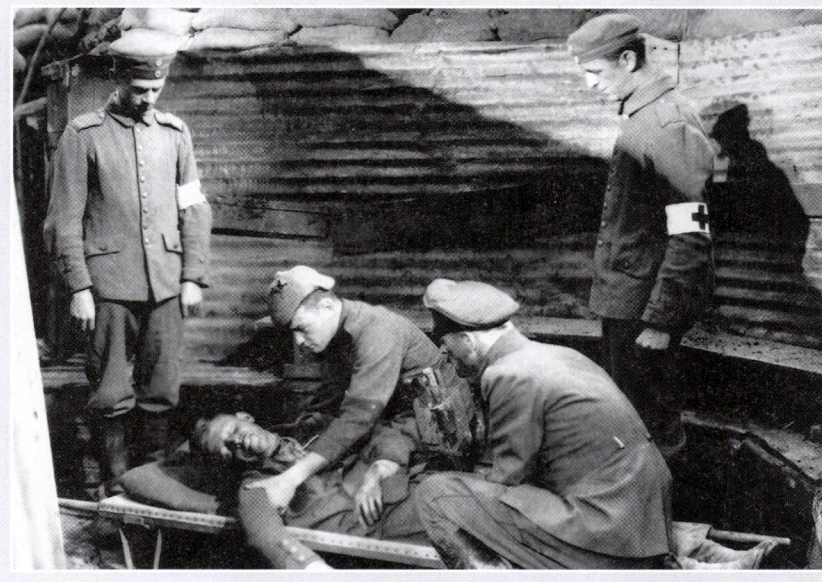

Hollywood verfilmte den berühmten deutschen Antikriegsroman »Im Westen nichts Neues«.

▶ Kunst und Architektur: Guernica

Konflikte der Zwischenkriegszeit im Nahen Osten

Der Zusammenbruch des Osmanischen Reiches im Ersten Weltkrieg brachte dem Nahen Osten nicht die ersehnte Unabhängigkeit. Vielmehr zwangen Großbritannien und Frankreich der Region ihre nicht immer weitsichtige Kolonialpolitik auf, was etwa in der Palästinafrage bis heute Konsequenzen zeigt.

Prinz Faisal I. (1883 bis 1939) mit seiner Delegation im Jahre 1919 in Paris. In der zweiten Reihe, zweiter von rechts: der britische Oberst Thomas E. Lawrence (1888 bis 1935), bekannt als Lawrence von Arabien

Im Ersten Weltkrieg stand das Osmanische Reich, seit 400 Jahren Herrscher im Nahen Osten, auf Seiten der Achsenmächte, somit in Gegnerschaft zu Großbritannien, das seine Interessen in der Region mit Hilfe der Araber zu wahren hoffte. Die Briten gründeten deshalb in Kairo das so genannte Arabienbüro, in dem unter anderen der legendäre Lawrence von Arabien tätig war. Doch die arabische Unterstützung hatte ihren Preis. In geheimen Verhandlungen trotzte der Scherif Hussain I., ein Nachkomme des Propheten aus dem Geschlecht der Haschemiten, den Briten die Zusage ab, nach dem Ende des Krieges ein »arabisches Kalifat« ausrufen zu dürfen. Es sollte den Fruchtbaren Halbmond, also den heutigen Irak, Syrien, Jordanien und Israel sowie Teile der Arabischen Halbinsel, umfassen.

Wunsch nach Unabhängigkeit

Hussain war es jedoch nie vergönnt, den Preis für seine Unterstützung einzulösen. Vielmehr machten sich Briten und Franzosen nach dem Ende des Krieges und der Niederlage des Osmanischen Reiches daran, den Nahen Osten nach ihrem Gutdünken aufzuteilen. Die Araber seien noch nicht reif für die Unabhängigkeit, so die Begründung. Der Irak, Transjordanien und Palästina wurden zu britischen Mandatsgebieten, während der Libanon und Syrien in die Verantwortlichkeit der Franzosen übergingen. Laut Auftrag des Völkerbundes sollten die Europäer die Mandatsgebiete langfristig auf ihre Unabhängigkeit vorbereiten.

Die Haschemiten hatten ihren Traum von einem arabischen Großreich aber noch lange nicht aufgegeben. Faisal I., der Sohn des Scherifen Hussain I., marschierte 1920 im Triumphzug in Damaskus ein und erklärte es zur Hauptstadt des arabischen Reiches. Nur mit dem Einsatz schwerer Waffen gelang es den Franzosen, den Aufstand niederzuringen. Auch in anderen Gegenden, wie etwa im Irak, kam es zu Beginn der zwanziger Jahre zu Unruhen.

Auf dem Höhepunkt der Macht

Ungeachtet dessen erreichte der europäische Einfluss im Nahen Osten in der Zwischenkriegszeit seinen Höhepunkt. Durch geschicktes Taktieren gelang es insbesondere den Briten, die unterschiedlichen Interessengruppen in den arabischen Ländern gegeneinander auszuspielen. Wo der Druck der Unabhängigkeitsbewegungen zu groß wurde, entließen sie die Länder frühzeitig in die Freiheit – allerdings nicht ohne vorher günstige Verträge abgeschlossen zu haben, die ihnen die Nutzung von Militärbasen sowie andere Privilegi-

Im britischen Mandatsgebiet Palästina kam es immer wieder zu gewaltsamen Protesten der Araber gegen die jüdische Einwanderung. Im Bild: britisches Militär mit verhafteten Palästinensern in Jerusalem 1938

Konflikte im Nahen Osten

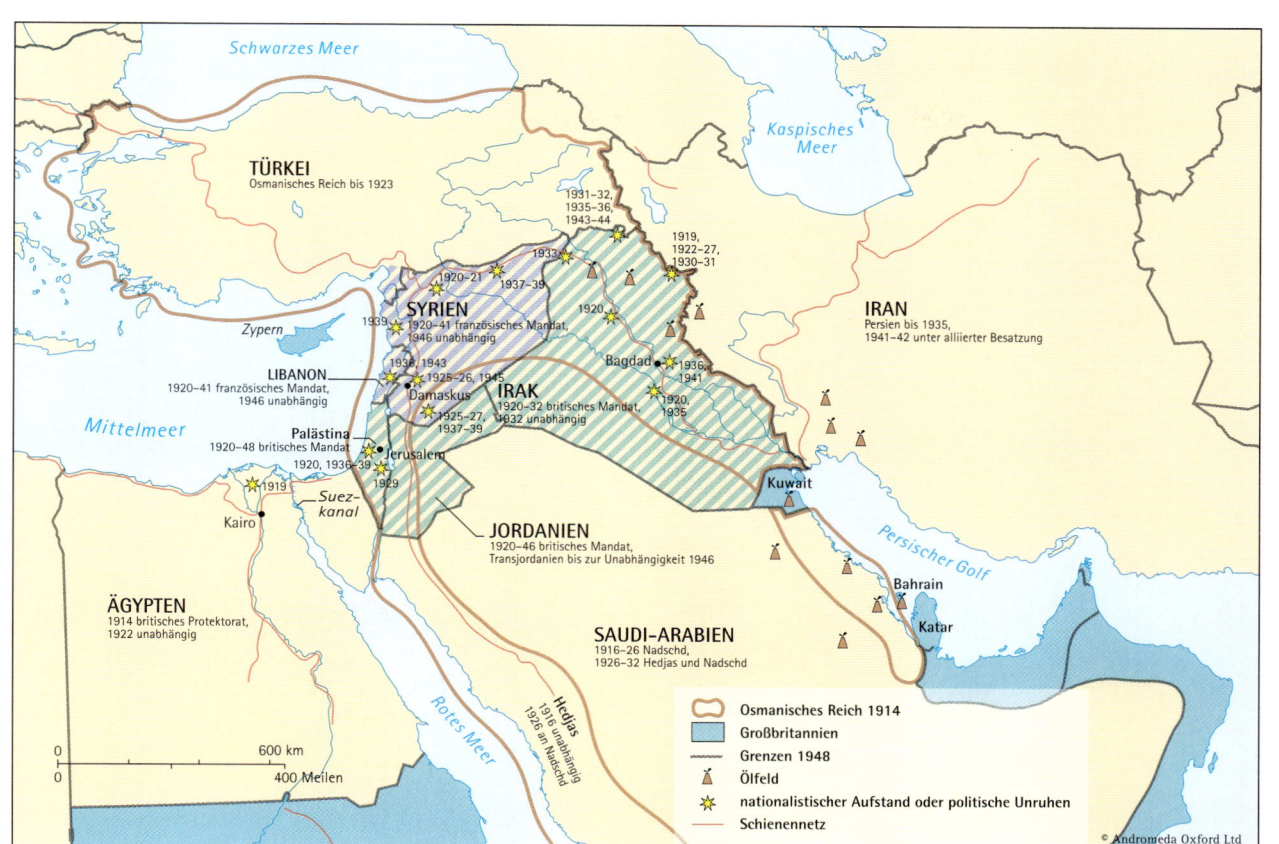

Die politische Situation im Nahen Osten bis 1948

Der Kibbuz Hasorea, 1934 im damals noch britischen Mandat Palästina von der deutsch-jüdischen Jugendbewegung aufgebaut.

en sicherten. So geschehen in Ägypten und dem Irak, die bereits 1922 beziehungsweise 1932 formell unabhängig wurden.

Sonderfall Palästina

In Palästina jedoch versagte die britische Kolonialpolitik; denn während des Ersten Weltkriegs hatten die Briten nicht nur den Arabern Hoffnung auf Unabhängigkeit gemacht. Sie versprachen gleichzeitig auch den Zionisten, ihnen dabei zu helfen, in Palästina eine »nationale Heimstätte« für die Juden zu errichten. So lautete die vage Formulierung in der nach dem damaligen britischen Außenminister benannten Balfour-Deklaration von 1917.

Zu spät erkannten die Briten, dass die Errichtung einer »jüdischen Heimstätte« nur gegen den Willen der Mehrheit der einheimischen Bevölkerung durchzusetzen war. Während kurz nach dem Ersten Weltkrieg die jüdische Bevölkerung in Palästina nur 11 Prozent ausmachte, waren es rund zwanzig Jahre später infolge der zionistischen Siedlungspolitik bereits 30 Prozent. Die Palästinenser fühlten sich dadurch in ihrer Existenz bedroht. Ausschreitungen und Übergriffe auf jüdische Siedler waren die Folge. 1936 weitete sich der palästinensische Widerstand gegen die jüdische Besiedlung Palästinas zu einem regelrechten Aufstand aus, der drei Jahre dauerte. Alle Versuche der Briten, die gegensätzlichen Interessen von Palästinensern und Juden auf einen Nenner zu bringen, waren so zum Scheitern verurteilt. Die Gründung des Staates Israel 1948 leitete den Nahostkonflikt ein, der auch über ein halbes Jahrhundert später noch einer Lösung harrt.

········· Das Trauma der Verschwörung ·········
Obgleich der Erste Weltkrieg mehr als drei Generationen zurückliegt, sind die Ereignisse aus diesen Jahren für viele Araber so präsent, als seien sie erst gestern geschehen. Die Weigerung der Briten, der arabischen Welt die versprochene Unabhängigkeit zu gewähren, wird als Beginn der westlichen Verschwörung gegen die Völker des Nahen Ostens gesehen. Wichtiger Teil dieser Verschwörungstheorie ist die britische und amerikanische Unterstützung für den Zionismus und Israel. Der Westen habe den israelischen Staat nur gegründet, um auch nach dem Ende des Kolonialismus eine Basis im Nahen Osten zu haben, so der Vorwurf. Das Misstrauen, das viele Araber bis heute dem Westen entgegenbringen, beruht nicht zuletzt auf den für sie traumatischen Ereignissen dieser Zeit.

Die indische Unabhängigkeitsbewegung

Die indische Unabhängigkeitsbewegung begann mit einem Aufstand indischer Soldaten in britischen Diensten, wurde dann von der intellektuellen Oberschicht aufgenommen und schließlich von der überragenden Persönlichkeit Mahatma Gandhi ins breite Volk getragen.

Mahatma Gandhi (rechts) 1946 im Gespräch mit dem neu gewählten Präsidenten des indischen Kongresses, Jawaharlal Nehru

Seit den 1830er Jahren hatte Großbritannien den Ausbau seines indischen Kolonialreichs forciert, was mit einer Anglisierung der indischen Gesellschaft einherging. So hatte man beispielsweise das britische höhere Schulwesen eingeführt und gleichzeitig die Volkssprachen in der Schule vernachlässigt. Gegen die Überfremdung regte sich Widerstand, der sich im Jahr 1857 in einer gewaltsamen Erhebung entzündete.

Nachdem Indien 1947 endlich die Unabhängigkeit erreicht hatte, brachen blutige Kämpfe zwischen Hindus und Moslems aus.

Sepoy-Aufstand

Nicht nur in der britischen Kolonialverwaltung waren, meist in untergeordneten Positionen, viele Einheimische tätig, sondern auch im britisch-indischen Kolonialheer. Diese einheimischen Soldaten wurden Sepoys genannt. Ihre Meuterei im Jahr 1857 läutete die erste Phase des indischen Nationalismus ein: Nahezu die gesamte Armee von Bengalen revoltierte gegen die britischen Besatzer. Während der über zweijährigen erbitterten und blutigen Kämpfe kamen mehrere tausend indische und britische Soldaten ums Leben. Vorübergehend geriet das mächtige britische Kolonialreich ernsthaft ins Wanken.

Während die Nationalisten den Aufstand der Sepoys als ersten Unabhängigkeitskrieg gegen die europäische Fremdherrschaft feierten, weisen die heutigen Historiker darauf hin, dass die Revolte von vornherein zum Scheitern verurteilt war, da es ihr an Koordination und Führung fehlte. Außer Zweifel steht jedoch die Signalwirkung. Der Aufstand hatte gezeigt, dass die britische Herrschaft überwunden werden konnte, wenn es gelang, alle Kräfte des Landes auf dieses Ziel hin zu vereinen.

Auf Seiten der Briten hatte der Aufstand weit reichende Konsequenzen, die darin gipfelten, dass die East India Company, die bisher die britischen Interessen in Indien vertreten hatte, aufgelöst und Indien direkt der Krone unterstellt wurde. 1876 ließ sich die britische Königin Viktoria zur Kaiserin von Indien krönen, und der Generalgouverneur wurde in den Rang eines Vizekönigs erhoben. Gleichzeitig öffneten die Briten ihren Verwaltungsapparat zunehmend auch für Mitglieder der aufstrebenden indischen Oberschicht, die teilweise an englischen Universitäten studiert hatten und dort mit liberalem Gedankengut in Kontakt gekommen waren.

Gemässigte und Extremisten

Immer deutlicher kristallisierte sich im Lager der Unabhängigkeitsbewegung, die sich 1885 im Indian National Congress organisiert hatte, eine Spaltung zwischen »Gemäßigten« und »Extremisten« heraus. Die Gemäßigten glaubten, dass nur durch eine schrittweise Demokratisierung und einen allmählichen Übergang der Macht in indische Hände aus der vielfältig gegliederten Gesellschaft eine moderne Nation werden konnte. Die Extremisten hingegen wollten sich der kolonialen Zwangsjacke so schnell wie möglich, wenn nötig auch mit Gewalt, entledigen, um das angestammte Recht auf Selbstbestimmung zu erlangen. Die Kluft zwischen den beiden Gruppen verstärkte sich noch, als die Briten durch mehrere halbherzige Verfassungsreformen, die unter anderem ein sehr eingeschränktes Wahlrecht beinhalteten, den Druck aufzufangen suchten.

Mahatma Gandhi

In dieser Situation bedurfte es einer solch außergewöhnlichen Führungspersönlichkeit wie Mahatma Gandhi, der 1915 aus Südafrika nach Indien zurückgekehrt war, um die bis dahin allein im Bildungsbürgertum verankerte Unabhängigkeitsidee ins breite Volk zu tragen. 1920 übernahm er die Führung der Kongresspartei, die er innerhalb kürzester Zeit von einem lockeren Zusammenschluss divergierender Kräfte zu einer straff organisierten Partei formte. Seine Methoden des gewaltlosen Widerstandes, der Nichtzusammenarbeit und anderer Boykottmaßnahmen fanden breite Unterstützung in der Bevölkerung. Die landesweite Ablehnung der Fremdherrschaft wurde nicht zuletzt durch das Massaker von Jalianwala Bagh angeheizt. Dabei hatte eine bri-

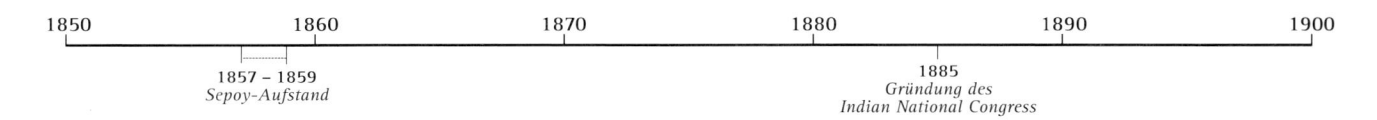

1850 — 1860 — 1870 — 1880 — 1890 — 1900

1857 – 1859
Sepoy-Aufstand

1885
Gründung des Indian National Congress

Indische Unabhängigkeitsbewegung

Der indische Subkontinent in der ersten Hälfte des 20. Jahrhunderts

Grenzen
- internationale, von 1904
- internationale, von 1930
- Provinz, wichtiges Fürstentum oder Staat, 1904
- Provinz, wichtiges Fürstentum oder Staat, 1930
- Britisch-Indien und Ceylon
- Fürstentum oder Protektorat
- gesondert verwaltete Gebiete

Provinz nach der Teilung Bengalens 1905
- Bengalen
- Ostbengalen und Assam

Ort nationalistischer Treffen
- All India Muslim League, 1906–1943
- Indian National Congress, 1885–1946
- Hauptorte politischer Aufstände (1890er bis frühe 1940er Jahre)

tische Garnison in einem Park im Zentrum von Amritsar wahllos auf eine Gruppe von Demonstranten geschossen, wobei viele Menschen starben.

1921/22 führte Gandhi eine erste Massenbewegung gegen die als völlig unzureichend empfundenen britischen Reformen an, die er jedoch abbrechen ließ, als gewalttätige Unruhen ausbrachen. Der legendäre Salzmarsch, mit dem Gandhi 1930 symbolisch das Salzmonopol der Briten brechen wollte, wurde ein überwältigender Erfolg. Das Ergebnis waren zwei Konferenzen in London, in denen schließlich die Abhaltung freier Wahlen beschlossen wurde. Mehr als ein Teilerfolg war jedoch auch dieses Zugeständnis nicht, da die Inder nur über die Zusammensetzung der Provinzparlamente abstimmen konnten, während die Zentralregierung weiterhin von den Briten gestellt wurde.

Triumph und Trauer

Das Ende des Zweiten Weltkrieges und die geschwächte Position Großbritanniens führten schließlich zu einer raschen, ja überstürzten Machtübergabe der Briten, die gleichzeitig die Teilung des Landes in ein muslimisches Ost- und West-Pakistan und das hinduistische Indien bedeutete. Der von Lord Mountbatten, dem letzten britischen Vizekönig in Indien, festgelegte Zeitpunkt der lang ersehnten Unabhängigkeit, der 15. August 1947, stand im Zeichen grausamer Massaker zwischen Hindus und Moslems, bei denen über 200 000 Menschen auf offener Straße abgeschlachtet wurden. So war der Tag des größten Sieges gleichzeitig ein Tag großer Trauer.

Mahatma Gandhi (1869–1948), der Führer der indischen Unabhängigkeitsbewegung, beim Spinnen.

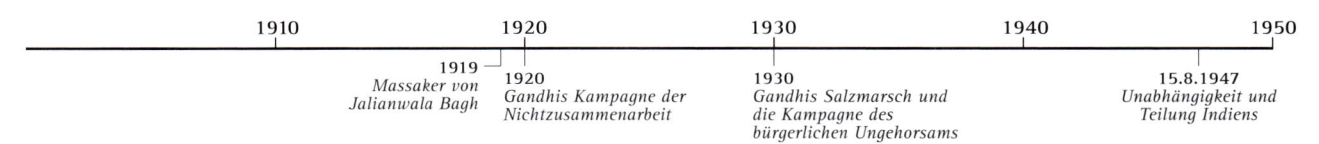

- 1919 Massaker von Jalianwala Bagh
- 1920 Gandhis Kampagne der Nichtzusammenarbeit
- 1930 Gandhis Salzmarsch und die Kampagne des bürgerlichen Ungehorsams
- 15.8.1947 Unabhängigkeit und Teilung Indiens

▶ Völker, Staaten und Kulturen: Indien unter britischer Herrschaft
▶ Völker, Staaten und Kulturen: Das britische Weltreich
▶ Völker, Staaten und Kulturen: Asien unter kolonialer Herrschaft
▶ Menschen und Ideen: Mahatma Gandhi

DIE NATIONALE REVOLUTION IN CHINA

China drohte in den Machtkämpfen der Generäle unterzugehen. Diese Missstände beseitigten Kommunisten und Nationalisten gemeinsam, bevor sie sich unter ihren Führern Mao Zedong und Chiang Kai-shek gegenseitig bekämpften. Mao entschied den Bürgerkrieg für sich und rief 1949 die Volksrepublik aus.

Mao Zedong (1893 bis 1976) führt den »Langen Marsch« der Kommunisten an.

Die chinesischen Provinzen standen unter der Kontrolle von Militärführern, die sich verheerende Machtkämpfe lieferten. Dem hatte die labile Zentralregierung in Peking nichts entgegenzusetzen. China schien dem Verfall geweiht, zumal Japan aus seinen Expansionsgelüsten kein Hehl machte. Gleichzeitig begünstigte der Aufbruch im chinesischen Denken, den die »Vierte-Mai-Bewegung« von 1919 symbolisiert, das Entstehen neuer Weltanschauungen. So wurden die Ereignisse in der jungen Sowjetunion in China genauestens analysiert. Ergebnis: Am 1. Juli 1921 gründeten einige wenige Gleichgesinnte, zu denen auch Mao Zedong zählte, in Schanghai die Kommunistische Partei. Der Schwerpunkt des Parteiprogramms lag auf dem antiimperialistischen, antifeudalen und demokratischen Kampf.

General Chiang Kai-shek (1887 bis 1975) mit seiner Frau im Jahr 1927

KOMMUNISTEN UND NATIONALISTEN

Um dieses Ziel gegen die dominierenden Militärführer durchzusetzen, bildeten linke und liberale Kräfte 1923 eine »Einheitsfront«, der sich schließlich sogar die nationalistische Guomindang anschloss, jene Partei, die aus dem ersten Bündnis des bürgerlichen Revolutionärs Sun Yat-sen hervorgegangen war. Ihr wichtigster Führer wurde der erzkonservative Generalissimus Chiang Kai-shek.

Die Front kämpfte zunächst erfolgreich, besiegte im Nordfeldzug von 1926 nach und nach die Militärs und konnte China wieder vereinen. Doch ein Jahr später platzte die Einheitsfront, da Chiang Kai-shek blutige Razzien gegen seine kommunistischen Mitstreiter befohlen hatte. Der Bürgerkrieg begann. Mao Zedong baute eine eigene Armee auf und gründete mit ein paar Bauern einen ersten revolutionären Stützpunkt. Von dieser »Chinesischen Sowjetrepublik« aus wehrten sich die Kommunisten so erfolgreich gegen die Einkreisungsfeldzüge der Guomindang, dass sich die Guerilla fast auf ganz Süd- und Zentralchina ausweitete.

DER LEGENDÄRE LANGE MARSCH

Die Schwäche des vom Bürgerkrieg erschütterten China nutzten die Japaner 1931 und besetzten die Mandschurei. Daraufhin versuchten die primär nationalistisch ausgerichteten Kommunisten nochmals, eine Einheitsfront zustande zu bringen – ohne Erfolg. Vielmehr sahen sie sich mit der zunehmenden militärischen Bedrohung durch die rechte Guomindang konfrontiert. Nach schmerzhaften Verlusten entschieden sich die Kommunisten im Oktober 1934 für einen strategischen Rückzug, den weltberühmten »Langen Marsch«. Er führte sie 12 000 Kilometer weit durch elf Provinzen, über 24 Flüsse und 18 hohe Bergketten, durch Urwälder, Sümpfe und Steppen – fast ständig verfolgt von Guomindang-Soldaten. 100 000 Mann waren aufgebrochen, nur 8 000 kamen ans Ziel. Die aber waren zu einer Schicksalsgemeinschaft zusammengewachsen, die bis zu Maos Tod den harten Kern in der Partei bildete.

Während des Marsches wurde Mao zum Parteivorsitzenden gewählt. Damit hatte er den innerparteilichen Kampf gegen die an Moskau orientierte Führung gewonnen und konnte seinen Plan in Angriff nehmen, die Revolution mit Hilfe der Bauern voranzutreiben und vom Land aus die Städte zu erobern.

DURCH BÜRGERKRIEG ZUR VOLKSREPUBLIK

Sein neues Hauptquartier schlug der Vorsitzende Mao 1936 in den Lößbergen von Yan'an auf. Von hier aus betrieb er den Widerstand gegen die Japaner. Doch für den Erfolg war ein neues Bündnis mit Chiang Kai-shek nötig, der allerdings abblockte; denn für ihn waren die Japaner »nur eine Hautkrankheit, die Kommunisten aber ein Herzleiden«. Den notwendigen Druck erzeugte schließlich seine Entführung im Dezember 1936, die allerdings nicht von den Kommunisten inszeniert wurde, sondern von Chiangs eigenen Generälen, die seiner Tatenlosigkeit nicht länger zusehen wollten.

Das Bündnis erwies sich als Rettung aus höchster Gefahr; denn nach dem Zwischenfall an der Marco-Polo-Brücke südwestlich von Peking starteten die Japaner einen Großangriff auf China. So mündete der Bürgerkrieg direkt in den

---

1920 — **1925** — **1930** — **1935**

- **1921** *Gründung der Kommunistischen Partei Chinas (KPCh)*
- **1923** *Einheitsfront von Guomindang und KPCh*
- **1926/27** *Chiang Kai-shek eint China, Bruch zwischen Guomindang und KPCh*
- **1931** *Japan besetzt die Mandschurei*
- **1934/35** *»Langer Marsch« der Kommunisten, Mao Zedong wird Parteivorsitzender*

NATIONALE REVOLUTION IN CHINA

Legende:
- Streik oder Demonstration 1919
- nationalistische oder pronationalistische »Nord-Expedition« 1926–28
- Gebiet unter Kontrolle von Nationalchina 1937
- Gebiet unter Kontrolle von »warlords« 1937
- Provinzgrenze 1937
- Gebiet der kommunistischen Sowjets
- »Langer Marsch« 1934–35
- Gebiet kommunistischer Hauptquartiere nach 1935
- von Japan besetzt 1931–33
- japanische Territorialgewinne 1934–44
- japanische Territorialgewinne 1944–45
- kommunistische Okkupation 1946
- kommunistische Okkupation 1946–48
- kommunistische Okkupation 1948–49
- Feldzug der kommunistischen Befreiungsarmee 1949
- Grenzen 1949
- Nationalchina 1949

Das revolutionäre China bis zur Gründung der Volksrepublik im Jahre 1949

antijapanischen Widerstand (1937–1945). Nach dem Ende des Zweiten Weltkriegs ging die nationale Auseinandersetzung verschärft weiter, ganz nach Maos Einschätzung: »Eine Revolution ist kein Gastmahl«.

Die Guomindang erhielt für ihren antikommunistischen Feldzug von den USA finanzielle und militärische Hilfe im Überfluss. Doch das nützte nichts. Im Bürgerkrieg hatte nämlich die zahlenmäßig weit unterlegene Rote Armee das Volk auf ihrer Seite, was letztendlich entscheidend war.

1949 rollten die Kommunisten ganz China von Norden nach Süden auf, nahmen Schanghai ein, dann Guangzhou/Canton und Chongqing. Chiang Kai-shek konnte sich noch schnell mit rund zwei Millionen Anhängern auf die Insel Taiwan absetzen, bevor Mao Zedong am 1. Oktober 1949 in Peking vom Tor des Himmlischen Friedens aus die Volksrepublik China proklamierte.

Zwölf junge Intellektuelle, darunter Mao Zedong, gründen 1921 in Schanghai die Kommunistische Partei Chinas.

Zeitleiste:
- 1937: Beginn des Chinesisch-Japanischen Kriegs
- 1945–1949: Bürgerkrieg zwischen Kommunisten und Nationalisten
- 1949: Ausrufung der Volksrepublik China durch Mao Zedong

▶ Menschen und Ideen: Mao

JAPAN ALS KOLONIALMACHT: DIE BESETZUNG KOREAS UND CHINAS

Mit dem militärischen Sieg über das russische Zarenreich war Japan 1905 als erste nicht-westliche Großmacht aufgetreten. Anerkennung und Argwohn gegenüber Japan hielten sich im Westen die Waage. Durch rücksichtslose Macht- und Kolonialpolitik erwuchs Japan in Asien erbitterte Feindschaft.

Im Marionettenstaat Mandschukuo setzte Japan 1931 den letzten Mandschu-Kaiser Pu Yi (Bildmitte, sitzend) ein.

Im ersten Jahrzehnt des 20. Jahrhunderts hatte sich das kaiserliche Japan als Hegemonialmacht in Ostasien etabliert. War Taiwan bereits 1895 zur japanischen Kolonie erklärt worden, so wurde 1910 nach der Annexion Koreas auch dort ein Regime eingesetzt, dessen Kontrolle dem japanischen Militär oblag. Die Kolonialregierung verfolgte das Ziel, die koreanische Bevölkerung durch ideologische Durchdringung und durch Unterdrückung der koreanischen Sprache und Tradition anzugleichen. Korea sollte buchstäblich mit dem japanischen Kulturraum verschmolzen werden. Meinungs- und Pressefreiheit wurden rigoros unterdrückt, der Gebrauch der japanischen Sprache gefördert. Nach Ausweitung des militärischen Engagements in China diente Korea ab 1931 insbesondere als Rohstoff- und Arbeitskräftelieferant Japans.

AUF DER SEITE DER SIEGER

Während des Ersten Weltkrieges erneuerte Japan seine seit 1902 bestehende Allianz mit Großbritannien und nutzte die Bindung der westlichen Großmächte auf dem europäischen Kriegsschauplatz zur Festigung seiner Interessen in China. Die sogenannten 21 Forderungen Japans an die chinesische Regierung im Januar 1915 unterstrichen auch Japans Ansprüche auf wirtschaftliche und territoriale Zugeständnisse Chinas. Der kriegsbedingte Rückzug europäischer Unternehmen von den ostasiatischen Märkten führte zu einem Boom der japanischen Exportwirtschaft, die die entstandene Angebotslücke füllte. Als Teilnehmer der Friedenskonferenz von Versailles erwirkte Japan die Anerkennung seiner Ansprüche auf die Shandong-Halbinsel, die man bei Kriegsausbruch 1914 den deutschen Kolonialherren abgenommen hatte. Die deutschen Inselkolonien im Pazifik wurden Japan als Mandatsgebiet des Völkerbundes zuerkannt.

In den 1920er Jahren versuchten liberale Außenpolitiker, in weitgehender Übereinstimmung mit der angloamerikanischen Haltung gegenüber China, an einer Politik der Nichteinmischung festzuhalten. Allerdings wuchs die anti-japanische Stimmung auf dem Kontinent. Außerdem stellten die erfolgreichen Versuche des Generals Chiang Kai-shek, das zersplitterte und machtlose Riesenreich politisch wieder zu einen, langfristig eine Bedrohung für die japanischen Ansprüche dar – nicht zuletzt für die Niederlassungen japanischer Unternehmen, die dort unter

Japanische Infanteristen mit chinesischen Gefangenen bei der Eroberung Schanghais 1937

1910	1915	1920	1925
1910 Korea wird japanische Kolonie	**1914** Japan besetzt deutsche Kolonien in China und im Pazifik	**1919** Japan nimmt auf der Seite der Siegermächte an der Versailler Friedenskonferenz teil	**1923** Verheerendes Erdbeben in Tokio mit über 100 000 Toten

JAPAN ALS KOLONIALMACHT

für sie günstigen Bedingungen produzierten.

Mit der Wirtschaftskrise der späten 20er und frühen 30er Jahre erstarkten in Japan nationalistische und militaristische Kreise, die von der Regierung eine »aktivere Außenpolitik« in China und eine selbstbewusstere Haltung gegenüber Großbritannien und den USA forderten. Der diskriminierende Umgang der US-Regierung mit japanischen und chinesischen Immigranten wurde als Rassismus gebrandmarkt. Angehörige ultrarechter Gruppen verübten zahlreiche Morde an gemäßigten Politikern, die innenpolitische Lage Japans wurde zunehmend labil.

AUF DEM WEG IN DIE ISOLATION

Die in der Mandschurei stationierten japanischen Truppen, die sogenannte Kwantung-Armee, war seit den 1920er Jahren zu einem Sammelbecken ultranationalistischer Kräfte geworden. Die abwartende Politik der japanischen Regierung war diesen Männern seit langem ein Dorn im Auge. So provozierte diese Einheit 1931 mit stillschweigendem Einverständnis von Mitgliedern des Oberkommandos in Tokio eine militärische Auseinandersetzung mit der chinesischen Garnison in Mukden. Dieser so genannte Zwischenfall von Mukden bildete den Auftakt für die Besetzung der Mandschurei. Im Frühjahr 1932 schufen die Japaner den Marionettenstaat Mandschukuo. Die Unterstützung des Handstreichs durch die japanische Öffentlichkeit und das Ausbleiben einer Intervention Chiang Kai-sheks oder westlicher Mächte veranlasste auch die japanische Regierung zum Stillhalten. Als der Bericht der Lytton-Kommission ein Jahr später den Mudken-Zwischenfall verurteilte, trat Japan demonstrativ aus dem Völkerbund aus. Der Weg in die außenpolitische Isolation ging einher mit der Annäherung an die totalitären Staaten Deutschland und Italien.

Kleinere Gefechte im Norden bildeten den Auftakt zum offenen Krieg mit China, der im Juli 1937 nach dem Zusammenstoß mit chinesischen Truppen an der Marco-Polo-Brücke nahe Peking ausbrach. Im Dezember überrannten die Japaner die Hauptstadt Nanking. Bis zum Januar 1938 wüteten die japanischen Soldaten unter der dort verbliebenen Bevölkerung und richteten ein beispielloses Blutbad an. Den japanischen Kriegsverbrechen in Nanking und Umgebung fielen mindestens 50 000, vielleicht auch bis zu 200 000 Menschen zum Opfer.

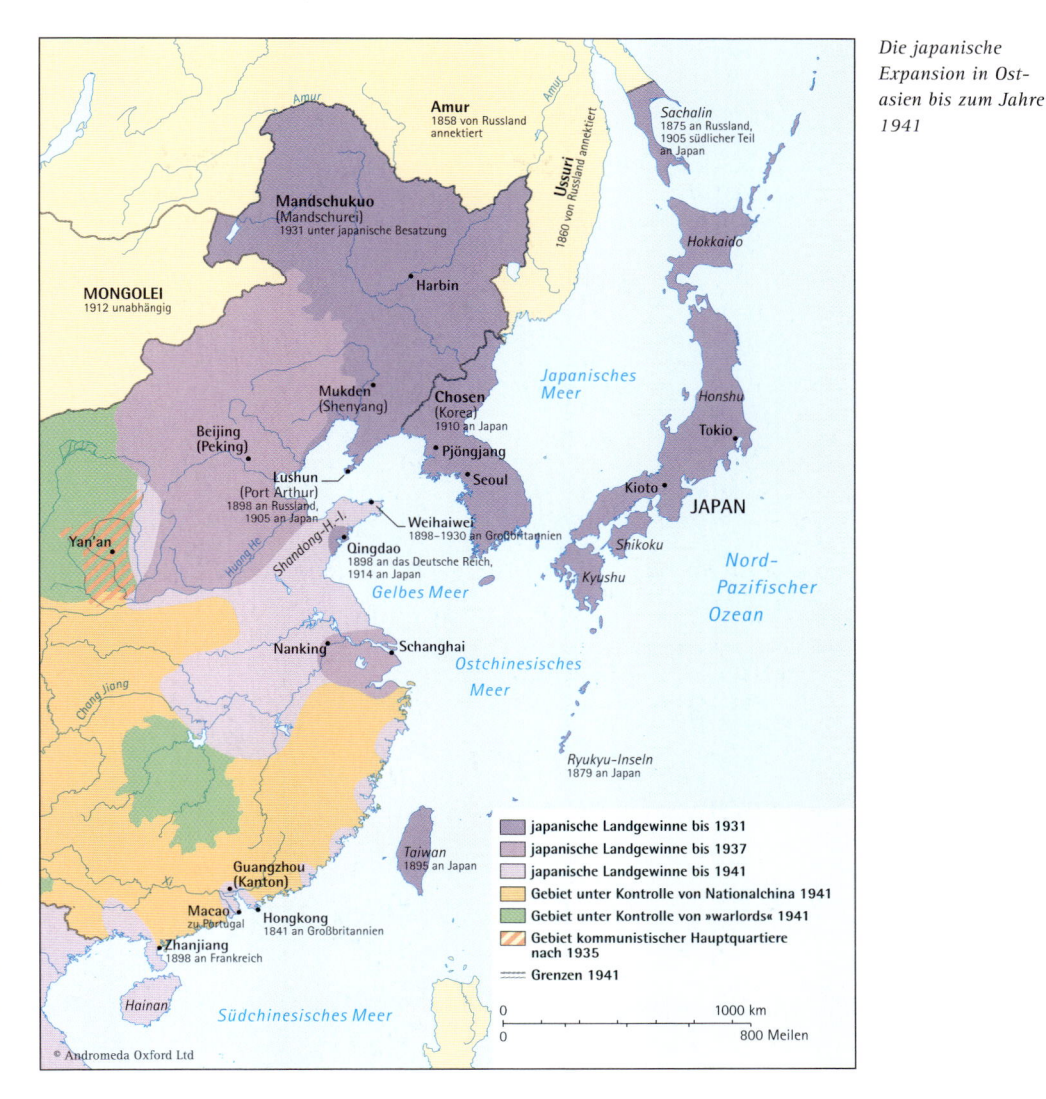

Die japanische Expansion in Ostasien bis zum Jahre 1941

Die Eroberung von Nanking durch japanische Truppen im November 1937

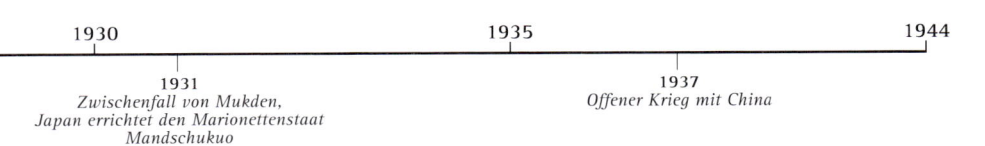

1930 — 1935 — 1944

1931 Zwischenfall von Mukden, Japan errichtet den Marionettenstaat Mandschukuo

1937 Offener Krieg mit China

▶ Völker, Staaten und Kulturen: Kolonialismus und Imperialismus

BEWAFFNETE KONFLIKTE IN MITTEL- UND SÜDAMERIKA

Von den großen weltgeschichtlichen Auseinandersetzungen der Epoche relativ unberührt, fanden die lateinamerikanischen Staaten trotzdem zu keiner Stabilität. Extreme soziale Gegensätze bestimmten den Alltag, Militärputschisten zerstörten den inneren Frieden, skrupellose Diktatoren trugen Kriege aus.

Emiliano Zapata, der legendäre mexikanische Rebellenführer, im Jahr 1912

Die ersten Jahrzehnte des 20. Jahrhunderts waren eine unruhige Zeit für Mittel- und Südamerika: Aufstände, Revolutionen und Staatsstreiche bestimmten das politische Geschehen. Es war die Zeit des »starken Mannes«, des Caudillo, der sich über die Verfassung hinwegsetzt und nach eigenem Gutdünken regiert. Und nur allzu oft griffen machthungrige Militärs in die Innenpolitik ein. Auf der Strecke blieben dabei die bäuerliche Unterschicht, und sie bildete in allen Ländern die breite Masse.

DAS BEISPIEL MEXIKO

Von 1876 bis 1910 beherrschte Porfirio Díaz, mehr Diktator als gewählter Präsident, die politische Szene. Seine enge Bindung an die USA führte Mexiko in die wirtschaftliche Abhängigkeit. So profitierten vom ökonomischen Aufschwung, der sich nach den ersten erfolgreichen Ölbohrungen zu Anfang des 20. Jahrhunderts einstellte, vor allem das ausländische Kapital sowie eine Handvoll mexikanischer Großgrundbesitzer und Industrieller. Unterdessen verelendete die Landbevölkerung, die hauptsächlich aus Indios und Mestizen bestand und durch ein Gesetz von 1856 praktisch enteignet war. Die sozialen und wirtschaftlichen Missstände führten im Sommer 1910 zum Ausbruch der mexikanischen Revolution:

Als der bürgerliche Politiker Madero demokratische Wahlen forderte, schlossen sich ihm einige Rebellenführer an, etwa der charismatische Bauernführer Emiliano Zapata (1883 – 1919). Díaz hielt dem Aufruhr nicht lange stand. Nach seiner Abdankung übernahm Madero die Regierung. Doch an eine Befriedung des Landes war nicht zu denken. Die Widerstandsgruppen erhoben sich nun gegen die neue, in ihren Augen zu gemäßigte Regierung, die ihrerseits die Armee einsetzte. Doch General Huertas, der eigentlich die Rebellion bekämpfen sollte, wollte selbst an die Macht. Er ließ Madero ermorden und sich selbst 1913 zum Präsidenten ausrufen.

Aber auch Huertas hatte entschlossene Feinde, die sich allerdings uneins waren und auch gegeneinander einen brutalen Guerillakrieg führten. So verbündete sich etwa der Gouverneur von Coahuila mit dem gefürchteten Bandenchef Pancho Villa. Noch unübersichtlicher wurde die Lage, als die Vereinigten Staaten, um ihre wirtschaftlichen Interessen zu sichern, militärisch intervenierten. Im Juli 1914 zwangen sie Huertas zum Rücktritt, aber die Rebellenführer wie auch die Generäle der regulären Armee setzten den Bürgerkrieg fort. Das Land versank im Chaos. Als Pancho Villa 1916 auf US-amerikanisches Territorium vordrang, reagierten die Vereinigten Staaten ihrerseits mit einer Strafexpedition.

1917 leitete Präsident Carranza das Ende der Revolution ein. Er verkündete eine Verfassung und machte die Enteignung der Landbevölkerung rückgängig. Dennoch erhoben sich die verarmten Bauern immer wieder, bis ihr Führer Zapata 1919 von Regierungstruppen ermordet wurde.

KAMPF UM DEN CHACO

Ein Beispiel für die territorialen Konflikte lateinamerikanischer Staaten, die oftmals zu bewaffneten Auseinandersetzungen eskalierten, ist der so genannte Chacokrieg zwischen Bolivien und

Zapata fand seine Anhänger vor allem unter den verarmten Bauern. Im Bild: kampfbereite Zapatistas

KONFLIKTE IN MITTEL- UND SÜDAMERIKA

Mittel- und Südamerika in der ersten Hälfte des 20. Jahrhunderts

Paraguay in den 1930er Jahren. Der Chaco, eine dünn besiedelte Region zwischen Bolivien und Nordparaguay, war schon öfter Anlass für Grenzstreitigkeiten gewesen. 1894 hatte man sich auf die vertragliche Teilung zwischen den Flüssen Paraguay und Pilcomayo geeinigt. Aber 1928 erfolgte ein überraschender Angriff Boliviens auf Fort Sorpres jenseits der Grenze. Was war geschehen? Man vermutete Erdöl im fraglichen Gebiet!

1932 brach der Chacokrieg offen aus. Die bolivianische Armee, die von dem deutschen General Hans Kundt aufgebaut worden war, musste mehrere Niederlagen hinnehmen, aber auch Paraguay erlitt schmerzhafte Verluste. In beiden Völkern war dieser Krieg absolut unpopulär. Die Armut drückte, für einen kostspieligen Kampf um ein unfruchtbares Gebiet hatte man keinerlei Verständnis. 1935 kam es durch US-amerikanische Vermittlung zum Waffenstillstand, 1938 wurde Frieden geschlossen. Der Binnenstaat Bolivien erhielt einen Zugang zum Fluss Paraguay und damit zum Meer, während der Staat Paraguay fast das gesamte Chacogebiet behalten konnte. Der Traum vom Reichtum durch Erdöl erwies sich allerdings als illusionär.

Um den Gran Chaco, eine unwirtliche Region, lieferten sich Paraguay und Bolivien in den 1930er Jahren einen erbitterten Krieg.

·············· DER CAUDILLO ··············

Was für NS-Deutschland der »Führer«, für das faschistische Italien der »Duce«, das war für die spanisch-sprachigen Diktaturen der Zeit der »Caudillo«. Der Titel ist Ausdruck des auf eine Person zugeschnittenen Führerprinzips. Der Caudillo, ein häufiges Phänomen im damaligen Lateinamerika, untersteht nicht der Verfassung, sondern herrscht willkürlich. Vorausgesetzt er bringt die Armee, in der Regel die wichtigste Stütze des Systems, hinter sich und kann das Volk durch sein Charisma und etwaige populistische Entscheidungen ruhig halten. Versagt der Caudillo auf diesen beiden Ebenen, wird er gestürzt, um einer neuen Führerfigur Platz zu machen.

Diktatur und stalinistische Säuberungen in der Sowjetunion

Nach 1928 errichtete Stalin ein Gewaltregime, das Millionen von Bürgern der Sowjetunion das Leben kostete. Mit Hilfe von Unterdrückungsinstrumenten wie Schauprozessen, Liquidierungen und Straflagern schaltete er jede Opposition aus. Erst sein Tod im Jahre 1953 beendete den Menschen verachtenden Terror.

Während der großen Säuberung (1936 bis 1938) befanden sich zwischen fünf und sechs Millionen Gefangene in den Straf- und Arbeitslagern Sibiriens.

Jossif Wissarionowitsch Dschugaschwili, genannt Stalin (»der Stählerne«), wurde 1879 als Sohn eines Schusters in einem georgischen Dorf geboren. Als Zögling eines Priesterseminars kam er erstmals mit klassenkämpferischen Ideen in Kontakt, die ihn sofort begeisterten. Er wurde zum Berufsrevolutionär. Kurz nach der Oktoberrevolution 1917 gelang ihm der Sprung in die kommunistische Parteiführung, 1922 die Wahl zum Generalsekretär. Nach Lenins Tod setzte er sich, von skrupellosem Ehrgeiz getrieben, nach und nach bis an die Spitze des Staates durch. Welche herausragende Position er bereits 1925 erreicht hatte, zeigte sich in der Umbenennung der Stadt Zarizyn in Stalingrad.

Prominente Opfer

Um die absolute Macht zu erreichen, schaltete Stalin während der innerparteilichen Machtkämpfe nach Lenins Tod systematisch seine Rivalen und ideologischen Gegner aus, während er gleichzeitig ergebene Gefolgsleute als Kader um sich sammelte. Sein stärkster Kontrahent war Leo Trotzkij, Theoretiker der permanenten Revolution und erfolgreicher Kriegskommissar. 1927 brachte ihn Stalin zu Fall: Trotzkij wurde aus dem Zentralkomitee ausgeschlossen, dann aus der Partei und schließlich in das kasachische

STALINISTISCHE DIKTATUR

Alma-Ata verbannt. Da Trotzkij von dort aus die Opposition organisierte, ließ ihn Stalin 1929 vom Politbüro aus der Sowjetunion ausweisen. Trotzkijs Odyssee begann. An deren Ende stand Mexiko, wo ihn 1940 der Hass Stalins erreichte: Trotzkij wurde ermordet.

Ein anderes prominentes Opfer war Nikolaj Bucharin, ein Mann der ersten Stunde, Mitglied des nur fünfköpfigen Politbüros, Präsident der Kommunistischen Internationale (Komintern) und leitender Redakteur des Parteiorgans Prawda. Nach Lenins Tod stand er zuerst auf Stalins Seite. Doch aufgrund seines Ansehens und seiner glänzenden Fähigkeiten hätte er ihm irgendwann gefährlich werden können. So wurde Bucharin diffamiert und der »rechten Abweichung« bezichtigt. 1929 verlor er seine Parteiämter, im Zuge der »Säuberung« schließlich das Leben.

SÄUBERUNG AUF DEM WEG ZUR ALLEINHERRSCHAFT

Den willkommenen Anlass zur so genannten großen Säuberung zwischen 1936 und 1938 lieferte Stalin die Ermordung des führenden Parteimitglieds Sergej Kirow. Danach brach der Terror los: Verhaftungen, Verhöre, Schauprozesse und Verbannungen kannten keine Grenzen mehr, Menschenrechte und geltendes Gesetz waren ausgeschaltet. Die Zahl der Beschuldigten ging in die Hunderttausende. Politiker, Arbeiter, Bauern, Schriftsteller, Intellektuelle, bekennende Christen, keiner war vor der Geheimpolizei sicher. Die Gewalt machte auch vor der Roten Armee nicht Halt, was deren Schlagkraft im Zweiten Weltkrieg erheblich schwächte. Schätzungen zufolge wurden rund 40 000 führende Militärs liquidiert. Populärstes Opfer war der Marschall der Sowjetunion, Tuchatschewskij, der sich große Verdienste um die Modernisierung der Armee erworben hatte. 1937 wurde er wegen angeblicher Spionage zum Tode verurteilt.

Im bedeutendsten Schauprozess, dem »Prozess gegen den antisowjetischen Block der Rechten und Trotzkisten« im März 1938, verurteilte man Bucharin gemeinsam mit einer Reihe anderer bekannter Bolschewisten zum Tode. Typisch für das stalinistische System war auch das Verbot, künftig seinen Namen öffentlich zu erwähnen.

DER GULAG

Im Westen bekannt wurde der Begriff GULAG, eine Abkürzung der russischen Bezeichnung für »Hauptverwaltung der Lager«, durch Alexander Solschenizyns Buch »Archipel GULAG«, für das er 1974 den Literaturnobelpreis erhielt. Erst während Gorbatschows Perestroika durfte es in der UdSSR erscheinen. Solschenizyn, selbst ein Betroffener, beschreibt die unmenschlichen Zustände in den Straflagern Sibiriens. Sibirien war schon zur Zarenzeit ein gefürchteter Verbannungsort gewesen, aber seit dem Zweiten Weltkrieg wurde es Teil von Stalins Terrorsystem. Frühe Opfer waren beispielsweise Wolgadeutsche, die aus Angst vor ihrer Verbrüderung mit den deutschen Truppen zwangsweise nach Sibirien umgesiedelt wurden. Auch russische Soldaten, die in Kriegsgefangenschaft geraten und damit zu »Verrätern« an der vaterländischen Sache abgestempelt waren, erwartete nach der Heimkehr die Verbannung. In Straflagern wurden die Häftlinge unter härtesten Bedingungen gesammelt und als billige Arbeitskräfte missbraucht, vor allem beim Bau eines sinnlosen Eisenbahnprojekts, das nach Stalins Tod auch wieder eingestellt wurde.

Josef Stalin (1879 bis 1953), seit 1922 Generalsekretär der KPdSU, errichtete ab 1930 eine uneingeschränkte Diktatur.

Nach ihrer Flucht vor der stalinistischen Gewalt werden Bauernfamilien in Deutschland von Helferinnen versorgt.

STALINISTISCHE ZWANGSMASSNAHMEN IN DER LANDWIRTSCHAFT

Ende 1929 nahm Stalin die komplette Kollektivierung der Landwirtschaft in Angriff. Seine erste Maßnahme war die Enteignung der Großbauern (Kulaken), die bei Widerstand mit scharfen Strafen zu rechnen hatten. Die Bauern wurden gezwungen, mit ihrem Hab und Gut in Kollektivbetriebe, die so genannten Kolchosen, einzutreten. Bis März 1930 waren bereits 58 Prozent der Bauernhöfe samt Inventar kollektiviert, im Eiltempo wurde die selbständige, kleinteilige Landwirtschaft völlig vernichtet. Zwischen 1930 und 1933, als schwere Hungersnöte die UdSSR heimsuchten, bestand das neue agrarwirtschaftliche System die Bewährungsprobe nicht: Millionen Menschen starben.

Im Zuge der Kollektivierung der Landwirtschaft ließ Stalin selbständige Bauern enteignen und von ihrem Land vertreiben.

▶ Völker, Staaten und Kulturen: Entstehung und Aufstieg der UdSSR
▶ Menschen und Ideen: Totalitäre Ideologien im 20. Jahrhundert
▶ Literatur und Musik: Archipel GULAG

Deutschland unterm Hakenkreuz
Von der Machtergreifung Hitlers zum Kriegsausbruch

Sein erklärtes Ziel, die deutsche Republik zu zerstören und die nationalsozialistische Diktatur zu errichten, erreichte Hitler zum einen durch politisches Taktieren und anti-demokratische Gesetzgebung, zum anderen durch Terror und Manipulation der Massen. Das Ausland setzte ihm nicht früh genug Grenzen.

Am 27. Februar 1925 erfolgte im Münchner Bürgerbräukeller die Neugründung der 1923 verbotenen NSDAP. Zu Hitlers Linken sitzen Gregor Strasser und Heinrich Himmler, an der Stirnseite Julius Streicher.

1932 erreichte die Massenarbeitslosigkeit ihren Höhepunkt. Die Arbeitslosenquote belief sich zeitweise auf beinahe 30 Prozent.

Härter als die meisten anderen Staaten traf Deutschland die Weltwirtschaftskrise nach dem Börsenkrach vom »Schwarzen Freitag«, dem 25. Oktober 1929. Zeitweise gab es 1932 über sechs Millionen registrierte Arbeitslose in Deutschland, die Löhne fielen, während Preise und Steuern stiegen. Zu den Folgen der Krise gehörte die politische Radikalisierung. Und noch bevor sich die wirtschaftspolitischen Regierungsmaßnahmen und die Erholung der Weltwirtschaft auswirken konnten, hatte Adolf Hitler mit seiner rechtsextremen und rassistischen Nationalsozialistischen Deutschen Arbeiter-Partei (NSDAP) die Macht ergriffen.

Der Weg zur Macht

Wie kein Zweiter verstand es Adolf Hitler, sich als Retter des Vaterlandes zu verkaufen. Die Schuld an der Not gab er den Juden, Kommunisten und Demokraten. Einfache Formeln, einhämmernd wiederholt, und plakative Symbole wie das Hakenkreuz gehörten zu seinem propagandistischen Rüstzeug. Seine demonstrative Entschlossenheit begeisterte die Massen. Mit der paramilitärischen Parteiarmee SA (Sturmabteilung) machte er Politik auf und mit der Straße, bis schließlich politischer Mord zur Tagesordnung gehörte. Schon im September des Jahres 1930 konnte Hitlers NSDAP statt bisher zwölf Abgeordnete 107 in den Reichstag entsenden,

1933
- 30.1.1933 *Vereidigung der Regierung Hitler*
- 23.3.1933 *»Ermächtigungsgesetz«*
- 7.4.1933 *Entlassung von Juden und politischen Gegnern aus dem Staatsdienst und »Gesetz zur Gleichschaltung der Länder mit dem Reich«*
- 30.6./1.7.1933 *Ermordung des SA-Führers Röhm*
- Ab Mai 1933 *Verbot von Gewerkschaften und Parteien*

1934
- August 1934 *Hitler wird »Führer und Reichskanzler«*

1935
- März 1935 *Wiedereinführung der allgemeinen Wehrpflicht*
- Juni 1935 *Deutsch-britisches Flottenabkommen*

1936
- März 1936 *Einmarsch ins entmilitarisierte Rheinland*

Von der Machtergreifung zum Kriegsausbruch

mit den Wahlen im Juli 1932 verdoppelte sich die Zahl: Die NSDAP besaß zwar nicht die absolute Mehrheit, aber sie war die stärkste Partei. Dazu hatte auch Hitlers in dieser Phase wertvollster Verbündeter beigetragen: der deutschnationale Industrielle und Verleger Alfred Hugenberg, der ihm nicht nur seine Presseorgane öffnete, sondern auch die Welt des Großunternehmertums.

Das Jahr 1932 brachte Hitler aber auch einige Rückschläge. Zuerst unterlag er bei der Präsidentschaftswahl dem wieder erfolgreichen Paul von Hindenburg, im Juli lehnte ihn Reichspräsident Hindenburg als Kanzler ab, im November verlor die NSDAP bei den Reichstagswahlen Stimmen an die KPD. Aber nachdem er sich durch geschicktes Taktieren die Unterstützung konservativer Kreise gesichert hatte und weder Reichstag noch Regierung mehr handlungsfähig waren, erteilte der greise Hindenburg seine Zustimmung zur Ernennung Hitlers als Reichskanzler.

Die legale Revolution

Diesen 30. Januar 1933 feierten die Nationalsozialisten als »Machtergreifung«. Es begann die rasante Zerschlagung der Republik und die Ausschaltung aller Gegner – mit »legalen Mitteln«, sprich: mit den Möglichkeiten, welche die vorhandene Gesetzgebung zuließ. Den Brandanschlag auf den Reichstag am 27. Februar nutzte Hitler, um die Linken zu diskreditieren und den Ausnahmezustand auszurufen. Am 23. März 1933 holte er dann zum entscheidenden Schlag aus. Durch Einschüchterung der Abgeordneten, aber auch Versprechungen brachte er im Reichstag mit überwältigender Mehrheit das »Gesetz zur Behebung der Not von Volk und Reich« durch, das so genannte Ermächtigungsgesetz. Es übertrug die gesetzgebende Gewalt auf die Exekutive: Das Parlament hatte sich selbst abgeschafft und die Demokratie liquidiert.

Hitler erließ ein Versammlungsverbot, das vor allem die linken Parteien und Organisationen schwer traf. Schon Mitte März 1933 entstand in Dachau das erste Konzentrationslager für Gegner des nationalsozialistischen Regimes. Das zeigte nun, noch hemmungsloser als zuvor, auch sein antisemitisches Gesicht: Der 1. April stand im Zeichen der groß angelegten Boykottaktion gegen jüdische Geschäfte. Eine Woche später entfernte ein Gesetz die Juden aus dem Staatsdienst. Und das war erst der Anfang des antisemitischen Terrors.

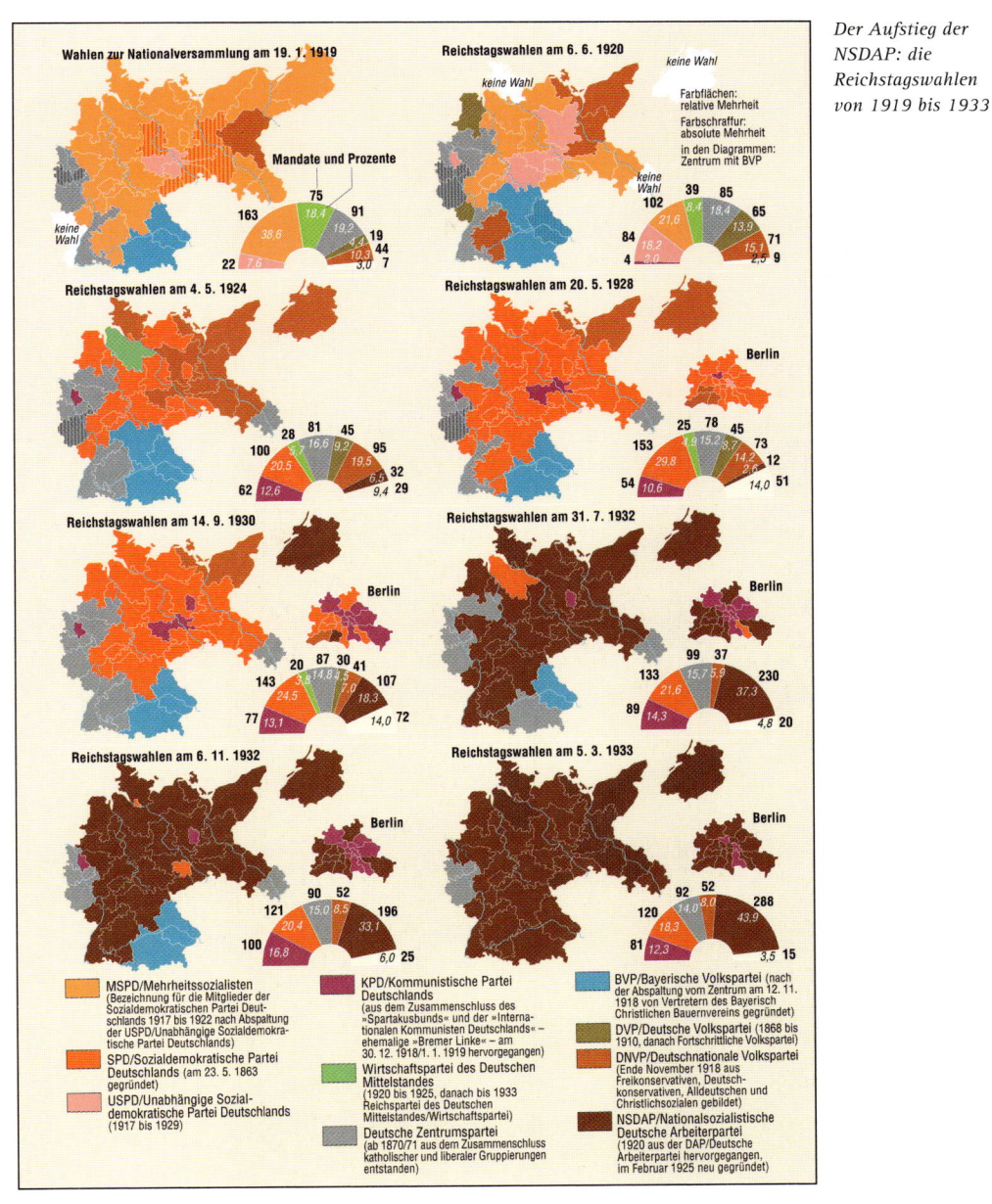

Der Aufstieg der NSDAP: die Reichstagswahlen von 1919 bis 1933

Hermann Göring (zweiter von rechts) 1932 in Berlin neben führenden deutschnationalen und Zentrums-Politikern

1937	1938	1939	1940

August 1936
Olympische Spiele in Berlin

13.3.1938
»Anschluss« Österreichs an das Reich

29.9.1938
Münchner Abkommen

16.3.1939
Errichtung des »Reichsprotektorats Böhmen und Mähren«

23.8.1939
Deutsch-sowjetischer Nichtangriffspakt

1.9.1939
Deutscher Angriff auf Polen

▶ **Völker, Staaten und Kulturen:** Das Deutsche Reich
▶ **Religionen und Glaubensformen:** Kirche und Nationalsozialismus
▶ **Menschen und Ideen:** Konrad Adenauer
▶ **Menschen und Ideen:** Adolf Hitler
▶ **Menschen und Ideen:** Totalitäre Ideologien im 20. Jahrhundert

Die »Leibstandarte Adolf Hitler«, eine Sondereinheit der SS, im Jahr 1934

DIE GLEICHSCHALTUNG

In Hitlers System galt das Führerprinzip, es durfte nur eine Macht und nur eine Meinung geben. Diesem Anspruch fiel mit dem »Gesetz zur Gleichschaltung der Länder mit dem Reich« (März 1933) schon früh der deutsche Föderalismus zum Opfer. In den Ländern regieren nun die NS-Reichsstatthalter. Der Begriff Gleichschaltung, aus der Elektrotechnik entlehnt, wurde zum Schlüsselbegriff für die nationalsozialistische Überwältigung Deutschlands. So trat etwa die nationalsozialistische Deutsche Arbeitsfront (DAF) an die Stelle der verbotenen Gewerkschaften. Die Bauern wurden im »Reichsnährstand« zusammengeschlossen. Schon im Mai 1933 wurden SPD und KPD verboten, im Juni alle anderen Parteien mit Ausnahme der NSDAP: Das Einparteiensystem war etabliert.

Zum wesentlichen Instrument der Gleichschaltung wurde die Reichskulturkammer innerhalb des Propagandaministeriums unter Joseph Goebbels. Sie übte scharfe Kontrolle über alle »Kulturschaffenden« aus, verlangte Ariernachweis und Linientreue von ihren Mitgliedern. Und wer nicht Mitglied war, erhielt Berufsverbot, mochte er beim Publikum noch so populär sein. Gleichgeschaltet wurden selbstverständlich die Medien, aber auch völlig unpolitische Vereine. Sie wurden in der NS-Organisation für Freizeitgestaltung und Fortbildung KdF (»Kraft durch Freude«) zusammengeschlossen.

Nur die Integration der Kirchen in das NS-System gelang nie ganz. Aber nach dem Sommer 1934 war praktisch jeder Deutsche über Beruf, Stellung oder Verein in irgendeiner Weise mit der Partei verbunden. Wehrpflicht, Hitlerjugend (HJ) und Reichsarbeitsdienst taten ein Übriges. Hitler formulierte das 1938 so: »Mit zehn hole ich die Kinder ins Jungvolk, mit vierzehn in die HJ, dann folgen Partei, SA oder SS, Arbeitsdienst, Wehrmacht und wieder Partei.« Er schloss mit den Worten: »...und sie werden nicht mehr frei ihr ganzes Leben.«

UNBEDINGTER GEHORSAM

Innerhalb der NSDAP waren nicht alle mit dem Führerprinzip, das allein auf Hitler zugeschnitten war, einverstanden. So mancher sah seinen persönlichen Ehrgeiz enttäuscht. Andere wollten die Reichswehr durch ein Volksmilizheer auf der Basis der SA ersetzen. Doch für seine noch geheim gehaltenen Expansions- und Kriegspläne brauchte Hitler eine hoch qualifizierte moderne Wehrmacht. »Mit völkisch gesinnten Freiwilligen erobert man kein Weltreich!« So erstickte er im Bündnis mit der Reichswehr am 30. Juni/1. Juli 1934 alle gegenläufigen Bestrebungen im Blutbad der Röhm-Affäre: SA-Stabschef Röhm und 83 weitere Opponenten wurden ermordet.

Die Position der SA übernahm nun die SS (Schutzstaffel). Deren »Reichsführer« Heinrich Himmler wurde bis 1936 Chef der gesamten Polizei, auch der gefürchteten politischen Polizei Gestapo (Geheime Staatspolizei). Sich selbst machte Hitler zum Obersten Gerichtsherrn, der ohne Gerichtsurteil die Verhängung der Todesstrafe aussprechen konnte. Per Gesetz hatte er bereits im April 1934 den ausschließlich mit treuen Nationalsozialisten besetzten Volksgerichtshof eingerichtet, der für Landes- und Hochverrat sowie politische Verbrechen zuständig war.

Als Anfang August 1934 Reichspräsident Hindenburg starb, ergriff Hitler die Gelegenheit, sich durch eine gelenkte Volksabstimmung als »Führer und Reichskanzler« einsetzen zu lassen. Damit vereinigte er die Ämter des Regierungschefs und des Staatsoberhaupts in seiner Person. Die Reichswehr wurde persönlich auf ihn als Obersten Befehlshaber vereidigt und zu »unbedingtem Gehorsam« verpflichtet. Die innere Konsolidierung seiner Diktatur war damit abgeschlossen.

Aufgrund der allgemeinen Erholung der Weltwirtschaft und durch staatlich finanzierte Arbeitsbeschaffung, etwa beim Autobahnbau und in der Rüstungsindustrie, bekam Hitler das Arbeitslosenproblem in den Griff. Aber zu welchem Preis: 1938 erreichte die Staatsverschuldung die Rekordhöhe von 42 Milliarden Reichsmark.

HITLERS AUSSENPOLITIK

Öffentlich beteuerte er immer wieder seinen Friedenswillen. Aber schon im Herbst 1933 verließ Deutschland den Völkerbund, weil die Abrüstung nur bei den Kriegsverlierern durchgesetzt worden war, während sich die Sieger der Verpflichtung entzogen hatten. Das und ein französisch-sowjetischer Vertrag lieferten den An-

Reichskanzler Adolf Hitler begrüßt den greisen Reichspräsidenten Paul von Hindenburg.

lass zur Wiedereinführung der allgemeinen Wehrpflicht im März 1935. Die Einwände des Auslands unterlief Hitler durch ein Flottenabkommen mit der europäischen Führungsmacht Großbritannien. Geschickt nutzte er das schlechte Gewissen Londons wegen der überharten Friedensbedingungen von 1919. Deswegen gab es auch nur verbale Proteste, als Hitler im März 1936 Truppen ins entmilitarisierte Rheinland einmarschieren ließ.

Stützen konnte er sich dabei auf das faschistische Italien; denn Mussolini brauchte Hitler seinerseits als außenpolitische Rückendeckung bei seiner Annexion Abessiniens. Im Herbst 1936 stand die »Achse Berlin-Rom«.

DEUTSCHE EXPANSION

Von Mussolini war also kein Widerstand mehr zu erwarten, als Hitler 1938 den Anschluss seiner Heimat Österreich an das Reich inszenierte. Auch das übrige Ausland reagierte nur mit schwachen Protesten. Nicht ganz so nachgiebig zeigten sich die in Hitlers Augen »verweichlichten« Demokratien, als er die Angliederung des deutsch besiedelten Sudetenlandes verlangte, das zur Tschechoslowakei gehörte. Aber er berief sich auf das Selbstbestimmungsrecht der Völker und übte gleichzeitig Druck aus. Schließlich knickten Großbritannien und Frankreich, die einen neuen Krieg vermeiden wollten, im Münchner Abkommen Ende September 1938 ein und stimmten der Annexion zu.

Doch Hitler wollte mehr: Im März 1939 besetzten deutsche Truppen Böhmen und Mähren und richteten ein vom Reich abhängiges »Protektorat« ein. London sah seine Politik des »Appeasement« gescheitert. Man hatte den auf Expansion bedachten Diktator nicht rechtzeitig in die Schranken gewiesen, sondern ihm Zeit für seine beispiellose Aufrüstung gegeben.

In ähnlicher Weise ging Hitler gegen Polen vor. Auf seine scheinbar maßvollen Forderungen nach einer Landverbindung zwischen dem Reich und der 1918 abgetrennten Provinz Ostpreußen antworteten London und Paris mit Garantieerklärungen für Warschau. Hitlers Reaktion war ein Schock für Freund und Feind: Mit dem sowjetrussischen Diktator Stalin, dem ideologischen Todfeind, schloss er am 23. August 1939 einen Nichtangriffspakt und hatte damit den Rücken frei. Nur Tage später fielen deutsche Truppen in Polen ein. Damit begann der Zweite Weltkrieg.

·········· APPEASEMENT ··········
Nach dem 1. Weltkrieg war Großbritannien die Führungsmacht Europas, freilich eine angeschlagene. Kolonialreich wie Mutterland brauchten Ruhe zur inneren Stabilisierung. Diese aber wurde in den 1930er Jahren empfindlich gestört von den aggressiven Mächten Italien, Deutschland und Japan. London entwickelte daher eine Strategie des dosierten Nachgebens insbesondere Hitler gegenüber. Diese Beschwichtigungstaktik, »Appeasement« genannt, schien damals die richtige Antwort. Erst im Nachhinein wurde der Begriff negativ besetzt als unentschlossenes Zurückweichen vor erpresserischen Forderungen.

Joseph Goebbels (1897 – 1945), Hitlers Reichsminister für Volksaufklärung und Propaganda sowie Präsident der Reichskulturkammer, bei einer Rede im September 1934

KZ-Häftlinge in Dachau, wo seit dem 22. März 1933 das erste deutsche Konzentrationslager bestand

➤ Menschen und Ideen: Willy Brandt
➤ Handel und Wirtschaft: Weltwirtschaftskrise

DER SPANISCHE BÜRGERKRIEG

Der Spanische Bürgerkrieg von 1936 bis 1939, in dem sich die linke Volksfront und die vom Militär gestützte extreme Rechte in unerbittlichem Hass gegenüber standen, kostete eine Million Menschen das Leben. Er endete mit der Machtübernahme und faschistischen Diktatur General Francos.

General Francisco Franco (1892–1975) führte die aufständischen Nationalisten im Spanischen Bürgerkrieg. Nach dem Sieg herrschte er bis zu seinem Tod als Diktator.

Als König Alfons XIII. nach einem Wahlsieg der Republikaner ins Exil ging, wurde in Spanien die Republik ausgerufen. Doch den politischen und sozialen Krisen, die das Land seit Jahren erschütterten, war sie kaum gewachsen. Zu tief stellte sich die Kluft zwischen den rechten und linken Parteien dar, als dass man einen Konsens hätte finden können. Als sich im Oktober 1934 in Asturien die Bergarbeiter erhoben und die Räterepublik ausriefen, reagierte Madrid, wo mittlerweile die nationalistischen Rechten das Ruder übernommen hatten, mit ungeheurer Härte und setzte Militär zur Niederschlagung des Aufstands ein. Organisiert wurde der Einsatz von General Francisco Franco (1892 – 1975), den der Kriegsminister zu Beratungen nach Madrid gerufen hatte.

Gleichzeitig radikalisierten sich die Separatistenbewegungen in Katalonien, im Baskenland und in Galicien. Die kirchenfeindlichen Tendenzen der extremen Linken verschreckten das konservative Bürgertum. Schließlich schufen die Erfolge Hitlers und Mussolinis in Deutschland und Italien auch in Spanien ein Klima, das der 1933 gegründeten faschistischen Bewegung *Falange Española* gewaltigen Auftrieb gab.

DER STAATSTREICH DER GENERALE

Die Lage war bis zum äußersten gespannt, über kurz oder lang musste das Pulverfass explodieren. Zwar siegte bei den Wahlen von 1936 wieder die linke Volksfront – zusammengesetzt aus Republikanern, Sozialisten und Kommunisten –, aber die Republik hatte zu viele außerparlamentarische Feinde: im Militär und in nationalistischen Kreisen, innerhalb der katholischen Kirche sowie in kleinbürgerlichen Schichten, die monarchistisch gesinnt und streng katholisch waren.

Der Bürgerkrieg begann wenige Tage nach der Ermordung eines monarchistischen Abgeordneten: Am 17. Juli 1936 kam es zum Aufstand nationalistischer Militärs gegen die Republik, und zwar nicht in Spanien selbst, sondern in Spanisch-Marokko, wo der Initiator General Franco stationiert war. Bereits Monate zuvor hatten die Aufständischen einen Plan zur Einkreisung von Madrid ausgearbeitet. Franco sollte von Andalusien aus vorstoßen, General Mola vom Norden aus. Im Gegensatz zum linken Lager, das in sich gespalten war, setzte die Rechte ganz auf das Führerprinzip: Im Oktober 1936 wurde die absolute militärische und politische Gewalt auf Franco, den »Generalissimus« und *Caudillo* (Führer), übertragen.

KRIEG OHNE GNADE

Im Norden des Landes nahmen die aufständischen Nationalisten die baskische Stadt San Sebastián ein. Aber ihren Vormarsch auf Barcelona verhinderte der bekannte Anarchist Buenaventura Durruti. Überhaupt war die Volksfront-Regierung in Madrid in ihren Handlungen stark von den Anarchisten abhängig, die sich in allen wichtigen Entscheidungen durchzusetzen versuchten und in vielen Städten Terror verbreiteten. Das kam den Nationalisten zugute, die man mancherorts als Befreier empfing. Mittlerweile hatte sich General Franco in Andalusien festgesetzt, General Yagüe in der Provinz Estremadura. Damit war die Verbindung zwischen dem Südosten und dem Osten des Landes hergestellt.

An Madrid jedoch scheiterten die Militärs Anfang November 1936 am entschlossenen Widerstand der Bevölkerung. Im Mai 1937 wich die republikanische Regierung nach Valencia aus und organisierte von dort den ersten großen Angriff bei Brunete, um die Nationalisten von Madrid fern zu halten. Bedeutender wurde die Schlacht bei Belchite, die mit einer ungeheuren Härte von beiden Seiten geführt wurde. Aber um Saragossa konnten

Ein gefallener Kämpfer wird durch die Straßen von Teruel getragen.

Der spanische Bürgerkrieg

Verlauf des Spanischen Bürgerkrieges

die Nationalisten nicht besiegt werden, 1937 eroberten sie Santander und Gijón. Offen blieben gegen Ende 1938 die Front in Aragon und das Ringen um Madrid, doch die Republikaner verloren zunehmend an Boden.

Die völlige Zerschlagung der republikanischen Armee brachte das Kriegsende. Nach letzten schweren Kämpfen nahmen die Nationalisten am 26. Januar 1939 Barcelona ein. Am 28. März kapitulierte Madrid. Am 1. April unterschrieb Franco in Burgos das letzte Kriegskommuniqué. Der Spanische Bürgerkrieg, der geschätzte 1,2 Millionen Todesopfer, darunter 750 000 Zivilisten, gefordert hatte, war zu Ende. Zahlreiche Republikaner gingen ins Exil, flohen vor der Rache Francos, der seine Gegner hinrichten oder ins Lager bringen ließ.

·········· HITLERS WEHRMACHT IN SPANIEN ··········

Bestimmend für den Verlauf des Bürgerkriegs wurde die Beteiligung des Auslands. Die Republikaner erhielten militärische und finanzielle Unterstützung von Frankreich, der UdSSR und den Internationalen Brigaden, die sich aus sympathisierenden Freiwilligen des Westens zusammensetzten. Entscheidend für den Ausgang des Kriegs wurde aber die Militärhilfe des faschistischen Italien, Portugals und vor allem NS-Deutschlands für die Nationalisten. So erlebte Hitlers neue deutsche Wehrmacht im Spanischen Bürgerkrieg ihren ersten Einsatz an der Front: Einheiten von Heer, Marine und Luftwaffe kämpften gegen die spanische Republik. Am 26. April 1937 wurde durch einen Luftangriff der deutschen Legion Condor die kleine baskische Stadt Guernica, der Pablo Picasso mit seinem gleichnamigen weltberühmten Bild ein Denkmal setzte, dem Erdboden gleichgemacht.

Bis zur Kapitulation vor den nationalistischen Militärs Ende März 1939 wurde Madrid von den Republikanern (im Bild) kontrolliert.

▶ Kunst und Architektur: Guernica

Der Zweite Weltkrieg in Europa und Afrika

Mit seinem Überfall auf Polen löste NS-Deutschland den größten Land-, Luft- und Seekrieg der Menschheitsgeschichte aus. Nach ersten Erfolgen der Achsenmächte Deutschland und Italien wendete sich das Blatt nicht zuletzt durch den Kriegseintritt der USA auf Seiten der Alliierten.

Soldaten der deutschen Wehrmacht reißen am 1. September 1939 die polnischen Schlagbäume nieder.

Im Vertrauen darauf, dass sein Bündnis mit Stalin die Westmächte von einer Intervention abhalten würde, und im Bewusstsein des deutschen Rüstungsvorsprungs in der Luft und zu Lande gab Hitler den Befehl zum Angriff auf Polen für den 1. September 1939: In breiter Front überschritten zwei deutsche Heeresgruppen die Grenze. Zwei Tage später trafen aus London und Paris gleichlautende Ultimaten in Berlin ein – Rückzug der deutschen Truppen oder Krieg. Hitler hatte die Entschlossenheit der Westmächte unterschätzt, aber Fakten geschaffen. Innerhalb von drei Wochen brach der militärische Widerstand Polens zusammen. Am 17. September marschierte die Rote Armee ein, um der Sowjetunion vereinbarungsgemäß den Anteil an der Beute, den polnischen Osten, zu sichern.

Der Winterkrieg in Nordeuropa

Am 30. November 1939 griff Stalin Finnland an, das im geheimen Zusatzprotokoll zum Hitler-Stalin-Pakt der sowjetischen Einflusssphäre zugeschlagen worden war. Es kostete der weit überlegenen Roten Armee über drei Monate und über 200 000 Gefallene, das dünn besiedelte Land niederzuringen. Um einem möglichen Eingreifen der Westalliierten zuvorzukommen, entschloss sich Hitler, noch vor einem Angriff im Westen im Norden aktiv zu werden. Mit einem Doppelschlag gegen Dänemark und Norwegen sicherte er im April 1940, allerdings um den Preis erheblicher Materialverluste, den Erznachschub für die Rüstungsindustrie aus den nordschwedischen Gruben. Die endgültige Kontrolle über Dänemark und Norwegen erreichten die Deutschen aber erst, als Franzosen und Briten alle Kraft auf die neue Front in Belgien und am Rhein konzentrieren mussten. Dort brannte es bald an allen Abschnitten.

Die deutschen Luftangriffe auf englische Städte – im Bild das zerstörte Coventry – sollten die Invasion der Bodentruppen vorbereiten.

Die Eröffnung der Westfront

Deutsche Truppen hatten am 10. Mai 1940 mit einem Panzervorstoß durch die Ardennen, mit Luftlandungen auf Schlüsselstellungen in Belgien und mit einem Angriff auf die Niederlande die Feindseligkeiten eröffnet. In einem einzigartigen »Blitzkrieg« zwang die Wehrmacht die Niederlande und Belgien zur Kapitulation, schloss das britische Expeditionskorps und starke französische Verbände bei Dünkirchen ein und wandte sich dann zum entscheidenden Schlag gegen Frankreich.

Am 14. Juni 1940 rückten deutsche Truppen in Paris ein, am 22. Juni musste eine französische Delegation die Kapitulation unterzeichnen. Dass Italien am 10. Juni in den Krieg gegen Frankreich eingetreten war, hatte keine militärische Bedeutung mehr. Frankreich wurde im Norden und längs der Atlantikküste von den Deutschen besetzt, im freien Teil bildeten Marschall Philippe Pétain und Pierre Laval im *État Français* mit Vichy als Regierungssitz eine autoritäre Regierung, die sich um Zusammenarbeit (Kollaboration) mit Deutschland bemühte. Hitlers Triumph schien komplett. Um so erstaunter musste er im Juli zur Kenntnis nehmen, dass die neue britische Regierung unter Winston Churchill die »ausgestreckte Friedenshand«, so die NS-Propaganda, ausschlug.

Die Luftschlacht um England

Nun konzentrierte sich Hitler auf England. Luftwaffe und Kriegsmarine erhielten den Auftrag, das »Unternehmen Seelöwe«, die Landung von Bodentruppen auf der Insel, vorzubereiten. Am 13. August 1940 begann mit dem Angriff dreier deutscher Luftflotten die Luftschlacht um England. Die Schlacht zur See hatte schon gleich nach Kriegsbeginn eingesetzt und wurde nun durch massiven U-Boot-Einsatz im Atlantik verschärft. Die USA nämlich unterstützten Großbritannien per Schiff mit Materiallieferungen. Aber weder gelang der deutschen Marine die Blockade noch erreichte die Luftwaffe ihr Ziel, Großbritannien entscheidend zu schwächen. Doch die Bombardierung englischer Städte hatte den britischen Widerstandswillen gegen Deutschland gestärkt. Schließlich musste Hitler seinen Plan einer Invasion aufgeben.

Der Zweite Weltkrieg in Europa und Afrika

Legende:
- Deutschland, 1. Sept. 1939
- Grenzen, Juni 1942
- Deutschland 1942
- Deutschlands Verbündete 1942
- von den Achsenmächten besetzt, Dez. 1942
- von den Alliierten kontrolliert, Dez. 1942
- neutraler Staat
- weitester Vorstoß der Achsenmächte
- Frontverlauf, April 1945
- wichtiger Sieg der Achsenmächte
- wichtiger Sieg der Alliierten
- Alliierten-Offensive, 1942–43
- Alliierten-Offensive, 1944–45
- schwer bombardierte Stadt

Der Zweite Weltkrieg in Europa und Nordafrika

.... BLITZKRIEG ....

Hitlers Vorliebe für eine wuchtig-brutale Sprache machten sich natürlich auch seine Propagandisten zu eigen. Reichssendeleiter Hadamovsky prägte 1940 für den Polenfeldzug den Begriff »Blitzkrieg«, der später auch von anderen Sprachen übernommen wurde, als Bezeichnung für eine überfallartig die Entscheidung suchende Kampfführung durch Überrollen mit motorisierten Verbänden. In Polen, 1940 im Westen und 1941 auf dem Balkan gelang der Wehrmacht mit starker Luftunterstützung der überraschende Durchbruch massierter Panzerkräfte und die Zerschlagung der gegnerischen Armeen. Dieses Konzept war für die unzureichend gerüsteten deutschen Streitkräfte das einzig denkbare, da ein Abnutzungskrieg nicht durchzustehen war. Es versagte 1941/42 in den Weiten Russlands.

▶ Völker, Staaten und Kulturen: Der Aufstieg der Vereinigten Staaten
▶ Völker, Staaten und Kulturen: Das britische Weltreich
▶ Völker, Staaten und Kulturen: Das Deutsche Reich
▶ Völker, Staaten und Kulturen: Frankreichs Dritte Republik
▶ Völker, Staaten und Kulturen: Entstehung und Aufstieg der UdSSR

»D-Day« war der Deckname für die Landung alliierter Truppen in der Normandie am 6. Juni 1944.

NEUE KRIEGSSCHAUPLÄTZE

1940 schlossen Deutschland, Italien und Japan einen Dreimächtepakt, dessen Ziel die Neuordnung Europas und Ostasiens war. Enge Beziehungen herrschten zwischen den Achsenmächten Deutschland und Italien, denen sich bis 1942 Ungarn, Rumänien, Slowakei, Finnland, Bulgarien und Kroatien anschlossen. Als das faschistische Italien auf dem Balkan und in Nordafrika verlustreiche »Parallelkriege« anzettelte, griff der Bündnispartner Deutschland ein: Jugoslawien und Griechenland wurden nach dem 6. April 1941 in wenigen Wochen überrollt, die Mittelmeerinsel Kreta nahmen deutsche Fallschirmjäger, in Afrika konnte das deutsche Afrikakorps unter Erwin Rommel die Briten aus Italienisch-Libyen zurückdrängen.

KRIEG IN RUSSLAND

Trotz des vor Kriegsausbruch abgeschlossenen Vertrags mit Stalin hatte Hitler seine Idee, »Lebensraum« im Osten für das erstrebte »Großgermanische Reich« zu gewinnen und den »jüdischen« Bolschewismus zu vernichten, niemals aufgegeben. Seit Ende 1940 bereitete er den Angriff auf die Sowjetunion vor. Am 22. Juni 1941 schließlich überschritt – ohne Kriegserklärung – ein gewaltiges deutsches Heer mit Tausenden von Panzern die Grenzen, unterstützt von einer ungeheuren Luftstreitmacht. Stalin, bis dato Hitlers Bündnispartner, war überrumpelt. Er mobilisierte alle Kräfte und proklamierte den »Großen Vaterländischen Krieg«.

Anfangs zeigte sich Hitlers Taktik des »Blitzkriegs« auch in Russland erfolgreich. Der Vormarsch auf Moskau wäre kaum zu stoppen gewesen, wenn Hitler nicht zuerst das Rohstoff- und Agrar-Reservoir der Ukraine hätte sichern wollen. Er ließ die Panzerspitzen nach Süden eindrehen, die östlich Kiew vier sowjetische Armeen einschlossen und vernichteten. Doch dann kam der Winter, mit ihm die mörderische Kälte, die Erschöpfung der deutschen Truppen und die entschlossene Offensive der Roten Armee.

Stalingrad 1942: Panzer rollen als Deckung für die Infanterie durch die Straßen.

DER ZWEITE WELTKRIEG IN EUROPA UND AFRIKA

DIE ESKALATION

Statt sich angesichts der drohenden Katastrophe geschlagen zu geben, rief Hitler zum »fanatischen Widerstand« auf, entmachtete den Oberbefehlshaber von Brauchitsch und übernahm selbst die Oberste Heeresleitung. Der Gefreite des Ersten Weltkriegs, der sich gern als größter Feldherr aller Zeiten gesehen hätte, hielt nun alleine das Schicksal von Millionen in der Hand.

Der japanische Überfall auf die US-Flotte im Pazifik provozierte den Kriegseintritt der USA, denen Hitler am 11. Dezember 1941 den Krieg erklärte. Damit war der Weltkrieg ein Faktum, und die extrem hohe Beanspruchung der deutschen Kräfte musste über kurz oder lang zur Katastrophe führen. Gewisse Erfolge im Frühjahr und Sommer 1942 erregten in Deutschland allerdings trügerische Hoffnung: der rasante Vormarsch im Süden der Ostfront gegen Stalingrad und den Kaukasus, Rommels Eindringen in das von Großbritannien abhängige Ägypten.

BOMBARDEMENT DEUTSCHER STÄDTE

Im Juni 1943 eröffneten die Westalliierten den Krieg gegen die deutsche Zivilbevölkerung. Das Bombardement durch britische und amerikanische Lufteinheiten brachte den deutschen Städten Zerstörung und Tod. Die größte alliierte Bombenoffensive traf am 13./14. Februar 1945 Dresden, als 7 070 Tonnen Minen, Brand- und Sprengbomben abgeworfen wurden: 35 000 Menschen starben, eine Fläche von 12 Quadratkilometern wurde total zerstört.

Noch heute wird unter Militärhistorikern die Frage diskutiert, ob diese Angriffe strategisch gerechtfertigt waren; denn ihr Ziel, die deutsche Bevölkerung zu demoralisieren und gegen das NS-Regime einzunehmen, erreichten sie letztendlich nicht. Dagegen trugen die amerikanischen Bombenangriffe auf militärisch relevante Objekte wie Treibstofflager, Hafenanlagen oder Verkehrswege eindeutig zum Zusammenbruch der deutschen Rüstungsindustrie und der deutschen Fronten bei.

DER ZUSAMMENBRUCH DEUTSCHLANDS

Zu den großen Katastrophen der deutschen Geschichte gehört der Untergang der 6. Armee von November 1942 bis Januar 1943 in Stalingrad. Kurz vor Weihnachten verbot Hitler den eingekesselten Truppen den Ausbruch, auch die von Stalin geforderte Übergabe der Stadt kam für ihn nicht in Frage. So musste Generalfeldmarschall Paulus angesichts der aussichtslosen Lage, in der sich seine dezimierte und völlig erschöpfte Truppe befand, schließlich kapitulieren. 90 000 Deutsche gingen in russische Gefangenschaft.

Im Mai 1943 musste auch die »Heeresgruppe Afrika« unter Rommel kapitulieren und der Seekrieg im Atlantik wurde völlig aussichtslos. Anfang Juli ließ die Niederlage in der größten Panzerschlacht des Krieges am Kursker Bogen die deutsche Ostfront zusammenbrechen.

Doch statt die politischen Konsequenzen daraus zu ziehen, befahl Hitler an allen Fronten »Halten um jeden Preis« – auch in Italien, wo die Alliierten am 10. Juli auf Sizilien und am 9. September auf dem Festland Fuß gefasst hatten und Mussolini gestürzt wurde. Die neue italienische Regierung schloss Anfang August einen Waffenstillstand mit den Alliierten, woraufhin Hitler eine neue deutsche Front in Italien eröffnete, Rom besetzte und italienische Soldaten gefangen nahm.

Der Pazifikkrieg brachte für Deutschland kaum Entlastung, da die Alliierten dem Sieg über Deutschland den absoluten Vorrang einräumten. Diese Germany-first-Strategie führte am 6. Juni 1944 schließlich zur alliierten Invasion in der Normandie und am 15. August 1944 auch in Südfrankreich.

FÜNF MINUTEN NACH ZWÖLF

Fast zur gleichen Zeit ging im Osten die deutsche Heeresgruppe Mitte gegen die durch US-amerikanische Rüstungshilfen erstarkte Rote Armee unter. Letzte Kräfte verschliss Hitler in einer unsinnigen Offensive in den Ardennen. Wegen Material- und vor allem Treibstoffmangel war kaum noch Gegenwehr möglich, weder gegen die über Weichsel und Oder vorstoßende Rote Armee noch gegen die über den Rhein Richtung Elbe kommenden Westalliierten. Die Mobilisierung von Kindern und alten Männern im so genannten Volkssturm brachte außer weiteren Toten nichts mehr.

Doch Kapitulation kam für Hitler nicht in Betracht: »Ich höre grundsätzlich erst fünf Minuten nach Zwölf auf.« So spät, für Millionen zu spät, war es endlich am 30. April 1945, als sich Hitler in seinem Bunker unter der Berliner Reichskanzlei erschoss. Eine Woche später kapitulierte sein Nachfolger Admiral Dönitz bedingungslos.

Hitlers Großdeutschland war in Schutt und Asche versunken. 55 Millionen Tote, darunter mindestens fünf Millionen Opfer des »Rassenkriegs« gegen die Juden, machten auch den moralischen deutschen Zusammenbruch unübersehbar.

Soldaten der Roten Armee hissen ihre Fahne als Siegeszeichen auf dem Berliner Reichstag.

·········· **DIE DEUTSCHE KRIEGSWIRTSCHAFT** ··········

Nach der Katastrophe von Stalingrad im Winter 1942/43 und der Proklamation des »totalen Krieges« durch Joseph Goebbels am 18. Februar 1943 wurde die gesamte deutsche Wirtschaft in den Dienst des Krieges gestellt. Die Industrie ersetzte die an der Front kämpfenden Arbeiter durch Frauen sowie durch rund neun Millionen Zwangsarbeiter aus den besetzten Gebieten. Auch die Häftlinge der KZs und Vernichtungslager wurden für die deutsche Kriegswirtschaft rücksichtslos ausgebeutet.

➤ Menschen und Ideen: Winston Churchill
➤ Menschen und Ideen: Adolf Hitler
➤ Menschen und Ideen: Charles de Gaulle
➤ Handel und Wirtschaft: Weltwirtschaft im Zweiten Weltkrieg
➤ Mythen, Rätsel und Orakel: Bernsteinzimmer

Der Holocaust

Ein Hauptziel des deutschen Nationalsozialismus war die Ausrottung der Juden. Mit Entrechtung, Berufsverboten, Pogromen und »Arisierung« jüdischer Vermögen begann der Terror. Er eskalierte während des Krieges zur systematischen Ermordung von Millionen jüdischer Menschen in den Vernichtungslagern.

Nazi-Terror in Deutschland im Frühjahr 1933: Aufruf zum Boykott jüdischer Geschäfte

Der Antisemitismus, die rassistisch geprägte Feindschaft gegen die Juden, war in Europa seit dem späten 19. Jahrhundert ein weit verbreitetes Phänomen. Doch im deutschen Nationalsozialismus zeigte der Antisemitismus die furchtbarsten Auswirkungen.

Die NS-Ideologie war ganz wesentlich von einer pseudobiologischen Rassentheorie geprägt, die die Menschheit – ohne jede individuelle, historische, kulturelle wie auch immer geartete Differenzierung – in die nordische beziehungsweise arische »Herrenrasse« und in »minderwertige Rassen« einteilte, zu denen in erster Linie die Juden gerechnet wurden.

Die Entrechtung

Der Judenhass schlug sich bereits 1920 im Parteiprogramm der NSDAP nieder, auch in seinem millionenfach verbreiteten Buch »Mein Kampf« offenbarte Hitler unverhüllt seine Haltung. Mit dem Ermächtigungsgesetz vom 24. März 1933, das der Regierung Hitler eine Blankovollmacht erteilte, wurde dann der Weg frei für die Entrechtung deutscher Bürger jüdischer Herkunft. Eine Flut von Gesetzen und Verordnungen setzte ein, die jüdische Beamte aus dem Staatsdienst drängte, jüdischen Ärzten die Kassenzulassung entzog, jüdische Künstler aus der Öffentlichkeit verbannte. Unzählige deutsche Juden verloren ihre Existenzgrundlage.

Zu bloßen Staatsangehörigen ohne politische Rechte wurden alle Personen mit drei »volljüdischen« Großelternteilen durch die Nürnberger Gesetze vom 15. September 1935 »zum Schutz der deutschen Ehre und des deutschen Blutes«. Die Heirat zwischen Nichtjuden und Juden wurde verboten, sexuelle Beziehungen galten als Rassenschande. In der Öffentlichkeit mussten Juden Gewalt und Demütigungen schutzlos hinnehmen.

Gewinne durch Arisierung

Einen ersten Gipfelpunkt erreichte der Terror in der Reichspogromnacht vom 9./10. November 1938, zynisch »Kristallnacht« genannt, in der fast alle deutschen Synagogen sowie 7000 jüdische Geschäfte zerstört und 30 000 Juden inhaftiert wurden. Infamerweise mussten die Juden danach eine »Sühneleistung« von einer Milliarde Reichsmark an das Reich bezahlen.

Die finanzielle Ausbeutung wurde zum System. Insgesamt verließen bis Ende 1938 rund 180 000 und 1939 noch einmal 80 000 der 500 000 deutschen Juden ihre Heimat. Sie alle mussten eine »Reichsfluchtsteuer« bezahlen, die ihnen nicht viel mehr ließ, als was sie auf dem Leib trugen. Zu Schleuderpreisen mussten sie ihr Hab und Gut verkaufen, ihre Geschäfte, Unternehmen und Immobilien. Durch diese so genannte Arisierung jüdischen Vermögens kam mancher »verdiente« Parteigenosse zu Reichtum.

HOLOCAUST

VERFOLGUNG IM ZWEITEN WELTKRIEG

Mit Kriegsbeginn begannen die Deportationen ins besetzte Polen, wo über zweieinhalb Millionen Juden lebten. Zur Kennzeichnung mussten sie den gelben Stern auf der Kleidung tragen, eine Praktik, die später für alle Juden unter deutscher Herrschaft galt. Unter unmenschlichen Bedingungen wurden die Juden in Gettos gepfercht; das größte, mit eineinhalb Millionen Menschen, war in Warschau.

Mit dem Vormarsch deutscher Truppen zwischen Mittelmeer und Polarmeer, den Pyrenäen und dem Kaukasus erfasste die Judenverfolgung weite Teile Europas. Hunderttausende fielen den Erschießungskommandos zum Opfer, ein trauriger Höhepunkt war das Blutbad im ukrainischen Babi Yar, wo innerhalb von zwei Tagen 30 000 Juden getötet wurden.

Beteiligt an den Massakern waren vielfach einheimische Milizen. In deutschem Namen ließen Balten, Ukrainer, Kroaten und andere ihrem Judenhass auf grausamste Weise freien Lauf.

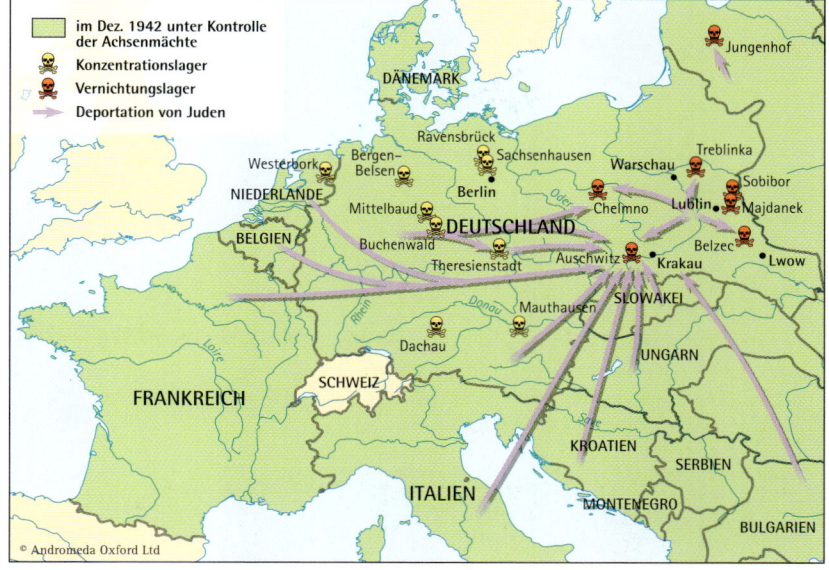

Der organisierte Völkermord an den europäischen Juden

DER GENOZID

Als sich das Kriegsgeschehen gegen Deutschland zu wenden begann, wurden auf der Wannsee-Konferenz am 20. Januar 1942 die Weichen für die »Endlösung der Judenfrage« gestellt. Man hatte es eilig und plante in den unterschiedlichsten Behörden den Genozid mit deutscher Gründlichkeit. Die oberste Zuständigkeit lag bei Heinrich Himmler, dem »Reichsführer SS«. Systematisch wurden im Osten Vernichtungslager wie Auschwitz, Majdanek, Treblinka ausgebaut, Gaskammern und Krematorien eingerichtet, Wachpersonal rekrutiert, die Bahntransporte aus ganz Europa organisiert.

»Arbeit macht frei« stand über den Toren von Auschwitz und Theresienstadt. Tatsächlich ging es aber um die Vernichtung durch Arbeit. In Zusammenarbeit mit der SS errichtete die deutsche Großindustrie Zweigbetriebe bei den Lagern, in Steinbrüchen und Munitionsfabriken schufteten ausgehungerte Juden für den deutschen »Endsieg«. Auch die deutsche Wissenschaft profitierte vom Grauen; verwiesen sei nur auf die ungeheuerlichen medizinischen Experimente eines Dr. Mengele.

Das Kriegsende brachte die Befreiung der Lager durch die Alliierten. Die meisten Überlebenden kehrten nie wieder in ihre alte Heimat zurück. Über ein Jahrtausend lang war das Judentum ein unverzichtbarer Bestandteil Europas gewesen. Der Holocaust (griechisch für »Brandopfer«) unterbrach diese Tradition radikal. In Deutschland meldete sich jüdisches Leben nach dem Zweiten Weltkrieg nur zögernd zurück. Und die vielfach gewünschte Normalität im Umgang zwischen Juden und Deutschen ist auch heute nur in Ansätzen hergestellt.

Juden des Warschauer Gettos auf dem Weg ins Vernichtungslager

Verbrennungsöfen im Konzentrationslager Buchenwald bei Weimar

ZAHLEN DES SCHRECKENS

Von den insgesamt 7 210 350 in deutschen Konzentrations- und Vernichtungslagern registrierten Häftlingen überlebten etwa 530 000. Bei der Zahl der Juden, die dem NS-Vernichtungssystem zum Opfer fielen, ist man auf Schätzungen angewiesen, die zwischen fünf und sieben Millionen schwanken. Allein in Auschwitz starben mindestens 2,5 Millionen Juden – Männer, Frauen und Kinder, Alte und Junge, Reiche und Arme. Sie wurden vergast, erschlagen, erschossen, starben an Hunger, Seuchen und Erschöpfung oder bei medizinischen Experimenten.

➤ Völker, Staaten und Kulturen: Jüdische Diaspora
➤ Völker, Staaten und Kulturen: Das Deutsche Reich
➤ Völker, Staaten und Kulturen: Israel
➤ Religionen und Glaubensformen: Ermordung der europäischen Juden
➤ Menschen und Ideen: Adolf Hitler

Der Zweite Weltkrieg in Ostasien und im Pazifikraum

Mit entschlossenen Eroberungszügen machte sich die faschistische Militärmacht Japan bis 1942 in Ostasien und im pazifischen Raum ein Weltreich untertan. Doch die Gegenoffensive der USA und ihrer Alliierten führte 1945 zur totalen Niederlage Japans.

Ähnlich dem nationalsozialistischen Deutschland verstand sich das kaiserliche Japan als Herrenrasse und »Volk ohne Raum«. Gestützt auf eine nach preußischem Vorbild aufgebaute Armee war es dem Kaiserreich seit Ende des Ersten Weltkriegs gelungen, durch aggressive Expansionspolitik zur ostasiatischen Führungsmacht aufzusteigen. Dabei geriet es zunehmend in Konfrontation mit den USA, die ihre Wirtschaftsinteressen verletzt sahen.

Ohne Kriegserklärung griff Japan am 7. Dezember des Jahres 1941 den US-amerikanischen Flottenstützpunkt Pearl Harbor an.

Pearl Harbor

Außenpolitisch abgesichert durch den Dreimächtepakt mit Deutschland und Italien (1940) sowie den Nichtangriffspakt mit der Sowjetunion (1941) marschierte Japan im Juni 1941 in Französisch-Indochina ein. Darauf reagierten die USA mit scharfen Wirtschaftssanktionen und einem Handelsembargo, was Japan seinerseits mit einem Militärschlag beantwortete: Ohne Kriegserklärung griff die japanische Marineluftwaffe am 7. Dezember 1941 die auf Pearl Harbor (Hawaii) stationierte US-Pazifikflotte an. Die völlige Vernichtung misslang, aber in den USA wurde der Überfall als Schock erlebt. Am nächsten Tag erklärten die USA und Großbritannien Japan den Krieg, kurz darauf erfolgte die Kriegserklärung Deutschlands und Italiens an die USA. Aus den bis dato begrenzten Kriegen wurde ein Weltkrieg.

Japanische Erfolge

Tod und Zerstörung durch die erste Atombombe: Hiroshima nach dem 6. August 1945

Fast gleichzeitig brach die japanische Offensive im Süden los, wo Malaya (mit Singapur), Sumatra, Borneo, Hongkong und die Philippinen fielen. Auch Birma wurde überrannt, im Pazifik Guam, Wake, Gilbert-Inseln, Bismarck-Archipel und der Norden Neuguineas. Günstig hatte sich bei den Eroberungszügen in den britischen und niederländischen Gebieten der Hass der einheimischen Bevölkerungen auf die europäischen Kolonialherren ausgewirkt. Allerdings hielt dieser »Befreiungseffekt« unter dem Eindruck der brutalen japanischen Militärverwaltung nirgendwo lange vor.

1942 beherrschte Japan ein riesiges Territorium mit rund 450 Millionen Menschen und reichen Bodenschätzen. Der triumphale Siegeszug war auf relativ geringen Widerstand gestoßen, was bei der japanischen Militärführung zur verhängnisvollen Überschätzung des eigenen Potenzials führte. Im Februar 1942 konnte man noch die Schlacht in der Java-See gegen Briten und Niederländer für sich entscheiden, aber dann wendete sich das Blatt.

Die alliierte Gegenoffensive

Im Frühsommer 1942 musste Japan Niederlagen in den See-Luft-Schlachten in der Korallensee und bei Midway hinnehmen. Eine Gegenoffensive der Amerikaner setzte ein. Auch wenn die Germany-first-Strategie dem Kampf gegen Deutschland den Vorrang gab, standen den USA doch genügend Mittel zur Verfügung, um im Zentralpazifik unter Admiral Nimitz und im Südwestpazifik unter General MacArthur vorzustoßen.

Man setzte auf die Strategie des »Inselspringens«. Im Sommer 1944 geriet das japanische Mutterland selbst in die Reichweite der amerikanischen Langstreckenflugzeuge. Japanische Städte und Industriezentren wurden bombardiert, die kaiserliche Marine in weiteren Seeschlachten erheblich dezimiert. Anfang 1945 landeten die Amerikaner auf der Philippinen-Insel Luzon, im März zogen sie in die Hauptstadt Manila ein. Auch in Birma blieb den Japanern 1944/45 nur noch die Defensive gegen die vom Westen angreifenden Briten und die im Norden operierenden, von den Amerikanern beratenen und unterstützten Chinesen. Mit der Eroberung von Iwo Jima im März und Okinawa im Juni 1945 war die Voraussetzung für die alliierte Landung auf den japanischen Hauptinseln geschaffen.

Hiroshima und Nagasaki

Statt die von den Alliierten angebotenen Kapitulationsbedingungen – Entwaffnung der Streitkräfte, Einsetzung einer neuen

Der Zweite Weltkrieg im Pazifikraum

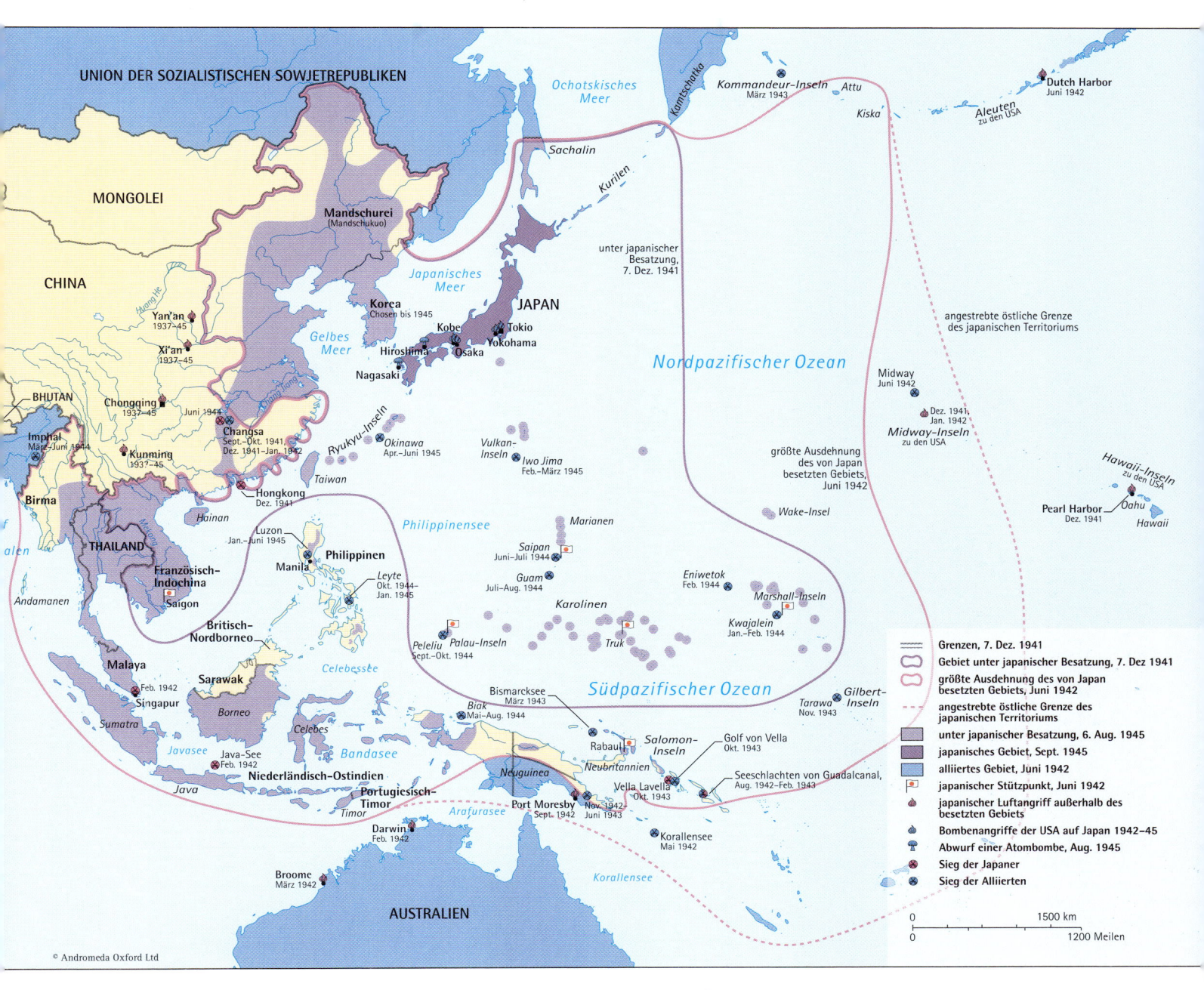

Legende:
- Grenzen, 7. Dez. 1941
- Gebiet unter japanischer Besatzung, 7. Dez. 1941
- größte Ausdehnung des von Japan besetzten Gebiets, Juni 1942
- angestrebte östliche Grenze des japanischen Territoriums
- unter japanischer Besatzung, 6. Aug. 1945
- japanisches Gebiet, Sept. 1945
- alliiertes Gebiet, Juni 1942
- japanischer Stützpunkt, Juni 1942
- japanischer Luftangriff außerhalb des besetzten Gebiets
- Bombenangriffe der USA auf Japan 1942–45
- Abwurf einer Atombombe, Aug. 1945
- Sieg der Japaner
- Sieg der Alliierten

Regierung – zu akzeptieren, wehrte sich das völlig erschöpfte Japan mit fanatischen Durchhalteparolen gegen die unvermeidliche Niederlage. Die USA beschlossen, erstmals ihre neu entwickelte »Wunderwaffe« einzusetzen: Am 6. August 1945 gab der noch unerfahrene neue US-Präsident Truman auf Druck seiner Berater den Befehl, die erste Atombombe über Hiroshima abzuwerfen, drei Tage später eine zweite über Nagasaki. Die beiden Städte wurden vollständig verwüstet, 150 000 Menschenleben ausgelöscht.

Die Kriegstechnologie trat damit in ein neues Zeitalter ein, die Atombombe sprengte alle bis dato vorstellbaren Grenzen der Vernichtung. Am 2. September 1945 nahm General MacArthur die Kapitulation Japans entgegen.

Inselspringen

Die alliierte Großoffensive im Südwestpazifik 1943 verfolgte bei ihrer Annäherung an Japan die Strategie des »Inselspringens«. Die Amerikaner nannten es »leapfrog«, also »Bockspringen«. Dabei konzentrierten sich General MacArthur und Admiral Nimitz auf kleinere Inseln mit geringer japanischer Präsenz, führten nach vorbereitenden Luftschlägen jeweils die Landung mit Amphibienfahrzeugen durch und errichteten einen Stützpunkt, von dem aus das nächste Inselziel anvisiert wurde. Dank einer einzigartigen Hochrüstung war die US-Flotte im Sommer 1944 nicht mehr zu schlagen. Sie verfügte über insgesamt 4000 Schiffe, darunter 630 Kriegsschiffe sowie fast 100 Flugzeugträger mit Tausenden von Flugzeugen.

Der Zweite Weltkrieg in Ostasien und im Pazifikraum

▶ Völker, Staaten und Kulturen: Der Aufstieg der Vereinigten Staaten
▶ Völker, Staaten und Kulturen: Das britische Weltreich
▶ Völker, Staaten und Kulturen: Japan nach 1945
▶ Handel und Wirtschaft: Weltwirtschaft im Zweiten Weltkrieg

STUNDE NULL? DIE FOLGEN DES ZWEITEN WELTKRIEGS

Ein österreichischer Kriegsgefangener kehrt 1953 in die Heimat zurück.

Am 8. Mai 1945 kapitulierte das Oberkommando der deutschen Wehrmacht bedingungslos vor den Streitkräften der Alliierten. Das nationalsozialistische Deutschland war besiegt, der Krieg, den das NS-Regime 1939 begonnen und 1941 auf die UdSSR und die USA ausgeweitet hatte, zu Ende. Dies war das Ergebnis der militärischen Anstrengungen vieler Staaten der Welt, vor allem der Sowjetunion, die die Hauptlast des Zweiten Weltkriegs trug. Insgesamt waren mindestens 62 Millionen Tote zu beklagen.

DER CODE DES SCHWEIGENS

Mit dem Genozid an den europäischen Juden, dem Vernichtungskrieg im Osten und der Unterdrückung der besiegten Völker hatte Deutschland sein früheres Ansehen in der Welt verwirkt. Aber nicht nur die deutsche Kriegsgeneration blieb lange Zeit sprachlos angesichts des verursachten Unglücks. Auch diejenigen, die schwer unter den Deutschen gelitten hatten, entzogen ihre belastenden Erinnerungen der Kommunikation und damit dem gesellschaftlichen Gedächtnis. Die Mitte der 1990er Jahre begonnene Einrichtung spezieller Altenheime für traumatisierte Holocaust-Überlebende in Israel, die im Alter ihr Schweigen brachen, ist neben der Ende des 20. Jahrhunderts einsetzenden Debatte über die Zwangsarbeiterentschädigung eine der späten menschlichen Folgen des Zweiten Weltkriegs.

GEGENSEITIGE ABHÄNGIGKEIT

Eine Politik der Selbsttäuschung wie nach 1918 war nach dem Scheitern der nationalsozialistischen Gewaltherrschaft ausgeschlossen. Mit der wechselseitigen Abschreckung im atomaren Zeitalter, das 1945 mit dem Abwurf zweier amerikanischer Atombomben über Japan begann, war ein Fortsetzungskrieg im Grunde undenkbar geworden; allerdings mit der Konsequenz des Kalten Kriegs. Die weltpolitische Konstellation war damit entscheidend verändert: Gegenseitige Abhängigkeit war das Schicksal, aber auch die Chance der Nachkriegswelt. In ihr rückte Europa aus dem Zentrum der Macht, wurde Gegenstand und weniger Akteur internationaler Politik. Die oft behauptete, aber selten diskutierte Chiffre einer »Stunde Null« von 1945, sie existierte weniger als politische Realität, denn als moralische Idee. Zentrale Vorkriegs- und Kriegsprobleme wirkten nach 1945 verändert weiter.

OST-WEST-KONFLIKT, NEUE NATIONALSTAATEN

Der seit der Oktoberrevolution 1917 erkennbare Ost-West-Konflikt globalisierte sich nach dem ideologisch zwangsläufigen Auseinanderbrechen der Anti-Hitler-Koalition und hatte eine bipolare internationale Politik zur Folge, die bis zu den Umwälzungen von 1989/90 anhielt. Die deutsche Nationalstaatsfrage, ein Kind des 19. Jahrhunderts, wurde durch die Aufteilung auf die politisch-ideologischen Weltblöcke unterbrochen.

Die Entstehung neuer Nationalstaaten in Afrika und Asien in der Folge des Zweiten Weltkrieges kennzeichnete zwar das Ende des Kolonialzeitalters, führte aber zugleich zur konfliktreichen Übertragung westlicher Konzepte wie Nationalstaat, Industriali-

Bevor an Wiederaufbau zu denken war, mussten die so genannten Trümmerfrauen Ruinen abreißen und Schutt beseitigen.

Folgen des Zweiten Weltkriegs

Im Nürnberger Prozess gegen die Hauptkriegsverbrecher 1945/46 ganz links auf der Anklagebank: Hermann Göring

sierung, Demokratie, aber auch Diktatur. Auch litten die jungen Staaten häufig an ihrem kolonialen Erbe.

DIE IDEE EUROPA
Wiederaufbau und politisches Verständnis der durch den Zweiten Weltkrieg veränderten Welt wurden durch das Erlebnis des Vernichtungskrieges, der Erfahrung von Auschwitz und der Spaltung Europas bestimmt. Neue diktatorische Gefahren gingen vom Kommunismus aus. Vorläufig nur im westlichen, später auch im östlichen Europa wurden die Gemeinsamkeiten europäischer Interessen und damit die lange unklare Idee eines »gesamteuropäischen Hauses« entdeckt. Die Einsicht in die Notwendigkeit eines föderativ vereinten Europas wurde von einer skeptischen Generation formuliert, die mit der europäischen Teilung den Ansatz einer westeuropäischen Zusammenarbeit und Integration vorantrieb. Die Beschränkung von Währungsschwankungen und der Versuch der Verstetigung ökonomischer Prozesse über die Bretton Woods Institutionen Weltbank und Internationaler Währungsfond waren sehr konkrete Maßnahmen zur Stabilisierung der Weltwirtschaft. Im Kern handelte es sich um dieselbe Integrationsidee, die der zeitgleichen Gründung vieler internationaler Organisationen (UNO) zugrunde lag, die schon Anfang des 20. Jahrhunderts von Intellektuellen erträumt worden waren.

GESCHICHTE IST OFFEN
Die Nachkriegszeit wurde bereits 1950 offiziell für beendet erklärt. Nicht nur die Ereignisse von 1989/90 oder die sehr emotionale, späte Auseinandersetzung mit den Verbrechen der Wehrmacht in Deutschland aber zeigen: Historische Folgeprozesse lassen sich niemals abschließen.

Flüchtlingstreck von Sudetendeutschen nach der Vertreibung aus ihrer tschechischen Heimat

······· DIE NÜRNBERGER PROZESSE 1945 – 1949 ····
Während in deutschen Städten die Trümmerfrauen mit Aufräumarbeiten beschäftigt waren und die vier Besatzungsmächte durch Entnazifizierungsverfahren die Schuldigen von den Unschuldigen zu trennen suchten, verhandelte in Nürnberg ein alliiertes Militärgericht gegen die Verantwortlichen des NS-Regimes. Im so genannten Hauptkriegsverbrecherprozess (1945/46) standen 22 hochrangige Nationalsozialisten vor Gericht. Die Anklagen lauteten auf Verbrechen und Verschwörung gegen den Frieden, Verbrechen gegen die Menschlichkeit und Kriegsverbrechen. Zwölf Angeklagte, darunter Hermann Göring und Julius Streicher, wurden zum Tode verurteilt. Göring entzog sich der Vollstreckung durch Selbstmord.

➤ **Völker, Staaten und Kulturen:** Neue Staaten nach dem Zweiten Weltkrieg
➤ **Völker, Staaten und Kulturen:** Die Vereinten Nationen
➤ **Völker, Staaten und Kulturen:** Die USA nach dem Zweiten Weltkrieg
➤ **Völker, Staaten und Kulturen:** Die UdSSR von der Entstalinisierung bis zur Perestroika
➤ **Völker, Staaten und Kulturen:** Die Europäische Einigung

BLOCKBILDUNG UND KALTER KRIEG

Der ideologische Konflikt zwischen dem demokratisch-kapitalistischen Westen und dem Sowjetkommunismus des Ostens, aber auch das Machtstreben der Supermächte USA und UdSSR führten nach 1945 zur Spaltung der Welt in zwei Blöcke und zum Kalten Krieg.

Fidel Castro (links) und Nikita Chruschtschow 1963 im Moskauer Kreml nach der Unterzeichnung des sowjetisch-kubanischen Abkommens

Schon während des Zweiten Weltkriegs, als die USA und die UdSSR noch gemeinsam NS-Deutschland bekämpften, waren Risse in der Allianz aufgetreten. Danach konnte das Misstrauen der USA gegenüber Stalins Expansionspolitik nur noch wachsen: Die brutale Unterdrückung Osteuropas und vor allem sein rücksichtsloses Vorgehen in der sowjetisch besetzten Zone Deutschlands überzeugten Washington, dass der Diktator nach Weltherrschaft strebte.

NATO UND WARSCHAUER PAKT

Dieses Ziel versuchte US-Präsident Harry S. Truman durch eine Strategie der »Eindämmung« zu vereiteln. Im März 1947 kündigte er die Unterstützung jener Staaten an, die sich für die westliche Freiheit entschieden. Bereitwillig nahmen die vom Krieg zerstörten westeuropäischen Demokratien die angebotene Wirtschaftshilfe an (Marshall-Plan) und baten die USA, auch sicherheitspolitische Verantwortung in Europa zu übernehmen. Dies führte 1949 zur Gründung der NATO, der sich neben den USA und Kanada zunächst zehn europäische Staaten anschlossen. Nachdem die westlichen Besatzungsmächte auf ihre Rechte verzichtet hatten, wurde auch die Bundesrepublik Deutschland 1955 in das nordatlantische Verteidigungsbündnis eingebunden. Daraufhin gründete die Sowjetunion den Warschauer Pakt, ein Militärbündnis, dem die DDR und alle osteuropäischen Staaten beitreten mussten, mit Ausnahme Jugoslawiens. Dessen Diktator Tito schaffte es als einziger osteuropäischer Staatschef, Stalin die Stirn zu bieten und sich aus dem Würgegriff des Sowjetkommunismus zu befreien.

BERLIN, DIE GETEILTE STADT

Das besiegte Deutschland war nach 1945 in vier Besatzungszonen – US-amerikanische, sowjetische, britische, französische – aufgeteilt, die einstige Hauptstadt Berlin, obwohl sie in der Sowjetzone lag, in vier entsprechende Sektoren. 1948/49 startete Stalin mit der Berliner Blockade, die die Stadt praktisch aushungern sollte, den Versuch, die Westsektoren sukzessive seinem Einflussbereich einzugliedern und die Entstehung eines westdeutschen Staates zu verhindern. Doch die amerikanisch-britische Luftbrücke versorgte Berlin mit ihren »Rosinenbombern«, zehn Monate lang aus der Luft. Im Mai 1949 hoben die Sowjets die Blockade wieder auf.

Während des Kalten Krieges bemühten sich beide Supermächte um die Stabilisierung ihrer Einflussbereiche. Die USA setzten auf die Attraktivität von Konsumgesellschaft und Massenkultur. Stalin dagegen ging mit der ihm eigenen Brutalität vor: In »Säuberungen« der kommunistischen Parteien fanden Tausende den Tod. Mehrfach lehnten sich die Menschen in Osteuropa gegen die sowjetische Vorherrschaft auf. In Ost-Berlin kam es am 17. Juni 1953 zu einem Streik, der blutig niedergeschlagen wurde, und in Ungarn starben 1956 zehntausend Menschen, die für Freiheit und Unabhängigkeit eintraten, im Kugelhagel der Roten Armee.

Die Unterdrückung durch das System, aber auch die immer deutlicher werdenden ökonomischen Probleme veranlassten zahllose DDR-Bürger zur Flucht in den Westen. Aus Angst vor dem wirtschaftlichen Kollaps ließ der ostdeutsche Staatschef Walter Ulbricht daher am 13. August 1961 eine Mauer quer durch Berlin bauen. Sie wurde zum Symbol der Blockbildung und des Kalten Krieges schlechthin.

KALTER KRIEG MIT HEISSEN PHASEN

Auch wenn Europa immer wieder von Krisen erschüttert wurde, so verlagerte sich insgesamt der Ost-West-Konflikt in die Länder der Dritten Welt: Nicht nur in Korea und Indochina tobten Stellvertreterkriege. Einen neuen Weltkrieg allerdings wollten beide Seiten vermeiden, in den Zeiten des Kalten Krieges ging es

Nach der Wiederbewaffnung der Bundesrepublik Deutschland besuchte Bundeskanzler Konrad Adenauer Anfang 1956 in Andernach Infanterieeinheiten der neuen Bundeswehr.

Das Foto eines US-Aufklärers von 1961 zeigt Raketenstellungen auf Kuba.

1945	1946	1947	1948	1949	1950	1951	1952	1953
1945 Gründung der Vereinten Nationen	1946 Winston Churchill prägt den Begriff des »eisernen Vorhangs« zwischen West und Ost		1948 Marshall-Plan und Berliner Blockade	1949 Gründung der Bundesrepublik Deutschland (BRD) und der Deutschen Demokratischen Republik (DDR); Zündung der ersten sowjetischen Atombombe; Gründung der NATO				1953 Aufstand in der DDR

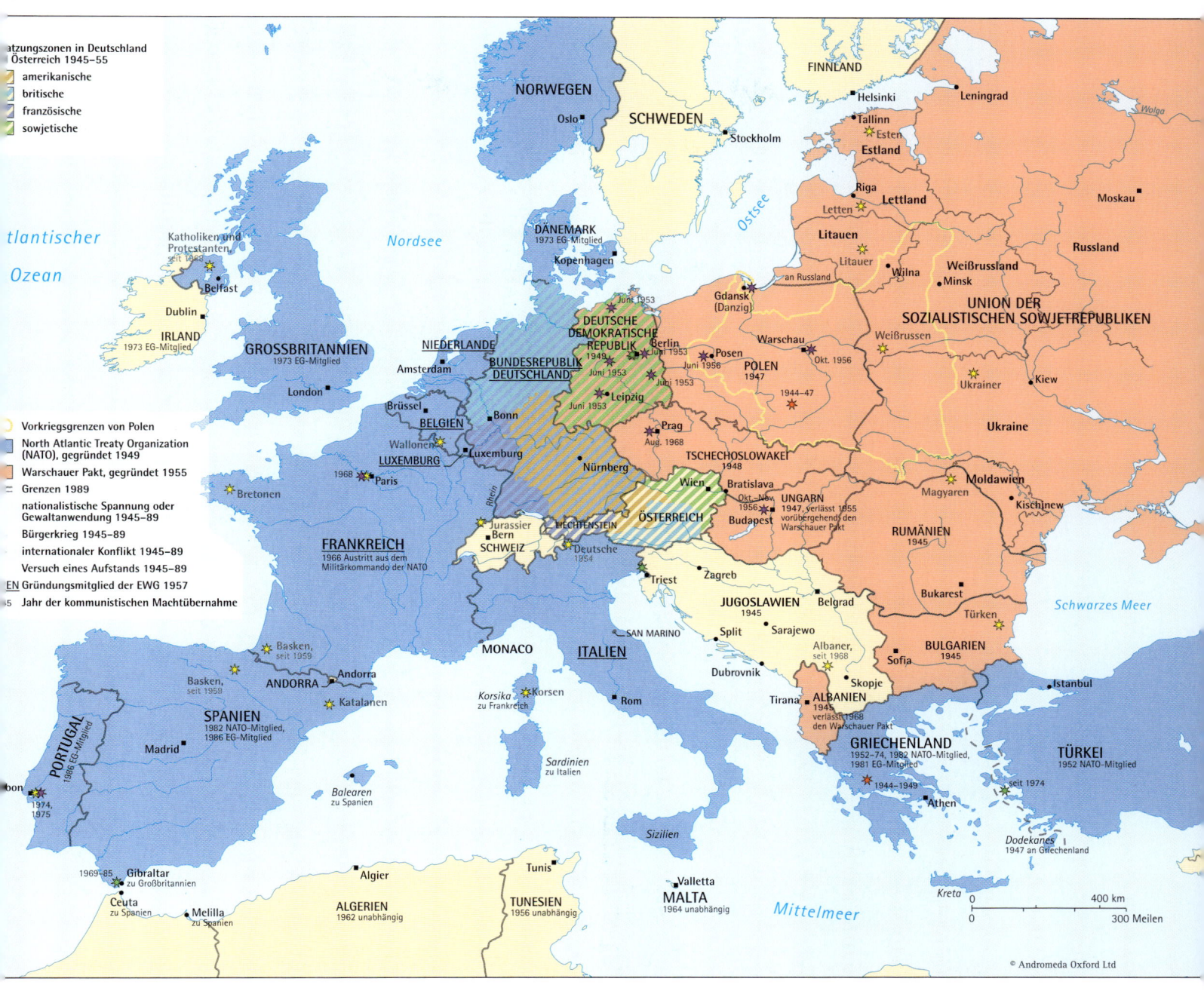

[269] BLOCKBILDUNG UND KALTER KRIEG

Legende (Karte):

Besatzungszonen in Deutschland und Österreich 1945–55
- amerikanische
- britische
- französische
- sowjetische

- Vorkriegsgrenzen von Polen
- North Atlantic Treaty Organization (NATO), gegründet 1949
- Warschauer Pakt, gegründet 1955
- Grenzen 1989
- nationalistische Spannung oder Gewaltanwendung 1945–89
- Bürgerkrieg 1945–89
- internationaler Konflikt 1945–89
- Versuch eines Aufstands 1945–89
- EN Gründungsmitglied der EWG 1957
- Jahr der kommunistischen Machtübernahme

Das geteilte Europa in den Jahren des Kalten Krieges

um Einschüchterung und die Demonstration von Überlegenheit. Die Methoden waren Propaganda, Aufrüstung, Entwicklungs- und Militärhilfe für die Staaten der Dritten Welt, nicht zuletzt Forschung und Technik. Bis Ende der fünfziger Jahre schrumpfte der technologische Vorsprung des Westens. 1949 zündeten die Sowjets ihre erste Atombombe, und als sie 1961 mit Juri Gagarin den ersten Menschen ins All schossen, begann man in Ost und West an die Möglichkeit zu glauben, der Kommunismus könne den Kapitalismus überrunden (»Sputnik-Schock«).

Stalins Nachfolger, Nikita Chruschtschow, leitete zwar die Wende vom Kalten Krieg zur »friedlichen Koexistenz« ein. Aber seine impulsiven Ausbrüche, insbesondere der legendäre Auftritt vor den Vereinten Nationen 1960, als er während seiner Rede heftig mit dem Schuh auf das Rednerpult klopfte, wirkten nicht unbedingt vertrauensbildend. Und als er verkündete, die Sowjetunion werde weltweit »Befreiungskriege« in der Dritten Welt unterstützen, klang dies im Westen wie eine Kriegserklärung. Ausgerechnet im »Hinterhof« der USA versuchte Chruschtschow seine Ankündigung in die Tat umzusetzen und stationierte 1962 Mittelstreckenraketen auf Kuba. US-Präsident John F. Kennedy konnte zwar den Abzug der Raketen erzwingen, doch in den dreizehn Tagen der Kuba-Krise blickte die Welt in den Abgrund des nuklearen Holocaust. Nicht zuletzt diese Erfahrung bereitete den Boden für die spätere Entspannung.

Zeitleiste:
- 1955 Wiederbewaffnung der Bundesrepublik und Aufnahme in die NATO; Gründung des Warschauer Paktes
- 1956 Aufstand in Ungarn
- 1961 Bau der Berliner Mauer
- 1962 Kuba-Krise

▶ Völker, Staaten und Kulturen: Die Vereinten Nationen
▶ Völker, Staaten und Kulturen: Die USA nach dem Zweiten Weltkrieg
▶ Völker, Staaten und Kulturen: Die UdSSR von der Entstalinisierung bis zur Perestroika

Kriege und Terror in der zweiten Hälfte des 20. Jahrhunderts

Das Ende des Zweiten Weltkriegs 1945 schuf keine dauerhafte Friedensepoche; denn der Gegensatz zwischen dem demokratischen Westen und dem kommunistischen Osten sorgte für neue Konflikte. Diese wurden im Kalten Krieg jedoch angesichts der Atombombe nicht direkt zwischen den Führungsmächten der Blöcke ausgetragen, sondern in Stellvertreterkriegen, zumeist in der Dritten Welt. Parallel dazu erfolgten Unabhängigkeitskämpfe in ehemaligen Kolonien, die meist in Bürgerkriegen mündeten.

Seit dem Zusammenbruch des Sowjetsystems im Jahr 1991 sind zwar die ideologischen Gegensätze beseitigt, aber zahlreiche Nationalitätenkonflikte und religiöser Fundamentalismus schlagen weiterhin blutige Wunden.

KONFRONTATION IN ASIEN

Nach Beendigung des Zweiten Weltkrieges beunruhigte die Machtübernahme kommunistischer Parteien in mittel- und osteuropäischen Ländern den Westen. Zur Sicherung ihrer Interessensphären schlossen sich die Blöcke in militärischen Bündnissen zusammen: Der Westen gründete den Nordatlantikpakt (NATO), der Osten den Warschauer Pakt. Begleitend dazu zeigte sich das aufrichtige Bemühen um Frieden in der Gründung der UNO (United Nations Organisation) mit dem Ziel, Konflikte am Runden Tisch zu lösen, Kriege zu verhindern oder zumindest zu begrenzen. Oft genug ging das Konzept zur Friedenssicherung nicht auf.

In Asien bildeten ideologische Gegensätze, Entkolonialisierungsprozesse und soziale Umwälzungen eine brisante Gemengelage, die zu blutigen Kriegen führte. Ein typischer Stellvertreterkrieg fand in Korea statt. Nachdem die chinesischen Kommunisten unter Mao Zedong 1949 die Volksrepublik China ausgerufen hatten, unterstützten sie gemeinsam mit der Sowjetunion 1950 die kommunistischen Kräfte im nördlichen Korea beim Überfall auf das, von den USA unterstützte Südkorea. Der Krieg dauerte drei Jahre und endete mit der Teilung des Landes.

Der seit 1945 tobende Krieg gegen die französische Kolonialmacht in Indochina wurde von dem Kommunistenführer Ho Chi Minh geführt, bis 1954 die Region in einen kommunistischen Norden und einen von den USA unterstützten Süden geteilt wurde. Der ab 1963 in aller Schärfe neu entbrannte Vietnamkrieg, der 1975 mit der Wiedervereinigung des Landes unter dem kommunistischen Regime von Hanoi endete und für eine bittere Niederlage der Amerikaner sorgte, war nichts anderes als eine Fortsetzung des Unabhängigkeitskrieges gegen die Franzosen.

ENTKOLONIALISIERUNGSKÄMPFE IN AFRIKA

Nach dem Zweiten Weltkrieg hatte Frankreich große Anstrengungen unternommen, sein Kolonialreich wieder aufzurichten – ein unzeitgemäßes, vergebliches Unterfangen, das unzählige Menschenleben forderte, nicht nur in Indochina. Zum »Brandherd« wurde Algerien, wo sich Nationalisten gegen die französische Herrschaft auflehnten. Der Kolonialkonflikt drohte auch nach Frankreich selbst überzugreifen, doch General de Gaulle verfügte über den nötigen Spürsinn für den Gang der Geschichte und gab Algerien gegen den Widerstand reaktionärer Kräfte die Freiheit.

Oftmals entließen die europäischen Herren ihre Kolonien völlig unvorbereitet in die politische Unabhängigkeit, während nach wie vor europäische beziehungsweise westliche Wirtschaftsinteressen bestanden. So erlebte die Welt die Tragödie eines Volkes, als sich im post-kolonialen Bürgerkrieg im Kongo die Anhänger von Präsident Lumumba und von Moise

Tschombé gegenseitig vernichteten – mit Militärhilfe von außen. Es ging nämlich um die an Bodenschätzen reiche Provinz Katanga, auf die der Westen wie auch der Osten Einfluss nehmen wollten. Diese Art Stellvertreterkrieg, in denen die beiden Blöcke auf fremdem Boden ihre Macht maßen, wurde zur Geißel Afrikas nach dem Zweiten Weltkrieg.

DER NAHOSTKONFLIKT

Eine Folge verfehlter Kolonialpolitik war, zumindest am Anfang, auch der Konflikt im Nahen Osten. Die Briten zogen sich zurück, ohne die Palästinafrage gelöst zu haben. So liefern sich Juden und Palästinenser auch noch fünfzig Jahre später erbitterte Kämpfe um das Land. Mehrere Kriege hat Israel in seinem Überlebenskampf mit den arabischen Nachbarn gefochten, wobei auch hier die Einflussnahme von außen durch Militär- und Wirtschaftshilfe eine bestimmende Rolle spielt.

Der Nahe Osten ist zu einer äußerst gefährlichen Krisenregion geworden, die die Welt immer wieder in Atem hält. Vor allem in den 1970er Jahren war es der palästinensische Terror, der den Konflikt über die Region hinaus trug und »internationalisierte«. Mit überraschenden Aktionen gegen Ahnungslose, völlig Unbeteiligte oder nicht direkt Beteiligte, mit Flugzeugentführungen, Geiselnahmen oder etwa dem Anschlag bei den Olympischen Spielen in München 1972 verbreitete man Angst und Schrecken und sorgte für Schlagzeilen: Terrororganisationen wie PLO und »Schwarzer September« erhielten die Aufmerksamkeit, die sie wollten! Das Instrument des Terrors nutzten auch die Israelis, beispielsweise mit ihren Bombardements von palästinensischen Flüchtlingslagern im Südlibanon.

Immer wieder keimte die Hoffnung auf die Befriedung des Nahen Ostens. So zum Beispiel als 1994 der Palästinenserführer Arafat und der israelische Staatschef Rabin ein Autonomiestatut für den Gazastreifen vereinbarten. Doch Rabin wurde von einem jüdischen Fundamentalisten ermordet. Seit 2000 ist die Intifada (»Erhebung«) der palästinensischen Araber wieder im vollem Gange und ein Ende der Auseinandersetzungen nicht in Sicht.

Schmerzhafte Auswirkungen hatte die Palästinenserfrage auch auf den Nachbarstaat Libanon. Nach einem langwierigen, blutigen Bürgerkrieg, an dem Muslime, Christen, palästinensische Freischärler, syrische Truppen, israelische Truppen und nicht zuletzt US-amerikanische »Militärberater« sowie Moskau als Geldgeber teilhatten, ist dieses einstmals blühende Land zerstört.

Zur Ausweitung und Verschärfung der Konflikte im Nahen Osten trägt der islamische Fundamentalismus bei, der spätestens seit dem Sieg der islamischen Revolution in Iran Ende der 1970er Jahre zum politischen Machtfaktor geworden ist, mit dessen Aggression die Welt zu rechnen hat.

UNRUHIGES LATEINAMERIKA

Ohne weltpolitische Auswirkungen, jedoch mit schweren Schäden für die einzelnen Länder verknüpft, waren – und sind – die revolutionären und bürgerkriegsähnlichen Unruhen in Mittel- und Südamerika. Eine fatale Rolle haben in diesem Teil der Welt die USA übernommen, die mit hegemonialem Anspruch auch militärische Einmischung in innere Angelegenheiten lateinamerikanischer Staaten rechtfertigen und sich schon beinahe grundsätzlich auf die Seite autoritärer Kräfte gegen sozialrevolutionäre Umwälzungen stellen.

Das klassische Beispiel für die Austragung des Ost-West-Konflikts ist Kuba, wo sich eine anfangs nationale Revolution gegen die US-amerikanische Dominanz unter Führung Fidel Castros mit Moskau verbündete. Auch nach dem Zusammenbruch des Sowjetimperiums hält Castro am alten, überlebten Kurs fest, so wie Washington durch sein Handelsembargo weiterhin versucht, das kommunistische Regime vor seiner Haustür in die Knie zu zwingen.

Der Koreakrieg
Eine Million Tote, nur um wieder den Status quo ante zu erreichen

Einer der »Stellvertreterkriege«, die die Supermächte USA und UdSSR während des Kalten Kriegs rund um den Globus anzettelten, war der Krieg zwischen Nord- und Südkorea. Er bestätigte die Teilung des Landes, die auch fünf Jahrzehnte später nicht aufgehoben ist.

Douglas MacArthur (rechts im Bild), der verdiente US-amerikanische General des Zweiten Weltkriegs, wurde 1950 Oberbefehlshaber der UN-Streitkräfte im Koreakrieg.

Der Zweite Weltkrieg endete für Korea mit der Befreiung durch sowjetische und US-amerikanische Truppen von der japanischen Besatzungsmacht. Die Sowjets kamen von Norden her, die Amerikaner von Süden, sie stießen am 38. Breitengrad aufeinander – bis heute die Grenze zwischen Nord- und Südkorea; denn Moskau zementierte seinen Besitzanspruch auf das eroberte Gebiet sofort durch den Bau von Grenzanlagen. Damit sperrte der Eiserne Vorhang den industrialisierten Norden Koreas vom eher landwirtschaftlich geprägten Süden des Landes ab.

Zur Truppenbetreuung aus Hollywood eingeflogen: Marilyn Monroe 1954 in Korea

Als die Sowjetunion Ende 1948 den Abzug ihrer Truppen ankündigte, wusste sie Nordkorea gut gerüstet: Die Volksarmee verfügte über die doppelte Mannstärke, über zehn Mal mehr Panzer und zwanzig Mal mehr Flugzeuge als die südkoreanischen Truppen. Diese würden einem Angriff vom Norden niemals standhalten, schon gar nicht nach dem Abzug der US-Truppen im Juni 1949, so die Annahme. Der Überfall ließ deshalb auch nicht lange auf sich warten.

Aggressor Nordkorea

Im Morgengrauen des 25. Juni 1950 stieß die nordkoreanische Armee über den 38. Breitengrad vor. Der überraschenden Welle hatte der Süden kaum etwas entgegenzusetzen. So marschierten die Nordkoreaner bereits drei Tage später über den Han-Fluss, nahmen die Hauptstadt Seoul ein und überrannten den ganzen Süden. Erst kurz vor der Hafenstadt Pusan konnte der Vorstoß aufgehalten werden.

Kommunistische und US-amerikanische Diplomaten 1953 bei den Verhandlungen in Panmunjon auf dem 38. Breitengrad

Noch am Tag des Überfalls brandmarkte der UNO-Sicherheitsrat Nordkorea als Aggressor. Zwei Wochen später beschloss er, den Südkoreanern mit UNO-Truppen beizustehen. US-Präsident Truman beauftragte den Oberkommandierenden aller US-Streitkräfte in Fernost, General MacArthur, zu helfen. Dem 70-Jährigen standen allerdings nur geringe Mittel zur Verfügung, da die USA in der Region radikal abgerüstet hatten. So setzte MacArthur mit seinen Restbeständen nach Pusan über, um wenigstens den kleinen Südostzipfel Koreas als Brückenkopf zu halten. Eilig schickte Washington Verstärkung, einem UNO-Appell zur Truppenentsendung folgten 16 Staaten.

Die militärische Intervention Chinas

Die Gegenoffensive begann: Seoul wurde am 26. September zurückerobert, der 38. Breitengrad am 30. September, am 19. Oktober fiel die nordkoreanische Hauptstadt, am 21. November stand

KOREAKRIEG

MacArthur am Yalu, dem Grenzfluss zu China. Jetzt hätte der Korea-Krieg beendet sein können.

Allerdings hatte der Westen nicht damit gerechnet, dass die junge Volksrepublik China ihre Drohung wahr machen und eingreifen würde, wenn US-Truppen den 38. Breitengrad überschritten. Gegen südkoreanische Soldaten sei nichts einzuwenden, aber die Amerikaner bedrohten die Sicherheit Chinas, hatte es geheißen. Und nun stand MacArthur direkt am Grenzfluss und bombardierte die Brücken. Das betrachtete China als Angriff und setzte 16 Armeekorps in Bewegung. Einen Monat später fiel ihnen Seoul in die Hände, dann wurde der Vorstoß gestoppt.

General MacArthur, ein begeisterter Militär, wollte den Krieg unbedingt auf China ausdehnen. Das war mit US-Präsident Truman nicht zu machen, das Risiko der Eskalation zu einem neuen Weltkrieg schien ihm zu groß. Mit harten Worten jagte Truman am 11. April 1951 seinen unnachgiebigen Oberbefehlshaber – »Held des Pazifiks« im Zweiten Weltkrieg – aus dem Amt.

WAFFENSTILLSTAND UND TEILUNG

Zu ersten Verhandlungen zwischen den kriegsführenden Parteien kam es, nachdem der Moskauer Delegierte im Juni 1951 die Vereinten Nationen mit einem Gesprächsangebot überrascht hatte. Man traf sich am 10. Juli im nordkoreanischen Kaesong, später in Panmunjon auf dem 38. Breitengrad, der exakt durch den Verhandlungstisch führte. Parallel dazu gingen die Kämpfe weiter. Aber am 26. Juli 1953 konnte endlich das Waffenstillstandsabkommen unterzeichnet werden. Die feindlichen Truppen zogen sich jeweils zwei Kilometer hinter den 38. Breitengrad zurück; diese entmilitarisierte Zone besteht noch heute.

Der Krieg hatte etwa eine Million Menschenleben gefordert, davon 294 151 Nordkoreaner, 225 784 Südkoreaner, 184 128 Chinesen und 57 440 UNO-Soldaten. 128 936 Zivilisten waren von Kommunisten oder von der Geheimpolizei ermordet worden. All diese Menschen waren für nichts anderes gestorben als für die Wiederherstellung der Vorkriegsverhältnisse: die Teilung Koreas in zwei verfeindete Staaten.

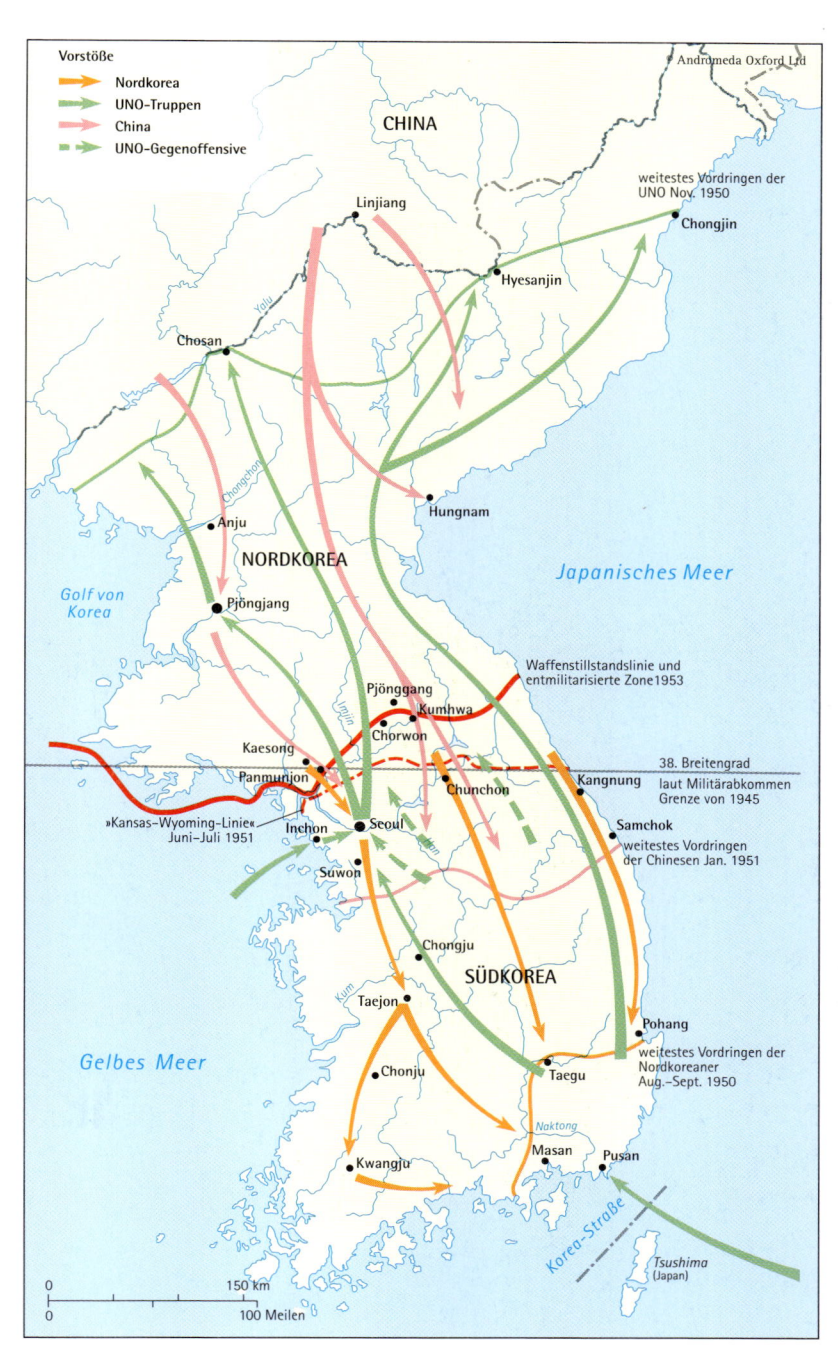

Der Krieg im geteilten Korea wurde mit äußerster Härte geführt.

Karte zum Koreakrieg, der von 1950 bis 1953 dauerte und die Teilung des Landes besiegelte

NOBELPREIS
FÜR KOREANISCHE AUSSÖHNUNGSPOLITIK

Mit seinem Staatsbesuch bei dem nordkoreanischen Diktator Kim Jong Il leistete der südkoreanische Präsident Kim Dae Jung im Juni 2000 einen historischen Beitrag zum Frieden in Ostasien sowie zur Aussöhnung zwischen dem demokratischen Süden Koreas und dem mittlerweile völlig verarmten kommunistischen Norden. Nirgends war der Eiserne Vorhang über Jahrzehnte hinweg so undurchlässig gewesen wie hier. Für seinen mutigen Schritt erhielt Kim Dae Jung im selben Jahr den Friedensnobelpreis.

▶ Völker, Staaten und Kulturen: Neue Staaten nach dem Zweiten Weltkrieg
▶ Völker, Staaten und Kulturen: Die USA nach dem Zweiten Weltkrieg
▶ Völker, Staaten und Kulturen: Chinas Weg in die Moderne

DIE MACHTPOLITIK DER VOLKSREPUBLIK CHINA

Während China in der internationalen Politik auf friedlichem Wege vier Ziele verfolgt – Wahrung seiner Unabhängigkeit, nationale Sicherheit, Modernisierung des Landes und Wiedervereinigung mit Taiwan –, wurde die nationale Politik durch heftige, oft blutige Kontroversen erschüttert.

Personenkult um Mao Zedong anlässlich der Feiern zum einjährigen Bestehen der Volksrepublik China im November 1950.

Tibetische Tänzer treten 1952 in Lhasa vor chinesischen Besatzern auf. Im Hintergrund die Residenz des damals 14-jährigen Dalai Lama

Zieht man eine Bilanz der rotchinesischen Weltpolitik, so ist sie grundsätzlich positiv zu bewerten. Die Volksrepublik hat sich ausgesprochen harmonisch in das heute herrschende System der internationalen Beziehungen eingefügt. Wie für China typisch, war der Weg bis zur internationalen Anerkennung aber in keiner Weise geradlinig.

Insgesamt hat die Volksrepublik seit ihrer Gründung 1949 sechs Mal militärische Konflikte jenseits ihrer unmittelbaren Grenzen ausgetragen: 1950 in Korea, 1954 und 1958 Quemoy, 1962 in Indien, 1966 in Vietnam und 1969 in der Sowjetunion. Bei allen Aktionen handelte es sich – nach chinesischem Selbstverständnis – um die Verteidigung der nationalen Sicherheit und die Durchsetzung berechtigter nationaler Interessen, bei einigen zusätzlich um die Wahrung der Unabhängigkeit.

EINMARSCH IN TIBET

Als eine Frage des nationalen Interesses betrachtete Peking den Einmarsch in Tibet im Oktober 1950. Denn spätestens seit 1723, seit der Errichtung eines de-facto-Protektorats, sah man Tibet als Bestandteil des Reichs. Als die letzte Dynastie 1911 gestürzt wurde und die chinesischen Truppen Tibet verließen, kehrte der Dalai Lama nach Lhasa zurück und erklärte Tibet für unabhängig. Internationale Verträge aber legten die chinesische Oberhoheit für das »Innere Tibet« (die an China direkt angrenzenden Regionen) fest und sprachen dem »Äußeren Tibet« einen autonomen Status unter chinesischer Souveränität zu. Den Aufruhr gegen ihre Präsenz in Tibet beendeten die Chinesen 1959 durch eine zweite militärische Welle, der sich das religiöse Oberhaupt der Tibeter, der 14. Dalai Lama, durch seine Flucht nach Nordindien entziehen konnte.

MACHTPOLITIK DER VOLKSREPUBLIK CHINA

Bei den Auseinandersetzungen um Quemoy, ein dem chinesischen Festland vorgelagertes, zur Inselrepublik Taiwan gehörendes Eiland, handelte es sich um Maßnahmen zur Lösung des Wiedervereinigungsproblems. Man darf nicht vergessen, dass die USA damals die Republik China (Taiwan) als rechtmäßige chinesische Vertretung in allen wichtigen internationalen Gremien unterstützten und ihr umfangreiche Waffen- und Finanzhilfe zukommen ließen. Fragen der eigenen Sicherheit sowie Territorialprobleme lagen den Kämpfen in Vietnam sowie den Grenzkonflikten mit Indien (Kaschmir und Assam) und der Sowjetunion (am Grenzfluss Ussuri) zu Grunde. Der Konflikt mit der UdSSR ging um einst chinesische Gebiete. Ausgerechnet der ursprüngliche »sozialistische Bruderstaat«, die Sowjetunion, war die einzige Macht, die auf Grund so genannter Ungleicher Verträge aus dem 19. Jahrhundert auch Mitte des 20. Jahrhunderts chinesisches Territorium besaß und heute noch besitzt.

US-Präsident Richard Nixon 1972 auf Staatsbesuch in China

DIE ZEIT DER PING-PONG-DIPLOMATIE

Als China glaubte, die Sicherheitsfragen befriedigend gelöst zu haben, betrat es 1971 die Bühne der internationalen Politik – und zwar durch die so genannte Ping-Pong-Diplomatie. Deren spektakulärstes Beispiel war der Geheimbesuch des damaligen US-Sicherheitsberaters Henry Kissinger in Peking. Chinas Annäherung an die USA zeigte umgehend weltpolitischen Erfolg. Noch im selben Jahr zog es an Stelle Taiwans in die UNO ein. Die Visite von US-Präsident Nixon im »Reich der Mitte« 1972 löste eine Welle von internationalen Peking-Besuchen aus.

Dieses »Wunder« wurde möglich, weil China seine politischen Grundsätze neu formuliert hatte. Wie es seither in der Verfassung heißt, ist »die Zukunft Chinas mit der der ganzen Welt eng verbunden«. Die Beziehungen zu anderen Staaten richtete man nach den »Fünf Prinzipien« aus, die da sind: Achtung der Souveränität und territorialen Integrität, gegenseitiger Nichtangriff, Nichteinmischung in innere Angelegenheiten, Gleichberechtigung und gegenseitiger Nutzen sowie friedliche Koexistenz.

DIE KULTURREVOLUTION

Dagegen scheut die herrschende Einheitspartei bei der Durchsetzung ihres innenpolitischen Ziels, dem unangefochtenen Machterhalt, vor brutaler Gewalt gegen das eigene Volk nicht zurück. Als der »große Steuermann« Mao Zedong Mitte der 1960er Jahre durch partei-interne Oppositionelle seine Macht gefährdet sah, entfesselte er 1966 die Große Proletarische Kulturrevolution. Sie brachte ihm die blinde Unterstützung von Millionen junger Chinesen ein, die als Rote Garden das Land terrorisierten. So eroberte sich Mao zwar seine Macht über die Partei zurück, brachte aber die Entwicklung Chinas für zehn Jahre zum kompletten Stillstand. Die Kulturrevolution forderte Hunderttausende Opfer, darunter die gesamte geistige Elite.

Diese Schicht wurde wieder 1989 erheblich dezimiert. Zuerst demonstrierten nur die Studenten öffentlich, um Amtsmissbrauch, Vetternwirtschaft und Korruption in der Partei anzuprangern. Dann folgten auch Arbeiter und Bauern, die tragenden Säulen der Volksrepublik. Als sich die Studentenunruhen zur so genannten Demokratiebewegung auswuchsen, antwortete die Partei mit Gewalt. Sie ließ rund um den Platz des Himmlischen Friedens in Peking (Tiananmen-Platz) Panzer in Stellung gehen, die in der Nacht zum 4. Juni die Demonstranten niederwalzten. Beobachter sprechen von mehreren Tausend Toten.

Panzer wurden 1989 auf dem Platz des Himmlischen Friedens gegen die Demokratiebewegung eingesetzt.

»Die Zukunft Chinas ist mit der der ganzen Welt eng verbunden«
(Präambel der Verfassung der Volksrepublik China)

▶ Völker, Staaten und Kulturen: Chinas Weg in die Moderne
▶ Menschen und Ideen: Mao
▶ Menschen und Ideen: Totalitäre Ideologien im 20. Jahrhundert
▶ Menschen und Ideen: Dalai Lama

INDOCHINAKRIEG

DER INDOCHINAKRIEG

Frankreichs unzeitgemäßer Traum von der Kolonialmacht endete in Indochina, nach dem längsten und blutigsten Entkolonisierungskonflikt Asiens, in einer demütigenden Niederlage. Aber der Indochinakrieg war auch ein Machtkampf der Blöcke und mündete schließlich im Vietnamkrieg.

Ho Chi Minh (1890 – 1969) wurde 1954 der erste Präsident Nordvietnams.

Am 8. Dezember 1953 fand die »Operation Fallschirm« statt, deren Ziel der Angriff auf kommunistische Streitkräfte war.

Im September 1945 erklärte der vietnamesische Nationalist und Kommunist Ho Chi Minh die Unabhängigkeit seines Landes von der Kolonialmacht Frankreich. Niemand ahnte, dass sich daraus ein neun Jahre langer Krieg entwickeln würde, der fast 300 000 Vietnamesen und 35 000 französischen Soldaten das Leben kostete. Denn Paris war aus Prestigegründen fest entschlossen, die Perle seines Kolonialreichs im Fernen Osten unter Kontrolle zu halten. Zwar gelang es Frankreich anfangs mit britischer Militärhilfe, im südlichen Vietnam (Cochinchina) seinen Einfluss wiederherzustellen. Doch die Stärke der nationalistischen Bewegung der Viet Minh, die besonders im Norden des Landes (Tonkin) die Bevölkerung hinter sich wusste, wurde in Europa unterschätzt. Die Popularität der Viet Minh gründete auf ihrem Kampf gegen die französischen Kolonialherren und gegen die japanische Armee, die Indochina während des Zweiten Weltkrieges besetzt hatte.

Zunächst versuchte Ho Chi Minh mit den Franzosen über die Modalitäten der Unabhängigkeit zu verhandeln. Aber im Verlauf des Jahres 1946 wurde deutlich, dass sich Frankreich als Kolonialmacht behaupten wollte und an einer friedlichen Lösung nicht interessiert war. Im Gegenteil: Mit der Beschießung der Hafenstadt Haiphong, bei der an die 6000 Zivilisten getötet wurden, zeigten die Franzosen ihre Entschlossenheit, die nationalistische Bewegung niederzuschlagen.

DSCHUNGELKRIEG UND INTERNATIONALE POLITIK

1950 standen 145 000 französische Soldaten in Indochina. Sie konnten zwar die Städte besetzen, aber die ländlichen Regionen befanden sich in den Händen von

| 1940 | 1941 | 1942 | 1943 | 1944 | 1945 | 1946 | 1947 | 1948 | 1949 | 1950 |

1940 – 1945
Japanische Besetzung Indochinas

1945
Ho Chi Minh erklärt die Unabhängigkeit von der Kolonialmacht Frankreich

1946
Beginn des Indochinakriegs als Kolonialkrieg

1950
Militärhilfe Rotchinas für die kommunistischen, nationalistischen Viet Minh, Finanzhilfe der USA für französische Interessen: Indochina wird zum Streitfall im Kalten Krieg der Machtblöcke

Indochinakrieg

Führende französische Militärs besichtigen den Ort der Niederlage von Dien Bien Phu, die die Kolonialherrschaft Frankreichs in Indochina beendete.

Guerillas, gegen die mit den Mitteln konventioneller Kriegführung nur schwer anzugehen war. Wesentliche Vorentscheidungen fielen in diesem Jahr: Rotchina erkannte Ho Chi Minhs Regierung diplomatisch an und schickte Truppen, so dass die Viet Minh die Franzosen aus den Grenzregionen vertreiben konnten. Die ungehinderte Lieferung von Waffen und Munition aus China an die Viet Minh begann. Aber auch Frankreich erhielt Hilfe von außen, und zwar von den USA: Nach der diplomatischen Anerkennung der von Frankreich abhängigen Regierung unter Kaiser Bao Dai leisteten die Vereinigten Staaten bis 1954 über 2,7 Milliarden Dollar Finanzhilfe. Durch die Einmischung Rotchinas und der USA war aus dem Entkolonisierungskrieg ein Konflikt des Kalten Krieges geworden.

Dien Bien Phu

Vorübergehend konnte die französische Armee unter ihrem charismatischen General Jean de Lattre de Tassigny Erfolge erzielen. Doch nach dessen Tod Anfang 1952 rissen die Viet Minh unter General Vo Nguyen Giap die Initiative an sich und rückten auf breiter Front im Norden Vietnams und in Laos vor. Nun ging es für Frankreich um Schadensbegrenzung. In Dien Bien Phu, einem kleinen Dorf im Nordosten, wollte man die Viet Minh zur Schlacht stellen, um durch einen Sieg die Voraussetzung für einen günstigen Frieden zu schaffen. Giap nahm die Herausforderung an und kesselte in einer strategischen Meisterleistung 15 000 französische Elitesoldaten ein. Nach monatelangem Trommelfeuer kapitulierten die Franzosen am 7. Mai 1954. Der vietnamesische Sieg kam zur rechten Zeit, da am folgenden Tag in Genf die Großmächte zusammentraten, um über die Zukunft Indochinas zu beraten.

Ein geteiltes Land

Frankreich musste auf seine Ansprüche in Indochina verzichten sowie Laos und Kambodscha in die Unabhängigkeit entlassen. Ho Chi Minh strebte die Vereinigung seines Landes an, aber amerikanische und chinesische Interessen führten zur Teilung. Der Norden, die Demokratische Republik Vietnam mit Hauptstadt Hanoi, wurde von Ho Chi Minh und den Kommunisten regiert, im Süden, der Republik Vietnam mit Hauptstadt Saigon, übernahm die konterrevolutionäre Militärdiktatur des Ngo Dinh Diem die Macht. Und während Nordvietnam auf chinesische Hilfe zählen konnte, erklärten sich die Vereinigten Staaten zur Schutzmacht des Südens.

Um die Wiedervereinigung in die Wege zu leiten, waren in Genf für das Jahr 1956 gesamtvietnamesische Wahlen vereinbart worden. Doch Diem verhinderte die Wahl angesichts des absehbaren Sieges der Kommunisten. Dieser Rechtsbruch provozierte den Widerstand der im Süden verbliebenen Viet Minh. Ab 1957 überzogen sie das Land mit einer Terrorwelle, der Bürgerkrieg brach aus. Als sich 1960 mit Unterstützung Hanois die Nationale Befreiungsfront (NLF) formierte und Diem einen regelrechten Krieg ankündigte, bat dieser die USA um verstärkte Hilfe.

Nun sah der neue US-Präsident John F. Kennedy die Zeit gekommen, das amerikanische Schutzmachtversprechen einzulösen. So mündete der Indochinakrieg nach einer kurzen Phase relativer Ruhe im Vietnamkrieg.

Französische Kriegsgefangene nach dem verlorenen Kampf um Dien Bien Phu im Jahr 1954

1951 — 1952 — 1953 — 1954 — 1955 — 1956 — 1957 — 1958 — 1959 — 1960

1954 *Kapitulation der französischen Truppen in Dien Bien Phu; Genfer Indochinakonferenz beschließt Teilung Vietnams*

1957 *Beginn des Bürgerkriegs im Süden*

1960 *Gründung der kommunistischen Nationalen Befreiungsfront, USA greifen ein*

➤ **Völker, Staaten und Kulturen:** Entkolonialisierung in Asien
➤ **Menschen und Ideen:** Ho Chi Minh
➤ **Menschen und Ideen:** Charles de Gaulle

DER ISRAELISCH-ARABISCHE KONFLIKT UND DER PALÄSTINAKRIEG

Der Interessenskonflikt zwischen den jüdischen Einwanderern und der palästinensischen Nationalbewegung sowie die unentschlossene britische Mandatspolitik legten die Wurzeln für den Nahostkonflikt, der nach der Staatsgründung Israels 1948 in einem ersten Krieg eskalierte.

Angehörige arabischer Milizen im Feuergefecht mit jüdischen Untergrundkämpfern im April 1948, kurz vor der Gründung des Staates Israel

Da sowohl Palästinenser wie auch eingewanderte Juden einen Rechtsanspruch auf das Land erhoben, kam es in den 1940er Jahren immer wieder zu gewaltsamen Auseinandersetzungen.

Im Frühjahr 1948 verabschiedete Israels erster Ministerpräsident Ben Gurion in Haifa die letzten britischen Truppen.

Die arabischen Gebiete des Nahen und Mittleren Ostens gehörten seit dem 16. Jahrhundert zum Osmanischen Reich. Nach dessen Zerschlagung im Ersten Weltkrieg teilten Großbritannien und Frankreich mit Billigung des Völkerbundes den Raum in Mandate auf, wobei Frankreich den Libanon und Syrien verwaltete, Großbritannien den Irak, Transjordanien und Palästina. Bitter enttäuscht sahen die Araber ihre Hoffnung auf einen panarabischen Nationalstaat, die während des Krieges besonders von den Briten geschürt worden war, um arabische Militärunterstützung gegen die Türken zu erreichen. Andererseits hatten die Briten in der Balfour-Deklaration von 1917 auch den europäischen Zionisten eine »nationale Heimstätte für das jüdische Volk in Palästina« zugesagt. In dieser unklaren Haltung Großbritanniens liegt der israelisch-palästinensische Konflikt begründet; denn beide Volksgruppen leiteten für sich einen Rechtsanspruch auf Palästina ab.

BRITISCHE MANDATSPOLITIK

Der britische Mandatsträger tolerierte zunächst die jüdische Einwanderung und die Landkäufe, die der zionistische Jüdische Nationalfond durch weltweite Spenden finanzierte. Doch die arabischen Bewohner Palästinas wollten den Zustrom nicht hinnehmen. Der von den Briten eingesetzte Großmufti von Jerusalem gründete die palästinensische Nationalbewegung, die sich bis heute gewaltsam zur Wehr setzte. Seit Anfang der zwanziger Jahre kam es zu blutigen Unruhen, 1929 zu Massakern an der jüdischen Bevölkerung in Jerusalem, Hebron und Safed und schließlich, 1936 bis 1939, zu einem Bürgerkrieg.

Um eine weitere Eskalation zu verhindern, erklärten die Briten im Mai 1939 die Balfour-Deklaration für erfüllt und reduzierten die jüdische Einwanderung für die kommenden Jahre auf ein Minimum. Doch mittlerweile war die Lage der Juden in Europa unerträglich geworden, die Flucht nach Palästina für viele die einzige Ret-

ISRAELISCH-ARABISCHER KONFLIKT

tung vor den NS-Vernichtungslagern. So organisierte die jüdische Verwaltung Palästinas die illegale Einwanderung. Jüdische Untergrundbewegungen formierten sich, die die britische Mandatsherrschaft mit Terroranschlägen bekämpften.

TEILUNGSPLAN DER UNO

Die Briten gaben schließlich auf und übertrugen die Verantwortung für Palästina den Vereinten Nationen. Ein Plan, Palästina in einen jüdischen und einen arabischen Staat einzuteilen, wurde im November 1947 nicht nur von der UN-Vollversammlung angenommen, sondern auch von der Mehrheit der Juden. Die Araber jedoch lehnten die Teilung ab und gingen sofort in die Offensive. Palästinensische Miliz und eine arabische Armee von Freiwilligen aus den Nachbarstaaten führten einen Krieg gegen die jüdische Bevölkerung und die jüdischen Untergrundkämpfer. Ab April 1948 griffen auch die jüdischen Truppen an, ihre Ziele waren arabische Ortschaften und Straßenverbindungen.

STAATSGRÜNDUNG ISRAELS

Am 14. Mai 1948 zogen die letzten britischen Truppen aus Palästina ab und David Ben Gurion, der künftige Ministerpräsident, proklamierte den neuen Staat Israel. Schon am nächsten Tag wurde Tel Aviv von den Ägyptern bombardiert, gleichzeitig marschierten ägyptische, jordanische, syrische, irakische und libanesische Bodentruppen ins Land ein. Allerdings kann von einem ungleichen Kampf »Davids gegen Goliath« nicht wirklich die Rede sein: Obwohl sich die Israelis von einer gewaltigen arabischen Überzahl umringt sahen, war ihre kämpfende Truppe, die aus Männern und Frauen bestand, größer als die der Araber und – durch illegale tschechische Waffenlieferungen – besser ausgerüstet. Auch ihre hohe Motivation, sich in der hart erkämpften neuen Heimat zu behaupten, spielte eine wichtige Rolle.

Bei Kriegsende im Januar 1949 war es den Israelis nicht nur gelungen, das Überleben ihres jungen Staates zu sichern, sondern auch noch beträchtliche Territorien hinzuzugewinnen. Eine palästinensische Staatsgründung wurde illusorisch, weil nun Jordanien und Ägypten die übrig gebliebenen arabischen Gebiete – das Westjordanland mit Ostjerusalem und den Gazastreifen – für sich beanspruchten.

In Folge des Krieges kam es zum arabischen Massenexodus aus den israelischen Gebieten. Der Flüchtlingsstrom von damals 700 000 Palästinensern ist heute, über 50 Jahre später, auf 3,6 Millionen Menschen angewachsen. Da diese von den meisten arabischen Nachbarländern nicht integriert wurden, bilden sie eines der schwierigsten Themen der Friedensverhandlungen zwischen Israelis und Palästinensern. Bei der Klärung der Fragen nach Entschädigung und Rückkehrrecht ist man noch keinen Schritt weiter gekommen.

Im Palästinakrieg 1948/49 konnte Israel beträchtliche Landgewinne verzeichnen.

Während der nationalsozialistischen Verfolgung und auch nach dem Zweiten Weltkrieg fanden viele europäische Juden in Israel Zuflucht. Das Bild zeigt das überfüllte Schiff »Exodus« 1947 im Hafen von Haifa.

·········· DER ZIONISMUS ··········
Die jüdische Nationalbewegung des Zionismus entstand Ende des 19. Jahrhunderts in Europa. Ihr Begründer war der Wiener Journalist Theodor Herzl. 1896 erschien sein einflussreiches Buch »Der Judenstaat«. Er wandelte die uralten religiösen Sehnsüchte nach Zion, das mit Jerusalem gleichzusetzen ist, in eine säkulare politische Bewegung. 1897 wurde in Basel auf dem ersten Zionistenkongress eine »öffentlich-rechtlich gesicherte Heimstätte für das jüdische Volk in Palästina« gefordert. Auch nach der Staatsgründung Israels 1948 blieb der Zionismus lebendig. Heute ist sein wichtigster Grundsatz die Garantie für alle Juden, in Israel eine Heimat zu finden: Israels Grenzen stehen jedem jüdischen Einwanderer offen.

- ▶ Völker, Staaten und Kulturen: Israel
- ▶ Religionen und Glaubensformen: Zionismus
- ▶ Religionen und Glaubensformen: Gründung Israels
- ▶ Religionen und Glaubensformen: Religiöse Konflikte im 20. Jahrhundert
- ▶ Menschen und Ideen: David Ben Gurion

Freiheitskämpfe und Bürgerkriege in Südostasien

Nach dem Zweiten Weltkrieg formierten sich in Südostasien die Freiheitsbewegungen gegen die europäischen Kolonialmächte. Der bewaffnete Kampf führte zur Autonomie, was allerdings noch lange keine Befriedung der Region bedeutete. Für neuen Konfliktstoff sorgten ethnische, ideologische und religiöse Unterschiede.

In ihrem Kampf gegen den Kommunismus in Südostasien stützten sich die USA auch auf General Lon Nol, der sich 1970 in Kambodscha an die Macht putschte.

Kaum eine Region der Welt ist kulturell und ethnisch vielfältiger als Südostasien. Hier leben Hindus, Buddhisten, Christen und Moslems Seite an Seite, und große Wanderungen unterschiedlicher Völker haben immer wieder auf die Geschichte der Region eingewirkt. Während der Kolonialzeit nutzten Briten, Franzosen und Niederländer diese Vielfalt, um ihre Herrschaft zu sichern. So förderte etwa Großbritannien die Einwanderung billiger chinesischer Arbeitskräfte nach Malaya derart, dass die Malaien zum Zeitpunkt der Unabhängigkeit im Jahre 1957 fast zu einer Minderheit im eigenen Land geworden waren. Die Niederlande wiederum rekrutierten Soldaten aus Aceh und von den Molukken, um ihre Macht auf Java zu sichern. Dadurch wurde der Hass geschürt, was sich nach dem Abzug der Kolonialmächte häufig als fatal erweisen sollte.

Indonesien

In Indonesien, dem bevölkerungsreichsten und ethnisch vielfältigsten Land der Region, versuchten die Niederlande während des Freiheitskampfes (1945 – 1949) die auf den zahllosen kleineren Inseln lebenden Völker gegen die Bewohner Javas und Sumatras aufzuhetzen. Dadurch sollte ein Gegengewicht zu der von Javanen beherrschten Unabhängigkeitsbewegung geschaffen werden. Nach Erlangung der Unabhängigkeit ging die neue indonesische Republik mit Waffengewalt gegen die Molukken vor, weil diese zunächst zu den Niederlanden gehalten hatten und dann einen eigenen Staat forderten.

Wirtschaftliche Motive waren verantwortlich für den Ausbruch einer Revolte auf Sumatra gegen die Zentralregierung 1957/58. Viele Bewohner Sumatras waren es leid, dass die Einkünfte aus der Ölförderung nicht auf ihrer Insel blieben, sondern nach Java flossen. Wenige Jahre später wiederum praktizierte die von Javanen dominierte indonesische Zentralregierung eine eigene Form von Kolonialismus, als sie 1961/62 das noch niederländische West-Irian in ihre Gewalt brachte.

Das bis 1975 portugiesische Osttimor war bis 1999 gegen seinen Willen indonesisch. General Suharto, der 1965 den Staatsgründer Sukarno durch einen Armeeputsch entmachtete und dabei bis zu 300 000 Kommunisten umbringen ließ, konnte die

Als sich die Bevölkerung von Osttimor mehrheitlich für die Unabhängigkeit von Indonesien aussprach, kam es zu gewaltsamen Übergriffen der proindonesischen Miliz.

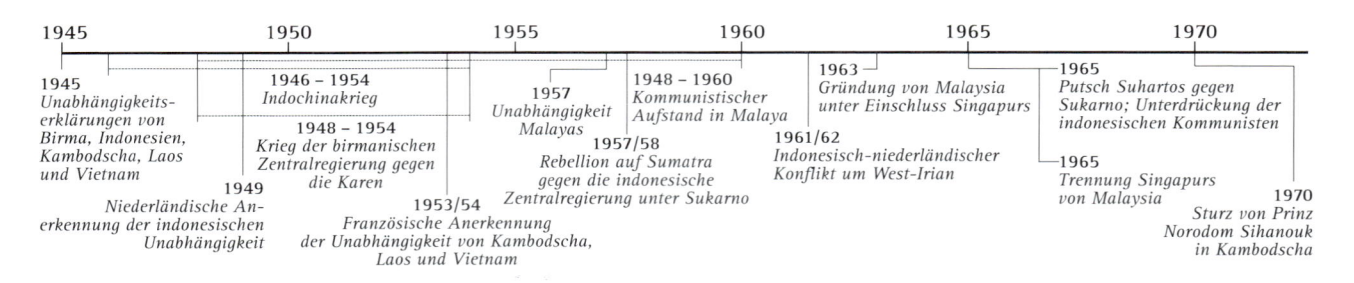

- **1945** Unabhängigkeitserklärungen von Birma, Indonesien, Kambodscha, Laos und Vietnam
- **1946 – 1954** Indochinakrieg
- **1948 – 1954** Krieg der birmanischen Zentralregierung gegen die Karen
- **1949** Niederländische Anerkennung der indonesischen Unabhängigkeit
- **1953/54** Französische Anerkennung der Unabhängigkeit von Kambodscha, Laos und Vietnam
- **1957** Unabhängigkeit Malayas
- **1957/58** Rebellion auf Sumatra gegen die indonesische Zentralregierung unter Sukarno
- **1948 – 1960** Kommunistischer Aufstand in Malaya
- **1961/62** Indonesisch-niederländischer Konflikt um West-Irian
- **1963** Gründung von Malaysia unter Einschluss Singapurs
- **1965** Putsch Suhartos gegen Sukarno; Unterdrückung der indonesischen Kommunisten
- **1965** Trennung Singapurs von Malaysia
- **1970** Sturz von Prinz Norodom Sihanouk in Kambodscha

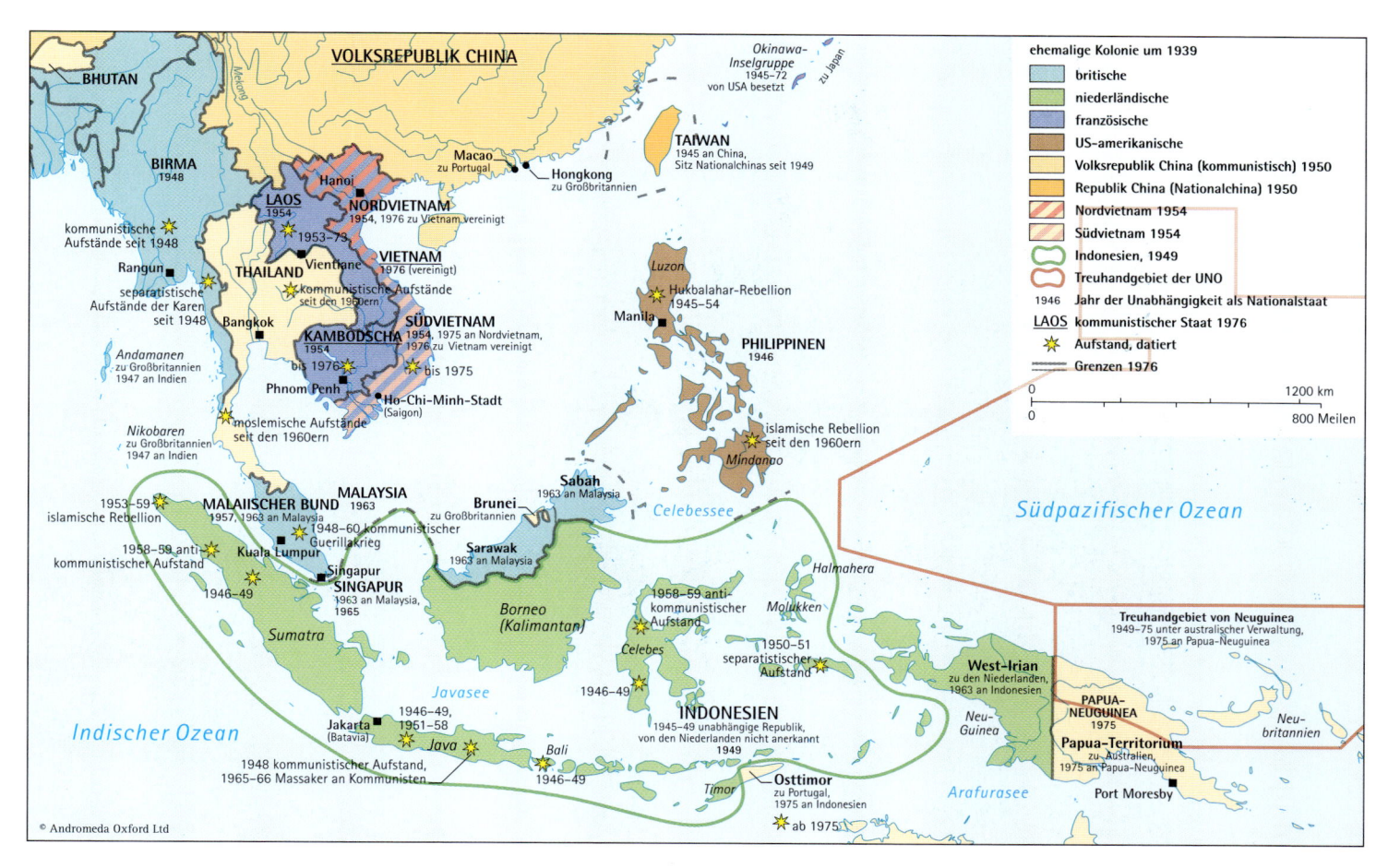

FREIHEITSKÄMPFE UND BÜRGERKRIEGE IN SÜDOSTASIEN

ethnischen Spannungen unter Kontrolle halten. Doch seine Politik, dem auf Java lastenden Bevölkerungsdruck durch Umsiedlung zu begegnen, schuf neue Probleme, die etwa in Osttimor, den Molukken oder auf Borneo immer wieder zu blutigen Konflikten führten.

MALAYSIA UND BIRMA

Ethnische Spannungen waren für den Kampf von Briten, Malaien und der chinesischen Wirtschaftselite gegen kommunistische Chinesen in Malaysia verantwortlich (1948 – 1960). Auch nach der Unabhängigkeit 1957 kam es immer wieder zu gewaltsamen Auseinandersetzungen zwischen Malaien und Chinesen. Diese Spannungen verursachten schließlich 1965 den Ausschluss des überwiegend von Chinesen bewohnten Singapurs aus der malaysischen Föderation.

Wie in Singapur bemühte sich auch die Regierung in Kuala Lumpur um Ausgleich zwischen den Ethnien. Den Weg der brutalen Unterdrückung wählte dagegen Birma, das seit der Unabhängigkeit von Großbritannien (1948) fast durchgängig von Militärs regiert wurde. Bis 1954 dauerte der Kampf gegen die christlichen Karen in den nördlichen Landesteilen. Darüber hinaus verfolgten die Militärdiktaturen Oppositionelle und Kommunisten. Immer wieder flackerten Aufstände auf, und bis heute gelten die Siedlungsgebiete der Karen als unsicher.

KAMBODSCHA

In Kambodscha wurde 1970 Prinz Norodom Sihanouk, der seit 1941 regiert und das Land 1953 in die Unabhängigkeit geführt hatte, von dem rechtsgerichteten General Lon Nol gestürzt. Dieser schlug sich auf die Seite der USA, die gegen die Kommunisten in Vietnam, Laos und Kambodscha Krieg führten. Aber während Lon Nols Regierung konnten die von China unterstützten Roten Khmer weite Teile des Landes unter Kontrolle bringen. Nach der Einnahme Phnom Penhs 1975 errichtete deren Führer Pol Pot eine Schreckensherrschaft, die 1,7 Millionen Kambodschanern – fast einem Drittel der Bevölkerung – das Leben kostete. Der Diktator träumte von der Wiederherstellung des alten Khmer-Reiches. Überfälle auf vietnamesisches Gebiet führten 1979 zur Besetzung Kambodschas durch Vietnam. Erst 1989 verließen die letzten vietnamesischen Truppen das vom Bürgerkrieg weitgehend zerstörte Land.

Südostasien im 20. Jahrhundert

Die Grausamkeit des kambodschanischen Bürgerkriegs, der zwischen dem rechtsgerichteten Lon Nol-Regime und den kommunistischen Roten Khmer tobte, erreichte im Kampf um Phnom Penh einen Höhepunkt.

1975–1979 Herrschaft der Roten Khmer in Kambodscha

1979 Besetzung Kambodschas durch Vietnam; Bürgerkrieg

1998 Bedingungslose Unterwerfung der letzten Roten Khmer unter die kambodschanische Regierung

▶ Völker, Staaten und Kulturen: Kolonialreiche der Niederlande und Belgiens
▶ Völker, Staaten und Kulturen: Das britische Weltreich
▶ Völker, Staaten und Kulturen: Die Entkolonialisierung in Asien

Die religiöse und nationale Spaltung des indischen Subkontinents

Die Spaltung des indischen Subkontinents in das hinduistische Indien und das muslimische Pakistan forderte zahllose Menschenleben und begründete einen Dauerkonflikt zwischen den Nachbarstaaten, der etwa im Krieg um Kaschmir auch fünfzig Jahre später noch von explosiver Bedeutung ist.

Die Verhandlungen über die Teilung des indischen Subkontinents im Juli 1947: Jawahrlal Nehru (Bildmitte) für das hinduistische Indien, Lord Mountbatten (rechts daneben) als Vertreter der Kolonialmacht Großbritannien und Mohammed Ali Jinnah (ganz rechts) für das muslimische Pakistan

Zwei Dinge sind es vor allem, die einem bei der religiösen und nationalen Spaltung des indischen Subkontinentes ins Auge fallen: Wie spät der Prozess der Loslösung des muslimischen Pakistans begann und wie sehr die Spaltung mit der Person eines im Westen so gut wie unbekannten Mannes verbunden ist, Mohammed Ali Jinnah.

Mohammed Ali Jinnah

Ähnlich wie sein späterer großer Widersacher Mahatma Gandhi wurde Jinnah im nordwestindischen Bundesstaat Gujarat geboren. Die Ironie der Geschichte wollte es, dass Jinnah bei der Rückkehr Gandhis aus dem südafrikanischem Exil im Jahr 1915 die Begrüßungsrede hielt. Schon bei dieser Gelegenheit wurden die unterschiedlichen Charaktere der beiden deutlich. Gandhi unterbrach Jinnahs in geschliffenem Englisch gehaltene Ansprache und fragte, ob es nicht angemessener sei, die Lokalsprache Gujarati zu benutzen. Zu jener Zeit war Gandhi schon eine Art Star der nationalen Unabhängigkeitsbewegung, während Jinnah kaum über die Grenzen Gujarats in Erscheinung getreten war. Das sollte sich jedoch bald ändern.

Die Zwei-Nationen-Theorie

Auseinandersetzungen zwischen Hindus und Muslimen hatten in Indien eine schmerzvolle Tradition. Während der Kolonialzeit begrenzten die Briten den Konflikt, doch schon früh war klar, dass die Einheit des Landes nach der Unabhängigkeit nicht fortbestehen würde. 1906 gründete sich die Moslem-Liga, und 1933 fiel zum ersten Mal das Kunstwort »Pakistan«, das die vornehmlich muslimisch besiedelten Provinzen Punjab, Afghanprovinz, Kaschmir, Sindh und Belutschistan in sich vereint. Bald wurde es zum Synonym der muslimischen Unabhängigkeitsbewegung. Bereits in den 1930er Jahren kam es im Punjab zu ersten Autonomieforderungen der Muslime. An die Spitze der Bewegung setzte sich Jinnah.

So verkündete er auf der Sitzung der Moslim-Liga in Lahore 1940 offiziell die Zwei-Nationen-Theorie. Als »Pakistan-Resolution« war sie von nun an in aller Munde und verlieh der muslimischen Autonomiebewegung eine enorme Schubkraft. Mehr und mehr entwickelte sich daraus eine Massenbewegung, die einen eigenständigen Moslim-Staat Pakistan forderte.

Massaker begleiten die Teilung

Gandhi und der von den Hindus dominierte indische Nationalkongress hätten die Einheit des Landes gerne erhalten, was sich jedoch als illusorisch herausstellte, spätestens als es zu schwersten Massakern zwischen Hindus und Muslimen kam. Anlass war der so genannte *Direct Act Day*, den Jinnah am 16. August 1946 in Kalkutta ausrufen ließ, um der Forderung eines Separatstaates Nachdruck zu verleihen. Der überstürzte Rückzug der briti-

Immer wieder flammt zwischen Indien und Pakistan der Konflikt um Kaschmir auf und fordert zahllose Menschenleben.

1940 — »Pakistan-Resolution«, Zwei-Nationen-Theorie

1942 — Ghandis Aufforderung »Quit India« (»Verlasst Indien«) an die Briten

SPALTUNG DES INDISCHEN SUBKONTINENTS

Die Folgen der Teilung des indischen Subkontinents 1947

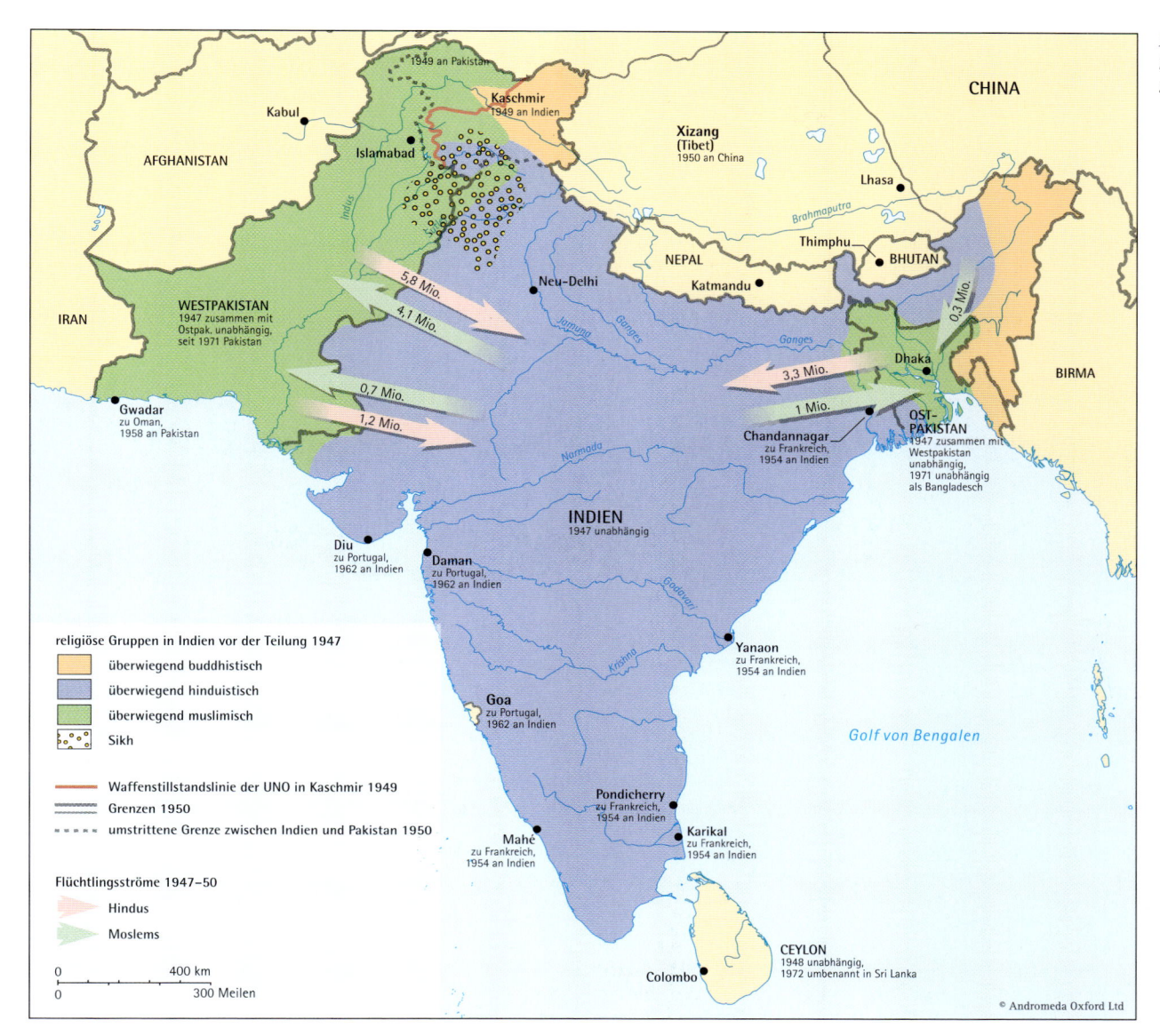

schen Kolonialmacht führte schließlich zur Realisierung der Zwei-Nationen-Theorie: Am 15. August 1947 wurde der muslimische Staat Pakistan – seinerseits geteilt in Ost- und Westpakistan – als Dominion innerhalb des britischen Commonwealth ins Leben gerufen.

Auch dieser Tag war von grausamen Kämpfen zwischen Muslimen und Hindus überschattet, bei denen über 200 000 Menschen auf offener Straße getötet wurden. Besonders betroffen war der Punjab, der durch die neue Staatsgrenze zerrissen wurde. Eine Massenflucht von nie gekanntem Ausmaßen setzte ein, da die politische Grenze ja keine religiöse war. Hindus aus dem nunmehr pakistanischen Teil des Punjab suchten in den indischen zu gelangen, Muslime aus dem indischen Teil in den pakistanischen. Von den rund 12 Millionen Flüchtlingen starben etwa 500 000. Eine ähnliche Katastrophe zeichnete sich in Bengalen ab, die Gandhi jedoch verhindern konnte.

Aber auch Indiens großer Sohn sollte Opfer der Teilung werden. Gandhi setzte sich – obwohl er Zeit seines politischen Lebens gegen die Teilung war und allein das Wort »Pakistan« als Sünde angesehen hat – mit einem letzten großen Fasten dafür ein, dass Pakistan die Hälfte der ihm zustehenden Staatskasse zugesprochen bekam. Deshalb wurde er von dem radikalen Hindu Nathuram Godse, der jegliche Versöhnung mit dem muslimischen Nachbarstaat ablehnte, am 30. Januar 1948 in Delhi erschossen.

KRIEG UM KASCHMIR

Schon bald kam es zu ersten kriegerischen Auseinandersetzungen um Kaschmir. Das Fürstentum im Nordwesten Indiens, das von einer Hindu-Dynastie beherrscht und von einer muslimischen Mehrheit bewohnt war, grenzt an Pakistan und Indien und so beanspruchen es beide für sich. Der Konflikt führte 1949 zur Teilung Kaschmirs und hat bis heute zu mehreren bewaffneten Auseinandersetzungen zwischen Indien und Pakistan geführt. Zuletzt standen sich die Truppen der beiden Staaten im Winter 2001/02 gegenüber. Hier wird deutlich, wie sehr der indische Subkontinent auch Jahrzehnte danach noch unter der Teilung leidet.

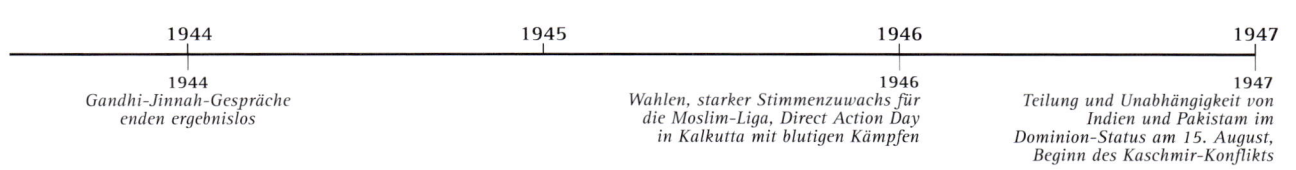

1944
Gandhi-Jinnah-Gespräche enden ergebnislos

1946
Wahlen, starker Stimmenzuwachs für die Moslim-Liga, Direct Action Day in Kalkutta mit blutigen Kämpfen

1947
Teilung und Unabhängigkeit von Indien und Pakistan im Dominion-Status am 15. August, Beginn des Kaschmir-Konflikts

▶ Völker, Staaten und Kulturen: Indien unter britischer Herrschaft
▶ Völker, Staaten und Kulturen: Neue Staaten nach dem Zweiten Weltkrieg
▶ Menschen und Ideen: Mahatma Gandhi

Unabhängigkeitskriege in Afrika südlich der Sahara

Die Befreiung von der Kolonialherrschaft war für Afrika ein langer und oft schmerzhafter Weg. Nur die wenigsten Länder erreichten die politische Unabhängigkeit auf friedlichem Weg. Im Regelfall war es der Guerillakrieg gegen die militärisch überlegenen Kolonialherren, der die Souveränität vorbereitete.

Freikorps schützen 1961 in Nordangola Erntearbeiter vor Guerillaangriffen

Bei der Unabhängigkeitsfeier von Ruanda wird am 1. Juli 1962 im Stadion von Kigali die neue Flagge gehisst.

Angesichts der weltpolitischen Veränderungen forderten die afrikanischen Kolonien nach dem Zweiten Weltkrieg verstärkt Unabhängigkeit und Selbstbestimmung. Großbritannien, Frankreich und Belgien machten einige Zugeständnisse. Doch auch Reformen stellten die Afrikaner bald nicht mehr zufrieden. Überall entstanden Befreiungsbewegungen. Sie strebten den Rückzug der Kolonialmacht mit gewaltlosen Mitteln an, was in einigen Ländern auch gelang. So errang 1957 die britische Kolonie Goldküste unter dem Namen Ghana als erstes Land südlich der Sahara die Autonomie und wurde damit zum Vorreiter. Aber wenn friedliche Mittel versagten, griffen auch die Afrikaner zu den Waffen.

Nahezu alle bewaffneten Befreiungskämpfe waren Guerillakriege. Vorteile verschafften den Aufständischen ihre bessere Landeskenntnis sowie die Unterstützung durch die einheimische Bevölkerung, durch sympathisierende Staaten und internationale Institutionen. Die Kolonialtruppen hatten jedoch die überlegenen Waffen.

Kikuyu gegen Briten

Ende der 1940er Jahre formierte sich in Kenia eine von dem Bantuvolk der Kikuyu getragene Befreiungsbewegung gegen das britische Kolonialsystem. Der bewaffnete Kampf der Kikuyu, der 1952 offen ausbrach, wurde auch bekannt als Mau-Mau-Aufstand. »Mau-Mau« war der entsprechende Geheimcode der Briten, ein ähnliches Wort gibt es in keiner afrikanischen Sprache. Als ihr geheimer Führer wurde oft Jomo Kenyatta, der spätere erste Staatspräsident Kenias, vermutet. Die Mitglieder waren der Bewegung durch einen Schwur verpflichtet und scheuten nicht vor Massakern unter weißen Siedlern und Vertretern der Kolonialmacht zurück. 1952 entfesselten die Briten einen brutalen Krieg gegen die Bevölkerung und errichteten wie im Burenkrieg Konzentrationslager, in denen etwa 100 000 Afrikaner inhaftiert und 13 000 umgebracht wurden. 1956 waren die Guerillakämpfer bezwungen.

Jomo Kenyatta, später erste Staatspräsident Kenias, soll den so genannten Mau-Mau-Aufstand gegen die britischen Kolonialherren angeführt haben.

Kolonialmacht Portugal

Das wirtschaftlich und weltpolitisch unbedeutend gewordene Portugal unter dem rechten Diktator Salazar legte äußersten Wert auf seine Kolonien und verteidigte sie mit enormem Aufwand. 1969 kämpfte der überwiegende Teil der portugiesischen Armee, teilweise von der NATO hochmodern gerüstet, an verschiedenen Fronten des afrikanischen Kontinents, was für das verarmte Portugal im Grunde unerträgliche Kosten verursachte.

In der Siedlerkolonie Angola führten die Afrikaner seit 1961 einen Guerillakrieg und konnten ihre Position ab 1966 an strategisch bedeutsamen Grenzen verstärken. In Mosambik drängten die Freiheitskämpfer seit 1964 die Portugiesen aus den Nordprovinzen nach Süden, mussten dabei aber schwere Verluste hinnehmen. In der kleinen Agrarkolonie Guinea-Bissau griff 1963 die Unabhängigkeitsbewegung unter Amilcar Cabral, einem führenden sozialistischen Theoretiker des afrikanischen Befreiungskampfes, zu den Waffen und konnte zwei Drittel des Landes erobern. Aber erst 1974 beendete die »Nelkenrevolution« nicht nur die Diktatur im Mutterland, sondern auch die portugiesische Kolonialherrschaft in Afrika.

Sieg der Freiheit

Selbst wenn die afrikanischen Freiheitsbewegungen die Kolonialmächte nicht militärisch bezwungen, errangen sie letztendlich doch den Sieg. Ausschlaggebend hierfür war nicht zuletzt die immer lau-

---

1945 — **1950** — **1955** — **1960**

1947 – 1949
Niederschlagung des Unabhängigkeitskampfes in der französischen Kolonie Madagaskar

1952 – 1956
Mau-Mau-Aufstand im britischen Kenia

1959 – 1960
Ruanda: Hutu-Mehrheit bekriegt die von den belgischen Kolonialherren privilegierte Tutsi-Minderheit

Unabhängigkeitskriege südlich der Sahara

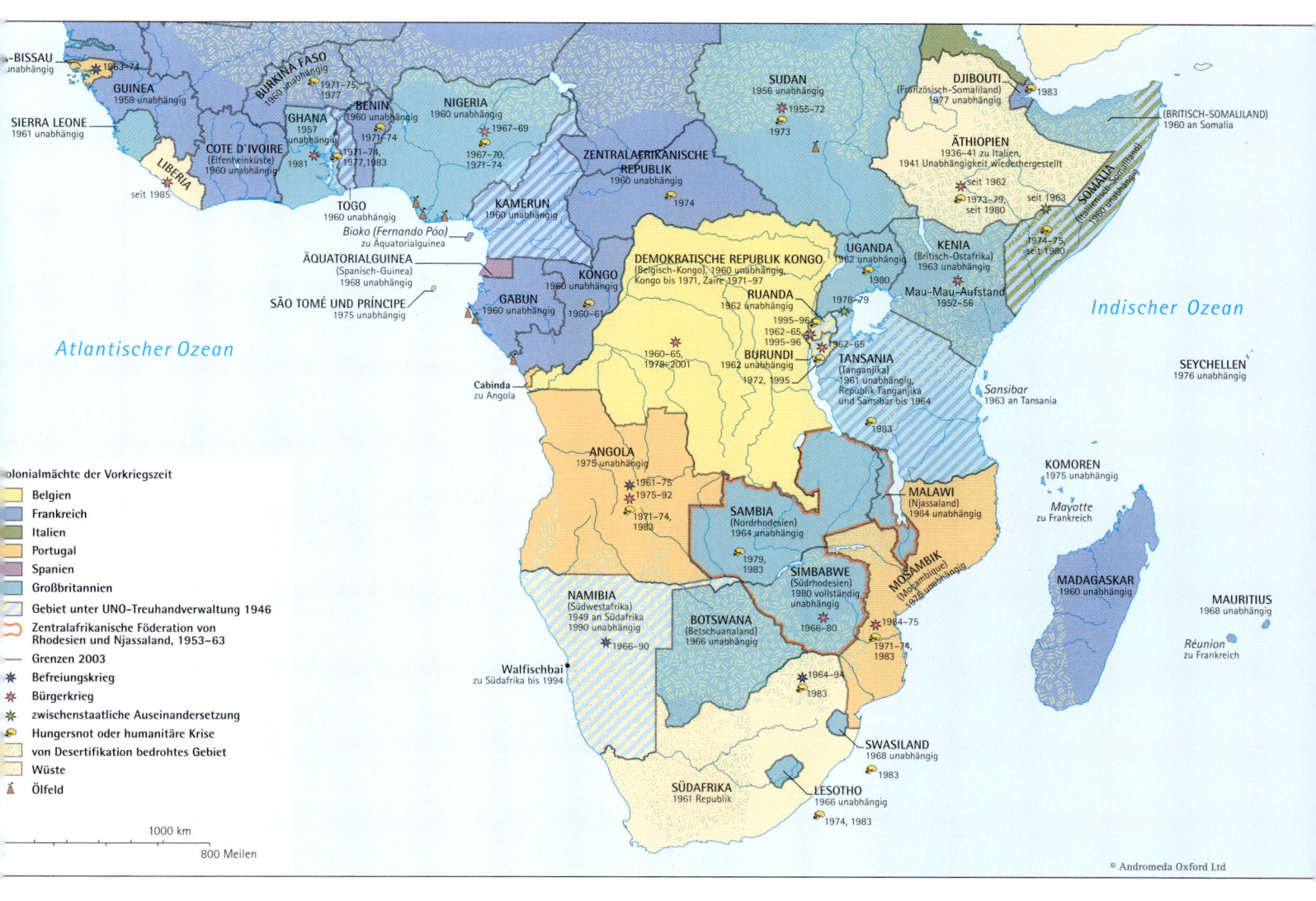

tere Kritik am Kolonialsystem in den Mutterländern und auf internationaler Ebene. So entließ Frankreich 1959/60 alle seine afrikanischen Kolonien in die Unabhängigkeit – nicht uneigennützig, sondern aus Prestigegründen und weil man die politischen und wirtschaftlichen Interessen in der Region auf zeitgemäße Weise wahren wollte. Auch die belgischen und viele der britischen Kolonien Afrikas erlangten in den 1960er Jahren die Autonomie. In Rhodesien fand die weiße Vorherrschaft nach jahrzehntelangen Kämpfen 1980 ihr Ende, in Südafrika als letztem Land des Kontinents erst 1994.

Entkolonialisierung der Staaten Afrikas südlich der Sahara

ENTTÄUSCHTE ERWARTUNGEN

Mit dem Hissen einer neuen Flagge waren in den jungen afrikanischen Staaten die kolonialen Erblasten nicht sofort beseitigt. So musste sich in der Bevölkerung das Nationalgefühl, das die Kolonialmächte bewusst unterdrückt hatten, erst langsam entwickeln. Vielfach dachte man in den Begriffen des Stammes, nicht des Staates. Auch setzten sich häufig die neuen afrikanischen Herrscher weniger für ihre Land ein, als für die Belange der ehemaligen Kolonialmacht oder internationaler Wirtschaftskonzerne. Nicht selten bereicherten sie sich selbst durch Korruption, Unterdrückung und Ausbeutung und machten sich abhängig vom Ausland. Neue Aufstände und Kriege, nun gegen die einheimischen Herrscher, folgten. Nach wie vor ist Afrika südlich der Sahara eine Krisenregion.

Als Chef einer Übergangsregierung führte Joaquim Chissano 1974 Mosambik in die Freiheit von der portugiesischen Kolonialherrschaft.

1965 — 1970 — 1975

1961 – 1974
Freiheitskämpfe in Angola, Guinea-Bissau und Mosambik gegen die portugiesische Herrschaft; dann Freiheit für alle portugiesischen Kolonien

▶ **Völker, Staaten und Kulturen:** Afrika unter kolonialer Herrschaft
▶ **Völker, Staaten und Kulturen:** Die Entkolonialisierung in Afrika

KRIEGSREPORTER UND PRESSEFOTOGRAFEN AN DEN KRIEGSSCHAUPLÄTZEN DES 20. JAHRHUNDERTS

»Wer als Journalist dort war, wo ein Krieg alles zerstört, auch die Seelen, der kommt nie wieder so zurück, wie er gegangen ist. Die Realität der Zerstörung, die Bedeutungslosigkeit von Menschenleben, hinterlässt Spuren. Journalisten sind Beobachter, nicht Partei. Trotzdem lässt das Elend des Krieges auch den Profi nicht unberührt.«

So Dieter Sinnhuber. Zurück in der albanischen Hauptstadt Tirana, beim Abendessen mit Kollegen, erzählt er von der Frau, die mit letzten Kräften über die Grenze gekommen war. Weil sie dringend Hilfe brauchte und sich nicht verständlich machen konnte, schob sie verschämt ihre Bluse hoch: Sadisten des Krieges hatten eine Brust abgesäbelt.

IM AUSNAHMEZUSTAND

Sinnhuber ist für den Bayerischen Rundfunk wieder einmal vor Ort auf dem Balkan, im Grenzgebiet von Albanien und Kosovo dieses Mal. Er scheint aufgewühlt. Zuhause in Deutschland haben ARD und BR viele Berichte von ihm und seinen Kollegen gebracht, seit Jahren schon, seit der Balkan brennt. Irgendwie zeigen alle diese Beiträge eine gewisse Ausgewogenheit, versucht der Reporter aus der Warte des Beobachters zu berichten. Doch Objektivität ist in einem derart grausamen Krieg ein hartes Geschäft.

Objektiv messbar ist wohl lediglich das Ausmaß der Zerstörung, vielleicht noch die Zahl der Bomben – und schließlich die Zahl der Journalisten, die ihr Leben ließen: im Jahre 2002 waren es 25 Berichterstatter, 1994 sogar 120.

Gleichgültig ob mit Fotoapparat, Kamera, mit Stift oder Mikrofon befinden sich alle Kriegsreporter in einer Ausnahmesituation. Sie sind Menschen mit Gefühlen, mit Ängsten, mit Meinungen. Und zu Hause warten Presse und Sendeanstalten auf Geschichten, die sich verkaufen lassen – Krieg als Ware. Es ist kaum möglich, ein wirkliches Bild vom Geschehen zu vermitteln, Momentaufnahmen sind das eher, geprägt auch vom Mitleid, das unweigerlich zur Identifikation mit den Opfern führt.

Zeugnis des Schreckens: Pressefotos wie dieses einer vietnamesischen Mutter mit Kind tragen dazu bei, dass niemand die Augen vor der Realität moderner Kriege verschließen kann.

Manipulationsmasse Journalist

Winston Churchill war Kriegsberichterstatter, bevor er Politiker, Ernest Hemingway bevor er Schriftsteller wurde. Im Spanischen Bürgerkrieg hat Letzterer ganz bewusst Partei bezogen für die Republik. Dabei zählt Stimmungsmache nicht gerade zum Berufsethos eines Journalisten. Besonders problematisch wird es, wenn das Mäntelchen der Unbefangenheit darüber gedeckt, wenn manipuliert wird.

Vernebelungstaktiken durch die Kriegsparteien gehören zu einem Krieg. Doch nicht selten wird ein Reporter zum verlängerten Arm diverser Interessensvertreter. »Aktion Wüstensturm«, der Krieg im Golf, zum Beispiel. Da wollte die amerikanische Politik ein zweites Vietnam verhindern, keine Bilder des Schreckens zulassen, die weltweit für Proteste gesorgt hätten. Auch Husseins Regime ließ nur eine gesteuerte Berichterstattung zu. Verschleierungstaktiken bei Pressekonferenzen und an der Front waren Tagesordnung, unbequeme Journalisten wurden des Landes verwiesen, darunter auch ein Reporter des ZDF. Peter Arnett vom amerikanischen Sender CNN allerdings durfte bleiben, er wurde zum großen Helden weltweit. Viele Stunden am Tag berichtete CNN live vom Geschehen in Nahost, der Krieg erschien irgendwie *clean*, glänzende Bomber und abstrakte Ziele. Von den 150 000 gefallenen irakischen Soldaten und den hunderttausenden elendig umgekommenen Zivilisten war nichts zu sehen.

Peter Arnett, im Golfkrieg Star-Reporter des Nachrichtensenders CNN; die Flut der Fernsehbilder täuscht häufig darüber hinweg, dass die Wahrheit bekanntlich das erste Opfer des Krieges ist.

Zeugen der Unmenschlichkeit – Momentaufnahmen

Der Fotograf Toni Vaccaro war ein sehr junger Mann, als er als amerikanischer Soldat am Zweiten Weltkrieg in Europa teilnahm. Vielleicht war es seine Art, das Überwältigende zu begreifen: Er machte Fotos, die eine erschütternde Realität abbildeten, von Toten, Sterbenden, auch Kindern, von Opfern und Tätern. Toni Vaccaro ging noch ein Stück weiter. In den Taschen gefallener Soldaten suchte er nach belichteten Filmen, in zerstörten Wohnungen und Häusern. »Ohne die Bilder hätte ich keinen Sinn gesehen weiterzuleben«, sagte er viel später als alter Mann. Toni Vaccaro war wohl einer der eindrucksvollsten Dokumentaristen des Zweiten Weltkriegs.

Oriana Fallaci, die berühmte italienische Journalistin und Schriftstellerin, wollte in Vietnam zeigen, was der Krieg mit und aus Menschen macht. Sie ging nahe dran, auch sie wollte begreifen. »Besonders die Leichen ... Viele verwesen unter der Sonne, nur gerade von einer Strohmatte, einer Zeitung bedeckt, die Luft ist gesättigt von einem Gestank, dass einem übel wird.«

Ein ähnliches Bild des Grauens bot sich Mitte der 1990er Jahre nördlich des bosnischen Mostar. Männer in Overalls holen mit versteinerter Miene massakrierte alte Frauen aus einem Massengrab. Journalisten dokumentieren das Grauen – und werden den Geruch nie wieder los. Friedhelm Brebeck berichtete über Jahre für die ARD von den Balkankriegen. Er ist ein Suchender und er sieht viel Schreckliches. Brebeck ist zynischer geworden in diesen Jahren und er hat sich verändert. Unmerklich erst für einen selbst, erzählte er einmal, nur zu Hause würde man es merken, weil die Toleranzgrenze für alltägliche Probleme gesunken ist.

Intensive Berichterstattung – im Bild: französische UNO-Truppen vor einer zerstörten Moschee – begleitete den Bürgerkrieg in Bosnien.

Oriana Fallaci über ihre Zeit in Vietnam

»Eine lange Zeit in meinem Leben krankte ich an Heldentum, und hier in Vietnam bekam ich einen Rückfall, doch jetzt habe ich geschworen, es von mir zu weisen. Akzeptiert man das Heldentum, akzeptiert man auch den Krieg. Und den Krieg darf und kann und will ich nicht akzeptieren.«

▶ Kunst und Architektur: Fotografie

AUFSTÄNDE GEGEN DIE KOMMUNISTISCHE HERRSCHAFT IN OSTDEUTSCHLAND, POLEN, UNGARN UND DER TSCHECHOSLOWAKEI

Trotz der totalitären Unterdrückung jeder Opposition und einer unermüdlichen kommunistischen Propaganda erhob sich in den 1950er und 1960er Jahren in einigen Satellitenstaaten der Sowjetunion der Widerstand. Doch die Aufstände wurden blutig niedergeschlagen.

Sowjetische Panzer in Budapest: In mehrtägigen Straßenkämpfen wurde der ungarische Aufstand Anfang November 1956 brutal niedergeschlagen.

Ende des Zweiten Weltkriegs gehörte die UdSSR zwar zu den Siegermächten, war aber wirtschaftlich äußerst geschwächt. So erhielt die Abhängigkeit der Ostblockstaaten nicht nur eine politische Funktion: In Zeiten der Blockbildung und des Kalten Krieges wurden sie zu den wichtigsten Handelspartnern der Sowjetunion und wirtschaftlich teilweise schamlos ausgebeutet. Das geschlossene System des Stalinismus funktionierte nur durch strikte Repression aller gegenläufigen Tendenzen. Doch als der Diktator am 5. März 1953 starb, machte sich Hoffnung auf Veränderung breit.

DER 17. JUNI 1953

Während sich Westdeutschland sichtbar von den Kriegsfolgen erholte, kam es im kommunistischen Osten im Winter 1952/53 zu einer schweren Wirtschaftskrise. In Massen flohen die Menschen nach Westen. Daraufhin erhöhte das Regime zwar die Le-

1953 | 1954 | 1955 | 1956 | 1957 | 1958 | 1959 | 1960 | 1961

1953
Ostdeutschland: Unruhen wegen Erhöhung der Arbeitsnorm, Aufstand am 17. Juni niedergeschlagen, rücksichtslose Repressalien

1956
Polen: Nach gewaltsamer Niederschlagung des Posener Aufstands gewisse Liberalisierung unter dem Nationalkommunisten Gomulka

1956
Ungarn: breite Volksbewegung gegen Sowjetsystem; Ungarn erklärt sich neutral, militärische Intervention Moskaus; Straßenkämpfe und Niederschlagung des Aufstands

Aufstände gegen die kommunistische Herrschaft

Am 17. Juni 1953 brach in Ostberlin der Aufruhr gegen das Regime aus. Demonstranten marschierten auch durch das Brandenburger Tor nach Westberlin.

bensmittelrationen, nahm aber die unmenschlichen Arbeitsnormen nicht zurück. Das führte zu verbotenen Streiks von Arbeitern und Bergleuten. Am 17. Juni 1953 kam es in Ostberlin und anderen Städten zu großen Demonstrationen, die das gesamte kommunistische System in Frage stellten. Während die Westmächte passiv blieben und die Polizei sogar eine Beteiligung der Westberliner verhinderte, griffen die sowjetischen Besatzer brutal durch. Der Ausnahmezustand wurde verhängt, unzählige Prozesse, Verhaftungen und Misshandlungen folgten.

Der polnische Oktober

Drei Jahre später regte sich in Polen die Opposition gegen die sowjetische Dominanz. Auch hier waren es vor allem wirtschaftliche Gründe, die die Arbeiter in Posen auf die Straße trieben. Am 28. Juni 1956 entwickelte sich eine Demonstration zum bewaffneten Aufstand, der einen Tag später durch sowjetische und polnische Truppen niedergeworfen wurde. Nach offiziellen Angaben gab es 48 Tote und 270 Verletzte, wahrscheinlich waren es aber noch mehr. Doch diesmal reagierte Moskau vorsichtig und lockerte die Zügel. Im Oktober wurde der Wortführer der polnischen Nationalkommunisten Gomulka aus der Haft entlassen. Er vermied zwar den Bruch mit Moskau, führte aber eine gewisse Liberalisierung durch. Landwirtschaftliche Kollektive wurden reprivatisiert und in Industriebetrieben Arbeitervertretungen eingesetzt.

Aufstand in Budapest

Ein deutliches Zeichen gegen das Sowjetsystem setzten die Ungarn 1956. Den anfänglichen Unruhen unter den Studenten und Arbeitern schlossen sich auch Teile von Armee und Polizei an. Und im Oktober hatte die revolutionäre Bewegung das ganze Land erreicht. Da übernahm die Regierung unter Imre Nagy die Führung der Revolte und proklamierte am 1. November die Neutralität Ungarns und den Austritt aus dem Warschauer Pakt. Das konnte Moskau nicht tolerieren: Am 4. November besetzten sowjetische Truppen Budapest. In mehrtägigen blutigen Straßenkämpfen, in denen mindestens 20000 Menschen starben, wurde der Aufstand niedergeschlagen, die Hoffnung auf Freiheit zerstört. 150000 Ungarn flohen nach Österreich, aber viele Aufständische wurden in die UdSSR verschleppt, Ministerpräsident Nagy wurde hingerichtet, eine linientreue Marionettenregierung eingesetzt. Der Westen, durch die Suezkrise gelähmt, reagierte nicht, auch wenn man den Ungarn ursprünglich Hilfe zugesagt hatte.

Der Prager Frühling

In Ungarn hatte der Sowjetkommunismus sein düsteres Gesicht gezeigt. Das hinterließ Spuren, auch in der Tschechoslowakei, wo man wie überall im Ostblock unter den ökonomischen Bedingungen litt. Aber Antonin Novotný, der Erste Sekretär der Kommunistischen Partei, hielt das Land fest im Griff. Im Januar 1968 übernahm dieses Amt Alexander Dubček und tat die ersten Schritte, um die Tschechoslowakei sukzessive zu reformieren: Der »Prager Frühling« begann. Die ganze Welt schaute gebannt auf das kleine Land in der Mitte Europas, das einen »Sozialismus mit menschlichem Antlitz« anstrebte.

Doch Moskau beobachtete den Reformkurs mit äußerstem Misstrauen. Schließlich marschierten am 21. August 1968 sowjetische Truppen und Truppen des Warschauer Pakts in der Tschechoslowakei ein und besetzten die Hauptstadt. Die Bevölkerung setzte den Panzern strikten passiven Widerstand entgegen. Auf dem Prager Wenzelsplatz verbrannte sich im Januar 1969 der Student Jan Palach, im April 1969 wurde Dubček nach Moskau beordert. Er kam, seines Amtes enthoben, als gebrochener Mann zurück. Wieder war das Bemühen um mehr Freiheit vom Sowjetsystem gescheitert.

Der ungarische Ministerpräsident Imre Nagy übernahm die Führung der Volkserhebung. Nach deren blutigem Ende wurde er in einem Geheimprozess zum Tode verurteilt und hingerichtet.

1962   1963   1964   1965   1966   1967   1968   1969

1968/69
Tschechoslowakei: Reformkurs unter Dubček, »Prager Frühling«; Einmarsch der Truppen des Warschauer Pakts, passiver Widerstand der Bevölkerung, Dubček von Moskau abgesetzt

➤ **Völker, Staaten und Kulturen:** Die UdSSR von der Entstalinisierung bis zur Perestroika

DIE SUEZKRISE

*Im Oktober 1956 griffen israelische, britische und französische Truppen Ägypten an,
weil der ägyptische Staatspräsident Gamal Abd el-Nasser drei Monate zuvor den Suezkanal verstaatlicht hatte.
Ägypten unterlag militärisch, blieb aber im Besitz der bedeutenden Schifffahrtsstraße.*

Der 1869 eingeweihte Suezkanal gehört zu den wichtigsten künstlichen Wasserstraßen der internationalen Schifffahrt. Da die Durchfahrt kostenpflichtig ist, stellt er für Ägypten eine bedeutende Einnahmequelle dar.

Nicht zuletzt seine erfolgreiche Strategie in der Suezkrise machte den ägyptischen Regierungschef Gamal Abd el-Nasser zu einer Galionsfigur des arabischen Nationalismus.

Der Suezkanal, 1859 bis 1869 unter Leitung des französischen Ingenieurs Ferdinand Lesseps als künstliche Wasserstraße zwischen dem Mittelmeer und dem Roten Meer gebaut, verkürzt die Schifffahrtswege zwischen Europa und Asien um mehrere Tausend Kilometer. Da die Durchfahrt gebührenpflichtig und der Kanal von eminenter strategischer Bedeutung ist, mischen sich finanzielle und politische Interessen, wenn es um die Macht über den Suezkanal geht.

DIE VERSTAATLICHUNG

Im Juli 1952 erlebte Ägypten einen unblutigen Staatsstreich. König Faruk wurde gestürzt, General M. Nagib übernahm die Führung. 1954 musste er zugunsten von Oberst G. Abd el-Nasser verzichten. Dieser formulierte, gestützt auf breite Schichten der Bevölkerung, sein Ziel: die völlige politische und wirtschaftliche Unabhängigkeit Ägyptens. Ein erster Erfolg war, nach heftigen ägyptischen Protesten, der friedliche Abzug der britischen Truppen, die seit 1882 die Suezzone besetzt hielten.

Die wirtschaftliche Autonomie konnte nur durch eine radikale Modernisierung und Industrialisierung des Landes erreicht werden. Deshalb sollte am Oberlauf des Nils bei Assuan ein neuer Staudamm errichtet werden. Die USA, Großbritannien und die Weltbank hatten zunächst die Finanzierung zugesagt, sich dann aber zurückgezogen – eine Art Strafe für Nassers »Neutralitätspolitik« innerhalb der blockfreien Staaten. Um den Bau des Assuan-Hochdamms nun selbst finanzieren zu können, verstaatlichte Nasser am 26. Juli 1956 den Suezkanal, dessen Aktien zuvor in der Hand von hauptsächlich französischen und britischen Aktionären lagen. Die Verstaatlichung wurde am Ende einer spektakulären Rede Nassers in Ale-

SUEZKRISE

xandria verkündet, die auch eine grundsätzliche Abrechnung mit Kolonialismus und Imperialismus war.

NASSER ALS MILITÄRISCHER VERLIERER

Mit der Verstaatlichung des Suezkanals provozierte Nasser die Suezkrise, die im Oktober und November 1956 im Suezkrieg gipfelte. Nach Absprache mit Großbritannien und Frankreich ging Israel am 29. Oktober 1956 in die militärische Offensive. Bodentruppen marschierten im Gazastreifen und auf der Sinaihalbinsel ein, während gleichzeitig Fallschirmjäger nicht weit vom Suezkanal landeten. Zwei Tage später griffen britische und französische Truppen ein, bombardierten ägyptische Kanalstellungen sowie die Stadt Suez und besetzten die Kanalzone. Israel gelang der Vormarsch bis Sharm el Sheik an der Südspitze des Sinai. Doch die Angreifer mussten sich Anfang November 1956 auf Druck der USA, der Vereinten Nationen und vor allem der UdSSR, die bei dieser Gelegenheit erstmals ihr Engagement im Nahen Osten zeigte, zurückziehen. An der israelisch-ägyptischen Grenze und auf dem Sinai wurden UN-Friedenstruppen stationiert. Nasser war militärisch geschlagen.

NASSER ALS POLITISCHE SIEGER

Aber die militärische Niederlage Nassers verblasste angesichts seines politischen Siegs; denn Ägypten blieb im Besitz des Suezkanals. Die reichen Einnahmen fließen seither dem Staat als eine der zentralen Devisenquellen zu. In der arabischen Welt wurde Nasser zur Symbolfigur des Antikolonialismus und zum unbestrittenen Führer. Ägypten hatte mit dem Konflikt seine koloniale Vergangenheit endgültig abgeschüttelt. Verstärkt wandte sich Nasser der Sowjetunion zu, die jetzt Finanzierung und Bau des Assuan-Staudamms übernahm und außerdem zum wichtigsten Waffenlieferanten Ägyptens wurde.

Die überregionalen politischen Auswirkungen des Suezkonflikts waren einerseits der endgültige Abschied der beiden ehemaligen großen Kolonialmächte Großbritannien und Frankreich aus der Region, andererseits der verstärkte Einfluss der neuen Supermächte Sowjetunion und USA im Nahen Osten.

UNO-Truppen sichern nach dem Suezkrieg die Region: Dänische Soldaten beziehen Stellungen, die von den Briten verlassen werden.

Der Nahe Osten zur Zeit der Suezkrise

Israelische Soldaten mit einem sowjetischen Geschütz, das sie 1956 in Ägypten erobert hatten.

DER ÄGYPTISCH-ISRAELISCHE KONFLIKT

Seit Anfang der 1950er Jahre musste sich Israel mit Angriffen palästinensischer Freiheitskämpfer vom Gazastreifen her auseinander setzen, die ab 1954 durch den ägyptischen Präsidenten Nasser unterstützt wurden. Zudem hatte Ägypten seit 1951 immer wieder die Wasserstraße von Tiran für israelische Schiffe gesperrt, wodurch der Schifffahrt vom Hafen Elat aus der Zugang Richtung Afrika und Asien versperrt war. 1955 verstärkte Nasser diese Schiffsblockaden noch, Israels Schifffahrt auf dem Roten Meer war lahm gelegt.

In dem nur einwöchigen Suezkrieg (29. Oktober – 6. November 1956) verbuchte Israel große militärische Erfolge und erreichte seine vorrangigen Kriegsziele: Wiederöffnung der Wasserstraße von Tiran für die israelische Schifffahrt und Eindämmung der Terroranschläge vom Gazastreifen aus. Die Absicht, den populären ägyptischen Präsidenten Nasser zu schwächen, wurde jedoch verfehlt. Im Gegenteil war Nasser durch die Suezkrise zu einer Leitfigur der arabischen Welt geworden, die ihn bei einem weiteren Krieg gegen Israel unterstützen würde.

▶ Menschen und Ideen: David Ben Gurion

DER LIBANESISCHE BÜRGERKRIEG

Der Libanon galt für viele als die »Schweiz des Orients« – wohlhabend, geordnet und tolerant gegenüber den verschiedenen Religionen und politischen Richtungen. Doch in einem zwanzig Jahre dauernden Bürgerkrieg wurde dieses blühende Land zerstört.

Amin Gemayel, Politiker der christlichen Falange-Partei, wurde 1982 nach der Ermordung seines zuvor gewählten Bruders Bashir Gemayel Staatspräsident des Libanon.

Der Libanon – geprägt durch das System des politischen Konfessionalismus, bei dem politische Ämter nach dem Proporzsystem verteilt werden – erlebte seine erste Bewährungsprobe 1958: Es kam zu blutigen Zusammenstößen zwischen Regierung und Opposition, die aber noch politisch beigelegt werden konnten. Doch Anfang der 1970er Jahre entstanden aufgrund sozialer Spannungen, ökonomischer Ungleichheit und demographischer Entwicklungen, die durch das bestehende Proporzsystem nicht mehr adäquat wiedergegeben wurden, neue soziale und politische Bewegungen. Für Unruhe sorgten überdies die zahllosen palästinensischen Flüchtlinge im Land, deren Kleinkrieg mit den Israelis auch zu Zusammenstößen mit der libanesischen Armee führte.

Es kam zum Bürgerkrieg im Libanon, der sich in mehreren Phasen und Einzelkämpfen vollzog, die teilweise zeitgleich an verschiedenen Fronten ausgefochten wurden, und von wechselnden Allianzen und internationaler Einflussnahme gekennzeichnet war. Zunächst standen sich zwei große Blöcke gegenüber: zum einen die Libanesische Nationale Bewegung, ein Zusammenschluss von progressiven, linken, überwiegend muslimischen Gruppen, zum anderen die Libanesische Front, ein Bündnis aus konservativen, überwiegend christlichen Gruppen, das den Status quo bewahren wollte.

DIE ERSTE PHASE 1975/76

Anlass zum Bürgerkrieg war im April 1975 der palästinensische Anschlag auf eine maronitische Kirche, der von christlichen Milizionären mit einem Attentat auf einen mit Palästinensern besetzten Bus beantwortet wurde. Schnell brachen in Beirut und anderen Landesteilen bewaffnete Kon-

1982 drangen israelische Truppen in Beirut ein und besetzten den Westteil der Stadt.

LIBANESISCHER BÜRGERKRIEG

Gemayel zum Präsidenten machte sich eine euphorische Aufbruchsstimmung breit, Beirut wurde wiedervereinigt und die Armee neu aufgebaut. Doch im Gebirge entwickelten sich bald neue Kämpfe, nun vor allem zwischen regierungstreuen und oppositionellen Truppen; auch pro-syrische und pro-iranische schiitische Organisationen wurden militärisch aktiv. 1984 brachen zwischen Palästinensern auf der einen und pro-syrischen und syrischen Kräften auf der anderen Seite die »Lagerkriege« um die Flüchtlingslager in Beirut aus, die bis Ende 1988 dauerten.

Israel zog sich bis Juni 1985 aus dem Libanon zurück, die mit ihm verbündete christliche Armee, die »Südlibanesische Armee«, kontrollierte allerdings weiterhin den Süden des Landes. In den vereinigten christlichen Milizen kam es zum Aufstand unter Samir Geagea, der größere Unabhängigkeit von Syrien, das den Libanon stark kontrollierte, verlangte. Infolge heftiger Kämpfe zogen syrische Truppen wieder in Beirut ein.

Das Ende des Krieges

1988 lief die Amtszeit Amin Gemayels ab, worauf sich zwei konkurrierende Regierungen, eine muslimische und eine christliche, bildeten. Um einer drohenden Teilung des Landes entgegenzuwirken, fassten die noch verbliebenen Abgeordneten des Vorkriegsparlaments einen gemeinsamen Beschluss zur allmählichen Abschaffung des Konfessionalismus. Er wurde im November 1989 ratifiziert und René Mouawad zum Staatspräsidenten gewählt, was General Aoun – Christ, einer der beiden abgesetzten Regierungschefs und Oberkommandierender der regulären Armee – nicht anerkannte. Nach Mouawads Ermordung noch im selben Monat wurde Elias Hrawi gewählt, der sofort ein Kabinett bildete und einen neuen Armeechef bestimmte. Es kam zu blutigen Kämpfen zwischen den Anhängern des alten und des neuen Oberkommandierenden, die mit syrischer Hilfe beendet wurden. Erst Ende Januar 1990 war der Bürgerkrieg beendet, sein Ergebnis war ein zerstörtes Land.

Der Bürgerkrieg legte das einst blühende Beirut in Schutt und Asche. Im Bild: zerstörte Häuser im muslimischen Teil

flikte aus. Kennzeichen dieser ersten Kriegsphase waren Anschläge, Entführungen, Vertreibungen von konfessionellen Minderheiten und Massaker; Beirut wurde zerstört, die Stadt geteilt. Die reguläre Armee brach auseinander, ein Teil schloss sich der Libanesischen Nationalen Bewegung an, ein Teil sammelte sich um den von Israel unterstützten christlichen Major Saad Haddad. Als die Truppen der Nationalbewegung in den Bergen gegen die Libanesische Front vorstießen, intervenierte Syrien, um einen Sieg der linken und muslimischen Kräfte zu verhindern. Mit der Wahl des Christen Elias Sarkis 1976 zum Staatspräsidenten wurde diese Kriegsphase beendet.

Internationalisierung und Eskalation

Im März 1978 drang Israel in den Libanon ein, um gegen die Palästinenser vorzugehen, und besetzte ein Zehntel des Landes. Die UNO forderte den Rückzug und entsandte UN-Truppen. Israel zog sich zwar zurück, übergab aber einen zehn Kilometer breiten Streifen an Major Haddad. In der Folge spaltete sich die Libanesische Front in einen pro-israelischen und einen pro-syrischen Teil. 1982 drang Israel in einer zweiten Invasion bis nach Beirut vor und zwang die Palästinensische Befreiungsorganisation und ihre Kämpfer, Beirut zu verlassen.

Internationale Friedenstruppen zogen in Beirut ein, ihnen gelang es aber nicht, die Lage zu stabilisieren: Der neu gewählte Staatspräsident, der Christ Bashir Gemayel, wurde ermordet, worauf christliche Milizen in palästinensischen Flüchtlingslagern grausame Rache übten. Nach der Wahl seines Bruders Amin

Menschliches Leid während des Bürgerkrieges im Libanon

········· Aus einem Lied ·········
der libanesischen Sängerin Fayruz
Für Beirut / Küsse für das Meer und die Häuser / Für einen Felsen mit dem Gesicht eines alten Seefahrers. / Diese Stadt machte aus der Seele ihres Volkes Wein / Und aus seinem Schweiß Brot und Jasmin / Doch wie kam es, dass ihre Speise Feuer und Rauch wurde? /

Meine Stadt hat ihre Lichter gelöscht / Sie hat ihre Tore geschlossen / Wurde einsam am Abend / Allein mit der Nacht / Die Wunden meines Volkes wachsen / Und die Tränen der Mütter fließen / Du mein Beirut / Ach, umarme mich doch!

INNENPOLITISCHE KONFLIKTE IM NAHEN OSTEN IN DEN 1960ER JAHREN

Nach 1945 waren alle Staaten des Nahen Ostens unabhängig geworden, was Großbritannien, Frankreich und auch die USA allerdings nicht hinderte, weiter in inneren Angelegenheiten einzugreifen. Als Gegenbewegung entstanden revolutionäre nationalistische Bewegungen, die vor Gewalt nicht zurückschreckten.

Im Nordjemen bekämpften sich 1962 die von Saudi-Arabien unterstützten Royalisten (im Bild) und die mit ägyptischer Militärhilfe operierenden Rebellen.

Anfang der fünfziger Jahre regierten in Ägypten, Jordanien und Irak ausnahmslos prowestliche Monarchien. Sie alle hatten auf dem Verhandlungsweg und ohne Blutvergießen ihre Unabhängigkeit gewonnen und arrangierten sich problemlos mit den ehemaligen Kolonialmächten. Auch in Libanon und in Syrien, wo eine Form von parlamentarischer Demokratie herrschte, hatten Politiker das Sagen, die an einer Veränderungen der gesellschaftlichen Verhältnisse kein wirkliches Interesse hatten. Doch unterhalb der dünnen Decke der prowestlichen Eliten brodelte es. Die Masse der Bevölkerung lebte weiter in erbärmlichen Zuständen. Sie war offen für die Agitation neuer politischer Bewegungen, die den Menschen Wohlstand versprachen und die Araber vereinen wollten.

DIE IKONE DES NATIONALISMUS

Bereits in den 1930er Jahren hatten Intellektuelle wie der Syrer Sati Al Husri die Idee von der Unteilbarkeit der arabischen Nation entwickelt. Doch zum eigentlichen Träger des arabischen Nationalismus wurde in den vierziger und fünfziger Jahren das Militär. Vor allem junge Offiziere aus den unteren Schichten waren nach dem verlorenen Krieg gegen Israel 1948 zu der Überzeugung gekommen, dass die herrschende Schicht von Korruption zerfressen sei und es nicht schaffen würde, die arabische Welt zu erneuern.

Zur Ikone des arabischen Nationalismus wurde in den fünfziger und sechziger Jahren der Ägypter Gamal Abd el-Nasser, der 1952 mit einigen Offizieren die ägyptische Monarchie stürzte und eine neue Ära im Nahen Osten einläutete.

Zunächst suchten die »Jungen Offiziere« die Nähe zu den USA, die nicht belastet waren durch koloniale Abenteuer im Nahen Osten. Es zeigte sich jedoch schnell, dass die Interessen der beiden Seiten unvereinbar waren. Nasser wollte im Kalten Krieg neutral bleiben und suchte für die arabische Welt nach einem »dritten Weg«, während die USA den Nahen Osten zu einem Bollwerk gegen den Kommunismus aufbauen wollten.

Als sich die Amerikaner weigerten, Ägypten mit Waffen zu beliefern, versorgte sich Nasser 1955 in der Tschechoslowakei, um sein Land aufzurüsten. Der Suezkrieg 1956 bedeutete den endgültigen Bruch zwischen Ägypten und dem Westen. Von nun an versuchten die USA und Großbritannien, vor allem den Irak als Gegengewicht zu Ägypten aufzubauen. Der »arabische Kalte Krieg« entbrannte. Während die arabischen Eliten weiter auf den Westen setzten, hatte Nasser die Massen auf seiner Seite.

PANARABISMUS

1958 erreichte der Panarabismus – das Streben nach Vereinigung, zumindest enger Zusammenarbeit aller arabischen Völker – seinen Höhepunkt. Im Februar

Hafez Al Assad, von 1971 bis zu seinem Tod im Jahr 2000 Staatspräsident von Syrien und Generalsekretär der nationalen Baath-Partei, die das Land seit 1963 regiert

Innenpolitische Konflikte im Nahen Osten

Der Nahe Osten in der zweiten Hälfte des 20. Jahrhunderts: eine von Bürgerkriegen, nationalen Konflikten und Kriegen erschütterte Region

schlossen sich Ägypten und Syrien zur Vereinigten Arabischen Republik zusammen. Ein halbes Jahr später stürzte eine Gruppe von Offizieren in Irak König Faisal vom Thron und beendete die Monarchie. Nur durch massive militärische Intervention konnten die Amerikaner verhindern, dass auch in Libanon und Jordanien nationalistische Kräfte die Führung übernahmen.

Doch auf der Höhe seines Erfolges zeigten sich gleichzeitig die Schwächen des Panarabismus. Denn von arabischer Einheit zu reden war etwas anderes, als sie in die Tat umzusetzen. So zerbrach die Vereinigte Arabische Republik 1961 an den unüberbrückbaren Interessengegensätzen zwischen Ägypten und Syrien.

Ungeachtet dessen stürzte sich Nasser in den Folgejahren in weitere militärische Abenteuer. Im Jahr 1962 putschten sich Generäle im Nordjemen an die Macht und erklärten das traditionsreiche Imamat für beendet. Ein Bürgerkrieg entbrannte, in dem sich Ägypten auf die Seite der jemenitischen Nationalisten stellte, während Saudi-Arabien den Imam und die so genannten Royalisten unterstützte.

Der irakische König Faisal II., ein Vertreter der prowestlichen arabischen Eliten, wurde 1959 von nationalistischen Offizieren gestürzt.

DIE NIEDERLAGE

Obwohl Ägypten eigene Truppen entsandte, die zur Schande Nassers sogar Giftgas gegen ihre Gegner einsetzten, endete der Krieg fünf Jahre später in einem Kompromiss. Endgültig entzaubert wurde der ägyptische Präsident jedoch erst durch die Niederlage gegen Israel im Juni 1967. Nasser, der nach heutigen Erkenntnissen gar keinen Krieg wollte, lieferte gleichwohl durch seine radikale Rhetorik den Israelis den Vorwand zum Angriff. Innerhalb von sechs Tagen brachte die israelische Armee den gesammelten Streitkräften von Ägypten, Syrien und Jordanien eine vernichtende Niederlage bei und besetzte den Golan, die Westbank, den Gazastreifen und die Sinai-Halbinsel.

DER BAATHISMUS

Neben dem Nasserismus gilt der Baathismus als die wichtigste panarabische Nationalbewegung. Gegründet wurde die Baath-Partei in den 1940er Jahren von dem Christen Michel Aflak. Aflak war stark von den deutschen Philosophen Fichte und Herder beeinflusst und glaubte, dass die Araber wegen ihrer gemeinsamen Sprache und Geschichte schicksalhaft zusammengehörten. Mit ihrem Schlachtruf »Einheit, Freiheit, Sozialismus« putschte sich die Baath-Partei 1963 in Syrien und 1968 in Irak an die Macht.

1952 hatte in Ägypten ein Militärputsch die Monarchie beendet. Einer der jungen Offiziere war Gamal Abd el-Nasser, der spätere Präsident, hier bei einer Rede 1957 in Alexandria.

DER ALGERIENKRIEG

Fast jede Nation hat dunkle Seiten in ihrer Geschichte, die sie am liebsten mit dem Mantel des Schweigens überdecken würde. Im Falle Frankreichs ist das der Algerienkrieg, der 1954 begann und im März 1962 mit der Unabhängigkeit des nordafrikanischen Landes endete.

Der französische Kommandant in Algerien, General Raoul Salan, ruft am 24. Mai 1958 zur Bildung eines »Komitees der öffentlichen Sicherheit« unter General Charles de Gaulle auf. De Gaulle vertrat in der Algerienfrage eine Position der Vernunft und setzte gegen den Widerstand reaktionärer Kräfte die Unabhängigkeit Algeriens durch.

Bis 1999 galt dieser Abschnitt französischer Kolonialgeschichte offiziell gar nicht als Krieg. Vielmehr bezeichneten ihn Politiker und Militärs als »Operationen zur Aufrechterhaltung der Ordnung« – und das, obwohl bei den Kampfhandlungen rund 300 000 Algerier sowie 20 000 Franzosen umkamen. Tatsächlich war der Algerienkrieg einer der blutigsten Kolonialkonflikte überhaupt. Die Härte, mit der die Franzosen und infolgedessen auch die algerischen Freiheitskämpfer vorgingen, erklärt sich aus der besonderen Geschichte des Landes. Denn im Gegensatz zu den anderen französischen Kolonien war Algerien offiziell ein Teil Frankreichs.

EINE MILLION FRANZOSEN

Kurz nach der Eroberung 1830 kamen bereits die ersten französischen Siedler ins Land, die sich der fruchtbarsten Landstriche bemächtigten und in den Städten die wichtigsten Posten in Politik, Verwaltung und Wirtschaft übernahmen. Bis zum Ausbruch des Unabhängigkeitskriegs 1954 wuchs die Zahl der Europäer in Algerien auf eine Million an. Sie fühlten sich genauso als Franzosen wie die Einwohner von Paris oder Marseille auch, obgleich 80 Prozent von ihnen bereits in Nordafrika geboren waren. Sie wehrten sich gegen Versuche, das Los der algerischen Muslime zu verbessern. Die lebten in erbärmlichen Verhältnissen. Von

ALGERIENKRIEG

ihrem Land vertrieben, verdingten sich viele von ihnen als Tagelöhner auf den Farmen der Europäer oder fristeten ihr Dasein in den Armenvierteln der Großstädte.

Ihre Weigerung, die Muslime als gleichwertige Bürger anzuerkennen, wendete sich letztlich aber gegen die europäischen Siedler selbst. Die soziale Not zwang viele algerische Muslime, ihr Heil in Frankreich zu suchen. Von dort sahen sie die Welt mit anderen Augen. Sie bekamen mit, wie sich nach dem Zweiten Weltkrieg diverse Länder Afrikas und Asiens ihre Freiheit gegen die Kolonialmächte erkämpften. Als algerische Intellektuelle vergeblich versuchten, über den Verhandlungsweg zu einer Einigung mit Frankreich zu gelangen, radikalisierte sich die algerische Nationalbewegung.

REVOLUTIONÄRER ELAN

Im Jahre 1954 gründete sich die FLN (*Front de Libération Nationale*, Nationale Befreiungsfront). Sie bestand zunächst hauptsächlich aus algerischen Soldaten, die Erfahrung in der französischen Armee gesammelt hatten. Später schlossen sich auch Intellektuelle der Freiheitsbewegung an. Für die FLN gab es nur einen Weg in die Unabhängigkeit, nämlich den des bewaffneten Kampfes. Wenige Monate nach ihrer Gründung, im November 1954, fielen die ersten Schüsse.

Nach Meinung von Historikern hätte der Aufstand der FLN genauso gut im Sande verlaufen können. Doch wegen der brutalen Methoden der französischen Armee, die sich vor allem gegen Zivilisten richteten, sammelte sich die einheimische Bevölkerung fast durchgängig hinter den Freiheitskämpfern. Der Krieg gewann dadurch an revolutionärem Elan.

Mehrfach scheiterten Versuche, am Verhandlungstisch zu einer Einigung zu kommen. Die französische Armee, ganz auf Seiten der unnachgiebigen Siedler, setzte weiter auf Härte im Kampf gegen die Unabhängigkeitsbewegung, während sich die Politiker in Paris kompromissbereiter zeigten.

DIE UNABHÄNGIGKEIT

Es bedurfte eines entschlossenen Staatsmannes wie Charles de Gaulle, um den gordischen Knoten in diesem Konflikt zu zerschlagen. Als der konservativ und national gesinnte General 1958 wieder zum Präsidenten gewählt wurde, hofften die Siedler auf Stärkung ihrer Position. Doch das Gegenteil geschah; denn de Gaulle, der eben auch Pragmatiker war, kam zu der Erkenntnis, dass Algerien nicht zu halten sein würde. 1962 entließ er das Land in die Unabhängigkeit.

Das hätte er fast mit dem Leben gebüßt; denn gegen die Aufgabe Algeriens hatte sich die Terrororganisation OAS gebildet, die sich Geheimarmee nannte und behauptete, die von den Politikern verratenen französischen Interessen zu vertreten. Sie verübte einen Mordanschlag auf de Gaulle und versetzte ganz Frankreich durch ihre Aktionen in Angst und Schrecken. Dem Terror sah sich auch die algerische Bevölkerung ausgesetzt. Damit war das Klima zwischen Muslimen und Nicht-Muslimen endgültig vergiftet. Der Großteil der Europäer verließ das unabhängige Algerien für immer.

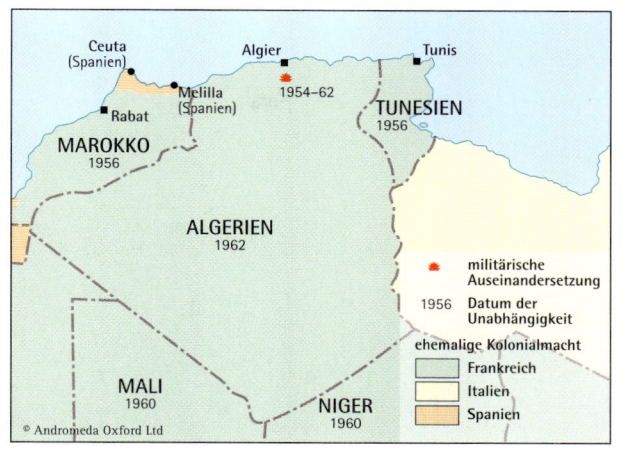

Nordafrika in den 1950er und 1960er Jahren

.... DAS BEKENNTNIS ....
DES GENERALS AUSSARESSES

Seit Jahrzehnten ist bekannt, dass die französische Armee während des Algerienkriegs Folter einsetzte, um gefangene algerische Freiheitskämpfer zum Reden zu bringen. Dabei schreckten die Soldaten auch vor Mord nicht zurück. Dennoch zeigten sich die Franzosen schockiert, als im Mai 2001, also fast 40 Jahre nach Ende des Krieges, ein hoch dekorierter General erstmals öffentlich zugab, an Folterungen und Erschießungen beteiligt gewesen zu sein. Paul Aussaresses, in den fünfziger Jahren Chef des französischen Geheimdienstes in Algier, verteidigte diese Praktiken als notwendiges Übel in einer schwierigen Zeit. Gewusst hätten davon alle – unter anderem auch der damalige Justizminister François Mitterrand, der später Präsident des Landes wurde.

Die Ankunft des französischen Premierministers Guy Mollet am 8. Februar 1956 in Algier führte zu gewaltsamen Unruhen.

▶ Völker, Staaten und Kulturen: Die Entkolonialisierung in Afrika
▶ Menschen und Ideen: Charles de Gaulle

DIE KONGOKRISE
KRIEG IM ZEICHEN DES KALTEN KRIEGES

Ihr Reichtum an Bodenschätzen war für die Republik Kongo weniger Segen als Fluch. 1960 gerade von der Kolonialmacht Belgien unabhängig geworden, wurde sie Schauplatz blutiger Auseinandersetzungen, in denen der Ost-West-Konflikt sowie belgische Wirtschaftsinteressen eine entscheidende Rolle spielten.

Gefährlicher Einsatz für die UNO-Truppen im Kongo: Schwedische Blauhelme transportieren ihren bei Kämpfen mit Rebellen verwundeten Kommandeur ab.

Zwischen 1885 und 1908 wurde der Kongo, dessen Fläche etwa so groß ist wie Westeuropa, als Privatbesitz des belgischen Königs Leopold II. ausgebeutet und unterdrückt. Danach profitierte der Staat Belgien als Kolonialmacht von den Reichtümern des Kongo. Aus der Provinz Katanga, der Schatzkammer des Landes, wurden im großen Stil Bodenschätze exportiert: Kupfer, Diamanten und die Hälfte der Weltproduktion von Uran. Den Einheimischen ging es materiell relativ gut, ihre Ausbildung wurde jedoch bewusst vernachlässigt.

DIE ÜBERSTÜRZTE UNABHÄNGIGKEIT

1959 wurden in Leopoldville, dem heutigen Kinshasa, die Rufe nach Unabhängigkeit lauter. Belgien sicherte einen Entkolonialisierungsprozess zu, aber die Führer der Freiheitsbewegung konnten sich über das künftige System nicht einigen. Patrice Lumumba, ein Nationalist, der als moskaufreundlich galt, wollte einen zentralistischen Nationalstaat, während Joseph Kasavubu, der dem Westen zuneigte, einen föderativ organisierten Staat favorisierte. Blutige Ausschreitungen zwischen den beiden Parteien veranlassten die Kolonialmacht zum überstürzten Rückzug. Am 30. Juni 1960 wurde die unabhängige Republik Kongo ausgerufen, mit Lumumba als Regierungschef und Kasavubu als Präsident. Der politische Gegensatz innerhalb der Staatsführung schwächte die Zentralmacht von Anfang an.

Nachdem General Mobutu (Bildmitte) 1965 durch einen Staatsstreich an die Macht gekommen war, ließ er seine politischen Gegner liquidieren und errichtete ein Gewaltregime.

KONGOKRISE

Moise Tschombé wurde nach Abzug der UN-Truppen 1964 Ministerpräsident des wiedervereinigten Kongo; rechts neben ihm in Uniform General Mobutu, der 1965 gegen ihn putschte.

Die Republik Kongo und ihre Provinzen während des Bürgerkriegs 1960 bis 1964

DER BÜRGERKRIEG

Weil es in der gesamten 25 000 Mann starken Armee nicht einen einzigen einheimischen Offizier gab, revoltierte bereits fünf Tage später das Militär. Lumumba entließ den belgischen General und setzte Joseph Mobutu, den späteren Diktator, als Stabschef ein. Bisher hatten die Europäer auch in Politik und Verwaltung – unter 10 000 Beamten gab es nur einige hundert Afrikaner – das Sagen gehabt. Sie alle verließen nun fluchtartig das Land und konnten durch die schlecht ausgebildeten Einheimischen kaum ersetzt werden. Wirtschaft und Versorgung brachen zusammen. In dieser Situation erklärte sich die reiche Provinz Katanga unter Führung des von Belgien protegierten Moise Tschombé selbständig.

Es ging um Bodenschätze, also um viel Geld! Zum Schutz der belgischen Bergwerksgesellschaft in Katanga schickte Belgien Truppen, während Lumumba die UN um militärische Hilfe bat. Die UN forderte den sofortigen Rückzug Belgiens und beschloss den Einsatz von Blauhelmen, lehnte aber eine Rückeroberung Katangas als Einmischung in innerstaatliche Angelegenheiten ab – vielleicht auch, weil die in Katanga stationierten belgischen Truppen Teil der NATO waren. Andererseits lautete das UN-Mandat, die Regierung zu unterstützen und Recht und Ordnung wiederherzustellen.

DER MORD AN LUMUMBA

Die folgende Regierungskrise zwischen Lumumba und Kasavubu nutzte Mobutu für einen Putsch. Während der wendige Kasavubu bald wieder in Amt und Würden war, widersetzte sich Lumumba seiner Entlassung. Er wurde von kongolesischen Soldaten festgenommen, am 17. Januar 1961 nach Katanga verschleppt und noch am selben Tag ermordet. UN-Generalsekretär Dag Hammerskjöld hatte seine Befreiung als Einmischung in innere Angelegenheiten abgelehnt. Vieles weist darauf hin, dass Lumumbas »endgültige Beseitigung« von der belgischen Regierung mit Billigung der USA geplant und durch einheimische Partner, Soldaten Tschombés, ausgeführt wurde; denn Lumumba hatte keine Gewähr geboten, dass sich der an strategisch wichtigen Bodenschätzen reiche Kongo in Zeiten des Kalten Krieges weiterhin ihren Interessen unterordnen würde.

Da die Lage zunehmend außer Kontrolle geriet, sich weitere Regionen abspalteten und blutige Kämpfe untereinander ausfochten, ermächtigte der Weltsicherheitsrat die UN-Soldaten zur Gewaltanwendung. Anfang August 1961 wurde eine neue Regierung gebildet, Stabilität zeichnete sich ab, doch die katangischen Rebellen leisteten weiterhin heftigen Widerstand. Vergebens: Bis Ende 1962 beendeten Blauhelm-Soldaten mit Unterstützung der USA und Einwilligung der Sowjetunion die Selbständigkeit Katangas. Als Zugeständnis der USA wurde Tschombé 1964 nach Abzug der letzten UN-Truppen Ministerpräsident des wiedervereinigten Kongo. Dennoch gingen die Unruhen in mehreren Provinzen weiter. Tschombé warb weiße Söldner an und schlug die Aufstände brutal nieder.

1965 putschte sich General Mobutu mit Unterstützung des Westens erneut an die Macht und herrschte bis Mitte der 1990er Jahre als Diktator. Bis heute umwerben die mächtigsten Staaten der Welt die wechselnden Regierungen, um sich die Rohstoffe zu sichern. Das Land – das von 1971 bis 1997 Zaire hieß – und seine Menschen kommen nicht zur Ruhe.

UNO-Soldaten aus drei verschiedenen Nationen während der Krise im Kongo

········ DER TOD DES UN-GENERALSEKRETÄRS ········
Als Dag Hammerskjöld im September 1961 zu Verhandlungen mit Tschombé nach Nordrhodesien fliegen wollte, stürzte das Flugzeug ab, der UN-Generalsekretär und 15 Begleiter starben. Erst 1998 sollte die südafrikanische Wahrheitsfindungskommission aufdecken, dass der Geheimdienst des Apartheidregimes mit Billigung des CIA und des britischen Geheimdienstes eine Bombe in der UN-Maschine gelegt hatte.

▶ Völker, Staaten und Kulturen: Die Entkolonialisierung in Afrika

Die Kubanische Revolution

Seit Anfang der 1950er Jahre erhob sich in Kuba die Revolution gegen das korrupte, von den USA gestützte Regime des Diktators Batista. Mit Methoden des Guerillakriegs und politischer Propaganda gelang schließlich der Sieg: 1959 übernahm der Revolutionsführer Fidel Castro die Macht.

Eine Ikone der linksrevolutionären Bewegungen in aller Welt: Ernesto »Che« Guevara, 1928 als Sohn eines Plantagenbesitzers in Argentinien geboren, 1967 als Guerillero in Bolivien getötet.

Kuba hatte seit seiner Unabhängigkeit von Spanien 1898 nur instabile Regierungen gekannt. Allmählich bemächtigte sich das amerikanische Kapital der Insel, das bald nicht nur Produktion und Handel mit landwirtschaftlichen Gütern kontrollierte, sondern Kuba zu einer Art Vergnügungspark reicher US-Amerikaner machte, in dem alles erlaubt schien. Die Missstände führten zu Unruhen und zur Bildung einer Volksbewegung, die sich Revolutionäre Partei nannte. Da erfolgte 1933 der Militärputsch des Oberst Fulgencio Batista y Zaldivar. Von 1940 bis 1944 und dann wieder ab 1952 errichtete er – mit Hilfe aus den USA, wo man sich seiner Loyalität sicher sein konnte – eine Diktatur, in der Korruption und brutale Verfolgung Andersdenkender regierten. Unterdessen verarmte die Landbevölkerung immer mehr.

Angriff auf die Moncada-Kaserne

Am 26. Juli 1953 traf in der kubanischen Hauptstadt Havanna eine überraschende Nachricht aus dem Süden der Insel ein: 200 Rebellen hatten unter Führung von Fidel Castro in Santiago de Cuba die Moncada-Kaserne angegriffen, in der etwa tausend Soldaten und beträchtliches militärisches Material untergebracht waren. Das Unternehmen endete in einem Blutbad, gilt aber trotz seines Scheiterns als Beginn der kubanischen Revolution. Fidel Castro, sein Bruder Raúl und wenige andere konnten zwar in die Berge fliehen, wurden aber später gefasst. Batistas Regime reagierte grausam, misshandelte die armen Bauern, ob sie nun mit den Rebellen sympathisiert hatten oder nicht. Dem populären Revolutionsführer Fidel Castro machte man den Prozess, in dem seine berühmten Worte fielen: »Die Geschichte wird mich freisprechen«. Er wurde zu 15 Jahren Zwangsarbeit auf der Insel Los Pinos verurteilt.

Nach einer Generalamnestie, die Batista unter dem Druck der Bevölkerung erlassen musste, reiste Castro nach Mexiko, wo er seine Ideen unter den Exilkubanern verbreitete. Er sammelte Geld und Freiwillige für den bewaffneten Kampf und gewann den spanischen Offizier Bayo, der im Spanischen Bürgerkrieg auf republikanischer Seite gekämpft hatte, für die militärische Ausbildung. Einer der engagiertesten Anhänger Castros war der argentinische Arzt Ernesto »Che« Guevara, der später zum »Berufsrevolutionär« und weltweiten Jugendidol werden sollte. Schon zu Lebzeiten war er ein Mythos.

Bürgerkrieg in Kuba

Inzwischen spitzte sich die Lage auf Kuba dramatisch zu. Einige politische Gruppierungen und Studenten versuchten mit allen Mitteln, Batista zu stürzen, und unternahmen sogar den erfolglosen Versuch, den Präsidentenpalast zu stürmen. Das Regime antwortete mit unglaublicher Härte, aber auch die mit Panzern und Flugzeugen ausgerüstete Armee konnte die offene Rebellion nicht verhindern.

Da sie der Armee des Diktators Batista im offenen Kampf nicht gewachsen waren, suchten Fidel Castro und seine Anhänger die Entscheidung im Guerillakrieg. Im Bild: Revolutionäre in der Sierra Maestra

Kubanische Revolution

Der Revolutionsführer Fidel Castro, ausgebildeter Jurist, gewann die Menschen auch durch seine mitreißenden Reden.

Als Castro und seine 81 Anhänger am 2. Dezember 1956 mit dem Segelschiff »Granma«, das heute im Revolutionsmuseum von Havanna einen Ehrenplatz hat, auf Kuba landeten, erlitten sie eine schmerzhafte Niederlage. Die Rebellen erkannten, dass sie der Armee im offenen Kampf nicht gewachsen waren und nahmen die Guerilla (spanisch: kleiner Krieg) auf. Begleitend zum Guerillakrieg propagierten die Rebellen unter den verarmten Bauern ihre geplante Agrarreform und gewannen sie so für die Revolution. Sie gründeten Schulen und Krankenhäuser und riefen das von ihnen besetzte Gebiet in den Bergen zum »freien Territorium« aus. Unterdessen ging auch in den Städten der Untergrundkampf weiter. Oppositionelle Zeitungen und Flugblätter wurden gedruckt und Hilfskomitees für die Guerilleros gegründet. Auch die Kommunistische Partei, die Castro bisher in keiner Weise unterstützt hatte, schloss sich der Revolution an.

Als Raúl Castro, Camilo Cienfuegos und Almeida neue Fronten eröffneten, schickte Batista seine letzten Reserven, 12 000 Mann mit modernster Ausrüstung, in den Krieg. Am 20. August 1958 wurden sie geschlagen. Aber noch war die Insel nicht frei, noch herrschte Batista in Havanna, noch zogen die US-Amerikaner die Fäden.

Triumphaler Einzug in Havanna

Doch die Revolution war nicht aufzuhalten: Che Guevara und Camilo Cienfuegos nahmen mit ihren Männern das strategisch wichtige Santa Clara ein. Zwar ließ Batista die Stadt am 28. Dezember 1958 bombardieren, aber Che Guevara gelang der Überfall auf einen Munitionstransport – eine Heldentat, die begeisterte. Unterdessen setzten Fidel Castro und sein Bruder im Süden ihren Kampf erfolgreich fort. Da traf in der Silvesternacht 1958/59 die Nachricht von der bevorstehenden Flucht des Diktators ein, der am 1. Januar 1959 Kuba verließ. Am Tag darauf zog Che Guevara mit 6000 Castro-Rebellen in Havanna ein: Die Revolution hatte gesiegt.

Fidel Castro, Revolutionär und Staatschef

Fidel Alejandro Castro Ruz, geboren am 13. August 1927 auf Kuba, entstammte einer wohlhabenden, aus dem nordspanischen Galicien eingewanderten Familie. Er wurde von Jesuiten erzogen, studierte Jura und bezog schon als junger Mann Stellung für die Armen und Unterdrückten. Nach Batistas Staatsstreich von 1952 reichte er dagegen Klage ein, die natürlich abgewiesen wurde. Damals kam er zu der Überzeugung, dass nur eine Revolution die Verhältnisse ändern könne. Nach jahrelangem Kampf gelang ihm schließlich Anfang 1959 der Sturz Batistas. Castro übernahm die Macht, unterdrückte jede Opposition mit eiserner Hand – und hat als Held der Linksrevolutionäre Geschichte geschrieben. Castro ist der am längsten amtierende Regierungschef der Welt. In Kuba wird Castro geliebt und gefürchtet, verehrt und verabscheut. Er hat mehrere Attentate überlebt und sogar den Zusammenbruch der Sowjetunion, die Kuba Jahrzehnte lang finanziell unterstützte. Belastend für Kubas Wirtschaft ist das Handelsembargo der USA, die den revolutionären Staat vor ihrer Haustür in die Knie zwingen wollen.

▶ Menschen und Ideen: Che Guevara

Che

Der Kampf gegen die Rassentrennung in den USA

Hundert Jahre nach der Befreiung der Sklaven gingen in den 1950er und 1960er Jahren in den USA Zigtausende auf die Straße, um gegen die noch immer bestehende Diskriminierung der Schwarzen zu protestieren. Es floss viel Blut, doch letztendlich wurde die Rassentrennung aufgehoben.

Wütende Reaktionen weißer Rassisten riefen schwarze Schüler hervor, wenn sie auch im Süden, wie hier 1967 in Little Rock, Arkansas, die gesetzlich garantierte Rassenintegration an Schulen für sich beanspruchten.

US-Präsident Lyndon B. Johnson, ein entschlossener Gegner der Rassentrennung, reicht dem schwarzen Bürgerrechtler Martin Luther King die Hand.

Sie sei müde gewesen nach dem langen Arbeitstag, sagte sie. Und habe einfach keine Lust gehabt, ihren Sitzplatz im Bus einem Weißen zu überlassen. »Das war mir damals nicht bewusst, aber ich wollte es wissen: Wann und wie würden wir je über unsere Rechte als menschliche Wesen bestimmen?«

Und so blieb die schwarze Näherin Rosa Parks im Bus ganz einfach sitzen, an jenem 1. Dezember 1955. Der Busfahrer rief die Polizei, die Frau wurde verhaftet. Sie war nicht die Erste, die wegen eines derartigen »Verbrechens« im Gefängnis saß. Und ihre Heimatstadt Montgomery/Alabama war nicht der einzige Ort, in dem strikte Rassentrennung herrschte.

Der gesamte Süden bestand aus zwei Welten, einer schönen weißen und einer schäbigen schwarzen. Restaurants, Theater, Hotels, öffentliche Verkehrsmittel und Schulen verwehrten Schwarzen entweder ganz den Zutritt oder wiesen ihnen bestimmte minderwertige Sektionen zu. Afroamerikaner wurden daran gehindert, ihr gesetzlich verankertes Wahlrecht auszuüben, sie wurden vom weißen Mob verfolgt und gelyncht. Vor Gericht bekamen immer die Aggressoren Recht, denn sowohl die Polizei, als auch die Richter und Geschworenen waren weiß.

Hoffnung als Triebkraft der Revolution

Über Generationen hatten sich die Schwarzen diese Demütigungen und tätlichen Angriffe gefallen lassen, ohne sich zu erheben. Und die Weißen hatten zugesehen, ohne sich zu empören. Erst während des Zweiten Weltkriegs begann der Wandel: Washington schaffte die Rassentrennung in der Armee und in den öffentlichen Einrichtungen des Bundes ab. 1954 errangen die Anwälte der NAACP (Nationale Vereinigung zur Förderung der Farbigen) dann ihren ersten großen Sieg. Der Oberste Bundesgerichtshof erklärte die Rassentrennung in öffentlichen Schulen für verfassungswidrig. Auch wenn es Jahre dauern sollte, bis dieses Urteil in der Praxis umgesetzt werden konnte, war sein psychologischer Effekt doch enorm: Der Richterspruch schürte Hoffnung und spornte an, weitere Rechte zu fordern.

Kampf gegen Rassentrennung in den USA

Gelegenheit dazu bot sich im Dezember 1955. Die Verhaftung von Rosa Parks war der berühmte Funke, der zur ersten geschlossenen Aktion einer afroamerikanischen Gemeinde führte. Und erstmals einen Mann ins Rampenlicht rückte, der zur Symbolfigur des Widerstands werden sollte: Martin Luther King (1929 – 1968). 381 Tage lang boykottierten die Schwarzen die öffentlichen Busse von Montgomery, solange, bis der Bundesgerichtshof am 13. November 1956 die Rassentrennung in Bussen für verfassungswidrig erklärte.

Diese Urteile wie auch die Bundesgesetzgebung hoben die Rassentrennung auf. Aber letztlich blieben sie nur Makulatur, solange die Politiker der Südstaaten ihre praktische Umsetzung verweigerten. Vor allem bei der Schulintegration kam es immer wieder zu militanten Auseinandersetzungen. Sowohl Präsident Eisenhower als auch John F. Kennedy mussten Truppen einsetzen, um Schwarzen unter Polizeischutz den Zugang zu bis dato rein weißen Schulen zu ermöglichen. Erst das von der Kennedy/Johnson-Regierung entwickelte *Civil Rights Law* von 1964 stärkte unter anderem auch die Stellung des Bundes gegenüber den Einzelstaaten bei der Durchsetzung von Anti-Diskriminierungsgesetzen.

DER RECHTE WEG ZUM BÜRGERRECHT: GEWALTLOS ODER MILITANT?

Je liberaler die Politik wurde, desto militanter agierten die weißen Rassisten. Immer wieder kam es zu Bombenattentaten, Lynchmorden und blutigen Attacken auf Schwarze. Die Frage, wie man auf die Gewalt reagieren solle, spaltete die Bürgerrechtsbewegung. Martin Luther King, der seine Anhänger vor allem im Süden fand, predigte Gewaltlosigkeit. Dass sie gelebt werden kann, stellte er unter Beweis, als er zu einem friedlichen Marsch nach Washington aufrief, wo er am 28. August 1963 vor 250 000 Menschen seine berühmte visionäre Rede *I have a dream* (»Ich habe einen Traum«) hielt.

Andere lehnten Kings Pazifismus strikt ab. So forderten militante Führer wie Malcolm X Gegengewalt und fanden dabei vor allem in den städtischen Gettos des Nordens Gehör, wo es Mitte der 1960er Jahre zu oft tagelangen blutigen Straßenschlachten zwischen Schwarzen und der Polizei kam. Es wirft ein trauriges Licht auf die Konflikte und Widersprüche dieser Epoche, dass beide, der Prediger der Gewalt wie der des Friedens, auf dieselbe Weise zu Tode kamen. Martin Luther King und Malcolm X wurden ermordet.

SCHWARZ UND WEISS GEMEINSAM: SIT-INS UND FREEDOM RIDERS

Anfang der 1960er Jahre wurde die Bürgerrechtsbewegung (Civil Rights Movement) zur Massenbewegung und nahm Dimensionen an, die niemand erwartet hatte. Studenten, weiße und schwarze, taten sich zusammen und veranstalteten im Süden Sit-ins: Gemeinsam setzten sie sich in Lokalen an Tische, die nur Weißen vorbehalten waren, und blieben dort solange, bis man auch die Schwarzen bediente. Ähnlich agierten die Freedom Riders. Sie kämpften gegen die Rassentrennung in den Bussen, durchbrachen dort die Sitzordnung, nutzten in Raststätten Toiletten und Wartesäle, zu denen ihnen eigentlich der Zutritt verweigert war. Obwohl sie gewaltfrei vorgingen, kam es immer wieder zu Attacken weißer Rassisten. Martin Luther King übernahm die Strategie der Sit-ins und setzte sie bei seinen Aktionen in den Städten des Südens ein.

»Black Power« bei den Olympischen Spielen 1968 in Mexico City: Die siegreichen Athleten Tom Smith und John Carlos setzen mit erhobener Faust ein Zeichen.

Der Ku Klux Klan, ein 1867 gegründeter terroristischer Geheimbund weißer Rassisten, wurde in den 1960er Jahren mit Gewaltaktionen gegen schwarze und weiße Bürgerrechtler wieder aktiv.

▶ **Völker, Staaten und Kulturen:** Die USA nach dem Zweiten Weltkrieg
▶ **Menschen und Ideen:** Martin Luther King

Der Vietnamkrieg
Der Krieg, in dem jeder verlor

Bis heute ist Vietnam für viele ein Synonym für Krieg. Dieser militärische Konflikt während des Kalten Krieges hat Millionen von Opfern gefordert, ein zerstörtes Land hinterlassen, die westliche Welt gespalten und der Supermacht USA die schmerzlichste Niederlage ihrer Geschichte eingebracht.

US-amerikanische Soldaten bei der Verteidigung Saigons gegen den Vietcong

Als Folge des Indochinakriegs war Vietnam seit 1954 ein gespaltenes Land: Der 17. Breitengrad trennte den kommunistischen Norden mit der Hauptstadt Hanoi vom Süden, dessen Militärdiktatur in Saigon nur durch massive US-Finanzhilfe überlebte. Ziel dieser US-Politik war nicht zuletzt die Verhinderung gesamtnationaler Wahlen in Vietnam, die mit einiger Sicherheit die Wiedervereinigung unter Führung des Nordens zur Folge gehabt hätten, also einen Sieg des Kommunismus, der um jeden Preis verhindert werden musste. So wurde Vietnam auf dem Höhepunkt des Kalten Krieges zum Testfall für die Überlegenheit des jeweiligen Systems.

US-Truppen in Vietnam

Das US-freundliche Regime im Süden hatte wenig Rückhalt in der Bevölkerung, der Widerstand wuchs und wurde militant. Seit 1960 schlossen sich verschiedene kommunistische Gruppen zum Vietcong zusammen, der in engem Kontakt mit Hanoi stand und erstmals im November 1963 auf sich aufmerksam machte, als im Zuge eines Putsches in Saigon der Diktator Ngo Dinh Diem ermordet wurde. Als die südvietnamesischen Regierungstruppen vom Vietcong zunehmend militärisch unter Druck gesetzt wurden, geriet das Regime in eine existenzielle Krise.

Angesichts dieser dramatischen Lage entschloss sich die US-Regierung zum direkten militärischen Eingreifen. Nach einem im August 1964 von den Amerikanern provozierten Schusswechsel zwischen dem US-Zerstörer Maddox und zwei nordvietnamesischen Torpedobooten im Golf von Tonkin gab der US-Kongress der Regierung grünes Licht für die Entsendung regulärer amerikanischer Truppen.

Aufarbeitung der schrecklichen Vergangenheit: Zwanzig Jahre nach Kriegsende wurden 250 Leichen – Opfer der Tet-Offensive des Vietcong – in einem Massengrab gefunden und feierlich beigesetzt.

Am 7. März 1965 gingen die ersten Bodentruppen am Strand von Da Nang an Land. Innerhalb von nur vier Jahren stieg die Zahl der in Vietnam stationierten US-Soldaten auf über eine halbe Million. Hanoi ließ sich jedoch nicht in die Defensive drängen, sondern antwortete mit großangelegten Gegenangriffen. Entscheidend für den weiteren Verlauf des Krieges war die Tatsache, dass es der US-Armee trotz des gewaltigen personellen, waffentechnischen und finanziellen Aufwandes nicht gelang, die vornehmlich über den legendären Ho-Chi-Minh-Pfad entlang der vietnamesisch-laotischen Grenze verlaufenden Nachschublinien der Kommunisten in den Süden zu unterbinden.

Wende des Krieges: Die Tet-Offensive

Vor diesem Hintergrund muss auch die kriegsentscheidende Bedeutung der berühmten Tet-Offensive im Frühjahr 1968 gesehen werden. Völlig unerwartet hatten die nordvietnamesischen Truppen am 31. Januar 1968 über 60 Städte in Südvietnam erobert und waren sogar bis auf das Gelände der amerikanischen Botschaft in Saigon vorgedrungen. In der amerikanischen Öffentlichkeit, die jahrelang mit geschönten Zahlen und Erfolgsmeldungen getäuscht worden war, führten die live übertragenen Fernsehbilder von der Besetzung der amerikanischen Botschaft zu einem abrupten Meinungsumschwung. Die Befürworter des militärischen Engagements gerieten in die Minderheit. Als wenig später auch noch die Meldungen über das von US-Einheiten zu verantwortende Massaker von My Lai die Schlagzeilen der

---

1964	1965	1966	1967	1968	1969	1970

August 1964
Beginn der Bombardierung nordvietnamesischer Ziele durch die US-Luftwaffe

7. März 1965
Landung der ersten US-Bodentruppen am Strand von Da Nang

31. Januar 1968
Nordvietnamesische Tet-Offensive bringt Wende des Krieges

VIETNAMKRIEG

Weltpresse bestimmten, wuchs der öffentliche Druck. Aus den Anti-Kriegsdemonstrationen wurden Massenkundgebungen, Präsident Johnson musste die Bombardierung Vietnams einstellen.

Richard Nixon, der mit dem Versprechen, den Krieg so schnell wie möglich zu beenden, zum neuen amerikanischen Präsidenten gewählt worden war, verkündete Mitte des Jahres 1969 die so genannte Vietnamisierungspolitik: Sukzessive wurden amerikanische Truppen abgezogen und gleichzeitig mit Milliarden US-Dollar die südvietnamesischen Regierungstruppen aufgerüstet. Trotzdem weitete sich der Krieg in den folgenden Jahren auf die Nachbarländer Kambodscha und Laos aus. Nach einer letzten Eskalation im Dezember 1972, bei der Präsident Nixon mit den bis zu diesem Zeitpunkt schwersten Bombenangriffen auf Nordvietnam den Verhandlungsdruck auf Hanoi erhöhen wollte, unterzeichneten die beiden Außenminister von Nordvietnam und den USA, Le Duc Tho und Henry Kissinger, am 27. Januar 1973 das Pariser Waffenstillstandsabkommen.

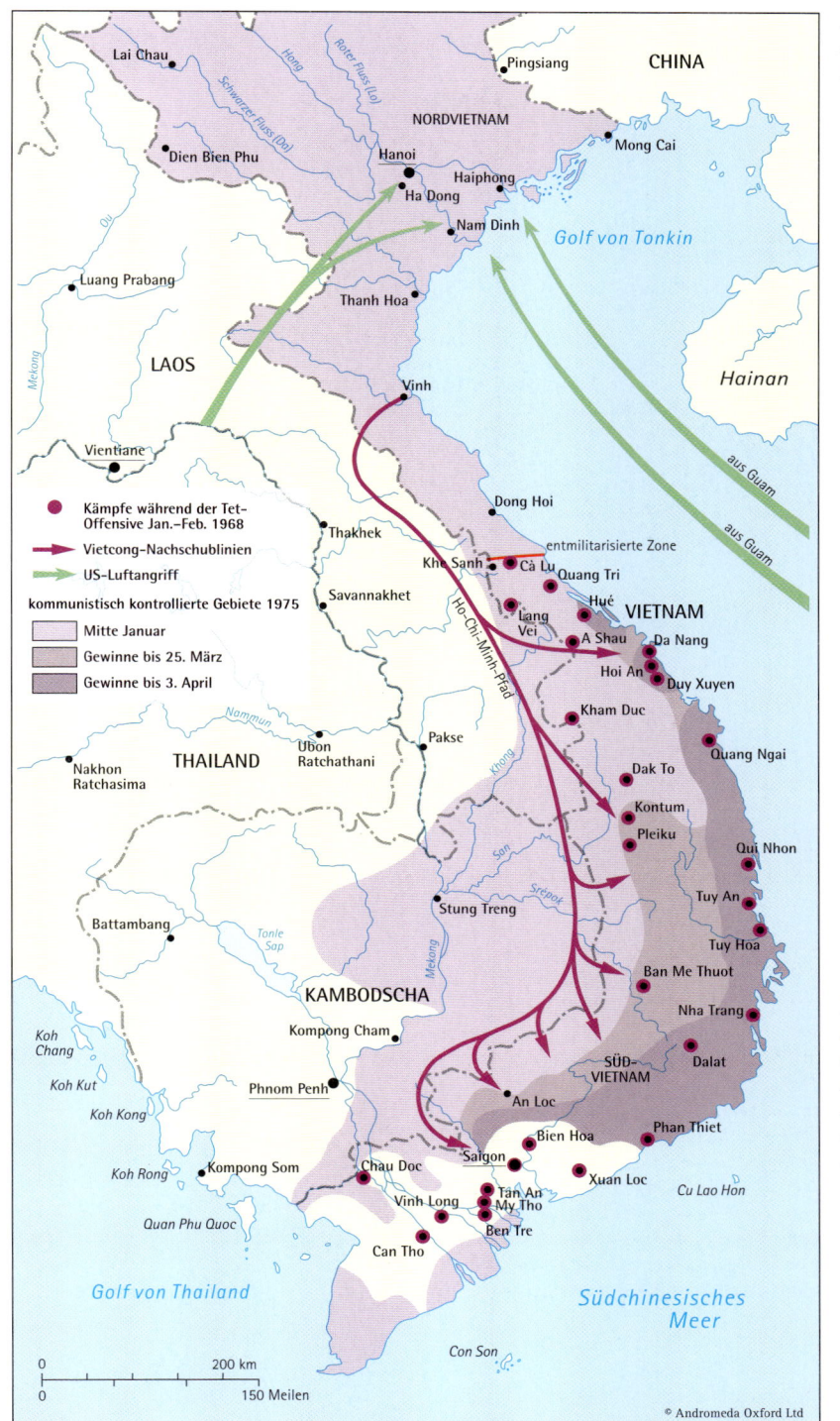

Indochina während des Vietnamkriegs

Die Folgen der Entlaubungsaktion »Agent Orange« der Amerikaner im Dschungelkrieg belasten Vietnam bis heute.

DIE WIEDERVEREINIGUNG EINES ZERSTÖRTEN LANDES

Auf den Abzug der letzten US-Truppen im März antwortete Hanoi mit einer breit angelegten Offensive, der das südvietnamesische Regime unter Präsident Nguyen Van Thieu nach der drastischen Kürzung der amerikanischen Militär- und Wirtschaftshilfe nichts mehr entgegenzusetzen hatte. Die dramatischen Bilder von der Flucht des amerikanischen Botschafters vom Dach der US-Botschaft in Saigon und der Erstürmung des Präsidentenpalastes durch den Vietcong gingen am 30. April 1975 um die Welt – ein einzigartiger Gesichtsverlust für die Supermacht USA!

Am 2. Juli 1976 wurde Vietnam unter der Führung des kommunistischen Hanoi offiziell wiedervereint. Doch das erdrückende Erbe des Krieges belastete die Sieger schwer. 14 Millionen Tonnen Bomben und Granaten – dreimal so viele wie auf alle Länder im Zweiten Weltkrieg – und 40 Millionen Liter des Giftgases Agent Orange waren auf Vietnam niedergegangen. Das Land lag im Frühjahr 1976 im wahrsten Sinne des Wortes in Schutt und Asche und leidet noch heute an den Kriegsfolgen.

1971　1972　1973　1974　1975　1976

27. Januar 1973
Unterzeichnung des Pariser Waffenstillstandsabkommens

30. April 1975
Fall von Saigon und Kapitulation der südvietnamesischen Armee

▶ Völker, Staaten und Kulturen: Vietnam
▶ Völker, Staaten und Kulturen: Die USA nach dem Zweiten Weltkrieg

Folgen des Vietnamkriegs

Die Gedenkstätte der Gefallenen des Vietnamkriegs in Washington am 30. April 1985, dem zehnten Jahrestag des Falls von Saigon

Eine der zahlreichen Demonstrationen gegen den Vietnamkrieg: Frauen vor dem Pentagon in Washington im Februar 1967

Schwer wiegende Konsequenzen hatte der 1975 beendete Vietnamkrieg für alle beteiligten Staaten. Einen Sieger gab es nicht! So gewannen die vietnamesischen Kommunisten zwar den Krieg, aber der Frieden war bitter. Lange litt das Land unter den sozialen, wirtschaftlichen und ökologischen Folgen.

Vietnam: Das Elend der Bevölkerung

Neben den Millionen von Menschenleben, die der Krieg gefordert hatte, war die weitgehende Zerstörung von Infrastruktur, Wohngebieten und Fabriken sowie die nachhaltige Verseuchung von Ackerland zu beklagen. Bis zu 1,5 Millionen Südvietnamesen flüchteten nach Kriegsende auf kleinen Booten übers Meer, darunter waren zahllose Sympathisanten des alten

Amerikanische Vietnam-Veteranen im Gedenken an die Toten des Krieges

Regimes und der Amerikaner, die die Rache der neuen Herren fürchteten.

Ab 1986 leitete die Führung in Hanoi halbherzige Wirtschaftsreformen ein. Aber der Machtanspruch der kommunistischen Partei sowie die weit verbreitete Korruption behinderten die ökonomische Entwicklung. Dazu kam die Isolation Vietnams. Erst 1994 hoben die USA ein Embargo auf, das die Vergabe von Krediten und Wirtschaftshilfen der Weltbank verhindert hatte. Seitdem nehmen ausländische Investitionen zu. Die Wiederaufnahme der diplomatischen Beziehungen zwischen Vietnam und den USA im Jahr 1995 war Zeichen der Entspannung zwischen den ehemaligen Kriegsgegnern.

Die USA: Der Krieg in den Köpfen

Wie keine andere militärische Auseinandersetzung seit dem Amerikanischen

Folgen des Vietnamkriegs

Bürgerkrieg (1861 – 1865) spaltete der Vietnamkrieg die amerikanische Nation. Seit Mitte der 1960er Jahre entwickelte sich eine Antikriegsbewegung, die von Studenten und dem liberalen Bürgertum getragen wurde. Sie warf den Regierungen unter den Präsidenten Lyndon B. Johnson und Richard Nixon vor, das amerikanische Ideal der Freiheit zu verraten und die Rechte des vietnamesischen Volkes auf Selbstbestimmung mit Füßen zu treten. Auch außerhalb der USA wurde der Krieg zu einem Symbol für das »imperialistische Amerika«. In der westlichen Welt führte er zu einem weit verbreiteten Anti-Amerikanismus.

Der Vietnamkrieg war der erste militärische Konflikt, der vom Fernsehen übertragen wurde. Die über Jahre gesendeten Bilder von Verwundeten, von Zerstörung und Tod trugen zu einer stetig wachsenden Antikriegsstimmung in der Bevölkerung bei. Johnson, der von einem Wohlfahrtsstaat und von gleichen Chancen für alle Amerikaner geträumt hatte, scheiterte mit seiner Politik in den Dschungeln Vietnams. Nixon musste nach einer Serie von Skandalen, die zum Teil mit dem Vietnamkrieg zusammenhingen, als erster Präsident in der amerikanischen Geschichte zurücktreten.

Noch während der 1980er Jahre wurde die Annäherung zwischen den USA und Vietnam durch die – nie bewiesenen – Gerüchte verhindert, dass vermisste US-Soldaten nach wie vor in vietnamesischen Gefängnissen gequält würden. Auch als es in den 1990er Jahren zu diplomatischen Kontakten kam, lehnten die USA finanzielle Entschädigungen ab. Für viele Amerikaner ist der Vietnamkrieg noch immer ein nicht bewältigtes Kapitel ihrer Geschichte. Das schlichte Denkmal für die amerikanischen Gefallenen in Washington ist heute die meistbesuchte Sehenswürdigkeit der an Monumenten reichen Hauptstadt.

Kambodscha: Der lange Krieg

In Kambodscha brachte der Vietnamkrieg 1975 die Roten Khmer an die Macht, deren Führer Pol Pot seine nationalistisch-marxistische Ideologie mit rücksichtsloser Gewalt durchsetzte. Er schaffte Geld ab, zwang die städtische Bevölkerung zur Arbeit in der Landwirtschaft und rekrutierte vorwiegend Kinder als Soldaten. Sein »Steinzeitkommunismus« führte zum Tod von 1,7 Millionen Menschen. Erst die vietnamesische Besetzung des Landes 1979 beendete den Terror. Die Spirale der Gewalt drehte sich unter den vietnamesischen Besatzern und der von ihnen eingerichteten Regierung weiter. Erst 1998 unterwarfen sich die versprengten Reste der Roten Khmer bedingungslos.

Hollywood und der Kriegsfilm

Kriegs- und Antikriegsfilme gibt es seit der Erfindung der »bewegten Bilder«. Während des Ersten Weltkriegs produzierte Hollywood im Auftrag der Regierung anti-deutsche Filme, in denen die Gefahr eines Sieges der »Hunnen« heraufbeschworen wurde. Während des Zweiten Weltkriegs entstanden in den USA Tausende von Dokumentar- und Spielfilmen, die weltweit zu Propagandazwecken eingesetzt wurden. Auch während des Vietnamkriegs wurden Filme produziert, die die Bevölkerung im Sinne der Regierung manipulieren und zu Kriegsleistungen anspornen sollten. Allerdings hielt sich Hollywood auffallend zurück; zu umstritten war dieser Krieg in der Gesellschaft, als dass sich damit echte Kassenschlager produzieren ließen.

Zum großen Thema wurde Vietnam nach Kriegsende, wobei sich zeigte, dass die Grenzen zwischen Kriegs- und Antikriegsfilm fließend sind und etwa durch die Faszination der Technik oder die völlige Ausblendung des Feindes (wie in fast allen Vietnamfilmen) sogar aufgehoben werden. So zeigen Filme wie »Apocalypse Now« (1979) oder »Platoon« (1986) zwar die Schrecken des Krieges, aber in welch spektakulären Bildern! Eine ausgesprochen populäre Figur wurde der traumatisierte Vietnamveteran. Als harten Macho, der den Krieg gegen das Böse in der Heimat fortführt und an seinem Kampf gesundet, zeigte ihn – extrem erfolgreich – Sylvester Stallone in den »Rambo«-Filmen. Völlig anders die seelisch und körperlich schwer belasteten Veteranen in Filmen wie »Coming Home« oder »Born on the 4th of July«: Sie müssen sich in der Heimat gegen eine ignorante Umwelt zur Wehr setzen, um ihre Würde zu wahren.

Pressefotos klärten die Welt über die Gräuel des Vietnamkriegs auf. Eines der bekanntesten Bilder entstand am 8. Juni 1972 und zeigt verstörte Kinder auf der Flucht vor einem Napalmangriff.

➤ Völker, Staaten und Kulturen: Vietnam
➤ Völker, Staaten und Kulturen: Die USA nach dem Zweiten Weltkrieg

BEWAFFNETE KONFLIKTE AUF DEM INDISCHEN SUBKONTINENT

Seit der Erlangung der Unabhängigkeit im Jahr 1947 ist die Geschichte Indiens im Gegensatz zu den Lehren des Gründungsvaters Mahatma Gandhi nicht von Friedfertigkeit und Toleranz, sondern von religiösem Fanatismus und Gewalt geprägt.

Indische Soldaten feiern 1971 ihren Einmarsch in der ostpakistanischen Hauptstadt Dhaka.

»Vor langen Jahren haben wir einen Pakt mit dem Schicksal geschlossen und nun naht die Zeit, da wir unser Gelöbnis einlösen werden«. Dieser Pakt mit dem Schicksal, von dem Indiens erster Ministerpräsident Jawaharlal Nehru in der Nacht zum 15. August 1947 sprach, meinte einen Staat, der auf den Grundwerten der Toleranz, Demokratie, Pluralität, Friedfertigkeit und vor allem des Säkularismus aufgebaut sein sollte.

Wie kurzlebig der idealistische Schicksalspakt des gerade erst unabhängig gewordenen Landes war, wurde der indischen Bevölkerung bereits am 30. Januar 1948 schlagartig vor Augen geführt, als der Vater der Nation, Mahatma Gandhi, von dem fanatischen Hindu Nathuram Godse erschossen wurde. Hier offenbarte sich auf fatale Weise, dass religiöser Fanatismus und politischer Separatismus, die bereits die Geburtsstunde des unabhängigen Indien überschattet hatten, letztlich die indische Realität weit mehr prägen würden als Toleranz und Friedfertigkeit. Dies galt – und gilt noch immer – vor allem für die Beziehungen der hinduistisch geprägten Republik Indien zum muslimischen Nachbarstaat und Erzfeind Pakistan.

DER KASCHMIR-KONFLIKT

Hauptstreitobjekt ist von Anfang an Kaschmir gewesen, ein Fürstenstaat im Nordwesten Indiens mit einer herrschenden Hindu-Dynastie und einer muslimischen Bevölkerungsmehrheit. Nachdem es bereits 1948 zwischen Indien und Pakistan zu Kämpfen in Kaschmir gekommen war, die erst durch einen von der UNO vermittelten Friedensschluss beendet wurden, nutzte Pakistan die innenpolitische Schwäche Indiens nach dem Tod Nehrus (1964) zum zweiten indisch-pakistanischen Krieg. 1966 wurde er während der Friedensverhandlungen von Taschkent, wo Nehrus Nachfolger Shastri starb, beendet.

Mit Indira Gandhi, der Tochter Nehrus, übernahm 1966 eine Politikerin die Führung des Landes, die versuchte, die durch unaufhaltsames Bevölkerungswachstum im Innern hervorgerufenen sozialen Konflikte sowie die außenpolitischen Herausforderungen durch eine kompromisslose Politik der Härte zu bewältigen. 1971 griffen indische Truppen im benachbarte Ostpakistan in den Bürgerkrieg ein und verhalfen den aufständischen Rebellen unter Mujibur Rahman zur Gründung eines unabhängigen Staates Bangladesch. Als weiteres Zeichen machtpolitischer Stärke führte Indien 1974 den ersten Atombombentest durch.

BLUTIGE UNABHÄNGIGKEITSBEWEGUNGEN DER SIKHS UND TAMILEN

Die größten Sorgen bereiteten der indischen Bundesregierung der Sezessionskrieg der Sikhs für einen eigenen unabhängigen Staat Khalistan. Nachdem sich die religiösen Fanatiker im Goldenen Tempel von Amritsar, dem Hauptheiligtum der Sikhs, verschanzt hatten, befahl Indira Gandhi am 5. Juni 1984 dessen Erstürmung, wobei der Anführer Bhindranwale und etliche seiner Gefolgsleute ums Leben kamen. Wenige Monate später, am 31. Oktober 1984, wurde Indira Gandhi Opfer eines Attentats durch zwei ihrer Sikh-Leibwächter. *Indira Gandhi zindabad* (»Hoch lebe Indira Gandhi!«), schrien die Massen an ihrem Grab, aber auch »Blut für Blut!«. Allein in Delhi wurden mehrere tausend Sikhs von aufgebrachten Hindus ermordet.

Um eine Ausweitung der Unruhen zu vermeiden, wurde hastig Indira Gandhis Sohn Rajiv Gandhi zum Nachfolger erklärt. Doch auch er wurde kurz nach seinem Amtsantritt immer tiefer in die wieder aufflammenden terroristischen Unabhängigkeitskämpfe in Kaschmir, den Nordost-Provinzen und dem Punjab

Der Dauerkonflikt um Kaschmir eskalierte 1965 zum zweiten indisch-pakistanischen Krieg.

| 1945 | 1950 | 1955 | 1960 | 1965 | 1970 |

30. 1. 1948
Ermordung Mahatma Gandhis

1948
Erster indisch-pakistanischer Krieg

1965
Zweiter indisch-pakistanischer Krieg

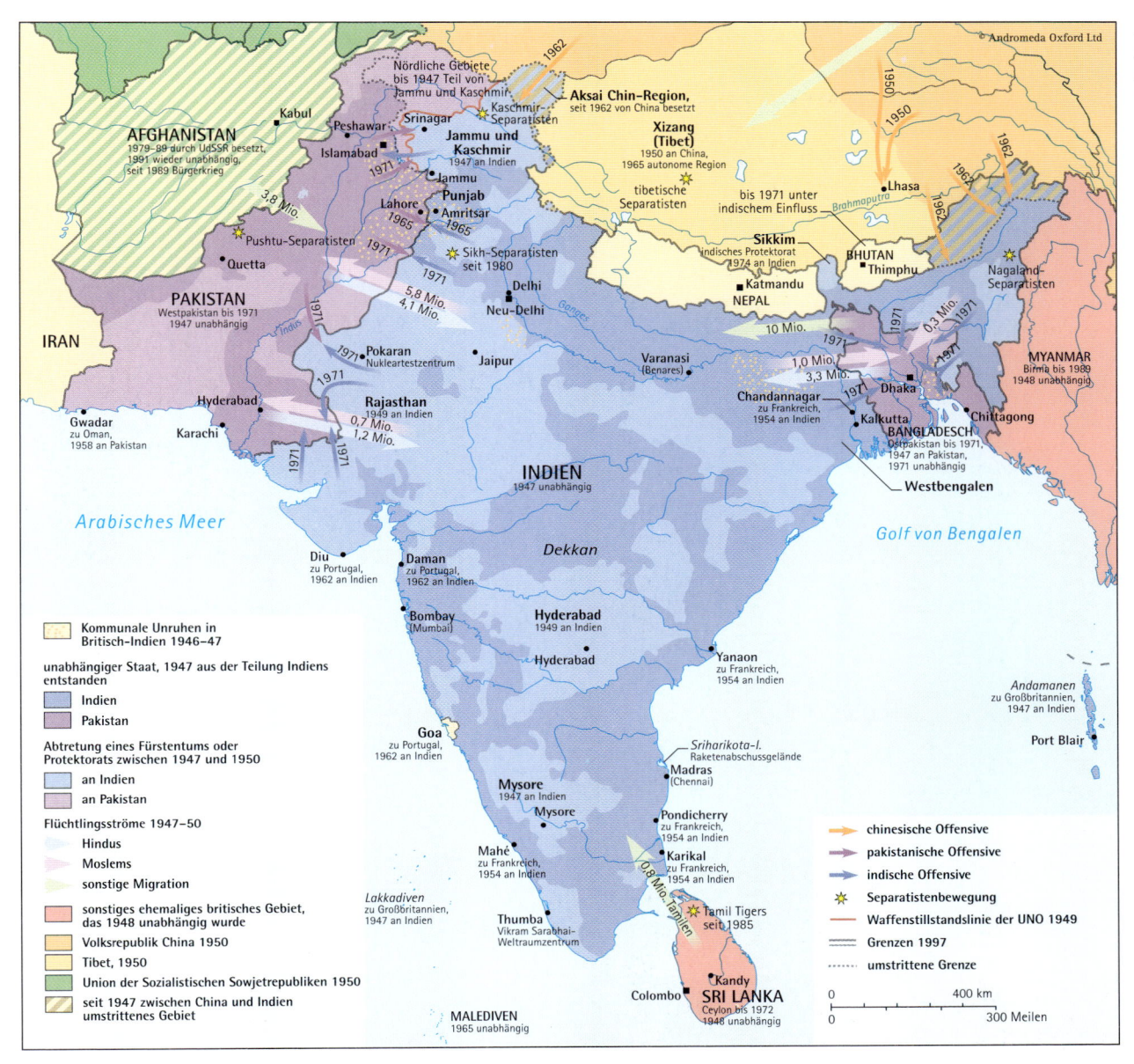

Konflikte auf dem indischen Subkontinent

Der indische Subkontinent seit Ende des Zweiten Weltkriegs

Legende:
- Kommunale Unruhen in Britisch-Indien 1946–47
- unabhängiger Staat, 1947 aus der Teilung Indiens entstanden
  - Indien
  - Pakistan
- Abtretung eines Fürstentums oder Protektorats zwischen 1947 und 1950
  - an Indien
  - an Pakistan
- Flüchtlingsströme 1947–50
  - Hindus
  - Moslems
  - sonstige Migration
- sonstiges ehemaliges britisches Gebiet, das 1948 unabhängig wurde
- Volksrepublik China 1950
- Tibet, 1950
- Union der Sozialistischen Sowjetrepubliken 1950
- seit 1947 zwischen China und Indien umstrittenes Gebiet
- chinesische Offensive
- pakistanische Offensive
- indische Offensive
- Separatistenbewegung
- Waffenstillstandslinie der UNO 1949
- Grenzen 1997
- umstrittene Grenze

verstrickt. Erneut ließ er, wie schon seine Mutter, den Goldenen Tempel von Amritsar im Mai 1988 stürmen, wodurch alte Wunden aufgerissen wurden.

UNBEWÄLTIGTE PROBLEME

Seine Entscheidung, die im Norden Sri Lankas für einen unabhängigen Staat kämpfenden Tamilen durch die Entsendung indischer Truppen zur Aufgabe zu zwingen, machte ihn im weitgehend tamilischen Südindien zu einem verhassten Mann. Die Ermordung Rajiv Gandhis durch ein Mitglied der tamilischen Befreiungsbewegung *Tamil Tigers* am 21. Mai 1991 markiert, wie der Tod Indira Gandhis, einen tiefen Einschnitt in der indischen Geschichte. Viele sehen seither den Versuch, das Riesenreich Indien mit seiner Vielzahl an Kulturen, Religionen, Ethnien und Sprachen unter einer Zentralregierung zu vereinen, als endgültig gescheitert an.

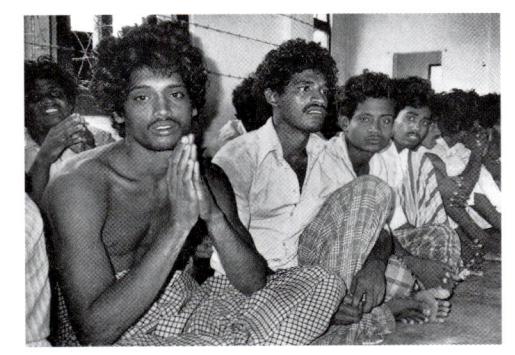

Die im Sommer 1999 erneut ausgebrochenen kriegerischen Auseinandersetzungen zwischen pakistanischen Freischärlern und der indischen Armee machen deutlich, dass Indien über ein halbes Jahrhundert nach der Unabhängigkeit noch weit von der Einlösung des von Jawaharlal Nehru angesprochenen Schicksalpaktes entfernt ist.

Immer wieder kommt es in Sri Lanka zu Aufständen der Minderheit der Tamilen. Das Foto aus dem Jahr 1987 zeigt Tamilen nach der Gefangennahme durch Regierungstruppen.

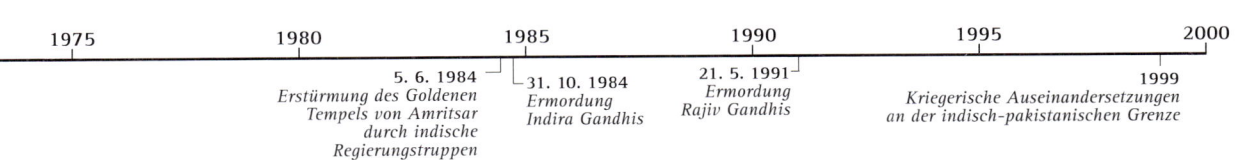

Zeitleiste:
- 5. 6. 1984 Erstürmung des Goldenen Tempels von Amritsar durch indische Regierungstruppen
- 31. 10. 1984 Ermordung Indira Gandhis
- 21. 5. 1991 Ermordung Rajiv Gandhis
- 1999 Kriegerische Auseinandersetzungen an der indisch-pakistanischen Grenze

▶ **Völker, Staaten und Kulturen:** China und Indien auf dem Weg ins 21. Jahrhundert
▶ **Religionen und Glaubensformen:** Religiöse Konflikte im 20. Jahrhundert

DEUTSCHLAND, ITALIEN, FRANKREICH: POLITISCHE GEWALT IN DER ZWEITEN HÄLFTE DES 20. JAHRHUNDERTS

Seit den späten 1960er Jahren erleben die Demokratien Deutschland, Italien und Frankreich immer wieder Wellen politischer Gewalt. Ziel des Terrorismus, von links oder rechts, ist die Verunsicherung und Beschädigung des herrschenden politischen und gesellschaftlichen Systems.

Drei führende Mitglieder der RAF – Jan Carl Raspe, Andreas Baader, Gudrun Ensslin – 1977 vor Gericht

Eine sehr ähnliche Entwicklung haben die demokratischen Industrienationen Italien und Bundesrepublik Deutschland, noch eine Generation zuvor faschistische Staaten, ab Ende der 1960er Jahre genommen. Durch die Studentenrevolte, die ja auch ein Generationenkonflikt war, und die häufig überzogenen Reaktionen des Staates kam es zur Radikalisierung eines linken Milieus, aus dem sich politisch motivierte Gewalttäter herausschälten.

LINKER TERRORISMUS IN DER BRD

Als Auftakt gelten zwei Brandbombenanschläge auf Kaufhäuser in Frankfurt 1968. Zwei Personen wurden damit in Verbindung gebracht: Andreas Baader und Gudrun Ensslin. Nach 14 Monaten Haft gingen sie in den Untergrund. Ein weiterer Name tauchte auf, Ulrike Meinhof, eine linke Journalistin. Als Baader erneut hinter Gittern saß, wurde er gewaltsam befreit, ein Justizbeamter dabei schwer

Polizisten untersuchen den zerstörten Wagen des Bankmanagers Alfred Herrhausen, der bei diesem Terroranschlag am 30. November 1989 in Bad Homburg ums Leben kam.

verletzt. RAF, Rote Armee Fraktion – ein Begriff wurde zum Symbol innerstaatlicher Gewalt. Die Gruppe rüstete auf. Der harte Kern ließ sich im Nahen Osten in Guerilla-Camps ausbilden, beschaffte sich Waffen, falsche Papiere, konspirative Wohnungen. Die Mai-Offensive 1972 mit Bombenanschlägen, Toten und Verletzten bilden einen ersten Höhepunkt der Eskalation. Aber nur Wochen später gelang der Polizei der entscheidende Schlag. Die führenden Köpfe der RAF wurden verhaftet. Die Republik atmete auf.

Doch es ging weiter, die zweite RAF-Generation war schnell zur Stelle, um Mitkämpfer freizupressen und den Staat zu destabilisieren. 1977 erlebte die BRD die Eskalation des Terrors mit der Ermordung von Generalbundesanwalt Siegfried Buback, Dresdner-Bank-Chef Jürgen Ponto, Arbeitgeberpräsident Hanns Martin Schleyer und vier seiner Begleiter. Der »Deutsche Herbst« 1977 brachte – nicht zuletzt durch die Kaperung der Lufthansa-Maschine »Landshut« und die Selbstmorde von drei inhaftierten Top-Terroristen – den Staat an den Rand seiner Belastbarkeit. Erst 1992 erklärte die RAF nach weiteren Mordanschlägen das Ende des »bewaffneten Kampfes«.

»Sieg Heil«-Rufe und Hitlergruß: rechtsextreme Skinheads 1990 in Leipzig

TERRORISMUS IN ITALIEN

Etwa gleichzeitig mit der RAF bildete sich in Italien die linke Terrorgruppe »Rote Brigaden«, die für die Entführung und Ermordung des christdemokratischen Parteichefs Aldo Moro im Jahre 1978 verantwortlich ist. Die etwa zwanzig Jahre später aufgeflammte heftige Diskussion über die wahren Hintergründe dieser grausamen Tat, über Machtkämpfe innerhalb der Democrazia Cristiana und Geheimdienstintrigen macht deutlich: Die permanente politische Instabilität, die allgegenwärtige Korruption, die Verbindung höchster Amtsträger mit der organisierten Kriminalität lassen in Italien beinahe alles möglich erscheinen!

Zu schlimmsten Befürchtungen über die Beteiligung politischer Institutionen gaben die Aktionen des rechten Terrors Anlass, die Mitte der 1960er Jahre begannen. Im Gegensatz zum linken Milieu konzentrierte sich das rechte nicht auf prominente Persönlichkeiten. Vielmehr wollte man durch willkürliche Blutbäder die Gesellschaft erschüttern und die Demokratie zu rigorosen Gegenmaßnahmen verleiten. Erwünscht war der Polizeistaat, auch um die extreme Linke auszuschalten. Der rechte Terror erreichte einen ersten Höhepunkt 1969 beim Anschlag auf die Mailänder Landwirtschaftsbank, der 16 völlig unbeteiligten Menschen das Leben kostete. Die Neofaschisten hatten ein relativ leichtes Spiel, fanden sich doch ausreichend Sympathisanten unter Polizisten und Geheimdienstlern. Spekuliert wird auch über eine Beteiligung der CIA, die durch Unterstützung der Rechten ein kommunistisches Italien um jeden Preis verhindern wollte.

TERRORISMUS IN FRANKREICH

Die linksgerichtete Action directe, die 1979 in Frankreich entstand, verfolgte ähnliche Ziele wie die deutsche RAF, mit der sie immer wieder eng zusammenarbeitete. Auf ihr Konto gingen diverse Anschläge. So wurden Mitte der 80er Jahre General Audran und der Renault-Chef Georges Besse ermordet. Die Täter sitzen seither in Hochsicherheitsgefängnissen. Mit Attentaten haben in Frankreich aber auch die Rechten immer wieder von sich reden gemacht, wobei es sich offensichtlich um Flügelkämpfe handelt beziehungsweise um Verbrechen mit nur geringem politischen Hintergrund. Bittere französische Realität sind die zahlreichen Anschläge korsischer Separatisten, die sich in ihrem Kampf um die Autonomie allerdings weitgehend auf Sachbeschädigungen beschränken.

Am 9. Mai 1978 wurde der von den »Roten Brigaden« ermordete Aldo Moro in einem Wagen in Rom aufgefunden.

Am Tag nach der Entführung von Hanns Martin Schleyer übermittelte die RAF der Polizei dieses Foto ihres Opfers.

.... **RECHTER TERROR IN DEUTSCHLAND** ....

Nach der Wiedervereinigung war in Deutschland eine brisant steigende Tendenz zu rechter Gewalt zu verzeichnen. So kam es in den 1990er Jahren zu Ausschreitungen gegen Ausländer (Hoyerswerda 1991, Rostock-Lichtenhagen 1992) sowie zu Brandanschlägen auf Asylbewerberheime (Solingen 1993) und Synagogen. Gleichzeitig begann sich eine als verfassungsfeindlich eingestufte Szene zu etablieren, die mit modernsten Mitteln der Kommunikation auf ein Ziel hinarbeitet: Zerschlagung der Demokratie und Errichtung eines nationalsozialistischen Staates.

DER IRLANDKONFLIKT

Blutige Zusammenstöße zwischen der benachteiligten katholischen Minderheit und der protestantischen Mehrheit in Nordirland führten nach 1968 zum Bürgerkrieg, der durch Terroraktionen vor allem der IRA verschärft wurde. Mit ersten Gesprächen begann 1985 der noch nicht abgeschlossene Friedensprozess.

Mit Steinen gegen Panzerfahrzeuge: Jugendliche 1976 in Belfast

Vor dem Ersten Weltkrieg war Irland noch ein Teil des Empire, das die Briten nicht gewillt waren loszulassen. Nach Ausbruch des Unabhängigkeitskampfes sahen sie sich jedoch zum Handeln gezwungen. In britisch-irischen Verhandlungen wurde 1920 die politische Teilung der Insel beschlossen, die beiden Staaten innere Selbstverwaltung mit Dominionstatus geben sollte. Doch die irischen Verhandlungspartner waren sich keineswegs einig. Die protestantischen Unionisten Nordirlands strebten die Selbständigkeit nie wirklich an, da sie ohne den Rückhalt der Briten um ihre Position im konfessionell gespaltenen Norden fürchten mussten. Die katholischen Nationalisten im Süden wollten Autonomie und verfolgten auch weiterhin unbeirrt ihr Ziel, nicht nur die britische Herrschaft völlig abzuschütteln, sondern auch die politische Einheit der Insel wieder herzustellen. 1937 rief Ministerpräsident Eamon de Valera schließlich in Dublin die Republik Eire aus, die 1949 als erstes Land des ehemaligen Empire aus dem Britischen Commonwealth ausschied. Dieser Schritt zog ökonomische Konsequenzen nach sich; denn wirtschaftlich war die Republik nach wie vor abhängig von Großbritannien, musste aber nun, nach Aufgabe des Dominionstatus, im Handel mit dem einstigen Mutterland hohe Zölle zahlen. In der Republik lag die Wirtschaft danieder, während der irische Norden, von Großbritannien unterstützt, prosperierte. Allerdings profitierte davon nicht die gesamte Bevölkerung; denn trotz formeller Gleichstellung wurden die Katholiken Nordirlands diskriminiert.

DIE IRA

An diesem Punkt setzte die radikale IRA (Irisch-Republikanische Armee) wieder an. Lange hatte man sich zurückgehalten, nachdem es in der Bevölkerung und in der Politik wenig Unterstützung für das alte Ziel eines souveränen, geeinten Irland gab. Doch nun sah sich die IRA durch die katholischen Bürgerrechtsbewegungen Ende der 60er Jahre bestätigt und nahm ihre terroristische Aktivität gegen die Briten erneut auf. Die para-

Eine Bombe zerstörte 1998 ein Einkaufszentrum im nordirischen Omagh.

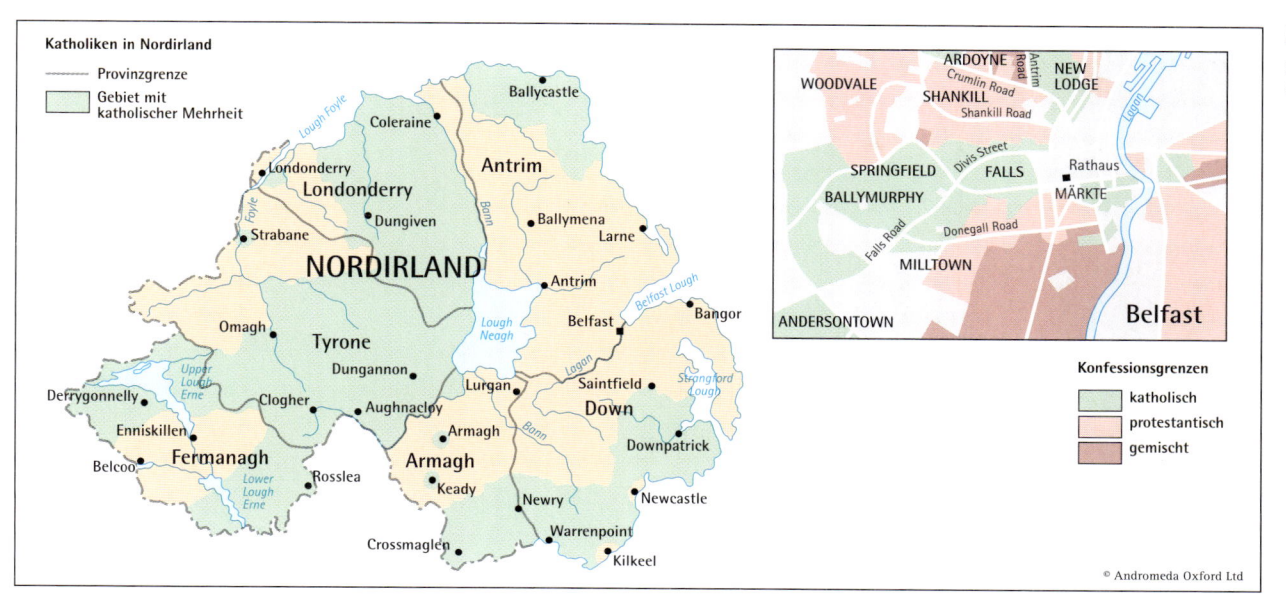

IRLANDKONFLIKT

Das konfessionell gespaltene Nordirland mit Belfast

kierte den Höhepunkt der Auseinandersetzungen. Großbritannien antwortete auf die Unruhen, indem es das nordirische Parlament suspendierte und Nordirland wieder direkt der britischen Regierung unterstellte. Im März 1973 stimmten die Nordiren in einem Referendum mehrheitlich für den Verbleib bei Großbritannien. Das wollten die Nationalisten nicht akzeptieren. So griff irischer Terror auf England über; Anschläge wurden auch auf britische Stützpunkte, Botschaften, Politiker und Diplomaten im Ausland verübt. Eines der prominentesten Opfer war 1979 Lord Mountbatten.

DER FRIEDENSPROZESS

Eine erste Annäherung in der Nordirlandfrage gab es 1985: Obwohl die protestantischen Nordiren heftigen Einspruch einlegten, gewährte Großbritannien im Nordirland-Abkommen der Republik Eire Mitspracherechte in nordirischen Angelegenheiten. Eigentliche Friedensgespräche fanden erst in den 90er Jahren statt. 1994 erklärte sich die IRA zum Waffenstillstand bereit, Sinn Fein traf sich zu Gesprächen mit irischen und britischen Delegationen. Der weitere Verlauf der Verhandlungen war jedoch von Rückschlägen geprägt. Schließlich wurde auf dem Allparteiengespräch 1998 in Belfast ein Friedensplan erarbeitet. Das Gespräch schloss mit dem so genannten Karfreitagsabkommen, für das die nordirischen Politiker Hume und Trimble den Friedensnobelpreis erhielten. Die Frage nach der Entwaffnung der Paramilitärs brachte die Verhandlungen jedoch abermals zum Erliegen. Im Februar 2000 wurde Nordirland wieder unter britische Direktherrschaft gestellt. Der beiderseitige Extremismus hat bislang alle Lösungsansätze zum Scheitern gebracht.

1998 wurden die irischen Politiker John Hume (links) und David Trimble in Oslo mit dem Friedensnobelpreis geehrt.

militärische IRA und die politische Partei Sinn Fein machten sich die Sache der Katholiken in Nordirland zu Eigen, die gegen die Benachteiligung durch die Protestanten protestierten. 1970 spalteten sich von IRA und Sinn Fein zum bewaffneten Kampf bereite Flügel ab, die maßgeblich die Auseinandersetzung im nächsten Jahrzehnt prägen sollten. Und auch auf protestantischer Seite machten Extremisten mobil und gründeten Terrorgruppen.

TERROR IN NORDIRLAND

Blutige Zusammenstöße zwischen Protestanten und Katholiken bei Bürgerrechtsdemonstrationen in Nordirland lösten 1968 bürgerkriegsähnliche Zustände aus. Großbritannien entsendete daraufhin militärische Einheiten an die Schauplätze. Der »Blutige Sonntag« (30. Januar 1972) mar-

Auch Kinder beteiligen sich an den Straßenkämpfen in Belfast.

·········· **KONFLIKTPARTEIEN** ··········

Unionisten: Nordirische Protestanten, die für den Verbleib Nordirlands in der Union mit Großbritannien und gegen die Wiedervereinigung eintreten. Ihre Parteien sind Ulster Unionist Party und Democratic Unionist Party.
Loyalisten: Radikale Protestanten, auch Terrorgruppen.
Nationalisten: Katholiken, die die Wiedervereinigung Irlands anstreben. Ihre Parteien sind Sinn Fein, die als politischer Arm der IRA gilt, Social Democratic and Labour Party.
Irisch-Republikanische Armee: Organisiert als paramilitärische Gruppe will die IRA die Wiedervereinigung mit terroristischen Mitteln durchsetzen.

▶ **Religionen und Glaubensformen:** Religiöse Konflikte im 20. Jahrhundert
▶ **Literatur und Musik:** Die Wasserwaage

ISRAELISCH-ARABISCHE KRIEGE
SECHSTAGEKRIEG 1967 UND OKTOBERKRIEG 1973

Der Sechstagekrieg im Juni 1967 brachte Israel den Nimbus der Unbesiegbarkeit, von den Arabern wurde er als die größte je erfahrene Erniedrigung erlebt. Auch im Oktoberkrieg von 1973 unterlagen die arabischen Truppen nach ersten Erfolgen. Doch die ägyptische Diplomatie erreichte einen politischen Sieg.

Jordanische Truppen an der Grenze zu Israel im Sechstagekrieg, der vom 5. bis 10. Juni 1967 dauerte.

Auslöser des von Israel so erfolgreich geführten Blitzkriegs von 1967 waren jahrelange Guerillaüberfälle von den jordanischen und syrischen Grenzen aus, das provokante Vorrücken der ägyptischen Armee auf die Sinaihalbinsel sowie die Sperrung der Wasserstraße von Tiran für die israelische Schifffahrt. Dadurch war Israels Versorgung mit Erdöl aus Iran gefährdet und die einzige Seehandelsverbindung nach Asien und Afrika verschlossen.

Gleichzeitig war Insiderkreisen in Europa wie auch in Israel bekannt geworden, dass die Sowjetunion an Ägypten zwar große Mengen Waffen geliefert hatte, die aber weitgehend nicht kriegstauglich waren. Moskau hatte nämlich kein Interesse an einem bewaffneten Konflikt im Nahen Osten.

DER SECHSTAGEKRIEG

Am Morgen des 5. Juni 1967 griff die israelische Luftwaffe völlig überraschend ägyptische Militärflughäfen an und zerstörte in kürzester Zeit zwei Drittel der ägyptischen Luftwaffe am Boden. Noch hielt sich König Hussein von Jordanien zurück. Als jedoch begeisterte, wenn auch falsche Siegesmeldungen aus Kairo eintrafen, trat er in den Krieg ein. Daraufhin zerstörte Israel auch Jordaniens Luftwaffe am Boden.

Am 6. Juni besetzte Israel den Gazastreifen, am 7. und 8. Juni das arabische Westjordanland und Ostjerusalem. Nach 19 Jahren

Im Oktoberkrieg 1973 wurde Israel am jüdischen Feiertag Jom Kippur, dem Versöhnungstag, vom Angriff Ägyptens und Syriens überrascht.

ISRAELISCH-ARABISCHE KRIEGE

hatten die Juden wieder freien Zugang zur Klagemauer – ein höchst symbolträchtiger Kriegserfolg. Bis zum 10. Juni besetzten israelische Truppen die syrischen Golanhöhen sowie die gesamte Sinaihalbinsel bis zum Suezkanal.

Die Niederlage wurde von Ägyptern, Jordaniern, Syrern und Palästinensern, ja von der gesamten arabischen Welt, als extrem schmerzhafte Erniedrigung erlebt. Dagegen triumphierten die Israelis. In nur sechs Tagen hatten sie ein Territorium erobert, das mit 67 000 Quadratkilometern dreimal größer war als ihr Staat selbst. Weit über eine Million Araber standen nun unter ihrer Verwaltung. In den folgenden Jahren entwickelte sich in den neu gewonnenen Gebieten eine Bewegung, die den Zionismus aus dem rein politischen Zusammenhang löste: Die jüdische Besiedelung besonders des Westjordanlandes wurde auch als religiöser Auftrag gesehen, da es sich hier um biblisches Kernland handelt.

Aber Ägypten und Syrien konnten und wollten die Schmach des verlorenen Krieges und vor allem die großen Landverluste nicht auf Dauer hinnehmen. Äußerst geschickt baute Anwar As Sadat, seit 1970 ägyptischer Präsident, seine Position zwischen den beiden Weltmächten aus. Einerseits besprach er auf diplomatischem Weg sein weiteres Vorgehen im Nahostkonflikt mit US-Außenminister Henry Kissinger, andererseits ließ er sich von der Sowjetunion mit umfangreichen Waffenlieferungen versorgen, diesmal hochmodern und kriegsfähig. Sadat zielte auf die Rückeroberung des Sinai ab. Er benötigte dringend die Einnahmen aus Suezkanal und Erdölförderung und wollte außerdem sein Volk moralisch wieder aufrichten. Nur ein selbstbewusstes Ägypten würde den Revanchismus überwinden und zum Frieden mit Israel bereit sein.

DER OKTOBERKRIEG

Am 6. Oktober 1973 um 14 Uhr griffen gleichzeitig arabische Truppen am Suezkanal und syrische Truppen auf den Golanhöhen an. Es war der jüdische Feiertag Jom Kippur, weshalb der Krieg in Israel Jom-Kippur-Krieg heißt, bei den Arabern Ramadan-Krieg, da er in den islamischen Fastenmonat Ramadan fiel. Obwohl israelische Geheimdienstquellen den arabischer Angriff vorhergesehen hatten, wurde die Regierung überrascht. Allerdings hätte sich Israel diesmal einen Erstschlag kaum erlauben können, da die US-amerikanischen Verbündeten ihre Unterstützung nur für den Verteidigungsfall zugesagt hatten.

Rasch überquerten ägyptische Truppen den Suezkanal und rückten auf dem Sinai vor. Dieser Anfangserfolg ließ die arabische Welt jubeln. Aber Israel holte zum Gegenschlag aus: Am 14. Oktober kam es zu einer gewaltigen Panzerschlacht mit schwersten Verlusten. Die ägyptische Armee wurde eingeschlossen, dann die syrische zurückgeschlagen. Israelische Truppen marschierten in Richtung Damaskus bis auf Sichtweite vor.

FRIEDENSVERHANDLUNGEN

Ägypten wie Syrien standen vor der totalen Niederlage. Schließlich führte Kissingers »Pendeldiplomatie« – ständig flog der US-Außenminister zwischen den Kriegsparteien hin und her – am 24. Oktober zum Waffenstillstand. Entschieden wurde der Oktoberkrieg am Verhandlungstisch, und letztendlich wurde der militärische Verlierer Ägypten zum politischen Sieger. Zu verdanken war das vor allem Sadat, der im israelisch-ägyptischen Friedensvertrag von 1979 ein bedeutendes Zugeständnis erreichte: Der Sinai wurde wieder ägyptisch.

Ein Ägypter ergibt sich am Suezkanal einem israelischen Soldaten.

Der ägyptische Staatspräsident Anwar As Sadat erhielt 1978 gemeinsam mit dem israelischen Ministerpräsidenten Menachem Begin den Friedensnobelpreis für die Unterzeichnung des israelisch-ägyptischen Friedensvertrags.

AUSZÜGE DER RESOLUTION 242 DES UN-SICHERHEITSRATES VOM 22. NOVEMBER 1967

»Ein gerechter und dauerhafter Frieden im Nahen Osten sollte die folgenden Grundsätze anwenden:
1. Rückzug der israelischen Streitkräfte aus den während des jüngsten Konflikts besetzten Gebieten.
2. Beendigung des Kriegszustandes, Achtung und Anerkennung der Souveränität, der territorialen Integrität und politischen Unabhängigkeit aller Staaten der Region sowie ihres Rechtes, in Frieden zu leben, innerhalb sicherer und anerkannter Grenzen, frei von Bedrohungen oder Gewaltakten.«

▶ Völker, Staaten und Kulturen: Israel
▶ Religionen und Glaubensformen: Jerusalem
▶ Religionen und Glaubensformen: Zionismus und Entstehung Israels
▶ Religionen und Glaubensformen: Gründung Israels und Vielfalt des Judentums
▶ Religionen und Glaubensformen: Religiöse Konflikte im 20. Jahrhundert

POLITISCH UND RELIGIÖS MOTIVIERTER ISLAMISCHER TERRORISMUS

Nur eine verschwindend kleine Minderheit unter den etwa eine Milliarde zählenden Muslimen bekennt sich zur terroristischen Gewalt. Trotzdem fürchtet der Westen den Fanatismus; denn die spektakulärsten Terroranschläge haben auf einen Schlag schon Hunderte bis Tausende von Menschenleben gefordert.

Eine Gruppe muslimischer Fundamentalisten sammelt sich nach dem Freitagsgebet vor einer Moschee in Kairo zur Demonstration.

Osama bin Laden, der 1955 geborene Sohn eines wohlhabenden jemenitischen Bauunternehmers und einer Palästinenserin, wuchs in Saudi-Arabien auf und studierte Wirtschaftswissenschaften, bevor er sich in Afghanistan dem Kampf gegen die sowjetische Besatzung anschloss. Seit Mitte der 80er Jahre hat er systematisch Tausende gewaltbereiter Anhänger rekrutiert und ein regelrechtes Netzwerk des Terrorismus aufgebaut.

Am 6. Oktober 1981 starb der ägyptische Präsident Anwar As Sadat durch die Kugeln eines Attentäters, der der Gruppe »Organisation des Dschihad« nahe stand. Aus ihren Reihen stammte ein Pamphlet mit dem Titel »Die verborgene Pflicht«; gemeint war die Pflicht des Kampfes gegen nichtislamische Herrscher. Und Sadat hatte im Camp-David-Vertrag Frieden mit dem Erzfeind Israel geschlossen, was von vielen Arabern heftig kritisiert wurde. Die Frage, die das Dschihad-Manifest aufwarf, lautete: Entsprach der Terrorakt den Normen des islamischen Rechts?

DER STREIT UM DIE LEGITIMITÄT DES TERRORISMUS

Manche Muslime verweisen darauf, dass die Scharia, das von Gott erlassene islamische Recht, die Tötung von Muslimen legitimiert, die sich etwa der Gotteslästerung oder des Abfalls vom Glauben schuldig machen. Gemeinhin werden solche Todesurteile durch islamische Richter (Kadis) oder staatliche Instanzen verhängt, im Gegensatz dazu steht der terroristische Gewaltakt, der ohne hoheitliche Sanktion ausgeführt wird. Die islamische Regel »das Gute gebieten und das Schlechte verbieten« wird gelegentlich als Aufforderung interpretiert, auch individuell Verstößen gegen die Scharia entgegenzutreten. Die ägyptischen Terroristen vertraten sogar die Auffassung, dass die ganze islamische Gesellschaft ihres Landes – bis auf einige aufrechte Gläubige wie sie selber – sich im Zustand der »Unwissenheit« befinde. So bezeichnen Muslime die Lage der Menschen vor Verkündung des Islams durch Mohammed im 7. Jahrhundert. Wie der Prophet damals – auch mit Gewalt – gegen die Polytheisten, die mehrere Götter verehrten, vorging, so müsse man im 20. Jahrhundert denen begegnen, die nur behaupteten, Muslime zu sein. Solchen Thesen widersprachen Gelehrte der Al-Azhar-Universität in Kairo, der weltweit angesehensten Instanz des sunnitischen Islams. Trotzdem halten es in kleinen Zellen organisierte Terroristen weiterhin für legitim, Mordanschläge auf Staatsvertreter, Schriftsteller und Touristen aus dem Westen zu verüben.

RAHMENBEDINGUNGEN DES TERRORISMUS

Terror von Muslimen gegen Muslime beschränkt sich nicht auf Ägypten; denn die gesellschaftlichen Verhältnisse, auf denen der gewaltbereite Fundamentalismus gedeiht, ähneln sich in vielen islamischen Ländern. Die meist schlechte ökonomische Situation verstellt beispielsweise Hochschulabgängern, aus denen sich die militanten Gruppen vielfach rekrutieren, die berufliche Zukunft. In den meist diktatorisch regierten Staaten fehlen demokratische Wege der politischen Artikulation; auch sitzt teilweise das Misstrauen gegen die herrschende politische Klasse tief, und das nicht ohne Grund.

Islamischer Terrorismus

Am 22. Dezember 1988 stürzte bei dem schottischen Ort Lockerbie eine amerikanische Passagiermaschine ab. Verantwortlich machte man den libyschen Geheimdienst.

Aufwind erhielt der Terrorismus in den 1990er Jahren, als viele Muslime aus aller Welt, die an dem afghanischen Freiheitskampf teilgenommen hatten, in ihre Heimatländer zurück-, aber auch in den Westen gingen. Ermutigt durch ihre Erfolge gegen die sowjetischen Truppen, strebten viele nach der Fortsetzung des Dschihad (heiliger Krieg) gegen andere »Feinde des Islam«.

Terror gegen Ungläubige

Eine neue Qualität erreichte die Gewalt schon 1988 beim – dem libyschen Geheimdienst zugeschriebenen – Sprengstoffanschlag auf die US-amerikanische Verkehrsmaschine, die über dem schottischen Ort Lockerbie abstürzte: 270 Menschen kamen ums Leben. Ähnlich skrupellos wurde 1993 der Anschlag auf das World Trade Center in New York durchgeführt. Dahinter stand die Gruppe um den blinden ägyptischen Scheich Omar Abd ar-Rahman, der in Pakistan die Glaubenskämpfer motiviert hatte. Von den USA aus, die ihm Asyl gewährt hatten, führte er den Kampf gegen den »Weltzionismus« – und gegen die USA selbst. Der Antiamerikanismus scheint auch eine Triebfeder des saudischen Multimillionärs Osama bin Laden zu sein, der von seinem afghanischen Exil aus mutmaßlich die verheerenden Attentate auf die US-Botschaften in Nairobi, Kenia und Dar es-Salaam im Jahr 1998 organisierte und für die Anschläge vom 11. September 2001 verantwortlich gemacht wird. Man bringt ihn auch in Verbindung mit dem Massaker an Touristen im ägyptischen Luxor sowie mit dem Bombenanschlag auf die ägyptische Botschaft in Karatschi 1995.

Der 11. September 2001

Die Welt hielt den Atem an, als um 8.45 Uhr Ortszeit ein von islamistischen Selbstmordattentätern gekapertes Passagierflugzeug in den Nordturm des World Trade Centers in New York raste, Minuten später eine zweite Maschine in den Südturm. Ein weiterer Anschlag traf das Pentagon in Washington, während eine viertes Flugzeug sein Ziel nicht erreichte und abstürzte. In den zerstörten Gebäuden und in den entführten Flugzeugen starben Tausende. Die USA erklärten, unterstützt von einer breiten internationalen Allianz, dem Terrorismus den Krieg und bombardierten Afghanistan, wo der Drahtzieher des Terrorunternehmens, der saudische Multimillionär Osama bin Laden, vermutet wurde. Das in Afghanistan herrschende islamische Taliban-Regime wurde zwar rasch gestürzt, die führenden Köpfe der von bin Laden geführten Terrororganisation Al Qaida konnten allerdings nicht gefasst werden. Dafür gingen die USA 2003 militärisch gegen den Irak vor und stürzten das Regime von Saddam Hussein, was nicht zuletzt als Kampf gegen den internationalen Terrorismus gerechtfertigt wurde.

Seit Jahren wird das öffentliche Leben in Algerien durch Terroraktionen belastet. Im Bild: Aktivisten der Islamischen Heilsfront FIS

▶ Völker, Staaten und Kulturen: Kampf der Kulturen?
▶ Religionen und Glaubensformen: Islamische Welt im 20. Jahrhundert

GEWALTSAME KONFLIKTE IN SÜDAMERIKA IN DER ZWEITEN HÄLFTE DES 20. JAHRHUNDERTS

Rechte Putschisten und linke Revolutionäre hielten die Staaten Südamerikas mit ihren blutigen Kämpfen jahrzehntelang in Atem. Es ging um diktatorische Macht genauso wie um politische Ideologie. Auf der Strecke blieben Ordnung und Gerechtigkeit.

Der Falklandkrieg 1982 endete mit der Kapitulation der argentinischen Truppen. Das Foto zeigt Helme und Munition, die an die siegreichen Briten übergeben werden mussten.

Der chilenische Diktator Augusto Pinochet 1987, 13 Jahre nachdem er durch einen blutigen Militärputsch an die Macht gekommen war

Traditionell basierte die lateinamerikanische Wirtschaft auf dem Export von Rohstoffen sowie dem Import von Industriegütern, Technologien und Kapital. Da dieses System während des Zweiten Weltkriegs nicht mehr funktionierte, kam es in Lateinamerika verstärkt zur Industrialisierung. Doch die führte nicht zu allgemeinem Wohlstand, sondern öffnete die Kluft zwischen Arm und Reich nur weiter. Viele entwurzelte Industriearbeiter ließen sich von Demagogen verführen. Deren berühmtester war wohl – nicht zuletzt dank seiner schönen, mystifizierten Frau Eva – Juan Domingo Perón (1895 – 1974), der 1946 zum argentinischen Präsidenten gewählt wurde.

ARGENTINIEN: POPULISMUS UND GEWALT

Perón war in erster Linie Populist. Den unzufriedenen Arbeitern versprach er alles und setzte tatsächlich auch weitreichende Verbesserungen durch. So zählten zu seinen Gegnern alle, die durch soziale Reformen ihre Besitzstände bedroht sahen, also Großbürgertum, Wirtschaft und US-amerikanische Kapitalgeber. Aber auch die Linke bekämpfte Perón, der wie ein

Gewaltsame Konflikte in Südamerika

Diktator regierte und die Bürgerrechte missachtete. 1955 wurde er gestürzt und floh nach Spanien zu seinem Freund Franco.

Doch Argentinien sollte nicht zur Ruhe kommen. Ein Staatsstreich folgte dem nächsten – im Jahre 1973 kehrte Perón als Staatspräsident aus dem Exil zurück und als er bereits ein Jahr später starb, kam seine dritte Ehefrau Isabel Perón an die Macht. Korruption und Unfähigkeit ihrer Regierung führten das Land in bürgerkriegsähnliche Zustände. Paramilitärische Gruppen von Peronisten und marxistischen Guerrillas bekämpften sich gegenseitig. Im Chaos inszenierte General Rafael Videla 1976 einen Staatsstreich, der eine der dunkelsten Perioden argentinischer Politik einleitete. Sein rechtes Regime unterdrückte jede oppositionelle Äußerung. Folter und Hinrichtungen waren an der Tagesordnung, wobei auch politisch missliebige Ausländer nicht verschont blieben. Schätzungen gehen davon aus, dass während der Jahre des Schreckens bis zu 30 000 Menschen spurlos verschwanden.

Der Falklandkrieg

Ein Mittel einer Regierung, um von innenpolitischen Problemen abzulenken, war von jeher, einen außenpolitischen, militärischen Konflikt zu suchen. Dieses Mittel setzte die argentinische Diktatur durch die Besetzung der Falklandinseln ein, um deren Besitz sich Argentinien und Großbritannien seit dem 19. Jahrhundert streiten. London war provoziert – und schlug militärisch zurück. Was der Falklandkrieg von 1982 deutlich offenbarte, war die Schwäche der argentinischen Armee. So beschleunigte die Niederlage gegen Großbritannien das Ende der Diktatur. Aber der Rücktritt der Militärregierung löste nicht die drängenden wirtschaftlichen Probleme und führte auch nicht sofort in die Demokratie. Weiterhin wurden Wahlen manipuliert, regierten machthungrige Cliquen. Auch die Aufarbeitung der Menschenrechtsverletzungen während der Militärdiktatur verlief schleppend. Eine nationale Untersuchungskommission nahm zwar die Arbeit auf, aber 1991 wurden mehrere hochrangige Militärs begnadigt, was in der Bevölkerung für Empörung sorgte. Erst 1995 bekannte der Heereschef General Martín Balza öffentlich die Verbrechen des Militärs und auch die Rolle der Kirche während der Diktatur wurde der Kritik unterzogen.

Diktatur in den Anden

Große Hoffnungen zerbrachen 1973 in Chile. Seit 1970 regierte der mit knappem Vorsprung gewählte Präsident Salvador Allende, der ein sozialistisches Programm durchsetzte, die Kupferminen verstaatlichte und die Landwirtschaft reformierte. Damit gewann er das Volk für sich, machte sich aber auch mächtige Feinde, nicht nur unter den Reichen im eigenen Land. Denn die USA sahen ihren Einfluss gefährdet und den Kommunismus im Vormarsch begriffen.

Unterstützt von den Großgrundbesitzern, der Industrie und den Vereinigten Staaten, stürzte General Pinochet im September 1973 die Regierung und errichtete eine Militärdiktatur. Allende kam unter ungeklärten Umständen ums Leben, seine Anhänger gingen in Scharen in die Emigration. Wer es nicht rechtzeitig schaffte oder blieb, weil er auf den Umschwung hoffte, wurde grausam verfolgt. Zigtausende verschwanden spurlos, wurden gefoltert, willkürlich verhaftet. Bis 1988 herrschte das Unrecht in Chile, ehe das Land zur Demokratie zurückkehrte. 1999 scheiterte der Versuch, Pinochet wegen seiner Verbrechen vor ein europäisches Gericht zu bringen.

·········· Politik der Gewalt ··········

Bolivien: 1952 linke Revolution mit Verstaatlichung von Zinnminen und Landverteilung an die Indianer; 1964 Militärputsch; 1967 endet die sozialrevolutionäre, ländliche Guerillabewegung Che Guevaras mit dessen Tod.

Paraguay: 1954 bis 1989 Militärdiktatur von General Alfredo Stroessner

Peru: Linksextreme Gruppe Sendero Luminoso (»Leuchtender Pfad«) entfesselt einen Bürgerkrieg, der 1992 zum Ausnahmezustand führt.

Uruguay: Stadtguerilla kämpft unter dem Namen Tupamaros – so nannten sich die indianischen Freiheitskämpfer gegen die spanischen Kolonialherren im 19. Jahrhundert – für sozialrevolutionäre Ziele.

Der argentinische Präsident Juan Perón 1952 mit seiner schönen Frau Evita, die zum Mythos wurde

Bewaffnete Guerilleros der linksextremen peruanischen Untergrundorganisation »Leuchtender Pfad«

GEWALTSAME KONFLIKTE IN MITTELAMERIKA IN DER ZWEITEN HÄLFTE DES 20. JAHRHUNDERTS

Die Verschärfung der ideologischen Gegensätze, die in zahlreichen Bürgerkriegen eskalierte, hatte ihre ganz realen Gründe in der Unterdrückung und Ausbeutung breiter Bevölkerungsschichten durch korrupte Regierungen, die vielfach von den USA als Bollwerk gegen den Kommunismus gestützt wurden.

Nicaragua 1979: Daniel Ortega (2. von links), führendes Mitglied der linken sandinistischen Befreiungsfront FSLN und später Staatspräsident des Landes, an der Spitze einer Demonstration zur Unterstützung der neuen sandinistischen Regierung.

Der Erfolg der kubanischen Revolution von 1959 und die Hinwendung Fidel Castros zu Moskau setzten in ganz Mittelamerika ein Zeichen. Freiheitsbewegungen entstanden, die den bewaffneten Kampf gegen undemokratische Regierungen und ein Wirtschaftssystem aufnahmen, das weit verbreitete Armut und große soziale Spannungen hervorbrachte. Zum Feindbild erklärten die Sozialrevolutionäre die USA, die ihren wirtschaftlichen und politischen Einfluss in Mittelamerika auch durch militärisches Eingreifen stützten. Eine besonders unheilvolle Rolle spielte Washington in Nicaragua, dessen jüngste Geschichte hier exemplarisch dargestellt werden soll.

NICARAGUA: DIKTATUR EINER FAMILIE

Seit 1936 herrschte in Nicaragua die Familie Somoza, die das Land praktisch zu ihrem Privateigentum machte. Gesichert wurde die repressive Herrschaft durch die öffentlich finanzierte, aber einzig den Interessen des Clans dienende *Guardia Nacional*. Die beiden Diktatoren, die die Familie hervorbrachte, zeigten sich als treue Gefolgsleute der USA und konnten auf deren Unterstützung zählen. Während sich die Somoza hemmungslos bereicherten – 1979 besaßen sie mehr als ein Drittel der wirtschaftlichen Ressourcen des Landes –, wurde Nicaragua zum Inbegriff von Rückständigkeit. Allerdings formierte sich seit den späten 1960er Jahren im Untergrund eine linke Opposition: die Sandinisten.

Die Haltung der Vereinigten Staaten zum Somoza-Clan war nicht ganz eindeutig. Washington sah durchaus die unbedingte Notwendigkeit von Reformen auf politischer, sozialer und wirtschaftlicher Ebene. Andererseits wollte man Nicaragua als Bollwerk gegen die Ausbreitung des Sozialismus in Mittelamerika um fast jeden Preis erhalten. Tatsächlich wuchs die Anhängerschaft der Sandinisten beständig, sie wurde zur revolutionären Massenbewegung, der sich neben den Bauern auch städtische Mittelschichten anschlossen. Im Januar 1978 führte die Ermordung des konservativen Politikers Chamorro zum Generalstreik und zu landesweiten Protesten. Die sandinistische Befreiungsfront erreichte die Freilassung politischer Gefangener. Doch die regierungstreuen Truppen schlugen zurück, es kam zum Bürgerkrieg, der 40 000 Menschenleben forderte. 1979 floh Somoza in die USA.

SANDINISTEN UND CONTRAS

Unterstützt von Mexiko, Venezuela, Panama, Costa Rica, Kuba sowie Staaten des Ostblocks und der Dritten Welt hatten die Sandinisten gesiegt. Unter ihrer Regierung wurde der Somoza-Clan enteignet, Bodenreformen verbesserten die Lage der Landbevöl-

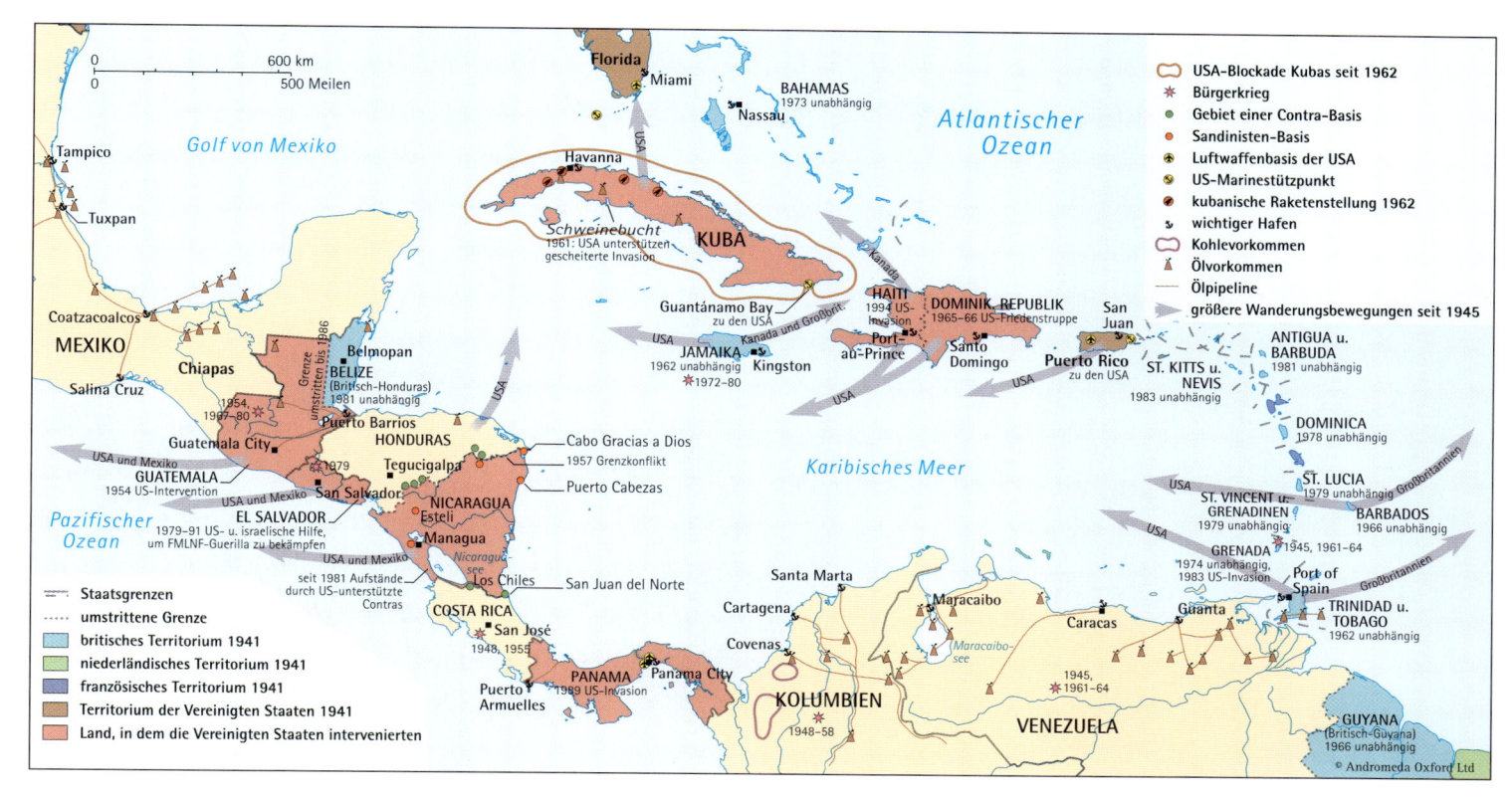

Gewaltsame Konflikte in Mittelamerika

kerung. Doch die gegenrevolutionären Contras sammelten sich und nahmen, gefördert durch die USA, den Kampf für das System Somoza wieder auf. 1984 verstärkten die USA ihr Engagement. CIA-Agenten beteiligten sich an der Verminung von Häfen, was den Internationalen Gerichtshof in Den Haag zu einer scharfen Reaktion veranlasste. Wenig internationalen Rückhalt fand Washington auch bei seinem totalen Handelsembargo gegen Nicaragua, dessen Regierung mit deutlicher Mehrheit demokratisch gewählt war. Unterdessen ging der Guerillakrieg der Contras weiter. Erst mit ihrer offiziellen Entwaffnung unter den Augen der UNO endete 1990 der Bürgerkrieg in Nicaragua.

Der Tod des Erzbischofs

Den reaktionären Kräften in Lateinamerika und den USA waren jene katholischen Priester, die die sozialrevolutionären Bewegungen unterstützten, ein besonderer Dorn im Auge. Man sah die Befreiungstheologie als Wegbereiterin des Kommunismus. Folgerichtig wurde im vom Bürgerkrieg erschütterten El Salvador von rechten Militärs die Parole ausgegeben: »Für das Vaterland – Töte einen Priester!« Eines der ersten und sicher das prominenteste Opfer war Erzbischof Oscar Romero, der im März 1980 in San Salvador am Altar erschossen wurde. Bei seiner Beerdigung starben zwanzig Menschen, weil Paramilitärs in der unübersehbaren Menge der Trauernden eine Panik provoziert hatten.

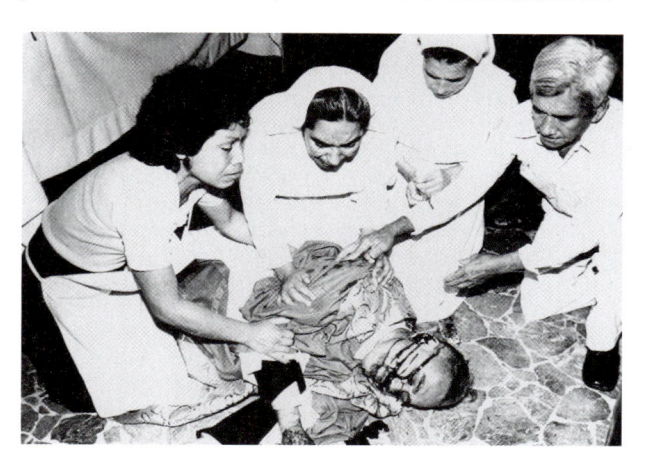

Seit 1990 kam es zu mehreren Verhandlungsrunden zwischen der rechtsextremen Regierung und der Guerilla. Schließlich wurde 1992 der Friedensvertrag unterzeichnet, der den elfjährigen Bürgerkrieg beendete.

Politische Gewalt

Auch andere mittelamerikanische Staaten waren in der zweiten Hälfte des 20. Jahrhunderts Schauplatz gewaltsamer politischer Auseinandersetzungen. So errangen 1951 in Guatemala die Sozialisten die Macht, deren Regierung 1954 von konservativen Kräften mit Unterstützung der USA gestürzt wurde. Von 1960 bis 1996 wurde das Land dann fast ununterbrochen von Bürgerkrieg und Guerillakämpfen erschüttert. Honduras erlebte 1972 und 1978 jeweils einen Militärputsch, von 1982 bis 1990 operierten die rechten Contras von Honduras aus gegen die Sandinisten in Nicaragua. In Panama, das von General Manuel Noriega dominiert wurde, marschierten die USA 1989 ein und brachten ihn wegen Drogenvergehen vor ein amerikanisches Gericht. Wie in Nicaragua und El Salvador beruhigten und demokratisierten sich in diesen mittelamerikanischen Ländern die politischen Verhältnisse im Lauf der 1990er Jahre, auch wenn die großen wirtschaftlichen Probleme und sozialen Spannungen fortbestehen.

Staaten und Konflikte in Mittelamerika und der Karibik in der zweiten Hälfte des 20. Jahrhunderts

Am 25. März 1980 wurde in San Salvador Erzbischof Oscar A. Romero, ein mutiger Vertreter der Befreiungstheologie, von rechten Militärs ermordet.

Die Nelkenrevolution
Portugal zwischen Diktatur und Demokratie

Unter dem rechtsgerichteten Diktator Salazar verfehlte Portugal den Anschluss an Westeuropa. Die Sorge um die Zukunft des Landes, das nicht zuletzt durch die Freiheitsbewegungen in den Kolonien erschüttert wurde, führte 1974 zur friedlichen Nelkenrevolution der Offiziere und in die Demokratie.

Der rechtsgerichtete Diktator António de Oliveira Salazar (1889 - 1970) nimmt 1937 an der Seite eines Generals eine Parade ab.

Schon durch seine geographische Lage dem Atlantik zugewandt, fand das Land nach einer ruhmreichen Vergangenheit als See- und Kolonialmacht nur schwer den Anschluss an die europäische Entwicklung. So ging etwa die industrielle Revolution des 19. Jahrhunderts praktisch spurlos an Portugal vorüber. Nach der Ermordung König Karls I. durch die Republikaner 1908 und dem Sturz Emanuels II. 1910 erhielt Portugal zwar eine demokratische Verfassung, aber eine stabile Regierung konnte sich nicht bilden. Die schwache Ökonomie machte auch der Militärdiktatur (1926 bis 1933) zu schaffen. Man zog den Wirtschaftswissenschaftler Antonio de Oliveira Salazar zu Rate, der 1932 seine politische Stellung nutzte, um die Macht an sich zu reißen.

Nachdem 1974 ein Putsch demokratisch gesinnter Militärs die Diktatur gestürzt hatte, wurde die Nelke zum Symbol der Freiheit.

DER ESTADO NOVO DES ANTÓNIO SALAZAR

Salazar begann seinen *Estado Novo* auszubauen. Dieser »neue Staat« war patriarchalisch-autoritär strukturiert und unterhielt bezeichnenderweise beste Beziehungen zum faschistischen Spanien Francos, bot aber gleichzeitig der spanischen Königsfamilie Exil. Im *Estado Novo* gab es keinen Platz für liberale oder demokratische Tendenzen, jede Opposition wurde von der politischen Polizei PIDE gewaltsam unterbunden. Auch wenn Salazar nicht zu den blutrünstigen Diktatoren gehörte, so passte sein Regime nach 1945 keinesfalls mehr nach Westeuropa. Aber in Zeiten des Kalten Krieges war der Westen nicht zimperlich: 1949 war Portugal Gründungsmitglied der NATO, 1955 erfolgte der Beitritt zur UNO, 1959 zur Europäischen Freihandelszone. Trotzdem blieb Portugal ein Armenhaus Europas, portugiesische Gastarbeiter waren in allen Industrieländern zu finden.

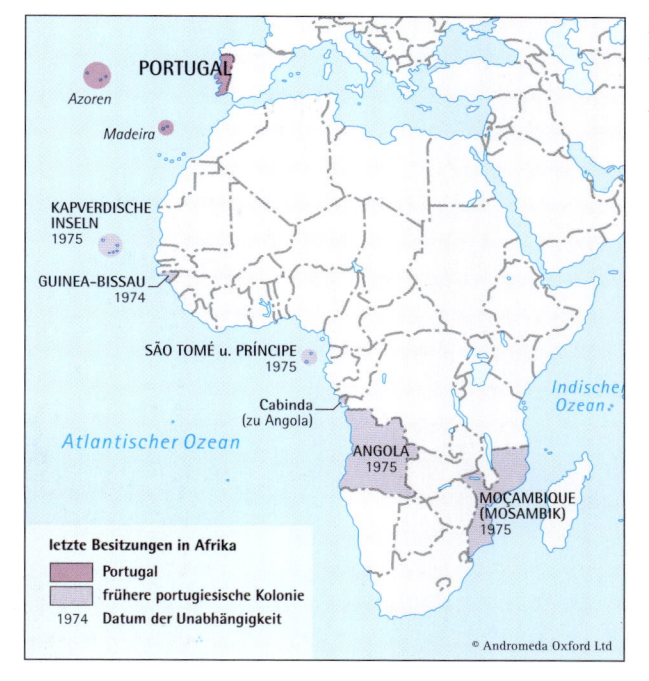

Die portugiesischen Kolonien erlangten in der Folge der Nelkenrevolution ihre Unabhängigkeit.

In den 1960er Jahren musste sich Salazar mit den Unabhängigkeitsbewegungen in den portugiesischen Kolonien auseinander setzen. Er wusste keine andere Antwort als brutale militärische Unterdrückung, die vielen jungen Portugiesen das Leben kostete, den Staatshaushalt unverhältnismäßig belastete und überdies das Renommée Portugals in der freien Welt beschädigte. Dass der Wehrdienst wegen der Kolonialkriege auf vier Jahre aufgestockt wurde, erregte den Unwillen der Bevölkerung. Auch die katholische Kirche, bisher eine der wichtigsten Stützen des Regimes, distanzierte sich im Anschluss an das Zweite Vatikanische Konzil. Seit 1968 hatte Portugal einen neuen Präsidenten, Marcelo Caetano. Doch wer sich von ihm demokratische Verhältnisse versprochen hatte, wurde enttäuscht.

DER DEMOKRATISCHE UMSTURZ DER ARMEE

Letztendlich war es die Armee, die dem unzeitgemäßen Regime den Todesstoß versetzte. Zur Sensation wurde das Buch »Portugal und seine Zukunft«, das im Februar 1974 erschien: Verfasser war General António de Spínola, stellvertretender Generalstabschef mit langjähriger Kolonialerfahrung – und alles andere als ein »Revoluzzer«. Spínola sprach sich unter anderem für die schrittweise Freiheit der Kolonien aus und sorgte für politische Unruhe. Schon im März verlor Spínola seine militärische Position. Allerdings handelten ihn die linksgerichteten Offiziere unter Führung von Ernesto Melo Antunes und Otelo Saraiva de Carvalho als möglichen Kandidaten einer Übergangsregierung, als sie den Staatsstreich planten.

Am 25. April 1974, um 0.30 Uhr, war es so weit: Radio Renascença sendete das Lied *Grandola, vila morena* – das Signal zur Revolution. Sie verlief fast unblutig. Umso größer war die Euphorie der Bevölkerung: Die Menschen, befreit und erleichtert, rannten durch die Straßen und beschenkten die Soldaten mit Nelken. Nach einigen Stunden war alles vorbei. Die ehemaligen Machthaber flohen nach Brasilien, während eine Nationalversammlung Spínola am 15. Mai zum Präsidenten der Republik wählte. Entgegen den Plänen des Generals, der die Autonomie der Kolonien sorgfältig vorbereiten wollte, verhandelten die Revolutionsführer umgehend mit den Aufständischen in den Kolonien, die rasch ihre Unabhängigkeit erhielten.

Der General und Politiker António de Spinola (1910-1996) war nach der unblutigen Revolution 1974 der erste Präsident des neuen, demokratischen Portugal.

············ LINKSEXTREME NACHWEHEN ············
DER REVOLUTION

1975 stand Portugal am Rande eines kommunistischen Umsturzes, nachdem einige der Offiziere der Nelkenrevolution mit der Ideologie des Kommunisten Álvaro Cunhal sympathisierten. Spinola floh nach einem gescheiterten Putsch im März nach Brasilien. Ein neuer Revolutionsrat bereitete die Kollektivierung der Landwirtschaft und die Verstaatlichung der Banken vor. Allerdings boten die Sozialisten Mário Soares und Francisco Sá Carneiro diesen extremen Tendenzen entschlossen die Stirn. Gegen Jahresende probten ultralinke Militärs noch einmal den Aufstand, danach fand Portugal auf ruhigen Wegen zur Demokratie.

DER TERROR DER BASKISCHEN ETA

1959 gründete sich die ETA als Kampfgruppe der baskischen Nationalisten gegen das zentralistische Franco-Regime. Nach wie vor ist das Ziel, ein freies, geeintes Baskenland, nicht erreicht. Und mittlerweile ist der Terror der ETA zu einem zentralen Problem Spaniens, vor allem aber des Baskenlandes geworden.

Das Begräbnis eines ETA-Führers wurde 1987 zur Sympathiekundgebung für die baskische Terrororganisation, deren Symbole – Schlange und Axt – auf dem Sarg zu sehen sind.

Im Jahr 2000 demonstrierten in Barcelona 80 000 Menschen gegen den ETA-Terror.

Bereits in den 1920er Jahren forderte der Publizist Sabino de Aranay Goiri, dass die Provinzen Guipuzcoa, Alava und Vizcaya zusammen mit Navarra und dem französischen Teil des Baskenlandes eine gemeinsame baskische Nation bilden sollten. Diese Idee übernahm die bürgerliche Partei PNV, deren wichtigste Mitglieder nach dem Ende des Spanischen Bürgerkrieges (1936 – 1939) ins Exil gingen. Denn General Franco bekämpfte die baskischen Nationalisten mit allen Mitteln: Jeder Separatismus musste seiner Idee eines zentralistischen Regimes widersprechen!

GRÜNDUNG DER ETA

Je länger die Diktatur andauerte, desto unruhiger wurde die Jugend im Baskenland. Man hörte nicht mehr auf die altgedienten Honoratioren des PNV und befürwortete schließlich Gewalttaten. So wurde 1959 die ETA als Splittergruppe der Jugendorganisation des PNV gegründet. ETA ist die Abkürzung der baskischen Bezeichnung *Euzkadi ta Askatasuna*, was »Baskenland und Freiheit« heißt. Die Mitglieder waren Studenten, Arbeiter, Bauern, Künstler und Intellektuelle, einige gehörten zum äußersten linken Spektrum, aber auch katholische Priester sympathisierten oder beteiligten sich aktiv.

Terror der baskischen ETA

Zunächst begnügte man sich damit, die Wände der baskischen Universitäten mit Anti-Franco-Parolen zu bemalen oder Demonstrationen zu organisieren. Mitte der 1960er Jahre jedoch wandelten sich viele ETA-Mitglieder in radikale Untergrundkämpfer, die auf die Gewalt des Regimes mit Gegengewalt antworteten. Ein regelrechter Guerillakrieg gegen die Polizei begann. Im Juni 1968 erschoss die Polizei erstmals ein ETA-Mitglied. Einen Monat später liquidierte die ETA in Irún einen berüchtigten Polizeioberst, der früher mit der Gestapo kollaboriert hatte und in baskischen oppositionellen Kreisen wegen seiner Foltermethoden gefürchtet war.

Der Burgos-Prozess

Die Reaktion der Regierung ließ nicht lange auf sich warten: Sie verhängte – wie so oft – den Ausnahmezustand über das Baskenland und schloss die Universitäten. Die Polizei inhaftierte 2000 Basken, verprügelte und folterte Arbeiter, Priester und Studenten, um Informationen zu erpressen. Im Dezember 1970 wurden 16 ETA-Mitglieder, darunter einige Frauen und zwei Priester, in Burgos, einer Hochburg des Francismus während des Bürgerkriegs, vor ein Militärgericht gestellt. Man warf ihnen drei Morde vor, neun bewaffnete Überfälle, die Organisation illegaler Versammlungen und Demonstrationen, subversive Propaganda, Munitionsraub und noch einiges mehr. Die Resonanz in ganz Spanien und im Ausland war enorm. Es gab mehr als 100 akkreditierte Journalisten, sogar die sowjetische Nachrichtenagentur Tass schickte einen Reporter. Die internationale Aufmerksamkeit machte das Franco-Regime extrem nervös.

Gleich zu Anfang des Prozesses stand ein Skandal. Es kam zu Handgreiflichkeiten zwischen Militärrichtern und Angeklagten, als der bekannte baskische Aktivist Mario Onaindia rief: »Es lebe das freie Baskenland«, und ein Militärrichter zum Schwert griff. Am nächsten Tag wurde der Prozess hinter verschlossenen Türen fortgesetzt. Gegen den Rat einiger Generäle wandelte Franco die sechs beantragten Todesstrafen in lebenslängliche Freiheitsstrafen um, was wohl vorrangig auf den Druck des Vatikans zurückzuführen war.

Spektakuläre Aktionen

Die ETA konnte sich mittlerweile auf breite Schichten des baskischen Volkes stützen. So musste Franco noch mehr Anschläge und Aufstände befürchten, und noch mehr Streiks – eine häufig eingesetzte gewaltfreie Maßnahme, die jedoch der Wirtschaft erheblich schadete. Und je mehr ETA-Mitglieder die Polizei festnahm, desto radikaler wurde die Bewegung. Im Dezember 1973 gelang der ETA der wohl spektakulärste Schlag: das Attentat auf den damaligen spanischen Ministerpräsidenten Luis Carrero Blanco in Madrid. Die Fotos des explodierten Wagens und des Kraters, den die Bombe im Hof einer Madrider Jesuitenkirche schlug, gingen um die Welt. Brisanz erhielt das Attentat außerdem, weil Carrero Blanco als eine Art Nachfolger Francos gehandelt wurde, der nach dessen Tod die Demokratisierung Spaniens hätte verhindern können.

Seit der Demokratisierung Spaniens 1975 besitzt das Baskenland weitgehende Autonomie. Somit wurde der ETA das Fundament, nämlich die Auflehnung breiter Bevölkerungsschichten gegen zentralistische Unterdrückung, entzogen. Nur noch eine kleine radikale Minderheit unterstützt heute die ETA aktiv. Trotzdem mordet sie weiter, im Baskenland und im übrigen Spanien. Mehr als 800 Menschen sind ihr seit Francos Tod zum Opfer gefallen.

·········· Terror gegen das eigene Volk ··········

Auf den Todeslisten der ETA stehen zahlreiche gemäßigte Basken in exponierten politischen oder gesellschaftlichen Positionen, darunter auch altgediente Kämpfer für ein freies Baskenland, die die Spirale der Gewalt nicht mittragen wollen. Zu leiden haben aber auch baskische Industrielle und kleine Geschäftsbesitzer sowie prominente Basken im Ausland: Durch Attentatsdrohungen erpresst man von ihnen die so genannte Revolutionssteuer zur Finanzierung des Terrors.

Obwohl der spanische Staat schärfste Sicherheitsmaßnahmen trifft, gelingen der ETA immer wieder spektakuläre Mordanschläge. Eines ihrer wirksamsten Terrorinstrumente ist die Autobombe.

Der spanische Diktator Franco (1892 bis 1975) provozierte durch seine radikale Unterdrückung des Separatismus die baskischen Nationalisten. Deren Ziele, Freiheit und Einheit für das Baskenland, will die ETA mit rücksichtsloser Gewalt durchsetzen.

▶ Völker, Staaten und Kulturen: Minderheiten in Nationalstaaten

Bürgerkriege und Grenzkonflikte in Afrika südlich der Sahara

*In nahezu allen schwarzafrikanischen Ländern haben seit der Unabhängigkeit
Bürgerkriege stattgefunden. Als »Stammeskriege« werden sie gerne in europäischen Medien dargestellt,
tatsächlich geht es in der Regel um handfeste politische und wirtschaftliche Interessen.*

Die zweite Hälfte des 20. Jahrhunderts war im postkolonialen Afrika südlich der Sahara von kriegerischen Auseinandersetzungen geprägt, die keineswegs im Zeichen uralter Stammestraditionen stehen. Vielmehr handelte es sich um Machtkämpfe, die von den Anführern auf eine ethnische Ebene gehoben wurden, um eine möglichst große, unbedingt loyale Anhängerschaft zu gewinnen.

In den westlichen Industrienationen löste das Leid der Zivilbevölkerung im Biafra-Krieg (1967 bis 1970) eine Welle des Mitgefühls aus.

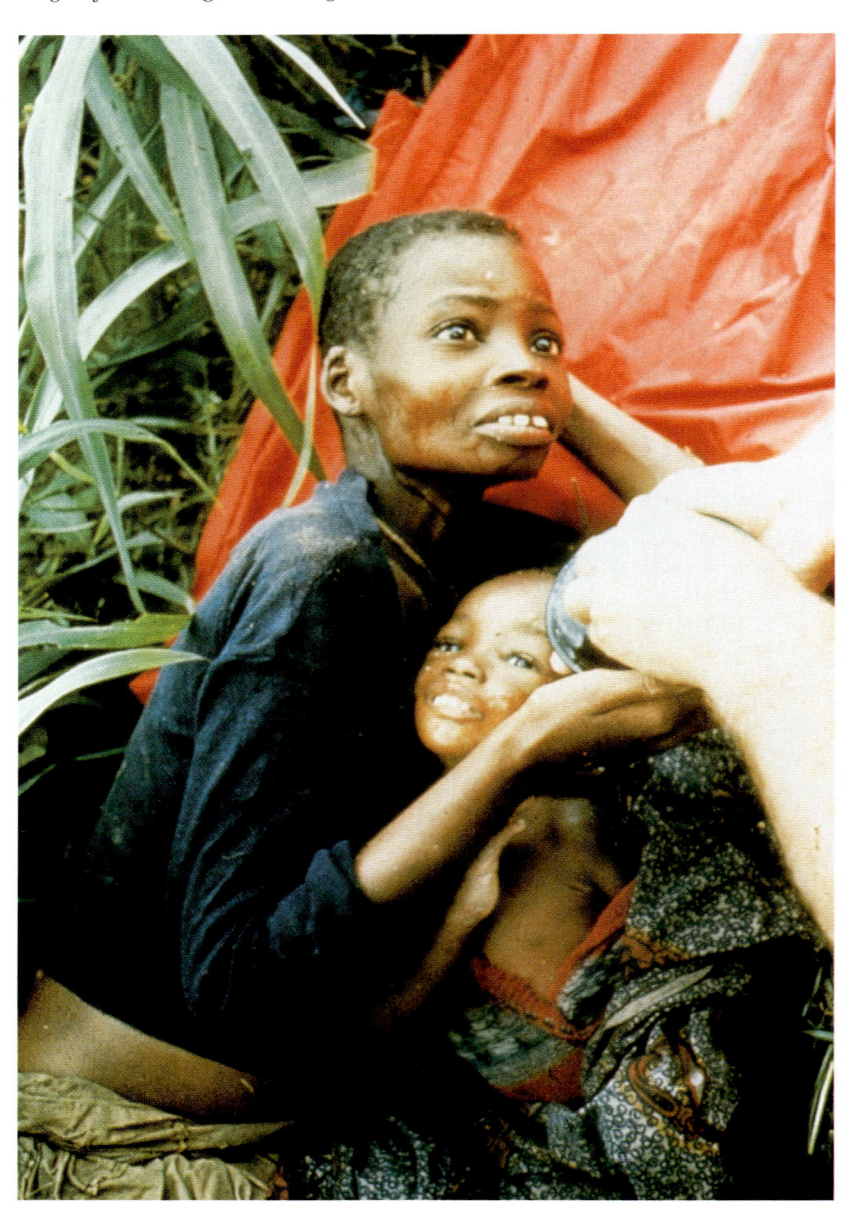

Durch das Schlagwort »Stammeskriege« wurden die Konflikte zwar auf innerstaatliche Ursachen reduziert, dennoch war die Rolle der Industrienationen, deren Mitverantwortung oder Mitschuld nicht zu übersehen. Bis zum Ende des Ost-West-Konflikts rivalisierten die Groß- und Supermächte in Afrika um Einflusszonen. Und noch heute konkurrieren internationale Konzerne um die beträchtlichen Profite aus der Förderung von Öl, Diamanten, Gold oder seltenen Mineralien – die notwendigen Helferdienste afrikanischer Machthaber werden auch mit militärischer Unterstützung entgolten.

Kriege zwischen afrikanischen Staaten fanden praktisch nicht statt. Die Staatsführer einigten sich nach Gründung der OAU, der Organisation für Afrikanische Einheit, darauf, die kolonialen Grenzziehungen trotz der Willkür und Härte für einzelne Bevölkerungsgruppen nicht durch Gewalt anzufechten. So wollten sie zwischenstaatliche Kriege, wie sie etwa das Europa des 19. Jahrhunderts prägten, vermeiden. Dies wurde in den ersten Jahrzehnten der Unabhängigkeit in beeindruckender Weise eingehalten – mit einer blutigen Ausnahme: der Abspaltung Biafras von Nigeria.

Der Biafra-Krieg

In Nigeria mit seinen über 400 verschiedenen Bevölkerungsgruppen hatte die britische Kolonialmacht die vorhandenen Gegensätze zwischen den drei großen Gruppen – den Hausa im moslemischen Norden sowie den Yoruba und den vornehmlich christlichen Ibo im Süden – zur Sicherung ihrer Herrschaft geschürt. Interne Konflikte waren daher bereits bei der Unabhängigkeit im Jahre 1960 angelegt. Schon die Wahl des Regierungssystems war Ausgangspunkt für Kämpfe um Macht und Pfründe. Nach einem gescheiterten Staatsstreich Anfang 1966 zentralisierte General Aguiyi Ironsi, ein Ibo, die bislang föderative Regierung. Kurz darauf wurde er ermordet. Unter dem neuen Staatsführer aus dem Norden, General Yakubu Gowon, fanden im September 1966 Massaker an Tausenden Ibo statt.

Gowon unterteilte im Mai 1967 Nigeria in zwölf Bundesstaaten, wobei die bisher vorwiegend von Ibo regierte Ostregion in drei Provinzen zergliedert und dortige Ölfelder einer Nicht-Ibo-Bevölkerung zuge-

KONFLIKTE IN AFRIKA SÜDLICH DER SAHARA

Rund 27 000 Flüchtlinge wurden 1999 in einem angolanischen Lager von der Deutschen Welthungerhilfe notdürftig versorgt.

teilt wurden. Drei Tage später erklärte sich die Ostprovinz unter Oberst Emeka Ojukwu zum unabhängigen Staat Biafra. Ojukwu begründete diese Abspaltung mit der bedrohten Sicherheit der Ibo, doch spielte der angekündigte Verlust der gewinnträchtigen Ölfelder wohl auch eine bedeutende Rolle. Im Juli 1967 brach der Krieg aus zwischen Biafra und der nigerianischen Regierung, die das abtrünnige Gebiet wieder eingliedern wollte. Obwohl die Biafraner kaum moderne Waffen hatten, errangen sie durch großen Einsatz anfangs Siege. Die militärisch überlegene nigerianische Regierungsarmee eroberte jedoch durch Angriffe zu Luft, Land und Wasser im Oktober 1967 Biafras Hauptstadt Enugu und bald darauf die Ölgebiete.

EINMISCHUNG VON AUSSEN

Der zunächst innenpolitische Konflikt entwickelte sich bald zu einer modernen Materialschlacht ausländischer Industriemächte, für die Biafras reiche Ölfelder auf dem Spiel standen. Sowjetrussische Waffenlieferungen an die nigerianische Regierung versuchte Großbritannien zu übertrumpfen, denn die vornehmlich britischen Ölkonzerne drängten auf eine baldige Befriedung der ölfördernden Gebiete. Auf Biafras Seite stellte sich Frankreich, um durch Verlängerung des Kriegs Großbritannien zu schaden. Gleichzeitig wurde das Fernsehpublikum in den Industrienationen mit Bildern ausgemergelter Biafra-Kinder zu Spenden aufgefordert; denn die Hauptleidtragenden waren Zivilisten. Sie wurden durch die von Nigeria veranlasste Wirtschaftsblockade regelrecht ausgehungert; tägliche Bombenangriffe, verwüstete Felder und die zusätzliche Versorgung der Kämpfer machten eine Selbstversorgung unmöglich. Die Zahl der zivilen Todesopfer betrug über eine Million, auf beiden Seiten starben rund 200 000 Soldaten.

Nach zweieinhalb Jahren Krieg kapitulierte Biafra am 15. Januar 1970 bedingungslos.

Nigerianische Regierungstruppen Ende der 1960er Jahre im Kampf gegen die vormals nigerianische Provinz, die unter dem Namen Biafra die staatliche Unabhängigkeit anstrebte.

▶ **Völker, Staaten und Kulturen:** Entkolonialisierung in Afrika

VÖLKERMORD IN RUANDA

Politisch instrumentalisiert wurden in Ruanda angebliche »rassische« Unterschiede zwischen den Tutsi, die in der Kolonialzeit die einheimische Elite gebildet hatten und auch den König stellten, und den Hutu, die etwa 85 Prozent der Gesamtbevölkerung darstellen. Um diese überwältigende Mehrheit in Zeiten der Demokratisierung politisch für sich zu gewinnen, schürten die Hutu-Führer den rassistischen Hass: 1959 kam es zu Massenmorden an Tutsi, Zigtausende flohen in die Nachbarländer. Nach der Unabhängigkeit heizte die Hutu-Regierung die Gegensätze noch an: In den Personalausweisen war weiterhin die »Rasse« vermerkt, durch eine Quotenregelung wurden Führungspositionen vornehmlich mit Hutu besetzt, während die Tutsi für den allgemeinen Niedergang des kleinen, übervölkerten Agrarlandes verantwortlich gemacht wurden.

Einen Angriff der Tutsi-Exil-Bewegung FPR (Patriotische Front Ruanda) im Oktober 1990 von Uganda aus drängten die Regierungstruppen mit französischer und belgischer Unterstützung binnen weniger Tage zurück. Als Anhänger der Rebellen bezichtigt, wurden viele Tutsi von Hutu-Milizen ermordet. Nach dem Friedensabkommen zwischen der Regierung und der FPR im August 1993 halfen UNO-Blauhelme, größere Massaker zu verhindern. Als im April 1994 ein Flugzeug mit Präsident Habyarimana und dem Präsidenten von Burundi abgeschossen wurde und beide starben, brach die Krise erneut auf. In völliger Hilflosigkeit zog die UNO ihre Truppen ab. Obwohl die Verantwortlichen für das Attentat nicht gefunden wurden, ermordeten Hutu-Milizen aus Rache binnen sieben Wochen etwa 800 000 Tutsi. Die Tutsi wiederum rächten sich in von ihnen kontrollierten Gebieten durch Massenmorde an Hutu.

Ungeachtet von ihrer »rassischen« Zugehörigkeit ließ die Hutu-Regierung seit Oktober 1990 unzählige Oppositionelle töten. In dieser Gewaltorgie wurden auch alte Rechnungen, etwa Streitigkeiten unter Nachbarn, beglichen und viele Zivilisten zum Töten gezwungen, so dass nahezu jeder zum Schuldigen wurde. Nach dem Sieg der FPR unter Paul Kagamé im Juli 1994 flohen etwa eineinhalb Millionen Hutu innerhalb des Landes und zwei Millionen in Nachbarländer. Auch nach Einstellung der Kämpfe im gleichen Jahr leidet Ruanda noch immer an den Folgen: Mehr als eine Million der acht Millionen Einwohner starben durch Mord, Hunger oder Seuchen; die Flüchtlinge sind noch nicht wieder integriert. Die neue Regierung schaffte zwar den Vermerk der »Rasse« in den Ausweisen und das Quotensystem ab, doch sind die alten Rivalitäten damit nicht überwunden.

BÜRGERKRIEG IN SIERRA LEONE

Der seit 1991 wütende Bürgerkrieg im westafrikanischen Sierra Leone gilt als ein Beispiel bewaffneter Rohstoffsicherung zur Bereicherung von so genannten Warlords (»Kriegsherren«). 1991 griff der Bürgerkrieg in Liberia auf das Nachbarland über, da der dortige Rebellenführer und heutige Präsident Charles Taylor die in seinem Land stationierte westafrikanische Eingreiftruppe ECOMAG durch eine zweite Front beschäftigen wollte. Mit seiner Unterstützung entstand die Rebellenbewegung RUF (Revolutionäre Vereinigte Front) unter Foday Sankoh, die die Diamantenminen von Sierra Leone erobern wollte. Von Taylor erhielt Sankoh im Gegenzug zu den lukrativen Edelsteinen osteuropäische Waffen, mit denen die RUF den schlecht ausgerüsteten Regierungstruppen weit überlegen war.

Flüchtlingslager in Ruanda, in dem sich 1994 unter dem Schutz französischer Soldaten mehr als 8 000 Tutsis aufhielten

1995 hatte der Bürgerkrieg in Sierra Leone bereits über 10 000 Todesopfer gefordert und mehr als ein Drittel der 4,5 Millionen Einwohner aus ihrer Heimat vertrieben.

Als die Rebellen 1992 die Minengebiete im Osten des Landes erreichten, wuchs die Besorgnis bei den Heimatstaaten der amerikanischen und europäischen Konzerne. 1992 putschte sich der Offizier Valentine Strasser mit ausländischer Unterstützung an die Macht und drängte die RUF mit Hilfe nigerianischer Einheiten und Söldnertruppen nach Liberia zurück. Dennoch hatte sich der Bürgerkrieg bereits auf die Hälfte des Staatsgebietes ausgeweitet; plündernde Soldaten und Deserteure terrorisierten die Bevölkerung. 1996 unterzeichnete der erste frei gewählte, von den USA und Großbritannien unterstützte Präsident Ahmad Kabbah mit der RUF einen Friedensvertrag. 1998 drängten nigerianische ECOMAG-Truppen die RUF in einigen Gebieten zurück, aber Anfang 1999 eroberte diese die Hauptstadt Freetown. Trotz einem im Juli 1999 geschlossenen Abkommen zwischen dem wieder eingesetzten Präsidenten Kabbah und Rebellenführer Sankoh ist bis heute der Friede durch bewaffnete Zwischenfälle gestört – so konnten sich seit 1999 stationierte UN-Truppen nicht einmal selbst vor dem Terror im Lande schützen: 500 Blauhelme wurden zeitweise als Geiseln festgehalten.

Der ehemalige Rebellenführer Charles Taylor 1998 als Regierungschef von Liberia

de die marxistisch orientierte MPLA von der Sowjetunion mit Material und von Kuba mit Soldaten unterstützt, während die UNITA Hilfe aus den USA und Südafrika erhielt. Die MPLA konnte immer ihre Position in der Hauptstadt Luanda behaupten, während große Landesteile von der UNITA kontrolliert wurden, die ihren Rückhalt unter den Ovimbundu, dem größten Volk Angolas, hat.

Mehrfach hat es Waffenstillstandsvereinbarungen und Friedenspläne zwischen den Rivalen gegeben. So 1988, als sich die Regierungen Angolas, Kubas und Südafrikas auf einen Waffenstillstand einigten, der den Abzug der ausländischen Truppen brachte, aber auch – als Nebeneffekt – die Unabhängigkeit Namibias, dem südlichen Nachbarn von Angola, vorbereitete. Auf Druck von außen wurden von April 1990 bis Mai 1991 wieder Friedensverhandlungen aufgenommen mit dem Ergebnis, Wahlen durchzuführen und die UNITA in Politik und Militär zu integrieren. Zwar unterzeichneten die von der linken MPLA geführte Regierung und die rechtsgerichtete UNITA 1994 einen Friedensvertrag. Doch der Bürgerkrieg flackerte mit wechselnder Intensität immer wieder auf, auch nachdem 1997 die rivalisierenden Parteien sich auf eine gemeinsame Regierungsbildung verständigten und damit die militärische und politische Einigung des Landes möglich schien.

Da die MPLA den Verkauf der Erdöl- und Erdgasvorkommen und die UNITA den Diamantenhandel kontrollierten, war ein Ende des Bürgerkriegs in Angola nicht abzusehen. Erst nachdem Regierungstruppen im Februar 2002 den Führer der UNITA, Jonas Savimbi, getötet hatten, wurde wenige Monate später ein Waffenstillstandsabkommen unterzeichnet. Man schätzt, dass über eine halbe Million Menschen im Bürgerkrieg ums Leben gekommen und weitere vier Millionen vertrieben worden sind.

Der Kampf um die hohen Profite aus dem Diamantenhandel kostete mehr als 100 000 Menschen in Sierra Leone das Leben. Fast die Hälfte der Bevölkerung verließ ihre Heimat, über 400 000 Menschen flohen vorwiegend nach Guinea. Eine besonders schwierige und traurige Erblast des Krieges sind die einstigen Kindersoldaten, die kaum zehnjährig nichts anderes lernten, als brutal Menschen zu töten.

Mit moderner Bewaffnung und traditioneller Maske: ein Krieger vom Stamm der Kamajoren 1997 in dem vom Bürgerkrieg erschütterten Sierra Leone

BÜRGERKRIEG IN ANGOLA
Seit die Portugiesen Angola 1975 in die Unabhängigkeit entlassen hatten, führten die ehemaligen Befreiungsbewegungen einen gnadenlosen Bürgerkrieg um die Vorherrschaft. Dabei wur-

KONFLIKTBEWÄLTIGUNG
Ob die Zusammenschlüsse afrikanischer Staaten künftig Kriege eindämmen können, ist angesichts der finanziellen, militärischen und politischen Situation der meisten afrikanischen Länder fraglich. Hoffnung bietet etwa die Strategie der 53 Mitgliedsstaaten der AU, der Afrikanischen Union, die verstärkt auf politische Verhandlungen setzen, um bewaffnete Auseinandersetzungen zu vermeiden.

DIE ROLLE DER UN-FRIEDENSTRUPPEN IN DEN WELTWEITEN KRIEGEN

Humanitäre Hilfe für die Opfer von Kriegen: ein Angehöriger der UN-Friedenstruppen beim Einsatz in einem Flüchtlingslager in Ruanda

Im Jahr 1988 erhielten die Blauhelme in Stockholm für ihre Einsätze in vielen Konflikten den Friedensnobelpreis. Aber seit ihren missglückten Missionen in Somalia (1992/93) und Bosnien (1992–1995) ist der gute Ruf dahin und mit der Schwächung der UNO im Zusammenhang mit dem Irak-Krieg stecken die UN-Friedenstruppen vollends in der Krise.

AUS DER NOT GEBOREN

Im Gründungsdokument der Vereinten Nationen (United Nations Organisation, kurz: UNO) von 1945, das die Erhaltung des Friedens zum obersten Prinzip erhob, wurden die Friedenstruppen noch nicht erwähnt. Zu ersten militärischen Beobachtermissionen der UN kam es 1948 und 1949. Im November 1956 schlug dann die Geburtsstunde der Blauhelme: Da in der Suezkrise der UN-Sicherheitsrat durch das Veto Frankreichs und Großbritanniens blockiert war, beauftragte der amtierende UN-Generalsekretär Dag Hammarskjöld eine militärische Einsatztruppe, die United Nations Emergency Force (UNEF I), einen Puffer zu bilden, um den drohenden Krieg zwischen Israel und Ägypten um den Suezkanal zu vermeiden. Die Friedenstruppe bestand aus internationalen Verbänden, die mehrere UN-Mitgliedsstaaten freiwillig dem militärischen Kommando der UN unterstellt hatten.

Bisher wurden über 50 derartige friedenserhaltende Operationen eingeleitet, von denen einige andauern. Die wichtigste Aufgabe besteht darin, Kriegshandlungen zu beenden, ein Wiederaufflammen der Kämpfe zu verhindern und die gegnerischen Parteien von einer friedlichen Lösung ihres Konfliktes zu überzeugen.

Die KFOR-Friedensmission im Kosovo – rechts ein Bundeswehrsoldat – stand unter NATO-Führung, wurde aber von der UN legitimiert.

Die Mission der UNO in Somalia, an der auch 1600 Bundeswehrangehörige teilhatten, scheiterte.

EUPHORIE UND ERNÜCHTERUNG

Diese »klassischen« Blauhelm-Einsätze und ihre Grundsätze – Verantwortung der UN beziehungsweise des UN-Sicherheitsrates, Stationierung nur mit Einwilligung der Konfliktparteien, strenge Unparteilichkeit und Waffeneinsatz nur zur Selbstverteidigung – gerieten allerdings Anfang der 1990er Jahre an ihre Grenzen. Nach dem Ende des Ost-West-Gegensatzes war der UN-Sicherheitsrat zwar wieder handlungsfähig, aber die UN-Friedenstruppen waren nicht auf die komplexen Probleme in innerstaatlichen Konflikten vorbereitet.

Gelang es den Missionen in Namibia und Kambodscha noch, zusätzlich umfangreiche Aufgaben im zivilen Bereich zu bewältigen, etwa die Organisation von Wahlen und die (Wieder-)Errichtung funktionierender staatlicher Strukturen, so scheiterte der Einsatz in Somalia 1992/1993 an dem grundsätzlichen Widerspruch zwischen Unparteilichkeit und militärischer Erzwingung des Friedens: Die Blauhelme waren durch die Ausweitung ihres Auftrags, humanitäre Hilfe für die Bevölkerung notfalls auch mit Waffen durchzusetzen, faktisch zu Gegnern der Clanmilizen geworden und hatten das ursprüngliche Vertrauen in ihre Vermittlerrolle eingebüßt.

Auch der halbherzige Versuch der humanitären Intervention in Ruanda und das hilflose Agieren im ehemaligen Jugoslawien führten zu spektakulären Fehlschlägen. In Bosnien mussten die UN-Soldaten zusehen, wie Muslime brutal von Serben aus den UN-Schutzzonen um Bihać und Srebrenica vertrieben wurden. »Ethnische Säuberungen« und andere massive Menschenrechtsverletzungen, soziale und religiöse Konflikte, Bandenkriege und Hungersnöte können eben nicht mit den Mitteln klassischer Friedenssicherung gelöst werden. Die zunehmende Gefahr für die Soldaten lässt auch die Bereitschaft der UN-Mitgliedsstaaten sinken, sich an Blauhelm-Einsätzen zu beteiligen. Nicht zuletzt aufgrund all dieser Probleme haben von der UNO nur noch legitimierte, aber unter anderer Führung stehende Friedensmissionen wie etwa die im Kosovo oder in Afghanistan – diese auch mit Bundeswehrbeteiligung – stark an Bedeutung gewonnen.

REFORMEN IN DER INTERNATIONALEN FRIEDENSSICHERUNG

Die »Agenda für den Frieden« von 1992 des damaligen UN-Generalsekretärs Boutros Boutros-Ghali stellte den ersten Versuch dar, ein umfassendes Konzept für Friedenseinsätze zu entwickeln, das die veränderten weltpolitischen Rahmenbedingungen und die neuen Herausforderungen an Blauhelme in Bürgerkriegssituationen berücksichtigt. Boutros-Ghali sah die Ursache des Übels darin, dass hauptsächlich die Auswirkungen von Konflikten bekämpft wurden, weniger ihre Ursachen. »Vorbeugende Diplomatie« und »Friedenskonsolidierung«, das heißt: Wiederherstellung friedlicher Lebensbedingungen nach Beendigung der Gewalt, wurden die neuen Grundsätze in der internationalen Friedenssicherung. Zusätzlich sollen nach den Vorschlägen einer UN-Expertengruppe vom August 2000 Blauhelme zukünftig ein »robustes Mandat« erhalten, also zu einer gut ausgerüsteten und schlagkräftigen Friedenstruppe umgewandelt werden, auf die im Bedarfsfall schnell zurückgegriffen werden kann *(stand-by forces)*.

########### UN-EINSÄTZE DER BUNDESWEHR ###########

In der Bundesrepublik Deutschland war die Beteiligung der Bundeswehr an friedenserhaltenden und humanitären Maßnahmen seit ihren ersten kleineren Einsätzen in den 1970er Jahren politisch umstritten. Mit Skepsis verfolgten Teile der Öffentlichkeit die erste echte Blauhelm-Mission 1992/93 in Kambodscha, als deutsche Sanitätssoldaten in Phnom Penh ein Feldlazarett betrieben. Umso schärfer wurde die innenpolitische Debatte über den bewaffneten Somalia-Einsatz. Das Bundesverfassungsgericht entschied im Juli 1994, dass bewaffnete deutsche Streitkräfte an UN-Friedensmissionen oder der NATO, sofern diese vom UN-Sicherheitsrat genehmigt sind, teilnehmen können. Allerdings ist für jeden dieser Einsätze die Zustimmung des Bundestags notwendig.

Blauhelme aus Dänemark und Norwegen auf ihrem Beobachtungsposten im Gaza-Streifen

▶ Völker, Staaten und Kulturen: Die Vereinten Nationen

DIE ISLAMISCHE REVOLUTION IN IRAN

Die islamische Revolution von 1979 in Iran markiert eines der einschneidensten Ereignisse im Nahen Osten des späten 20. Jahrhunderts und gilt als eine der deutlichsten Manifestationen des politischen Islamismus.

Hassparolen während der islamischen Revolution: Feindbilder waren die USA, der Imperialismus und nicht zuletzt der Zionismus, der für den vermeintlich übermächtigen Einfluss von Juden steht.

Frauen im traditionellen Tschador bei der Stimmabgabe zur ersten Präsidentschaftswahl im Januar 1980

Der Sturz von Schah Mohammed Riza Pahlewi, der Iran seit 1941 regierte, und die Verkündigung einer Islamischen Republik unter dem charismatischen Revolutionsführer Ayatollah Chomeini (1902 bis 1989) kam 1979 zumindest für das Ausland völlig überraschend. Dabei blendet die Etikettierung der Revolution als »islamisch« aus, dass durchaus heterogene gesellschaftliche Kräfte, also auch säkulare, liberale und linke Gruppen, hinter der Revolution standen und zu ihrem Erfolg beitrugen. Denn die Unzufriedenheit mit dem autokratischen System des Schahs und seinen repressiven Methoden beschränkte sich keineswegs auf Islamisten.

DIE HINTERGRÜNDE

Trotz steigender Ölexporte und dem staatlich forcierten Industrialisierungsprogramm zeichnete sich in Iran ab den 1970er Jahren eine ökonomische Krise ab, verursacht durch Inkompetenz der Planungsbehörden, immense Militärausgaben, Korruption und eine künstlich verschleierte Inflation.
Die Vernachlässigung der Landwirtschaft und des Handwerks hatten zu einer Landflucht in die urbanen Ballungszentren sowie zur sozialen Deklassierung weiter Bevölkerungsteile geführt. Aber auch die neue westlich orientierte Mittelschicht blieb von der politischen Beteiligung aus-

1977 | 1978

Oktober 1977
Lesungen im Goethe-Institut Teheran mit deutlicher Regimekritik

7. 1. 1978
Diffamierender Artikel über Chomeini in staatlicher Presse löst gewaltsame Unruhen aus

➤ Religionen und Glaubensformen: Islamische Welt im 20. Jahrhundert

Die islamische Revolution in Iran

Schah Mohammed Riza Pahlewi und seine Frau Farah Diba flohen Mitte Januar 1979 vor der Revolution ins Ausland.

geschlossen. Das Regime kontrollierte Parlament und Parteien, rigoros wurden politische Opposition und freie Presse durch den Sicherheitsapparat (etwa den Geheimdienst SAVAK) unterdrückt. Doch die autonomen Organisationsstrukturen der schiitischen Geistlichkeit, die beträchtliches Ansehen in der Bevölkerung genoss, entzogen sich der staatlichen Kontrolle weitgehend. Hier erwuchs dem Regime ein mächtiger Feind, der gegen die vom Schah propagierte Säkularisierung der Gesellschaft vehement Widerstand leistete.

Verlauf der Revolution

Als die US-Regierung unter Jimmy Carter zunehmend die Menschenrechtsverletzungen in Iran kritisierte und den Schah zu einer Lockerung der politischen Unterdrückung veranlasste, erhielt die Opposition Auftrieb. So forderten im Sommer 1977 verschiedene Gruppen, die Verfassungsrechte in Kraft zu setzen, freie Wahlen abzuhalten und unabhängige Parteien zuzulassen. Die sich formierende Opposition bestand zunächst überwiegend aus dem intellektuellen Milieu der Universitäten sowie liberalen Politikern und artikulierte sich friedlich. Am 7. Januar 1978 änderte sich dies schlagartig, als die staatliche Presse einen diffamierenden Artikel über Chomeini veröffentlichte. Chomeini, der zu den prominenten schiitischen Geistlichen gehörte, war bereits 1963 gegen das Pahlewi-Regime aufgetreten und hielt sich seither im Exil auf – ab 1978 in Frankreich.

Die Pressekampagne führte zu einer Radikalisierung und Personalisierung des Konflikts. Anstelle von Reformen forderte Chomeini nun den Sturz der Monarchie und richtete die Kritik an der bestehenden Situation zunehmend auf den Schah selbst. Chomeini avancierte zur Integrationsfigur der heterogenen Oppositionsbewegungen. Da er seine politischen Vorstellungen nämlich nicht wirklich konkretisierte, konnten sich auch säkulare Kräfte dem vagen Konzept einer »Islamischen Republik« anschließen. Zudem gewann die Geistlichkeit mit ihrer sozialpolitischen Propaganda die verarmten städtischen Schichten und schuf somit eine breite Basis. Die schiitische Ausprägung des Islam stellte ein eindrucksvolles Repertoire an Symbolen bereit, das in den revolutionären Unruhen mobilisierend wirkte.

Seit Juni 1978 lähmte ein Generalstreik das Land. Die Demonstrationen wurden immer entschlossener, während das Regime inkonsequent zwischen einer Politik der Nachgiebigkeit und rücksichtsloser Unterdrückung lavierte. Am 8. September 1978, dem »Schwarzen Freitag«, eskalierte die Gewalt: Die Armee eröffnete in Teheran das Feuer auf Demonstranten. Am 12. Dezember, anlässlich eines religiösen Feiertages, forderte eine unübersehbare Menschenmenge – Schätzungen gehen von einer bis zwei Millionen aus – in Teheran die Abschaffung der Monarchie. Am 16. Januar 1979 ging der Schah ins Exil, am 1. Februar kehrte Chomeini zurück. In den folgenden Monaten gelang es den Geistlichen um Chomeini aufgrund ihrer effizienten Organisationsstrukturen, die säkularen Oppositionsbewegungen nacheinander auszuschalten und ein repressives islamisches System zu errichten. Am 1. April konnte Chomeini die Islamische Republik Iran proklamieren.

Nach 15 Jahren im Exil kehrte der Ayatollah Chomeini, einer der prominentesten schiitischen Geistlichen, am 1. Februar 1979 nach Iran zurück und setzte sich an die Spitze der Revolution.

1979 – 1980

- **19. 8. 1978** Brandstiftung im Kino »Rex« in Abadan mit 400 bis 500 Toten löst Massendemonstrationen aus
- **ab September 1978** Opposition organisiert Streiks
- **8. 9. 1978** »Schwarzer Freitag«, Massaker am Jale-Platz
- **7. 9. 1978** Versammlungsverbot wird erlassen.
- **10. 12. 1978** Massendemonstrationen
- **29. 12. 1978** Liberale Regierung wird eingesetzt
- **1. 2. 1979** Chomeini kehrt nach Iran zurück
- **10. 2. 1979** Sturz des alten Regimes, Mehdi Bazargan wird Ministerpräsident
- **16. 1. 1979** Schah Mohammed Riza Pahlewi verlässt Iran
- **20. 2. 1979** Einsetzung des Islamischen Revolutionsrates
- **30./31. 3. 1979** Bei Referendum über 90 Prozent Zustimmung für die Einrichtung einer Islamischen Republik

SOWJETISCHE INVASION IN AFGHANISTAN

Um das schwache kommunistische Regime in Kabul zu stützen, marschierten Ende 1979 sowjetische Truppen in Afghanistan ein. In einem jahrelangen Krieg konnten sie sich aber nicht gegen den islamischen Widerstand durchsetzen. Nach ihrem Abzug brach der Bürgerkrieg zwischen den verfeindeten Mudschaheddin aus.

Der afghanische Ex-König Sahir Schah in seinem Exil in Rom kurz vor seiner Rückkehr nach Afghanistan im April 2002

Ab Mitte der 1970er Jahre verstand man in Moskau unter Entspannungspolitik etwas anderes als im Westen. So sah sich der sowjetische Regierungschef Leonid Breschnew nur verpflichtet, nicht in der westlichen Sphäre zu intervenieren. Anderswo, etwa in Angola, Mosambik und Äthiopien, hatte er weniger Hemmungen. Als Weihnachten 1979 bekannt wurde, dass sich sowjetische Truppen zum Einmarsch in Afghanistan sammelten, verstand der Westen das als aggressiven Akt und begrub die Hoffnung auf ein anhaltendes Klima der Entspannung.

SOWJETISCH-AFGHANISCHE BEZIEHUNGEN

Anfang des 20. Jahrhunderts hatte ein Kompromiss zwischen Großbritannien und Russland, die damit ihre jeweiligen Interessen im Hindukusch begrenzten, zur staatlichen Bildung Afghanistans geführt. Die Einwohner des neuen Staates gehörten dem Islam an und bestanden vor allem aus Paschtunen, Tadschiken und Mongolen, also Völkern, die auch in der UdSSR beheimatet waren.

Seit den Zeiten des Kalten Krieges leistete die UdSSR Afghanistan Entwicklungshilfe, beim Straßenbau, bei der Erschließung von Gasvorkommen. Bedeutung erhielt die Ausbildung afghanischer Offiziere durch sowjetische Militärberater, die 1973 auch zum Sturz des afghanischen Monarchen durch Mohammed Daud Khan maßgeblich beitrugen. Der sowjetische Einfluss war auch entscheidend für den Staatsstreich durch Taraki 1978, der die Kommunisten an die Macht brachte. Von Anfang an fanden weder das neue Regime noch der Kommunismus Rückhalt bei der traditionsgebundenen, durchgängig islamischen Bevölkerung. Doch Breschnew

Im Dezember 1979 begann die sowjetische Invasion in Afghanistan. Ziel war die Unterstützung des kommunistischen Regimes in Kabul, das im Volk wenig Rückhalt fand.

1975 — 1980 — 1985

1979
Erhebung islamischer Bergstämme gegen das kommunistische Regime in Kabul; die UdSSR antwortet mit Invasion.

1979 – 1989
Krieg der Roten Armee gegen die Mudschaheddin

Sowjetische Invasion in Afghanistan

Nach dem Abzug der sowjetischen Truppen lieferten sich die verschiedenen Gruppierungen der islamischen Widerstandskämpfer, Mudschaheddin genannt, einen erbitterten Bürgerkrieg.

konnte den Abfall vom Kommunismus nicht dulden und schickte seine Truppen, nicht zuletzt weil zu befürchten war, dass die im benachbarten Iran siegreiche islamische Revolution auf Afghanistan übergreifen und auch vor den islamisch geprägten Sowjetrepubliken nicht Halt machen würde.

Ein Krieg der muslimischen Mudschaheddin

Ende Dezember 1979 marschierte die Rote Armee mit 100 000 Soldaten, unterstützt von starken Luftwaffengeschwadern, in Afghanistan ein. Anfangs hatte der afghanische Widerstand den Sowjets wenig entgegenzusetzen. Doch dann konzentrierte er sich auf die schwer zugänglichen Gebirgsregionen und überwand die Rivalitäten der einzelnen Splittergruppen. Darin nämlich waren sich alle einig: Die sowjetischen Invasoren waren »Ungläubige«, denen sie als Muslime mit aller Härte begegnen mussten. Schließlich kristallisierten sich im Widerstand drei starke Gruppen heraus: Im Norden Afghanistans, an der Grenze zu Usbekistan, agierte überaus erfolgreich Ahmed Schah Massud, »der Löwe von Pandschir«. Er gehörte zum volkreichen Stamm der Tadschiken und genoss hohes Ansehen. Eine andere Kampftruppe wurde von dem Fundamentalisten Gulbuddin Hekmatyar geführt, eine weitere bildeten die Hazara, die mongolischen Ursprungs sind, in den Gebirgen des Hazaradschats operieren und aufgrund ihres Schiitentums von Iran unterstützt werden.

Die Bewaffnung der Freiheitskämpfer stammte aus islamischen Bruderländern, aber auch aus den USA, die den sowjetischen Einmarsch aufs schärfste verurteilten. US-Präsident Carter ließ sofort alle Getreidelieferungen in die UdSSR stoppen und rief zum Boykott der Olympischen Spiele in Moskau auf, dem 56 Staaten folgten. Dass das umkämpfte Gebiet im Zentrum des Welthandels mit Opium lag und die Freiheitskämpfer daraus erhebliche Gewinne erzielten, war zu dieser Zeit kaum jemandem bewusst. Im Westen stand die Öffentlichkeit vorerst noch auf Seiten des Kampfes gegen die sowjetische Besatzung.

Afghanistan im Bürgerkrieg

Der Afghanistan-Krieg, in der UdSSR unpopulär, wurde für die Russen zum Debakel. Sie konnten zwar teilweise die Städte besetzen, nie aber das Land oder das Gebirge, das unter der Kontrolle der Mudschaheddin stand. 1989 ließ der sowjetische Staatschef Michail Gorbatschow die letzten Truppen abziehen.

In Kabul kam nach internen Kämpfen der frühere Geheimdienstchef Nadschibullah an die Macht. Obwohl er sich als Moslem präsentierte, misslang die Versöhnung der islamischen Gruppen unter seiner Führung. 1992 flammte ein blutiger Bürgerkrieg auf, in dem sich die verfeindeten Mudschaheddin gegenseitig bekämpften. Vier Jahre später eroberten die radikalislamischen Taliban die Hauptstadt und riefen einen islamischen Staat aus. Erst im Winter 2001/02 wurde das Taliban-Regime, das den Terroristen Osama bin Laden aufgenommen hatte, von US-Streitkräften zerschlagen.

Das Nachbarland Pakistan nahm während der sowjetischen Invasion und des Bürgerkriegs zahllose Flüchtlinge aus Afghanistan auf.

1990 — 1995 — 2001

1992 Bürgerkrieg zwischen rivalisierenden Mudschaheddin-Gruppen

1996 Fundamentalistische Taliban erobern Kabul und rufen einen islamischen Staat aus.

1997 Allianz gegen die Taliban bildet gemeinsame Regierung, der Bürgerkrieg geht weiter.

Winter 2001/02 Zerschlagung des Taliban-Regimes durch eine von den USA angeführte militärische Koalition

▶ **Völker, Staaten und Kulturen:** Die UdSSR von der Entstalinisierung bis zur Perestroika

[336]
IRAKISCH-IRANISCHER KRIEG

DER IRAKISCH-IRANISCHE KRIEG – ERSTER GOLFKRIEG VON 1980 BIS 1988

Eine Million Tote und Verwundete, Kriegskosten von 1000 Milliarden US-Dollar: Der Krieg zwischen den Nachbarstaaten Irak und Iran war eine der längsten und verlustreichsten militärischen Auseinandersetzungen seit 1945 und barg auch nach seinem Ende neues Konfliktpotenzial.

Ein irakischer Soldat läßt sich mit triumphaler Geste vor dem zerschossenen Porträt des iranischen Führers Ayatollah Chomeini fotografieren.

Die islamische Revolution in Iran 1979 unter Ayatollah Ruhollah Chomeini sorgte für eine Destabilisierung der komplizierten politischen und gesellschaftlichen Kräfteverhältnisse im Nahen und Mittleren Osten. Auch Saddam Hussein, der 1979 in Irak die Macht an sich gerissen hatte, war wegen der schiitischen Bevölkerungsmehrheit in seinem Land über einen möglichen »Revolutionsimport« besorgt. Der ideologische Widerspruch zwischen der fundamentalistisch-islamischen Ordnung in Iran und der sozialistisch-weltlichen in Irak konnte nicht größer sein. Dazu kam eine ausgeprägte Rivalität der beiden Länder um die Vorherrschaft in der Golfregion seit der Staatsgründung des Irak nach dem Ersten Weltkrieg.

DER WEG IN DEN KRIEG

Saddam Hussein witterte nun die Chance, alte territoriale Konflikte zu seinen Gunsten zu entscheiden, weil der Iran innenpolitisch geschwächt war. Die Revolutionsbewegung war völlig zerstritten, Armee und Revolutionsgarden *(Pasdaran)* lieferten sich einen erbitterten Machtkampf, einzelne iranische Provinzen und Bevölkerungsgruppen wollten sich von Teheran abspalten. Am 17. September 1980 kündigte Saddam Hussein den 1975 geschlossenen Vertrag von Bagdad auf, der den Grenzverlauf zwischen Iran und Irak in der Flussmitte des Schatt al-Arab festlegte. Dieser Zusammenfluss von Euphrat und Tigris ist für den Irak der einzige und darum wirtschaftlich lebensnotwendige Zugang zum offenen Meer über

Muslimische Geistliche treffen sich während des irakisch-iranischen Kriegs an der Front.

IRAKISCH-IRANISCHER KRIEG

den Persischen Golf. Mit der Annexion der erdölreichen iranischen Provinz Khusestan (ehemals Arabistan) wollte sich Saddam Hussein die ungehinderte Nutzung iranischer Förderanlagen, Pipelines, Raffinerien und Verladeeinrichtungen sichern.

DER BLITZKRIEG SCHLÄGT FEHL

Am 22. September 1980 überschritten irakische Truppen die Grenze zum Iran auf einer Breite von 500 Kilometern. Mit gezielten Luftangriffen sollte die iranische Luftwaffe schon auf ihren Stützpunkten ausgeschaltet werden. Doch nach schnellen Anfangserfolgen kam die irakische Offensive zum Erliegen. Einem verlustreichen Stellungskrieg zwischen Dezember 1980 und September 1981 folgte die iranische Rückeroberung aller von der irakischen Armee besetzten Gebiete. Den Iranern gelang es sogar, auf irakisches Territorium vorzudringen. Sie nahmen 1986 die strategisch wichtige Halbinsel Fao (Al Faw) ein und kontrollierten zeitweise die kurdischen Siedlungsgebiete im Norden des Irak. Mit Hilfe der massiven finanziellen Unterstützung seitens der arabischen Golfstaaten bombardierte Saddam Husseins Luftwaffe seit 1984 im »Städtekrieg« und im »Tankerkrieg« auch zivile Ziele und iranische Schiffe im Golf.

Letztlich gelang keiner der beiden Kriegsparteien, trotz des Einsatzes iranischer Kindersoldaten und irakischen Giftgases, der entscheidende militärische Durchbruch. Als im Frühjahr/Sommer 1988 irakische Truppen das von Iran besetzte irakische Territorium zurückeroberten und damit den Vorkriegszustand wiederherstellten, gab der kriegsmüde Iran schließlich seine Einwilligung zum Waffenstillstand, den die Vereinten Nationen gefordert und der Irak bereits seit längerem akzeptiert hatte.

REGIONALE UND INTERNATIONALE DIPLOMATIE

Eine diplomatische Lösung des Konflikts war zu keinem Zeitpunkt in Sicht, da beide Staaten die Waffenstillstandsbedingungen des Gegners regelmäßig als unzumutbar ablehnten. Umfangreiche Waffenlieferungen und Finanzhilfen des Auslands trugen erheblich zur jahrelangen Fortdauer des Zermürbungskrieges bei. Die arabischen Golfstaaten unterstützten Saddam Hussein aus Angst vor einer innenpolitischen Krise durch islamische Fundamentalisten im eigenen Land. Die Supermächte USA und UdSSR verfolgten ebenso eigene Interessen, um politische Geländegewinne im Ost-West-Konflikt zu verbuchen. Erst die gemeinsame Furcht, dass der Krieg auf die gesamte Region übergreifen könnte, ließ sie aktiver werden und führte 1987 schließlich zur UN-Resolution 598, in der zur Beendigung der Kampfhandlungen aufgefordert wurde.

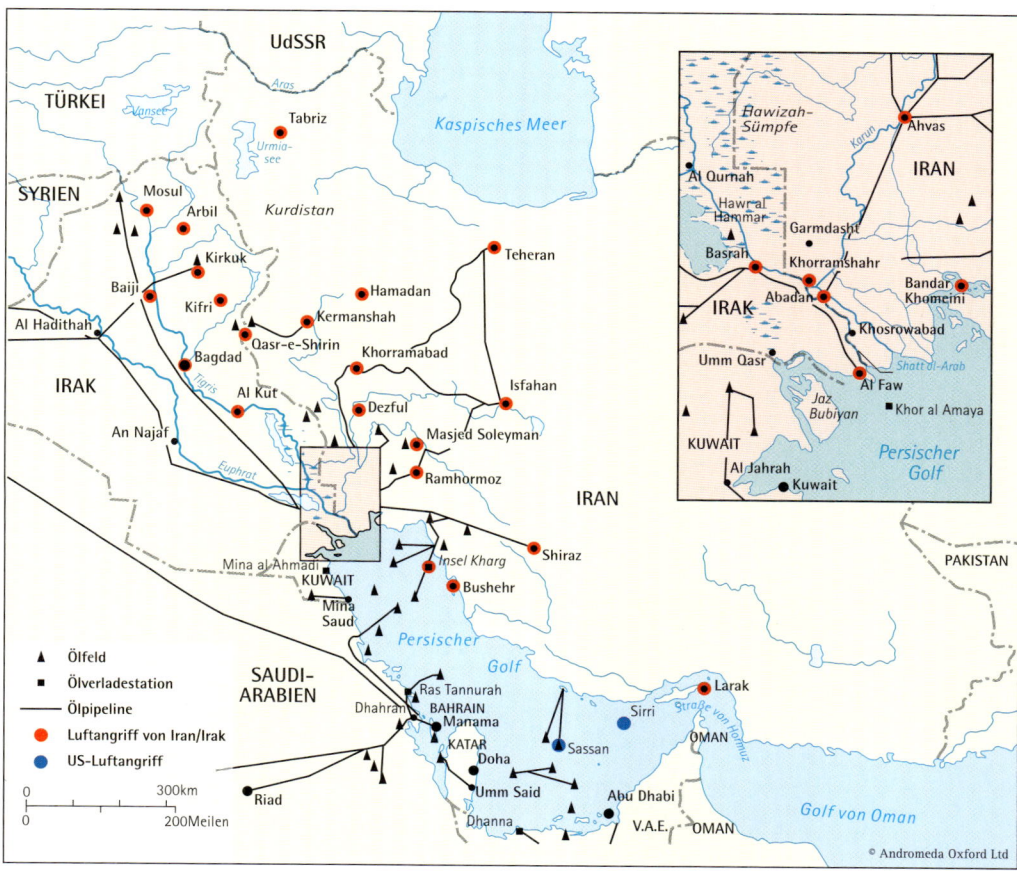

Schauplätze des Ersten Golfkriegs, in dem es nicht zuletzt um die reichen Ölfelder im Persischen Golf ging

·········· DIE PROBLEMATIK DER KURDEN ··········

Die Kurden, deren Siedlungsgebiet über drei Staaten – Türkei, Irak, Iran – verteilt ist, gehören zu den ältesten Völkern der Welt. Sie sprechen eine eigenständige nordwestiranische Sprache und sind islamischen Glaubens. Ihr jahrhundertealter Wunsch nach einem unabhängigen Kurdistan schien nach dem Ersten Weltkrieg zum Greifen nah, bis die neu gegründete Türkei in den 1920er Jahren begann, die kurdische Minderheit rücksichtslos zu verfolgen. Auch in Irak dauert die Unterdrückung bis heute an. Bei Giftgas-Einsätzen gegen die Zivilbevölkerung in Nordirak kamen 1991 Tausende von Kurden um. Heute kämpfen verschiedene Parteien und Bewegungen wie die Arbeiterpartei Kurdistans (PKK) mit unterschiedlichen Mitteln für einen eigenständigen kurdischen Staat und für mehr Autonomie.

Ein Bild der Zerstörung aus dem irakisch-iranischen Krieg 1980 - 1988

Der Sturz des Kommunismus
Freiheit für Ostdeutschland und Osteuropa

Das Jahr der Wende war 1989. Mit dem Sieg der Demokratie wurde der Untergang des Kommunismus in Europa – für die meisten überraschend – besiegelt. Hervorzuheben ist der weitgehend unblutige Verlauf dieser auch weltpolitisch bedeutenden Revolution, die dem Ost-West-Konflikt ein Ende setzte.

Der Sturz des Kommunismus – symbolisiert durch den Abriss der monumentalen Lenin-Statue in Litauen

Als im März 1985 Michail Gorbatschow zum Generalsekretär der Kommunistischen Partei berufen und später Staatspräsident der UdSSR wurde, konnte wohl keiner ahnen, was dieser Politiker in Europa in Bewegung setzen würde. Unter den Schlagworten Perestroika (Umbau) und Glasnost (Öffentlichkeit) wollte er den verkrusteten Sowjetkommunismus durch Reformen für die neue Zeit retten. Stattdessen wurde er – unbeabsichtigt – zu

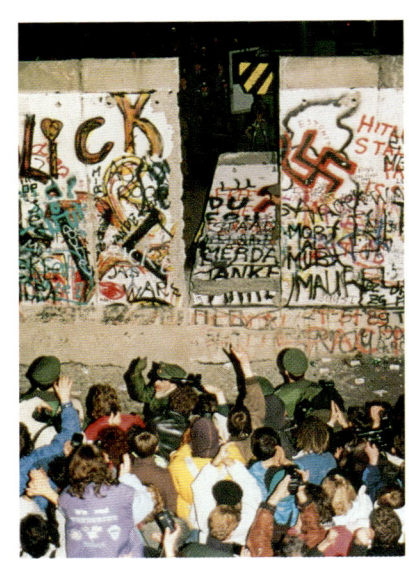

Die Menschen jubeln, als die Berliner Mauer abgebaut wird.

dessen Totengräber. Die Satellitenstaaten befreiten sich, die Sowjetunion zerfiel, das Land glitt ins Chaos ab. Ein historisches Verdienst dieser nicht unumstrittenen Figur der Zeitgeschichte bleibt über jeden Zweifel erhaben: Gorbatschow setzte sich gegen die Reaktionäre in der KP durch und verhinderte ein Blutvergießen, indem er auf die revolutionären Strömungen nicht mit militärischer Gewalt reagierte.

Aufbruch in und aus der DDR

»Wer zu spät kommt, den bestraft das Leben.« Dieser Gorbatschow zugeschriebene Ausspruch galt vor allem für die Führungsriege der DDR unter Erich Honecker. Bis zuletzt klammerte man sich hilflos an das marode System, blind für die veränderte Stimmung. Am 6./7. Oktober 1989 feierte das SED-Regime noch in gewohnter Weise den 40. Jahrestag der DDR-Gründung, augenscheinlich unbeeindruckt von den Vorgängen im eigenen Land. Denn da herrschte keine Ruhe mehr! Eine gewaltfreie, aber hartnäckige Opposition hatte sich in Gruppen wie »Neues Forum«, »Demokratischer Aufbruch«, »Demokratie jetzt« formiert. Anlass dafür gaben die Ablehnung von Gorbatschows Refomansätzen durch die SED und die manipulierten Kommunalwahlen im Mai 1989. In Leipzig fanden allwöchentlich die Montagsdemonstrationen statt, in Ostberlin traf man sich in der Marienkirche.

Während die einen für die Umgestaltung der DDR auf die Straße gingen, entschlossen sich andere, die ein rasches Ende des Tauwetters befürchteten, zur Flucht. Die Möglichkeit ergab sich, als die Volksrepublik Ungarn den Eisernen Vorhang zerriss und ihre Grenzen nach Österreich öffnete. Eine Massenflucht von DDR-Bürgern über Ungarn und die bundesdeutschen Botschaften in Prag, Budapest und Warschau setzte ein. Zwar warf die DDR-Regierung den Ungarn die Verletzung völkerrechtlicher Verträge und Vereinbarungen vor – aber nichts geschah. Moskau griff nicht ein, auch nicht als im Herbst eine neue »Reisewelle« aus der DDR einsetzte.

Die Geduld der ostdeutschen Bevölkerung war am Ende, laut tönte es auf der Montagsdemonstration in Leipzig: »Wir sind das Volk!«. Mit dieser Parole stürzte eine »friedliche Revolution« binnen Wochen das SED-Regime. Das Unfassbare geschah, das was jahrelang keiner zu hoffen gewagt hatte: Die Berliner Mauer öffnete sich in der Nacht vom 9. auf den 10. November 1989, Ost- und Westberliner fielen sich in die Arme. Kurz darauf wurden die Sperrzonen an der Berliner Mauer und entlang der innerdeutschen Grenze aufgehoben.

DEMOKRATISIERUNG IN OSTEUROPA

Während Rumänien eine blutige Revolution und die Hinrichtung des Staatschefs Ceaușescu erlebte, verliefen die politischen Umwälzungen in Polen, Ungarn und der Tschechoslowakei friedlich.

Hundertausende protestierten 1989 in Prag während des Generalstreiks gegen das kommunistische Regime

Den Anfang vom Ende des Kommunismus in Osteuropa hatte 1980 die Gründung der freien Gewerkschaft Solidarność in Polen markiert. Ihr Führer Lech Wałesa, der 1983 den Friedensnobelpreis erhielt, wurde zum populären Aushängeschild des Aufbruchs. Zwar musste die Opposition harte Rückschläge hinnehmen, wie die Verhängung des Kriegsrechts 1981. Aber nicht zuletzt der unermüdliche Einsatz des polnischen Papstes Johannes Paul II. gegen den Kommunismus verhalf ihr zum Sieg.

Eine erste Lücke in den Eisernen Vorhang, der Ost und West seit Jahrzehnten getrennt hatte, riss Ungarn, als es am 2. Mai 1989 mit dem Abbau seiner Grenzbefestigungen zu Österreich begann. Ohne Rücksicht auf die alte Garde in den kommunistischen »Bruderstaaten« und voll Vertrauen in die Zukunft und die Anbindung an den Westen machte sich Ungarn zum Vorreiter bei der Zerschlagung der Solidarität des Ostblocks. Ähnlich schnell und vergleichsweise problemlos verlief die Demokratisierung in der Tschechoslowakei, wo Václav Havel, der mutige Dramatiker und Dissident, zur Symbolfigur der neuen Zeit wurde. Am 29. Dezember 1989 erfolgte seine Wahl zum Staatspräsidenten der CSSR, die jedoch Anfang 1993 durch Abspaltung der Slowakei zerbrach. Zerbrochen sind schnell auch die Hoffnungen auf ein Wirtschaftswunder. In den Staaten des ehemaligen Ostblocks wartet man noch immer auf die »blühenden Landschaften«.

·········· DEUTSCHLAND EINIG VATERLAND ··········

Aus dem Ruf der ostdeutschen Demonstranten »Wir sind das Volk!« wurde sehr schnell: »Wir sind ein Volk!«. Bald war das Wort »Wiedervereinigung« in aller Munde – als Utopie, nach wie vor. So beschloss noch Ende 1989 ein außerordentlicher SED-Parteitag tief greifende Reformen, und DDR-Ministerpräsident Hans Modrow plante die Neutralität des neuen Staates. Doch in Bonn erkannte Bundeskanzler Helmut Kohl die Gunst der Stunde. Er verständigte sich mit Michail Gorbatschow, erhielt die Unterstützung des US-Präsidenten George Bush sen. und konnte schließlich – auch gegen Widerstände vor allem aus London, wo man ein neues »Großdeutschland« fürchtete – die deutsche Wiedervereinigung vollenden. Am 3. Oktober 1990 wurde die Einheit Deutschlands vor dem Berliner Reichstag gefeiert.

Flüchtlinge aus der DDR auf dem Weg nach Westen: Ungarn hatte seine Grenze zu Österreich geöffnet.

▶ **Völker, Staaten und Kulturen:** Die UdSSR von der Entstalinisierung bis zur Perestroika
▶ **Völker, Staaten und Kulturen:** Die Nachfolgestaaten der UdSSR
▶ **Menschen und Ideen:** Andrej Sacharow
▶ **Menschen und Ideen:** Michail Gorbatschow
▶ **Handel und Wirtschaft:** Auflösung des sowjetischen Wirtschaftsmodells

DER ZWEITE GOLFKRIEG – INTERNATIONALE ALLIANZ GEGEN SADDAM HUSSEIN

Der irakische Staatschef Saddam Hussein unterschätzte die Entschlossenheit der internationalen Gemeinschaft, gegen seinen Überfall auf Kuwait vorzugehen. Den Krieg um die Kontrolle reicher Ölfelder verlor Saddam, doch seine Macht behielt er.

Am 18. Januar 1991: Irakische Flugabwehrgeschütze und Leuchtraketen erhellen den Himmel über Bagdad.

Seit seiner Unabhängigkeit 1930 hatte der Irak nie die territorialen Ansprüche auf Kuwait aufgegeben, das früher Teil der ehemaligen osmanischen und dann irakischen Provinz Basra war. Zudem hatten die Briten die Grenzen ihres ehemaligen Protektorats Kuwait nicht genau bestimmt, als sie es 1961 in die Unabhängigkeit entließen. So wurde das Ölfeld von Rumalia zum zentralen Streitpunkt zwischen Irak und Kuwait. Durch die Annexion Kuwaits hätte Saddam Hussein etwa ein Drittel der gesamten arabischen Ölvorkommen kontrollieren, die Weltmarktpreise für Rohöl beeinflussen und so die vom Erdöl abhängigen Industriestaaten unter Druck setzen können.

DER SICHERHEITSRAT UND DIE USA

Am 2. August 1990 überrannten irakische Truppen das Emirat ohne nennenswerten Widerstand seitens der völlig unterlegenen kuwaitischen Armee. Saddam Hussein erklärte Kuwait kurz darauf zur 19. Provinz des Irak. Der durch das Ende des Ost-West-Konflikts wieder handlungsfähige Sicherheitsrat der Vereinten Nationen reagierte sofort mit einer scharfen Verurteilung der Annexion und forderte den unverzüglichen Rückzug der Iraker. In

Irakischer Panzer im Golfkrieg, im Hintergrund in Brand gesteckte Ölquellen

Der Zweite Golfkrieg

den folgenden vier Monaten schöpfte der Sicherheitsrat in einer Reihe von Resolutionen bis auf militärische Maßnahmen alle seine Möglichkeiten aus, um Saddam Hussein zum Einlenken zu zwingen.

Saudi-Arabien sah sich ebenfalls gefährdet und bat die USA um Schutz, um einer möglichen irakischen Aggression vorzubeugen. Daraufhin begann Washington mit umfangreichen Truppenentsendungen in den Mittleren Osten. Nach und nach schlossen sich insgesamt über 30 Staaten der »Operation Wüstensturm« an. Als der UN-Sicherheitsrat am 29. November 1990 in seiner Resolution 678 Saddam Hussein ein Ultimatum für den vollständigen Rückzug bis zum 15. Januar 1991 stellte und einen Militäreinsatz der Alliierten legitimierte, standen bereits über 500 000 Soldaten unter amerikanischer Führung an der Südgrenze des Irak.

OPERATION WÜSTENSTURM

Hektische diplomatische Bemühungen um eine friedliche Lösung des Konflikts blieben unterdessen ohne Erfolg. Auch ein Treffen der amerikanischen und irakischen Außenminister Baker und Aziz kurz vor Ablauf des Ultimatums endete ergebnislos, obwohl Saddam Hussein in den zurückliegenden Monaten mehrmals Verhandlungen angeboten hatte – unter Bedingungen, die den USA unannehmbar erschienen. Zwei Tage nach Ablauf des Ultimatums begannen die Alliierten mit den insgesamt 43 Tage andauernden massiven Luftangriffen auf den Irak. Die Bombardements und die Bodenoffensive kosteten Zehntausenden irakischen Soldaten und Zivilisten das Leben. Der Irak reagierte mit der Beschießung Israels und Saudi-Arabiens durch SCUD-Mittelstreckenraketen und ließ ein letztes Ultimatum des amerikanischen Präsidenten George Bush sen. verstreichen. In einem »Blitzkrieg« gelang den Alliierten innerhalb von 100 Stunden die Befreiung Kuwaits. Noch während des Angriffs gab Saddam Hussein den Rückzug bekannt, aber amerikanische Truppen stellten sich fliehenden irakischen Verbänden in den Weg und rieben sie völlig auf.

Nach der Anerkennung aller wesentlichen Resolutionen des Sicherheitsrates durch die irakische Führung verkündete Bush am 28. Februar 1991 eine Feuerpause. Die Versorgung der abhängigen Industriestaaten mit Rohöl – trotz moralischer und rechtlicher Argumente für das kompromisslose Vorgehen der Alliierten eines ihrer Hauptmotive – war wieder gesichert.

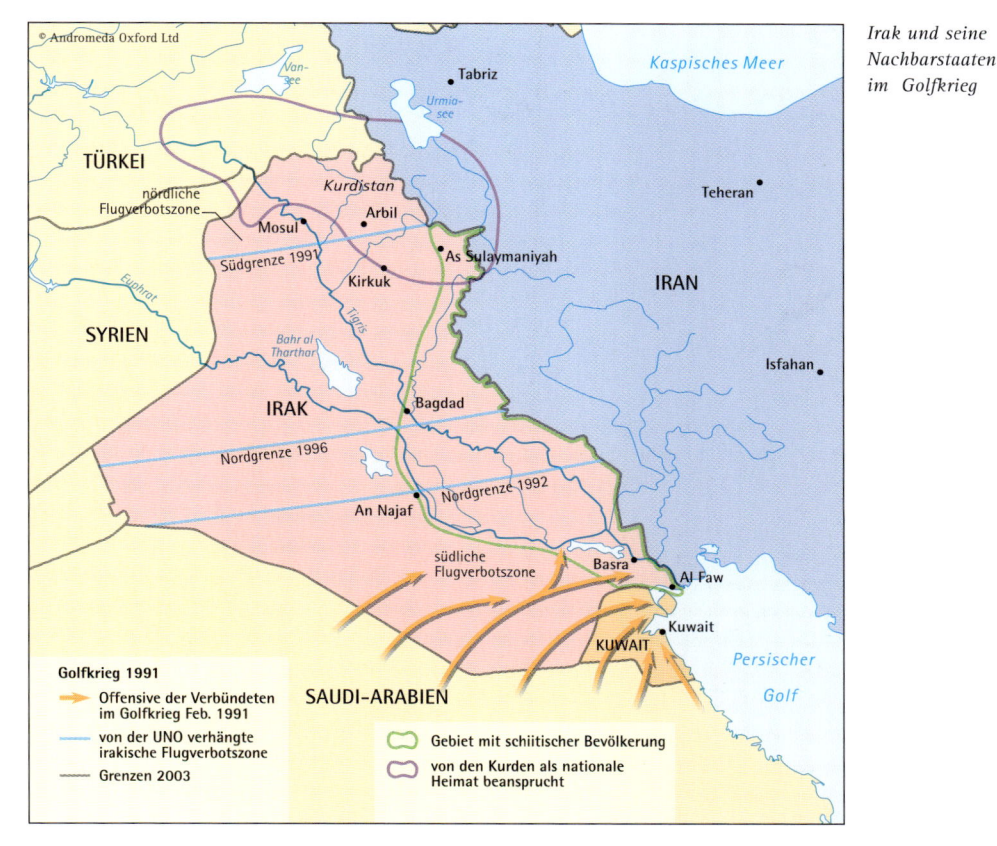

ERFOLG ODER MISSERFOLG?

Irakische Soldaten hatten in Kuwait die Menschenrechte mit Füßen getreten und mit der Verbrennung der Ölfelder für eine Umweltkatastrophe ersten Ranges gesorgt. Der politische Erfolg des alliierten Sieges musste dennoch bald bezweifelt werden: Saddam Hussein verweigerte den Inspektoren der Vereinten Nationen den Zugang zu den Produktionsstätten für irakische Massenvernichtungswaffen und nahm dafür auch Luftangriffe der USA, wie etwa 1998, in Kauf. Die Kurden und Schiiten im Norden und Süden konnten nur mühsam mit Hilfe von Flugverbotszonen geschützt werden. Die Wirtschaftssanktionen verursachten eine unglaubliche Not und Armut in der Bevölkerung, während Saddam Hussein fester im Sattel saß als je zuvor – erst der Irak-Krieg 2003 sollte die politische Situation radikal ändern.

·········· REALER ODER VIRTUELLER KRIEG? ··········

Die amerikanischen Militärs verfolgten im Golfkrieg eine aggressive Medienpolitik. Der unabhängige Privatsender CNN lieferte rund um die Uhr Live-Berichte direkt aus dem Irak in die Wohnzimmer weltweit. Die Militärs ließen dagegen nur zensierte Nachrichten anderer Medien zu oder informierten selbst die Weltöffentlichkeit mit geschönten Berichten und TV-Bildern vor allem über »chirurgisch präzise« Luftangriffe mit High-Tech-Waffen (smart bombs), die angeblich nur die ausgewählten militärischen Ziele trafen.

Irak und seine Nachbarstaaten im Golfkrieg

Britische Soldaten bei Kampfhandlungen im Irak

▶ Völker, Staaten und Kulturen: Einzige Weltmacht USA

Krieg im Kaukasus
Staatliche Autonomie, Erdöl und Religion

Der Zusammenbruch der Sowjetunion sorgte nicht nur für gewaltige politische Umwälzungen in Europa. Auch die Völker im Kaukasus gerieten in Aufruhr und fordern ihre Unabhängigkeit. Moskau reagiert mit verzweifelten Versuchen, die alte Ordnung wiederherzustellen.

Boris Jelzin, der erste frei gewählte Präsident Russlands, ließ 1994 die Armee in Tschetschenien einmarschieren.

Tausende von Tschetschenen gingen am 7. September 1995, dem vierten Jahrestag ihrer Unabhängigkeitserklärung, in Grosny auf die Straße.

Seit der zweiten Hälfte des 19. Jahrhunderts waren die größtenteils islamischen Völker des Kaukasus von Russland unterworfen. Nach der Zerschlagung des Zarenreichs durch die Russische Revolution des Jahres 1917 entstanden auch im Kaukasus Sozialistische Sowjetrepubliken, die nach dem Zusammenbruch des Kommunismus und der Auflösung der Sowjetunion Anfang der 1990er Jahre ihre Unabhängigkeit erklärten: Armenien, Aserbaidschan und Georgien.

In Armenien lebten mit Gewinnung der nationalen Souveränität alte, regionale Gegensätze wieder auf. Ein schwerer Konflikt mit der Nachbarrepublik Aserbaidschan, in der überwiegend islamische Aseri leben, um die armenische Exklave Nagorny-Karabach, die zu 80 Prozent von christlichen Armeniern bewohnt wird, eskalierte zu einem blutigen Krieg. Seit Mai 1994 herrscht ein von Russland vermittelter Waffenstillstand, eine dauerhafte Friedenslösung zeichnet sich jedoch nicht ab. In Georgien führte das nationale Erwachen der Abchasen und Osseten, die sich aus dem georgischen Staat lösen wollen, ebenfalls zum blutigen Konflikt. Während des Zusammenbruchs der Sowjetunion erklärten sich 1991 auch einige autonome Gebiete innerhalb der russischen Föderation für souverän. Fast alle der so entstandenen neuen Republiken (wie etwa Tatarstan) begnügten sich mit einem Status der Autonomie, nur das von islamischen Fundamentalisten dominierte autonome Gebiet Tsche-

Krieg im Kaukasus

tschenien-Inguschetien nördlichen des Kaukasus bestand auf vollständiger Unabhängigkeit.

Unruhiges Tschetschenien

Die Tschetschenen sind eines der ältesten Völker des Kaukasus. In den Eroberungskriegen des 19. Jahrhunderts waren sie den Russen zwar unterlegen, stellten aber fest, dass ihnen das religiöse Band des Islam einen enormen Rückhalt gegen die Invasoren verschaffte. Wie stark die Ablehnung der russischen beziehungsweise sowjetischen Dominanz war, zeigte sich im Zweiten Weltkrieg, als sich die Tschetschenen auf die Seite der Deutschen schlugen. Doch die Hoffnung auf Autonomie wurde nicht erfüllt: Ab 1943 ließ Stalin die Tschetschenen nach Kasachstan deportieren, von wo sie erst ab 1957 allmählich in die Heimat zurückkehren konnten.

So zeigten die Tschetschenen bereits im November 1990 die Bereitschaft, für die Unabhängigkeit von der zerfallenden Sowjetunion auch mit militärischen Mitteln zu kämpfen. Aber der russische Präsident Boris Jelzin schien zunächst einzulenken und

Die Sowjetunion bis 1991 und ihre Nachfolgestaaten

erließ im April 1991 ein Dekret über die Rehabilitierung unterdrückter Völker. Doch der Moskauer Staatsstreich vom August 1991, den Jelzin für sich entschied, führte in Tschetschenien zu bürgerkriegsähnlichen Unruhen. Neue Führergestalten wie Ruslan Khasbulatow und General Oschochar Dudajew, der die Nationalgarde hinter sich hatte, traten in Erscheinung. Mitten im Chaos proklamierte Dudajew am 27. November 1991 die Abspaltung der Autonomen Republik der Tschetschenen und Inguschen von der Russischen Föderation. Er ließ von seiner Nationalgarde die Regierungsgebäude besetzen und einen Kongress einberufen, der die Unabhängigkeitserklärung absegnete.

Krieg im Kaukasus

Jelzin verhandelte zunächst, wobei ihm die immense Bedeutung der tschetschenischen Hauptstadt Grosny für die Erdölversorgung Russlands wenig Spielraum ließ: Er brauchte diese Stadt! Ende 1994 wurden die ersten russischen Truppen entsandt. Sie waren der tschetschenischen Seite – mit Nationalgarde, Präsidentengarde und Polizei nur rund 7000 Mann – weit überlegen. Während die russische Armee schwere Artillerie, Flugzeuge und Panzer einsetzte, waren die Tschetschenen in der Hauptsache auf Guerillataktik angewiesen. Dabei kam ihnen ihre Kenntnisse des Landes und der Verkehrswege zugute. Außerdem hatten viele tschetschenische Offiziere früher in der Sowjetarmee gedient; die meist jungen, unerfahrenen russischen Soldaten hatten ihnen wenig entgegenzusetzen.

Anfang 1995 gelang den Russen die Eroberung von Grosny und anderen Städten, während Dudajew noch das Gebirge kontrollierte. Der Krieg wurde immer grausamer, auf die Zivilbevölkerung nahmen beide Seiten keine Rücksicht. So kam es zu Geiselnahmen tschetschenischer Kommandos, zu Überfällen auf friedliche Dörfer. Die russische Invasion zog die Kritik der Weltöffentlichkeit auf sich, und auch in Russland selbst war der Krieg ausgesprochen unpopulär. Im April 1996 wurde Dudajew bei einem Raketenangriff getötet. Es kam zu Friedensgesprächen, die jedoch von kriegerischen Handlungen begleitet waren. Im Sommer eroberten die Tschetschenen Grosny zurück und erhielten die Zusage des Abzugs der russischen Truppen aus dem Land bis Ende 1996.

Tschetschenische Kämpfer im Winter 1995

Ein Bild der Verwüstung: Ruinen in der schwer zerstörten tschetschenischen Hauptstadt Grosny

Doch die Hoffnung auf Frieden zerbrach. Nicht nur weil der neue russischen Präsident Putin Stärke demonstrieren wollte, sondern auch weil die tschetschenischen Untergrundkämpfer keinen ernsthaften Friedenswillen zeigten. Zu wichtig ist das Erdöl in der Region, zu eng offensichtlich die Verbindung der tschetschenischen Mafia mit gewissen Kreisen in Moskau. So geht der Kampf weiter, die Städte veröden, die Menschen leiden.

▶ **Völker, Staaten und Kulturen:** Die Nachfolgestaaten der UdSSR

KRIEGSSCHAUPLATZ EX-JUGOSLAWIEN

*Nach dem Ende des Ost-West-Konflikts wähnte sich Europa im Frieden. Da fielen Ende Juni 1991
die ersten Bomben auf dem Balkan: Die Auflösung des Vielvölkerstaats Jugoslawien brachte den Krieg zurück nach
Europa, seine schmerzhafteste Folge war die beispiellose Umschichtung ethnischer Gruppen.*

Eine Frau beweint ihre beiden Söhne, die im bosnischen Bürgerkrieg (1992 bis 1995) gefallen sind.

Als im Jahre 1980 der Kroate Josip Tito starb, Staatspräsident auf Lebenszeit und Gründer des serbisch dominierten Vielvölkerstaates Jugoslawien, entstand eine Art Machtvakuum. Das staatliche Kunstgebilde begann zu wanken und das Nationalbewusstsein einzelner Volksgruppen brach vehement auf.

Bereits seit Mitte der 1980er Jahre soll der spätere serbische Staatspräsident Slobodan Milošević Kriegsvorbereitungen eingeleitet haben, um seine großserbisch-nationalistische Politik auf dem Balkan durchzusetzen.

VON TITOS VIELVÖLKERSTAAT ZUM BRANDHERD

Den ersten Vorstoß in die staatliche Souveränität wagte die nördliche Teilrepublik Slowenien. Ein Volksentscheid im Winter 1990 bestätigte, was ausländische Beobachter bereits geahnt hatten: Der Wunsch nach Ablösung von Jugoslawien wurde von den meisten Slowenen unterstützt, die sich ohnehin eher den Alpen- als den Balkanländern zugehörig fühlen. Im Juni 1991 wurde die unabhängige Republik Slowenien ausgerufen. Noch im selben Monat marschierte die von Serben dominierte jugoslawische Bundesarmee ein, zehn Tage später war der Einsatz beendet. Das Schar-

1991
Unabhängigkeitserklärungen der jugoslawischen Teilrepubliken Slowenien, Kroatien, Bosnien-Herzegowina, Mazedonien; Krieg in Slowenien; Kriegsbeginn in Kroatien

1992
Kriegsbeginn in Bosnien; UN-Wirtschafts- und Waffenembargo gegen die Bundesrepublik Jugoslawien, die nur noch aus Serbien und Montenegro besteht

1993
UNO richtet in Den Haag das Internationale Kriegsverbrechertribunal zur Verfolgung von Verbrechen gegen die Menschlichkeit (»ethnische Säuberungen«) ein

1994
Erster Kriegseinsatz der Nato seit ihrer Gründung 1949: Abschuss serbischer Kampfflugzeuge über Bosnien-Herzegowina

1995
Kroatien erobert die Krajina von Serbien zurück; Friedensabkommen von Dayton zwischen den Kriegsparteien Serbien, Kroatien, Bosnien-Herzegowina

KRIEGSSCHAUPLATZ EX-JUGOSLAWIEN

DAS ELEND DES KRIEGES

Frühsommer 1991, auf der Kinderstation einer Klinik in der kroatischen Hauptstadt Zagreb, der Krieg hat gerade erst begonnen. Auf der Intensivstation herrscht eine eigenartige Mischung aus Fassungslosigkeit, Lähmung und einer spürbaren Nervosität. Hinzu kommt eine Angst, die noch nicht ganz greifbar ist, weil das Begreifen fehlt. Die kleine Nadja hängt an Schläuchen, und ihr Leben am seidenen Faden. Nadja ist dreizehn Monate alt, ein Bombensplitter ist in den winzigen Körper eingedrungen. Nadja ist eines der ersten »Granaten-Babys« in diesem Krieg. Nicht nur die Mutter, auch die Chefärztin und die Krankenschwester weinen, sogar die anwesenden Journalisten.

Noch stehen alle unter dem ersten Schock, doch bald stellt sich eine Routine ein, um dem Wahnsinn irgendwie begegnen zu können. Irgendwann scheint es ganz normal, dass Menschen mit schwersten Verwundungen in Klinikkellern operiert werden, auf langen Gängen, ohne Strom und bei Kerzenlicht, der Mangel an Schmerz- und Narkosemitteln ist nicht zu überhören.

Flüchtlingsströme und schwer bewaffnete Soldaten gehören zum Alltagsbild. Die Angst vor den heimtückischen Heckenschützen lässt die Menschen gebückt von einem Unterschlupf zum nächsten eilen. So gestaltet sich in den Kriegsgebieten der alltägliche Kampf ums Überleben.

mützel war wie ein erstes Zündeln vor einem Brand, der bald hell aufloderte.

Den erfolgreichen Unabhängigkeitsbestrebungen Sloweniens folgten wenig später die Kroaten, Ende des Sommers 1991 dann die Mazedonier. Während die Ablösung Mazedoniens friedlich verlief, kam es in Kroatien zum Krieg, in dem anfangs die jugoslawische Armee dominierte: Vukovar im Osten war die erste Stadt, die fiel. Erste Opfer wurden in Konzentrationslager verfrachtet, viele brutal ermordet. Jahre später fand man sie in Massengräbern. Die Würde des Menschen zählte nicht mehr auf dem Balkan.

BOSNIEN- UND KOSOVOKRIEG

1992 begann der Krieg um das unabhängige Bosnien-Herzegowina mit einer Offensive der bosnischen Serben. Während der folgenden vier Jahren starben über 200 000 Menschen. In Sarajevo war die Hölle los, auch die alte Kulturstadt Mostar stand unter ständigem Beschuss. Der Friedhof war längst hoffnungslos überfüllt, Ersatz bot der Volkspark, in dem einst Kinder spielten und Erwachsene flanierten. In Bosnien begann ein Krieg im Krieg, als auch noch Kroaten und Muslime aufeinander losgingen. In diesen Jahren wurde etwa die Hälfte der Bewohner vertrieben – die ethnische Säuberungswut machte weder vor Kroaten noch vor Muslimen und auch nicht vor Serben Halt.

Der Krieg, der 1998 im Kosovo entbrannte, löste einen wahren Exodus der Bevölkerung aus. Ihr Einsatz war schwer umstritten, doch im März 1999 fielen die ersten NATO-Bomben auf Belgrad. Nach dem erzwungenen Rückzug Serbiens aus dem Kosovo wurde das Gebiet unter UN-Kontrolle gestellt.

Der frühere serbische Staatspräsident Slobodan Milošević – hier im Jahr 1992 – wurde Ende Juni 2001 inhaftiert, um sich vor dem UN-Kriegsverbrechertribunal in Den Haag zu verantworten.

Serbische Soldaten vor einer zerstörten Kirche nahe der kroatischen Stadt Osijek

Im August 1992 wurde das Parlamentsgebäude in Sarajevo von einer Granate getroffen.

1997	1998	1999	2000	2001
	1998 Beginn des Kosovo-Konflikts, der im Februar 1999 eskaliert	1999 Nato-Luftangriffe auf Belgrad und Waffenstillstandsvereinbarungen; UN-Verwaltung im Kosovo		2001 Beginn des Bürgerkriegs in Mazedonien

➤ **Völker, Staaten und Kulturen:** Neue Ordnung in Europa
➤ **Religionen und Glaubensformen:** Religiöse Konflikte im 20. Jahrhundert

DER KAMPF DER PALÄSTINENSER UM UNABHÄNGIGKEIT

Seit der Staatsgründung Israels kämpfen die Palästinenser für einen eigenen souveränen Staat. Mit allen Mitteln und an allen Fronten – als jugendliche Steinewerfer, als weltweit gefürchtete Terroristen, schließlich auf diplomatischem Weg. Doch die Palästinenserfrage ist auch nach über 50 Jahren nicht gelöst.

Oktober 2000: israelische Regierungstruppen in Hebron, das seit 1997 unter palästinensischer Autonomieverwaltung steht.

Nach dem Palästinakrieg von 1948/49 kontrollierte der junge Staat Israel rund zwei Drittel des ehemaligen britischen Mandats Palästina. Die restlichen Gebiete wurden jedoch nicht, wie im UNO-Teilungsplan von 1947 vorgesehen, zu einem arabischen Staat Palästina vereint, sondern von Ägypten und Jordanien besetzt. Ein palästinensischer Flüchtlingsstrom von über 850 000 Menschen verließ Israel, teils freiwillig, teils gewaltsam vertrieben.

PLO UND AL FATAH

Die in Israel verbliebenen Palästinenser wurden zu Bürgern zweiter Klasse und die Emigranten von ihren Gastländern in der Regel nicht integriert. Über eine Million heimatlose Palästinenser leben bis heute in Flüchtlingslagern. Zur gewaltsamen Befreiung Palästinas gründete der Ingenieur Jasir Arafat mit anderen Palästinensern 1958 die Geheimorganisation Al Fatah. 1964 entstand in Ost-Jerusalem die gemäßigte Palästinensische Befreiungsorga-

Palästinensische Jugendliche werfen im Sommer 2001 Steine auf israelisches Militär.

nisation PLO, deren Politik jedoch nach 1968 von der radikalen Al Fatah bestimmt wurde. Seit 1965 organisierte die Bewegung Terroranschläge in Israel, dann in verschiedenen westlichen Staaten. International am stärksten wahrgenommen wurde wohl das Attentat gegen die israelische Olympiamannschaft 1972 in München: Die Welt reagierte mit Ablehnung, wurde gleichzeitig aber auch aufmerksam auf das Schicksal der Palästinenser.

Intifada

Der ägyptisch-israelische Friedensvertrag von 1979 beinhaltete als wichtigen Bestandteil die Lösung der Palästinenserfrage. Doch dann geschah nichts. Die Reaktion der Palästinenser kam Ende 1987: Die Intifada wurde ausgerufen, der Aufstand in den israelisch besetzten Gebieten Gazastreifen und Westjordanland. Träger der Intifada war die Jugend, die nichts kannte als ein Leben unter Militärbesatzung, ohne Zukunftsperspektive, voll von alltäglicher Willkür durch die Besatzer. Dieser »Krieg der Steine« zermürbte bald die israelische Besatzungsmacht, stärkte aber auf palästinensischer Seite die Kompromissbereitschaft: Im November 1988 wurde bei der Tagung des Palästinensischen Nationalrates in Algier zum ersten Mal eine Zweistaatenlösung akzeptiert: die Teilung Palästinas in einen arabischen und einen israelischen Staat.

Der Friedensprozess

Nachdem seit 1991 mehrere internationale Nahost-Friedenskonferenzen ergebnislos verlaufen waren, glückte auf anderem Wege der große Durchbruch: Monatelange Geheimverhandlungen in Norwegen zwischen israelischen Regierungsvertretern und der PLO führten am 13. September 1993 zur gegenseitigen Anerkennung. Für die Übergangsphase in die palästinensische Selbstverwaltung wurde eine Prinzipienerklärung abgegeben. 1994 und 1995 folgten die Abkommen Oslo I und Oslo II, die das Fortschreiten der palästinensischen Autonomie regelten. Allerdings bekämpften Radikale beider Seiten den Friedensprozess, erneut drehte sich die fatale Spirale der Gewalt. Im Februar 1994 verübte ein fanatisierter jüdischer Siedler in Hebron ein Massaker an 29 betenden Muslimen. Es folgten Selbstmordanschläge fundamentalistischer Palästinenser in israelischen Linienbussen, auf belebten Märkten und in Einkaufszentren.

Trotzdem gingen die Verhandlungen weiter. Im Sommer 2000 war man im amerikanischen Camp David einem umfassenden Friedensvertrag nahe gekommen. Aber während der israelische Ministerpräsident Ehud Barak zu weit gehenden Zugeständnissen bereit war, zeigte sich Arafat unzugänglich und ließ die Verhandlungen platzen. Im Herbst 2000 begann eine neue Intifada, ausgelöst durch Ariel Scharons Besuch des Jerusalemer Tempelberges und nachdem der rechte Politiker Scharon Barak als israelischen Ministerpräsidenten abgelöst hatte, verschärfte sich die Situation weiter.

Krisenregion Palästina

Zwar hatten die Palästinenser einiges erreicht: 40 Prozent des Westjordanlandes und des Gazastreifens waren im Jahr 2000 Autonomiezonen. Allerdings stellten sie kein zusammenhängendes Territorium dar und die Verbindungsstraßen wurden weiterhin von den Israelis kontrolliert. Die Bewegungsfreiheit der Palästinenser war stark eingeschränkt, oft durften sie sich zwischen den einzelnen autonomen Städten nicht bewegen. Dies zeigte verheerende Folgen für die Wirtschaft, die ökonomische und soziale Lage der Palästinenser hatte sich daher seit 1993 nicht gebessert. Die in Oslo ausgeklammerten Themen wie Flüchtlingsfrage, Jerusalemstatus, israelische Siedlungen und Grenzziehung führten zu neuen blutigen Konflikten. Der Frieden und damit auch die Staatsgründung Palästinas haben erst dann eine Chance, wenn die Führer beider Seiten den Mut aufbringen, ihre Bürger auf das Unvermeidliche eines schmerzhaften Kompromisses einzustellen.

Der Besuch des rechtsgerichteten israelischen Politikers Ariel Scharon im September 2000 auf dem Tempelberg in Jerusalem wurde von den Palästinensern als unerträgliche Provokation empfunden und löste eine neue Intifada aus.

Der 1929 in Jerusalem geborene Jasir Arafat – jahrzehntelang der unumstrittene Führer der Palästinenser

.... **Jasir Arafat** ....

Die Symbolfigur des palästinensischen Befreiungskampfes, Jasir Arafat, war ein weltweit anerkannter Politiker und Verhandlungspartner. Sein Händedruck mit dem israelischen Ministerpräsidenten Izhak Rabin 1993 in Washington ging in die Geschichte ein; 1994 erhielt er zusammen mit Rabin und Israels Außenminister Shimon Peres den Friedensnobelpreis. Die Autonomieverträge von Oslo führten 1996 zu den ersten freien Wahlen für die Palästinenser, aus denen Arafat als Präsident eines Staates ohne Staatsgebiet hervorging. Doch die Friedenshoffnungen blieben Zeit seines Lebens – er starb am 11. 11. 2004 – unerfüllt.

Palästinensische Bauern unterstützen 1993 durch ihre öffentliche Demonstration die Friedenspolitik zwischen der PLO und Israel.

➤ Völker, Staaten und Kulturen: Israel
➤ Religionen und Glaubensformen: Jerusalem
➤ Religionen und Glaubensformen: Zionismus
➤ Religionen und Glaubensformen: Gründung Israels und jüdische Vielfalt
➤ Religionen und Glaubensformen: Religiöse Konflikte im 20. Jahrhundert

KRIEGE GEGEN TERRORISMUS UND GEWALTREGIME
DIE FOLGEN DES 11. SEPTEMBERS

Nach den Attentaten des 11. Septembers 2001 kam es in Afghanistan und im Irak zu zwei Kriegen, die beide zum Sturz von Unrechtsregimen führten. Der Afghanistan-Krieg 2001 war völkerrechtlich legitimiert, der Angriffskrieg gegen den Irak (»Irakische Freiheit«) 2003 nicht. Dieser dritte Golfkrieg bildete die Fortsetzung des zweiten Golfkriegs von 1991 (»Wüstensturm«) und der »Operation Wüstenfuchs« von 1998. Er spaltete die Völkergemeinschaft.

Die Führer der Kriegskoalition gegen den Irak: der US-amerikanische Präsident George W. Bush und der britische Premier Tony Blair am 8. April 2003 auf Schloss Hillsborough bei Belfast

»Wir werden nie vergessen« – das Transparent über der US-Flagge hing am 22. September 2003 an einem der am 11. September zerstörten Gebäude in der Nähe des World Trade Centers in New York.

Am 11. September 2001 entführten islamistische Terroristen in den USA vier Passagierflugzeuge und steuerten drei davon in das Pentagon in Washington und in die beiden Türme des World Trade Centers in New York. Über 3000 Menschen kamen bei den Attentaten ums Leben. US-Präsident George W. Bush erklärte daraufhin, einen »Feldzug« gegen den internationalen Terrorismus führen zu wollen, und drohte mit Vergeltung für die Anschläge, für die der saudi-arabische Geschäftsmann und Terrorist Osama bin Laden und sein Terrornetzwerk al-Qaida verantwortlich gemacht wurden.

DER AFGHANISTAN-KRIEG

Bin Laden und al-Qaida hatten ihr »Hauptquartier« in Afghanistan. Das extremistische Taliban-Regime in Kabul wurde wiederholt zur Herausgabe des Terroristenführers aufgefordert. Als Kabul der Forderung nicht nachkam, bildeten die USA mit fast allen westlich orientierten Staaten eine Antiterror-Koalition, die am 7. Oktober 2001 mit Billigung des UN-Sicherheitsrates begann, Militärschläge gegen Ziele in Afghanistan zu führen. Ende 2001 war das Taliban-Regime gestürzt, doch Osma bin Laden konnte nicht aufgespürt werden. Die Taliban und versprengte al-Qaida-Kämpfer begannen daraufhin einen Guerillakrieg oder zogen sich nach Pakistan zurück. Im Wesentlichen ist seither die Kabuler Region befriedet und internationale Truppen kontrollieren – unter deutscher Beteiligung – den Friedensprozess. Im übrigen Land kommt es immer wieder zu Übergriffen durch verschiedene Mudschaheddin-Gruppen, die schon gegen die sowjetische Besatzung (1979–1988) gekämpft hatten, und durch so genannte Warlords, unabhängige militärische Führer.

DER IRAK IM VISIER

Präsident Bush erklärte in der Folge, dass sich der Krieg gegen den internationalen Terror und Gewaltregime nicht auf al-Qaida und Afghanistan beschränke, Anfang 2002 sprach er von einer »Achse des Bösen«, womit er Nordkorea, den Iran und vor allem den von Saddam Hussein beherrschten Irak meinte. Nach dem Golfkrieg von 1991 mit der Befreiung des vom Irak besetzten Kuwait hatten 16 UN-Resolutionen, die den Irak aufforderten, abzurüsten und seine Massenvernichtungswaffen zu zerstören, und damit verbundene langjährige Inspektionen und Boykottmaßnahmen nicht den gewünschten Erfolg gezeigt. Nach einer Eskalation, unter anderem hatte die irakische Armee das Hauptquartier der UN-Waffeninspektoren beschossen, verließen diese das Land und die USA und Großbritannien bombardierten im Dezember 1998 in der »Operation Wüstenfuchs« vier Tage lang Bagdad. Die Waffeninspektoren kehrten danach allerdings nicht mehr zurück.

Erst mit der neuen UN-Resolution 1441 vom November 2002 wurde das Regime in Bagdad gezwungen, erneut Waffeninspektoren ins Land zu lassen. Bei mangelnder Kooperation wurden »ernsthafte Konsequenzen« angedroht. Um den Druck auf den Irak zu erhöhen, bauten vor allem die USA eine militärische Drohkulisse am Golf auf. Die Frage, ob Bagdad überhaupt noch Massenvernichtungswaffen habe und den Forderungen der UN ausreichend nachkomme – die Berichte der Waffeninspektoren lieferten bis Mitte März 2003 keine eindeutigen Beweise für die Existenz derartiger Waffen –, führte zur Spaltung des UN-Sicherheitsrats. Die USA und ihre Verbündeten (unter anderen Großbritannien und Spanien) wollten eine kriegerische Aktion nicht mehr ausschließen. Dabei wurde zunehmend deutlich, dass es der Regierung Bush über eine Abrüstung des Iraks hinaus um einen Sturz des Diktators Saddam Hussein ging, dessen Regime als Bedrohung der westlichen Interessen im Nahen und Mittleren Osten gesehen wurde. Auch hieß es, man wolle dem irakischen Volk und der gesamten Region Frieden und Demokratie bringen. Eine zweite UN-Resolution, die einen Militärschlag le-

1990	1991	1992	1993	1994	1995	1996	1997
	Jan./Feb. 1991 *Zweiter Golfkrieg (»Wüstensturm«) gegen den Irak mit der Befreiung Kuwaits*	1991 bis 2003 *Durch UN-Resolutionen wird der Irak zur Abrüstung aufgefordert; Wirtschaftssanktionen gegen den Irak*		1991 bis 1998 *UN-Waffeninspektionen im Irak*			

Folgen des 11. Septembers

Das Ende eines Diktators – irakische Zivilisten und amerikanische Soldaten stürzen am 9. April 2003 in Bagdad eine Statue von Saddam Hussein.

gitimieren sollte, kam allerdings in der Folge vor allem aufgrund der Bedenken Frankreichs, Deutschlands, Russlands und Chinas nicht zustande. Deutschland hatte bereits im Herbst 2001 deutlich gemacht, dass es keine deutschen Soldaten in eine mögliche militärische Auseinandersetzung entsenden würde.

Der Irak-Krieg

Am 20. März 2003 begann der dritte Golfkrieg: Die USA und ihre Verbündeten bombardierten den Irak, nachdem ein von Präsident Bush dem Präsidenten des Iraks gestelltes Ultimatum, den Irak zu verlassen, verstrichen war. Kurze Zeit später marschierten alliierte Bodentruppen von Kuwait aus in den Südirak ein. Der ohne UN-Beschluss durchgeführte erfolgreiche Feldzug – die größeren Kampfhandlungen endeten Mitte April 2003 – war von weltweiten Protesten begleitet. Der Krieg wurde als Präventivkrieg und als Verstoß gegen das Völkerrecht verurteilt. Massenvernichtungswaffen wurden nicht gefunden. Über die Opfer des Krieges gibt es widersprüchliche Angaben: Tausende Zivilisten und mehr als hundert alliierte Soldaten sollen ums Leben gekommen sein; wie viele irakische Soldaten starben, ist nicht bekannt. Zahlreiche historische Kulturgüter wurden zerstört, im Irak kam es vorübergehend zu Anarchie und Plünderungen.

Die alliierten Streitkräfte, mit denen kurdische Milizen im Norden kämpften, wurden zwar von weiten Teilen der Bevölkerung als Befreier begrüßt, aber auch als »Besatzer« abgelehnt. Die beginnende politische Neuordnung des Iraks unter US-amerikanischer Führung rief nachhaltige Proteste verschiedener irakischer Gruppen, vor allem der Schiiten, hervor. Die Zukunft des Landes ist ungewiss und die Auswirkungen des Krieges für den gesamten arabischen Raum sind nicht abzusehen.

Weltweite Demonstrationen begleiteten das diplomatische Ringen im Vorfeld des Irak-Kriegs: Über eine Million Menschen gingen am 15. Februar 2003 in Rom gegen den drohenden Irak-Krieg auf die Straße.

Dezember 1998 »Operation Wüstenfuchs«

11. September 2001 Terroranschläge auf das World Trade Center in New York und das Pentagon in Washington

Okt. 2001 bis Jan. 2002 Afghanistan-Krieg

November 2002 UN-Resolution 1441 mit der Aufforderung an den Irak, abzurüsten und Waffeninspektionen zuzulassen

Nov. 2002 bis März 2003 Waffeninspektionen im Irak

März/April 2003 Irak-Krieg

▶ Völker, Staaten und Kulturen: Die Vereinten Nationen
▶ Völker, Staaten und Kulturen: Einzige Weltmacht USA
▶ Religionen und Glaubensformen: Die islamische Welt im 20. Jahrhundert

Register

A

Aachen 147
Abahai, Mandschu-Fürst 126
Abd ar-Rahman, Emir von Córdoba 63
Abd ar-Rahman, Omar 317
Abdül-Hamid II., osmanischer Sultan 196
Abessinien 157, 204, 235, 255
Abouki 161
Abu Bakr, Kalif 64
Aceh-Kriege 209
Achill 25
Actium 49
Adalia (Antalya) 237
Aden 176
Adenauer, Konrad 268
Adrianopel 58, 219 s. a. Edirne
Adua 157
Adwa 204
Aetius Flavius 57 f.
Afghanistan 40, 46, 139, 176 f., 317, 331, 334 f., 348 f.
Afghanistan-Krieg (geg. Talibanreg. u. al-Qaida) 348 f.
Afghanistan-Kriege 176 f.
Agadir 200
Ägäis 24 f., 31, 99, 141
Agamemnon 25
Agricola, Gnaeus Julius 52
Aguinaldo, Emilio 211
Agustina de Aragón 169
Ägypten 14 f., 18 f., 22 f., 26, 28 f., 30, 35, 38 f., 53, 64 f., 72, 78, 86 f., 107, 161, 200 f., 241, 261, 279, 290 f., 294 f., 314–316, 330, 346 f.
Aigisthos 25
Aischylos 33
akkadisches Reich 14, 16 f.
Akkon 86 f.
Akrotiri 25
Alaska 210
Alba, Herzog von 120 f.
Albanien 219, 235, 286
Alboin, Langobardenkönig 59
Albrecht von Brandenburg-Ansbach 91
Aleppo 20
Alexander III., der Große, König von Makedonien 15, 30–33, 38 f., 40, 46
Alexander I., Zar von Russland 163, 170 f., 179 f.
Alexander II., Zar von Russland 181, 189, 196
Alexander III., Papst 83
Alexandria 39, 295
Alexandropoulis 219
Alexios, Kaiser von Byzanz 98
Alsen 193
Alfons XIII., König von Spanien 256
Alfons VI., König von Kastilien 84

Alfons I., König von Aragón 84
Algerien 200 f., 270, 296 f., 317
Algerienkrieg 296 f.
Algier 200, 296
Alkibiades 37
Allende, Salvador 319
Allessandria 83
Alma Ata 250 f.
Almagro, Diego de 117
Al-Mansur, Wesir von Córdoba 84
Alp Arslan, Seldschukenfürst 80
Amerikanischer Bürgerkrieg 167 f., 190 f., 206, 212
Amerikanischer Unabhängigkeitskrieg 152 f., 174
Amiens 223
Amritsar 243, 308 f.
Amselfeld 106
Amut-pi-El, mesopotamischer Herrscher 20
Anatolien 14, 18, 80 f., 86, 106, 189, 236
Andalusien 84 f., 256
Äneas 25
Angola 284 f., 329, 334
Angostura 174
Anjar 65
Ankara 107, 237
An Lushan 66
Annam 66
Annunzio, Gabriele d' 234
Ansbach 147
Antalya s. Adalia
Antigonos 39
Antillen 123, 141
Antiochia 87
Antiochos III., Seleukidenherrscher 44
Antipater, Statthalter von Makedonien 39
Antofagasta 198
Anton, König von Navarra 118
Appenzell 95
Appomattox 191
Apulien 75, 83
Aquae Sextiae 44
Aquileia 57
Aquitanien 62, 100
Arabien 53, 107, 240 f., 271, 278, 291, 294 f., 314 f., 337
arabische Reiche 64 f., 68, 75, 78, 84 f., 93
Arafat, Jasir 271, 346 f.
Aragón 84 f., 134, 256 f.
Arapiles 169
Archidamos, König von Sparta 36
Arcole 161
Ardarich, Gepidenkönig 58
Argentinien 105, 175, 318 f.
Arica 191
Armenien 47, 93, 342
Arminius, Cheruskerfürst 52
Arnett, Peter 287
Arras 121, 222
Artaphernes, persischer Satrap 34
Artois 121

Aschoka, indischer Kaiser 40 f.
Aserbaidschan 342
Ashanti-Aufstand 205
Asow 141
Aspern 163
Assad, Hafez Al- 294
Assam 275
Assuan 290
Assur 20 f., 28 f.
Assurbanipal, assyrischer König 29
Assurnasirpal II., assyrischer König 28
Assuruballit I., assyrischer König 28
Assuruballit II., assyrischer König 29
assyrisches Reich 15, 19–21, 23, 28 f.
Astrachan 124
Asturien 85, 256
Atacamawüste 198 f.
Atahualpa, Inkaherrscher 104 f., 117
Atatürk, Kemal 236 f.
Athen 31-37
Äthiopien 334
Atlanta 191
Attika 36
Attila, Hunnenkönig 56–59
Auaris 22
Auerstedt 163
Aufstand vom 17. Juni 288 f.
Augsburg 76, 115
August der Starke, Kurfürst von Sachsen, König von Polen 142 f., 146
Augustus, römischer Kaiser 49, 52
Aurangzeb I., Großmogul 139
Aurelian, römischer Kaiser 53
Auschwitz 263, 267
Aussaresses, Paul 297
Austerlitz 162 f., 168
Austrien 63
Awarenreich 70
Ayacucho 175
Azcapotzalco 104
Aztekenreich 104 f., 116

B

Baader, Andreas 310
babylonische Reiche 20 f., 23, 28, 30, 46
Bad Ems 194
Baden 162, 183
Bad Homburg 310
Badoglio 234
Bagdad 75, 92 f., 223, 348 f.
Baibars I., Mamelukensultan 81
Bajan, Awarenfürst 59
Balaclava 188
Balawat 28
Baleáren 84
Balfour, Arthur James 241, 278
Bali 208
Balikesir 237

Balkan 56, 58, 72, 106 f., 141, 155, 188, 196 f., 218 f., 260
Balkankonflikt 344 f.
Balkankriege 218 f.
Baltikum 75, 91, 142 f., 263
Bangladesch 60
Bao Dai, Kaiser von Annam 277
Baquedano, Manuel 199
Barak, Ehud 347
Barcelona 135, 256, 324
Barnet 103
Basel 161
Baskenland 256, 324 f.
Basra 340
Bassano 161
Batista, Fulgencio 300
Bauernkriege 114 f.
Baule-Aufstand 205
Bayern 71, 128, 130, 141, 146 f., 162 f., 168, 170, 195
Bayeux 74
Bayreuth 147
Bazargan, Mehdi 333
Befreiungskriege 172 f.
Begin, Menachem 315
Beirut 292 f.
Belchite 256
Belfast 312 f., 348
Belgien 70, 120, 157, 187, 220, 225, 258
belgisches Kolonialreich 284, 298 f., 328
Belgrad 107, 140 f., 179, 345
Belisar 72
Benares 41
Benevent 44, 83
Bengalen 139, 176, 283
Ben Gurion, David 278 f.
Berlichingen, Götz von 114
Berlin 148, 163, 182, 197, 204, 219, 228 f., 235, 253, 255, 258, 261, 268 f., 288 f., 338 f.
Bern 94 f., 206
Bernhard von Clairvaux 86
Berwick 97
Besse, George 311
Biafra-Krieg 326 f.
Bicocca 95
Bihac' 331
Bindranwale, Jarnail Singh 308
Bindusara, indischer König 40
bin Laden, Osama 316 f., 335, 348
Birma 176 f., 208, 264, 280 f.
Bismarck, Otto von 163, 192-195
Bismarck-Archipel 264
Blair, Tony 348
Bleda, Hunnenfürst 57
Bloemfontein 202 f.
Blücher, Gebhard Leberecht von 165, 172 f.
Bogotá 174
Böhmen 128, 146–148, 151, 162
Böhmisch-Pfälzischer Krieg 128
Bolívar, Simón 174 f.

Register

Bolivien 117, 198 f., 248, 300, 319
Bologna 82, 108
Bombay 138, 176
Bonaparte, Joseph 168
Bordeaux 63
Borneo 177, 217, 264, 281
Borodino 171
Bosnien 141, 197, 219, 287, 330 f., 344 f.
Boston 152
Bosworth Field 103
Boutros-Ghali, Boutros 331
Boxeraufstand 208 f.
Boyaca 174
Brabant 121
Brasidas 36
Brasilien 117, 175, 323
Brauchitsch, Walther von 261
Braunsberg 91
Braveheart s. Wallace, William
Brebeck, Friedhelm 287
Breda 120
Breisgau 162
Breitenfeld 129
Breschnew, Leonid 334
Brest-Litowsk 222–224, 233
Bretagne 70
Brétigny 101
Briand, Aristide 225
Britannien 52 f.
Britisch-Amerikanischer Krieg 165
britisches Weltreich 146, 151–153, 157, 164 f., 176 f., 200–203, 205, 208, 240–243, 264, 280 f., 284 f., 326 s. a. Großbritannien, England
Brünn 163
Brutus, Marcus Iunius 49
Buback, Siegfried 311
Buchara 66
Bucharin, Nikolaj 251
Buchenwald 263
Budapest 183, 288 f., 339
Buenos Aires 174
Bukarest 155, 222
Bukowina 220, 222
Bulgarien 57, 73, 93, 196 f., 216, 219, 233, 260
Burenkrieg 202 f.
Burenrepubliken 202 f.
Burgenland 88
Burgos 257, 325
Burgoyne, John 152 f.
Burgund 94 f., 101
Burgunderreich 62
Burma 264
Bursa 106, 237
Bush, George sen. 339, 341
Bush, George W. 348
Byzantinisches Reich 54, 57–59, 68, 72 f., 75, 77 f., 80 f., 86 f., 98 f., 106 f.

C

Cabral, Amílcar 284
Cádiz 123, 169, 178
Caetano, Marcelo 323
Calais 101
Calvin, Jean 118
Cambrai 223
Camp David 316, 347
Campoformio 161
Cannae 44 f.
Canovas del Castillo, Antonio 210
Canton 66
Canton Guangzhou 214 f.
Capua 83, 184
Caracas 174
Caracole 198
Carlos, John 303
Carnot, Lazare Nicolas 161
Carranza, Venustiano 248
Carrero Blanco, Luis 325
Carrhae 45, 47
Carter, Jimmy 333, 335
Cäsar, Gaius Julius 33, 44 f., 49, 52
Cassius, Gaius C. Longinus 49
Castro, Fidel 271, 300 f., 320
Castro, Raúl 300 f.
Cavour, Camillo Graf Benso de 184
Ceaus,escu, Nikolae 339
Celebes 217
Céline, Louis-Ferdinand 238
Ceylon 164
Çezme 155
Chacabuco 174
Chacokrieg 248 f.
Chaironeia 38
Chalon sur Marne 58
Chamorro, Pedro Joaquín 320
Champagne 161
Chancellorsville 191
Chandragupta Maurya, indischer König 40
Chandragupta II., indischer König 60
Chang'an 66
Charleston 190
Chichén Itzá 104
Childerich III., Frankenkönig 63
Chile 105, 174 f., 198 f., 319
China 42 f., 54, 65–67, 79, 92 f., 112, 125, 126 f., 176 f., 214 f., 208 f., 213–215, 217, 223, 244–247, 264, 270, 273–277, 281, 349
chinesische Revolutionen 214 f., 244 f.
Chinesisch-Japanischer Krieg 213, 244 f.
Chioggia 99
Chissano, Joaquim 285
Chlodwig I., Frankenkönig 62 f.
Chmielnicki, Hetman Bohdan 125
Chomeini, Ruholla Mussawi 332 f.
Chotusitz 148
Christian IV., König von Dänemark 128
Christine, Königin von Schweden 130
Chruschtschow, Nikita 269
Churchill, Winston 258, 268, 287
Ciang Kai-shek 244–247
Cienfuegos, Camino 301
Cid, El (Rodrigo Díaz de Vivar) 84

Ci Xi 214
Claris, Pau 134
Claudius, römischer Kaiser 52
Clermont 86
Clive, Robert 139
Cluny 84, 86
Coligny, Gaspard de 118
Colleone, Bartolomeo 109
Collins, Michael 231
Compiègne 223
Concorde 152
Consuegra 84
Córdoba 64 f., 84
Cortenuova 83
Cortés, Hernán 116 f.
Costa Rica 320
Covadonga 85
Coventry 258
Crassus, Marcus Licinius 45, 49
Crécy 100
Cremona 82
Cromwell, Oliver 132 f.
Cuarte 84
Cuenca 84
Cuno, Wilhelm 229
Curzon, George Lord 233
Cuzco 105, 117

D

Dachau 253, 255
Dagobert I., Frankenkönig 62
Dakka 308
Dalmatien 57, 95, 163
Damaskus 240, 315
Da Nang 304
Dandolo, Enrico 98
Dänemark 128, 142, 165, 192 f., 206, 258, 260
Danischmend 80
Dänisch-Niedersächsischer Krieg 128
Danton, Georges 159
Danzig 91
Dareios I., persischer König 30 f., 39
Dar es-Salaam 317
Darmstadt 195
Datis 34
David, israelitischer König 26 f.
David, Jacques Louis 162
Dawes, Charles G. 225
Dayton 344
Daza 198
Delhi 177, 283
Delos 35
Delphi 34
Demetrius III., Seleukidenherrscher 46
Demosthenes 38
Den Haag 121, 206 f., 321, 344 f.
Deogarh 60
Deutsch-Deutscher Krieg 192 f., 206
Deutscher Orden 90 f.
deutsches Kolonialreich 204, 208, 223
Deutsch-Französischer Krieg 167, 194 f., 206, 212
Deutschland 70, 76 f., 83, 114 f., 122, 128–131, 157, 161, 172 f., 183, 192–195, 200, 206, 208 f., 213, 215–217, 219–225, 228 f., 235, 238 f., 246, 252–256, 258– 269, 288 f., 310 f., 331, 338 f., 349 s. a. Heiliges Römisches Reich
Díaz, Porfirio 248
Diem, Ngo Dinh 277, 304
Dien Bien Phu 277
Dilbat 20
Diokletian, römischer Kaiser 53
Diyarbakir 21
Djunis 196
Dobrudscha 155
Dolores 191
Domitian, römischer Kaiser 53
Dönitz, Karl 261
Dorpat 124
Drake, Sir Francis 122 f.
Dreißigjähriger Krieg 112, 115, 128–131, 142, 144
Dresden 173, 261
Dreyse, Johann Nikolaus von 167
Drusus Germanicus 52
Dubc´ek, Alexander 289
Dublin 75, 230 f., 312
Dudajew, Oschochar 343
Dumlupénar 237
Dunant, Henri 206
Dünkirchen 258
Durruti, Buenaventura 256

E

Eannatum, König von Lagasch 16
Ebert, Friedrich 228
Ebla 16
Ecuador 105, 117, 175, 198
Edessa 47, 87
Edinburgh 97
Edirne 237 s. a. Adrianopel
Eduard I., König von England 96
Eduard II., König von England 97
Eduard III., König von England 100
Eduard IV., König von England 102 f.
Eger 129
Egmont, Lamoral Graf von 121
Eisenhower, Dwight D. 303
Eisner, Kurt 228
Ekbatana (Hamadan) 30
Elam 16, 20, 28 f.
Elba 173
Elbing 91
Elfenbeinküste 205
Elfter September, Terroranschlag vom 348 f.
Elisabeth I., Königin von England 97, 123
Ellak, Hunnenfürst 58
El Salvador 321
Elsass 195
Emanuel II., König von Portugal 322
Enchedu'anna 16
England s. Großbritannien
Englische Revolution 132 f.

Englischer Bürgerkrieg 132 f.
Enlilnirari, assyrischer König 28
Ensslin, Gudrun 310
Enugu 327
Epidamnos 36
Epidauros 179
Epirus 44
Erbfolgekriege 113, 146 f.
Eretria 31, 34
Eriwan 236
Ermanerich, Ostgotenkönig 58
Erster Weltkrieg 167, 188, 205, 207, 215 f., 218, 220–225, 227 f., 230, 232, 234, 236, 238, 240 f., 246, 278, 307, 312
Erzberger, Matthias 229
Erzurum 189, 236
Eschnunna 20 f.
Estland 91, 143, 233
Estremadura 135, 256
Eugen, Prinz von Savoyen 140 f., 146

F

Faisal I., irakischer König 240
Faisal II., irakischer König 295
Falkirk 97
Falklandinseln 222
Falklandkrieg 318
Fallaci, Oriana 287
Farnese, Alexander 121
Faröer-Inseln 75
Faruk, König von Ägypten 290
Ferdinand I., römisch-deutscher Kaiser 115
Ferdinand II., römisch-deutscher Kaiser 128 f.
Ferdinand I., Kaiser von Österreich 183
Ferdinand VII., König von Spanien 169, 178
Ferdinand I., König von Kastilien-Leon 84
Ferdinand III., König von Kastilien 84
Ferdinand II., König von Aragón 84
Ferdinand I., König von Neapel-Sizilien 178
Fernández de Córdoba 116
Finnland 143, 170, 260
Fiume (Rijeka) 234
Flandern 87, 89, 121
Flensburg 193
Florenz 108
Florida 151, 153
Fontenoy 146
Formosa 213
Franco, Francisco 239, 256 f., 325
Frankenreich 57, 62 f., 70 f., 75
Frankfurt am Main 183, 193, 195, 310
Frankreich 70, 87, 95 f., 100–102, 112 f., 118 f., 122 f., 129 f., 134 f., 136 f., 139, 146, 148, 150 f., 153, 156 f., 158–166, 168–173, 175–177, 182 f., 187–189, 194 f., 205 f., 208 f., 213, 216, 220 f., 223, 225, 236–238, 255, 257 f., 261, 270, 278, 291, 294, 297, 310 f., 317, 327 f., 330, 333, 349
Franz I., römisch-deutscher Kaiser 146, 148
Franz I., König von Frankreich 118
Franz I., König von Neapel-Sizilien 184
Franz Ferdinand, österreichischer Thronfolger 220
Franz Joseph I., Kaiser von Österreich 187
Französische Revolution 13, 156, 158 f., 166, 174
französisches Kolonialreich 151, 176 f., 200 f., 205, 208, 240 f., 276 f., 280 f., 284 f., 295–297
Französisch-Schwedischer Krieg 129
Fredericksburg 191
Freetown 329
Freiburg 95
Freud, Sigmund 238
Friedrich I. Barbarossa, römisch-deutscher Kaiser 82 f., 86
Friedrich II., römisch-deutscher Kaiser 83
Friedrich II., der Große, preußischer König 145–149, 151, 155, 157, 163
Friedrich V., Kurfürst von der Pfalz 128
Friedrich II., Landgraf von Hessen-Kassel 153
Friedrich Wilhelm, der Große Kurfürst, Kurfürst von Brandenburg 148
Friedrich Wilhelm III., König von Preußen 172
Friedrich Wilhelm IV., König von Preußen 183
Frobisher, Martin 123
Fronde 136 f.
Frundsberg, Georg von 109
Fuldrad von Altaich 71

G

Gaeta 184
Gagarin, Juri 269
Galizien 180, 220, 238, 256
Gallien 52, 54, 57 f.
Gallipoli 107, 223
Gallischer Krieg 45
Gandhi, Indira 308 f.
Gandhi, Mahatma 242 f., 282 f., 308
Gandhi, Rajiv 308 f.
Gansu 42 f.
Garibaldi, Giuseppe 184
Garrick, David 103
Gaugamela 39
Gaulle, Charles de 270, 296 f.
Gazastreifen 271, 297, 292, 314, 347
Gemayel, Amin 292 f.
Gemayel, Bachir 292 f.
Genf 225, 277
Genua 98 f., 108
Georg I., König von England 143
Georg III., König von England 152
Georgien 93, 125, 342
Germanenkriege 49, 52, 56 f.
Germanien 53
Germantown 152
Gerona 169
Gettysburg 190 f.
Geyer, Florian 114
Ghana 205, 284
Gibraltar 84, 146, 162
Gijón 257
Gilbert-Inseln 264
Glarus 95
Glatz 148
Gneisenau, August Neithardt 173
Goa 138
Godoy, Manuel de 169
Godse, Nathuram 283, 308
Goebbels, Joseph 254, 261
Goethe, Johann Wolfgang von 173
Golanhöhen 315
Golfkrieg 287, 340 f.
Goliath 27
Gomulka, Wladyslaw 288 f.
Gorbatschow, Michail 251, 335, 338 f.
Gordion 39
Göring, Hermann 254, 267
Gorlice-Tarnow 222
Gottfried von Bouillon 86
Gowon, Yakubu 326
Gracchus, Gaius 49
Gracchus, Tiberius 48
Gran 141
Grandson 95
Granada 84
Grant, Ulysses S. 191
Griechenland 23–25, 31–39, 44, 56 f., 157, 178 f., 197, 219, 236 f., 260
griechischer Unabhängigkeitskrieg 178 f.
Grönland 75
Großbritannien, England 74 f., 96 f., 100–103, 113, 122 f., 132 f., 138 f., 143, 148, 150–153, 161–163, 169, 171, 173 f., 188 f., 196 f., 208 f., 213, 216 f., 219 f., 222 f., 230 f., 233, 236, 240, 242 f., 246, 255, 258, 260, 264, 271, 278 f., 291, 294, 312 f., 329 f., 334, 340 f., 348
Großmährisches Reich 57
Guadalajara 84
Guam 211, 264
Guang Xu, Kaiser von China 214
Guantánamo 211
Guatemala 321
Guernica 239, 257
Guevara, Ernesto »Che« 300 f., 319
Guinea 157
Guinea-Bissau 284 f.
Gujarat 282
Gupta-Reich 60 f.
Gustav Adolf II., König von Schweden 129 f., 144

H

Habsburgerreich 128–131, 134, 137, 140 f., 146, 148, 156, 178 f., 182 f., 216, 220, 224, 233 s. a. Österreich
Habyarimana, Juvenal 328
Haddad, Saad 293
Hadrian, römischer Kaiser 53
Haider Ali, indischer Herrscher 139
Haifa 278 f.
Hamadan s. Ekbatana
Hammerskjöld, Dag 299, 330
Hammurapi, babylonischer König 20 f.,
Hannibal 33, 44 f., 57
Hannover 143
Hanoi 270, 305 f.
Han-Reich 42 f., 54
Hardenberg, Karl August von 172
Harran 29
Harun Ar Raschid, Kalif 65
Hastings 75
Hatschepsut, ägyptische Königin 23
Hattusa 18 f.
Havanna 210 f., 300 f.
Havel, Václav 339
Hawaii 264
Hawkins, John 123
Hawkwood, John 109
Hebriden 75, 96
Hebron 278, 346 f.
Hecker, Gustav von 183
Hehe-Aufstand 204
Heiliges Römisches Reich Deutscher Nation 76 f., 82 f., 95, 109, 114 f., 119, 128–131 s. a. Deutschland
Heinrich I., deutscher König 88
Heinrich III., König von Frankreich 118 f.
Heinrich IV., König von Frankreich 118 f., 119, 136
Heinrich IV., König von England 102
Heinrich V., König von England 101 f.
Heinrich VI., König von England 101–103
Heinrich VII., König von England 102 f.
Hekmatyar, Gulbuddin 335
Hektor 25
Helena 25
Helgoland 165
Hemingway, Ernest 287
Hennegau 121
Hennersdorf 149
Heraklit 32
Herero-Aufstand 204
Hermann von Salza 90
Herodot 31, 35
Herrhausen, Alfred 310
Herzegowina 219
Herzl, Theodor 279
Hessen 153, 183, 193
Hethiterreich 18 f., 23 f.
Hidalgo, Guadalupe 187
Hidalgo, Miguel 174
Himmler, Heinrich 252, 263

REGISTER

Hindenburg, Paul von 222, 228, 253 f.
Hiroshima 239, 264 f.
Hiskija, König von Juda 29
Hita 84
Hitler, Adolf 207, 217, 224, 229, 234 f., 252–263, 266
Hitlerputsch 228 f.
Ho Chi-Minh 270, 276 f., 304
Hofer, Andreas 168 f.
Hohenfriedberg 149
Hohenlinden 161
Holland 121
Hollywood 239, 307
Holocaust 217, 262 f., 266
Holstein 192 f.
Homer 24 f., 32
Honduras 321
Honecker, Erich 338
Hongkong 177, 264
Hoorn, Philipp 121
Howe, William 152
Hoyerswerda 311
Hrawi, Elias 293
Huerta, Victoriano 248
Hugenberg, Alfred 253
Hugenottenkriege 118 f.
Hume, John 313
Hundertjähriger Krieg 75, 100 f., 108
Hunnen, Expansion 56 f.
Hus, Jan 69
Husri, Sati Al- 294
Hussain I. Ibn Ali, König des Hedschas 240
Hussein, König von Jordanien 314
Hussein, Saddam 287, 336 f., 340 f., 348

I

Ibal-pi-El, mesopotamischer Herrscher 20
Iberische Halbinsel 64, 69, 84–86, 117, 134, 165, 169
Ibiza 84
Indien 38, 40 f., 46, 60 f., 66, 112, 121, 138 f., 151, 164, 176, 272 f., 242 f., 274 f., 282 f., 308 f.
indischer Unabhängigkeitskampf 242 f.
indisch-pakistanische Konflikte 282 f., 308 f.
Indochina 176 f., 268, 270
Indochinakrieg 264, 276 f., 304
Indonesien 209, 280 f.
Inkareich 104 f., 116 f.
Inkerman 189
Innozenz III., Papst 83
Innozenz XI., Papst
Innsbruck 168
Ionien 30 f., 34 f., 197
Iquique 198 f.
Irak 53, 64, 78, 278 f., 294 f., 336 f., 340 f., 348 f.
irakisch-iranischer Krieg (erster Golfkrieg) 336 f.
Irak-Krieg 348 f.
Iran, Persien 14, 16, 30 f., 38 f., 46 f., 54, 64–66, 72, 93, 107, 240, 271, 332 f., 336 f., 348

Irischer Freiheitskampf 230 f.
Irland 54, 230 f., 312 f.
Irlandkonflikt 312 f.
Ironsi, Aguiyi 326
Irún 325
Isabella I., Königin von Kastilien 84
Isfahan 80
Ishme-Dagan, assyrischer König 20
islamische Expansion 63–65, 66, 68, 72
Islamische Revolution, Iran 332 f.
Island 75
Ismail Kemal Bey 219
Israel 26–28, 240 f., 271, 278 f., 291–295, 314 f., 330, 346 f.
israelisch-arabische Kriege 278 f., 314 f.
Issos 38 f.
Istanbul (Konstantinopel) 106 f., 154, 197, 219, 236 f. s. a. Konstantinopel
Italien 44, 54, 57–59, 72, 74 f., 77, 82 f., 95, 98 f., 108 f., 122, 135, 146, 157, 161 f., 178 f., 183–185, 193, 204, 209, 219, 222, 234 f., 236, 238, 255–258, 260, 264, 310 f.
Italienischer Einigungskrieg 184 f.
italienisches Kolonialreich 204, 234 f., 255
Italienzüge 76 f., 82 f.
Itúrbide, Agustín de, Kaiser von Mexiko 174
Iwan I., Großfürst von Moskau 124
Iwan IV., der Schreckliche, Zar von Russland 124 f.
Iwo-Jima 264
Izmir (Smyrna) 236 f.

J

Jack Cade's Revolt 102
Jagiello, König von Polen 91
Jakob I., König von England 97
Jakob I., König von Aragón 84
Jalianwala Bagh 242 f.
Jamaika 133, 174
Janina 219
Japan 110 f., 208 f., 212–215, 217, 223, 244–247, 260 f., 264–266
japanisches Kolonialreich 208 f., 246 f.
Jasemah-adad, assyrischer König 20
Jassy 155, 179
Jaurès, Jean 206
Java 217
Jeanne d'Arc 100 f.
Jekatarinenburg 227
Jelzin, Boris 342 f.
Jemappes 161
Jemen 294 f.
Jena 163
Jerusalem 23, 26 f., 53, 68, 86 f., 278 f., 314 f., 347

Jinnah, Mohammed Ali 282 f.
Joab 27
Johann, Erzherzog von Österreich 168
Johann II. der Gute, König von Frankreich 101
Johann IV., König von Portugal 135
Johann III. Sobieski, König von Polen 140, 181
Johann van Leyden 114
Johanna II., Königin von Neapel 109
Johannes III. Kantakuzenos, Kaiser von Byzanz 107
Johannesburg 202 f.
John Balliol, König von Schottland 96 f.
Johnson, Lyndon B. 302 f., 305, 307
Jordanien 240, 278 f., 295, 314 f., 346
Joseph II., römisch-deutscher Kaiser 146 f.
Juárez, Benito 186 f.
Juda 26, 28 f.
Jugoslawien 13, 260, 331, 344 f.
Jünger, Ernst 239
Jughurta, numidischer König 44, 49
Julirevolution 180
Justin II., Kaiser von Byzanz 72
Justinian I., Kaiser von Byzanz 58, 72

K

Kabbah, Ahmad 329
Kabul 334 f., 348
Kadesch 19, 23
Kaesong 273
Kagamé, Paul 328
Kairo 240, 314, 316
Kalabrien 75, 83
Kalifat von Bagdad 75, 80
Kalkutta 138 f., 282 f.
Kalter Krieg 266, 268 f., 270, 272, 288, 294, 298 f., 304, 334
Kambodscha 66, 177, 277, 280 f., 307, 331
Kambyses, persischer König 30 f.
Kamerun 157, 223
Kanaan 26
Kanada 152, 164, 268
Kandahar 176
Kapland 164, 202 f.
Kapp-Putsch 228 f.
Kapstadt 165
Kara Mustafa, osmanischer Großwesir 140
Karadjordje, Georg 179
Karakorum 93
Karatschi 317
Karelien 143
Karen-Aufstände 281
Karibik 116, 217
Karkemisch 23
Karl I., der Große, König der Franken, Kaiser 63, 69–71, 76, 88
Karl V., römisch-deutscher Kaiser 115 f., 120

Karl VI., römisch-deutscher Kaiser 148
Karl VII., römisch-deutscher Kaiser 146
Karl I., Kaiser von Österreich 223
Karl, Erzherzog von Österreich 163
Karl VI., König von Frankreich 101
Karl VII., König von Frankreich 101
Karl IX., König von Frankreich 118
Karl der Kühne, Herzog von Burgund 95
Karl V. Leopold, Herzog von Lothringen 141, 148
Karl I., König von England 132 f.
Karl II., König von England 133
Karl II., König von Spanien 146
Karl IV., König von Spanien 169
Karl I., König von Portugal 322
Karl XII., König von Schweden 142 f.
Karl I. von Anjou, König von Neapel-Sizilien 82 f.
Karl Martell, fränkischer Hausmeier 63
Karl Theodor, Kurfürst von der Pfalz und von Bayern 147
Karl Wilhelm, Herzog von Braunschweig 160
Karlistenkriege 178 f.
Karlowitz 141
Kärnten 140
Karthago 44 f., 64
Kartoffelkrieg 147
Kasan (Kazan) 124
Kasavubu, Joseph 298 f.
Kaschmirkonflikt 275, 282 f., 308
Kassandra 25
Kastilien 84, 88, 134
Katalaunische Felder 56–58
Katalonien 134 f., 256
Katanga 271, 298 f.
Katharina II., die Große, Zarin von Russland 154 f.
Katharina von Medici, Königin von Frankreich 118
Kathiawar 60
Kaukasus 14, 189, 233, 261, 342 f.
Kaunitz, Wenzel Anton Fürst von 150
Kazallu 20
Kazan 124
Kellog, Frank B. 225
Kenia 284
Kennedy, John F. 269, 277, 303
Kenyatta, Jomo 284
Kerenskij, Alexander 227
Kesseldorf 149
Ketteler, Klemens von 209
Khasbulatow, Ruslan 343
Kiew 55, 74 f., 125, 233, 260
Kilidsch Arslan, Seldschukenfürst 80

Kilikien 16, 29
Kilisse 219
Kimberley 202
Kim Dae Jung 273
Kim Jong Il 273
Kimon 35 f.
King, Martin Luther 302
Kinjikitile 204
Kinshasa s. Leopoldsville
Kirchenstaat 184
Kirk 219
Kirow, Sergej 251
Kisch 20
Kissinger, Henry 275, 305, 315
Kitchener, Horatio Lord 200
Kitzen 173
Kleinasien 30, 34 f., 39, 44, 53, 80
Klemens IV., Papst 83
Klemens VII., Papst 109
Kleon 36
Kleopatra, ägyptische Königin 39, 49
Klytämnestra 25
Knossos 25
Koalitionskriege 159–161, 164
Kohl, Helmut 339
Kolin 151
Köln 89
Kolumbien 174 f.
Kolumbus, Christoph 116
Kongo 157, 270, 298 f.
Kongokrise 298 f.
Königsberg 91
Königsgrätz 192
Konrad III., deutscher König 86
Konrad IV., deutscher König 83
Konrad von Masowien, polnischer Herzog 90 f.
Konradin, Herzog von Schwaben, 83
Konstantinopel 55 f., 65, 72 f., 80, 87, 98 f., 106 f., 140 s. a. Istanbul
Konstanz 83
Konstanze, normannische Prinzessin 83
Konya 80
Kopenhagen 164
Korea 66, 93, 213, 246 f., 268, 270, 272 f., 274
Koreakrieg 272 f.
Korfu 234
Korinth 36
Körner, Theodor 172
Kornilow, Lawr 227
Korsika 44
Kortrijk 89
Kosovo 219, 286, 331, 345
Kossuth, Lajos 183
Krain 140
Krakau 142, 180 f., 238
Kreta 25, 99, 197, 219, 260
Kreuzzüge 68 f., 73, 78, 80, 84, 86 f., 90 f., 98
Krim 154 f., 188 f.
Krimkrieg 167, 181, 184, 188 f., 196, 206
Kroatien 98, 141, 260, 263, 344 f.
Krösus, lydischer König 30, 34
Kruger, Paul 202 f.

Krupp, Alfred 167
Ktesiphon 47
Kuala Lumpur 281
Kuba 210 f., 269, 271, 300 f. 320, 329
Kubanische Revolution 300 f.
Kublai Chan, Mongolenherrscher 92 f.
Kubrick, Stanley 239
Kulm 81
Kunersdorf 151
Kunimund, Gepidenkönig 59
Kurdistan 337
Kurland 91
Kuruzenaufstand 140
Küstrin 229
Kütschük-Kainardschi 155
Kutusow, Michael 170 f.
Kuwait 340, 348 f.
Kyoto 110 f.
Kyrillos 57
Kyros II., persischer König 30 f.

L

Lade 31
Ladysmith 202
Lagasch 16
Lagos 151
Lahore 282
Langensalza 193
Langobardenreich 59, 70, 75
Laos 177, 277, 280 f.
La Rochelle 118 f.
Larsa 20 f.
La Serna 175
Latium 44
Lattre de Tassigny, Jean de 277
Lauenburg 192
Laupen 94
Lausanne 225
Laval, Pierre 258
Lawrence, Thomas E. 240
Lechfeld 76 f.
Le Duc Tho 305
Lee, Robert E. 190 f.
Legnano 82
Leipzig 151, 173
Lemberg 220
Lenin 222, 226 f., 250, 338
Leo I., Papst 57
Leonidas 35
Leopold I., römisch-deutscher Kaiser 140, 146
Leopold I., Fürst von Anhalt-Dessau 149
Leopold, Herzog von Österreich 94
Leopold II., König der Belgier 157, 298
Leopoldsville (Kinshasa) 298
Lepanto 99, 107, 122
Lepidus, Marcus Aemilius 49
Lesseps, Ferdinand 290
Lettland 233
Leuthen 150
Levett, William 123
Lexington 152
Lhasa 274
Liaodong 213
Liaoning 126
Libanesischer Bürgerkrieg 292 f.

Libanon 16, 240, 271, 278 f., 292 f., 294
Liberia 328 f.
Libyen 31, 260, 317
Liebknecht, Karl 228
Liegnitz 92 f.
Ligne, Charles Joseph Fürst von 155
Lima 117
Limburg 121
Lincoln, Abraham 190 f.
Lisle, Rouget de 160
Litauen 91, 124, 180, 233, 338
Little Rock 302
Livius 33
Livland 91, 124 f., 142 f.
Locarno 225
Lockerbie 317
Lombardei 82 f., 183 f.
Lombok 208
London 97, 103, 133, 139, 151 f., 189, 219 f., 230, 243, 255, 258
Lon Nol 281
Lothringen 146, 195
Louis de Condé 118
Louis Philippe, König von Frankreich 182
Loyang 66
Luanda 329
Ludendorff, Erich 222, 228 f.
Ludwig I., König von Bayern 183
Ludwig IX., König von Frankreich 87
Ludwig XIII., König von Frankreich 119, 136
Ludwig XIV., König von Frankreich 112, 119, 136 f., 140, 146
Ludwig XV., König von Frankreich 146
Ludwig XVI., König von Frankreich 158–160
Luise, Königin von Preußen 163
Lüle Burgas 219
Lumumba, Patrick 270, 298 f.
Lunéville 161
Lüshun s. Port Arthur
Luther, Martin 114
Lüttwitz, Walter von 229
Lützen 129
Lützow, Adolf von 173
Luxemburg 120 f.
Luxemburg, Rosa 228
Luxor 317
Luzern 94 f.
Luzon 264
Lydien 30
Lysander 36 f.,
Lysimachos 39

M

MacArthur, Douglas 264 f., 272 f.
Madagaskar 284
Madera, Francisco Ignacio 248
Madras 138 f., 176
Madrid 84, 134 f., 168 f., 256 f., 325
Mafeking 202
Magadha 40

Magdeburg 76
Maghreb 65, 200 f.
Magnesia 46
Mahdi-Aufstand 201
Mähren 253, 255
Mailand 57, 82 f., 108 f., 146, 311
Mainz 58, 161
Majdanek 263
Maji-Maji-Aufstand 204
Makedonien 31, 34, 38 f., 44, 57, 196 f., 219, 344 f.
Malaiische Halbinsel 177
Malaysia 264, 280 f.
Malcolm X 303
Malgium 20
Mallorca 84
Malplaquet 146
Malta 161, 164
Mandschurei 43, 66, 126 f., 213, 217, 244, 246 f.
Mandschu-Reich 126 f., 214 f.
Manfred, König von Sizilien 83
Manila 264
Manischtuschu, König von Akkad 16
Mannheim 183
Mantua 57, 168 f.
Manzikert 65, 80
Mao Zedong 244 f., 270, 274 f.
Marad 20
Marat, Jean Paul 159
Marathenkriege 139, 164 f., 176
Marathon 31, 34 f.
Marcus Antonius 47, 49
Marcus Aurelius, römischer Kaiser 53
Mardonios 31, 34
Marduknasir, König der Kassiten 20
Marengo 161 f.
Margarete von Lancaster, Königin von England 102 f.
Margarete von Parma 121
Margarete Tudor, Königin von Schottland 97
Margarita 174
Mari 20 f.
Maria Stuart, Königin von Schottland 96 f.
Maria Theresia, römisch-deutsche Kaiserin 146–149
Marie Antoinette, Königin von Frankreich 158 f.
Marie Luise von Österreich 163
Marienburg 91
Marignano 95
Marius, Gaius 44, 48 f., 51
Marken 184
Markomannenkriege 51, 53
Marlborogh, John Churchill, Herzog von 146
Marokko 200 f., 256
Marsala 184
Marshall, George 268
Marston Moor 133
Marti, José 210
Martínez Campos 211
Masaniello 135
Maschkan-Schapir 21

Register

Massud, Ahmed Schah 335
Masuren 233
Matteotti, Giacomo 235
Mau-Mau-Aufstand 284
Maupertius 101
Maurya-Reich 40 f.
Max, Prinz von Baden 223
Max II. Emanuel, der Blaue Kürfürst, Kurfürst von Bayern 141
Maximilian I., römisch-deutscher Kaiser 109
Maximilian I., Kurfürst von Bayern 128
Maximilian I., Kaiser von Brasilien 186
Mayareich 116
Mazarin, Jules, Herzog von Nevers 136
Mazzini, Giuseppe 184
McKinley, William 211
Mecklenburg 57
Medien 29 f., 46
Megera 36
Megiddo 22 f.
Mehmed II., osmanischer Sultan 65, 107
Meiji Tenno, Kaiser von Japan 212
Meinhof, Ulrike 310
Mekka 64
Melfi 83
Melgarejo 198
Melo Antunes, Ernesto 323
Menelaos 25
Menelik II., Kaiser von Abessinien 204
Mengele, Josef 263
Menorca 84, 146
Merenptah, ägyptischer König 23
Mérida 174
Mesopotamien 14, 16, 28, 46 f., 53
Messina 44, 184
Methodios 57
Metternich, Clemens von 172, 183
Metz 57, 62, 130, 194 f.
Mexikanische Revolution 248 f.
Mexikanischer Bürgerkrieg 186 f.
Mexiko 104 f., 116, 174, 186 f., 248 f., 251, 300, 320
Mexiko-Stadt 187, 303
Michael VIII. Palaiologos, Kaiser von Byzanz 73
Mickiewicz, Adam 157
Milestone, Lewis 239
Milet 25, 31, 34
Milosvevic´, Slobodan 344 f.
Miltiades 34 f.
Mindelheim 109
Ming-Reich 126 f.
Minsk 233
Miranda, Francisco de 174
Mitanni-Reich 19, 23, 28
Mithridates I., Partherkönig 46
Mithridates IV., König von Pontos 44
Mitsuhide, Akechi 111
Mittelamerika 104 f., 116 f., 123, 174 f., 248 f., 271, 320 f.

Mitterrand, François 297
Moawija I., Kalif 65
Mobutu, Joseph 298 f.
Modena 184
Modrow, Hans 339
Mogulreiche 138, 176
Mohács 107, 141
Mohammed 64, 316
Mohammed Daud Khan, König von Afghanistan 334
Mohammed Riza Pahlewi, Schah von Persien 332
Mola, Emilio 256
Mollet, Guy 297
Mollwitz 148
Moltke, Helmuth Graf 192
Mongolei 43
Mongolen, Expansion 78 f., 81, 92 f.,
Mongolenreiche 92 f., 106 f., 124
Monroe, James 186, 210
Monroe, Marilyn 272
Montenegro 196 f., 219, 344 f.
Montezuma II., Aztekenherrscher 116
Montgomery 302 f.
Montreal 151
Moquegua 199
Moreau, Jean Victor 161
Morgan, John 123
Morgarten 94
Morillo, Pablo 174
Moritz, Prinz von Oranien 121
Moritz, Herzog von Sachsen 114
Moro, Aldo 311
Mosambik 284 f., 334
Moses 17
Moskau 124 f., 141 f., 171, 219, 233, 244, 260, 273, 288 f., 314, 334 f., 343
Moskowiterreich 124 f.
Mostar 287, 345
Mouawad, Rene 293
Mountbatten, Louis Lord 243, 282, 313
Mudros 236
Mühlberg an der Elbe 115
Mühlhausen 95
Mukden 127, 213, 247
München 195, 228, 255, 271
Münster 114, 130 f.
Münzer, Thomas 115
Murten 95
Mussolini, Benito 234 f., 255 f., 261
Mustafa III., osmanischer Sultan 154
Muwatalli, Hethiterkönig 19, 23
Mykale 31
Mykene 24 f.
My Lai 304

N

Näfels 94
Nagasaki 265
Nagashino 110
Nagorny-Karabach 342
Nagoya 110
Nagsch i Rustem 31

Nagy, Imre 289
Nahostkonflikt 240 f., 271, 278 f., 291, 294 f., 314 f., 346 f.
Nairobi 317
Namibia 204, 331
Namur 121
Nancy 95
Nanking 247
Nantes 118 f., 136
Napoleon I., Kaiser der Franzosen 156 f., 159-173, 178, 180
Napoleon III., Kaiser der Franzosen 177, 183, 187, 194 f.
Napoleonische Kriege 157-173
Naram-Sin, König von Akkad 16
Narses 72
Narva 124, 142
Naseby 133
Nassau 193
Nasser, Gamal Abdel- 290 f., 294 f.
Natal 202 f.
Nauplia 178
Navarino 179
Navarra 118 f.
Navas de Tolosa 84
Neapel 83, 135, 146, 161, 178 f., 184
Nebukadnezar, babylonischer König 21
Nehru, Jawaharlal 242, 308 f.
Nelkenrevolution 322 f.
Nelson, Horatio 161 f., 164 f.
Nepal 176
Nero, römischer Kaiser 52
Nertschinsk 125, 127
Neuengland 152
Neufundland 75
Neuguinea 264
Neuhäusl 141
New Orleans 191
New York 317, 348 f.
Nguyen Van Thieu 305
Nicäa 81
Nicaragua 320 f.
Nidwalden 94
Niederlande 70, 100, 119- 123, 130, 133 f., 146 f., 148, 153, 161, 223, 258
niederländischer Freiheitskrieg 120 f.
niederländisches Kolonialreich 121, 138, 208 f., 264, 280 f.
Nigeria 157, 326 f.
Nightingale, Florence 189
Nikita I., König von Montenegro 219
Nikolaus I., Zar von Russland 180, 183
Nikolaus II., Zar von Russland 226
Nikopolis 106
Nîmes 53
Nimitz, Chester William 264 f.
Nimwegen 121
Ninive 16, 21, 28 f.
Nixon, Richard 275, 305
Nizza 184
Nobel, Alfred 207

Nordafrika 44, 58, 64 f., 84, 200 f., 260, 296 f.
Nordamerika 112, 151-153
Norddeutschland 128, 130
Nordischer Krieg 142 f.
Nordkorea 348
Normandie 74 f., 101, 137, 260 f.
Normannen-Reiche 74 f., 82 f., 98
Norwegen 258
Novemberrevolution 228 f.
Novi Pazar 197, 219
Novotny´, Antonin 289
Nowgorod 74 f., 124 f.
Nubien 22
Numidien 44
Nürnberg 89, 131, 262, 267
Nurhachi, Mandschu-Fürst 126

O

Ocaña 169
Oda Nobunga 110 f.
Odessa 227
Odoaker 59
Odysseus 25
Ofen 141
Ögödei, Mongolenherrscher 93
Ojukwu, Emeka 327
Okinawa 264
Oktoberkrieg 314 f.
Oktoberrevolution 216, 222, 224, 226 f., 233, 266
Olivares, Gaspar de Guzmán, Herzog von San Lúcar la Mayor und Graf von 134 f.
Olmütz 163
Olympias 38
Omagh 312
Omar I., Kalif 64
Onaindia, Mario 325
Opium-Kriege 176 f.
Oranien 121
Oranje-Freistaat 202 f.
Orkhan, osmanischer Sultan 106 f.
Orkney-Inseln 75
Orléans 62, 101
Orlow, Alexej 155
Ortega, Daniel 320
Ortschakow 154
Osijek 345
Oslo 143, 313, 347
Osman I., osmanischer Sultan 106 f.
Osmanisches Reich s. Türkei, Osmanisches Reich
Osnabrück 130 f.
Ostafrika 157
Ostasien 176 f., 208 f., 212, 246 f., 264 f.
Österreich 86, 94, 113 f., 140 f., 146-151, 155, 159-163, 168, 170, 172 f., 180, 183 f., 187, 192 f., 196 f., 206 f., 209, 216, 219 f., 222 f., 238, 253, 255, 289, 339 s. a. Habsburgerreich
Österreichischer Erbfolgekrieg 146-148
Ostgotenreich 56, 58

Ostpreußen 90 f., 255
Oströmisches Reich 54, 58
Ost-Timor 280 f.
Otto I., der Große, römisch-deutscher Kaiser 76 f.
Otto, König von Griechenland 178
Otumba 116
Oudenaarde 146
Owari 110 f.

P

Padua 57, 82
Pakistan 243, 282 f., 308 f., 317, 348
Palach, Jan 289
Palästina 22 f., 29, 45, 53, 86 f., 188, 223, 240 f.
Palästinakrieg 278 f., 346
palästinensischer Unabhängigkeitskampf 271, 291–293, 315, 346 f.
Palermo 75, 83, 184
Panama 123, 210, 321
Pandschab 139
Panmunion 272 f.
Pannonien 56, 58 f., 70
Parachshum 16
Paraguay 249, 319
Paris 57, 62, 101, 118 f., 137, 151, 156, 158 f., 161, 163, 180, 182 189, 195, 210 f., 224, 236, 240, 255, 258, 297
Parks, Rosa 302 f.
Parma 147, 184
Partherreich 45–47, 54
Passarawitz 141
Patay 101
Patna 66
Paulus, Friedrich 261
Pavia 57, 77, 95, 109
Pearl Harbor 211, 217, 264
Pearse, Patrick 231
Peking 92, 127, 177, 208 f., 214 f., 244–247, 274 f.
Pelayo, Don 84 f.
Peloponnes 24, 35, 99, 179
Peloponnesischer Krieg 32, 36 f.
Pepe, Guglielmo 178
Perdikkas 39
Peres, Shimon 347
Pergamon 39
Perikles 36 f.
Perón, Evita 318 f.
Perón, Isabel 319
Perón, Juan Domingo 318 f.
Persepolis 30 f.
Perserkriege 15, 31, 33–35
Persien s. Iran
Perth 97
Peru 105, 117, 174 f., 198 f., 319
Pétain, Philippe 258
Peter I., Zar 142 f.
Peter III., Zar 151
Peter I. Karadjordjevic, König von Serbien 219
Peter I., Kaiser von Brasilien 175
Peter von Amiens 87
Peters, Carl 204
Petersburg 190
Petljura, Simon 232 f.

Pfalz 128, 130
Philadelphia 152
Philipp II., König von Makedonien 38 f.
Philipp V., König von Makedonien 44
Philipp VI., König von Frankreich 100
Philipp II., König von Spanien 120
Philipp IV., König von Spanien 134 f.
Philipp V., König von Spanien 146
Philipp II. August, König von Frankreich
Philippi 49
Philippinen 146, 208–210, 217, 264, 317
Philippoi 38
Phnom Penh 281, 331
Phraates II., Partherkönig 46 f.
Phraates III., Partherkönig 47
Piacenza 147
Picasso, Pablo 239, 257
Pichincha 175
Pindar 25
Piłsudski, Józef K. 232 f.
Pinochet, Augusto 318
Pippin II., Frankenkönig 63
Pippin III., Frankenkönig 63
Pisa 44, 98 f.
Pisagua 199
Pitt, William 151
Pittsburgh 151
Pius IX., Papst 185
Pizarro, Francisco 117
Plassey 151
Plataä 31, 34 f.
Pleskau 124
Plutarch 33
Podolien 141
Poitiers 63 f., 101
Polen 91, 93, 124 f., 140–143, 146, 154, 157, 163, 170, 180 f., 183, 217, 232 f., 253, 255, 258 f., 263, 288 f., 339
polnischer Freiheitskampf 180 f.
Pol Pot 281, 307
Poltawa 142
Polybius 33
Pommern 143
Pompeius, Gnaeus P. Magnus 44, 49
Pondicherry 139
Ponto, Jürgen 311
Pontos 39
Poros, König des Pandschab 39
Port Arthur (Lüshun) 212 f.
Portugal 122, 134 f., 138, 146, 161, 165, 169, 171, 175, 257, 322 f.
portugiesisches Kolonialreich 175, 284, 323, 329
Posen 180, 288
Poteidaia 36
Potjomkin, Grigorij Fürst 155
Prag 128, 183, 193, 289, 339
Prager Frühling 289
Pressburg 141, 162
Preston 133

Pretoria 202
Preußen 90 f., 113, 119, 143, 146–151, 156, 159, 161, 163, 165, 170, 172 f., 183, 187 f., 192 f.
Priamos 25
Princip, Gavrilo 220
Ptolemaios 39
Puerto Cabello 174
Puerto Rico 210 f.
Punische Kriege 33, 44 f.
Punjab 283, 308
Puruschchanda 17
Pushyamitra Shunga 41
Putin, Wladimir 343
Pu Yi, Kaiser von China 214 f., 246
Pyrrhos, König von Epirus 44

Q

Qadisiyya 64
Qatna 20
Qianlong, Kaiser von China 126
Qin-Reich 42 f.
Qin Shihuangdi, Kaiser von China 42
Quebec 151
Quemoy 274 f.
Querétaro 187
Quiberon 151
Quidde, Ludwig 206 f.
Quito 174

R

Rabin, Izhak 271
Radetzky, Josef Wenzel von 183
Radulf, König der Heruler 59
Rahman, Mudjibur 308
Rain am Lech 129
Ramillies 146
Ramses II., ägyptischer König 19, 23
Ramses III., ägyptischer König 23
Rathenau, Walter 229
Rätien 53 f.
Ravenna 59
Reconquista 68 f., 78, 84–86, 117
Reggio 184
Reims 57, 101
Remarque, Erich Maria 239
Revolution von 1848/49 182 f.
Rheinland 87 f., 252, 255
Rhodes, Cecil 202 f.
Rhodesien 157, 285
Rhodos 25, 107, 219
Richard I. Löwenherz, König von England 86
Richard II., König von England 102
Richard III., König von England 102 f.
Richelieu, Armand Jean du Plessis, Herzog von 129, 134–136
Richmond 190 f.
Riga 142, 232
Rijeka s. Fiume

Rimini 44, 91
Rim-Sin, König von Larsa 20
Rimusch, König von Akkad 16
Risorgimento 178 f.
Rizal, José Protasio 208
Robert I. Bruce, König von Schottland 97
Robert Guiscard, Normannenfürst 75
Robespierre, Maximilien de 159
Röhm, Ernst 252, 254
Rom 33, 39, 44–53, 57 f., 70, 72, 77, 81–83, 88, 109, 184 f., 234 f., 255
Romero, Oscar 321
Römisches Reich 33, 39, 44–54, 57 f., 62, 72
Rommel, Erich 260 f.
Romulus 44
Romulus Augustus, römischer Kaiser 59
Rosenkriege 102 f.
Rossbach 145
Rosselini, Roberto 238 f.
Rostock 311
Rostoptschin, Feodor 171
Rouen 101
Roussillon 137
Ruanda 284, 328, 331
Ruhrgebiet 225, 229
Rumalia 340
Rumänien 22, 197, 260, 339
Russisch-Japanischer Krieg 212 f.
Russisch-Polnischer Krieg 232 f.
russisch-türkische Kriege 154 f., 188, 196 f.
Russland, UdSSR 57, 74 f., 92 f., 113, 124 f., 127, 141–143, 150 f., 154 f., 156 f., 161–163, 165, 170–173, 177, 180 f., 196 f., 208 f., 212 f., 219 f., 222, 224–227, 232 f., 244, 246, 250 f., 257–260, 264, 266, 268 f., 272–274, 288 f., 291, 299, 314 f., 327, 329, 334 f., 337–339, 342 f., 349

S

Sachsen 114 f., 129, 141–143, 146–148, 151, 170, 183
Sachsenkriege 69, 71
Sadat, Anwar As 315 f.
Safed 278
Saigon 177, 209, 277, 304–306
Saladin, Sultan von Ägypten und Syrien 86
Salamis 31, 33–35
Salazar, António 284, 322
Sallust 33
Salmanassar III., assyrischer König 28
Salò 234 f.
Salomo, israelitischer König 27
Saloniki 57, 219, 223
Salpeterkrieg 198 f.
Samarkand 66, 92 f.

Register

Samoa 210
Samsun 236 f.
Samudragupta, indischer König 60
Samuel 26
Sanherib, assyrischer König 29
Sankoh, Foday 328 f.
Sankt Gotthard an der Raab 140
San Marcial 169
San Martin, José de 174
San Sebastián 256
San Stefano 196
Santa Clara 301
Santander 257
Santiago de Chile 174
Santiago de Cuba 211, 300
Santo Domingo 123
Santorin 25
Saragossa 84, 169, 256
Saraiva de Carvalho, Otelo 323
Sarajevo 216, 220, 345
Sardes 30
Sardinien 44
Sardinien-Piemont 146, 184
Sargon, König von Akkad 14, 16 f.,
Sargon II., assyrischer König 28
Sarkis, Elias 293
Sarnath 41
Saudi-Arabien 294 f., 341
Saul, israelitischer König 26
Savoyen 58, 146, 161
Schamschi-adad, assyrischer König 20, 28
Schanghai 244–246
Scharkalischarri, König von Akkad 16
Scharnhorst, Gerhard Johann David 172
Scharon, Ariel 347
Schiller, Friedrich von 35
Schlageter, Leo 229
Schlesien 129, 146, 148–151, 163, 233
Schlesische Kriege 113, 148 f.
Schleswig 192 f.
Schleyer, Hanns Martin 311
Schlieffen, Alfred von 220
Schmalkaldischer Krieg 114 f.
Schonen 143
Schoschenk I., ägyptischer König 23
schottischer Unabhängigkeitskampf 96 f.
Schottland 52, 54, 75, 78, 96 f., 133
Schwabenkrieg 95
Schweden 75, 124 f., 128–131, 142 f., 162, 170 f., 207
Schweiz 70, 94 f., 119, 130, 206, 235
Schweizer Unabhängigkeitskampf 94 f.
Schwyz 94 f.
Scipio der Ältere, Publius Cornelius 44
Scipio der Jüngere, Aemilianus 44
Scutari 219
Sechstagekrieg 314 f.
Sedan 194 f.

Seeland 121
Seldschuk, Seldschukenfürst 80
Seldschuken, Expansion 80 f., 86
Seleukia 46 f.
Seleukidenreich 44, 46
Seleukos I. Nikator, Satrap von Babylon 39 f., 46
Sempach 94
Seoul 272
Sepoy-Aufstand 139, 177
Septimus Severus, römischer Kaiser 52 f.
Serbien 141, 178 f., 196 f., 216, 219 f., 344 f.
Sesostris III., ägyptischer König 22
Sèvres 237
Sewastopol 188 f.
Seydlitz, Friedrich Wilhelm von 145
Sforza, Francesco 109
Shakespeare, William 102
Shandong 246
Sharm el Sheik 291
Shetland-Inseln 75
Shilo 191
Shivaji, Marathenfürst 139
Sibirien 125, 250 f.
Sichem 22
Sidon 28
Siebenbürgen 140
Siebenjähriger Krieg 112, 145, 150–152
Sierra Leone 328 f.
Sihanouk, Norodom Varman, Prinz 280 f.
Sikh-Konflikte 176 f., 308 f.
Silistria 219
Simbirsk 125, 227
Sinai 291, 315
Singapur 177, 280 f.
Sinnhuber, Dieter 286
Sinope 188
Sinscharischkun, assyrischer König 29
Sippar 20
Sirajdu-Daula, Fürst von Bengalen 139
Siwa 39
Sizilien 44, 73, 75, 82 f., 146, 184, 261
Skagerrak 222
Skandinavien 55, 142
Skopje 219
Slawenreiche 57
Slivnica 197
Slowakei 260
Slowenien 344 f.
Sluis 100
Smith, Tom 303
Smolensk 124
Smyrna s. Izmir
Soissons 62, 222
Sokrates 37
Solferino 206
Solingen 311
Solschenizyn, Alexander 251
Somalia 330 f.
Somaliland 157
Somoza, Luis 320
Somoza Debayle, Anastasio 320
Soor 149

Spanien 25, 58, 70, 84 f., 95, 116, 122 f., 131, 146, 168 f., 178 f., 187, 194, 208, 210 f., 217, 239, 256 f., 287, 324 f.
Spanisch-Amerikanischer Krieg 210 f.
Spanischer Bürgerkrieg 239, 256 f., 287
spanisches Kolonialreich 69, 116, 134, 146, 174 f., 210 f., 217, 300
Sparta 31–33, 34 f., 36 f.
Spartacus 49
Spartakus-Aufstand 228
Spichern 195
Spinola, António de 323
Spiridon, Luis 35
Srebrenica 331
Sri Lanka 309
St. Albans 102 f.
Stalin 250 f., 255, 258, 260 f., 343
Stalingrad 250, 260 f.
Stalinismus 250 f.
Stallone, Sylvester 307
Stanislaus Leszcynski, König von Polen 146
Staufer-Reich 82 f.
Steiermark 161
Stettin 143
Steuben, Friedrich von 153
Stirling Bridge 97
Stockholm 143, 330
Stone, Oliver 239
St. Petersburg 142, 226 f.
Stralsund 143
Strasser, Georg 252
Streicher, Julius 252, 267
Stresemann, Gustav 224 f.
Stroessner, Alfredo 319
Struve, Friedrich 183
Stuttgart 195
Sucre José de 175
Südafrika 121, 202 f., 242, 285, 329
Südamerika 104 f., 116 f., 123, 165, 174 f., 198 f., 248 f., 271, 318 f.
Sudan 200 f.
Südasien 66
Süddeutschland 53, 114
Sudetenland 217, 255
Südostasien 42, 64, 66, 121, 217, 280 f.
Südtirol 235
Südwestafrika 157
Sueton 33
Suezkrise 290 f., 294, 330
Suharto 280
Sukarno, Achmed 280
Sluis 100
Süleiman Schah, Seldschukenfürst 80
Süleiman II., der Prächtige, osmanischer Sultan 107, 140
Sulla, Lucius Cornelius 48 f.
Sumatra 208 f., 264
Sumer 14, 16
Sun-tzu 13
Sun Yatsen 244
Suppiluliuma I., Hethiterkönig 18
Surat 138
Susa 39
Suttner, Berta von 206 f.
Suworow, Alexander 155

Syrakus 37
Syrien 14, 16, 18 f., 21, 23, 29, 39, 44, 46 f., 64 f., 78, 87, 107, 240, 278 f., 293–295, 314 f.

T

Tacitus 33
Tacna 199
Tagliacozzo 83
Taiwan 127, 245 f., 274 f.
Talavera 84
Tamilen-Aufstände 309
Tanganjika 204
Tang-Reich 66 f.
Tankred von Lecce, Normannenfürst 83
Tannenberg 91, 220
Tansania 204
Tarapacá 199
Tarent 44
Tarik 64
Tarimbecken 43, 66
Taschkent 66, 308
Tasmanien 164
Tassilo III., Herzog von Bayern 71
Tato, Langobardenkönig 59
Tauroggen 172
Taylor, Charles 328 f.
Teheran 332 f.
Tel Aviv 279
Tenochtitlán 104 f., 116
Teruel 256
Terrorismus 271, 297, 310 f., 316 f., 324 f., 347
Teschen 147
Teterow 57
Tetzcoco 104
Te'umman, König von Elam 29
Tewkesbury 103
Texas 186
Theben 23
Themistokles 31, 34 f.
Theoderich der Große, Ostgotenkönig 59, 72
Theodora von Byzanz 107
Theodosius I., der Große, römischer Kaiser 58
Theodosius II., Kaiser von Byzanz 56, 72
Theophanu von Byzanz 77
Theresienstadt 263
Thermopylen 31, 35
Thespiai 35
Thessalien 31, 56, 197
Thorn 91
Thrakien 31, 34, 39, 58, 197, 237
Thrasybulos 37
Thukydides 32 f., 37
Thüringen 114
Thutmosis I., ägyptischer König 22
Thutmosis III., ägyptischer König 22 f.
Tiberius, römischer Kaiser 52
Tiglatpileser I., assyrischer König 28
Tiglatpileser III., assyrischer König 28
Tilly, Johann Tserclaes von 128
Tilsit 163, 170 f.

Timor 217
Timur, Mongolenherrscher 93, 107
Tiran 291
Tirol 161 f., 168 f.
Tiroler Freiheitskampf 168 f.
Tiryns 25
Tito, Josip 344
Titus, römischer Kaiser 53
Togo 157, 223
Tököly, Imre 140
Tokugawa Ieyasu 110
Tokyo 214, 246 f.
Toledo 84
Toltekenreich 104 f.
Tongkin 177, 276, 304
Tordesillas 117
Torquemada, Juan de 85
Tortona 83
Toskana 146, 184
Toul 130
Toulon 161
Tours 63 f.
Towton Moor 103
Trafalgar 162-165
Trajan, römischer Kaiser 33, 45, 47, 51, 53
Trakl, Georg 238
Transvaal 202
Trapezunt 81
Traugutt, Romuald 181
Trebbia 45
Treblinka 263
Treviso 82
Triest 234
Trimble, David 313
Tripolis 87, 219
Troja 25, 32
Trotzki, Leo 227, 233, 250 f.
Troyes 56-58, 101
Truman, Harry S. 265, 268, 272 f.
Tschechoslowakei 255, 289, 294, 339
Tschernajew, Michael 196
Tschetschenien 342 f.
Tschingis Chan, Mongolenherrscher 78, 92 f.
Tschombé, Moise 270 f., 299
Tsushima 213
Tuchatschewskij, Michail 233, 251
Tunesien 200 f.
Türkei, Osmanisches Reich 80, 99, 106 f., 140 f., 154 f., 156 f., 161, 170 f., 179, 188 f., 196 f., 200, 216, 219, 223 f., 233, 236 f., 240
Türkenkriege 112, 140 f., 145
Turkestan 31, 66, 93
Tukulti-Ninurta I., assyrischer König 28
Tula 104
Tunis 87

Turin 178 f., 185
Tusculum 83
Tutanchamun, ägyptischer König 18
Tyros 28
Tyrtaios 32

U

Uclés 84
UdSSR s. Russland
Uganda 328
Ukraine 124, 141 f., 155, 181, 232 f., 263
Ulbricht, Walter 268
Umma 16
Ungarn 93, 107, 140 f., 183, 222, 260, 268, 288 f., 339
Ur 16
Urartu 28
Urban II., Papst 86
Urfa 237
Uri 94
Uruguay 319
USA 152 f., 166 f., 186 f., 190 f., 199, 209-211, 217, 220, 222-225, 239, 245, 247-249, 257-260, 264, 266, 268 f., 272-274, 288 f., 291, 299 f., 302, 307, 314 f., 327, 329, 334 f., 337-239, 342 f., 348 f.
Usbekistan 335
Utrecht 120 f., 146

V

Vaccaro, Toni 287
Valera, Eamon de 230 f., 312
Valerian, römischer Kaiser 53
Valmy 159, 161
Varna 140
Varus, Publius Quintilius 52
Vassy 118
Vauban, Sébastien de 144
Veji 44
Venedig 73, 82, 87, 98 f., 108, 141
Venetien 162, 183, 185, 193
Venezuela 174, 320
Vercellae 44
Verdun 130, 220 f.
Vereeniging 202 f.
Verona 82
Versailles 137, 153, 158, 215 f., 225
Vicenza 82
Vicksburg 191
Videla, Rafael 319

Vietnam 43, 66, 177, 274-277, 280
Vietnamkrieg 239, 270, 277, 286 f., 304-307
Viktor Emanuel II., König von Italien 184 f.
Viktor Emanuel III., König von Italien 234
Viktoria, Königin von England 189
Villa, Pancho 248
Vitoria 169
Vo Nguyen Giap 277
Völkerwanderung 54, 56-59, 62
Vologeses IV., Partherkönig 47
Voltaire 154
Vorderer Orient 14 f., 22 f., 47, 66, 78, 80 f., 86, 92
Vouillé 62
Vukovar 345

W

Wagram 163
Wake 264
Wakefield 102
Walachei 141, 188
Walesa, Lech 339
Wallace, William, genannt Braveheart 96 f.
Wallenstein, Albrecht von 128 f.
Wandiwasch 139
Waräger-Reiche 55, 74 f.
Warschau 141, 163, 180 f., 233, 255, 263, 268 f., 289, 339
Warwick, Richard Neville, Earl of 102 f.
Washington 271, 302 f., 306, 317, 320, 348 f.
Washington, George 152 f.
Waterloo 165, 172 f.
Weimar 263
Weißenburg im Elsass 195
Weißrussland 232 f.
Wellington, Arthur Wellesley, Herzog von 165, 172 f.
Westafrika 151
Westjordanland 279, 314 f., 347
Weygand, Louis Maxime 232
Wielopolski, Alexander 181
Wien 107, 134, 140 f., 146, 151, 161, 163-165, 168, 173, 178, 183, 187, 192, 219
Wikingerzüge 55, 74 f.
Wilhelm II., deutscher Kaiser 220, 222 f.

Wilhelm I., preußischer König 192, 194
Wilhelm I., der Eroberer, König von England, 74 f.
Wilhelm I., Prinz von Oranien 120 f.
Wilhelm Tell 94
Wilhelm zu Wied, Fürst von Albanien 219
Wilhelmshaven 228
Wilna 170, 180, 233
Wilson, Woodrow 224 f.
Windischgrätz, Alfred von 183
Wolfram von Eschenbach 89
Wollin 143
Worms 57 f.
Wrangel, Friedrich von 183
Wu, Kaiser von China 42 f.
Württemberg 162, 170, 173, 183

X

Xenophon 33
Xerxes, persischer König 31

Y

Yan'an 244
Yarimlin, mesopotamischer Herrscher 20
Yorck, Hans David Ludwig von 172
Yorktown 153
Young, Owen D. 225
Ypsilanti, Alexander von 179
Yucatán 116, 186

Z

Zagreb 345
Zama 44 f.
Zamoyski, Jan 181
Zeno, Kaiser von Byzanz 72
Zenobia, Königin von Palmyra 53
Zentralasien 42 f., 46, 54, 60, 65 f., 78
Zhang Qian 43
Zimrilim, mesopotamischer Herrscher 20
Zrinyi, Miklos 140
Zsitvatorok 141
Zürich 94 f.
Zug 95
Zweiter Weltkrieg 217, 224, 234 f., 239, 243, 245, 251, 258-267, 270, 272, 279, 284, 287 f., 302, 307, 318
Zypern 25, 29, 99, 197

Abbildungsnachweis

aisa, Barcelona: 18 o, 19 ol, 19 or, 24 u, 26 l, 27 o, 30, 31 l, 31 ro, 34 lu, 34 ru, 36 ol, 42 ol, 42 or, 43 o, 44 u, 52 u, 53 u, 65 u, 67 l, 69 o, 69 u, 75 o, 80 o, 80 ur, 82 r, 84 l, 84 r, 87 lo, 93 l, 96 u, 98 o, 102 or, 104 l, 105 u, 116 r, 117 l, 120 l, 121 ur, 133 or, 134 r, 135 l, 137 o, 137 u, 147, 152 u, 153 o, 158 M, 159 ul, 159 ur, 162 ur, 164 o, 168 l, 172 o, 184 M, 184 r, 199 u, 214 u, 225 ro, 232 ol, 234 u, 256 u, 257, 277 o, 304 o; **Archiv für Kunst und Geschichte, Berlin:** 14/15, 17, 18, 19 u, 22 l, 22 r, 23, 24 o, 25 r, 26 r, 28 or, 28 ol, 28 u, 32 o, 35, 36 or, 36 u, 37, 43 u, 45, 46, 48 M, 48 r, 49, 50, 51, 53 o, 54/55, 56 u, 58 l, 58 r, 62 o, 63 l, 63 r, 64 r, 66, 67 r, 70 r, 71 r, 72 o, 73, 76 r, 82, 85, 86 M, 87 r, 88 o, 88 u, 89, 91 ro, 91 ru, 94 r, 95 or, 95 u, 97 l, 99 o, 99 u, 100 o, 100 u, 101, 102 u, 104 r, 105 o, 106 l, 106 r, 107, 108, 109 u, 110 l, 114 l, 116 u, 119 o, 121 ul, 122, 123 r, 128 ol, 128 u, 129 o, 129 u, 130 or, 132 o, 132 u, 133 u, 135 r, 138 o, 138 u, 141 o, 142 o, 143, 149 or, 149 u, 150 u, 151 o, 151 u, 152 u, 154, 156/157, 158 o, 158 u, 160 o, 162 o, 162 ul, 163, 165, 166 o, 167 u, 168 r, 169 u, 170 u, 171 o, 171 u, 174 u, 179 o, 180, 181 o, 182 o, 183 o, 187 u, 189, 190 or, 190 u, 192 o, 192 u, 201 o, 202 o, 202 u, 204 o, 206 o, 207 l, 210 u, 224 r, 227 u, 231 o, 232 u, 234 o, 240 u, 242 u, 243, 244 l, 246 l, 246 l, 247, 250, 255 u, 278 or; **Artothek, Weilheim:** 116 ol, 130 ol, 178 u; **Associated Press GmbH, Frankfurt:** 277 u, 282 o, 295 l/Fornezza, 295 r, 305, 310 o, 323/Franca, 325 o/Moreno, 328 r/Bouju, 329 l/Fasuekoi, 330 u/Guttenfelder, 346 o/Shiyoukhi, 347 ur/Brinon; **Bibliotheque Nationale de France, Paris:** 52 o, 87 lu, 96 ol; **Bildarchiv Preußischer Kulturbesitz, Berlin:** 16 ul, 56 o, 57 l, 57 r, 62 u, 86 r, 92 l, 93 r, 98 u, 102 ol, 103 l, 103 r, 114 r, 118 u, 119 u, 120 u, 121 o, 125 r, 130 u, 133 ol, 137 M, 140 u, 145 u, 146 ol, 146 or, 146 u, 150 o, 153 u, 161 o, 169 o, 170 o, 170 or, 172 u, 176 u, 179 u, 181 u, 182 u, 183 o, 187 o, 188 o, 188 u, 190 ol, 191, 194 ol, 194 or, 194 u, 196 l, 197 o, 197 u, 201 u, 204 u, 208, 209 o, 211 r, 226 u, 228, 229 o, 248 o, 254 o; **British Museum, London:** 29; **Christoph & Friends, Essen:** 293 ol; **Cinetext Bild- und Textarchiv GmbH, Frankfurt:** 238, 239 o; **Corbis-Bettmann, New York:** 152 o, 196 r, 200 or, 200 u, 206 u, 207 r, 209 u/UPI, 211 l, 212 o, 212 u, 213 ru/UPI, 214 ol, 214 or, 216/217, 219 u/UPI, 220 l/UPI, 220 r, 221, 222 l, 222 ro, 222 ru, 223 o/UPI, 223 u, 225 l/UPI, 226 o, 227 o, 230 u/UPI, 231 u, 232 oM/UPI, 236 o/UPI, 237 o, 237 l, 239 u, 240 o, 242 o/UPI, 248 u/UPI, 252 o, 255 o/UPI, 256 o/UPI, 258 u/UPI, 260 o, 261, 262, 263 l, 263 r/UPI, 264 l/UPI, 264 u/UPI, 266 o, 266 u/UPI, 267 o/UPI, 268 o/UPI, 268 ul/UPI, 268 ur/UPI, 270-271/Reuters, 272 l/UPI, 272 ro/UPI, 272 ru/UPI, 273, 274 o/UPI, 274 u/UPI, 275 o/UPI, 275 u/Reuters, 276 l/UPI, 276 r/UPI, 278 u/UPI, 279/UPI, 280 o/UPI, 281/UPI, 282 u/UPI, 284 u/UPI, 285/Reuters, 286, 287 o, 289/UPI, 290 u/UPI, 292 o/UPI, 296/UPI, 297/UPI, 301/UPI, 302 l/UPI, 302 r, 303 r/UPI, 304 u/UPI, 306 ol/UPI, 306 or/UPI, 306 u/UPI, 307/UPI, 308 r/UPI, 309/Reuters, 311 l/UPI, 311 ro/Reuters, 312 o/UPI, 315 o/UPI, 316 o/UPI, 317 o/Reuters, 318 l/UPI, 318 r/Reuters, 319 r/UPI, 320/UPI, 321/UPI, 322 u/UPI, 324 l/Reuters, 328 l, 331 o/Reuters, 333 r/UPI, 335 o/UPI, 338 l, 338 r, 339 o, 339 u/Reuters, 340 o/Reuters, 342 u, 344/Reuters, 345 ol/Reuters, 345 u/UPI, 347 ul/Reuters; **DIZ München GmbH, München:** 230 o, 244 r, 252 u, 322 o; **Document Vortragsring e.V., München:** 59 u/Blasy, 75 ul/Haberland, 75 ur/Haberland, 83/Blasy; **dpa, Frankfurt:** 284 or, 284 ol, 287 u, 294 o, 298 o, 299 o, 308 l, 310 o, 313 r, 314 o, 316 u, 319 l, 324 r, 324 u, 327 o, 331 u, 332 r, 334 o, 334 u, 341 o, 342 o, 343 r, 345 or, 346 u, 347 o, 349; **Getty Images, München:** 34 o; Dr. Nachum T. Gidal, Jerusalem: 241; **Giraudon Bridgeman, Paris:** 74, 155 l; **Kulturgeschichtliches Bildarchiv Hansmann, München:** 16 ur; **Haus-, Hof- und Staatsarchiv, Wien:** 115 r; Ursula Held, Ecublens: 112/113, 118; **Hirmer Verlag, München:** 16 o, 20, 21; **Historisches Museum, Wien:** 141 u; **Michael Holford Photographs, Loughton:** 61 r; **Image Select International Ltd., Clifton:** 33; **Inst. Amatller d'Art Hispanic, Barcelona:** 64 l; **Interfoto, München:** 32 u , 39, 123 l, 124 l, 134 l, 164 o, 166 u, 167 o, 174 o, 213 l; Ladislav Janicek, München: 25 l; **Keystone Pressedienst GmbH, Hamburg:** 311 ru; **Kunsthistorisches Museum, Wien:** 148 u; **Kunstsammlungen der Veste Coburg, Coburg:** 145 u; **Landesbibliothek, Stuttgart:** 91 l; Aldo Margiocco, Isoverde Campomorone: 41; **Mauritius Mittenwald:** 40 l/ Dinodia, 40 r/Dinodia; mediacolor's, Zürich: 96 or; **National Palace Museum, Taipei:** 92 r; **Österr. Nationalbibliothek, Wien:** 68 o, 90, 185 u; **Photos 12, Paris:** 126 o, 127 u, 144, 155 r, 291 o, 291 u, 300 o, 300 l; **Roger Viollet, Paris:** 38 o; **Sächsische Landesbibliothek, Fotothek, Dresden:** 76 l; **SCALA Group S.p.A., Antella:** 38 u; Schweizer. Landesbibliothek, Bundesamt für Kultur, Bern: 95 ol; Silvestris Fotoservice, Kastl: 290 o/Janicek; **Sipa Press, Paris:** 159 o/ERL, 245/Hioglu, 251 ol, 280 u/Vrachnos, 292 u/Nackstrand, 294 l/Beutter, 312 u, 313 l/Fjeldstad, 314 u/Abbas, 315 u, 317 u/Facelly, 326, 327 u/Berges, 329 r/Leyden, 330 o, 332 l/Reza, 335 u/Alfred, 336 o/Torregano, 336 u/Manoocher, 340 u, 343 l/Shone, 348/Setboun; **Staatliches Israelisches Verkehrsbüro, Frankfurt:** 27 u; Stadtarchiv Würzburg: 71 o; **Bildarchiv Steffens, Mainz/Bridgeman Art Library London:** 20 o, 80 ul, 109 o, 110 u, 111 o, 111 u, 126 ul, 126 ur, 136 o, 139, 176 o, 177, 198 o, 199 o; **Studio X Images de Presse, Limours:** 293 ur/Gamma, 337; TASS, Moskau: 160 o; **Tokugawa Reimeikai Foundation, Tokio:** 110 r; **Ullstein Bild, Berlin:** 186 o, 213 ro, 229 u; United Nations Office, Genf: 299 u; Universität Bremen: 70 l; **Verlag Müller und Schindler, Stuttgart:** 117 r; **Wissen Media Verlag GmbH, Gütersloh:** 48 l, 60, 65 o, 77 l, 82 l, 86 l, 115 l, 128 or, 131, 136 o, 140 o, 148 o, 149 o, 161 u, 178 o, 195, 198 u, 200 ol, 203, 210 o, 219 o, 224 l, 225 ru, 232 o/ 233 o, 233 u, 236 u, 246 r, 249, 251 or, 251 ru, 253 o, 254 u, 258 o, 260 u, 267 u, 278 ol, 288, 298 u; **Zentralbibliothek, Zürich:** 94 l.

© Pablo Picasso, Guernica (S. 216/217) – Succession Picasso/VG Bild-Kunst, Bonn 2003.

9783577161022.3